學生輔導與學校社會工作

林萬億、黃韻如、胡中宜、蘇寶蕙、
張祉翎、李孟儒、黃靖婷、蘇迎臨、
林佳怡、鄭紓彤、蔡舒涵、盧筱芸　著

五南圖書出版股份有限公司

新版序

　　近幾年來，臺灣的學生輔導體系有重大的變革，包括2011年與2016年國民教育法第10條再修正、2014年學生輔導法通過施行，擴大專任輔導教師員額編制，確認專業輔導人員配置，對專業輔導人員在教育體系內的人力配置、角色定位、功能展現、分工合作產生明顯的影響。同時，校園的學生問題日益嚴重與複雜，已經不是單一輔導專業能處理，更不是以個人為中心的觀點能全然理解。家庭、學校、社區，以至整個社會大環境盤根錯節的因素，共構了今日學生的處境。因此，學生輔導團隊必須重新架構，以配合新的發展局勢。

　　臺灣學校社會工作人員設置已近20年。黃韻如、陳香君、黃伶蕙、閔肖蔓和我都是當年第一批加入這個行列的。我當時接受臺北市政府教育局長吳英璋的邀請，擔任「臺北市國民中學試辦設置專業輔導人員實施計畫」的學校社會工作督導。吳局長選定興雅、信義、大理、麗山4所國中進用臨床心理師；萬華、雙園、永吉、墰公4所國中作為設置學校社會工作的實驗學校。學校社會工作實驗學校位處臺北市舊社區或替代性中途班學校。韻如選擇到墰公、香君到永吉、伶蕙到雙園、肖蔓到萬華，展開臺灣駐校式學校社會工作的處女航。如今韻如已拿到社會工作博士學位，在慈濟大學社會工作學系任教，是國內年輕一輩中具有學校社會工作實務經驗，又有理論基礎的新秀。香君一直堅守崗位，從新北市學校社會工作師督導，到教育局特教科專員，負責新北市學生輔導制度的推動。伶蕙在衛福部社會及家庭署擔任科長，還是持續在關懷兒童與少年。

　　過去20年的前半期，國民中學設置專業輔導人員計畫推動得斷斷續續，地方政府接手後也有氣無力。臺中縣的後繼無人是最可惜的例子；臺北縣是最有心推動的地方，即使政黨輪替仍然不中斷；臺北市實施多元實驗模式，有委外、有配置於國小、有以幹事缺聘用，在摸索中前進；新竹市規模雖小

但勇氣十足，毫不氣餒。學校專業輔導制度的建立是一個個苦難的案例堆疊起來的，也是一群學者、立委、年輕學校社會工作者努力的結果，著實不容易。因於桃園八德國中校園霸凌事件，國民教育法再次被修正，學校社會工作師、學校心理諮商師才得以專業輔導人員的總稱身分進入校園，依人力配置被聘用。然而，各縣市制度分歧，受重視程度不一，普遍面對留才不易的困境，若政策不調整，專業實難有進展。

專業輔導人員在學校場域工作，如果無法取得教育人員的認同，便舉步維艱。很遺憾地，在學校體系內，輔導教師雖是教育人員，但非核心，其身分認同之尷尬可想而知，為了求專業的生存利基，已經奮鬥了幾十年，包括透過「學生輔導法」尋求定位。偏偏這時候出現屬相鄰專業的專業輔導人員的競爭壓力，即使雙方是互補的，目標一致，本來可以合力促成學校輔導體系的健全發展，以保障學生的受教權。但是，基於處在校園裡相對弱勢位置的焦慮與不安，再加上對學校社會工作的不熟悉，而出現相互排擠的現象；若學校輔導政策繼續舉棋不定，其間的嫌隙只會擴大。

為讓專任輔導教師、學校心理諮商師、學校社會工作師能相互了解、架構三師三級輔導分工，共同貢獻於學校輔導制度的建全發展，以及回應讀者要求具時效性的資訊應隨時更新，於是，我們針對學校輔導制度的發展、學校輔導專業工作方法、三師三級輔導分工，進行大幅度的內容調整；同時針對相關數據進行更新，有關法律也一併修正；也將一些新的理論、觀念、作法、實務案例引進，因而調整部分章節內容，以饗讀者。

林萬億

2017年初秋於行政院

目錄

第一章　我國學生輔導體制的演進

林萬億

　　臺灣的教育界把學校輔導（school guidance）與學校諮商（school counselling）交互使用。在美國的各級學校也有學校輔導諮商師（school guidance counsellor）的設置，以協助學生處理學業、社會與心理的議題。學校輔導諮商師通常必須具備教育或諮商心理學的碩士學位，且通過各州的執照（licensure）考試或（和）合格證書（certification）。據此，學校輔導諮商師／學校諮商師是指具教師資格的輔導或諮商師，提供從學齡前到大專院校學生學業、生涯、升學、個人、社會議題的處理。但是，諮商專業偏愛使用學校諮商師（social counsellor）名稱，以彰顯其專業。在臺灣，則稱為專任輔導教師（guidance teachers）。

　　美國於1907年即有些學校將生涯興趣、發展與避免問題行為三者結合成為職業輔導（vocational guidance）課程。因此，輔導比較偏在提供學生課業、生涯、職業的建議（忠告／顧問，advice）與引導（direction）。而學校諮商則較多涉及學生心理與社會的議題的處理。

　　世界各國關於學校輔導／諮商的設置各有差異，大部分是將之整合於教育體系裡；有些國家是依法強制設置，有些國家局部強制設置。例如，美國學校諮商師協會（the American School Counselor Association, ASCA）於2002年發布學校諮商方案的國家模式（the ASCA National Model）（Hatch and Bowers, 2012），鼓勵各州遵循，目前有32州採強制設置。澳洲國家教育政策明定澳洲大陸每850位學生設1位學校諮商師，塔斯曼尼亞島（Tasmania）則是18,000位學生設置1位。加拿大採美國學校諮商協會建議的模式，目前有3個省強制設置。捷克、瑞典、丹麥、芬蘭、法國、冰島、挪威、新加坡、香港、澳門都是強制設置的國家或地區。芬蘭學校諮商師的比例是245位學生設置1位，是學校諮商師密度最高的國家。奧地利、德國、荷蘭、瑞士只有高中層級才強制設置。印尼、馬來西亞在初中、高中層級強制設置。日本也是初中才強制設置。南韓雖然國家規定初中、高中學校要設置學校諮商師，但是並未完全執行，且學校諮商師還要授課。有些國家則志願設置，例如，比利時由社區中心派員協助學校。中國某些城市的中學已開始引進學校諮商。

　　大部分國家還是維持學校輔導體系是在於協助學生獲得更多有關自身的能力與職涯機會，俾利建立學生的教育與工作生活目標的連結。只是，有

些國家仍然在學校中設置輔導或諮商師，如瑞典、法國；有些則把輔導服務部分外包給私人機構，如英國、香港。瑞典的國中、高中並無強制的職涯教育（career education）課程。但是，學校輔導或諮商師必須利用各種個別、團體課程或活動，進行職涯教育。通常學生於9年級時必須個別與其輔導或諮商師進行會談，討論生涯規劃。法國的國小沒有輔導體系，到了國中、高中，輔導體系存在的目的是協助學生成功地連結學校教育、社會與職涯發展。

輔導諮商師或心理師受僱於學校或學區，除了實現教育與輔導功能之外，也與教師合作組成輔導團隊，進而提供特殊教育的心理評估和學生特殊個案的協助。英國於1990年代中將學校輔導私有化，英格蘭曾由一家連結服務公司（Connexions service）提供單一窗口、一站到位（一條龍，one stop）的輔導服務系統，目前連結服務公司已撤出學校，改回由學校自行提供學生獨立而不偏不倚（independent and impartial）的職涯建議，而某些學區仍然存在由學校或學區委外提供職涯輔導服務；蘇格蘭、北愛爾蘭、威爾斯則維持傳統的職涯輔導，由獨立的專業實務工作者進入學校，提供國中以上學生轉銜的職涯輔導，有些學校也聘有職涯教師（career teacher）或學習導師（learning mentors）（Euroguidance, 2014）。

前述的美國學校諮商協會（ASCA）的國家模式設計，各公立學校都應該有輔導顧問委員會（Guidance Advisory Council）的設置，成員包括：學生、家長、學校行政人員、教師、企業、大學，以及在地機構的代表，以作為推動學校諮商方案的利害關係人。

然而，必須提醒的是，此處所謂學校諮商師並非都是指受過心理諮商訓練的專業人員。例如，依據香港小學「全方位學生輔導服務」（Comprehensive School Guidance Services）指引（2014）所稱的「學生輔導人員」，其實是包括註冊的社會工作師。而這裡所指的註冊社會工作師，又不同於教育局委外的學校社會工作師。

壹、九年國民義務教育後的輔導工作

一、從指導活動到輔導活動

臺灣的學校輔導早年受到美國職業輔導課程的影響，於1968年全面推動九年國民義務教育後設置國民中學，取代早年的初級中學。而於「國民中學暫行課程標準」中，增列「指導活動」時間，設置「指導工作推行委員會」，聘用執行祕書及「指導教師」，當時的輔導概念是「指導」為主。到了1983年，才將「指導活動」改稱「輔導活動」。

至於國民小學則至1975年8月，教育部頒訂「國民小學課程標準」時，國民小學輔導活動才有較大幅度的開展，課程標準中增列了「國民小學輔導活動實施要領」一項。也就是，不論是國民中學或是國民小學，輔導活動均採課程化進行。

二、輔導人力

1979年頒布施行的「國民教育法」第10條中明定「國民小學應設輔導室或輔導人員；國民中學應設輔導室。輔導室置主任一人，由校長遴選具有專業知能之教師聘兼之，並置輔導人員若干人，辦理學生輔導事宜。」才確立了九年國民教育的法令依據，並使國民中小學的輔導組織出現新的面貌。

教育部於1982年公布「國民教育法施行細則」，對輔導工作的實施要領（第9條）與輔導組織的編制與員額，有進一步的詳細說明。國民中小學輔導室的設立，規定自73學年度起全面實施。臺灣省教育廳並於72學年下學期舉辦國民小學輔導主任的甄選與培訓。至此，國民教育階段的輔導工作，可望在組織、人員及其他條件的配合下，呈現比過去更顯著的功效（王仁宏，2004）。

至於今日專業輔導人員的設置，則必須等到1999年國民教育法第10條修正時才納入。該次修法加入「輔導室得另置具有專業知能之專任輔導人員及

義務輔導人員若干人。」

三、遭遇困境

然而，從輔導目標、輔導組織、輔導人員三方面，歸納當時國民中學輔導工作的主要問題如下：（宋湘玲、林幸台、鄭熙彥、謝麗紅，2000）

（一）輔導目標

學校行政人員與一般教師對輔導工作缺乏正確的認識。早期輔導工作的重點多在溝通觀念，而其成敗也繫於觀念的溝通與否。隨著時代的演變，一般人雖對輔導工作已有更多的認識，但對輔導的內涵仍存在許多誤解，茲條列如下：

1. 誤認學校輔導人員為心理醫生或精神科醫生。
2. 視輔導工作與訓導工作為對立而無法協調。
3. 視學校輔導工作為非專業性的工作，無須另設組織與人員。
4. 視學校輔導工作為輔導教師個人的職責。
5. 視輔導的對象為不正常或頑劣分子。
6. 以實施測驗或建立學生資料為學校輔導工作的實質內容。
7. 視「班級指導活動」為一般教學或課外活動。
8. 以製作圖表為學校輔導工作實施成果的表徵。
9. 視就業安置為職業輔導的全部內容。
10. 認為每位前來諮商者均應該進行個案研究。

（二）輔導組織

輔導專業的發展進了學校體系，就必須考量到學校科層角色對專業角色的影響。劉淑慧（1987）研究助人專業者的倦怠，整理出輔導工作者與科層體制之間常見的衝突，包括：

1. 專業角色強調個人化與專業性，而科層角色偏重非個人性和標準效率。因此在某些情況下，輔導工作者會因當事人的需求與權利，而與組織的規則和秩序相衝突，若是必須犧牲當事人的福祉時，輔導工作者則難以避免

角色衝突與不愉快的衝擊。

2. 專業角色的權力來自專業權威，而科層角色偏重非個人性和效率的標準。在科層組織中，輔導工作者常因職位權威之缺乏而無法參與決策；行政人員則可能因為缺乏專業知識或缺乏機構目標導向，無法擬出令輔導工作者滿意的策略，然而又因為這些行政長官職位高於輔導工作者，有時會以行政權責相要求，而造成輔導工作者的壓力。

3. 由於科層體制強調階層、規則、制度，使輔導工作者必須擔負許多「額外」的文書、官樣文章等工作，既增加輔導工作者的工作負荷，又令輔導工作者感覺未能學以致用，盡是在做一些無聊的例行工作，使原本預期自己的工作是具有自主性、變化性及工作意義的輔導工作者深受挫折。

此外，推動輔導工作的組織亦欠健全，在國民教育法中，明定國民中學設「輔導室」，國民小學設「輔導室」或輔導人員；且在國民教育法施行細則中，明定25班以上的國小設置「輔導室」，並規定國民中小學之「輔導室」設「輔導」、「資料」兩組。此一組織上的變革，雖已於73學年度起全面實施，在形式上確有助於統整國民教育階段的輔導組織，但就進行的情況觀察，國小「輔導室」及輔導人員之設置有關的人員培育、任用，及組織編制等問題仍多，國民中學「輔導室」之設組亦因人員、編制等問題而有部分縣市暫不實施。

（三）輔導人員

1. 專任輔導教師不足

在學校整體輔導工作的推動上，需要有各種專業人員共同分工進行，吳武典（1980）、宋湘玲等（2000）認為要有效實施輔導工作最少應有下列幾種專業人員：

(1) 學校輔導人員：負責諮商、諮詢、協調等工作。

(2) 學校心理學家：負責測驗實施與解釋、提供心理學知識與臨床初步診斷，以及研究評鑑等工作。

(3) 輔導社工人員：負責家長聯絡、社區溝通及校內諮詢的工作。

(4) 輔導工作行政人員：籌備輔導組織、訂定輔導目標、協調輔導專業人員與其他教育人員之密切合作、進行校內工作評量、訂定校外公

共關係計畫等。

(5) 學習障礙及困難專家：負責一些學習及特教方面的教育問題。

學校輔導工作，長久以來即存在著專任輔導教師不足的問題。國民小學之輔導編制僅止於輔導室主任與相關組長，嚴格說來只有輔導行政人員並非專業輔導人員；國中因有輔導活動課而有每15班一位輔導教師之編制，但學校往往不重輔導工作，專任輔導教師聘任不足，輔導課作為配課之用，且輔導教師每週必須上課近20節，對輔導工作已是心餘力絀。

在此，特別值得一提的是，輔導專業將參與學生輔導的社會工作人員一開始就認定為應負責聯繫家長、溝通社區，以及擔任福利諮詢工作，造成往後學校輔導團隊建立的障礙。事實上，學校社會工作師絕非只負責這些工作（詳見本書其他章節）。

2. 輔導教師專業知能不足

早期，國民中學輔導教師人力編制是以每15班約聘一位相關科系（心輔系、輔導系、教育系、社教系、社工系、兒福系、心理系、應心系等）畢業，並修有教育學分的教師擔任學校輔導教師，其原先訓練背景不一，但擔任相同的工作，造成訓練與實際需求上的差異和訓練上的浪費。而且，國內中學輔導教師的聘任並不是依學校輔導工作不同性質而聘，乃依班級數的多寡而定，所以有人力極度不足、專業人才欠缺的現象（吳正勝，1979；劉焜輝，1974；戴嘉南，1979）。

3. 輔導教師的地位未確立

宋湘玲等（2000）亦指出，在訓練背景與目前工作之差距，以及人力不足的情況下，輔導教師除了身兼文書等非專業的工作外，在專業的領域內亦同時肩負許多非本身專長的工作。例如，測驗、診斷、家訪等一些未受過訓練的活動，常令學校輔導教師有面臨技術不足、角色過度負荷、角色接受困難、角色扮演不易，以及角色不明確之感。

貳、輔導工作六年計畫

一、計畫背景

1980年代末，臺灣進入服務業爲主的後工業時代，青少年問題日益嚴重，犯罪比例日漸升高，犯罪年齡逐漸下降，此一現象對於社會安寧與國家安全已構成相當程度的威脅。雖然，當年的校園輔導已粗具規模，然其工作面臨兩大困難：（教育部，1991）

1. 家庭、學校、社會三大輔導體系彼此未能密切配合，統合發展，以致力量分散，功能無法充分發揮。

2. 學校輔導系統本身，國小、國中、高中職，以至大專院校之輔導工作未能延續貫串、整體規劃，以致缺乏銜接，績效不如預期理想。

教育部有鑒於此，乃提出「教育部輔導工作六年計畫」。該計畫自1991年7月起到1997年6月止，分三階段實施。計畫總目標爲「結合家庭、學校、社會及國內外資源，建立全面輔導體制，統整規劃輔導工作發展，以減少青少年問題行爲，培養國民正確人生觀，促進身心健康，增進社會祥和。」（教育部，1991）

二、計畫內容

該計畫分三階段進行：

第一階段（80年7月至82年6月）：目標爲培育輔導人力，充實輔導設施，整合輔導活動，厚植輔導基礎。

第二階段（82年7月至84年6月）：目標爲修訂輔導法規，擴展輔導層面，實施輔導評鑑，落實輔導工作。

第三階段（84年7月至86年6月）：目標爲全面建立輔導體制，統合發展輔導效能。

計畫項目包括：1.培育輔導人才，2.設置輔導研習中心，3.充實輔導室

及諮商室，4.整編心理與教育測驗，5.充實輔導活動經費，6.規劃建立輔導網絡，7.規劃辦理輔導知能宣導，8.加強心理衛生教育，9.推動問題家庭輔導，10.實施璞玉專案（國三不升學學生輔導），11.加強生活及生涯輔導，12.實施朝陽方案（問題行為學生輔導），13.整編修訂輔導法規，14.規劃修訂各級學校輔導課程，15.規劃建立全國輔導體系，16.設置青少年輔導中心，17.建立輔導專業人員證照制度，18.建立輔導評鑑制度。

　　總經費預計投入85億9千5百萬元，概由中央負擔。依據該計畫，「輔導工作輔導團」就此出現（教育部，1991）。輔導團的目標是協助各級學校輔導工作之推展，督導各校確實執行輔導計畫，以增益各項輔導工作功能之發揮，提升輔導計畫績效。其角色與任務包括：

　　1. 接受本計畫諮詢顧問提供之諮詢服務。

　　2. 為本計畫諮詢顧問及輔導教師之中介輔導人員。

　　3. 定期訪視教育部輔導工作六年計畫各專案辦理學校，協助各校輔導教師解決實務上之困難，以提升輔導品質。

　　4. 作為鄉鎮、縣市、直轄市輔導網路中心學校轉介之資源。

　　5. 作為推動各項輔導工作示範人員。

　　在該計畫中也首度出現「個別輔導教師」的概念。教育部責成省市教育廳（局），在問題行為學生較多的學校甄選「個別輔導教師」，編配輔導問題行為學生。「個別輔導教師」必須具備輔導諮商知能，定期與學生晤談，了解學生，協助學生解決困難；定期做家庭訪視，導引家長關懷子女，結合學校及家庭力量，輔導問題行為學生重新開創光明前程。個別輔導教師非常類似後來的專任輔導教師。

　　同時，該計畫即有研議制定「輔導法」的規劃。此外，也擬將當時的教育部訓育委員會與行政院青輔會業務整編為「輔導署」或「輔導司」。然而，此項組織改造計畫並未實現。

　　而關於輔導人力的分級，當時即有將輔導人員分為四級：一般教師、輔導教師、心理諮商師、精神科醫師。至於人力擴編，該計畫預定將大幅增加輔導教師人數，而其資格限定在大學輔導學系、心理學系，或相關學系主修心理輔導者，或者一般大學畢業透過進修，修畢大學層級20個輔導專業學分及研究所層級40個輔導專業學分者始得擔任。此項規劃也未見實現。

而對欠缺輔導知能的一般教師,進行全面的輔導知能研習,也是該計畫的特色。教育部擬據此調訓全國20萬名教師,預估其中十分之一接受20學分以上之專業研習;十分之二接受10學分以上之專業研習;其餘中小學教師至少接受三天以上輔導知能研習;大專院校教師接受一天以上之輔導知能研習。倘若這些研習都能如期如質完成,絕對有助於全面提升學校輔導品質。

該計畫應該是國內首次把學生輔導當成國家級計畫來推動,規模之大、涵蓋範圍之廣,歷年罕見。雖然,大部分計畫未能如預期落實,但對於往後的學生輔導工作扎下了良好的根基。

參、青少年輔導計畫

一、計畫背景

輔導工作六年計畫實施之後,其成效已逐漸彰顯。例如,學校教師輔導知能普遍提升(有80%教師參與基本輔導課程講習);透過專案輔導活動之實施(朝陽方案、璞玉專案、攜手計畫、春暉專案,以至輔制度的建立),已發展出輔導適應困難學生及行為偏差學生的有效模式。

然由於受到教育經費縮編與中高層輔導專業人力不足的影響,原「教育部輔導工作六年計畫」之執行,僅能達成計畫目標的三分之一。依據當時調查的結果顯示,我國青少年問題特別值得重視包括(王仁宏,2004):

1. 青少年生活困擾仍多,且以課業及情感問題最為顯著,
2. 情緒教育及心理衛生教育有待繼續推廣,
3. 道德發展及生活教育有待加強,
4. 青少年性教育及兩性平權教育亟需強化,
5. 有效預防青少年偏差行為及校園暴力。

於是,教育部著手規劃第二期輔導計畫,經徵詢輔導行政專家學者與實務工作者之意見;以第一期計畫執行成果為基礎;參酌「教育部輔導工作六年計畫整體評估」之發現,以及行政院教育改革審議委員會各期諮議報告

書所提建議；以「兼顧普及化及專業化」、「結合正式課程與潛在課程」、「建構輔導網絡系統服務」等爲政策導向，期透過18項具體措施之執行，有效帶動學校輔導工作發展，由計畫性工作逐步進階爲經常性工作。

二、計畫內容

第二期輔導計畫，定名爲「青少年輔導計畫」：其總體目標爲「結合整體資源，落實輔導工作，以促進學生自由、適性的發展，陶冶現代社會適應能力。」（教育部，1997）

計畫策略包括：

1. 開發輔導模式，推廣輔導活動，以預防青少年負面行爲，增進其心智發展。

2. 提升學校整體輔導效能，結合全校教師員工力量，有效輔導學生。

3. 整合校內外輔導資源，建立輔導網絡，全面提升輔導效果。

18項計畫如下：（教育部，1997）

1. 加強情緒教育及心理衛生教育，

2. 防制青少年犯罪與校園暴力，

3. 推動認輔制度，

4. 輔導中途輟學學生復學與安置，

5. 推動兩性平等教育及性教育，

6. 加強學生家長親職教育，

7. 推動學校生涯輔導及生活教育工作，

8. 全面辦理教師輔導知能進修研習，

9. 提升導師輔導職能，

10. 規劃整合輔導活動科輔導及教學活動，

11. 執行「國民中學試辦專業輔導人員實施計畫」，

12. 建立學生輔導新體制，

13. 建立青少年文化與心理態度指標，

14. 推廣輔導資訊網路系統服務，
15. 開發及整編心理與教育測驗，
16. 重視休閒教育增設活動設施，
17. 建立訓輔工作諮詢服務網絡，
18. 實施學校輔導工作評鑑。

經費由教育部自87年度起逐年編列預算執行，省市、縣市政府得依據實際需要，編列配合經費，加強執行。青少年輔導計畫的執行期間，其實已與下述的教育改革時期重疊。其中學校專業輔導人員進入校園就是第11項方案下的產物。當時預計聘用100人，但是礙於人才培訓不足而只聘用了54人；該項計畫於試辦兩年後停止補助，改由地方政府接手自行編列預算支應。

肆、教育改革下的輔導新體制

一、教育改革

隨著1987年的解嚴，臺灣的社會運動風起雲湧。1988年1月31日，第一屆民間團體教育會議由人本教育文教基金會、主婦聯盟等32個民間團體召開，開啟了臺灣民間教育改革的大門。當時教育改革的重點是不民主的校園、非人本的教育、考試領導教學的僵化教育、大班大校的擁擠校園。

同時，1990年代，我國清楚地接收到最近一波全球化到來的訊息。此時，世界各角落不同的社會間的連結增多且更深化，金融流通幾無國界障礙，新聞與文化資訊也暢行無阻，多國企業體的活動量與權力均提升，經濟成長伴隨著貧富不均的擴大，全球消費文化隱然成形，交通與電子溝通技術的改良縮短了人類的時空距離，跨國旅遊與移民人口快數增加，世界各地的居民被全球任何一地發生的公共事務影響，許多跨國的公共事務已難以透過單一民族國家來處理，超國組織逐漸擴大其影響力，以解決人類共同的問題與滿足普世的需求（George and Wilding, 2001；林萬億、周淑美譯，2004）。

　　為了在全球化過程裡培養國家的競爭實力，人力資本成為提升國力的指標，知識經濟成為脫困解套的出路，臺灣如果不能提升國民的競爭能力與生活品質，很難揚眉於全球社區裡；如果不能在高科技，如電腦、生物科技上有所突破，很難立足於全球經濟體中。於是，教育改革就被認為是攸關臺灣21世紀國家競爭力的關鍵要素。

　　1994年4月10日，由澄社、人本教育文教基金會、主婦聯盟等民間教育改革團體發起大遊行，提出四項訴求：1.實施小班小校、2.廣設高中大學、3.提升教育品質、4.提升教育品質。隨後並組成410教改聯盟。教育部遂在1994年6月召開第七次全國教育會議作為回應，主題為：「推動多元教育、提升教育品質、開創美好教育遠景」。會議之各項結論，形成1995年所頒布《中華民國教育報告書》（《教育白皮書》）之藍本。接著，1994年7月28日行政院通過《教育改革審議委員會設置要點》，於9月21日正式成立的「行政院教育改革審議委員會」，由獲得諾貝爾化學獎的前中央研究院院長李遠哲先生擔任召集人，委員31人，集合了國內政治、教育、企業、學術等各界重要人士組成。經歷兩年的研議，於1996年12月2日完成「教育改革總諮議報告書」，是為我國從解嚴以來教育改革的藍圖。在該諮議報告中提出，我國教育改革的方向是人本化、民主化、多元化、科技化、國際化。教育改革的理念是教育鬆綁、學習權的保障、父母教育權的維護、教師專業自主權的維護。

　　教育改革的目標是：達成教育現代化、滿足個人與社會需求、邁向終身學習、促成教育體制改造。實踐教育改革的具體作法是：

1. 教育鬆綁——解除對教育的不當管制。
2. 發展適性適才的教育——帶好每一位學生。
3. 打開新的試窗——暢通升學管道。
4. 好還要更好——提升教育品質。
5. 活到老學到老——建立終身學習社會。

　　其中關於學生輔導的部分也列入發展適性適才的教育——帶好每一位學生一節的12項具體作法中的第8項建議，指出應以輔導代替管理的原則，統整目前中小學訓導與輔導資源，並增設專業人員。合併目前中小學之訓導與輔導室，重新設立學生行為輔導新體制，以使事權統一，並落實教師普遍參

與輔導學生之理念。

　　經歷了將近十年的教改浪潮，反挫力量出現，2003年7月，由臺大教授黃光國和政大教授周祝瑛等專家學者發表《重建教育宣言》（《教改萬言書》），並發起「重建教育連線」及「終結教改亂象，追求優質教育」全民連署行動，有百餘位學者參與連署。《教改萬言書》指出，教改各項方案都是以「打倒升學主義、減輕升學壓力」作為首要考量，走的是民粹主義，製造更多社會問題。書中痛陳自願就學方案、建構式數學、九年一貫課程、多元入學方案、教科書一綱多本、消滅明星高中、補習班盛行、教師退休潮、師資培育與流浪教師、統整教學、廢除高職、廣設高中大學及教授治校等13種教改亂象。仔細觀察，其中有若干點批判實與當年的教改諮議報告書毫無關聯。而包括重建學生行為輔導新體制在內的許多建議，並未被教改批評者拿來當話題。一來可能是大家沒有不同意見，不然就是不被認為事關重大。

　　在行政院教育改革審議委員會的第一期諮議報告書（1995.4.28）中即已提到建立校際輔導網絡一項，其內容為「為發揮諮商輔導功能，應按區域條件建立校際輔導網絡，設置臨床心理、諮商輔導與社會工作人員，共享專業人員的支援，使人力資源充分運用，以便學校的輔導制度能發揮應有的機能。」

　　當年教改諮議報告書會將輔導體系的重建納入，實是延續前述的輔導工作六年計畫、青少年輔導計畫，即使在報告中並未多所著墨。但是，教育部乃依據上開決議於1998年頒訂「建立學生輔導新體制方案」，也就是大家耳熟能詳的「教訓輔三合一方案」。該方案明列四大任務指標：激勵教師全面參與輔導工作，善盡教師輔導學生責任；增進教師教學效能與人性化照顧學生，融合輔導理念，全面提升教學品質；彈性調整學校訓輔行政組織運作，為訓輔人員及一般教師規劃最佳互動模式與內涵；結合社區輔導資源，建構學校輔導網絡。之所以會出現建立學生輔導新體制的改革，就必須回到教育改革前的學校訓導體制。

二、教訓輔分工下的管教與輔導

（一）教訓輔處室設置

國民中小學教務處、訓導處、總務處、輔導處之設置明定於1979年施行的國民教育法第10條規定，「國民小學及國民中學，視規模大小，酌設教務處、訓導處、總務處或教導處、總務處，各置主任一人及職員若干人。主任由校長就專任教師中聘兼之，職員由校長遴用，均應報直轄市或縣（市）主管教育行政機關核備。」同法第10條亦規定，「國民小學應設輔導室或輔導人員；國民中學應設輔導室。輔導室置主任一人，由校長遴選具有專業知能之教師聘兼之，並置輔導人員若干人，辦理學生輔導事宜。」

（二）教訓輔業務分工

關於教訓輔三處室的業務分工，則是到1982年公布的國民教育法施行細則第14條才明定：

1. **教務處**：課程發展、課程編排、教學實施、學籍管理、成績評量、教學設備、資訊與網路設備、教具圖書資料供應、教學研究、教學評鑑，並與輔導單位配合實施教育輔導等事項。

2. **訓導處**：公民教育、道德教育、生活教育、體育衛生保健、學生團體活動及生活管理，並與輔導單位配合實施生活輔導等事項。

3. **輔導室（輔導教師）**：學生資料蒐集與分析，學生智力、性向、人格等測驗之實施，學生興趣成就與志願之調查、輔導及諮商之進行，並辦理特殊教育及親職教育等事項。

（三）教務、訓導與輔導的競合關係

即使德智體群美五育均衡發展一直是我國國民教育的目標，但是，在升學主義氛圍濃烈的國民中學校園裡，智育幾乎主宰著學校教育。在教育現場，考試成績、升學率、分數等，遠比品德、公平、合作、體能、品味等價值更受到學校行政、教師、家長的重視。因此，教務處成為各處室中最受學校與家長重視的單位，要教務處放棄升學至上的信條，當然很難。

然而，要維持高的升學率，營造一個一致、效率、順服的校園環境則是要訓導處的配合。教師們被告知只管照表操課，甚至調整被認為不重要的公

民素養或美育陶冶課程為升學課程。至於行為偏差、不服管教的孩子，訓導處會搞定，以避免壞學生影響追求成績卓越的好學生。訓導處也負責創造一個有利於學生讀書的行為與思想環境，例如，學生頭髮剪短才不必花時間整理；穿不具美感的制服以壓抑自己的欲望；女生穿及膝的裙子才不會吸引異性的注意；穿全白的球鞋與短襪才不會相互比美；穿素色的胸罩才不會刻意突顯少女發育中的身材等等。這些生活規範無非是遵循少年要專注於學業，成績才會好的禁慾主義（asceticism）原則，認為愛美的少年花時間在衣著打扮上，就會耽誤功課；認為交異性朋友會讓青春期的少年分心。於是，髮禁、鞋禁、襪禁、異性交友禁都成了救贖那些貪玩、不懂事、意志不堅、人生方向未定、自我控制力薄弱的少年的良方。嚴格校規的行為控制取得了正當性。

雖然，青少年（adolescence）仍可能因年齡而再細分為少年前期（10-13歲）、少年中期（14-16歲）、少年晚期（17-18歲）、成人初期（18-25歲），但青少年轉銜階段正處於以下幾個發展議題的關鍵時刻：1.成就，2.自主、分離、解放，3.認同vs.角色混淆，4.親密，5.後設認知、高層次的認知，6.同儕關係增加與深化，7.責任，8.自我管制，9.性，10.親子關係轉型，11.職業與技巧純熟（Kerig, Schulz, & Hauser, 2012）。上述訓導管教對青少年的過度行為管制，其實是反映了學校對青少年的生理、心理、社會發展的焦慮，以外部管制來取代青少年的自我管制。

體罰也幾乎伴隨著成績好壞而定，大部分情況下，體罰是針對成績不好的學生。離滿分門檻少一分打一下，成為配合追求高升學率的懲處規範，而不是未達師生雙方同意的階段性目標的學生才會被懲處。懲處的懲罰性、教育性、矯正性的目的，也被扭曲為純粹區別課業成就的標準。即使是針對違規行為的懲罰，考試成績也成為重要指標，兩造紛爭，成績較差的會被歸因為肇事者，而受到較嚴厲的懲罰。青少年階段在乎的同儕關係、公平的道德認知被踐踏。於是乎，營造集體性、標準化、主觀性、順服性的校園環境成為訓導的目的。就這樣，要訓導處放下愛的小手、放棄體罰、不再動不動就警告、申誡、記過，著實也很難；部分家長往往是學校物競天擇、優勝劣敗教育的強力支持者。

輔導室則是學校的弱勢組織，被放到離權力核心遙遠的地方，而被說成

是爲了保護出入輔導室的學生的隱私權；輔導主任常是學校中最需要被輔導的主任，輔導室不被重視可見一斑。當訓導處無法管教的學生才被轉介到輔導處時，輔導室也就被定位爲輔導有問題的學生的地方，而成績好的學生根本不識輔導室爲何物。

在這種智能教育掛帥下，教務處與訓導處是一個不受學生歡迎的單位，因爲「管」的成分多於「教」。輔導室也在學校普遍重視智育發展，忽略其他生理、心理、社會發展課題的情形下，成爲校園的邊陲單位。在這種氛圍下，教訓輔三個處室的關係，約略可以整理出下列四種：

1. 配合

這是一種表面和諧的說法，認爲訓導處要協助教師營造守規矩、有秩序的教學環境；輔導室要支持教務處、訓導處，說服學生遵守校規、協助學生家長辦轉學、勸家長放棄申訴、安撫家長不要生氣等。

2. 各自為政

最常聽學校處室這樣說：「這屬XX室的權責，去找XX室，我管不著。」通常需要協調的部分，正是經濟、學習成就、族群、身體、性別等弱勢學生最關心的，例如：轉學、中輟生復學、師生衝突、特殊教育、高關懷班、兩性平等教育、高風險家庭、校園危機處理等。但是，這些麻煩通常留給輔導室自己去處理。

3. 對立

教務、訓導人員認爲：輔導人員心腸太軟、太天眞、當爛好人、容易被學生欺騙；壞學生無藥可救，不打不乖；何必浪費學校資源給沒有用的學生；找回來一個中輟生，給教務處、訓導處增添許多麻煩；能轉學就勸問題學生轉學，眼不見爲淨；成績差的學生拖累學校的升學率等。教務處只爲提高升學率，訓導人員則過於依賴嚴苛校規與行爲修正，輔導處往往是學校的弱勢單位，於是對立隱隱浮現，與其說是處室對立，不如說是輔導室作爲小媳婦的哀怨。

4. 黑白臉

教訓輔三單位的角色分工被擬家庭化，訓導處當黑臉、輔導處扮白臉、

教務處站中間。因此，導致訓導處扮演完了父權的角色，教務處等著訓輔的結果，然而學生逃學了、中輟了、拒學了、懷恨在心了，輔導室已經錯失輔導的機會。

隨著臺灣民主化的步調前進，於1987年，本由教育部統一規定的男生理平頭、女生留西瓜皮的硬式髮禁，改爲由各校自行規定的軟式髮禁。雖然，教育部於2002年公布對於髮式的規定中提到：「學生頭髮的式樣，應該綜合學校行政人員、教師及家長代表，還有學生代表的意見，才能決定。」亦即，學生也是髮型的利害關係人，應參與自身髮型的決定。但是，大多數學校仍然殘留過多干預規定，例如，女生頭髮不能染、燙，可以打薄，但是不能削得像男生；長度以衣領下緣四指幅爲主，天氣熱可以綁一束馬尾，但是不能綁兩束以上；髮飾以單色爲主，不能五顏六色。直到2005年教育部才正式通令學校廢除髮禁。援引自家長管教權的教師體罰權也在1986年被通令遵辦。

（四）學生輔導與管教的變革

1. 1986年7月，教育部函知各主管教育行政機關，禁止體罰爲教育部一貫政策，各國民中小學均應確實遵行。

2. 1997年7月，教育部發布「教師輔導與管教學生辦法」。此時，教師「輔導」與「管教」已經合而爲一了，也就是教師的教訓輔功能已整合。

3. 1997年8月，教育部函請各主管教育行政機關督導所屬學校依規定制定「學校輔導與管教學生要點」。

4. 2000年9月，教育部函知各縣市政府教育局，重申嚴禁學校及教師採用打罵等不當管教學生方式。

5. 2003年5月，教育部函知各主管教育行政機關及大專校院，因應教師法修法，將依法廢止「教師輔導與管教學生辦法」，由各校校務會訂定「學校教師輔導與管教學生辦法」。

6. 2003年10月，教育部廢止1997年的「教師輔導與管教學生辦法」。

7. 2005年9月，教育部函修訂「學校訂定教師輔導與管教學生辦法注意事項」，訂定「教師輔導與管教學生辦法」。

8. 2006年12月，總統令修正公布教育基本法第8條及第15條，修正內容

係將第8條第2項修正爲「學生之學習權、受教育權、身體自主權及人格發展權，國家應予保障，並使學生不受任何體罰，造成身心之侵害」，第15條則修正爲「教師專業自主權及學生學習權、受教育權、身體自主權及人格發展權遭受學校或主管教育行政機關不當或違法之侵害時，政府應依法令提供當事人或其法定代理人有效及公平救濟之管道」。

9. 教育部於2007年6月22日公布「學校訂定教師輔導與管教學生辦法注意事項」，明定輔導管教配套措施，作爲各校訂定教師輔導與管教辦法的參考。

自此，從1996年「教育改革總諮議報告書」出爐後，明示「以輔導代替管理」、整併國民中小學之訓導與輔導室，重新設立學生行爲輔導新體制之後。我國的訓導與輔導事務進入一個嶄新的階段，兩者由分立而被要求更多的合作。

三、教訓輔三合一方案

在教訓輔分工之下，學校輔導的困境已如上述。要推動學生輔導新體制必須克服以下困難。

（一）當前學校輔導工作面臨兩大困難

1. 家庭、學校、社區三大輔導層面，彼此未能密切配合，統合發展，以致力量分散，功能無法發揮；

2. 學校輔導系統本身，強調輔導工作應由全校教師及行政人員共同負責，卻未能交互支援、分工合作，以致整合困難，績效不如預期理想。

這兩大困難似乎與1991年推動的「輔導工作六年計畫」的評估差異不大。然，基於前述的教訓輔分工但缺乏合作的困境，「教育改革總諮議報告書」大膽地提出「學校應行訓輔整合，建立學生輔導新體制」的建議；進一步將「結合社區資源，建立教學與訓導、輔導三合一學生輔導新體制」。

（二）任務指標

1. 激勵教師全面參與輔導工作，善盡教師輔導學生責任，教師是推行教

育的靈魂人物,行政人員則是最佳的後勤支援。

2. 增進教師教學效能與人性化照顧學生,融合輔導理念,全面提升教學品質,強調學校必須將輔導理念融入教學歷程。

3. 彈性調整學校訓輔行政組織運作,爲訓輔人員及一般教師規劃最佳互動模式與內涵。

　　(1) 將訓導處調整爲學生事務處,兼具輔導學生之初級預防功能。

　　(2) 將輔導室(學生輔導中心)調整爲諮商中心或輔導處。

　　(3) 配合其他學校行政組織的調整與運作,期能爲訓輔人員及一般教師規劃最佳互動模式與內涵。

4. 結合社區輔導資源,建構學校輔導網絡:社區輔導資源應包括社工專業人員、心理衛生人員、公共衛生護理人員、法務警政人員、心理治療人員、公益及宗教團體、社區義工、學生家長及退休教師等。

看起來,教訓輔三合一方案已經有將學校建立成爲完全服務學校(full-service schools)(Berrick & Duerr, 1996)的企圖,學校本身不只要提供教育,也要連結其他地方社會服務與健康服務資源,實現單一窗口、連續服務的效果。

(三)精神內涵

所謂教訓輔三合一,絕不是三者的合併,而是期望透過各種重點工作之推動,引導教學與訓輔人員產生交互作用、整合發展出一套最佳互動模式,以培養教師具有教訓輔統整理念與能力,有效結合學校與社區資源,逐步建立學生輔導新體制。

(四)工作職責

教訓輔三合一除了教訓輔的整合之外,更具體地引進三級預防的概念,與教訓輔三個分立但整合的部門結合出如下圖1-1的架構。

1. 初級預防是針對一般學生及適應困難學生進行一般輔導;

2. 二級預防係針對瀕臨偏差行爲邊緣之學生進行較爲專業之輔導諮商;

3. 三級預防則是針對偏差行爲及嚴重適應困難學生進行專業之矯治諮商及身心復健。

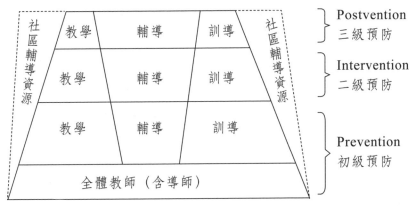

圖1-1　教學、訓導、輔導三合一整合架構圖

資料來源：教育部，1998，頁12

　　教育部在推動「教訓輔三合一方案」時，教育部訓委會（1998）曾就「學校輔導工作專案報告」指出，我國各級學校均發生訓輔經費短缺、人力不足現象。在輔導經費方面，中小學並無固定編列預算，專科學校雖有，但每校平均年度輔導經費僅三、四十萬，再從訓輔經費支用於輔導工作的平均比例來看，83至85學年度穩定維持在20%左右，比例也是偏低。在輔導人員方面，國小輔導教師是兼任，每24班1名；國中輔導課教師是擔任課程為主，每15班1名，得減授4節課，然多數未減；高中輔導教師是專任，每15班1名；大多數的專科學校設置專任輔導教師人數在3人以下，兼任輔導教師人數則在6人以下。更何況，所設置的輔導教師係屬於課程教師，其主要工作乃是擔任「輔導活動科」的教學，在原本教學與行政工作的負擔已十分沉重之下，實難再兼顧行為偏差與適應不良學生的輔導工作（林家興，1999）。

　　這些困境有部分於前述推動九年國民教育之後，即已存在而未解決，再加上教訓輔三合一的三級分工，以及九年一貫課程的實施，學校輔導體系的困境更明顯。學校輔導體系的命運似乎並沒變好，反而更加坎坷，舊疾復發，新病上身，出現以下發展的困境：

1. 專任輔導教師的功能式微

　　依照教訓輔三合一的規劃，輔導教師除了教授輔導活動課程之外，還得身兼初級輔導、次級輔導工作。九年一貫之後，輔導活動老師與童軍老師、

家政老師,都改任綜合領域老師,原先專任輔導教師的角色褪色(李慧賢,
2003)。而專任輔導教師所負責的初級、二級輔導,到底是只能由具輔導專
長的綜合領域教師才可擔任,還是所有綜合領域的教師都可承擔?如果是
後者,那麼堅持輔導教師的專業訓練背景變得沒有意義了。輔導工作的專業
性蕩然無存。雖然,教訓輔三合一的理想是所有教師都應承擔一部分初級預
防的責任,但是,這個理想須在師資培育時即全面訓練所有教師基本輔導知
能,而且教育現場的氣氛也要袪除智育掛帥、考試成績第一的本位主義,否
則難以實現教師即是最佳初級輔導人員的理想。

2. 綜合領域教師的分工不易

綜合領域課程由三種專長的教師擔任,如何分配本身就是一個問題,是
要輔導教師兼教童軍、家政?還是各負擔三分之一?不管哪一種分工模式,
輔導專長的老師負擔一定比較重,因為他們還得擔任初級、二級輔導的責
任,除非初級輔導的責任平均分配給所有老師,特別是導師。若是每位老師
都是「準輔導教師」,那麼原先的輔導教師就應改為專門從事二級與三級輔
導的專業輔導人員。

3. 輔導教學時間負擔沉重問題未解

在教訓輔三合一之前,國小每位輔導教師負責24班,國中負責15班的
輔導活動課程與學生輔導,沉重的課程教學時數,已占去大部分輔導教師進
行專業輔導的時間,通常輔導教師不太有意願針對學生的適應或偏差行為進
行個別輔導,或團體輔導。何況以國中為例,15班學生若每班有1位學童需
要協助,就有15個個案,如此的個案負荷量,根本很難進行深入的輔導,若
是碰到行為偏差、嚴重適應不良的學生,輔導教師幾乎沒有時間處理。九年
一貫之後原來的輔導教師還得擔任童軍與家政主題的課程,他們又不忍心將
班級輔導責任全部推給非輔導專長的教師。就這樣,兼顧全校輔導責任的輔
導專長教師,不但沒有減輕工作負荷,反而責任加重(李慧賢,2003;王仁
宏,2003)。

4. 專業輔導人力並未增加

依照1999年修正之國民教育法第10條規定,輔導室得另置具有專業知
能之專任輔導人員及義務輔導人員若干人。這個修正一方面回應教訓輔三合

一所規劃的二、三級輔導由專業輔導人員擔任；二來為減輕輔導教師課程負荷過重的問題；三來也給學校社會工作師、心理諮商師、臨床心理師進入校園擔任專業輔導人員，協助解決校園學童日益複雜多變的適應問題的法源。然而，學校並沒有因此而增加足夠的輔導人力。即使，以下詳述的教育部於1996年起試辦兩年的「國民中學試辦設置專業輔導人員計畫」，為學校增聘了54位專業輔導人員，相對於2000年時全國有709所國中、2,600所國小來說，簡直是九牛一毛。況且在兩年後試驗結束，這些人力幾乎流失殆盡。

（五）輔導教師與主任的專業水準堪慮

依1999年修正的國民教育法第10條規定，「國民小學及國民中學應設輔導室或輔導教師，輔導室置輔導主任一人及輔導教師若干人，由校長遴選具有教育熱誠與專業知能教師任之。」法律有明文規定輔導教師與主任的任用必須具備教育熱誠與輔導專業知能者。事實上，大部分國民中小學的輔導主任並非由輔導專長的老師擔任，只要具備主任資格者，校長就有權任用其為輔導主任。為了解決輔導主任非輔導專長的困境，當作者擔任臺北縣副縣長時，一方面將主任的遴選權還給校長，另一方面幫主任辦理專長訓練，包括輔導主任在內，希望不斷提升輔導主任的專業素質。然而，校長為了主任的調度，往往一兩年就換一次主任，使得主任的輪調過於頻繁，訓練的速度往往跟不上主任的調動速度。尤其，部分校長低估輔導的重要性，將一些具有主任資格，但績效不彰的主任塞在輔導室，輔導主任就成為「最需要被輔導的主任」。主任外行，怎可能領導學校輔導體系的建立？如此，外行領導內行的結果就是把輔導教師整慘。不只如此，輔導教師的專業水準也不齊，並非所有輔導教師都是科班輔導系畢業的，有部分是20學分班，或是40學分班結業的，嚴格說來是輔系而已。國民小學的輔導教師的專業水準更是參差不齊，是否能勝任校園學童複雜問題的諮商輔導，值得商榷。若輔導教師的專業水準不夠，當然會直接影響其輔導績效，莫怪各界普遍批評輔導室功能不彰。

伍、國民中學試辦設置專業輔導人員計畫

一、計畫背景

　　就在教育改革浪潮波濤洶湧之時，湊巧於1995年12月15日臺北市議員揭發成淵國中男生集體勒索、性騷擾同班女學生案。共有5名男同學與2名女同學涉入此一事件，前後總計發生3次性騷擾，起因於男生與女生嬉戲，女生趁機偷摸男同學的下體，男生則回敬以脫下女生的胸罩，並撫摸其乳房。事件之所以爆發則是因男生向女生勒索不成而威脅「要給妳好看」，女生則說要把性騷擾事件抖出。事件發生後，學校處理遲緩與不夠專業，引起社會嚴厲的批判，再次曝露了學校教師、輔導體系力量的薄弱。於是，人本教育基金會和立委翁金珠、周荃合辦「建立校內支援系統，社工人員進入校園——讓成淵國中事件不再重演」公聽會，倡議學校應聘用經過專業訓練的社會工作人員進駐。這些倡導活動不但影響後來國民教育法的修正，也促成教育部推出國民中學試辦專業輔導人員實施計畫。人本教育基金會積極推動學校社會工作制度的態度，也影響到該基金會於1998年介入臺中縣「國民中小學專業輔導員輔導工作實施計畫」的推動。

　　成淵國中性騷擾事件是我國學校社會工作師、心理諮商師進入校園的近因。約莫同時，立法院進行國民教育法修正，立法委員范巽綠、王拓、翁金珠結合本文作者，主張將學校社會工作人員納入學校編制，無奈因為教育體系強力反對而妥協，只在法中第10條明定「輔導室得另設置具有專業知能之專業人員及義務輔導人員若干人。」（林萬億、黃伶蕙，2002）

二、計畫內容

　　教育部也在各方壓力下提出比照高級中學的輔導制度，有在國民中學增設輔導教師的構想，在不占原有教師員額下，除基本授課4小時外，專責學生輔導工作，每15班至少設1人，逐年設置1,695名，4年內完成，計需經費9

億元。然而，囿於經費限制，這樣的構想並沒有得到省市政府的全力支持。於是，計畫改為「國民中學試辦設置專業輔導人員實施計畫」。自86學年度起至88學年度止試辦兩年，預計聘用81人，事實上只聘用了54位，分別是臺灣省34位、臺北市8位、高雄市12位。

1999年，教育部依行政院函指示「試辦期滿由教育部通盤檢討成效，如經評估成效良好有全面實施之必要者，則修改國民小學及國民中學班級編制標準及教職員工員額編制標準納編，所需經費由地方政府負擔。」1999年11月，教育部委託師範大學林家興教授進行方案實施成效的評鑑，結果各方均持正面肯定。教育部仍然決定終止上開方案，臺北市與高雄市均在1999年7月底結束，臺灣省則因延後試辦半年，在2000年1月底也結束。最後僅留下臺中縣、臺北縣、新竹市、臺北市、新竹縣靠地方政府預算持續辦理。關於專業輔導人員進駐校園，詳見第三章，在此不再贅述。

陸、專任輔導教師擴編

一、計畫背景

2010年底桃園縣八德國中的校園欺凌事件，則是另一次促成臺灣學校輔導體系完善建構的機會。八德國中傳出有女學生被同學強拍裸照、老師遭到學生威脅、學生帶西瓜刀進教室等。該校有64名（超過半數）教師不滿校長沒有積極處理學生欺凌事件，連署要求校長下臺而使事件爆發。2011年1月12日立法院再次修正通過國民教育法第10條，使得臺灣學校學生輔導發展再向前邁進一步。

二、計畫內容

依新修正的國民教育法第10條規定，「國民小學及國民中學應設輔導室

或輔導教師。輔導室置主任一人及輔導教師若干人，由校長遴選具有教育熱忱與專業知能教師任之。輔導主任及輔導教師以專任為原則。」

前項專任輔導教師員額編制如下：1.國民小學24班以上者，置1人。2.國民中學每校置1人，21班以上者，增置1人。前項規定自中華民國101年8月1日施行，於5年內逐年完成設置。全國國中小將新增專任輔導教師2,156人。

此外，同法第10條亦規定，「國民小學及國民中學得視實際需要另置專任專業輔導人員及義務輔導人員若干人，其班級數達55班以上者，應至少置專任專業輔導人員1人。直轄市、縣（市）政府應置專任專業輔導人員，視實際需要統籌調派之；其所屬國民小學及國民中學校數合計20校以下者，置1人，21校至40校者，置2人，41校以上者以此類推。」據此，全國需設置將近600名專任專業輔導人員。

依教育部補助國民小學國民中學及直轄市縣（市）政府設置專任專業輔導人員實施要點規定，專業輔導人員係指：社會工作師、諮商心理師、臨床心理師。

三、解讀歧異

教育部、各縣市政府解讀國民教育法第10條關於專任專業輔導人員的設置不同，出現以下歧異：

（一）設置專任專業輔導人員被心理諮商、輔導界解讀為設置學校心理輔導專業輔導人員。

致使某些縣市重心理輔導，輕社會工作，例如：彰化縣、嘉義縣市、雲林縣、花蓮縣等。其實，此次修正國民教育法第10條，最大的賣點在輔導教師的擴編。因此，就不應該有將專任專業輔導人員單指學校心理輔導人員的想像，因為這會造成專業人力的重複。其次，關於專任輔導人員的背景，從1999年國民教育法修正頒布，即已在第10條第4款明定「輔導室得另置具有專業知能之專任輔導人員及義務輔導人員若干人」。當時的專業輔導人員就已包括諮商輔導、社會工作，這是回應1997年的「國民中學試辦設置專業輔

導人員實施計畫」。因此，認為專業輔導人員就是心理諮商人員，是對立法背景的嚴重誤解。

（二）將「其班級數達55班以上者，應至少置專任專業輔導人員1人」解讀為由學校聘任的學校專業專任輔導人員，由學校管理。「學校數合計20校以下者，置1人」解讀為由教育局學生輔導諮商中心管理。

導致出現所謂55班以上的「校級專業輔導人員」，歸學校自行聘任、管理，不接受教育局統一指揮的困境。復將「直轄市、縣（市）政府應置專任專業輔導人員，視實際需要統籌調派之；其所屬國民小學及國民中學校數合計20校以下者，置1人，21校至40校者，置2人，41校以上者以此類推。」解讀為由教育局聘任的專業專任輔導人員，由教育局設置的「學生輔導心理諮商中心」統一聘任、指揮、調派，即所謂「縣（市）級專業輔導人員」。致使，出現兩組各自為政的專任專業輔導人員，專業輔導人員體制混亂。

（三）依班級數設置專業輔導人員不利於偏遠地區學校。

55班以上與20校都只是設置人數基準，或個案負荷量的概念。就像瑞典、香港均以1,000位學生設置學校社會工作師1人為基準。我國沒有採學生數概念，而是採學校數與班級數雙重指標，是希望調和城鄉差距。所以，不是55班以上置駐校專業輔導人員1名，歸學校管；其他以班級數20校置1人，歸教育局管。若如此，極端地來說，某位縣（市）級專業輔導人員負責20個學校班級數都是40幾班，那麼該位專業輔導人員，不就要服務800多班嗎？就算該轄區20校，每校只有10班，也有200班之譜，加上來回交通時間，其工作負荷沉重。而一位「校級專業輔導人員」駐站在55班的學校專業輔導人員，僅需服務1校55班學生。工作負荷、責任承擔，不可同日而語。事實顯示，上述專業輔導人力設置指標並未真正縮短城鄉差距。

進一步說，六都之外的縣市極少55班以上的學校。因此，必須以20校為單位配置專業輔導人力，不論20校加起來有多少班與多少學生，這些小校大多位置偏遠，專業輔導人員從學生輔導諮商中心到這些學校支援，20校的交通往返就是個大問題，沒有自備汽車當交通工具者，根本無法來去自如。何況這些偏遠小校學生家庭的社經地位偏低、社區資源缺乏，更需要外部資源介入。然而，學生每遇有問題，學校每每望穿秋水，等不到專業輔導人員速速前來協助。只能任其問題惡化。若非碰到專業承諾堅定、社會正義感十

足的專業輔導人員,那些駐紮在城裡、人力不足、交通不便、對學校與社區均不熟悉的專業輔導人員,每每思及,爲何55班駐校專業輔導人員無須如此奔波,比較之心油然而生,一起追求涼快之心也應運而生,置學生權益於不顧,放專業倫理於兩旁,相濡以沫之下,久而久之便習以爲常了。勞逸不均至此,相互抵銷如是,豈是立法本意。

此外,以班級數爲基準的專業輔導人員設置不只造成勞逸不均現象,也使專業輔導人員的就業不穩度風險極高。在少子女化的外部條件下,逐年減班、併校是許多縣市國中小的趨勢。一旦學校面臨減班、併校數趨近臨界點,就會停聘專業輔導人員,避免資遣的麻煩。大部分縣市減班的學校的駐校專業輔導人員也必須離職重考,而非以轉任有空缺的學校或學生輔導心理諮商中心,理由是不同的聘任與管理程序。這是很荒謬的行政作爲,不但對專業輔導人員的工作權造成威脅,也犧牲學生的權益。

柒、學生輔導法通過

經過輔導諮商界長期的倡議,從輔導六年計畫時期即已研議制定「輔導法」的規劃,學生輔導法於2014年10月28日經立法院三讀通過。其中,關於學校輔導體制的條文有第10、11兩條。第10條規定「高級中等以下學校專任輔導教師員額編制如下:

1. 國民小學24班以下者,置1人,25班以上者,每24班增置1人。
2. 國民中學15班以下者,置1人,16班以上者,每15班增置1人。
3. 高級中等學校12班以下者,置一人,13班以上者,每12班增置一人。
4. 學校屬跨學制者,其專任輔導教師之員額編制,應依各學制規定分別設置。

第11條規定「高級中等以下學校得視實際需要置專任專業輔導人員及義務輔導人員若干人,其班級數達55班以上者,應至少置專任專業輔導人員1人。高級中等以下學校主管機關應置專任專業輔導人員,其所轄高級中等以下學校數合計20以下者,置1人,21校至40校者,置2人,41校以上者以此類

推。

　　依前二項規定所置專任專業輔導人員，應由高級中等以下學校主管機關視實際需要統籌調派之。

　　高級中等以下學校、直轄市、縣（市）主管機關置專任專業輔導人員所需經費，由中央主管機關視實際需要酌予補助之；其人員之資格、設置、實施方式、期程及其他相關事項之辦法，由中央主管機關會商直轄市、縣（市）主管機關後定之。

　　專科以上學校學生1,200人以下者，應置專業輔導人員至少1人；超過1,200人者，以每滿1,200人置專業輔導人員1人爲原則，未滿1,200人而餘數達600人以上者，得視業務需求，增置1人。但空中大學及宗教研修學院，不在此限。學校分設不同校區者，應依校區學生總數分別置專業輔導人員。

　　依學生輔導法規定高級中等以下學校專任輔導教師之員額編制，大幅擴大國民教育法第10條規定的員額。據此，除依國民教育法第10條逐年增置專任輔導教師之規定，於106年7月31日前將完成設置3,072名專任輔導教師外，自106年8月1日起將再依本法規定逐年增置。未來公私立高中以下學校每校均需置專任輔導教師，並再依班級數增置，全國預計將置8,158名專任輔導教師；較現行相關法令規定增加5,086人，將可大幅提升學校輔導能量。

　　至於，學生輔導法第11條規定的專任專業輔導人員並無超出國民教育法第10條規範太多，只是增加專科以上學校，每1,200學生應置專業輔導人員1人之規定。依此學校及主管機關置專任專業輔導人員（社工師或心理師）之規定，未來將置專任專業輔導人員747名。

　　然而，此一修正並未與國民教育法第10條同步修正，導致依國民教育法第10條規定從民國101年8月1日施行，須於5年內（106年）逐年完成設置的專任輔導教師，立即又要大幅增加員額。可以預期的是，這種快速擴張的專任輔導教師人力編制，將面臨以下困境：

　　首先，從民國101年起，10年內每年增加平均800名左右的專任輔導教師，各大學輔導與諮商學系是否有能力供給如此龐大且適合的專任輔導教師？不無疑問。更何況，不是每一位輔導與諮商學系的畢業生都適合擔任專任輔導教師。爲了補足輔導與諮商學系畢業生供應不及，學分班成爲短期速

成的選項。如此一來,專任輔導教師的品質堪慮。

其次,專任輔導教師的主要工作只是一部分在提供輔導活動教學,大部分時間是個別諮商與團體諮商,因此,督導成為非常重要的專業支持系統。如此龐大的專任輔導教師人力,如何找到合格的督導?

第三,以班級數決定專任輔導教師配置人數,這與專業輔導人員配置的指標一樣,當班級數增減到臨界門檻時,就有人必須面臨離職的威脅。學校為了避免超額教師,就不會聘足員額,任由專任輔導教師缺額,或改聘代理代課輔導教師,這對需求輔導的學生並不公平。何況,這些專任輔導教師專長是輔導,如果沒有專任輔導教師職缺,他們將面臨有教師資格卻無職缺的困境。

第四,在2014年底立法院提案修正國教法第10條配合學生輔導法第10條修正的事由中提及「規定24班以上者置1人」,唯現行全國2,669所國中小中,23班以下者高達1,845校,亦即70%學校是沒有專任輔導教師的。當前學童身心發展及社會變遷,國小之輔導工作日趨密集,且國小就奠下良好基礎,預防性工作厚實,對學童的學習與生活幫助極深遠。無論學校規模大小,至少應有1人,尤其規模小的學校通常屬弱勢偏鄉,更需專任輔導教師的協助,然後再視規模大小,酌予遞增人數。「國小設置專任輔導教師,亦可解決目前教育大學設置諮商輔導科系,但其畢業生卻無法在小學就業的窘境。」基於這兩個理由,將編制擴大為每校置1人。這其實是學生輔導法在倡議過程中輔導界的想法,再加上因關聯到鄭捷[1]案而焦慮的立法委員的說法。第一個理由很牽強。有學者以國際學生能力評量計畫(Programme for International Student Assessment, PISA)成績中,專任數學教師對學童數學程度提升的效果來比擬專任輔導教師的重要性。其實目前國民小學編制教師,103學年度已提高至每班1.65人,全校未達9班而學生人數達51人以上者,另增置教師1人。偏鄉學校實不缺專任教師,真正的原因是偏鄉教師流動率高

[1] 發生在2014年5月21日16時22分至26分,於臺北捷運板南線從南港展覽館站開往永寧站的列車上,在龍山寺到江子翠站間的隨機殺人事件,嫌犯為21歲的東海大學男學生鄭捷。此次殺人事件共造成4死24傷。當立法院在審查學生輔導法時正值鄭捷案發生不久,勾起立委以增加專任輔導教師來預防鄭捷案的思考。其實,鄭捷有疑似反社會性人格疾患,要到少年中後期才會出現明顯症狀,不可能透過增加國小專任輔導教師而預防的。

造成的教學不穩定，專任輔導教師無法解決這個困境，連自己都不敢保證不流動。至於第二個理由更牽強，是從教師供給面出發，創造教育大學諮商輔導系畢業生的就業機會，而非從國小學生的需求面思考。

第五，專任輔導教師提供的專業諮商服務與預防活動，是高度獨立自主的專業活動，如果專任輔導教師缺乏督導與專業倫理，根本可以擺爛而不會立即被發現。一旦被發現擺爛，得以教師法第14條不適任教師處理之，其中較適用的條款是第10款：知悉服務學校發生疑似校園性侵害事件，未依性別平等教育法規定通報，致再度發生校園性侵害事件；或偽造、變造、湮滅或隱匿他人所犯校園性侵害事件之證據，經有關機關查證屬實。第11款：偽造、變造或湮滅他人所犯校園毒品危害事件之證據，經有關機關查證屬實。第12款：體罰或霸凌學生，造成其身心嚴重侵害。第13款：行為違反相關法令，經有關機關查證屬實。第14款：教學不力或不能勝任工作有具體事實；或違反聘約情節重大。教師有前項第12款至第14款規定情事之一者，應經教師評審委員會委員三分之二以上出席及出席委員三分之二以上之審議通過；其有第13款規定之情事，經教師評審委員會議決解聘或不續聘者，除情節重大者外，應併審酌案件情節，議決一年至四年不得聘任為教師，並報主管教育行政機關核准。這種棘手的人事問題本不易處理。首先，證據取得不易，尤其第14款。其次，教師評審委員會審議通過不易，因為教師評審委員會組成除校長、家長會代表、教師會代表各一人為當然委員之外，其餘委員皆由教師選（推）舉出來，選（推）舉代表人數加上教師會代表至少已占全體委員的三分之二至86%，除非教師代表願意主持正義，否則要通過解聘、停聘及不續聘案非常困難。第三，行政程序冗長，對大部分校長來說，如果沒有十足的正義感，往往不想花時間、氣力處理這種麻煩的人事案，何況，處理不好還會被反咬一口。因此，學生就成了最無辜的受害者。

第六，龐大的專任輔導教師人事費及其退撫支出是由地方政府買單，每一位專任輔導教師一年要編列平均近百萬人事預算，每年增加800人，就需要8億元預算，且逐年累加，到編制額滿時，每年全國各縣市就需要增加80億元預算了。在大部分縣市教育人事經費已占教育預算80%以上的情形下，過度擴張的專任輔導教師員額絕對會給地方政府帶來更大的財政壓力。本是為了輔導有需求的學生而設置的專任輔導教師，可能被轉向成為擴大輔導與

諮商學系學生的就業機會。

第七，學生輔導法中所稱專業輔導人員包括：臨床心理師、心理諮商師、學校社會工作師。但該法諸多條文均以心理諮商觀點出發，遺漏學生所處當前家庭、社區、社會環境的複雜度。例如，學生輔導法第4條關於學生輔導諮商中心的任務，第1款：「提供學生心理評估、輔導諮商及資源轉介服務。」獨漏家庭與社會評估。第6款：「支援學校處理危機事件之心理諮商工作。」遺漏危機處理之社會工作服務。第8款：「協調與整合社區諮商及輔導資源。」也少了福利資源整合。在在顯示學生輔導法是一個以心理諮商為本位的立法，不符當前校園生態實況所需。當前臺灣國民學校學童的主要問題與需求屬於學習、情緒、行為與人際關係問題者不多；更多是涉及家庭、學校、社區、社會、文化等生態環境與制度帶來的困擾。例如，高比例的中輟生來自單親家庭、隔代教養家庭、原住民家庭、高風險家庭；每年不計取締黑數，仍然有將近300位兒童及少年因性交易被取締；1萬2千多位兒童及少年被家庭成員虐待與疏忽；難計其數的學童曾經目睹家庭暴力經驗而有創傷壓力；6千多位兒童及少年被性侵害（含性騷擾、性猥褻）；1萬2千多兒童及少年發生少年違法事件；16.3%學童有遭霸凌的經驗；約7.5%國中生網路沉迷；24.5%國中生曾自傷；以及越來越多的新移民家庭子女進入學齡階段，面對文化適應的議題（林萬億，2015）。這些學童的問題最需要的是學校社會工作師的專業協助，而不是專任輔導教師。

最後，依國民教育法第10條所設置的專業輔導人員之配置、管理、勞動條件等出現極多困境，在學生輔導法裡也未見解決。例如，部分縣市的專業輔導人員薪水不定期延後發給、無國民旅遊卡的福利、不採計過往年資、無考績甲等提敘一級等各級政府約聘僱員工應享的基本權利（李孟儒、張端文、曾淑慧，2014）。

以上顯示，學生輔導法有被認為只是保障專任輔導教師的專法的可能。諸多缺失若不未雨綢繆、及早補強，後果堪慮。

至此，臺灣的學校輔導體系大致底定。由專任輔導教師扮演學校諮商的主要角色，負責二級預防的直接服務，並支持初級預防的教師團隊；輔以包括心理師、諮商師、社工師在內的專業輔導人員，負責三級預防為主，初級、二級預防為輔的角色。許多專任輔導教師具備心理師資格，且由於專任

輔導教師的人力充沛，未來不可避免地必須介入更多三級預防的工作，尤其是當專業輔導人員人力不足和採行專業輔導人員駐站與學生輔導諮商中心並行模式時，學校心理師、諮商師的功能會被逐漸壯大的專任輔導教師團隊所取代，此種情形將益形普遍。而某些縣市的學校社會工作師又沒有受到重用，專任輔導教師就必須扮演從初級預防到三級預防的一貫作業角色。

　　依照上述劇本演下去，對臺灣的學校輔導並非有利。因為，專任輔導教師終究還是教師，受到教師法保障，其身分認同將是教師大於諮商專業。這種想像，極其相似於進入官僚體系的社會工作專業，必須面對專業的科層化（bureaucratization of professions）的困境，受到科層體制的層層節制。社會工作專業想要創造科層的專業化（professionalization of bureaucracies）的機會恐怕低於自身被科層化。因為社會工作專業基本上是高度依賴公部門的資源，很難逃脫科層化。同樣道理，學校諮商專業若過度依賴學校的科層體制及其保障，自然就會依賴學校行政，而相對降低對心理諮商專業的堅持了。

參考書目

中文部分

王仁宏（2003）。「從教訓輔三合一談學校輔導體系的建立」，學生輔導雙月刊，85
期，頁96-105。

王仁宏（2004）。教訓輔三合一後的學生輔導，編入林萬億、黃韻如（主編），學校輔
導團隊工作，第二章。臺北：五南出版。

宋湘玲、林幸台、鄭熙彥、謝麗紅（2000）。學校輔導工作的理論與實施。彰化：品高
圖書出版社。

李慧賢（2003）。國中輔導教師在九年一貫課程與教訓輔三合一與心理師法實施後的角
色與定位，學生輔導雙月刊，85期，頁52-63。

李孟儒、張端文、曾淑慧（2014）。誰來支持我們？論學校社工師的勞動現況。論文發
表於2014年臺灣學校社會工作學術與實務研討會。臺北：臺灣大學社會科學院國際會
議廳。9月20日。

林家興（1999）。國民中學試辦專業輔導人員實施成效及可行推廣模式評估，教育部委
託研究。

林萬億、黃伶蕙（2002）。學校社會工作，編入呂寶靜主編，社會工作與臺灣社會。臺
北：巨流圖書，頁445-486。

林萬億（2015）。新北市慈輝班申請安置學生與學校社會工作輔導學生案例趨勢分析與
因應對策研究報告。新北市政府教育局委託研究。

吳正勝（1979）。高級中學輔導工作實施與大一學生學習適應的關係之探討，輔導月
刊，19卷，4期，頁124-154。

教育部（1991）。教育輔導工作六年計畫。臺北：教育部。

劉淑慧（1987）。助人工作者職業倦怠量表之編製與調查研究，彰化師範大學輔導研究
所碩士論文。

劉焜輝（1992）。高級中學輔導工作的檢討與展望，廿一世紀的高級中等教育。臺北：
臺灣書店。

戴嘉南（1979）。高級中學試辦學生評量與輔導工作實況調查及加強輔導。高雄：復
文。

英文部分

Berrick, J. D. & Duerr, M. (1996). Maintaining Positive School Relationships: the Role of Social Worker vis-á-vis Full-Service Schools. *Social Work in Education*, 18(1), 53-58.

Ehren, B., Montgomery, J., Rudebusch, J., Whitmire, K. (2006, November). New roles in response to intervention: Creating success for schools and children. Retrieved from http://www.asha.org/uploadedFiles/slp/schools/ prof-consult/rtiroledefinitions.pdf.

Euroguidance (2014) National Guidance System http://euroguidance.eu/guidance-in-europe/national-guidance-systems.

Hatch, T., & Bowers, J. (2012). *The ASCA National Model: A framework for school counseling programs.* Alexandria, VA: American School Counselor Association.

Kerig, P., Schulz, M. S. & Hauser, S. T. (2012). *Adolescence and Beyond: family processes and development,* Oxford: Oxford University Press.

Ockerman, M. S., Mason, E. C. M., & Feiker-Hollenbeck, A. (2012). Integrating RTI with school counseling programs: Being a proactive professional school counselor. *Journal of School Counseling* 10(15). Retrieved from http://files.eric.ed.gov/fulltext/EJ978870.pdf.

The American School Counselor Association(2008/2014). The Professional School Counselor and Multi-Tiered Systems of Support. www.schoolcounselor.org.

第二章 世界各國學校社會工作的發展

林萬億

　　學校社會工作（School Social Work）是社會工作的實施領域（field of practice）之一，有時又稱社會工作在教育體系的實施（social work practice in educational system）。就社會工作實施領域的分類，學校社會工作屬次要的設施（secondary setting）（Bartlett, 1961），次要不是不重要，而是社會工作者服務於非社會福利所設置或管轄的機構，例如：醫院、學校、監獄、工廠等，這些機構的存在並非為了社會工作，而是為健康、教育、矯正罪犯、經濟生產等，社會工作在這些機構中只是提供某種特殊面向的服務，以補足這些機構的功能（林萬億，2013）。學校社會工作的功能不只在於提供臨床服務給有行為問題的學童，也與教育的多元體系一起工作，例如：教師、家長、社區、學校行政、教育主管機關、教育政策與立法等，以協助學校環境完成教育功能（Constable, 2002; Kirst-Ashman, 2007）。就學校社會工作的立場，協助學校完成教育的最終目的是協助學童擁有成功的學習經驗，以保障其受教權。

　　歐美國家發展學校社會工作已有超過百年歷史。英國早在19世紀末就運用教育社會工作（education social work）來協助學生就學問題，美國則可說是學校社會工作發展的鼻祖。除了美國之外，許多工業先進國家也都有學校社會工作師的設置。例如，加拿大的安大略省（Ontario）就聘有400位學校社會工作師，亞伯達省（Alberta）聘有50位。世界上學校社會工作制度最完善的國家之一是瑞典，總計有1,500位學校社會工作師，平均每1,000名學生就有1位。芬蘭、挪威、冰島也有類似的制度。匈牙利亦有100位學校社會工作師。德國各邦制度不同，西柏林就有1,000位學校社會工作師或社會教育師，諾罕-威士特法連（Nordrhein-Westfalen）聘有1,500人，黑森（Hessen）也聘有300位。英國的教育福利工作員與奧地利的青年福利工作員，則是相近於學校社會工作師，只是他們的規模不如美國、瑞典大（Huxtable and Blyth, 2002）。

　　香港的學校社會工作制度是亞洲最先進的，從1979年起在中學全面實施，由政府委託民間社會福利機構聘用學校社會工作者負責學童輔導，目前中學每1,000位學生就有1位學校社會工作者。韓國之前就有由三星集團贊助的漢城學校社會工作計畫，1997年他們特地派員前往美國取經，擴大辦理。日本也在2008年推動。迦納（Ghana）這個非洲國家也受到美國影響，聘有

400位學校社會工作員（Huxtable, 1998）。澳洲至少有250名學校社會工作者，150名服務於維多利亞省，50-60名服務於塔斯馬尼亞省（Tasmania），其餘分散各省（Lee, 2012）。

依據國際學校社會工作網絡（the International Network for School Social Work）資料顯示，全球總計有49個國家加入行列，包括阿根廷、澳洲、奧地利、巴哈馬、加拿大、中國、古拉索、丹麥、愛沙尼亞、芬蘭、法國、迦納、蓋亞那、香港、匈牙利、冰島、印度、亞買加、韓國、日本、拉脫維亞、列支斯列敦、立陶宛、拉脫維亞、盧森堡、馬其頓、馬爾他、茅利塔尼亞、蒙古、荷蘭、紐西蘭、奈及利亞、挪威、巴基斯坦、波蘭、沙烏地阿拉伯、斯洛伐克、俄羅斯、新加坡、南非、斯里蘭卡、瑞典、瑞士、臺灣、千里達與多巴哥、阿拉伯大公國、英國、美國、越南。

本章探討社會工作進入校園的歷史發展，先談美國學校社會工作的發展，再討論歐洲、亞洲的經驗。

壹、美國學校社會工作的發展

寇思汀（Costin, 1969）認為有三個因素影響早期美國學校社會工作的發展：1.強迫教育，2.個別差異被重視，3.關切教育對兒童現在與未來的影響。寇思汀的觀察比較從教育的角度出發。拜伊與阿瓦蕾芝（Bye and Alvarez, 2007）則從宏觀的角度提出以下三件事影響美國學校社會工作的發展。首先是強迫入學；其次是保護童工立法；第三是移民人口增加。

美國的公共學校（common school）運動始於1830-1840年間。在此之前，美國只有教會的慈善學校（charity school）提供貧窮兒童就讀機會。1827-1837年間擔任麻省州議員（Massachusetts State Legislature）的輝格黨人（Whig Party）[1]勉恩（Horace Mann）倡議，認為要加速現代化就必須模仿

---

[1]　「輝格」（Whigs）的名稱是「Whiggamores」（意為「好鬥的蘇格蘭長老會派教徒」）一詞的縮寫。1679年，因約克公爵詹姆斯（James II）（後來的詹姆斯二世，查理一世的次子）具有天主教背景與親法國理念，就詹姆斯是否有權繼承王位的問題，英格蘭議會展開激烈的爭論。一批議員反對詹姆斯公爵的王位繼

普魯士推行公共教育。1848年，麻省首設教育部（Massachusetts State Board of Education），由勉恩擔任首任部長。同年，他也補選上聯邦國會議員，更得以有機會推動普及的公共教育。之後，美國各州競相以麻省為師，推動公共教育。同步，設立師範學院（Normal School）以培養師資。勉恩便被稱為美國公共教育之父。

其實，世界各國的公共教育都受到普魯士教育的啟發。德國統一前的普魯士，於1763年由黑克（Johann Julius Hecker）創設公共學校，並受到普魯士王斐德烈大帝（Frederick the Great, 1740-1786）所支持。稍早以前的1748年，黑克已經於普魯士設立了第一個教師學校。1763年，普魯士的學校系統已經普及到不論男女，5-14歲的兒童均必須接受地方政府贊助的學校教育。這也是強迫國民教育的源頭，由國家以稅收支持公共教育。普魯士的國民教育規定8年，教育內容不只是現代公民所需具備的讀寫能力（當時並未包括算術），也包括音樂、宗教教育。

1818年古力斯坎（John Griscom）取得來自法國哲學家考森（Victor Cousin）翻譯成英文的《普魯士國家公共教育報告》（*Report on the State of Public Education in Prussia*），包括勉恩在內的一批教育改革者對這份報告都非常有興趣。勉恩於1843年遊歷普魯士，親眼看到普魯士的公共教育體系的運作，更堅定其在美國推動公共教育的決心。普魯士的公共教育系統強調社會凝聚（social cohesion），包括建立師範學院以培養師資。

基本上，美國的公共學校由稅收支應、保守、科層化、統一課程、變遷緩慢，主要是作為傳承新教的安格魯美利堅文化（Protestant Anglo-American culture），降低社會階級的緊張，作為消除犯罪、貧窮、穩定政治體系，以及培養愛國公民的機制（Spring, 2001，引自Bye and Alvarez, 2007）。

1852年，麻省首先制定強迫入學規定。兒童8-14歲，除了因貧窮、身心障礙，或其他足以證明無法就學的理由外，一年中至少要入學3個月，連續6個禮拜上學。1870年代有三個州跟進，到了1900年代，三分之二的州都已採

承權，被政敵托利黨（the Tories）譏稱為「輝格」。輝格黨人的基本主張是君主立憲主義（constitutional monarchism）。其於1715-1760年間長期支配英國政治，史稱輝格霸權（Whig Supremacy）。1784年組成較嚴密的政黨。工業革命後，輝格黨支持新浮現的工業利益階級與富商。1859年輝格黨在格拉史東（William Gladstone）帶領下改名自由黨（the Liberal Party）。

取相似的強迫入學規定。1918年全美國都規定強迫入學，只是各州規定的年齡、入學年限、中輟規定不同而已。

約莫同時，童工立法也被推動。1900年有18%的美國10-15歲兒童進入工廠工作。1904年國家童工委員會（the National Child Labor Committee）組成，調查童工狀況，倡議保護童工立法。在童工議題上，兒童社會化與親權經常是對立的。各州希望透過強迫入學讓兒童進入學校受教育，但是，有些父母希望兒童可以及早進入職場工作賺錢貼補家用，特別是貧窮家庭、南方的黑人家庭。直到1939年美國通過公平勞動基準法（Fair Labor Standards Act），才限制學齡兒童的工時與限制兒童就業場所。

1860年代南北戰爭後，南方黑人大量湧入北方城市。同時，來自東歐、南歐移民也大量移入美國東部與中西部城市。1880-1890年間，美國移民人口已增加到525萬人。移民人口的增加帶來貧窮、營養不良、犯罪、疾病、文化衝突等社會不安問題。聯邦與州政府對移民的服務相當有限，大部分仰賴社會睦鄰組織、私人慈善、教會，以及地方政府的提供。透過教育來提供貧窮、文盲、非技術移民的社會化，既是一種解構，也是一種建構。教育使移民快速美國化（Americanization）或去文化化（deculturalization）[2]，而融入新教的安格魯美利堅文化。

於是乎，進步主義的慈善工作者結合進步的教育改革者，從協助貧窮家庭兒童、移民家庭兒童進入公共學校下手，來解決貧窮家庭與移民家庭兒童的社會化問題。讓美國的社會工作與教育有了邂逅的機會。

---

[2]　去文化化是指被壓迫、被殖民、少數、弱勢族群被強制放棄其原有的語言、文化、生活習慣的過程。對這些族群來說是文化被優勢或統治團體所解構，代之以優勢團體的文化。對優勢文化來說是一種重新建構弱勢族群文化的過程。這個過程是緩慢的，原因在於優勢團體企圖完全取代弱勢團體的文化、語言、生活習慣。這個概念有別於文化同化（Cultural assimilation），同化是指個人或團體模仿他人或他團體的文化，通常是新移民模仿移入國的文化，以利融入移入社會，或原住民模仿殖民統治者的文化，以利生存。當模仿者完全仿同移入社會的文化或殖民者的文化時，稱完全被同化。但是這種情形不容易發生，因為地理環境或其他文化本質上的障礙所致。法農（Frantz Fanon）的《黑皮膚，白面具》（*Peau Noire, Masques Blancs*）一書即是在探討黑人如何內化被殖民的劣勢，而此一劣勢又如何弔詭地「表皮化」爲黑皮膚的符碼再現，導致精神焦慮與情感錯亂。去文化化也不同於涵化（acculturation），涵化是指不同文化間經由接觸、互動而產生社會、心理、文化、語言、生活習慣、宗教信仰等的變遷。涵化也常發生於殖民統治、軍事或政治占領，導致被統治或被殖民者的文化被涵化。

一、訪問教師時期（1906-1921）

1906年，紐約的哈特雷（Hartley）與格林威治（Greenwich）移民區的工作者，首先聘用兩名社會工作者擔任訪問教師（visiting teacher），負責訪問學校和家庭，以增進家庭、學校和社區團體間的了解和聯繫。該計畫為公共教育協會（Public Education Association, PEA）所支持。PEA是由女性的教育改革者組成，在都市政治中頗具影響力（Bye and Alvarez, 2007）。

1906年，芝加哥大學睦鄰會社與芝加哥婦女俱樂部（the Chicago Settlement and the Chicago Women's Club）聘用全職的社會工作者於芝加哥的學校中（McCullagh, 2000）。

次年，波士頓的婦女教育協會（the Women's Education Association）也聘訪問教師來連結學校與家庭，以幫助兒童獲得更好的學習。

1906年秋，美國康乃迪克州的哈佛德（Hartford, Connecticut）北二中（the Second North School），校長寇爾（Arthur D. Call）發現學校裡有個13歲的女生妮麗（Nellie），學業程度只有小一，連個完整的句子都拼不出來。於是，他跑去請教哈佛德慈善組織會社（Hartford Charity Organization Society）的主管，這位主管答應派「友善訪問員」（friendly visitor，早期社會工作者的稱呼）畢雯（Winifred S. Bivin）去調查與協助。學校稱畢雯為特別訪問者（special visitor）。畢雯本身還是哈佛德學院宗教教育系的學生（此時，美國只有紐約、芝加哥、波士頓三地的大學設有社會工作學院），她訪視家庭後，再去找醫療專家諮詢，妮麗被診斷出是腺狀腫，經過治療後，學業進步神速。其實，像這樣的案例在北二中還有好幾個，只是妮麗特別落後，而引起注意。這個經驗對北二中處理學習障礙學童是一大鼓舞（McCullagh, 2002）。

之後，經由4位老師的轉介，32位從9到14歲不等的學童被轉介給畢雯，經過鑑定與觀察後，84%有不同的症狀，包括視力差、聽力受損、扁桃腺腫大、腺狀腫大症、精神障礙等，需要醫療與家庭訪視服務。1907年，另有80位被認為學業落後的學童被轉介給畢雯，經觀察與鑑定，有超過八成需要不同的治療與家庭協助。畢雯在北二中的工作是家庭訪視、結合學校與醫院資

源，以及協助醫院診療學童。寇爾校長對畢雯的貢獻讚不絕口，而畢雯被稱爲是學校社會工作者的先趨（McCullagh, 2002）。

　　翌年，畢雯畢業離職，接手的3位「特別訪問者」分別是高蕾兒（Carrie Gautheir）、哈欽生（Mary Hutchinson），以及費雪（Mary Fisher），她們繼續執行「非常態兒童」（abnormal children）專案。一年之內，有500個家庭被訪問，超過1,000通電話打到慈善組織會社來諮詢，其中有350位學童接受不同的治療與協助（McCullagh, 2002）。

　　有些學校社會工作的書籍認爲兒童心理學家道森（George Dawson）才是學校社會工作的始祖（Oppenheimer, 1925; Allen-Meares, Washington, & Welsh, 2000），其實不正確，因爲道森教授來到北二中已是1908年的事了，他開始研究兒童落後現象始於1908年11月。雖然道森教授在1907年曾在哈佛德的亨利巴南學校（Henry Barnard School）進行心理實驗，而該校的確是由北二中改名而來。在道森教授的文獻中確實首次提到他與特殊教師（special teacher）合作，幫助確認兒童史與進行臨床建議，至於學校訪問者（school visitor）、訪問教師並未出現在道森教授的文獻中。不論如何，道森教授於1906-1908年在亨利巴南學校與訪問教師一起工作，1908年之後在亨利巴南學校兒童研究部門進行的問題兒童個案研究，以及1913年起在麻省春田市（Springfield）公立學校所進行的心理實驗方案，對學校社會工作者的協助確實很大（McCullagh, 2002）。

　　學校訪問者到了1910年改稱爲「訪問教師」（Visiting Teacher）。1916年舉辦第一屆全國訪問教師與家庭與學校訪問者研討會，1919年「美國訪問教師與家庭暨學校訪問者協會」創立，並與社會工作全國會議共同舉行「訪問教師暨家庭學校訪問者第二次全國會議」，學校訪問教師再度獲得國家的肯定。而從1909到1921年一直在北二中服務的哈布魯克小姐 （Sara M. Halbrook）更是參與其中，並擔任副會長，後接任第三任會長。該組織1921年改名「美國訪問教師協會」（The American Association of Visiting Teachers），其中14位開創者，包括了紐約、波士頓、哈福德等地訪問教師的3位先鋒卡伯特（Jane F. Culbert）、凱司（Emma G. Case），以及哈布魯克；這個組織到了1943年更名爲「美國學校社會工作協會」（the National Association of School Social Workers, NASSW）（Mc Cullagh, 2002）。

　　不論是哈佛德、紐約、波士頓，還是芝加哥，都是由民間團體發起協助學校解決有困難的學童問題。直到1913年，紐約州羅契斯特（Rochester）的教育局聘用訪問教師，來結合教育與福利，促成學校與家庭的最大合作可能。從此，美國就有越來越多州加入聘用學校訪問教師的行列，到1921年，連中西部在內，有31州聘任244位訪問教師（Johnson,1959; Hancock, 1982）。1923年，紐約的大英國協基金會（Commonwealth Fund of New York）提供經費支援少年犯罪預防方案，其中包括為美國20個鄉村與都市社區聘用30名學校訪問教師，大大提升了學校訪問教師的知名度（Dupper, 2003）。

　　早期訪問教師的任務是解釋兒童的校外生活、補足教師對兒童知識的不完整、協助學校了解鄰里生活、訓練兒童的未來生活（Costin, 1969）。隨著1920年代訪問教師的擴張，其功能也逐漸擴大，歐本海默（Oppenheimer, 1925）的研究發現訪問教師的主要任務是學校－家庭－社區連結（school-family-community liaison）；其次是協助兒童家庭使用社區資源；第三是親子關係的直接工作；第四是解釋兒童及其環境給學校知悉；第五是協助學校行政針對學習困難的學童，重組較有利的學習條件。而其中最後一項是最大的改變，也是最有價值的進展。

　　1920年代學校訪問教師服務學生的比例，依歐本海默（Oppenheimer, 1925）的研究發現，最少的是119位學生配屬1位訪問教師，最多的是1,175位學生配屬1位，平均1位訪問教師服務約500位學生。據此，1930年胡佛總統於白宮召開的兒童健康與保護會議上，建議每500位學生應聘1位訪問教師。實際上，1930年代初，1位訪問教師大約服務1,500-3,000位學生（Bye and Alvarez, 2007）。

二、傳統臨床工作時期（1921-1954）

　　隨著美國1920年代的心理衛生運動的蓬勃發展，訪問教師工作也被要求必須扮演治療者的角色，再加上那時社會工作界主流的個案工作也是以精

神分析爲基礎，因而進入所謂的學校社會工作的傳統臨床模式（Traditional Clinical Model）時期，以提供因情緒困擾與適應不良的學童的個別服務爲主要工作。1930年代經濟大蕭條，學校社會工作發展受到延宕，學校社會工作又回到關切學童的社會生活條件與基本維生需求上，學校社會工作實務以個案工作爲導向。不過，1939年的調查顯示美國已有150個學校實施學校社會工作（Bye and Alvarez, 2007）。

　　1940年代到1950年代間，學校社會工作者人數增加，工作重點轉向臨床工作，不僅對「問題兒童」（problem children）提供協助，訪問教師也需提供教育家長了解學童的學校生活與各種心理發展，並且讓學校老師了解兒童的情緒困難的原因，目的均爲了使學童問題能夠獲得協助。傳承個案工作功能學派（Functional School）的賓州大社會工作學院的史美麗（Smally, 1947）曾言：「學校社會工作是學校方案的一部分，也是一種特殊形式的個案工作。」（引自Costin, 1969）。亦即，學校社會工作仍然以個案工作爲主（Bye and Alvarez, 2007）。一來是當時其他社會工作方法尙未發展成熟，社會個案工作幾乎就等同於社會工作；二來的確受到精神分析被大量運用於個案工作的影響。寇克斯（Cox, 1963）提醒社會工作者在國小服務要能完成兩項主要任務：一是與學童建立關係，讓學童了解自身處在的特殊時間與地點的情境；二是與教師工作，讓教師接納不完美的班級與學生。學校社會工作轉向臨床工作重點的部分原因，是學校社會工作者認爲扮演臨床工作者的角色比起老是被稱爲「曠課官員」（truant officer）的角色來得聲望高些（Radin, 1989）。

　　1940年代美國已有34個州通過學校社會工作制度，包括新加入的路易西安納、喬治亞、維吉尼亞、馬里蘭、密西根、伊利諾、波多黎各等，到此已經有34個州與夏威夷加入美國學校社會工作者協會了。依美國教育部的統計，約有1,000位全職訪問教師服務於266個社區。

三、學校變遷時期（1954-1965）

　　1950年代，各界開始關注種族隔離的學校條件對學生的福祉明顯不利。特別是1954年布朗（Brown）控告堪薩斯州的托匹卡（Topeka）學區種族隔離。法院判定爲不同種族分別設立教育設備基本上是不平等的，同時也是違憲的。這個判決否定了1896年聯邦最高法院作出「普萊西控告佛格森案」（Plessy vs. Ferguson）判決，確立對黑人採行「隔離但平等」措施的合法性。於是，學校必須取消種族隔離政策，以及處理過去以白人中產階級爲主導的學校教育，在教育、生活、語言上與日漸增的有色種族學生、家長之差異。改變學校體系以保障學童學習權的呼聲升高，學校社會工作者也被要求協助改善學校的失功能（school dysfunction），從此學校社會工作進入學校變遷模式（School Chang Model）的時代，採用的工作方法也不再只是個案工作，還大量運用團體工作、社區組織等方法。

　　針對文化剝奪的兒童（culturally deprived child），學校社會工作者被要求注意在不同社區背景下，學童的階級、族群屬性差異，必須發展不同取向的工作方法，尤其出身中產階級爲主的社會工作者進入貧民窟所在地的學校，更需要認識到學校社會工作者在教育設施中的獨特角色，協助這些教師眼中難以接近、令人討厭、不守秩序、反抗權威、性關係複雜的孩子（Lornell, 1963）。

　　在取消教育的種族隔離後，學校社會工作也跟著轉型爲：1.平衡直接服務與對學校員工的諮詢服務，2.增加團體工作的運用，3.與學校的行政人員建立有效的組織關係，4.使用更多學校社會工作方案來解決學童缺席的問題，5.針對青年有需要發展社會與經濟知能有更全面的覺察（Costin, 1969）。據此，學校社會工作者的任務也部分改變如下：1.直接與學生工作，2.調解教師與學校行政人員對學習困難學生的理解，3.作爲教師的諮詢者，以促進班級管理，修正教師對學生的理解，改變學校政策與程序，4.協商家庭與機構解決學童特殊問題的情境。

　　當更多專業介入學童在校的學習經驗之後，角色混淆在所難免。當學校社會工作者也直接提供學生服務時，角色重疊更明顯。雖然每一種專業仍然

以團隊成員自居，可是，學校心理專家（school psychologists）、輔導工作員（guidance worker）、護士、強迫入學官員（attendance officers）等人如何分工，已浮上檯面。如果再加上教師、校長、學校行政人員，團隊成員對學童問題的看法更加歧異，溝通、協調越來越重要（Costin, 1969）。

在專業組織發展方面，此時期也有不少突破性的發展，1943年美國全國訪問教師協會改為美國學校社會工作者協會（NASSW），1945年美國教育委員會建議學校社會工作者應具備社會工作碩士（MSW）學位。1950年代學校社會工作持續成長，大約有1,700人受僱於450個城市。美國學校社會工作者協會（NASSW）會員已有650人。1955年美國學校社會工作者協會又與其他6個社會工作協會合併，成立美國社會工作者協會（National Association of Social Workers, NASW），並使得學校社會工作成為社會工作專業發展的重要一環。1959年美國教育衛生福利部認定學校社會工作的專業地位。自從1925年即發行的《學校社會工作通訊》（*NASSW Bulletin*）也停刊，直到NASW於1978年出版《學校社會工作》（*Social Work in Education*）（已易名*Children & Schools*），學校社會工作者的聲音才又被聽到（Bye and Alvarez, 2007）。

四、社區學校關係時期（1965-1990）

1960年代，公共教育因種族隔離問題備受社會各界抨擊，公立學校被認為存在著教育機會的不公平，拉大少數民族、低社經地位學童和中產階級學童間的差距，造成受教育機會的不均。1964年的公民權利法案（Civil Rights Act），嚴禁受聯邦補助的學校因種族與國籍不同而有不公平對待。公立學校被認為需要改變，學校職員包括學校社會工作者、輔導諮商者等都需要被改變。此時美國正值大力推動抗貧大作戰（war on poverty）、民權運動、福利運動、少年犯罪防治的時代，少年的社會與經濟條件改善才可能向上流動，學校於是被視為是社區變遷的原動力。1965年中小學教育法（Elementary and Secondary Education Act, ESEA）明定撥款補助中學與小學清寒子弟的教育。學校社會工作者也被賦予擔任學校—社區—學生關係

的橋梁，學校社會工作進入社區學校模式（Community School Model），或學校－社區－學生關係模式（school-community-pupil relations model）的時代。社會學習理論、系統理論已進入校園，成爲學校社工改善對學生有不良影響的學校與社區條件的基礎（Costin, 1975）。歐德森（Alderson, 1972）將學校社會工作依歷史發展階段區分爲4個模式：傳統臨床模式、學校變遷模式、社區學校模式（the community school model）、社會互動模式（social interaction model）。儘管如此，1970年代大多數學校社工還是習慣採用傳統的個案工作服務。

1970年代對學校社會工作來說是擴展與豐盛的，不僅學校社會工作者人數明顯增加，工作重點更強調在家庭、社區校內的團隊合作關係以及對身心障礙學童的服務。首先，科諾報告（Kerner Report）指出1960年代的種族暴動，與公立學校對少數民族學童教育的失敗有顯著關係，並主張公立學校應當消除種族隔離主義，以及開放讓家長與社區有更多的參與。這深深地影響學校社會工作的發展方向，NASW與學校社會工作委員會（Council on Social Work in the Schools）展開爲期3年的計畫來擴展學校－社區連結的角色。

1972年，教育修正案明定聯邦補助的學校對男女學生不能有不同的入學標準與待遇，並規定禁止公立學校對懷孕的學生及未成年母親有不平等對待。1973年職業復健法案規定有學習障礙的學生需要有特別考慮與設備，而非僅限於身心障礙教育法案中所規定的特殊教育學生群。因此，注意力缺損過動症（ADHD）及愛滋病毒感染的學童也可獲得協助。

1974年，兒童虐待預防與處置法案（Child Abuse Prevention and Treatment Act）規定，聯邦撥款補助各州預防與處置兒童虐待與疏忽案件，並設「國家兒童虐待與疏忽中心」；少年法庭與少年犯罪預防法案規定，聯邦政府補助各州推動中小學學童留校繼續升學方案；家庭教育權與隱私權法案規定，家長隨時可閱覽子女在校的紀錄，要求修改不正確與易令人誤解的資料權利。

1975年的「殘障兒童教育法案」（Education for All Handicapped Children Act），確認所有障礙兒童都有權利得到免費與適當的公共教育機會。同時在法律上將學校工作融入中小學教育法案，與多專業團隊共同爲身心障礙學童服務。

接著，1987年史都華麥金尼遊民救助法案（Steward B. Mckinney Homeless Assistance Act）通過撥款給學校，以確保無家可歸的兒童與少年可以接受公共教育。1990年此項法案修正，提供學校更多資源，以便為無家可歸的兒童與少年提供更多的協助其成功就學。1988年霍金斯-史塔佛中小學學校促進修正案（Hawkins-Stafford Elementary & Secondary School Improvement Amendments of 1988），再次授權學校提供新的教育方案，包括提供處於逆境中的學生服務。這項服務擴展學校社會工作，針對高風險兒童與少年的預防與介入服務（Dupper, 2003）。

在專業發展上，1969年NASW支持學校社會工作工作坊。1978年NASW出版學校社會工作服務基準（Standards for School Social Work Service，分別於1992、2002、2012年修正），明訂學校社會工作的知識、技巧、價值。在2002年的修正版中已加入生態模式、證據為基礎，以及以資料為基礎的評估取向的實施（Bye and Alvarez, 2007）。

1968年寇思汀（Costin, 1968）針對學校社會工作者的問卷調查發現學校社會工作的8組任務依序為：1.針對兒童及其家長的個案服務，2.個案負荷管理，3.向學校解釋學校社會工作服務，4.情緒困擾兒童的臨床處置，5.連結家庭與社區機構，6.解釋兒童行為給教師知悉，7.提供兒童及其家長的教育諮商，8.領導與政策決策。

針對學校—社區—學生關係模式的發展，寇思汀（Costin, 1972）提醒學校社會工作者必須適應新的任務：1.提供直接的教育與社會工作服務給學生。2.成為學生的倡議者。3.諮詢學校行政人員，讓他們了解學生問題的複雜性，以利發展解決問題的合作工作關係。4.諮詢教師，以利創造一個有利學童自由與願意學習的氛圍。5.組織家長與社區團體，成為學生、學校與社區間建設性關係的橋梁。6.發展與維持生產性的連結學校、社會工作的重要領域、司法機關，以利建立有效的社區服務學童及其家庭。7.領導與協調跨專業間的協調與合作。

1971年歐德森與柯里謝夫（Alderson & Krishef, 1973）以佛羅里達州的學校社會工作者為對象，進行仿寇思汀（Costin, 1968）的研究發現，提供情緒困擾兒童的臨床處置、針對學童及其家長的個案服務的重要性明顯下滑。顯示，學校社會工作者的任務正在變化中。

　　1975年，亞倫媚爾（Allen-Meares, 1977）依據寇思汀的研究又進行了一次調查，發現學校社會工作者的任務有些改變，其順序如下：1.協助其他人澄清兒童問題，2.提供社會工作服務，3.評估兒童問題，4.催化學校－社區－學生關係，5.提供兒童及其家長的教育諮商，6.催化社區資源的利用，7.領導與政策決策。顯示，1970年代的學校社會工作已經從傳統臨床模式，經歷學校的系統變遷模式，逐漸走向學校－社區－學生關係模式。

　　1976-1977年，一項針對學校社會工作與教育目標關聯性的研究指出，在東哈佛德學校社會工作部（the East Hartford School Social Work Department）所服務的學生中，因學校社會工作的介入而有統計上顯著地降低缺席、遲到，成績亦有提升，繼續缺席的學生成績惡化，而減少缺席與遲到的學生成績提升，雖然速度不是很快（Michals, Cournoyer, Pinner, 1979）。據此，證明學校社會工介入有滿足其被指派的教育任務。

　　前述1978年，美國社會工作者協會（NASW）所提出的第一版學校社會工作服務標準也是提升學校社會工作專精化的重要基石。1979年，美國社會工作者協會（NASW）與社會工作教育委員會（CSWE）組成任務小組討論社會工作專精化（specialization）時，學校社會工作者就加入倡議將學校社會工作納入成為專精化實務的一個次領域（Costin, 1981）。

　　1985年第三屆全國學校社會工作研討會（Third National Conference on School Social Work），建議學校社會工作採取以下策略（Mintzies & Hare, 1985, 引自Bye & Alvarez, 2007）：

　　1. 強化學校與社區的合作與協調，例如：心理衛生與保護服務。

　　2. 強化對學生的服務，不只是針對身心障礙學生與「問題學生」，而是針對全體學生。

　　3. 增加家長的參與和社區的外展工作。

　　4. 強調早期介入與預防。

　　5. 擴大利用學校建築作為開放課後照顧與社區組織的活動之用。

　　6. 協助學生處理家庭有關性虐待、兒童虐待、疏忽與家庭暴力的問題。

　　7. 提升學生自尊與增加學生成功學習的機會。

　　8. 發展特別的校內與另類方案（alternative program）給處在風險中（at risk）的學生。

五、全面性介入時期（**1990-**）

1990年殘障兒童教育法案修正爲「障礙者教育法案」（Individual with Disabilities Education Act, IDEA），將服務對象擴大到嬰、幼兒及學齡前兒童，並指明學校社工爲有資格進行早期療育的專業人員，其服務項目包括家庭訪視、心理測驗、諮商及社區資源的協調。改變了學校社會工作傳統角色，增加對生態和社會系統的處置，並且強調評估其工作成果與責信來強化學校社會工作的專業性。1997年該項法案再修正，個別化教育方案（Individualized Education Program, IEP）成爲幫助身心障礙學生適應學校的重要工具（Allen-Meares, 1998; Dupper, 2003）。

同時，當學校社會工作者在處理一些符合州醫療救助基金（Medicaid funding）所規定的特定個案時，或是在進行早期與定期測驗、診斷與治療而申請醫療救助基金的經費時，必須取得專業資格，以便被醫療救助基金確認各項服務的合法性。此外，1997年美國國會通過州兒童健康保險方案，5年內撥款200億，用來協助家戶所得未達聯邦貧窮線2倍的低所得家庭購買健康保險。這些增加的服務項目使學校社會工作者必須負責資格審查及提供相關經濟補助。

1990年代校園暴力常上報紙頭條新聞，聯邦政府遂於1994年通過無槍枝校園法案（Gun-free Schools Act），命令各州學生禁止攜帶武器入校，亦即對校園槍枝零容忍（Zero-tolerance），否則將冒聯邦經費刪減的風險，結果公立學校開除學生人數大增。1994年安全校園法案（Safe Schools Act），授權聯邦政府根據犯罪嚴重程度撥款給地方教育機構，以進行校園暴力防治工作，提供學校社會工作者化解校園暴力衝突的契機。同年通過目標2000年的美國教育法案（Goals 2000: Education America Act），正式明定改善高中畢業率、樹立高標準學生學業表現、提高家長參與率，以及創造安全、紀律、無毒品的校園爲目標。在該法案相關執行人員乙節特別提及學校社會工作者。

1990年代中期，州政府也興起以學校爲中心的運動，以便爲高風險學生及其家庭提供全面性與統一的服務。其項目包括：醫療、牙醫、心理治

療、休閒、少年活動、家長教育方案等，所有服務必須靠全校職員、教師、家長、社區的參與。1980年代末到90年代初，隨著攀升的中輟率、少女懷孕率、校園暴力、兒童貧窮，以及濫用藥物，困擾各地學區，而通過新的方案，如1989年的「校園與社區遠離毒品法」法案。再依1981年的「教育鞏固與促進法」（the Education Consolidation and Improvement Act）授權聯邦撥款，補助執行治療與支持學業失敗的高風險學童及需特殊教育服務的學童方案，許多本無學校社工的學區，如德州的聖安東尼歐（San Antonio），都在此時獲得撥款補助聘用學校社會工作者（Hernadez, Pais, & Garza, 2002）。1994年通過改善美國學校法（Improving the America's School Act），再次修正1965年的中小學教育法案（ESEA），擴展服務至在各州立機構就學、被疏忽、行為不良或是參加日間社區活動且已為人父母的少年方案。該法案特別指定學校社會工作者必須參與各項方案的實施，包括毒品、暴力的預防及輔導英語能力不佳的學童、原住民及清寒學童。

1990年代初，亞倫媚爾（Allen-Meares, 1994）再次進行學校社會工作者的任務分析，她以初階實務工作者（entry-level practitioner）為調查對象，發現學校社會工作的任務重要性排序有些微轉變：

1. 行政與專業任務（包括：維護服務紀錄、隱私權、繼續教育）。

2. 家庭與學校連結（包括：與家庭工作、鼓勵家長參與學校活動、建立學校與家庭的伙伴關係、增進親師關係的了解、協助親師溝通）。

3. 對兒童的教育諮商（包括：澄清學校的教育與成績期待、學生個案工作、團體工作、家庭諮商）。

4. 催化與倡議家庭使用社區資源（包括：連結家庭與社會機構、扮演社區資源無回應時的倡議者、轉介資訊的蒐集）。

5. 領導與決策（例如：扮演與服務相關的專業領導）。

亞倫媚爾感嘆在學校社會工作面臨越來越強大的挑戰時刻，學校社會工作者依然對領導與決策任務興趣缺缺，這是相對不利於學校社會工作的發展。

2002年「不讓任何孩子落後法案」（No Child Left Behind Act, NCLB）通過，再次修正1965年的中小學教育法案（ESEA），規定新的課業要求、誘因與資源，顯著地影響美國的州與地方教育，例如，要求學校擴大考試範

圍與頻率，保證教師的專業能力，設定學生每年的閱讀與數學成績的進步指標，縮短學生的學業成就差距。在教育改革的浪潮裡，學校社會工作者也被期待調整其角色，不但要參與學校改革活動，協助校長、教師、學生、家長、社區達成NCLB的目標，特別是針對學習落後的學生，如身心障礙者、認知與情緒障礙學生、原住民、外籍移民、中輟生等；也配合前述的學校社會工作服務基準的修正，進行證據為基礎的評估與研究（Bye and Alvarez, 2007）。而此時美國社會工作界已流行生態觀點，因此，學校社會工作也跟著流行生態模式（Ecological Model）的學校社會工作觀點，重視學生、家長、教師的因應行為與其所存在的生態競爭環境間的交流關係。

依美國學校社會工作協會（School Social Work Association of America, SSWAA）的建議，全職的學校社會工作師與學生的比例應是1：250。而學校社會工作師的職責則歸納為以下三大項：

（一）提供以證據為基礎的教育、行為與心理健康服務。

1. 執行多層級（multi-tiered）方案與實務。

2. 監督學生進步。

3. 評鑑服務效果。

（二）促進有利於學生學習與優質教學的校園氣氛與文化。

1. 促進有效的學校政策與行政程序。

2. 強化學校人員的專業知能。

3. 催化學生、家庭、學校、社區的關係建立。

（三）極大化接近以學校為本與社區為基礎的資源。

1. 促進服務的連續性。

2. 動員資源與增加資產。

3. 提供創意領導、跨專業協力、系統間協調，以及專業諮詢。

在證照制度建立上，NASW自1980年來已經積極著手對學校社會工作師發展證照考試，於1992年進行學校社會工作師第一次證照考試。另外，由於專業人員的增加，有31個州成立州級的學校社會工作者協會，20個州的美國社會工作者協會分會有學校社會工作委員會及4個區域性委員會。全美各學區總共聘有1萬5千位左右的學校社工師，各社會工作學院碩士班一年就有1,200位研究生以學校社會工作作為主修，占全部社會工作研究生的3.5%。

美國學校社會工作發展至今，無論在學校社會工作養成教育、專業組織成立以及專業品質上，均已具規模，成為各國仿照的對象。

美國學校社會工作發展至此，學校社會工作師被期待協助處在風險中的學童，順利完成學業。然而，相對於學校中的其他助人專業人員，如學校心理師（school psychologist）、學校諮商師（school counselor），學校社會工作師在學校的正當性依然相對不足。目前全美國50州均聘有學校社會工作師，但是，其職掌差異仍大。新進的學校社會工作師仍須面對其在校園內的正當性問題，特別是相對於學校心理師與學校諮商師（Altshuler and Webb, 2009）。學校社會工作師在校園內是較不易被了解與不被感激的（Dupper, 2003）。因此，學校社會工作師必須強化其能見度（visibility）、存活力（viability）與有價值（value）等三個V（Garrett, 2006），才可能爭取到更大的表現空間。

當然，讓學校社會工作師資格要件（certification requirements）提升是迫切的，因為47個州已採納美國學校心理師協會（The National Association of School Psychologists, NASP）的標準，NASP規定必須具心理學碩士學位（60學分），完成1,200小時的實習，且通過國家學校心理師考試及格。雖然少數州規定實習時數少於1,200小時，有些州亦有自己的考試。總之，無損於學校心理師的專業地位。

學校諮商師的資格規定則稍寬鬆於學校心理師，但也夠專業。有43個州規定需具諮商碩士，6個州規定學士即可。有些州規定需工作經驗（教學或諮商相關），有些州規定需通過考試取得資格。

至於，學校社會工作師則各州規定差異極大。20州規定需具社會工作（福利）碩士，18州沒有資格規定，10個州僅需社會工作學士即可，紐約甚至只要文科學士即可。24個州需要實習經驗，11個州需要國家考試。其中規定最嚴格的是加州、康乃迪克州、愛達荷州、伊利諾州、田納西州、華盛頓州，不但要具社會工作碩士學位，還要實習與通過考試及格。雖然，NASW與美國學校社會工作協會（SSWAA）已建議學校社會工作師要有一定的資格要件，如具社會工作（福利）碩士（MSW）學位、通過國家考試、具備特殊教育與公共教育知識、具評估與解釋評估結果的能力、具微視與巨視介入的能力、具協助學童排除學習障礙的能力，但是這些建議對各州並不具強

制性。因此，建議NASW、SSWAA、CSWE等三個組織要合力倡導各州一致採行上述建議，以提升學校社會工作師成為一個高品質的專業（Altshuler and Webb, 2009）。

1992年美國社會工作者協會（NASW）修正學校社會工作服務標準，2002年再度修正，最近的一次修正是2012年。該服務標準揭櫫學校社會工作的基本原則為：1.教育與社會改革，2.社會正義，3.三級介入。規定11項實務標準如下：倫理與價值、資格、評估、介入、決策與實施、紀錄保存、個案負荷管理、專業發展、文化知能、跨科技領導與協力、倡議。

從以上敘述，不難發現美國的學校社會工作不論在專業地位、組織發展上都漸趨成熟。而從學校社會工作發展史上發現，學校社會工作不只是一種在非社會工作設施的特殊社會工作實務（specialty social work practice），或是學校特定的介入（school-specific intervention），或是以學校為本的社會工作實務（school-based social work practice），而是一種組織間的實務（interstitial practice）（Phillipo & Blosser, 2013）。簡單地說，是一種跨界（域）的實務，學校社會工作者服務的對象經常溢出學校系統之外，包括家庭、社區、職場、社會福利機構、醫療、警政體系、司法體系等；而且在校內也存在不同專業間的協力，例如：與校長、教師、學校諮商師、心理師、學校行政人員一起工作。組織間的實務重視創新、動員、結構化的過程，一部學校社會工作發展史是學校社會工作從無到有、動員社會資源協助學童，將組織領域結構化的過程。

貳、歐洲國家學校社會工作的發展

一、英國

英國的社會福利起源相當早，體制發展也甚為完備，對於學校兒童的服務，早期是以教育福利服務（education welfare service, EWS）之名來發展，教育福利官（education welfare officer, EWO）是其普遍的名稱，因為英國教

育福利服務的發展主要是與強迫教育政策有關。教育福利官由政府機關聘用，主要職責是在處理學生出缺席問題，與美國早先由民間福利機構發展出來的學校社會工作不同，但處理的都是強迫入學議題。英國的制度影響包括曾經是英國殖民地的非洲西部的迦納、地中海島國馬爾他，以及大洋洲的澳大利亞。而就其歷史發展，英國的教育福利服務雖然早在1900年代推展，但教育福利服務卻一直沒有轉型成為學校社會工作服務，始終停留在強迫入學的範疇。

1880年代，英國配合強迫教育政策，促進兒童入學方案，開始實施教育福利服務，教育委員會僱用教育福利官，提供學童就學相關服務，協助每位學童均有平等的教育權。1884年，教育社會工作人員協會與教育福利管理協會陸續成立，提升英國教育福利服務專業發展。

仿照美國紐約的經驗，倫敦慈善組織會社在1903年成立了「社會學學院」（School of Sociology），課程兼顧理論與實務，強調直接由導師指導的學習經驗。然而，英國的這個社會學學院不久就夭折了。英國最老牌的社會工作教育家楊哈斯本（Eileen Younghusband）便感嘆道：「我們的社會學學院沒了，因此，生不出芮奇孟（Mary Richmond）、漢彌爾頓（Gordon Hamilton）、陶爾（Charlott Towle）之輩的社會工作專家，也出版不了標準課本，以及社會工作的文獻。」（Younghusband, 1964）

到了1929年，倫敦經濟學院（the London School of Economics）才開始訓練精神科社會工作員（psychiatric social workers）（Shardlow et. al., 1998），相信這是受到美國精神分析的洪流影響。倫敦經濟學院的社會工作訓練一直到1954年才轉向綜融課程，訓練的領域擴及保護管束、兒童照顧、醫療與精神科社會工作者。對英國人來說、這是第一個社會工作專業的訓練學校，尤其是他的學派傳統來自費邊社（the Fabian Society）的改革形象。可惜的是，1995年倫敦政經學院結束了社會工作訓練課程，專攻社會政策。當然，這也反映了社會工作專業教育在英國已逐漸擴展開來的事實。

即使在1950年代的英國，社會工作尚稱不上是一門專業（North, 1981），但是已有許多人自稱是在從事社會工作，不論是否為從倫敦經濟學院畢業的社會工作者。有些社會工作的訓練單位是以在職工作者為主，訓練期限也不一。為了管制這種水準不一的情況，英國政府於1971年授權

成立「社會工作教育與訓練中央委員會」（Central Council for Education and Training in Social Work, CCETSW），負責檢視社會工作教育的提供是否吻合要求標準，目的是要提升社會工作教育的水準，其功能類似美國的「社會工作教育委員會」（Council of Social Work Education, CSWE）。雖然有些訓練機構認為這個新的組織多管閒事，設定唯一標準也沒必要，但是，它帶給英國社會工作教育的提升是被肯定的（Shardlow et. al., 1998）。

即使標準化的社會工作教育被支持，但修業年限與課程還是不一。1989年英國的CCETSW，再將社會工作教育提升到以2年全職學生修課為主的社會工作文憑（Diploma in Social Work, Dip SW），這也是目前英國社會工作的主流，獲得社會工作文憑才能取得社會工作專業資格。

社會工作文憑的引進，對英國社會工作教育來說具有劃時代的意義。首先，將社會工作教育提升到特定的教育水平，社會工作文憑等同於三年制大學的二年水準。其實，在CCETSW討論的過程，曾有許多社會工作教育單位支持社會工作文憑應是三年制大學的水準，但未被採納。相對於護理專業來看，社會工作訓練是不足的，英國護士經過「2000專案」（Project 2000）之後，已提高到研究所教育水準，大學部的學生亦提高到所有護士學生的三分之一。

其次，CCETSW要求社會工作文憑採夥伴關係的訓練，亦即一個學校至少要與一個社會工作機構結盟，保證社會工作學術與專業利益結合，且學生的實務準備得以充分。雖然各地方的夥伴關係建立情形不一，但是，學校與機構的結盟是必要的，即使會因此而增加許多行政工作，也在所不惜。

第三，強調教育的產出。學生必須表現出對社會工作知識、技術與價值的水準。CCETSW會依此標準來檢討社會工作學校的課程內容。在1995年以前，不合要求的課程全部要修正。

接著，CCETSW又於1990年發展新的專業後教育（post-professional education），包括兩種：一是社會工作的資格後授予（the Post-Qualifying Award in Social Work, PQSW）；二是社會工作的進階授予（the Advanced Award in Social Work, AASW）。前者等同於學士水準，後者等於碩士學位水準。

資格後授予（PQ）於1991年引進後，到1995年全面實施。由健康

部（the Department of Health）出資，CCETSW組成19區PQ公會（PQ Consortia），仍然由社會工作機構、高等教育機構組成夥伴關係，來評估申請PQ的候選人是否符合資格，PQ的候選人必須獲得社會工作文憑，再加上一年的學術與實務訓練。這是一套全新的系統，讓那些只取得社會工作文憑的社會工作者，有系統地接近學習機會與提升專業能力（Mitchell, 2001）。

　　資格後授予的路徑較彈性，目的是以工作為基礎的學習（work-based learning），其一路徑是在社會工作機構內在職訓練，或是回到學校補修學分，只要累積到配合PQ或AA的資格要件為止；其二是以工作為基礎的學習，經由個別督導，或者結構化的學習組合，提出證明文件，被評鑑合格後即可授予新資格。大體上，PQSW對英國的社會工作專業，不論是個人或組織都有正面影響（Mitchell, 2001）。但是，不可否認地也帶來一些緊張，首先是知能導向的途徑（competency-driven approach）的教育與產出為基礎的評估（outcomes-based assessment）之間的緊張，是著重過程還是重結果？是重知能還是重反思（reflection）？某種程度造成PQ資格授予的兩難。第二是雇主與學院間的緊張。資源的配置，特別是時間安排，常是機構與學院衝突的來源（Postle et. al., 2002）。

　　以1996年為例，有122個社會工作文憑課程獲得許可，4716位學生獲得社會工作文憑學位（Shardlow et. al., 1998）。傳統上，英國的社會工作教育不被認為是一種學術訓練（academic discipline），因此，社會工作教育單位沒有進入到一般的研究學院（the academy）或大學的水準。但是，新工黨上臺以後，政府的白皮書中明示「現代化社會服務」（Modernizing Social Services）（1998）企圖運用社會照顧人力，輸送現代化、高品質的社會服務（Mitchell, 2001）。社會工作教育議題也跟著受到重視。

　　依早先英國的作法，社會工作研究者申請「經濟與社會研究委員會」（the Economic and Social Research Council）的經費時並沒有屬於自己的獨立學門，不是寄託在社會政策學門之下，就是委身在社會法研究或社會學之下。在1999到2000年間一系列的研討中，「理論化社會工作研究」（Theorizing Social Work Research）被強調，社會工作才有走向學科承認的趨勢（Parton, 2001）。

　　由於過去的社會工作教育並沒有從大學到研究所的逐級訓練，所以博士

班的訓練也不受重視，到2000年為止，只有兩所大學：東安哥利亞大學（the University of East Anglia）與塔維斯托克中心（the Tavistock Center，東倫敦大學的合作機構）有社會工作博士課程（Lyons, 2002）。不過，從2003年起，英國的社會工作文憑（Dip SW）改為三年制的大學社會工作課程，與一般學科訓練拉齊，加上已有的社會工作碩士班課程，英國社會工作教育將邁向兼具學術與實務的發展方向。

英國的社會工作專業組織從1970年起整合成功，組成不列顛社會工作者協會（the British Association of Social Workers, BASW），由早年成立的各領域社會工作者的團體：兒童照顧官員協會（the Association of Child Care Officers, ACCO）、家庭個案工作者協會（the Association of Family Caseworkers）、精神科社會工作者協會（the Association of Psychiatric Social Workers）、道德福利工作者協會（the Association of Moral Welfare Workers）、社會工作者協會（the Association of Social Workers, ASW）、醫療社會工作者研究所（the Institute of Medical Social Workers），以及觀護官協會（the National Association of Probation Officers, NAPO）所組成。歷史悠久的教育社會工作人員協會並沒有納入。

目前英國的社會工作者必須註冊成為社工（Registered as a social worker），註冊資格是社會工作系所大學畢業或碩士畢業。主管機關因不同地區而有所不同，在英格蘭是健康與照顧專業協會（Health and Care Professional Council, HCPC），在蘇格蘭是蘇格蘭社會服務協會（Scottish Social Service Council, SSSC），在威爾斯是威爾斯照顧協會（Care Council for Wales），在北愛爾蘭是北愛爾蘭社會服務協會（North Ireland Social Care Council, NISCC）。顯示，英國的社會工作雖然不同於社會照顧（social care），但是關係密切。

BASW是一個由地方性與專長領域雙重混合組成的組織結構，每一個地理區（英格蘭、威爾斯、蘇格蘭、北愛爾蘭）依比例選出協會代表組成BASW的理事會；再依每個專業領域組成特殊利益團體（special interest groups），如綜合保健（general health）、心理衛生、兒童與家庭、犯罪矯治等四大領域專長。

每個區域有自己的分會，如蘇格蘭分會；每個專長領域也有自己的專

門團體，如上述四大領域，但也有一些新興的次團體，如「老人特殊利益團體」（Special Interest Group on Ageing, SIGA）、貧窮顧問委員會（poverty advisory panel）、跨文化團體（intercultural group）、教育社會工作（education social work, ESW）等（Blyth and Cooper, 2002; Payne, 2002）。每個次團體的成員都繼續效忠於其特殊利益組織，各自辦理研討會、遊說、訓練與出版工作。每個地區分會也配合地方需求，辦理地區性活動。顯示，教育社會工作從早期的教育福利官轉型，在英國算是一個新興的實施領域。教育社會工作者（educational social workers, ESW）主要受僱於學校、地方教育機關、社會服務部門，或其他相關機構。

然隨著經濟與政治變遷，1989年，執政的保守黨大量削減社會福利預算，教育福利服務亦受到很大的影響。據教育社會工作人員協會在1991年9月到1992年1月間所進行的全國教育福利服務調查，發現地方教育機構教育福利官與學生人數比，從1：1,350降到1：6,500，其間差異頗大。另外，據審計委員會（Audit Commission）調查，推測1992年全英國教育福利官約有5,500位，其服務對象有73%是中輟學生（Blyth & Cooper, 2002）。此後，在財政仍緊縮的狀況下，政府教育福利預算趨向於直接進入學校與其他支持方案，並引進精密可靠的出席記錄系統，藉此改善學生行為與出席狀況，可知英國傳統的教育福利服務發展是受到限制的。

英國的教育福利官的專業資格認定方面，並非一定要採用社會工作的專業認定。依據1994年的一項調查，英國的教育福利官只有1/5具有被認定的專業社會工作資格，所以多數教育福利官並沒有具備社會工作資格的國家證書，或者採用社會工作技巧提供服務，因此不具註冊社會工作師的頭銜。只有少數地區，如威爾斯，教育福利官會提供類似美國學校社會工作較廣泛而完整的服務。

目前的英國教育福利服務是依據2000年通過的教育（福利）法案〔Education（Welfare）Act 2000〕，賦予英國兒童至少必須接受一定年限的教育權利，保證每一兒童均可於在地註冊入學接受教育。為此目的，設置國家教育福利委員會（National Educational Welfare Board）。這個法案承襲自1927-1967年的學校出席法（School Attendance Acts），比較像是強迫入學法案，執行這個法律的是由前述的國家教育福利委員會聘任的教育福利官。

　　在英國，教育福利服務已整合進入成爲教育的一部分，針對所有學齡兒童的家庭提供正向與積極的角色，其目的是界定與協助有學校相關問題的兒童；協助家長發展較親近的家庭與學校關係；家長只要遭遇學童的教育問題，可隨需要尋求駐校或當地的教育福利官協助。爲了保障學童在學校得到最大的教育利益，家長與學校人員被期待及早察覺到學童正在經歷的學校適應困難，因此，發展教育福利服務、家長、學校三者間的合作關係對於學童來說是非常重要的。據此，教育福利官的服務內容包括：

1. 聯絡學校關於學童出缺席的問題。
2. 與有學校適應困難的學童一起工作。
3. 與依法指派需要協助的兒童一起工作。
4. 建議學童就業相關的議題。
5. 申請陪讀。
6. 協助學校發送來自政府與立法機構支持的懲處通知。
7. 控告家長剝奪兒童受教權。
8. 追蹤失學兒童。
9. 監督兒童在家教育。

　　由此看來，英國的教育福利官仍然以執行強迫入學爲主，但是不再像早期的曠課官員一般只是巡迴監督學校的中輟學童。必須個別與學校適應有困難的學童工作，協助其排除來自家庭、學校的就學障礙；同時將觸角伸向身心障礙學童、在家教育學童、職涯輔導、少年犯罪，以及兒童教育剝奪的代行控訴等，與美國、北歐的學校社會工作已有較多的重疊。

二、北歐

　　北歐諸國的國民教育體系非常完善，包括學前兒童教育與照顧（educare），國民基礎教育到16歲，幾乎都是免費。北歐各國的公共教育理念是學校提供學童教育，必須輔以福利服務以支持學童的生理、心理、社會等面向的福祉。因此，北歐國家都有相當完整的社會福利政策，與進步的

教育系統來教育與服務國民，期待在完善的教育與福利制度下，社會化其國民成爲文明的全人。基於這樣的理念，社會工作與學校是一種合作的關係，目的是在保障學童權利並增進兒童發展。而北歐的學校社會工作發展，除了時間發展有些不一樣外，學校社會工作的工作角色與專業訓練是大同小異的（Huxtable and Blyth, 2002）。

依據瑞典學者Hessle（2001）的說法，北歐的社會工作發展可以分爲四個時期：

第一期：根源期（the roots, 1880-1950）

社會工作專業開始建構與定位。其中瑞典是最早有儲備福利改革工作人員的培訓。最初是由社會工作中央組織（Centralförbundet for socialt arbete, CSA）發起，組織聚集有志於社會改革與社會進步的人民加以組訓。到1910年，CSA已有社會工作實務課程提供給成員，這套課程逐漸發展出1921年的「社會、政治、城市教育與研究機構」的進階課程。這個研究機構也就是今日瑞典斯德哥爾摩大學（Stockholm University）社會工作學系的前身，這是歐洲最老的社會工作學系，已有超過90年的歷史，也是少數歐洲大陸國家中，在國家一流的大學中設立社會工作學系的。

在社會工作訓練的最初幾年，都是以小班制教學，每年只訓練20個學生左右，到了1930年代，學生增加到每年100人。1930年代瑞典社會民主黨執政，到1940年代間的福利國家擴張，需要大量的社會工作者加入福利改革的行列，於是，新設了兩個社會工作學系，一是1944年設立於哥特堡大學（Göteborg University），另一是1947年設立於隆德大學（Lund University）。此外，教會也開始設立小型的社會工作學校於斯德哥爾摩。同時，挪威與瑞典也是北歐學校社會工作發展最早的國家，1940年代瑞典首都斯德哥爾摩就由市政府與家長會合作，在高中聘任學校社會工作者。到了1950年代末，國民學校開始引進學校社會工作。

第二期：衝突期（1950-1970年代）

社會工作者警覺到服務個人與社會事務（social matter）、社區工作與政治的兩難，社會工作者發現這兩條路線似乎是不相容的。然而，1960年代瑞典福利國家持續擴張，社會工作者需求繁多，又有三個社會工作學系成立，

一是1962年的烏米大學（Umeå University），二是1971年於烏斯特桑大學
（Östersund University），三是1971年的歐瑞伯洛大學（Örebro University）
（Soydan, 2001）。1964年瑞典政府設定中央標準，社會工作納入高等教育
的一環。新的教育標準規定是修習7個學期（3年半），其中5個學期屬理論
課程，2個學期爲實地工作訓練。6個國立大學、1個私立學院，均依此標準
來培養社會工作者。

　　1966-1967年，瑞典的所有高中都必須聘有學校社會工作師。丹麥也在
1960年代引進學校社會工作。1960年代芬蘭的學校社會工作也開始發展，
首都赫爾辛基（Helsinki）及科特卡（Kotka）沿海市鎮首先正式設學校社會
工作者；1970年代，隨著學校改革，學校社會工作系統開始擴充；1973年，
芬蘭學校社會工作者工會（Union of School Social Worker in Finland）正式成
立；1977年，芬蘭一共有85位學校社會工作者。

第三期：意識形態的掙扎期（1970-1990年代）

　　社會工作到底應該效忠草根或者是以專業、科學爲基礎的教育？瑞典社
會工作仍然被認爲是半專業。受到國際社會工作專業的影響，瑞典社會工作
界警覺到社會工作必須朝向更全面性專業（holistic profession），定義共同
的目標與教育標準。1977年瑞典進行第二階段社會工作教育改革，6個社會
工作學系納入大學結構中，社會工作訓練再進一步成爲研究學科，首先由哥
特堡大學轉型成社會工作研究學科。瑞典、芬蘭、冰島的社會工作教育已進
入整合研究模型（Integrated Research Model）的高等教育。而丹麥與挪威還
停留在特殊領域模型（Specialized Field Model ）的職業教育。冰島的學校社
會工作發展較晚，於1977年跟進，在首都雷克雅維克（Reykjavik）首創。

第四期：整合期（1990年代以來）

　　社會工作的不同觀點、途徑、方法應該被整合成爲單一的專業，綜融與
專精、理論與實務、政策與研究也應該結合。1990年瑞典高等教育改革，社
會工作教育分大學部、碩士班、博士班。有哥特堡、隆德、斯德哥爾摩、烏
米4所較老牌的社會工作學系設有博士班。每年招收90位學生左右，成爲社
會工作學術研究的主要人力來源。

　　1990年，芬蘭兒童福利法案（Child Welfare Act）新增加要求地方當局

在地方政府的學校，為學生提供適當的支持、諮商或其他必要的方式，以便排除攸關學校與個人成長及發展的社會及心理問題，並藉此改善學校與家庭的合作（Andersson, et al., 2002；引自林勝義，2003）。這項法條規定，鄉鎮市政府可以設置學校社會工作者與學校心理專家，亦授權地方當局正式補助僱用學校社會工作者與學校心理專家的經費，這項新法規使得學校社會工作者人數大幅上升；到了1993年，共計93個鄉鎮市共有220位學校社會工作者，也有80位學校社會工作者受僱於職業訓練機構中。

依據瑞典、芬蘭的傳統，一般人所認知的學校社會工作者是「學校照顧者」（school curator）。「curator」是拉丁文照顧者的意思，這個概念源自瑞典社會工作在醫院的角色。瑞典的學校社會工作首先使用這個名稱，但也有使用學校社會祕書（social secretary）的稱呼。挪威的學校社會工作者受聘於教育心理服務部門（PPT），名稱為教育心理服務社會工作師（social worker in EPS）。丹麥與冰島的學校社會工作近來都使用外來語的學校社會工作師（Huxtable and Blyth, 2002）。

芬蘭的地方政府要求自1992年起，學校社會工作者必須是合格的社會工作者，而芬蘭專業社會工作者工會，曾經建議對新進的學校社會工作者，只僱用有適當資格的人擔任，其他並無相關的法令保護學校社會工作者的頭銜，或者任何準則規定學校社會工作者的必備條件。而所謂的合格社會工作者是指完成大學以上社會工作學位，或者完成其他適當的社會工作訓練。依據工會的調查，全部的學校社會工作者，約有54%是合格的社會工作者，28%有學位但不具備正式資格，11%有技術學校的文憑，5%完成其他社會照顧的學位。1996年以後，坦波瑞（Tampere）大學開始發展學校社會工作專門訓練方案，針對學校社會工作實務人員提供進階訓練，為期兩年，可惜前後只有44位完成此項訓練。另外，北歐國家會共同舉辦專業繼續教育，也會每年輪流辦理學校社會工作會議。

學校社會工作在北歐國家的校園裡，都有屬於自己的辦公室，通常2-4間學校合聘1位學校社會工作師，學校社會工作師與學生比例是1：1,000。但是，區域的差別是存在的，有些區域也與當地的社會福利部門或兒童診所合作，結合社會資源進入學校。瑞典是北歐國家中學校社會工作師最多的，共有1,500人，丹麥約有50人，挪威聘有80人。這些國家學校社會工作師與

學校諮商師一起工作。隨著學童問題的增加，兩者的人數都在增加中。學校社會工作師的主要角色是預防與處理學童家庭衝突、酒癮、藥癮、心理衛生、家庭暴力等問題。

三、德國

德國的社會福利體系主要由社會保險、社會維持與公平化，以及福利三個支柱所組成。社會保險以職業別的隨收隨付原則的勞資分攤保費制度為主，社會維持係依法由稅收支應的各種給付，福利則是資產調查式的補助。提供福利的志願機構組成「志願福利機構聯盟」（The Federal Association of Voluntary Welfare Agencies），社會工作者主要受僱於這個聯盟所屬設施。

1893年德國的「女孩與婦女社會救助工作團」（The Girl's and Women's Groups for Social Assistance Work）已開設訓練課程，由施瓦琳女士（Jeanette Schwerin）與德國倫理文化協會合作創設於柏林；1899年沙樂門女士（Alice Salomon）更創出為期一年的社會專業課程；1905年漢諾瓦（Hanover）的基督教堂已創設第一個社會福利女子學校（Women's School for Social Welfare）；1908年沙樂門女士再創一個2年制的社會專門學校於柏林。之後，類似的學校普及於全德（Kramer, 1998）。

如同英國般，德國的社會工作教育並非出現在大學教育體制內，也比大學程度低些。納粹德國期間，社會工作實務與教育因種族的理由與政治的不討喜，被納粹意識所貶抑，全面遭肅清。具體的鎮壓社會工作行動從1933年起，創設社會工作學校的沙樂門女士被解職，進而於1937年被逐出國門。同時，納粹以其自身的目的來形塑社會工作教育，作勢讓社會工作教育取得正式地位。

1945年第三帝國垮臺後，民主化的社會工作教育才又重獲生機，在西德與西柏林新設，同時允許男性加入社會工作行業。然而，女性仍然是社會工作的主力。

與社會工作相近的「社會教育」（social pedagogy）學科在1960年代

末開始出現在大學部的教育系課程裡，如法蘭克福（Frankfurt）、緬因（Main）、耶拿（Jena）等大學。但是，大學部畢業並非德國國家所認定的專業社會工作者的資格要件 （Krammer, 1998）。

在1970-1971年間，一些高職程度訓練的學科如社會工作、商業、機械、管理等，均轉型為學院（Fachhochschulen）程度，整合入高等教育體系。學院在德國屬於實務取向的課程訓練，類似我國的技術學院或日本的專門學校。對社會工作者來說，提升到有科學基礎的訓練，是其所渴望；然而，對雇主來說，一考量到提升薪資、地位、資格要件等，就大力批判這種學院訓練式的社會工作與實務脫節。

東德的情況與西德不一樣，並沒有專業的社會工作存在，只有提供社會服務的準社會工作（quasi-social work），其工作內容往往是高度專門化的，而非像西德的社會工作那樣綜融化。兩德統一後，這種準社會工作並不被西德的社會工作界所承認，因此就有「銜接課程」（bridge-courses）出現，好讓原東德的準社會工作可以經由補修學分，成為國家合格的社會工作者。

在統一前，另外有一種專門學校（Berufsakademien）形態的社會工作訓練，但是並沒有取得社會工作專業的承認，主要是因為其所修學分不足。

到1995年止，德國有82個社會工作學校，其中有70個是屬於學院程度的訓練，加入德國社會工作學院組織（Fachbereichstag Soziale Arbeit, FBT），所屬70個社會工作學院團體會員，分屬3種不同學位：（Krammer, 1998）

1. 社會工作（Sozialarbeit）：以社會福利機構的行政管理見長。
2. 社會教育（Sozialpädagogik）：以青年工作、社區工作、諮商見長。
3. 社會事務（Sozialwesen）：通常涵蓋上述兩種專長。

德國的社會工作科系屬性非常多元，有的與教會合作，有的是獨立學院，有的是學院中的一個獨立學系。因此，有些學院大到學生上千人，小的科系則只有學生上百人，平均每個學系大概400到500名學生。以1995年為例，大約有4萬個學生在修習社會工作相關課程，每年約有6,700位畢業生加入社會工作行列。

社會工作訓練大致分兩類：

1. **兩階模式**（two-phase model）：先修滿6-7個學期（含一學期實習）課程，再經過1年的專業實習社工（internship）後，取得國家證書，北德的學

校較多採此模式。

2. **一階模式**（one-phase model）：修滿8學期課程（含2學期實習）而取得學位文憑與國家證書，南德的學校流行此種模式。

上述3種社會工作相關科系的訓練內容與國際差異不大，包括6組課程：

1. **社會工作與社會教育**：歷史、理論、組織、制度與方法。

2. **社會科學**：社會學、社會政策、政治學、經濟學、統計學、實證社會研究。

3. **心理學／教育學**：發展心理學、治療方法、教育理論與方法、社會化理論。

4. **健康**：健康照顧輸送、制度與法律、醫療調查。

5. **法律與公共行政**：家庭、青年、社會福利、社會保險、勞工與行政法。

6. **媒體與運動**：音樂、戲劇、美術、影片、手工藝與運動等。

德國社會工作訓練的主要問題是學院不可授予進階學位，造成畢業自社會工作學院者不能成為社會工作學院的教師，而畢業自大學的社會工作課程者，不能取得社會工作資格的分流現象。社會工作學院的畢業生只好轉向一般大學去取得進階學位。

晚近，已有建立「社會工作科學」（science of social work）的研議，然而，什麼是社會工作科學的特性仍然不夠清晰，主因在於社會工作的教授大多數非社會工作領域專長，而社會工作的研究仍然相對落後，社會工作學院由於是以實務取向的教學為主，教師的教學負荷過重（每週18小時），阻礙了他們研究發展的可能性。

1990年代以降，社會工作學院層級的訓練大量地提供護理與護理管理的學位。雖然，護理學位與社會工作學位是分開的。但是，這代表護理工作的專業化是必要的，專業能力與地位的提升，對護理人員來說非常迫切。有趣的是，為何提升護理人員的專業地位不在醫學院而在社會工作學院，主因是德國人認為社工與護理都是以女性為主的職業，且兩者的工作邊界介於公私領域之間。社會工作學院來培訓護理人員，就健康照護的成本效益言是合理的。

到1995年為止，德國有13萬左右取得正式資格的社會工作者，三分之二

是女性，其中大約8萬6千人在職。但是，屬於技術學院層級的訓練，雖然已提升到學院文憑，德國的社會工作仍然未列入大學的科學訓練。德國的社會工作學制也被日本所模仿，日本的社會福祉、介護福祉、保健看護等大多在社會福祉專門學校中訓練。

在德國，學校社會工作是一個新興的領域，是將傳統的社會教育學（social pedagogy）與20世紀的社會工作兩者融合，目的在協助學校提供更完整的服務，就其名稱來說，社會教育工作仍是常用的名稱。影響德國學校社會工作發展，政治因素是重要的，特別是東西德統一後，整個政治、經濟與社會環境均發生巨大變化，對兒童與青少年產生很大的衝擊，因而衍生許多的學童情緒、行為、犯罪等問題。這些問題更加考驗著原本學校的輔導體系，使得學校社會工作的參與顯得更加重要，也促進德國整個學校社會工作的發展。而與德國在地理位置、政治文化相似，也有推展學校社會工作制度，包括匈牙利、波蘭、愛沙尼亞、立陶宛、奧地利以及斯洛伐克等6個國家。

1970年，西柏林（West Berlin）首先將社會教育者（social pedagogue）引進中等學校，為學生提供照顧、諮商、建言，並協助他們發展社會技巧、人際關係以及個人成長。1980年代，社會教育工作逐漸加入社會工作的意涵，對於弱勢學童更加關注，社會教育工作也逐漸在學校系統擴展，並扮演著學校與外在資源的連接角色。

1990年，德國統一，新的「兒童與青年福利法」（Children and Youth Welfare Law）通過，法條內特別提到：社會教育工作必須對年輕人提供特別的協助，以助長他們對學校教育與工作轉銜有更好的社會整合；公共青少年福利機構也必須與其他個人、機構（學校）有效地合作，以便促進青年的福祉。1998年，「作為教育橋梁」（Bridges to Education）方案，將學校社會工作擴充至提供高中學生生涯輔導，並在各地區提供補充課程方案、討論會，以及生涯選擇和工作申請的個別協助。由於德國是聯邦國家，學校制度由各邦主管，因此各邦學校社會工作實施亦有所不同，學校社會工作者人數也呈現相差懸殊，例如西柏林大約有1,000位；黑森邦（Hessen）只僱用300位；漢堡（Hamburg）與尼德薩克森（Niedersachsen）則因為經費有限，只聘用少數的學校社會工作者（Huxtable and Blyth, 2002）。

　　1983年德國的青年機構曾開會討論，認為學校社會工作者必須接受一般社會工作、濃縮的學校社會工作與社會教育學的訓練，包括心理學、社會學、社會教育學，工作方法則須契合學校兒童與青少年，並要有與教師組成團隊的準備。所謂的一般社會工作訓練，是指在技術學院修業三年，並且要在適當社會機構實務工作一年即可。再者，先前東德並沒有社會工作存在，所以社會工作的相關訓練大部分都是在西德進行，而一般說來，德國目前並沒有專門為學校社會工作資格規劃的相關訓練方案、專業組織或者刊物出版，這也是因德國學校社會工作發展時間並不長之故。

參、亞洲國家學校社會工作的發展

一、香港

　　香港學校社會工作制度是亞洲最先進與最具規模的。盧鐵榮、蔡紹基、蘇頌興（2005）指出香港學校社會工作是香港青少年服務的四大支柱之一，其餘為兒童及青少年中心、外展社會工作服務、家庭生活教育。

　　香港於1966至1967年間爆發暴動，事發的起因是香港天星小輪於1966年4月宣布把頭等船費由2角加價至2角5仙，一名27歲青年蘇守中絕食抗議，獲得民選議員葉錫恩的關注，且引來大批市民圍觀和支持，隨後暴動陸續發生，顯示民眾對殖民地政府的不滿。天星小輪是在維多利亞港兩岸提供服務，載客來往香港島與九龍間。因為當時5仙可以買早餐油條，加1角白粥，就成為升斗小民最基本的早餐，對於往來港九兩地的工人來說，加價5仙對其生活影響很大。接著，在1967年4月，位於新蒲崗大有街的香港人造花廠分廠發生勞資糾紛，左派工會趁機介入，煽動工人在廠外張貼大字報及毛主席語錄，演變為罷工，進而成為反英國殖民地政府暴動，期間長達8個月，1,936人被檢控，約212名警務人員在內的802人受傷，51人死亡，震動香港殖民地政府，這是促使學校社會工作發展的遠因。再加上從廣東省偷渡或遷徙而來大圈仔幫派分子的暴力事件頻繁、未成年學生妹投入色情行業擔任

「魚蛋妹」的工作，也引起社會福利界的重視。

　　1971年起，香港民間社會福利機構就關注到學童的問題，由6個民間社福機構，以實驗計畫的形式推行，結合家庭服務與社會工作方法，進入學校系統來協助學童處理情緒與社會問題。1974年，香港政府也注意到學校社會工作的必要性，由教育司與福利署合作在若干學校試辦；1976年，香港政府委託香港中文大學社會工作學系吳夢珍教授研究關於年輕罪犯中暴力犯罪的社會因素，建議三項：一是針對街頭遊蕩的青少年而設的外展服務，即外展社會工作服務；二是針對青少年父母進行的親子服務，即家庭教育服務；三是針對在學學生需要的社會工作服務，即學校社會工作服務（崔永康、凌煒鏗，2014）。

　　1977年，香港政府發表《本港青少年個人輔導社會工作之發展綠皮書》與《進入八十年代社會福利白皮書》，正式確認學校社會工作對兒童及少年的貢獻，並撥款補助民間機構，提供中小學學校社會工作服務，使得學校社會工作正式化。1978年，因為財政限制與解決小學老師過剩問題，小學的學校社會工作改由具備諮商資格的老師擔任，稱為輔導主任，大多數是教育學院畢業，專長輔導知能的教師。Chiu and Wong（2002）指出1980年代，小學的輔導主任分派到市區的學校是每3,000名學生1名，郊區學校是每2,000名學生1名；而學校社會工作者在中學是每4,000名學生配置1名。據此，小學總計獲派93位輔導主任，中學僅獲得補助91位學校社會工作者。雖然人數不足，不過，值得一提的是，香港的學校社會工作者一開始就必須是聘用註冊的社會工作者。

　　1991年，跨越90年代香港社會福利白皮書，香港政府確認學校社會工作服務的持續需要，並釐定提供學校社會工作服務的政策，承諾在1995至1996年度要達到為每2,000名學生提供1名學校社會工作者的目標。1997-1998年總計有282位學校社會工作者服務於435所學校，且在154所有學業低成就學生的中學，開始實施1：1,000的服務比例；2000-2001年，「一校一社工」政策經過不斷地倡導，終於全面在中學推行，學校社會工作者與服務學生人數比約1：1,000，使得香港學校社會工作發展又邁向一大步。2009年，總計全港有34個非營利組織，服務於484所中學。2011年香港政府為了支援各校反毒運動，增加96名學校社會工作者名額。使學校社會工作者增加至574名。

截至2014年9月1日，34家非政府機構為全港468所中學提供駐校社會工作服務。

　　小學方面，教育局派駐學校輔導主任（school guidance officer, SGO），每1位輔導主任服務3-4所小學，輔導主任由受過輔導訓練的教師擔任，部分資助小學則自聘輔導教師。2002年香港政府參考美國的全方位輔導模式（Comprehensive School Guidance Programs）和香港在地學生輔導工作的經驗，推行學校本位輔導方式（Whole School Approach to Guidance）。2002年9月起小學輔導資源增加一倍，人手比例由當時的1比1,680（學生），改善到每24班或以上的小學（約950位學生）分配1位全職學生輔導教師或同等資源。5至23班的小學，獲分配半職的輔導教師或同等資源。該方案最特別的是職涯輔導（在香港稱事業輔導，Career Guidance）。小學學生輔導人員的角色包括：第一，是學校的管理人員，協助校長制訂學生輔導政策、管理和統籌各項輔導服務。第二，負責設計和進行個人成長教育，在課室透過互動和啟導式的學習活動，協助學生培養和掌握一些個人成長方面的重要知識、態度及技巧。第三，是一個專業顧問，在輔導工作上，支援老師和家長。第四，也是有需要的學生的輔導者（李少鋒，2002）。

　　依此，2002年起，教育局亦以招標方式資助小學向社會福利機構購買社會工作服務。目前有560家主流小學，18班以上學校（學生約600人）聘有輔導主任或輔導教師一名，或獲得學生輔導服務津貼（student guidance service grant, SGSG）聘請輔導教師一人。17班以下學校則獲得半份學生輔導服務津貼，聘請兼任學生輔導教師，或學校社會工作師、心理專家。另外，所有5班或以上的官立／資助小學（包括已獲分配學生輔導主任／學生輔導教師的學校），均可於每學年獲發放「額外津貼」，每班約略是全額津貼的3成津貼。額外津貼是用來向非政府機構購買多樣的學生輔導服務，補足及提升現有的輔導服務，以加強力道預防及處理可能在校內出現的學生問題，例如：提升抗壓力、物質濫用、校園欺凌、網路沉迷、兩性交往、兒童虐待等問題，達致具體的輔導功能。

　　依香港教育局小學「全方位學生輔導服務」指引（2015年8月修訂）學生輔導服務是教育的一部分。為配合學生成長的需要、教育和課程的改革，學校應建立一個全方位的學生輔導體系，將輔導服務與學校其他系統（例

如：管理與組織及學與教等）結合。學生輔導人員應協同全體教職員、家長及社會人士，為學生提供全面而廣泛的輔導服務，協助學生全人發展和終身學習，而且促使他們能夠一生不斷自學、思考、探索、創新和應變，以面對成長路上的各項挑戰。學生輔導人員是輔導組的當然組員，並在「全方位學生輔導服務」上，發揮重要角色。除了協助制訂學校的學生輔導政策外，須在以下範疇協助學校推行學生輔導服務：個人成長教育、家長及教師支援，以及學生輔助服務。

依香港特別行政區政府社會福利署的定義：學校社會工作的目的是找出那些在學業、社交或情緒發展上有困難的學生，幫助他們解決個人問題，使他們能夠把握學習機會，發展潛能，為成年作好準備。復依據香港學校社會工作服務指引（guidelines for school social work services），學校社會工作者的角色包括以下8個：使能者、輔導員、社會教育家、顧問、資源動員者、倡議者、研究者、協調者。

受到新公共管理主義的影響，自1999年起，香港社會福利署通過學校社會工作服務工作小組檢視（working group on review of school social work services），於2000年起所有學校社會工作者必須通過四項績效指標：1. 一年內每位學校社工處理70件個案。2. 一年內每位學校社工成功處理達成目標的個案總數達23件。3. 一年內每位學校社工組織的小組（團體）與計畫方案總數（不包括定向方案）為40件。4. 一年內每位學校社工提供的諮詢服務總數為380件。這是社會福利外包的必然結果。香港政府將學校社會工作方案委託給民間社會福利機構，使其提供服務給中學生，就必須面對議會要求政府預算執行的課責，政府只能以更嚴格的績效指標來規範受委託機構。如此一來，將引導各民間機構學校社會工作的走向，也將拘束第一線學校社會工作者的工作手法。

這種新公共管理主義下的績效評鑑，被部分學校社會工作者批評為「低成本、高效益」、「重量不重質」（崔永康、凌煒鏗，2014）。績效評鑑只重視量的目標達成，卻缺乏穩定的個別與團體督導，很難提升學校社會工作的服務績效，尤其是對新進學校社會工作者來說更難；且量的評鑑過於僵化，無法反映學校社會工作多樣性的服務對象差異，讓學校社會工作者感到沮喪。

　　進而一次性撥款制度（整筆撥款、自負盈虧模式）的實施給了受資助機構更大的空間制訂員工編制與出納架構，以及要求員工符合社會福利署所訂定的服務質量品質的要求標準（崔永康、凌煒鏗，2014）。社會福利署認為一次性撥款容許非政府機構靈活調配資助款項，以提供最適切的福利服務，照顧不斷轉變的社會需要。然而，這些作法卻讓學校社會工作也跟其他社會福利方案一樣走向福利市場化、機構企業化、服務商品化，對於學校社會工作的發展實非有利。

　　在香港，社會工作者都必須受過專門訓練，並向香港社會工作註冊局辦理登記，才有資格受僱從事社會工作服務。1997年，香港頒訂「社會工作者註冊條例」，更強化登記制度與資格認證，其規定無論在本地或海外接受社會工作訓練，登記的基本條件是：大學畢業，且文憑和學位課程都是社會工作。因此，一般說來，香港並沒有特別針對學校社會工作有其他規定，只要符合社會工作者的資格認證；另外，在職訓練方面，香港社會服務聯合會與社會福利署婦女救援訓練中心，都有專門為新進學校社會工作者提供選修課程，並且規劃學校社會工作的研討會和工作坊，提供青少年相關議題的探討。在專業組織方面，香港社會工作者總工會、香港社會工作人員協會與香港社會服務聯會，在推動學校社會工作發展相關議題上，均扮演相當重要的角色。

　　基本上，香港的學校社會工作是由社會福利署向民間社會福利組織購買服務給學校。學校社會工作者屬駐校模式，每位學校社會工作者進駐所配置中學工作4天，或2位學校社會工作者共同負責2家中學，分攤各4天的駐校服務，其餘一天則回原單位進行會議或督導。有些學校另安排督導，有外聘督導或由校長或輔導主任逕行督導。學校社會工作的工作方法主要是個案工作，輔以團體工作、家庭與社區外展工作。

　　香港的駐校模式學校社會工作屬外部支援駐校模式。學校社會工作者不屬於學校編制人力，而是政府外包給民間社會福利團體，再由民間社會福利團體聘用註冊的社會工作者，派駐到指定學校。因此，學校社會工作者可以較獨立行使專業職責，不受學校行政干擾，也較能為學生進行權益倡導，又能保護學生隱私權。然而，必須冒學校行政不配合的風險；同時，家長也不必然願意配合外部進來屬於民間社會福利機構的學校社會工作者介入親子關

係；學校社會工作者要協助學校建立以學校為本的校園輔導團隊也有一定的困難；再加上由於政府過度重視服務量的績效評鑑，使得駐校學校的社會工作者較難配合多樣性的學校生態。

　　小學的輔導則以輔導主任、輔導教師為主，學校社會工作為輔，18班以上學校屬專任，17班以下則由教育局補助向民間非營利組織僱用兼職輔導教師、學校社會工作者、教育心理專家。輔導主任或輔導教師的主要工作方法是成長課程與活動，又因為其屬於學校輔導團隊的一分子，必須協助學校進行輔導策略計畫的提出；除了提供學生服務之外，也作為家長、學校教師的諮詢者。其服務範疇從預防性、發展性到補救性服務。工作內容包括：政策與組織、學生個人成長課程、輔助服務、支援服務等。顯示，基於當年的預算束縛，致使香港的小學與中學發展差異極大的學生輔導體系。如此看來，要進行整合的難度極高。

二、韓國

　　韓國最早的學校社會工作應可追溯到加拿大唯一神教派服務社區（Unitarian Service Community of Canada, USCC）的麻浦社區福利中心（Mapo Community Welfare Center），提供麻浦國民小學（Mapo Elementary School）的服務，但並無保存可查證紀錄。1986年，一位名叫金惠仁（Kim Hye-rae）的高中英文教師，因其擁有社會福利學位[3]，故在其服務的學校提供社會工作協助學生解決問題。不過，這些都還不算是真正的學校社會工作。

　　真正進入現代的學校社會工作應是1993年以後的事。恩平社區福利中心（Eunpyeong Community Welfare Center, ECSWC）提供夢之樹教室（Dream Tree Class）給水色國民小學（Susaek Elementary School）。這是社會福利機構首次進入國民學校，提供每週一次，共計12次的活動，有9位班級適應

---

[3] 韓國社會工作教育大部分是以社會福利學為系名。

困難的學生參加。隔年學校要求繼續合作，之後成爲常態。尹喆洙（Yoon Cheul-su）[4]是韓國第一位受過社會工作訓練的學校社會工作師，1993年8月起在禾谷女子商業學校（Hwagok Girls' Commercial School）提供服務1年。隔年，崇實大學（Soongsil University）試辦2種不同模式的學校社會工作，在銅雀（Dongjak）中學試辦社區支援模式，由崇實銅雀社區福利服務中心（Soolngsil-Donjak community Welfare center）提供學童服務；另一是在白石（Baekseok）中學試辦駐校工作模式（worker-in-school model）（Oh, Yoon, & Kim, 2016）。

　　1997年在4個學校試辦學校社會工作實驗研究方案（the pilot research project for school social work）1年半，其中，只有1個實驗學校聘學校社工，其餘則由諮商教師、志工家長、教師執行學校諮商方案，其中首爾市政府教育局推出3個學校參加實驗。從此，學校社會工作開始被全國關注。1998年，首爾永登浦女子商業高級中學（Yeongdeungpo Girl's Commercial High School）成爲第一個設置學校社會工作部的高中。到2000年，首爾已有5所學校實驗設置學校社會工作師，執行教育輔導方案（Oh, Yoon, & Kim, 2016）。

　　永登浦女子商業高級中學聘用學校社會工作師的同時，首爾市政府教育局的學生諮商中心也聘用3位學校社會工作師。1999年，首次舉辦的學校社會工作工作坊來了30餘位社會工作研究生參與，顯示學校社會工作已逐漸被看見。永登浦女子商業高級中學與漢佳瀾高級中學（Hangaram High School）的學校社會工作師都與會發表心得。雖然只有少數科班出身的學校社會工作師，2000年韓國學校社會工作者協會（Korean Association of School Social Workers, KASSW）成立。到此時，韓國已經有1位全職學校社會工作師、2位兼職、10位學校社會工作實習生（Oh, Yoon, & Kim, 2016）。

　　2001年漢佳瀾高級中學並未與該校的學校社會工作師續約，而永登浦女子商校的學校社會工作師繼續僱用全職的學校社會工作師。2001年，首爾吉爾公立高中（Guil High School）接受三星（Samsung）集團福利基金會的贊

[4]　尹喆洙先生現任韓國天主教拿撒勒大學社會福利學系教授。2016年8月20日曾來臺灣參加由臺灣學校社會工作協會主辦的學校社會工作國際研討會。

助聘用學校社會工作師。同時，KASSW也在江原道推動學校社會工作制度（Oh, Yoon, & Kim, 2016）。

首爾的5個學校實驗教育輔導方案，第3期後發現效果良好。首爾市政府教育局強烈要求政府繼續推動，於是2002年起續辦第4期實驗2年，在4個學校續辦。第5期則改名爲學校社會工作方案（Oh, Yoon, & Kim, 2016）。

韓國的學校社會工作全面發展源於學童的貧窮問題。在韓國，家庭貧窮長期以來都造成不公平的教育機會，導致最終的社會不平等。就相對兒童貧窮率（relative child poverty rates）來看，2009年是10.6%，微降到2010年的8.8%、2011年的8.1%、2012年的6.9%和2013年的7.1%。爲了解決教育缺口，韓國教育部也在2003年公布了「教育福利投資優先區工作」。這個計畫是透過提供教育、文化與福利服務給學生、家庭和郡，以提升低所得城市地區學生的生活品質（Oh, Yoon, & Kim, 2016）。

依據該計畫，2003年起「社區教育官」在首爾與釜山的43所學校，提供專業的服務給學生及其家庭，其中有80%或更多的社區教育官具社會工作背景。2004年起教育部又推出一個新的方案以預防校園暴力，該方案在全國48個學校試辦由學校社會工作師執行，2006年擴大到96個學校試辦，2008年起則改由教育部與公共衛生福利部共同辦理（Oh, Yoon, & Kim, 2016）。

此外，從2002到2005年，韓國中央社區基金也贊助學校社會工作方案。2008年該基金又贊助3所特殊學校聘用學校社工1年。地區社區基金也於2003到2008年分別贊助釜山市2所學校、大田市3所學校、忠清南道3所學校、大邱市3所學校的學校社會工作方案。這些來自民間組織支持的學校社會工作方案，的確也讓教育部更加關注學童的教育與福利議題（Oh, Yoon, & Kim, 2016）。

約莫同時，2003年，地方政府也藉由分配預算支持學校社會工作方案。城南市頒布了韓國第一個學校社會工作規章。學校社會工作也越過京畿道擴大到4個城市：水原、黃浦、義王、華城。計畫最初是以「教育福利投資優先區工作」爲名，作爲示範計畫來執行，並透過教育部持續擴大，對於開展韓國的學校社會工作計畫有顯著的影響（Oh, Yoon, & Kim, 2016）。

韓國學校社會工作師資格由韓國學校社會工作者協會（KASSW）與韓國學校社會工作協會（Korean Society of School Social Work, KSSSW）聯合管

理。首先，需具社會福利學士學位，或社會福利碩士學位。其次，通過國家社會工作師（社會福利師）考試及格，且通過KASSW的學校社會工作師考試及格者。韓國的社會工作師國家考試類似臺灣的社會工作師專技高考，考試科目包括：人類行爲與社會環境、社會工作實施、社會工作技巧與技術、社會工作行政、社會福利政策、社會福利法規等6科。學校社會工作師考試必須通過兒童福利、學校社會工作兩實施領域的筆試，之後再通過口試，及格發給學校社會工作師或社區教育福利官（community education welfare officer）證書（Oh, Yoon, & Kim, 2016）。

韓國獨特的教育文化和環境，也讓學校社會工作者的角色形成過程發展出5個階段，例如：「進入學校前」、「認同混淆」、「自我追尋」、「認可」及「改變」。比起10年前，韓國的學校社會工作從很少人認識、薪資低、每年1簽的短期契約、社會地位低，到目前已發展專業認同，2016年學校社會工作師人數已達1,800人，著實得來不易（Oh, Yoon, & Kim, 2016）。

三、日本

傳統上，日本的學生問題，不管是中輟、偏差行爲、霸凌、發展障礙、兒童虐待等，都是由教師處理。日本中輟問題嚴重，中輟是指1年內在同一學校出現30天的曠課。中輟原因很多，例如：情緒困擾、霸凌、同儕關係不佳、家庭問題、懶惰、不喜歡教師、少年犯罪等。每年日本有17萬名學生有中輟問題。以2014年爲例，每255位小學生有一位中輟、每36位初中生有一位中輟、每63位高中生有一位中輟。高中生中輟之後，很容易成爲尼特族（未升學、未就業、未受訓）（Not currently engaged in Employment, Education or Training NEET）（Kadota, 2016）。

日本校園霸凌也很嚴重。2014年小學生報告曾受霸凌者有122,721人、初中生有52,969人、高中生11,404人。其中語言霸凌是最常見的，其次是社會關係霸凌。高中生受到網路霸凌的情形顯著升高，多於社會關係霸凌（Kadota, 2016）。

　　與霸凌相關的是校園暴力，日本的校園暴力情形也相當嚴重。以2014年為例，小學生發生校園暴力事件11,468起、初中生35,683起、高中生7,091起。行為類型包括：對教師或同學施暴、破壞公物等（Kadota, 2016）。

　　日本校園面對上述問題，教育局已有部分方案提供處理。例如，學生缺曠課復學，由地方政府教育局設特殊班級，稱教育支持中心（educational support center），集中上課，鼓勵學生返回原校就讀。然而，有限的教育支持下，學校教師在面對上述學生問題時，還是負擔沉重。有鑑於此，文部省（Ministry of Education, Culture, Sports, and Science &Technology, MEXT）於1998年表明處理學生問題不應由教師單獨面對，而是要建立學校－家庭相關機構的團隊共同面對。但是，到了2000年，也只有少數地方政府提出學校社會工作方案，由學校、家長、相關機構建立三方合作團隊工作（Kadota, 2016）。

　　文部省於2007年突然宣布從2008年4月起，將投入1億5,000萬日圓在141個學區推動學校社會工作。事實上，日本社會工作學校早已開授學校社會工作課程，只是苦無機會於國高中校園發展學校社會工作。文部省期待學校社會工作者必須具備社會工作與教育知識，但是，在此之前根本沒有足夠的學校社會工作人力培養準備（Kadota, 2016）。

　　2008年4月，果真如期推動。290個學區開始聘用學校社會工作者，總計有994位學校社會工作者被僱用。不過是以兼職形式受僱。其中僅有24%具備社會福祉士資格，其餘的甚至不具社會工作背景與經驗。到了2014年，專業化有明顯提升，43%的學校社會工作者具專業社會工作資格，主要是一些已退休的社會福祉士[5]被聘用為學校社會工作人員（Kadota, 2016）。其餘號稱學校社會工作人員者大多數是學校退休教師或校長轉任，這也是為何文部省規定擔任學校社會工作者必須具備社會工作或教育專業背景的原因，這與1997年以前臺灣的學校聘用專業輔導人員的情形很類似，有教師資格者被認為是重要的條件。如此，就很難期待這些非社會工作背景的學校社會工者能發揮教育之外，連結家庭、社會機構的功能。

---

[5]　日本於1987年通過社會福祉士與介護福祉士法，從事社會工作者必須通過社會福祉士、精神保健福祉士國家考試及格；擔任照顧服務者必須通過介護福祉士國家考試及格。

　　意外的是，實施第二年，文部省在尚未評鑑實施成效前，竟然將預算刪減成第一年的三分之一。文部省要求地方政府承擔其餘三分之二預算，部分地方政府缺乏足夠的財源，就此中斷學校社會工作方案。日本的情形非常像1998年臺灣的國民中學試辦專業輔導人員計畫。

　　雖然部分縣市停止學校社會工作方案，但是到了2012年，仍然有784位學校社會工作者服務於各學區學校。文部省期待能擴大到1,000人。文部省界定學校社會工作者的角色有以下幾項（Kadota, 2016）：

　　1. 介入改善影響學生學習的家庭問題。

　　2. 建立家庭、學校、相關機構間的網絡連結、協力與協調。

　　3. 建立校園支持學生的團隊。

　　4. 提供教師、家長的諮商。

　　5. 督導學校社工作人員。

　　顯示，文部省在乎的是學校社會工作者做什麼，而不是如何做？因為有一大部分學校社會工作人員不具社會工作專業背景，很難要求這些具教師資格的人，扮演好學校社會工作的角色，依社會工作哲學與原則提供學童諮商與問題解決。在這方面，臺灣的經驗顯然比日本成熟許多。以2012年為例，日本學校社會工作者服務的對象，24%是中輟、24%是家庭問題、13%是發展障礙、6%是人際關係不佳、6%是兒童虐待，以及其他（Kadota, 2016）。

　　日本的學校社會工作剛起步，橫亙在眼前的主要困難仍多，兼職工作是一大障礙，只有不到1%的學校社會工作者是全職受僱於學校，其餘都是兼職性質。有些1週工作1天，最多1週工作4天，導致絕大部分社會工作者都必須身兼2差，對於學童的服務無法持續與即時（日本放送協會，2014）。

　　日本文部省之所以突然推動學校社會工作，其實是回應國會對兒童貧窮的關切。依2012年日本國家調查，17歲以下兒童有16.3%處於貧窮中，比前一年的調查高出0.6%，是1985年開始是項調查以來的新高。文部省遂提出包括增加學校社會工作者在內的方案，以提升貧窮兒童的受教育機會均等（Kadota, 2016）。

　　2006年，門田光司教授[6]發起日本學校社會工作研究協會（Japanese Association for the Study of School Social Work, JASSSW），成為日本推動學校社會工作的全國性組織，2016年止有450位學者、學校社會工作人員、研究生加入成為會員。2011年門田光司在其服務的久留米大學所在地的九州福岡，再組成福岡學校社會工作者協會（Fukuoka Association of School Social Workers, FASSW），是日本第一個地方級的學校社會工作者專業組織，也是唯一的一個，到2016年止，有8位督導、136位學校社工加入，在69個初中學區（143個國校學區）實施（Kadota, 2016）。

　　至此，可以發現日本的學校社會工作面臨3個主要的困境：

　　1. 財源不穩定。文部省經費縮減之後，各都道府州縣因財力差異而有部分地方政府明顯緊縮人力配置。

　　2. 專業人員培育不足以因應突然擴充的學校社會工作人力需求，導致部分學校社會工作人員必須利用退休社會福祉士或退休教育人員，如此就很難發揮專業學校社會工作的功能。

　　3. 工作不穩定。學校社會工作者受僱於地方政府教育局，但都是一人服務多所學校，每週固定時間派至指定學校服務；或由學校申請支援再前去提供服務，非全職者多。工作不穩定、薪資偏低，誘因不夠，導致無法吸引大量社會福祉士投入學校社會工作領域。

---

[6] 門田光司教授於2006年8月20日，曾來臺灣參加由臺灣學校社會工作協會主辦的學校社會工作國際研討會。

參考書目

中文部分

李少鋒（2002）。全方位學生輔導服務：香港小學學生輔導服務的新里程，李少鋒先
　　生於2002年5月25日在由香港大學教育學院主辦，香港特別行政區政府教育署協辦的
　　「生活技能發展與全方位輔導計劃專題研討會」所發表的回應演說。web.hku.hk/~life/
　　pdf/sw/brianlee.pdf，PDF 檔案。

林勝義（2003）。學校社會工作服務。臺北：學富文化事業有限公司。

崔永康、凌煒鏗（2014）。香港學校社會工作人員如何看待專業的角色、挑戰及發展，
　　聯合勸募論壇，第4期，頁71-96。

盧鐵榮、蔡紹基、蘇頌興（2005）。解構青少年犯罪及對策：香港、新加坡及上海的經
　　驗。香港：香港城市大學出版社。

英文部分

Alderson, J. J. & Krishef, C. H. (1973). Another Perspective on Task in School Social Work,
　　Social Casework, December, 591-600.

Altshuler, S. J. and Webb, J. R. (2009). School Social Work: increasing the legitimacy of the
　　profession, *Children & Schools*, 31(4), 207-218.

Allen-Meares, P. (1977). Analysis of Tasks in School Social Work, *Social Work*, May, 196-201.

Allen-Meares, P. (1994). Social Worker Services in Schools: a national study of entry-level
　　tasks, *Social Work*, 39(5), 560-565.

Allen-Meares, P. (1996). Social Work Services in Schools: A Look at Yesteryear and the Future,
　　Social Work in Education ,18(4), 203-207.

Allen-Meares, P. (1999). The Contribution of Social Workers to Schooling- Revisited. *School
　　Social Work - Practice, Policy, and Research Perspectives*. Chicago: Chicago: Lyceum
　　Books, Inc.

Allen-Meares, P., Washington, R. O., & Welsh, B. L. (2000). *Social Work Services in Schools*,
　　3rd. ed. Boston: Allyn and Bacon.

Bartlett, H. (1970). *The Common Base of Social Work Practice*, NT: NASW.

Bye, L. and Alvarez, M. (2007). *School Social Work: theory to practice*. Thomson Brooks/Cole.

Chiu, S. & Wong, V. (2002). School Social Work in Hong Kong: Constraints and Challenges for the Special Administration, in Huxtable, M. and Blyth, E. (eds.) *School Social Work Worldwide*, pp.135-155. Washington, DC: NASW Press.

Constable, R. (2002). The role of the school social worker: history and theory. In R. Constable, S. McDonald, & J. P. Flynn (eds.) *School Social Work: Practice, Policy, and Research Perspectives*, 5th ed. pp.3-24. Chicago: Lyceum.

Costin, L. (1969). An Analysis of the Tasks in School Social Work, *Social Service Review*, 43, 274-285.

Costin, L. (1969). A Historical Review of School Social Work, *Social Casework*, October, 439-453.

Costin, L. (1975). School Social Work Practice: a new model, *Social Work*, March, 134-139.

Costin, L. (1982). School Social Work as Specialized Practice, *Social Work*, January, 36-43.

Cox, R. D. (1963). Social Work in Elementary Schools: Techniques and Goals, *Social Work*, April, 77-81.

Dupper, D. (2003). *School Social Work: skills and interventions for effective practice*. Hoboken, New Jersey: John Wiley & Sons Inc.

Garrett, K. J. (2006). Making the case for school social work , *Children & Schools*, 28: 115-121.

Hancock, B. L. (1982). *School Social Work,* New Jersey: Prentice-hall, Inc.

Hessle, S. (2001). International Standard Setting of Higher Social Work Education. Stockholm: Stockholms Universitet.

Hernandez, V. R.; Pais, L. and Garza, M. E. (2002). A Story Told: Organizing School Social Workers to Serve in the Public School of San Antonio, Texas, *Children & School*, 24: 4, 247-259.

Huxtable, M. (1998). School Social Work: An International Profession, Social Work in Education, 20: 2, 95-110.

Huxtable, M. and Blyth, E. eds. (2002). School Social Work Worldwide, Washington, DC: NASW Press.

Juliusdottir, S. and Petersson, J. (2002). Common Social Work Education Standards in the Nordic Countries - Opening an Issue. University of Iceland / University of Kalmar.

Johnson, A. (1959). *School Social Work -Its Contribution to Professional Education.* New York: NASW.

Kadota, K. (2016). School Social Work in Japan, paper present in 2016 International Conference on School Social Work in Taiwan and Eastern Asia, 2016, 8, 20, at National Taiwan University, Taipei: Taiwan Association of School Social Work.

Kirst-Ashman, K. (2007). *Introduction to Social Work & Social Welfare: critical thinking perspectives* (2nded.). Belmont, Ca: Thomson Brooks/Cole.

Krammer, D. (1998). Social Work in Germany, in S. Shardlow and M. Payne(ed.) *Contemporary Issues in Social Work: Western Europe*. Aldershot Arena.

Lee, J-S. (2012). School Social Work in Australia, *Australian Social Work*, 65(4), 552-570.

Lornell, W. M. (1963). Differential Approach to School Social Work, *Social Work*, October, 76-82.

Lyons, K. (2002). Researching Social Work: doctoral work in the UK, *Social Work Education*, 21: 3, 337-346.

McCullagh, J. (2000). School Social Work in Chicago: an unrecognized pioneer program. *School Social Work Journal*, 25(1), 1-15.

McCullagh, J. (2002). School Social Work in Hartford, Connecticut: Correcting the Historical Record, Journal of Sociology and Social Welfare, XXIX: 2, 93-103.

Michals, A. P. Cournoyer, D., Pinner, E. L. (1979). School Social Work and Educational Goals, *Social Work*, March, 138-41.

Mitchell, C. (2001). Partnership for Continuing Professional Development : the impact of the Post Qualifying Award for Social Workers (PQSW) on Social Work Practice, *Social Work Education*, 20: 4, 433-445.

NHK (Japan Broadcasting Corporation) 日本放送協會 Nippon Hōsō Kyōkai, July 11 and July 16, 2014.

North, M. (1981).Social Work-a profession, *Economic Affairs*, January, pp. 113-114.

Oh, S-H., Yoon, C-S., & Kim, H-Y (2016). School Social Work in Korea, paper present in 2016 International Conference on School Social Work in Taiwan and Eastern Asia, 2016, 8, 20, at National Taiwan University, Taipei: Taiwan Association of School Social Work.

Oppeneimer, J. J. (1925). The Visiting Teacher Movement with Special Reference to Administrative Relationships, (2nd ed). NY: Joint Committee on Methods of Preventing Delinquency.

Parton, N. (2001). The Current State of Social Work in UK Universities: some personal refection, *Social Work Education*, 20: 2, 167-173.

Payne, M. (2002). The Role and Achievements of a Professional Association in the Late Twentieth Century: the British Association of Social Workers 1970-2000, *British Journal of Social Work*, 32, 969-995.

Phillippo, K. L. & Blosser, A. (2013). Specialty Practice or Interstitial Practice? A reconsideration of school social work's past and present, *Children & Schools*, 35(1), 19-31.

Postle, K. et al. (2002). Continuing Professional Development after Qualification-partnerships, pitfalls and potential, *Social Work Education*, 21: 2, 157-169.

Radin, N. (1989). School social work practice: past, present and future trends, Social Work in Education, 11, 213-225.

Shardlow, S., Robinson, T., Thompson, J., & Thoburn, J. (1998). Social Work in the United Kingdom, in S. Shardlow and M. Payne (eds.) *Contemporary Issues in Social Work*, Arena.

Smally, R. E. (1947). School Social Work as part of the school program. Bulletin of the National Association of Social Workers, 22(3), 51-54.

Soydan, H. (2001). From Vocational to knowledge-based education an account of Swedish social work education, Social Work Education, 20: 1, 111-121.

http://www.bbhk.org.hk/head/sch_soc_wk.htm

http://www.edconvergence.org.hk/r_d/social.htm

Younghusband, E. (1964). Social Work and Social Chang. London: George Allen & Unwin Ltd.

第三章　臺灣學校社會工作的發展

林萬億

　　臺灣的社會工作進入教育體系不像美國、英國是爲了配合強迫教育的推動，扮演說服家長讓其子女接受國民教育、協助個別差異的學童適應學校教育，以及保障兒童的受教權；而是因爲學童的偏差行爲造成學校的困擾、社會的恐慌，故期待引進社會工作者進入校園，協助解決因家庭、社會因素帶來的學童學校適應問題。

　　1968年我國實施九年國民教育，原有的初級中學改制爲國民中學，教育部並頒定「中等學校加強輔導工作實施辦法」，將指導活動（現稱輔導活動）列爲國中必修科目，使得一般大學社會系或社會工作系的學生只要具備教師資格即有機會受聘擔任國中輔導教師。1970年由內政部、教育部、司法行政部（今法務部）、行政院國際經濟合作發展委員會（簡稱經合會）[1]通過「中華民國兒童少年發展方案」，明定「爲提升國民中小學就學率與教學效果，應建立學校社會工作員制度，指導學生團體活動、進行家庭訪視，並對問題學生提供服務。」這是仿自美國經驗，以提升學童就學率與學校適應爲目的的學校會工作方案。但實際上，沒有教師資格的社工員還是進不了學校。1972年9月教育部召開「中華民國學齡兒童工作研討會」，部分與會的教育學者、社會工作學者也曾共同擬訂「學校社會工作四年計畫草案」（林勝義，2003）。但都無疾而終。

　　在此同時，教育部（1973年）修訂並頒布大學課程標準，將「學校社會工作」列爲一般大學社會學系、社會工作系之選修課程，臺灣大學、師範大學、輔仁大學、中興大學、東海大學、東吳大學以及中國文化大學等校先後開設「學校社會工作」課程，而師範院校輔導學系及特殊教育系則將「社會工作」列爲必修課程（林勝義，2003）。顯然，學校社會工作專業人才的培育逐漸受到重視。

　　1979年的「特殊學校教師登記辦法」規定特殊學校可聘用社會工作人員、語言訓練人員、教育輔導人員，以及心理諮商人員，但是也必須具備教師資格。也就是說，在1980年代以前，我國未具備教師資格的社會工作者是

---

[1] 原爲1948年7月依「中美經濟援助協定」設立的「行政院美援運用委員會」。1963年9月由美援會與經濟部工礦計畫聯繫組、農業計畫聯繫組、交通部運輸計畫聯繫組、國際開發協會貸款償債基金保管委員會合併而成。1973年改名經濟設計委員會。1977年再改名經濟建設委員會。2014年與行政院研究發展考核委員會合併爲國家發展委員會。

無法透過教育體系進入學校服務。眞正開始將學校社會工作落實，當屬中華兒童福利基金會（Chinese Fund for Children and Families, CCF/Taiwan）1976年所推展學校社會工作方案，這有點類似1906年美國的哈佛德經驗。只是，主客關係易位，推展不易，學校社會工作便乏人問津。直到1990年後，因青少年犯罪率的攀升、電動玩具店的普及，以及兒童虐待問題的日趨嚴重，校園學童問題終成關注焦點。本章就歷史發展，將我國學校社會工作展區分爲5個時期敘述。

壹、民間試辦時期（1977-1985年）

　　1977年起，以協助貧苦、單親兒童爲組織宗旨的CCF，基於學校社會工作可爲兒童提供更好的服務，參照香港學校社會工作的方法及內容擬定計畫，並自1978年10月起，推動以「學校社會工作」爲名的服務方案，先後在臺中縣神岡國中、臺南市成功國中與建興國中、臺北市三興國小、嘉義縣復興國小、南投縣南投國中與旭光國中、高雄市鼎金國小、基隆市深澳國小、花蓮縣信義國小等進行身心障礙、逃學、曠課、低學業成就、行爲偏差、適應欠佳學童的輔導（中華兒童福利基金會，1998）。在徵得當地國中小校長同意後，以每週一至兩個半天的定期駐校方式來提供服務（林勝義，1994）。透過個案輔導、團體、活動、諮詢信箱、經濟補助等方式加以協助，使其不因上述困難而影響學習；同時力邀教師、家長參與個案研討、親職教育等講座，以加強兩者的輔導知能與教養技巧，並且了解周遭有形、無形的社會資源（林萬億、黃伶蕙，2002）。

　　1978-1983年間，CCF爲了學習學校社會工作推展的模式與技巧，先後選派66位社工員，分5梯次赴香港大學做爲期2週的進修，目的在於增進學校社會工作服務的專業能力。在實務推行的過程，協助學校提供學童服務的成果雖獲肯定，但因民間機構介入學校體系非常困難、學校不了解學校社會工作、觀念溝通不易、學校只想拿這些社工補輔導人力之不足、學校輔導體系以業務重疊而排斥之等原因，經評鑑後，從1985年起學校社會工作未再列爲

CCF工作重點（郭東曜、王明仁，1995）。儘管如此，CCF自1977-1984年所推動的「學校社會工作」，已使我國學校社會工作由紙上談兵進入實際演練。

CCF的作法一開始的確與香港自1971年起，由6個民間社會福利機構因關注學童的問題，以實驗計畫的形式推行，結合家庭服務與社會工作方法，進入學校系統來協助學童處理情緒與社會問題相似。但是，差異在於社會背景不同、政府的回應也迥異。香港1960年代末出現天星小輪漲價暴動、人造花廠勞資糾紛暴動，以及從廣東偷渡或移居入港的大圈仔幫派分子的滋事紛擾、未成年學生妹進入色情行業成為「魚蛋妹」案例增多，引發民間社會福利機構對勞工家庭學童的關注；香港殖民地政府也跟進實驗；進而因重視此一社會不安，委託社會工作學者進行研究，提出完整的青少年服務計畫。

然而，1960、1970年代的臺灣，進入出口導向的工業發展，社會福利也成為支持經濟發展的工具之一。所謂生產主義式的福利資本主義（Productivist Welfare Capitalism）[2]雛形粗具。最典型的例子是1964年11月28日，中國國民黨第九屆二中全會通過「民生主義現階段社會政策——加強社會福利措施，增進人民生活實施方針」。該方案於1965年4月8日交由行政院頒布，其內容包括：社會保險、國民就業、社會救助、國民住宅、福利服務、社會教育、社區發展等7大項，其中福利服務包括加強勞工福利、鼓勵農漁會改善農漁民福利、增設托兒所、兒童福利中心、重視家庭教育等（林萬億，2012）。並無與學童相關的服務方案被提及。

雖然我國於1973年通過兒童福利法，但是，這是為了回應1963年到1972年止，聯合國兒童基金會（UNICEF）對我國兒童福利的贊助，因1971年我國退出聯合國，該項贊助將隨之停止，政府立即通過兒童福利法以作為後續因應。該法並沒有對往後的兒童福利有明顯的推展效果，可見，兒童福利法的通過是國際政治壓力大於國內兒童需求使然（林萬億，2012）。顯示，臺

---

[2] Holliday（2000）認為東亞的福利體制是生產性的，社會政策是服膺於經濟發展目的，且日本、韓國與臺灣均具「發展－普及性的」（developmental-universalist）福利體制特性。所謂「發展－普及」性福利體制的特性是社會政策服膺於經濟政策；僅限於與生產活動有關的有限社會權賦予；社會階層化的效果在於增強擠身於生產關係要素中的位置；而國家與市場的關係則是國家作為一種支持家庭與市場的工具，提供若干普及性的福利方案。

灣從1949年5月19日起的戒嚴統治，國家公權力在長期戒嚴中被濫用，人民的基本權利完全失去保障，既不可能有社會騷動，也不會有關注兒童受教權益的需要。有助於推動國家經濟發展的事務，才會被主動發起。

貳、沉寂轉折時期（1985-1996年）

　　1986年之後，學校社會工作就無人聞問了，雖然前一個時期，CCF在實務上推展了一段時間。因為學校的教育體系與社會的大環境使民間機構推展有實際困難，我國學校社會工作呈現沉寂的狀態。然而，1980年代中期，臺灣社會開始加速民主化，兒童保護議題相對受到重視，尤其是雛妓問題。CCF於1987年起，開始從媒體上蒐集兒童虐待的新聞，率先進行兒童保護預防宣導與倡導，擬定5年計畫，組織兒童保護委員會，邀集包括醫師、律師、心理醫師、諮商人員、教育人員、社工人員，甚至媒體傳播人員，一起組成團隊來幫助受虐兒童。1988年5月該基金會與東海大學合辦「兒童保護研討會」、派員赴美受訓、延聘美國專家來臺培訓等，開啟了臺灣對於受虐與受疏忽兒童的保護工作。緊接著6月《人間雜誌》第32期出版特輯「搶救20萬被虐兒童」，並辦理兒童虐待研討會，關心臺灣的兒童虐待現象。CCF也由全國各地家庭扶助中心逐步推動兒童保護業務，並以社區資源的角色再次與學校接觸。20個家扶中心每年平均至少到6所學校主動宣導兒童保護觀念，也配合地方政府教育局或社團提供服務，以各種宣傳品如製作小卡片、墊板、鉛筆等或者以兒童保護劇宣導兒童專線。這樣的工作模式雖然與學校社會工作有所差異，但這段時間因與學校建立良好的關係，對於學校社會工作爾後的發展也有貢獻。

　　同時期，臺灣逐漸由工業社會進入後工業社會，經濟起飛、國民所得提高、房價與股票市場大幅上漲，緊跟著而來的是名牌服飾大量進口、KTV酒店林立、色情業大發利市、六合彩報明牌流行、電子花車應運而生、電動玩具店遍布大街小巷、飆車少年飛揚街頭，少年犯罪也跟著增加。1985年少年犯罪率由萬分之55.63，快速爬升到1986年的79.04，到了1989年已經升高

到93.14了；少年犯罪者來自國高中學歷、小康家庭，以及父母俱在者均增加，顛覆了傳統認爲少年犯罪因文盲、貧窮而起，與失依有關的想像（張春興，1992）。

1992年，CCF又再度關注到校園問題，在「開創新方案研討會」中，「學校社會工作」方案再度被列爲CCF的年度工作計畫。CCF基於上次的經驗與現今的考量，其推展方向主要是與學校發展穩定的契約合作關係著手，經費上先後獲得教育部及其他民間企業的專款補助。方案持續到1995年，其特色包括：(1)致力於中輟生、單親家庭學生、受虐兒童服務；(2)針對不同的地區特性及需求，與學校共同規劃服務內容，提供適切服務；(3)運用個案管理的方法有系統地做資源引介，並建立資料檔案；(4)掌握社會脈動（如電玩、飆車）推出因應方案及服務，更能爲社區所接受，推展也更爲順利（林萬億、黃伶蕙，2002）。

1993年起到1996年間，CCF透過各地的家扶中心與學校建立新的合作關係，推動中輟生輔導、單親家庭學生輔導、受虐兒童輔導。總計有13個家扶中心，與180個學校有合作關係，服務對象高達671人次。基於此次成功的經驗，CCF獲得信義房屋與玉山銀行的贊助，擴大服務範圍至全國各地，主要對象鎖定中輟生輔導，推動「安學方案」、「中途輟學學生服務方案」等學校社會工作方案（中華兒童福利基金會，1998）。CCF的努力值得肯定，但是，他們自評囿於經費來源不穩定且不足，社會工作員之專業地位與形象尚未受到認可，社會工作與學校輔導觀念混淆，以及教育體系對民間機構合作的政策不明，尚難建立穩固的合作模式（中華兒童福利基金會，1998）。

參、中央政府試辦時期（1996-1998年）

一、特殊學校中的學校社會工作

早在1962年，臺北市中山國小設立兩班智能不足特殊班，便已採專業整合的方式，邀請各界專家包括精神科醫生、心理學家、社會工作者、教育學

者、教育行政人員、公共衛生護士，以及小學教師等，共同參與此項實驗計畫，經由定期的集會研討，從不同角度尋求啟智教育的最佳模式，成效卓著（陳榮華，1989）。可惜，此種特殊教育的專業團隊模式並未延續。

　　1984年立法院通過特殊教育法，而1987年依特殊教育法制訂的「特殊教育設施設置標準」，並未將社會工作人員納入特殊教育相關專業人員的行列。直到1997年特殊教育法修正，於第22條規定：「身心障礙教育之診斷與教學工作，應以專業團隊合作進行為原則，集合衛生醫療、教育、社會福利、就業服務等專業，共同提供課業學習、生活、就業轉銜等協助。」該條於2009年特殊教育法大幅修正中，改列第24條第2項「各級學校對於身心障礙學生之評量、教學及輔導工作，應以專業團隊合作進行為原則，並得視需要結合衛生醫療、教育、社會工作、獨立生活、職業重建相關等專業人員，共同提供學習、生活、心理、復健訓練、職業輔導評量及轉銜輔導與服務等協助。」亦即，社會工作人員得以特殊教育相關專業人員身分受聘於特殊教育機構。

　　特殊學校社會工作師執掌如下：1.針對學生或家長問題提供社會暨心理評估與處置。2.提供個人、家庭、團體或社區有關預防性、支持性的服務。3.發覺、整合、運用、分配和轉介社會福利資源。4.參與專業團隊之運作。5.保護性個案之處遇。6.學生就業輔導與就養安置等轉銜工作和個案追蹤。7.志工聯絡與協調業務（楊韻慧，2011）。

　　隨著特殊教育法修正，教育部於1999年將「特殊教育設施設置標準」修正為「特殊教育設施及人員設置標準」，同時將物理治療師、職能治療師、社會工作師、語言治療等治療人員及臨床心理人員，列入特殊教育相關專業人員；並於1999年1月訂定發布「特殊教育相關專業人員及助理人員遴用辦法」，明定特殊教育相關專業人員必須任用公務人員高等考試及格，或經專門職業及技術人員轉任公務人員條例規定，取得專業證照及轉任公務人員任用資格者。復依2012年頒布實施的「特殊教育支援服務與專業團隊設置及實施辦法」第4條所稱特殊教育相關專業人員，指醫師、物理治療師、職能治療師、臨床心理師、諮商心理師、語言治療師、聽力師、社會工作師及職業輔導、定向行動等專業人員。同年，「特殊教育設施及人員設置標準」同步修正為「特殊教育學校設立變更停辦合併及人員編制標準」，其第10條第1

項第9款規定，特殊教育相關專業人員依學生需要晉用六人至九人。亦即，各特殊學校得視學生需要聘用上述特殊教育相關專業人員之一部分。從1999年以後，社會工作師得以成為特殊學校編制內的相關專業人員之一。學校社會工作進入特殊學校成為編制內的「內部駐校型態」。

即便如此，到了2001年，當時臺灣的22所特殊學校仍然沒有任何一所聘用學校社會工作師，而物理治療師、職能治療師、語言治療師、心理師都已獲聘在部分特殊學校任職。可見，社會工作師並非是特殊學校的首選。2002年起才有社會工作師進入特殊學校服務，2003年已有5位社會工作師受聘於特殊學校（楊俊威、羅湘敏，2003）。到了2015年，全國28所特殊教育學校中有21所設置學校社會工作師，總計聘用22位特殊教育學校社會工作師（林辰穎，2015）。學校社會工作師在特殊學校已取得跨專業團隊的門票，但是，如何發揮社會工作專業功能與角色仍有很大的努力空間，尤其在單兵作戰、缺乏督導、缺乏在職進修資源等不利條件，卻又有公務員保障的利基下，學校社會工作師在特殊學校的處境明顯不同於一般學校。

社會工作進入特殊學校的步履蹣跚。反而，透過社會立法得以先行一步進入中途學校。1995年公布施行的「兒童及少年性交易防治條例」，規定中途學校（half-way school）應聘請社會工作、心理、輔導及教育等專業人員，並結合民間資源，提供另類／選替教育（alternative education）及輔導。中途學校的社會工作師工作內容包括：1.針對學生或家長的問題提供個別輔導或家庭治療。2.針對學生或家長的問題擬定與執行相關的團體活動或方案計畫。3.運用或轉介相關社會福利資源的方式以協助學生或家庭解決問題。4.參與相關專業團隊評估或討論會議。5.提供或協助學校有關保護性個案的通報處理與服務。6.供學校教職員工有關社會心理方面的諮詢。

內政部依規定配合教育部辦理中途學校設立有關事宜，以提供經法院裁定應實施特殊教育之兒童少年長期安置及輔導，剛開始計有臺北市立廣慈博愛院婦女職業輔導所與瑠公國中合作之中途學校；另配合教育部籌設獨立式中途學校——臺北縣豐珠國民中小學及花蓮縣南平中學2所，以及名非獨立式但實質具有獨立式中途學校形式的高雄市楠梓特殊學校附屬瑞平中學（因高雄市議會反對而不能獨立設校）。2007年臺北市市立廣慈博愛院因市府決定以BOT方式投資興建及營運，規劃作為社福設施、公園及商業設施用地而

裁撤。目前僅剩新北市豐珠國中小、花蓮縣南平中學、高雄楠梓特殊學校附屬瑞平中學屬獨立或準獨立中途學校。

二、國民中學試辦設置專業輔導人員計畫

1995年，行政院教育改革審議委員會的第一期諮議報告書中也建議建立校際輔導網絡，設置臨床心理、諮商輔導與社會工作人員，以便使學校輔導制度發揮其應有功能。很不湊巧的是當年12月15日臺北市議員揭發成淵國中男生集體勒索、性騷擾同班女學生案。事件發生後，學校處理遲緩與不夠專業，引起社會嚴厲的批判，再次曝露了學校教師、輔導體系力量的薄弱。於是，人本教育基金會和立委翁金珠、周荃合辦「建立校內支援系統，社工人員進入校園——讓成淵國中事件不再重演」公聽會，倡議學校應聘用經過專業訓練的社會工作人員進駐。

1996年10月13日，新竹縣竹東分局在竹東一處台西鵝肉店五樓，破獲一起少年集體殺人案，共有16名青少年男女涉案殺害一名14歲的錢姓賽夏族少女，涉入者大多是國、高中（職）的中輟生。主謀徐姓少年家庭富裕、豐衣足食，但父母缺乏管教，以其住處寬廣、出手闊綽，成為在地中輟生聚集場所。其中動手少年多達7位，並以各種殘酷手段凌虐少女致死，原因說是錢姓少女弄髒徐姓少年的凡賽思（Versace）名牌外套，被徐姓少年夥同在場少年男女處罰，包括用打火機燒少女陰毛、用道具凌虐少女私處、用棍棒毆打等。少年集體殺人原因之單純、手段之兇殘，無視於少女之哀嚎、求饒，事後還以機車載送棄屍（李天建，1997）。事件發生後，社會為之震驚。曾幾何時，後工業化的臺灣社會竟然淪落至此。於是，倡議學校要積極找回中輟生，便也成為全國教師、家長、專家關注的焦點。

這些倡議活動不但影響後來國民教育法的修正，也促成教育部推出國民中學試辦專業輔導人員實施計畫。人本教育基金會積極推動學校社會工作制度的態度，也影響到該基金會於1998年介入臺中縣「國民中小學專業輔導員輔導工作實施計畫」的推動。

　　包括人本基金會、立法院教育委員會、社會工作學者均主張在校內配置學校社會工作人員。CCF亦從1996年，開始又將中輟輔導列為工作重點，臺北縣與臺中市家扶中心在政府教育主管機關與學校支持與合作下，致力輔導中途輟學使其復學或就業等相關計畫。

　　1996年，正值國民教育法進行修正，范巽綠、王拓、翁金珠等立法委員結合林萬億等學者，主張將學校聘用社會工作員納入編制。最後終因教育體系反對而妥協，只在法中第10條第4款明訂「輔導室得另置具有專業知能之專任輔導人員及義務輔導人員若干人」（林萬億、黃伶蕙，2002）。教育體系強力動員包括校長、輔導主任、輔導教師等在立法院的公聽會上強烈反對引進學校社會工作人員進入校園。反對的理由不外乎擔心社會工作者取代輔導教師在學校的地位與就業機會，主張讓社會工作人員在社區中扮演支援學校輔導體系的角色即可，亦即擔任社區輔導資源。他們普遍主張強化輔導體系即可解決類似成淵國中的事件，亦即，增加輔導教師、減少授課壓力，以及給予專業職能訓練。

　　教育部在各方壓力下提出比照高級中學的輔導制度，於國民中學增設輔導教師的構想，在不占原有教師員額下，除基本授課4小時外，專責學生輔導工作，每15班至少設一人，逐年設置1,695名，4年內完成，合計需經費9億元。然而囿於經費限制，這樣的構想並沒有得到省市政府的全力支持，於是，計畫改為「國民中學試辦設置專業輔導人員實施計畫」。自86學年度起至88學年度止試辦2年，預計聘用100人，這100人如同小雨落在沙漠一樣，很快就消失於無形，除非我們用容器將之儲存。

（一）臺北市

　　在教育部討論於國中設置專業輔導人員計畫時，當時的臺北市教育局局長吳英璋曾表達過反對意見，他認為「臺北市的學校已逐漸走回教學專業的教育思考，強化以回歸教育本質為基礎的教育設計，在這個關鍵時刻，過多的強調輔導理念與作法可能會形成反方向的發展，弱化了教育專業能力的成長」（吳英璋，1999）。吳英璋教授的想法是基於教育理念，只要每位教師都是經師與人師，學生需要額外輔導的需求便降低。然而，教學現場經師易

求，人師難覓，更不用說明師**³**了。許多教師把教書當成一種工作（job）、把教課當成每天的任務（task）來完成，而不是把教學生（人）當成一種志業。打壓、貶抑、歧視、排除、隔離、疏忽學生的情事屢見不鮮，更不用說對於學生差異的壓抑；至於學生因家庭失功能與社區解組導致的學校適應問題，常常超出教師的處理能力範圍之外。更甚者，學校失功能也非罕見。

同時，省教育廳與高雄市教育局均認為輔導人力實在不足，亟力支持此一方案，臺北市最後也就配合教育部的「國民中學試辦設置專業輔導人員計畫」，而規劃出「臺北市國民中學試辦設置專業輔導人員實施計畫」，目標定在「提供一個學校專業輔導團隊可能的新視野，期於學校輔導處境中，進行多元性思考，擺脫現實即合理存在的這種單向度的約束，彰顯專業人員進入校園輔導工作的可能影響」（臺北市政府教育局，1999）。

臺北市的試辦計畫目的是：

1. 推廣心理衛生理念，促進學校於教育活動中推展心理衛生工作。

2. 協助學校建構社區資源網絡，結合家庭及社區有關單位辦理各項輔導活動。

3. 提升輔導室專業功能，加強輔導行為偏差、適應困難學生，並提供學校師生及學生家長專業諮詢服務。

臺北市嘗試從實驗中發掘新視野的企圖同樣展現在試辦地區的選擇上，雀屏中選的萬華區和信義區具備對照的文化面貌，前者屬於早期開發且都會型低社經的地區，後者的居民社經地位較高，家長對學生在校的表現也較關注（王靜惠，1999）。就學校社會工作言，在「臺北市國民中學試辦進用專業輔導人員實施計畫」中明定工作內容包括：(1)促進學生福利；(2)學生學習問題的評量與處理；(3)家長及教師的諮詢；(4)社區資源的開發、整合與運用；(5)參與學校行政；(6)擔任學生家長學校及社區的橋梁；(7)參與區域內校際學生輔導方案；(8)臨時交辦事項。也就是說社會工作者被期待的角色不只是學校學生個案的輔導者，更重要的是成為社區資源的仲介者、組織

---

³ 教授技能、知識、經義者皆可為經師。亦即能將功夫傳給學生的人都可稱為經師。人師是指一舉一動、行為、品行可以讓人作為模範來學習、效法的稱之。明師是指無所不知、無所不曉，能知曉一切道理的人稱之。亦即智慧之師。

者、聯絡者，而且也是學生權益的辯護者、教師的諮詢者，以及學校制度變遷的媒介（林萬億，1999），這是符合歐美學校社會工作的發展趨勢。

臺北市選擇4個學校（興雅、信義、大理、麗山）進用臨床心理師，另4個學校（永吉、增公、萬華、雙園）聘用學校社會工作師。臺北市政府教育局希望透過兩組不同的專業人力介入，有助於實驗何種團隊工作組合較適合於學校推廣。同時聘請臺灣大學社會學系教授林萬億、心理學系教授陳淑惠分別擔任學校社會工作師、學校心理師督導。除每月一次的專業督導之外，臺北市教育局亦不定期舉行行政督導座談會和行政事務研討會，以溝通各界。黃韻如（增公）、陳香君（永吉）、黃伶蕙（雙園）、閔肖蔓（萬華）成為第一代臺灣學校社會工作師中接受嚴格專業督導養成的少數幾位。

（二）高雄市

高雄市推動「國民中學試辦設置專業輔導人員實施計畫」的時程是1997年8月至1999年8月，共計2年。與其他縣市最大的不同是，高雄市在每一實驗學校設置具有教師資格的專任輔導教師，與具有心理、輔導、社會工作科系背景的專業輔導人員各1人，以2人一校模式分駐小港、七賢、三民、前鎮、大義及興仁等6所國中。

整個試辦方案的內容包括專業督導、行政督導及讀書會，每月實施一次，相當有計畫地實施督導與研習，並由教育局專款補助督導費。行政督導由小港國中張秋蘭校長擔任，專業督導由高雄師範大學輔導研究所楊瑞珠教授與救國團高雄張老師中心曾迎新總幹事擔任。同時編列有「國民中學專業輔導人員工作手冊」，作為專業輔導人員的工作指引，並明列其工作內容包括：個案輔導、教師諮詢、家長諮詢、個案會議、督導會議、填寫日誌及團體諮商（高雄市政府教育局，1999；林家興，1999）。

高雄市政府教育局（1999）總結，高雄市6所國中試辦設置專業輔導人員方案的整體績效評鑑如下（張秋蘭，1999；引自林家興，1999）：

1. 專業輔導人員具有高度專業素養及正向積極的人格特質；
2. 專業輔導人員提供學生、教職員及家長專業且多元化的諮商服務；
3. 整合並妥善運用社會資源；
4. 提供學校其他處室行政資源。

（三）臺灣省

臺灣省政府教育廳原本規劃聘用80人，最後因應徵人員不足，於1998年2月招聘心理、社會工作及輔導相關科系背景的專業輔導教師或人員共34人，選擇宜蘭縣立復興國中等24所學校設置，其中5所國中每校設置專業輔導人員2人，其餘19校每校聘用1人。臺北縣配屬在板橋、江翠、丹鳳國中各1名。隨後爲方便聯絡與開會，將所有專業輔導人員畫分爲北區、中區、南區，各區自行召開不定期會議。其中北區曾聘請政治大學心理系鍾思嘉教授擔任專業督導，唯因督導次數與經費均有限，使督導成效未能發揮；中區與南區則無專業督導的設置（林家興，1999）。

至於專業輔導人員的工作內容，則因縣市與學校而有所不同，根據陳玫伶（2001）的彙整，其工作項目大致上是針對嚴重行爲偏差或適應困難學生，進行個案診治與輔導、專案研究，並參與校內或校際聯絡個案研討會；同時協助鑑定學生行爲困擾之原因，研擬輔導策略，以提供教師及家長諮詢、諮商、轉介等服務；並結合學區義工辦理幹部培訓，以有效支援輔導工作；以及提供學生適性生涯規劃及情緒疏導等輔導策略。

由其工作項目可知，臺灣省計畫比較接近擴充、增強學校輔導功能，輔導科系背景的專業輔導人員的加入，代表輔導室增加了輔導人力一名，可分擔其他人的工作量，而社會工作或心理背景的專業輔導人員則頂多提供不同專業角度來探討學生問題，還是以個案工作爲主，與學校社會工作明顯有段距離。

整體來說，教育部「國民中學試辦設置專業輔導人員計畫」爲首度大舉聘用不具教師資格的專業輔導人力進駐校園，這些專業人力結合學校、家庭、社區等資源協助輔導室提供服務，其成效上頗受各方肯定（陳玫伶，2001）。

1999年4月，傳出教育部有意在該年底終止不再續辦，於是來自全國的部分試辦學校校長、專業輔導人員以及心理、社會工作界的專家學者一同召開公聽會，爲續辦計畫請命，因此教育部宣布續辦與否交由年底的評估結果決定。亦即，教育部依行政院函指示「試辦期滿由教育部通盤檢討成效，如經評估成效良好有全面實施之必要者，則修改國民小學及國民中學班級編

制標準及教職員工員額編制標準納編,所需經費由地方政府負擔。」(林萬億,2003)

臺北市政府教育局於1999年5月27日舉辦「臺北市國民中學試辦進用專業輔導人員計畫」成果研討會,將學校社會工作的效果呈現在加強外展服務、主動輔導中輟生代替被動通報、強化資源整合與運用以及發展專業輔導團隊服務型態等方面(林家興,1999),獲得與會人士一致的肯定,「續辦」和「擴大辦理」的呼聲四起。

1999年11月,教育部委託師範大學教育心理與輔導學系林家興教授進行方案實施成效的評鑑,其結果包括專業輔導人員、學校行政人員及輔導教師在內的多數試辦學校相關人員,均給予此方案正面肯定,其具體實施成效表現在以下幾個方面:(1)增加學校輔導工作的人力;(2)提供多元的輔導觀念與作法;(3)結合與運用社區資源;(4)分擔學生個別與團體輔導工作;(5)提供教師與家長諮詢服務;(6)特殊學生(如中輟生)的處理成效顯著(林家興,1999)。評鑑報告同時也指出「依據地方制度法和國民教育法,國民教育係屬地方政府權限,因此地方政府成為推廣本方案的主體機構;但因臺灣省各縣市存在顯著的城鄉差異,中央(教育部)應以充裕經費補助財源不足的縣市,或協助地方政府籌措辦理本方案所需經費,更何況兒童青少年輔導工作本來就是教育部的既定政策,中央政府實責無旁貸」。

遺憾的是,2年試辦期限一到,教育部還是以經費拮据為由結束了該計畫。臺北市與高雄市均在1999年7月底結束試辦,臺灣省則因延後試辦半年,在2000年1月底也結束。之後,整個方案名之為交由地方政府接辦,實際上是準備停辦。全國只有臺中縣、臺北縣、臺北市、新竹市繼續辦理。

肆、地方政府試辦時期(1998-2010年)

一、臺中縣(1998-2001年)

1997年縣市長選舉,出身教育界的民進黨籍臺中縣縣長候選人廖永來與

人本教育基金會簽定了名爲「邁向教育改革模範縣——跨世紀政府民間合作計畫」的教改合約，其中第6項教改內容即爲「新政府將實現專業社會工作進入校園，結合輔導系統，成立校園支援系統，以因應社會變遷，處理青少年各種問題」（人本基金會，1998）。廖永來當選縣長後，即邀請人本基金會規劃並執行「校園支援系統」專案，以利專業輔導人員制度及相關教改事項之推行（臺中縣教育局，1998）。這不但是縣長實踐競選政見，且是臺灣第一個由民間團體與政府部門合作推動的專業輔導方案。

有別於教育部在專業輔導人員學經歷條件上的限制，臺中縣廣納各種專業領域之人才，再採行相關科（心理、社會工作、輔導）與工作經驗加分的制度，自87學年度起招聘20名輔導員，88學年再聘足36名，爲地方政府大舉晉用專業輔導人力進駐校園的頭一遭（陳玫伶，2001）。人本基金會設總督導、督導各一名，負責專案的規劃與執行，而教育局則負責行政事務上的管理；兩者皆直接對教育局長負責，亦同時具備督導、考核專業輔導人員的權限。至1999年12月人本基金會與教育局在專案的合作上暫告段落，專業輔導人員工作的督導，才又由教育局接續規劃運行。

初期，臺中縣基於區域幅員遼闊的考量，將全縣分成東勢、豐原、清水、烏日等四區，專業輔導員亦分四組，並設組長一人統籌該區聯繫之責，同時結合義工人力來提供服務，是一種「分區巡迴輔導」的服務型態。其工作流程是由學校將難度較高或較緊急的個案通報教育局，再由教育局轉交專業輔導人員來判斷是否接案，後呈報教育局，同時與學校聯絡。而接手處理個案的方式則包含個案會談、相關教師溝通、家訪，以及資源上的轉介。臺中縣之所以選分區巡迴輔導的服務型態，是認爲專業輔導人員一旦納入學校內，即可能爲學校吸納而無法發揮其專業輔導的成效（王靜惠，1999），所以將專業輔導人員獨立於學校編制之外。同時，也強調國小學生問題日趨嚴重化，故將國小納入服務對象中。

然而分區巡迴輔導型態的缺點在專案執行半年後浮現，專業輔導員面臨與學校關係不夠深入、支援資源不足、往返路程耗時的困境，而且也未能協助學校解決輔導人力不足的問題，以致無法針對學校急迫性之個案及校園整體生態加以了解（臺中縣教育局，2001）。

經過內部整體評估之後，將分區巡迴輔導的服務型態逐漸轉換到「巡迴

輔導兼重點駐校」的工作型態。所謂巡迴輔導型態，係指每一輔導員負責2至3所責任學校，共計巡迴縣內30所國中，主要任務在於協助各校處理中輟學生與嚴重行為偏差學生。所謂重點駐校型態，係指以各校的配合意願、輟學人數和偶發事件為指標而擇定學校，每校派駐2名輔導員，一則進駐熟悉校園生態，二則針對學校需求提供必要服務，藉由與學校的密切合作，增強與其他社會資源合作機會。重點學校發展至今，其數目由第一年試辦的4所增加至17所，各校輔導員人數也因人力考量與工作績效的評鑑改為1人，行政層面上除了各校設置專屬辦公空間外，並於每學期編列專款之設備費、行政費及活動費，以期朝向專業自主的運作模式，更能積極有效地提供學校服務（臺中縣教育局，2001）。

　　臺中縣的計畫有四個特色：(1)政府首長與教育行政主管支援度高，計畫發展空間大；(2)地方政府自籌費用最高，聘用輔導員人數最多；(3)重點學校有充足的空間設備與經費，專業自主性高；(4)巡迴輔導與重點學校駐校兩種型態並進，全盤顧及所有學校的需要。

　　臺中縣學校社會工作顛峰期曾聘用達35人。可惜的是，廖永來於2001年底競選連任中失利，國民黨的黃仲生執政後，該方案突然被喊停，表面的理由是經費不足，其實多半是政治原因。解散後的學校社會工作人員只剩7人，改名為「張姊姊輔導中心」，採專線服務方式，雖仍為中輟生提供諮商服務，但是內容與之前的學校社會工作相較已大不相同，很難再說是學校社會工作的延續，比較像是青少年輔導的電話諮商。臺中縣的學校社會工作就此短命地宣告終止。

二、臺北縣（1999-2011年）

　　1999年3月，曾協助臺北市推動學校社會工作的臺大社會系教授林萬億被蘇貞昌縣長借調至臺北縣擔任副縣長，發現臺北縣和大多數其他縣市一樣，也面臨輔導人力不足的困境。再加上臺北縣幅員廣闊，偏遠地區的教師人數更少、社區資源更不足，因此情況更糟。若採取增加教師或專任輔導

教師的方式，一來是在財政上確實有困難，二來就算是每校增加1名專任輔導教師，也無法解決輔導教師每週要上15堂以上輔導課程的現實困境。更何況，當前學生所面對的生活、學習、人格、職業生涯、人際關係等課題，已不是單一的輔導專業能全然解決，必須加入社會工作、臨床心理，甚至於精神醫學的專業團隊（林萬億，2000）。因此，在取得蘇縣長的支持下，臺北縣政府以自己編列的預算成立「臺北縣國民中學試辦專業輔導人員推動小組」，並於8月聘用10位社會工作或臨床心理系所畢業的專業輔導人員，加上之前臺灣省試辦分發的3人，開始實施為期一年半專業輔導人員試辦方案。

林萬億（2000）為臺北縣設置學校社會工作與心理師所持的理念是：

1. 每個學童都應是被尊重的個體，應該得到同等的教育機會。

2. 學校應提供多元的學習環境，以滿足不同特質學童的需求。

3. 學童的學習困擾來自學童本身、家庭、學校、社區環境，因此，必須建構一個結合學生－家長－學校－社區的良好學習體系，才能引導學生於有效的學習。

4. 教師是教育體制中的學童生活、課業、職業、性格、人際關係發展的最佳輔導員，因此，發展教師的輔導知能是最根本的。

5. 輔導是團隊工作，由最前線的教師、導師、輔導教師，到社會工作師、臨床心理師，甚至精神科醫師，組成分階合作的團隊，才是完整的輔導體系。

6. 善用家長、社區資源，構成輔導的伙伴關係，以補學校能量之不足，是有利於學童的受教機會。

7. 取得學校行政體系的支持，才可能進行學校體系的變遷，以創造有利於學童的學習環境。

這7個理念，也可說是臺北縣學校社會工作實施的基本原則。這些基本原則也是援引自美國的實施經驗。而臺灣的學校社會工作的任務，不但直接對有需求的學童提供個案與團體服務，也扮演學校、家長與社區的橋梁；不但重視問題解決，也關切學童成長與社區犯罪預防（林萬億，2003），這與美國學校社會工作發展到近期以來的作法十分神似。

自先前各單位、縣市實施學校社會工作的經驗借鏡，臺北縣政府深知此

計畫的成功與否，除了專業輔導人員的投入外，學校本身的認同度更是影響主因。所以在計畫正式開始之前，即聲明「專業輔導人員並非要替代學校的輔導體系，也非要打亂教育輔導體系，而是教育力量的擴充，最終目的是造福學生」的理念，以尋求學校支持；然後進一步以教育局、國中校長、輔導主任為成員組成「國民中學試辦設置專業輔導人員計畫推動小組」，負責專業輔導人員的招募、駐站支援學校的配置、督導模式的規劃、專案活動的推展，以及年度績效的評鑑等。

在試辦學校的選擇上，區域均衡自然是優先考量，再輔以中輟生多寡與社區複雜程度；當然，校長、輔導主任的意願是前提（林萬億，2000）。確定專業輔導人員進駐的13所學校（稱駐站學校）後，就鄰近地區各選擇兩校（稱支援學校），每週前往半天至1天提供支援服務。此外，專業輔導人員亦受教育局指派，適時協助其他的鄰近各國中小特殊或緊急個案的諮詢與輔導。由此可知，臺北縣是屬於「駐校兼駐區」的工作型態。

同時為確保專業輔導人員的服務品質，臺北縣採取4種督導制度並行，可說是一項創舉：(1)行政督導：由教育局與推動小組組成，負責行政事項，以及評鑑、研擬計畫推展方向。(2)專業督導：由林萬億副縣長親自兼任，每月定期一到兩次以巡迴各試辦學校的方式進行，除專業輔導人員外，還有教育局、學校校長、主任和教師們共同參與，企圖建立團隊共識與默契。(3)專題督導：邀請專家學者，每月一次針對特定主題（如精神疾病、法律議題等）進行個案研討，藉此提升專業輔導人員的能力。(4)同儕督導：專業輔導人員間每月一次工作經驗分享與研討。

另一個確保服務品質的措施是，推動小組在專業輔導人員約聘期滿前2個月，展開工作績效評鑑，其結果作為專業輔導人員續聘與否的參考，同時也為下年度的計畫發展方向提供建言。評鑑項目有學校行政配合度、專業能力、團隊合作能力、工作態度和具體成果與特殊表現等五項，而資訊來源則有專業輔導人員自我評鑑、駐站校長和輔導主任評鑑，和推動小組訪察3項。

此外，臺北縣政府教育局自2000年起每年舉辦全國性質的「臺北縣國民中學試辦設置專業輔導人員計畫」成果研討會，會中邀集各縣市學校社會工作人員、相關學校教育人員、社會福利機構人員等共襄盛舉。臺北市、新竹

市教育局也年年舉辦類似的成果研討會，討論相關校園議題、國內學校社會工作經驗分享與未來展望。

　　2001年，試辦1年半後，經評鑑認為試辦計畫成效卓著，決定學校社會工作制度化。首先是專案規模的擴充，1月先擴增至13位專業輔導人員，5月由教育部延續補助經費1年加聘3位，共計16位，服務駐站學校16所，支援學校32所。9月完成「臺北縣中小學聘用學校社會工作專業人員設置要點」的法制化工作，接著將完成階段性任務的「推動小組」更名為「指導小組」，功能也改成促進學校社會工作人員專業成長與提升工作效能的目標，及持續推動學校社會工作專業人員制度的發展（黃韻如，2001）。

　　同時，由於學校社會工作人員人數增加，加上臺北縣幅員廣大，學校區域特殊性亦有所不同，為更落實行政督導效能，將原有行政督導改為「區域行政督導」，也就是以交通區域作為區分點，分東區與西區，並各設中心學校負責之行政督導。2003年設立專門負責學校社會工作相關事宜之專任督導1名（由原先學校社會工作實務人員遴選出擔任，首任督導是陳香君社工師），以提升學校社會工作之效能。

　　2003年8月1日修正學校社會工作人員支援服務辦法，將支援服務範圍擴大至全縣國中與縣立高中，而國小部分則依區域責任支援。2005年9月為支援全縣國中小學，名額擴增到28位，是全國學校社會工作人數最多的縣分。同時，基於國小校長、輔導主任對學校社工不能配駐國小，屢有怨言，臺北縣就趁此人力增加時試辦三所國小（新莊、清水、後埔）納入駐校範圍，經過1年實驗，於該年底邀請陳毓文、彭淑華、胡中宜等3位教授到校評鑑給予國小駐站之建議，依學校社會工作人員工作成果與評鑑結果，認為國小雖有學校社會工作服務之需求，但當時國小並無專、兼任之輔導教師編制，輔導專業人力普遍不足，輔導室多數僅能執行輔導行政工作，學校社會工作人員進入國小後成為輔導教師的替代角色，除無法發揮社會工作專業外，恐成為輔導室分工的另一隱憂（陳香君，2011）。此外，也有可能會是學校社會工作師在輔導室等待輔導主任派案，或引頸企盼導師轉介個案的困境。倘若學校社工師積極作為，將取代輔導教師角色，連帶引爆輔導室的角色分工危機；反之，如果學校社工師只守在輔導室等待個案上門，或舉辦輔導相關活動，又有違學校社工師進入校園的初衷。同時，以目前學校社工師的人數也

很難照顧到全縣208所國小。於是，在難以兩全之下，臺北縣政府學校社會工作指導委員會決定將有限人力再次抽調回國中駐站，對國小則爲支援，暫時結束國小進駐學校社工的實驗。

而在實驗期間，臺北縣學校社工專業團隊特別針對國小學生的身心發展階段所可能出現的學習、行爲、人際、家庭困境，例如：兒童虐待、注意力不全過動症（ADHD）、情緒困擾、親子關係、行爲偏差等，進行額外的督導，以滿足國小學生與國中生不同的身心社會發展需求。同時，建立以學校爲中心的資源網絡，這不僅是校內各處室間能溝通協調順暢，也包含了與社政、警政、衛生醫療等教育外的系統能夠有一套合作機制，眞正落實資源的整合與共用。遺憾的是，2006年周錫瑋縣長上任後不久，將其中的2名借爲聘用助選功臣之用，對有限的學校社會工作師員額不無傷害。

2008年11月修正「臺北縣中小學聘任學校社會工作專業人員設置要點」，並更名爲「臺北縣立各國民小學國民中學聘任學校社會工作專業人員設置要點」，修正要點中除提升學校社會工作人員的聘任薪資，並針對年度考評績優之人員得以提敘續聘。2010年12月25日臺北縣升格爲直轄市，並更名爲新北市，升格直轄市後本期待財源與資源得有更多挹注，得以讓新北市學校社會工作制度有更進一步的發展。然而，因爲學校社會工作人員尚無中央法源依據與員額編制，仍屬約聘人員，因此市政府聘用學校社會工作人員時，仍受行政院聘用人員條例之臨時人員員額不得超過正式員額百分之5的限制，是以2011年1月新北市政府學校社會工作人員被要求精簡2名員額，僅剩26名員額（陳香君，2011）。本來教育局計劃於2011年將學校社會工作人數擴充到44名，讓更多學校可以得到學校社會工作師的協助的期待也落空。

基本上，臺北縣所推動的「國民中學設置專業輔導人員計畫」有以下特色：1.駐校和區域支援模式並行，以求服務最大化。2.督導制度完整，確保服務品質。3.接受教育局調動，危機處理機動化。4.社會工作團隊化，資源充分整合。

新北市的學校社會工作師不只是要提供學生個別輔導，也要進行團體工作、社區方案。同時，參與慈輝班安置申請學生評估、區域聯繫與國中小學生輔導的轉銜會議、兒童及少年保護宣導等預防性活動，以及擔任災難救援的危機介入與學童就學安置與輔導。這與其他縣市的專業輔導人員以個別輔

導為主的工作模式有很大的差別。

三、新竹市（1999-2011年）

　　同是民進黨執政的新竹市，人本基金會說服蔡仁堅市長在1999年12月仿臺中縣、臺北縣開辦學校社會工作方案，開始招募「專業輔導人員」為約聘5職等，服務範圍將新竹市13所市立中學畫分為5個責任區，聘任5個專業輔導人員分別駐站於光華、培英、香山、南華、內湖等5校，開始採駐校模式。因應個案分配不均、工作角色定位、督導時數不足等困境（新竹市教育局，2001），於2000年8月制定「新竹市學校社會工作人員輔導方案」，在此方案中將專業輔導人員定位為「學校社會工作員」。目標是：(1)提供社會工作專業服務，充實學校輔導人力資源，增益學校輔導工作績效，紓緩青少年問題。(2)主動發現個案，進行評估、輔導、引入治療資源以預防並加強輔導嚴重行為偏差及適應困難學生，以發展其健全人格。(3)協助學校與社區、家庭建立良性互動關係，建構社會資源網絡，以滿足學生全人發展之需求。(4)改善校園生態體質，建構學校社會工作服務型態（新竹市教育局，2001）。

　　實施方式採巡迴各校的型態，協助處理各巡迴輔導區的學生個案，並支援其他學校轉介個案，而實施範圍則包括市轄完全中學2所、市立國中11所、市立國小22所。初期選定5所中心學校與其他支援學校，遴聘有學校社會工作人員5名，其工作職掌包括：(1)執行政府指派之各項輔導專案工作；(2)受理巡迴輔導區內學校轉介之嚴重偏差行及適應困難學生；(3)社會資源之發掘、整合、運用及轉介；(4)提供學校、教師及家長諮詢、諮商服務；(5)參與巡迴輔導區學校所辦理之校內或校際個案研討會；(6)協助中輟生復學輔導事宜；(7)其他有關本市學生輔導事宜；(8)提出工作成效報告（新竹市教育局，2001）。

　　在初期，由於學校社會工作人員以協助中學、國中輔導學生為主，國小若有需要則透過教育局請新竹家扶中心支援，不過這卻造成兩者在中輟追蹤

輔導上的重疊，於是在2001年2月起，教育局明確畫分兩者的工作範圍，新竹家扶中心負責4所國中與全市國小，其餘9所中學、國中則由學校社會工作人員負責。

「學校社會工作推動小組」負責整個專案的推動，成員包括由教育局成員組成的行政督導組、諮詢教授群組成的專業督導組，以及中心學校的校長、主任等3部分。新竹市的學校社會工作型態視需要不斷調整中，如何在不同單位體制與專業權威中調和，是「學校社會工作推動小組」所面對的難題（新竹市教育局，2001）。

2003年1月起，新竹市學校社會工作由原本與5所學校簽約改為直接由市府簽約，身分隸屬市政府。學校社會工作服務對象由原先的13所市立中學擴大到26所國小，同時為配合新增小學責任區，重新參考學校服務平均學生數及距離畫分新責任區。2003年3月，因應新增1國小而微調責任學校。2004年1月起，將年資累計超過5年的學校社會工作任命為督導，並將學校社會工作由原先的約僱改為約聘。2005年迄今，新竹市學校社會工作有1名約聘督導、4名約聘社工，以巡迴方式服務3所高中、12所國中、28所國小的學生個案。2006年2月再度修正「新竹市學校社會工作人員方案」（馮文盈，2006，2011）。

新竹市學校社會工作制度之所以能堅定地走下去，有以下有利條件：1.市府長官的支持，不只民進黨執政時期，政黨輪替之後國民黨政府仍然繼續支持。2.學校的配合與接受度提高，與臺北縣的經驗類似。3.教育宣導的功能發揮。學校社會工作師利用宣導活動，讓自己能見度提升。4.學校社工員專業背景訓練紮實與持續在職教育訓練。5.專業督導制度的建立與執行。6.結合社區相關網絡資源、運用社區志工人力，協助建立輔導網絡（馮文盈，2011）。

四、臺北市（2000-2011年）

如前所述，臺北市執行教育部「國民中學試辦設置專業輔導人員計畫」

在1999年7月底結束，原聘4位臨床心理師、4位學校社會工作師全數離職。然而，來自學校要求續辦的呼聲持續不斷，臺北市社會福利委員會在8月的會議中也督促學校社會工作應繼續推展，於是臺北市政府以自編預算的方式，重新研擬「臺北市各級學校社會工作方案」，於2000年1月開始施行。新的方案不同於以往，服務對象包括國小、國中、高中、高職，總計聘用學校社工14名，服務12所學校。

另外，此方案亦有「專案委託」，由教育局專案委託民間社會福利專業團體辦理，協助處理各校提報並經教育局初、複審通過之委託個案；並受理駐校社會工作人員轉介之個案，等於為駐校學校社工提供個案介入的後送系統。受委託的機構有基督教教會聯合會（東區）、人本教育文教基金會（西區）、臺灣愛鄰協會（南區、北區）。臺北市政府教育局並於2004年10月起試辦引進心理諮商師進駐國小校園，協助解決國小輔導人力不足的困境。

因人力不足、駐校學校社會工作人員定位不明，以及駐校社工擔負許多非社工專業的工作，致有改革的必要。臺北市政府教育局於2006年針對第一期中程計畫進行成效評估研究顯示，學校社會工作具有下列功能：1.扮演學校、社區、家庭間的橋梁，2.深入家庭了解學生問題的真相，3.踏訪、了解社區生態，4.掌握個案的情形，提供適切的服務，5.協助處理緊急性及特殊複雜性個案，6.依學校需求發展出不同的處遇媒介等（臺北市各級學校推展學校社會工作第二期中程計畫）。

於是，於2007-2010年進行第二期中程計畫，調整實施型態，採取：

1. **駐區模式**：由教育局依區域學生人數、社經背景及區域駐校社工人數等為評估指標，派駐區學校社會工作人員提供區域學校服務。

2. **駐校模式**：積極鼓勵學校聘用駐校社工人員，深化駐校服務模式。

3. **專案委託**：由教育局專案委託民間社會福利專業或文教團體辦理。

教育局並逐年將學校社會工作人員從14名增加到27名。至2010年底止，駐校社會工作員3名（重慶國中、忠孝國中、雙園國中）、駐區學校社會工作員24名。教育局社會工作督導1人、社工師1人負責督導與行政。臺北市的駐校社會工作其實是以學校的幹事缺聘用，屬於校內行政人員。這種聘用模式固然增加了學校社會工作人員的名額，但是同時要支援學校行政，又要處理導師轉介或輔導室分派學生個案，其造成學校社會工作人員的角色

混淆情形比教師法修正後的55班駐校專業輔導人員更嚴重（胡中宜，2007，2011），容易陷入「社會工作輔導教師化」與「專業的科層化」的雙重困境。而駐區學校社會工作與臺北縣的駐校社會工作人員一樣，都是駐站於某一學校，分區支援鄰近若干學校的型態。

五、新竹縣

除了上述三個縣市之外，新竹縣也於2005年9月聘用具教師資格的學校社會工作3名，以分區巡迴輔導的方式輔導全縣國民小學，這是回應教育部要求各縣市於2005年完成學校社會工作制度的實施有關。2006年再增聘2名，並於10月設置學校社會工作中心於博愛國中。2007年再增聘2名派駐於尖石鄉新樂國小。2008年起改變駐區在竹北國小、新樂國小。2009年8月配合成立學生心理諮商中，再調整集中駐區於竹北國小；並增聘學校社會工作人員1人。總計新竹縣有學校社會工作督導1人、學校社會工作人員7人（其中2名爲諮商人員）。

六、高雄市

高雄市政府教育局回應教育部的要求是在2005年10月24日成立「高雄市學生心理諮商中心」（後易名學生輔導諮商中心），借調具輔導專業的輔導教師至學生心理諮商中心擔任兼任「專業諮詢師」。該中心設立初期任務如下：1.學生事務與輔導工作「專業諮詢師」人力資料庫，提供各校師生、家長，專業心理諮商的服務，以提升特殊個案輔導成效。2.建構本市學生憂鬱及自我傷害預防機制與處理流程，並有效進行上述特殊個案諮商輔導，以落實校園三級輔導功能。3.強化兒童少年保護、性侵害及家庭暴力之預防機制，並落實上述特殊案例之諮商成效。4.提供本市校園危機事件後續之師生和家長之專業心理諮商協助，以落實校園輔導工作專業化。5.有效結合學校

及社區醫療資源，提供全市各校教師、學生、家長精神醫療的專業協助，並建立其對專業精神醫療的正確觀念，具體落實三級輔導功能。

　　高雄市之所以以設立學生心理諮商中心作爲回應教育部友善校園的策略，與1997年的「國民中學試辦設置專業輔導人員計畫」的實施經驗有關。當年高雄市所聘的8位專業輔導人員中有5名心理系所畢業，輔導系、社會系和社會工作系各僅1名學士（翁毓秀，2005）。再加上當年高雄師範大學輔導研究所（後改名爲輔導諮商研究所，今名爲諮商心理與復健諮商研究所）的倡議，亦即，高雄市政府教育局從過去的經驗中認爲輔導諮商即可解決學童的學校適應問題，並沒有打算將學校社會工作師納入學生輔導團隊中。後經本文作者提醒曾擔任過高雄市政府社會局長的蘇麗瓊女士，學校社會工作在兒童及少年服務領域的重要性，學校其實是兒童及少年成長的生態系統中的重要環節，如果能將學校納入社會工作服務的領域，絕對有助於兒童及少年福利與權益保障的完整性之後，高雄市政府社會局遂於2011年以公益彩券盈餘基金推展社會福利專案，補助社會工作專業人員6名進駐學校，支援學生心理諮商中心，成爲首批駐校學校社會工作師。該批人力後來成爲銜接國民教育法修正之後，學校社會工作師進駐校園的重要關鍵。

　　高雄市的學生心理諮商中心模式，也因教育部的全力推動，成爲各縣市回應教育部友善校園學生輔導工作的範例。例如，新竹縣（竹北國小、博愛、竹東、忠孝國中）、屏東縣（勝利國小）、彰化縣、桃園縣南區學校心理衛生諮詢服務中心（平鎮高中）、臺北市、臺南市、雲林縣等縣市，紛紛回應2006年教育部友善校園計畫中的的補助「心理諮商專任人員參與國民中小學學生輔導計畫」的誘因，設置學生輔導諮商中心，只是名稱不同，例如：臺南市原稱「學生諮商暨個案管理中心」。進而，教育部於2011年全面擴大推動各縣市設置「學心理輔導諮商中心」，作爲支撐國民教育法修正之後設置的專業輔導人員的基地。

　　高雄市學生心理諮商中心的任務如下：

1. 提升學校心理諮商專業知能。
2. 輔導協助學校轉介嚴重適應困難之學生個案。
3. 協助學校辦理個案研討會議。
4. 協助學校處理危機事件之心理諮商工作。

5. 協助學校整合及運用社會輔導資源。

6. 進行成效評估和個案追蹤管理。

7. 提供家長和學校諮詢服務。

8. 提供教師諮詢與諮商服務。

9. 協助國中階段適性輔導之工作。

10. 教師心理健康支持方案。

教育部會要求各縣市設學生輔導諮商中心（簡稱輔諮中心，有些縣市仍偏愛稱學諮中心），必然是將輔諮中心想像成各縣市的學生專用「公立張教師」，或「公立諮商中心」。假設學生會主動或被要求以信件、電話求助，或前來面談。這樣的想像與2014年起依學生輔導法廣設專任輔導教師的理念背道而馳，也與學校社會工作制度的本質相違背。廣設專任輔導教師之後，學生的面談、諮商應該在各該學校進行了，無須遠道至輔諮中心來接受諮商。顯然，這些政策的思慮並不周延。

復由於學生輔諮中心並非地方行政機關組織準則內的法定二級機關，只是屬於教育局下的任務編組，甚至只是被認為是教育局特殊教育科下的一個臨時單位，其主任、行政人員均是借調自各國民中小學。輔諮中心主任有由校長兼任者（如新北市、苗栗縣）；有由候用校長暫代者（如南投縣）；有借調輔導主任兼任者（如高雄市、臺南市）；有教育局科長兼任者（如臺中市）；有由教育局督學兼任者（如臺北市）；有聘專任人員主其事者（如基隆市）等不一而足。且有些縣市的主任聘任方式隨教育局（處）的偏愛而改變，導致輔諮中心的主管異動頻繁，極不利於組織發展。

此外，如果採取專業輔導人員駐校模式的縣市，輔諮中心存在的必要性變得很小，如新北市，因為所有專業輔導人員均駐站在各區域的大型學校與重點學校，輔諮中心只是學校社會工作師、心理師、專任輔導教師督導的辦公室與對外聯絡中心。即使是目前大部分縣市認知的所謂55班以上駐校的專業輔導人員，也是由駐在學校管理，輔諮中心存在的用途亦不大，所以，輔諮中心模式其實比較適合人口規模小的縣市推動。不過，如果這些規模小的縣市也將專業輔導人員派駐各區的中心學校，輔諮中心也就可以不必存在了。至此，主張將輔諮中心定位為二級機關的正當性是相對不足的。

伍、專任輔導教師制度擴編

一、軍教課稅充實學校輔導人力

2000年之後，教育部並未依先前的行政院指示，對這些前述縣市的學校社會工作方案依法進行督導，幾乎是任其自然發展，甚至自生自滅。即使2002年第三次全國社會福利決議「擴大推行學校社會工作制度，連結家庭、學校與社區。」接著，行政院社會福利推動委員會也要求教育部督導各縣市加強辦理學校社會工作。在民間團體不斷的施壓下，教育部遂行文要求各縣市政府教育局編列經費，於94學年度完成學校社會工作制度之建立。此外，教育部94學年度學生訓輔（友善校園）工作作業計畫中，爲落實學校整體學生事務諮商輔導系統組織效能，期望學校強化輔導專業人力，要求各縣市政府於所推動之相關計畫中安排至少4小時的學校社會工作相關課程，以期讓學校行政人員及教師對學校社會工作有基本之認識，進而建構相互支援、合作及通報網絡，顯示教育系統對於社會工作介入的高度需求；同時，2005年，行政院青少年事務促進委員會擬定之青少年政策白皮書綱領中，第5項即爲「加強學校社會工作綜合學校及社區各項資源，減少學生標籤化提高社區支持系統。」各縣市政府教育局持觀望者多。除了前述的臺北縣市、新竹市之外，僅有新竹縣跟進，花蓮縣則直至2010年才啟動，招考學校社會工作師3名，已是很值得喝采了。反而，如前述，教育部以「心理諮商專任人員參與國民中小學學生輔導計畫」鼓勵各縣市設置學生心理諮商中心。顯見，學生輔導並非當今以升學爲導向的教育體制的重要工作，學校社會工作更不是主流教育界所歡迎的。除非又發生幾件少年虐殺事件。

至此，學校社會工作的發展似乎寄望在取消軍教薪資所得免稅案通過。依所得稅法第4條第1、2款規定現役軍人之薪餉與托兒所、幼稚園、國民小學、國民中學、私立小學及私立初級中學之教職員薪資均免納所得稅。這項免稅規定起因於早年軍公教人員待遇不高，又爲鼓勵青年從軍與投入教育工作，遂於國共內戰時期通過此項優惠，而國民政府撤退來臺，繼續沿用。原規定不包括國民中學，在1968年實施九年國民義務教育時，財政部即有軍教

薪資應課稅之論。然而,不但軍教薪資未能課稅,反而擴大適用國民中學教職員。就稅賦公平原則論,有所得就應課稅,高所得便課高稅。軍教人員的薪資早已比勞工薪資高出許多,實無優惠之理,因此,此項圖利軍教人員之稅制優惠遂成爲臺灣政治民主化以來爭論的焦點之一。國民黨執政期間,礙於軍公教屬其鐵票的政治考量,遲遲不願修法。

直到2000年政黨輪替,民進黨政府積極推動修正所得稅法,財政部於2002年8月16日擬具「所得稅法」第4條、第17條及第126條修正草案(取消軍教薪資免稅修法案)報院,經行政院於8月27日函送立法院審議。立法院雖曾於12月18日召開審查會,惟未能於該屆完成修法。

配合立法院法案屆期不續審,行政院於2005年2月21日將「所得稅法」第4條、第17條及第126條修正草案重行函送立法院審議。立法院財政委員會於2005年5月9日召開第17次全體委員會議審議「所得稅法」第4條、第17條及第126條修正草案,決議俟行政院相關部門擬妥整體配套方案後再審議。立法院財政委員會於5月25日召開第21次全體委員會議時,決議俟行政院提出最低稅負制草案時,再併案審議。是年12月21日立法院財政、教育及文化、國防3委員會召開聯席會議審議「所得稅法」第4條、第17條及第126條修正草案,進入逐條審查。2006年1月9日繼續召開聯席會議審議,經討論協商後決議如下:

1.取消國民中小學及幼稚園教職員工免稅後,其課稅收入依據下列「課稅收入運用計畫」辦理;爲確保所增課稅收入,用於整體教育環境之改善,應配合修正提高教育經費編列與管理法21.5%下限之規定。

2.實施前完成相關法令法制化之工作。

後續行政院草擬之課稅收入運用計畫如下:

1.補助國中小約聘僱行政或輔導人力:約20億元,平均每校補助60萬元。

2.調增國中小及幼稚園導師費:約29億元。國中小及幼稚園導師費提高至每月4,000元,幼稚園以每班2位導師發給。

3.教師專業基金,獎勵優秀教師之專業表現:約5億元。

4.降低國中小教師授課節數:約43億元。減少教師授課節數,國中小均減2節,國小導師再減1節,並以增加教師備課時間爲原則。

　　立法院於2006年5月25日朝野協商「所得稅法」第4條、第17條及第126條修正草案，惟國民黨團代表以教育部仍未完成相關配套爲由，致協商未成。

　　教育部研擬相關配套法案，於2006年9月22日函報「教育經費編列與管理法」第3條之1、第14條、第18條修正草案，經行政院於2006年10月5日召開會議審查竣事報院。另於同年10月2日函報「幼稚教育法」第8條、第12條、第15條修正草案，經行政院於10月19日召開會議審查竣事，惟提經11月1日院會決議：「緩議」，原因是擔心立法院單獨通過教育法規，造成局面更加混亂。行政院蘇貞昌院長並指示政務委員林萬億協調完成「取消軍人薪資免稅」完整配套措施，經行政院同意函送立法院審議。

　　立法院再於2007年3月1日、4月4日由王金平院長召集朝野協商「所得稅法」第4條、第17條及第126條修正草案。惟只有民進黨團的代表出席，國民黨、親民黨、臺聯及無盟皆未出席，導致流會，協商不成。本案亦未排入該院會議程。

　　可知，在國民黨掌握多數的立法院，要通過民進黨所提的「取消軍人薪資免稅案」，簡直難如登天。2008年再度政黨輪替，國民黨政府礙於稅收短少與人民壓力，遂重提此案，終於在2010年5月9日，爭議超過20年的取消軍教人員課稅，完成初審。行政院要求年底通過修法，終結此一延宕多時的歷史錯誤。2011年1月7日立法院三讀通過所得稅法修正案，讓長期引發社會爭議的「軍教免稅」政策確定取消。新法從2012年實施，也就是軍教人員於2013年起繳稅，根據財政部的統計，影響人數大約有37萬多人，包含志願役軍人約有13萬5千人，教職員約20萬7千人，以及9千位幼保人員。每年可望讓國庫增加新臺幣112億的稅收，已非8年前的180億了。

　　其中，教育部可增加稅收從98億減少爲71.7億元。教育部、國防部皆以「課多少、補多少」的原則訂立配套方案。教育部採「課多少、補教育」的模式，4億元用於輔導、行政人力；14億元用於提高導師費，由現行每月2千元調增至3千元；另外54億元用於降低國中小教師授課節數，國中小教師皆減2節課、國小導師再減2節課。原訂充實輔導人力的經費大幅縮水，學校社會工作制度建立的規模也將跟著縮小。坦言之，如果中央政府不補助，單靠地方政府的財力，再加上政治作祟，很難看到學校社會工作的重要性。

二、國民教育法再修正

　　寄望以軍教課稅來充實學校輔導人力顯然不切實際，反而，再次發生的校園霸凌案更能引發立法院對於修正國民教育法的興趣。2010年11月間，桃園縣八德國中有位國三男生被同學飛踢、圍毆、拿掃把追打，嚇得大哭，又被同學拿垃圾桶蓋頭，校方表示會對施暴者懲處。12月6日，同校1位國一女生被4名女同學毆打，還被拉進廁所拍裸照，嚇得被害人不敢上學，經縣議員陪同出面控訴。施暴者被依恐嚇、妨害自由等罪嫌送少年法庭審理。該校有64名（超過半數）教師不滿校長沒有積極處理學生欺凌事件，集體連署向立委羅淑蕾陳情，指學生向教師嗆：「我竹聯的！」還揚言叫人帶槍到校，控學校包庇霸凌，要求校長和學務主任下臺。12月21日教育部長吳清基到校與師生座談，縣長吳志揚當天中午宣布校長於家縠停職接受調查，學務主任王建祥請辭獲准；下午教評會決定於家縠調離現職，另派督學戴進明代理。12月24日教育部派4名教官進駐，同時，監察委員到校調查。12月27日根據校長遴選委員會調查結果，八德國中校方在處理霸凌事件及64位教師陳情案，出現7大疏失，包括：1.行政管理鬆散，2.未落實通報系統機制，3.未善用相關支援體系（警政、社政等），4.各處室橫向聯繫不足、各行其事，5.學校制度規章建置不完備，6.輔導機制未全面落實啟動，7.同仁主動積極精神不足，才會導致事件一再擴大，難以處理。校長遴選委員會評定於家縠校長已不適任校長，回任教師，暫安排在教育處任行政工作，由督學戴進明代理校長。教育部也趁機召集全國教育局處長和國中校長逾750人，開會宣導反校園霸凌。於是，防制校園霸凌也成為教育部的重大專案。

　　2011年1月12日立法院再次修正通過國民教育法第10條。如本書第一章所述，本次修法不但擴大專任輔導教師員額編制，如下：1.國民小學24班以上者，置1人。2.國民中學每校置1人，21班以上者，增置1人。前項規定自中華民國101年8月1日施行，於5年內逐年完成設置，全國國中小將新增專任輔導教師2,156人。同時，讓班級數達55班以上者，應至少置專任專業輔導人員1人。直轄市、縣（市）政府應置專任專業輔導人員，視實際需要統籌調派之；其所屬國民小學及國民中學校數合計20校以下者，置1人，21校至

40校者，置2人，41校以上者以此類推。據此，全國需設置將近600名專任業輔導人員。而所稱專業輔導人員，依教育部補助國民小學國民中學及直轄市縣（市）政府設置專任專業輔導人員實施要點規定，係指：社會工作師、諮商心理師、臨床心理師。雖然，學校社會工作師、學校諮商心理師、學校臨床心理師並未寫入國民教育法中，但是已比以前更明確地被納入學校體系了。

　　各縣市於2012年8月開始依國民教育法聘任專業輔導人員，就如同第一章所闡述的各自解讀，除了配置的方式出現很大的歧異外，對於專業輔導人員的專業背景也有各自的解讀。各縣市政府教育局都會依學校的需求決定三種專業的名額，而各校校長通常會依輔導主任的意見爲意見。除了前述新北市、新竹市、臺北市已實施學校社會工作制度多年，校長、輔導主任較清楚學校社會工作師的功能之外，其餘縣市的學校輔導主任大多較熟悉長期接觸的心理輔導界，而認定學校需求心理諮商師；復由於心理輔導學術、實務界動員各輔導學會、諮商師公會大力介入遊說；再加上心理輔導界誤以爲學校社會工作師只是做家庭訪視與資源整合的人，因此，無須配置太多名額。於是，就出現除了新北市、新竹市、臺北市以外的縣市，大量聘用心理諮商師，而只聘任極少數的學校社會工作師，例如，彰化縣、嘉義縣、雲林縣、嘉義市等中部縣市都只聘2位學校社會工作師。更有甚者，誤把學校社會工作師當成是心理諮商師的助理，理由是學校社會工作師考試只要具備學士學位即可，而心理諮商師必須具備碩士學位始能參加專技高考。但是，論者忘了社會工作師專技高考的錄取率平均才12%左右，遠低於心理諮商師。這些縣市的學校社會工作師流動率奇高，其來有自。

　　目前各縣市專業輔導人員的配置可分爲以三種模式：

一、分區駐校模式

　　學校社會工作師、心理諮商師均配置於55班以上學校，或區域中心學校，支援鄰近中小型學校。學生心理輔導諮商中心（簡稱輔諮中心）只扮演

督導與協調角色。其優點是：1.教育局能統一招募、分配、管理專業輔導人員，發揮事權統一管理效能；2.教育局可因地制宜、配合需求配置適當之專業輔導人員駐校，不會拘泥於學校之大小；3.學校端之輔導教師、學校社工師、學校心理師能建立完整的校園與區域輔導團隊，直接提供學生問題解決；4.專業輔導人員既可深入學校體系，又可兼顧對學生、家庭、社區、學校系統的評估與介入。

其限制則有：1.小縣市人力不足無法做到小區域駐校，必須採較大區域分工，這其實是因為配置人力指標對偏遠小校不利的緣故；2.心理諮商師與輔導教師功能不易區分；3.配置心理諮商師的學校與社工師的學校展現功能不一、心理諮商師不熟悉家庭與社區關係而困在前線，專長較不易發揮，必須有社工師支援。

實施的縣市有新北市、臺南市。新北市沿襲舊制採此模式；臺南市於103學年度將原先不成比例地向心理師諮商師傾斜的員額分配，重新調整學校社工師與心理諮商師的員額，學校社工師增加為24人，心理師19人，並實施分區駐校模式[4]。

二、輔諮中心模式

學校社會工作師、心理諮商師均配置於輔諮中心。其優點是：輔導人力集中扮演三級輔導角色，支援學校輔導室。其限制甚多：1.學校與輔諮中心的轉介系統是否順暢決定三級輔導的效能，各校差異極大；2.輔諮中心出現兩種極端現象：學校轉介頻繁而門庭若市，或學校不轉介而門可羅雀；3.心

---

[4] 2013年7月8日本文作者致函當時的教育局鄭邦鎮教授，陳述有關臺南市專業輔導人力配置的問題。鄭局長接受本文作者的建議，之後，在某次校長會議中說出一套極為傳神的道理。鄭局長轉述大意是：「臺南市分配到43部消防車，配置在各校的多（55班以上校級），在教育局者少（20校以上市級）。一日偏遠小校發生火災，教育局長請校級消防車就近前去支援滅火，結果管理消防車的校長回話，不是司機請假，就是零件壞掉待修，或是要先去加油等等，局長只好調動遠在臺南市區的輔諮中心的消防車前去支援，結果消防車不熟悉地形走錯路，偏遠學校就此燒成灰燼。校長們聽完莫不點頭稱是。」從此，臺南市的專業輔導人員改為由市府統一調配，名額也大幅調整使學校社會工作師員額增加，以利解決家庭、社區帶來的學童學校適應問題。

理諮商師與學校社工師不熟悉校園文化而介入效果不彰；4.學校社工師與社會局社工師角色混淆、學校社工師脫離戰場而自我萎縮；5.心理諮商師與輔導教師功能重疊，可能因無所事事而閒置，或與鐘點外包心理師角色混淆而功能相互抵銷。

　　目前全國大部分中小型縣市採此種模式。雖然大部分人口較少的縣市，還是會有一兩所國中小班級數達55班以上，配置駐校專業輔導人員，例如：宜蘭、基隆、雲林、嘉義等，不過，各該縣市專業輔導人員主力還是放在輔諮中心。輔諮中心功能提供間接服務與直接服務並存。於提供直接服務時，必須奔波於途，辛苦異常。部分縣市採分區服務，例如：屏東縣、苗栗縣、嘉義縣、雲林縣、南投縣、宜蘭縣、基隆市。若無分區、分工，其處境將更艱辛。部分縣市學校社會工作師人數極少或無，很難發揮學校專業輔導團隊工作的功能，例如：雲林縣、花蓮縣、臺東縣、嘉義縣、嘉義市等。花蓮縣依「花蓮縣學生輔導諮商中心設置要點」，甚至並無聘任學校社會工作師的必要規定。一旦社會工作師淪為在輔諮中心內扮演自認專業程度較高的心理師的行政助理（鄭雅惠，2015），還算是學校社會工作師嗎？

三、輔諮中心與駐校並行模式

　　55班以上之學校置專業輔導人員駐校，餘派駐輔諮中心。其優點有：1.依法解讀將學校社工師、心理諮商師派駐55班以上大型學校，與導師、輔導教師共構校園輔導團隊；2.另將20校聘任1位專業輔導人員之員額，集中於縣（市）輔諮中心，擔任三級輔導工作，支援學校。其限制亦有：1.校級專業輔導人員與縣（市）級專業輔導人員分別管理，形成制度斷裂現象；2.社工師與心理諮商師駐校很難支援其他非55班學校，而輔諮中心只扮演三級輔導角色，且與駐校專業輔導人員功能很難區分，也不易合作，學生輔導體系出現嚴重的漏洞；3.駐校的專業輔導人員若只負責1校，輔導人力充足、工作負荷量低，容易安逸怠惰，學生的權益保障不見得更能被保障；4.而駐守在輔諮中心的專業輔導人員面臨的困境，與輔諮中心模式沒有明顯

差別。

臺北市、高雄市、臺中市、桃園市、彰化縣等大縣市均採此種模式。其中,桃園市學校社會工作師與心理師員額呈約1：4的懸殊編制,彰化縣更是只聘2位學校社會工作師,臺北市、臺中市則較平均。

臺北市由於過去也有歷史較久遠的學校社工師駐校服務經驗,在2011年國民教育法修正後,除將原有駐校社工師直接納入55班(44校)以上學校駐校外,另聘部分心理師加入駐校行列,名額約略相等(23：20)。此外,另設臺北市學生輔導諮商中心(應聘13人),聘有專任專業輔導人員12人,其中學校社工師6人,心理師6人。

臺北市輔諮中心的任務如下:

1. 協助學校輔導專業處遇能力,提升學校輔導團隊專業知能及倫理意識。

2. 提供嚴重適應欠佳學生輔導處遇及協助校園危機事件之心理輔導機制。

3. 支援學校諮商專業人力,提供學生心理諮商服務,教師、家長諮詢服務。

高雄市的情形較特殊,學生輔導諮商中心分7區服務,聘有專任專業輔導人員(應聘18人),包括心理師與社工師(心理師7名、社工師5名)。另外,聘有55班以上學校(50校)社會工作師駐校服務。學生輔導諮商中心歸國中教育科主管,駐校專業輔導人員歸國小教育科主管,制度凌亂。102學年度起,該模式轉型為朝駐校學校社會工作師跨校策略聯盟方向前進,但仍無法徹底解決校級與市級專業輔導人員的分工與協調,以及全市一體的學生輔導需求規劃與資源配置問題。

彰化縣的情形也很特殊,學生心理諮商中心分2區服務,聘有專任專業輔導人員,包括心理師與社工師(心理師9名、社工師2名),另外,聘有55班以上16校駐校心理師服務。學生心理諮商中心的社工師只協助進行初評,不接案。這是一個典型的以諮商師為主的學生輔導諮商中心設置模式,完全誤解學校專業輔導人員的設置目的,無法建立跨專業的輔導團隊,以滿足當前學生校園適應問題的環境因素多於個人因素需求。

桃園市學生輔導諮商中心配置13名專業輔導人員於中壢國中本中心;55

班駐校專業輔導人員43名。臺中市分6區督導，也在駐校與市級專業輔導人力的角色混淆與分工不清中摸索前進。

　　總括以上專業輔導人力的配置，可以發現教育部放任各縣市自行解讀國民教育法第10條修正案，且讓專業間搶奪地盤的情形嚴重，各縣市的學生輔導輔制度陷入自求多福的困境中。大部分縣市學生輔導制度仍然在摸石渡河前進，險象環生，更別說要永續發展了。綜而言之，目前的困境如下：

（一）人力配置

　　1. 各縣市專業輔導人員配置不一：除新北市、臺北市、高雄市、臺南市、新竹市、基隆市、南投縣之外，其餘縣市均是學校心理諮商師多於學校社工師；有些縣市非常懸殊，如桃園市、彰化縣、嘉義縣、嘉義市、雲林縣；有些縣市甚至無學校社工師，如花蓮縣。很多縣市偏愛心理諮商師，卻無法聘齊，且心理諮商師無法適應學校體系運作而流失率高；甚至有些縣市期待臨床心理師加入，更是不切實際的想像。縣市政府沒有以學生需求來決定聘任何種專業，就會陷入專業間的爭奪地盤，此絕非學童之福，也扭曲設置專業學生輔導制度良法美意。

　　2. 各縣市教育局、學校普遍不熟悉學校社會工作，而不願聘學校社會工作師或誤解學校社會工作僅為社區資源媒合者，致認為學校社會工作師與社會局社會工作人員業務重疊。

　　3. 學校社會工作師若配屬在學生心理諮商中心，將喪失學校社會工作的功能與價值，功能有萎縮之虞。心理諮商師與專任輔導教室師的角色重疊問題，已隨著專任輔導教師到位而益形突顯，學校心理師被專任輔導教師取代的危機日益明顯，學校社會工作師也可能陷入「輔導教師化」的角色困境中（胡中宜，2011）。顯然，這種疊床架屋式、高密度的學生輔導制度必須重新調整，否則一旦增加政府的人事負擔卻沒有相對的成效，好不容易建立的學生輔導制度將會自行土崩瓦解。

　　4. 專任輔導教師大量湧入校園後，品質把關不易。專任輔導教師為了業績，不可避免地會獨攬學生，導致三級輔導運作可能很快失靈。

　　5. 學術界熟悉心理諮商的教師很多，專長社會工作的教師亦不少。但是，熟悉學校心理諮商、學校社會工作的教師與實務工作者卻不多，單靠少

數人力量無法全面有效地提升學校輔導工作。督導人力不足就是當前一大困境，必須有效整合人力、培養新秀，否則學生輔導體系一旦定型之後，要調整就很困難了。

（二）服務模式

1. 很多縣市心理諮商師不進行家庭訪視，也不服務「非志願性案主」，導致學校輔導處室與心理諮商師的合作出現嚴重衝突，心理諮商師誤將學生看成是社會上志願來求助的「案主」。其實，學生乃是因在國民義務教育之下，有強迫入學條例強制其就學，根本無法迴避受教育的義務，其學校適應問題怎可先取得家長同意才來進行輔導呢？就像教師對學生的教導（含懲處），只要無不當管教即可，無需先徵求家長同意；何況，學生的學校適應問題諸多來自家長的親職功能不彰、不當管教、疏忽，甚至虐待，倘若家長是加害者，如何能取得其同意來讓專業輔導人員輔導其子弟？

2. 輔諮中心與駐校並行模式的縣市，輔諮中心專業輔導人員與駐校專業輔導人員的分工問題一直無法有效處理。不只是勞逸不均，也包括初級預防、社區預防的推動困難。

3. 學校與輔諮中心的轉介系統順暢與否端賴學校端對學生輔導的認知程度，取決於校長、輔導主任態度，各校差異極大。輔諮中心作為統籌縣市學生輔導資源的整合、保障學生就學權益的力道仍嚴重不足，特別是輔諮中心與駐校專業輔導人員各行其是的縣市。

4. 輔諮中心是否接案條件也不一。有些縣市以接案會議（開案會議或轉介會議）決定，有些則依學校輔導次數決定，有些依初評結果判定，有些受制於個案負荷量限制，導致學生權益受到保障的程度不一。

5. 學生心理輔導諮商中心模式固然可以協助學生個人解決心理、行為、情緒困擾問題，但無法處理家庭、學校、社區帶來的教育障礙，且很容易陷入個人歸因，或病理模式，學生福祉將得不到照顧。這也是為何香港會在初中階段配置學校社會工作師的原因。

（三）區域資源整合

學校專業輔導人員與縣市家庭暴力暨性侵害犯罪防治中心、社會福利服務中心的社會工作人員、約聘心理諮商師的分工合作仍然很不順暢。有賴教

育局與社會局整合協調，否則靠單第一線的專業輔導人員實無法有效解決。學童在遭受家庭暴力、性侵害、目睹家庭暴力、性剝削案例上的合作困難重重。

（四）員工權益

有些縣市專業輔導人員薪資無法按時發放；有些縣市甚至連國民旅遊卡都難以爭取，至於年資採計更甭提了；有些縣市更因財政困積欠專業督導費，進而停擺。

臺灣的學校社會工作制度已納入成為學校專業輔導制度的一環。經歷了5波（民間團體倡議、中央政府學校專業輔導人員設置實驗、地方政府自行延續辦理、擴大學校專業輔導人員設置、專任輔導教師擴編）的制度變革，因為每次的政策變革都是受外部壓力促成為主，例如：成淵國中學生性騷擾案、八德國中校園霸凌案，而非有計畫的制度創新，致使前後政策不連貫，甚至相互矛盾、疊床架屋的問題。倘若，在學生輔導法落實之前不加以徹底檢討，將造成學生輔導制度空有其名，不見得會如其所願成為保障學生的受教權、解決學生學校適應問題，進而獲得成功的學習經驗的好制度。

參考書目

中文部分

人本教育基金會（1998）。跨世紀的約定。人本教育扎記，114，頁58-61。

中華兒童福利基金會社會工作處（1998）。學校社會工作的推展歷程──以中華兒童福利基金會為例，編入中華兒童福利基金會主編學校社會工作理論與實務，頁101-109。臺中：中華兒童福利基金會。

王靜惠（1999）。我國學校社會工作實施之探討：CCF、臺北市、臺中縣之推行經驗。國立暨南大學社會政策與社會工作學系研究所碩士論文。

行政院教育改革審議委員會（1995）。第一期諮議報告書。

吳英璋（1999）。國中設置專業輔導人員實驗過程之回顧。臺北市國民中學試辦設置專業輔導人員計畫成果研討會手冊「學校社會工作與臨床心理經驗談」，頁1-2。臺北市政府。

李天建（1997）。當青春筆記染成血腥悲劇：新竹少年虐殺事件調查報告。人本教育扎記，101期，頁62-83。

林辰穎（2015）。一位特教學校社工師的服務現況與專業反思。論文發表於2015年臺灣學校社會工作學術與實務研討會。臺灣學校社會工作協會辦理，2015年8月29日。臺北：臺灣大學會科學院梁國樹國際會議廳。

林家興（1999）。國民中學試辦專業輔導人員實施成效及可行推廣模式評估。臺北市：教育部訓育委員會。

林萬億（2000）。「為學校社會工作、臨床心理專業人員加油！」，臺北縣國民中學試辦設置專業輔導人員計畫第一階段工作成果彙編。臺北縣政府編印。

林萬億（2003）。「學校社會工作與學生輔導團隊的重整」，學生輔導雙月刊，85期，頁64-73。

林萬億（2011）。校園欺凌與學校社會工作的發展。社區發展季刊，135期，頁5-25。

林萬億（2012）。臺灣的社會福利：歷史與制度的分析。臺北：五南出版。

林萬億、黃伶蕙（2002）。學校社會工作。編入呂寶靜主編，社會工作與臺灣社會，頁445-486。臺北：巨流出版。

林萬億、王靜惠（2010）。社會工作進入校園。編入林萬億、黃韻如編，學校輔導團隊工作：學校社會工作師、輔導教師與心理師的合作。臺北：五南出版。

林勝義（1994）。學校社會工作之我見，中華兒童福利基金會（編），學校社會工作與兒童保護。臺中：中華兒童福利基金會。

林勝義（2003）。學校社會工作服務。臺北：學富文化事業有限公司。

胡中宜（2007）。學校社會工作人員參與各級學校輔導工作之實施型態與成效分析。教育心理學報，39: 2, 149-171。

胡中宜（2011）。《國民教育法》通過後的學校社會工作發展議題。社區發展季刊，135期，頁58-71。

高雄市政府教育局（1999）。高雄市八十七學年度國中試辦專業輔導人員成果報告。

新竹市教育局（2001）。八十九學年度新竹市學校社會工作人員輔導方案成果報告。

翁毓秀 （2005）。學校社會工作的實施模式與角色困境。社區發展季刊，112期，頁86-103。

馮文盈（2006）。新竹市學校社會工作年度成果報告。發表於新竹市學校社會工作成果研討會。新竹市政府教育局主辦，2006年12月8日。

馮文盈（2011）。新竹市學校社會工作制度發展及其未來展望。社區發展季刊，135期，頁82-97。

陳玫伶（2001）。臺灣學校社會工作之專業實踐及其影響因素。南投：國立暨南國際大學社會政策與社會工作研究所碩士論文。

陳香君 （2011）。新北市學校社會工作制度發展。社區發展季刊，135期，頁72-81。

陳榮華（1989）。台灣地區啟智教育發展經緯與展望。載於中華民國特殊教育會主編，延長國教落實特教，頁31-35。

楊俊威、羅湘敏（2003）。特殊學校專業團隊服務之調查研究。東臺特殊教育學報，5期，頁73-96。

楊韻慧（2011）。社會工作師在特殊學校的功能與角色。社區發展季刊，135期，頁292-303。

郭東曜、王明仁（1995）。我國學校社會工作的推展與需求——以CCF的經驗為例。載於王明仁、翁慧圓（編），學校社會工作與兒童保護，頁1-23。臺中：中華兒童福利基金會。

黃韻如（1999）。夢想起飛——談學校社會工作的理念。臺北市國民中學試辦設置專業輔導人員計畫成果研討會手冊「學校社會工作與臨床心理經驗談」。臺北市政府。頁17-33。

黃韻如（2001）。臺北縣中小學聘任社會工作專業人員成果報告。臺北縣國民中學試辦設置專業輔導人員成果研討會手冊。臺北縣政府。頁37-72。

黃韻如（2003）。臺灣學校社會工作實務運作模式初探。學生輔導，85期。臺北：教育部。

教育部訓委會（1998）。學校輔導工作專案報告。臺北：教育部。

張春興（1992）。社會變遷與青少年問題：臺灣地區事實的觀察與分析。教育心理學報，25期，頁1-12。

張秋蘭（1999）。高雄市專業輔導人員工作概況。高雄市政府。

鄭瑞隆（2000）。學校社會工作處理學生中輟問題之探討。發表於「中輟學生與青少年犯罪問題研討會」，2000年12月26日。嘉義：國立中正大學法學院大法庭。

鄭雅惠（2015）。輔諮中心社工=學校社工？第三類型之經驗分享。論文發表於2015年臺灣學校社會工作學術與實務研討會。臺灣學校社會工作協會辦理，2015年8月29日。臺北：臺灣大學會科學院梁國樹國際會議廳。

臺中縣政府教育局（1998）。臺中縣八十七學年度國民中小學專業輔導人員甄選簡章。

臺北市政府教育局（1999）。臺北市國民中學試辦設置專業輔導人員實施計畫。

第四章　學校社會工作實施模式

林萬億

　　自從1978年臺灣兒童暨家庭扶助基金會（CCF）推動學校社會工作方案起，到1997年教育部規劃「國民中學試辦專業輔導人員方案」兩年試辦計畫，再到2011年國民教育法第10條修正設置學校專任專業輔導人員以來，國內推展學校社會工作，開創出各種基於人力配置不同產生的工作模式，例如：外部支援、駐校、巡迴式、專案委託、輔諮中心等模式，這種人力配置樣態不同，比較不是社會工作所謂的實施（務）模式（practice model）。模式是用來描述複雜現實的概念化方式，而不是解釋這些要素間的關係，目的在協助人們對複雜現象的了解（林萬億，2013）。而實務模式的構成，包括：理論基礎、介入的層次、主要的單位或系統、工作者的職責與角色、目的與服務對象、評估方法、運用策略等部分（Allen-Meares et., 2000；林勝義，2003）。

　　依美國學校社會工作協會（School Social Work Association of America, SSWAA）的說法，學校社會工作的實施模式有兩個目的：1.據以讓學校社會工作師的技巧與服務能清晰地期待；2.促進社會工作教育、認可、專業教育的一致性，據以提升學童成績與行為產出的目標。也就是實施模式是引導實務工作者在特定的條件下，如何開展其工作的指引。例如，當社會期待學校社會工作師能參與學校體系的改革時，學校社會工作師就必須將其理論基礎、服務對象、介入層次、任務、目標、策略、方法、技巧等均調整成學校變遷模式，而不能再以傳統臨床模式來工作。

　　誠如本書第二章所介紹的，美國學校社會工作的實施模式進展包含傳統臨床模式、學校變遷模式，以及社區學校模式或者學校—社區—學童關係模式等。就實務理論取向來說，生態觀點取向已是近年來最廣泛、最多元地被應用於美國學校社會工作實務中。相較於美國，國內學校社會工作直到近幾年才漸有雛形，且作為一個社會工作後進的國家，國內移植了美國社會工作實務上最新的、最實用的、最容易學習的知識與技術，學校社會工作也不例外。因此無論是美國的學校社會工作實務模式還是生態理論的實務取向，已被廣泛地應用於臺灣的學校社會工作實務中，但本土化的樣貌也多元地呈現在臺灣的學校社會工作實務中。

　　本章先談美國學校社會工作實施模式，再談目前最常被應用學校社會工作的生態觀點的實務取向，進而整理臺灣發展出的實務樣態。

壹、美國學校社會工作的實務模式

　　美國學校社會工作發展較為久遠，實務模式類型曾有多位學者提出，其中寇思汀（Costin, 1969）在討論美國學校社會工作的發展史一文中，已約略提到傳統個案工作服務、重視學校條件，以及學校—社區—學生連結的三個學校社會工作的演變趨勢。接著，她在1975年的文章中直接提出除了傳統臨床模式之外的「學校—社區—學生關係模式」（school-community-pupil relations model）。1972年，歐德森（Alderson, 1972）依循寇思汀的說法，提出了傳統臨床模式（traditional clinical model）、學校變遷模式（school change model）、社區學校模式（community school model），以及社會互動模式（social interaction model）4個模式。亞倫媚爾（Allen-Mears, 1977）進一步將寇思汀的概念轉換為傳統臨床、系統變遷、學校—社區—學童等三個途徑，是為學校社會工作界常用的3個模式。1990年以後被提出的實務模式多衍生自上述3位學者所提的，如傅利門（Freeman）所提的3種模式包括傳統臨床模式、學校變遷模式以及系統模式（system model）（Allen-Mears, 1996）。

　　若從實務模式的原創性來看，不難發現傳統臨床模式，主要是1920年代因受心理衛生運動所影響，學校社會工作轉向個案工作的運用，重視學童在學校中的個人適應不良所發展出來。學校變遷模式則是對傳統臨床模式的省思下的產物，1960年代美國社會急驟變遷，學校社會工作者逐漸以修正學校失功能（school dysfunction）為其責任。社區學校模式與社會互動模式，則是1970年代社會工作受到系統理論與生態觀點的影響，學校、社區與學生間關係受到重視而被提出的實務模式，但這兩個實務模式是可以由寇思汀（Costin, 1975）重新定位的「學校—社區—學童關係模式」所涵蓋。因此，就實務模式原始性與區隔性，本節將以傳統臨床模式、學校變遷模式以及學校—社區—學童模式為代表，分別介紹。

一、傳統臨床模式（traditional clinical model）

傳統臨床模式是最為人所知與使用最廣的一個模式。此模式關注因社會與情緒困擾而影響學習潛能的個別學童，以精神分析、社會心理學與自我心理學為其主要的理論基礎。此模式主要假設個別學童及其家庭產生失功能與遭遇困難，需要學校社會工作者應用個案工作方法，來協助個別學童及其家庭。此模式認為學生的社會與情緒困擾，主要與家庭有很大相關，因此學生與其家長均可能成為學校社會工作者所服務的對象。學校社會工作者的角色為支持性的使能者、合作者與諮商者。

從美國學校社會工作發展可知，1920年代受到心理衛生運動所強調個案治療的影響，本模式的重要本質乃是學校社會工作者藉由個案工作方法，以促使有社會與情緒困擾問題的學童能在學校體系中充分發揮其學習效能，並造就最佳的學校生活經驗。雖然此模式在今日備受爭議，因為其對學童適應困難的歸因是學童及其家庭的問題未解決，導致學習出現困難，例如：低教育期待、低成就抱負、懶惰、愛玩、對學習缺興趣、生活作息不正常、體弱多病、結交損友、沉迷網路遊戲、家長疏於管教、家長不配合等。故重點是以有問題的個別學童（家庭）為介入焦點，藉此形塑學童去適應學校的既有條件，而非去調整與改變學校體系，在教育界這是較符合傳統概念的，也較易執行，因此，實施上遠比其他模式更容易被接受。國內學校社會工作實務，由於其發展之初便是因於校園問題日益嚴重，學童中輟、犯罪、偏差行為，因此在學校社會工作中亦多以學童本身為介入標的，就實務上說來，傳統臨床模式的發展自有其時空背景。

二、學校變遷模式（school change model）

學校變遷模式假設學校作為一種正式的教育機制，提供學童學習的環境與地方。從結構功能論（structural functionalism）的角度來看，學校教學童讀、寫、算3Rs（reading, writing, arithmetic），扮演以下功能：1.社會

化（socialization）、2.社會整合（social integration）、3.社會安頓（social placement），以及4.社會與文化創新（social and cultural innovation）。隱性功能還包括：兒童照顧、同儕關係的建立、降低失業率、提升人力資本等（Ballantine and Hammack, 2012）。

　　然而，從衝突論（conflict theory）的角度來看，學校透過標準化的考試、選才、評量、隱藏課程（hidden curriculum），製造社會不公平，而且這種不公平會不斷複製、增強，形成世襲不公平（Ballantine and Hammack, 2012）。例如，富人家庭透過家教、補習、才藝、家世背景、擔任家長委員、捐款、社會資本，讓下一代進入好學校，而好學校樂於見到學生升學率高、學校喜歡有富人與名人之後來就讀，教師也喜歡教成績好的學生，就這樣，好學校純化為成績好、社經高的學習地方，教育隔離（educational segregation）就形成，包括種族、階級、性別等條件的隔離。即使，透過聯考制度使某些低下階層的子弟得以進入好學校，產生向上流動，但終究不是大多數人的經驗。衝突論者也批判教育資源的城鄉分配不均，不利於弱勢、偏遠、少數民族的文化發展、資本累積；同時，也批判國家利用強迫義務教育灌輸唯一的主流文化價值，讓少數民族的語言文化被邊陲化、次等化，甚至被消滅。

　　從符號互動論（symbolic interactionism）的角度來看，學校提供兒童遊戲場、班級、活動機會讓學童交流互動，影響學童的性別角色發展、人際關係、師生關係、學校的期待，影響學童的學習意願與動機（Ballantine and Hammack, 2012）；同樣地，也因為校園的互動，產生某些學童的問題，例如：性別歧視、標籤化、汙名化、升學主義、霸凌等。

　　因此，如果教育機制是在製造社會不均、性別歧視、種族歧視、複製既存社會階層化、社會排除，學校社會工作主要介入的標的是學校系統本身（全部的人員與次體系），以及學校制度、政策與實務。此模式假設學校未能因應社會變遷而適度調整，使得學校失功能（school dysfunction）的政策與規範，阻礙學習潛能，致使學童問題的產生。為了解決因學校體系所帶來的問題，此模式乃藉由協助學童覺知與支持他們對不合理的學校規範（設施）的看法，並與學校相關人士共同磋商、研究，以促使學校做必要的革新。偏差行為理論與組織相關理論為此模式的理論基礎，學校社會工作者的

角色爲該校變遷的推動者、催化者。

這個模式認爲學校條件與政策不當，往往是造成學生適應不良與無法獲得成功學習經驗的障礙，因此，改變學校體系是必要的（Hancock, 1982）。從美國學校社會工作歷史發展中，可知學校改變模式是對傳統臨床模式省思下的產物，特別在社會動盪的1960年代，公立學校存在著許多的不公平，如種族隔離政策拉大了少數民族（低社經地位）的學童與中產階級的學童在學習成就上的差距。學校原有設立的規範、制度都是爲了讓學校有更好的運作，但當這些規範、制度不能隨著外在環境變化調整，反而成爲危害學校運作與學童學習的障礙。美國當時即發現許多學生問題的來源並非源於學生本身，而是來自於學校內部不合宜的規定、程序。因此，此模式最大的特點是學校本身是改變的標的。

就國內學校社會工作實務發展，學校組織乃是最不易介入與改變的，雖然學童問題往往反映出學校組織存在的問題，例如，學校一碰到行爲偏差、濫用藥物、未婚懷孕、注意力缺損過動症、師生關係失調的學生，往往就明示、暗示該生轉學，或請家長帶回管教；中輟復學流程也讓許多中輟復學的學童在過程中受到相當大的阻礙，因此一輟再輟。但若介入主軸是以學校爲改變標的，對於國內學校社會工作仍是一大挑戰；學校變遷模式在國內實務上並不明顯，卻是未來要努力的目標。

三、學校－社區－學童模式（school-community-pupil model）

此模式是在底特律（Detroit）所發展出的學校社區模式（school-community model），經寇思汀（Costin, 1975）重新定位爲「學校－社區－學童關係模式」，此模式所強調是家庭－學校－社區關係對兒童行爲與生活的影響，需要催化家庭－學校－社區的關係，以及提供具有教育意義的輔導給學童與家長，才能眞正解決學童的適應問題。藉由改變這三者的關係來調整一些有害的學校制度與政策範圍，以增進學生學習效能。1970年代受到系統理論與生態理論的影響，以更寬廣的角度來看待學童問題，不再僅止於個

別學童（家庭）或學校體系，而是三者間的相互動關係。此模式是以社會學習理論、系統理論與一些如組織化的發展、制度理論、角色分類和系統問題等為理論基礎，來協助特定的學生團體，改善其學習。

　　這個模式認為具某特質的學生團體（如逃學、未成年懷孕等相似問題的學童）的問題非源自於學生團體本身，而是與學校、社區有關。因此，學校社會工作者與其他相關專業組織，組成多重專業的團體，提供這些特質的學生個案工作、團體工作與危機介入等方法，也發展新的方案與學校人員合作，共同改善那些妨礙學生學習的學校政策與措施，並且與社區機構相互合作，一同為學童與其家長提供服務。此時，學校社會工作者不只是學童的輔導者，也是家長的諮商者、學校體系的變遷媒介、協調者與合作者。同時，也是社區組織者（Allen-Meares, 1986）。

　　國內學校社會工作實務經驗，也認為學校、家庭以及社區對學童問題的交互影響，對於學校內部的介入、社區環境資源的引進，以及增強家庭功能都是目前國內學校社會工作的重點，例如中輟學生輔導方案，包括少年社區地圖、社區志工認輔、中輟復學安置計畫等方案。

　　綜上所述，以下表來區辨各個模式的差異：

表4-1　美國學校社會工作實施模式

	傳統—臨床模式	學校變遷模式	學校—社區—學童關係模式
焦點	有社會或情緒困擾的學童。	學校的環境（特別指學校規範與情境）。	學校、社區與特定學生的互動，而造成其生活的各種壓力。
目的	協助學生處理因學校引起的情緒與社會問題，以促進學習能力增進。	改變學校校規的失功能與情境。	改變學校—社區—學童的關係，以減輕對特定標的學生團體壓力。
標的系統	案主學童及其父母。	整個學校。	特定的學童團體及其學校、社區。
問題來源	源自家庭，特別是親子關係問題。	無效的學校規範與情境。	特定學生問題是來自學校對其的誤解。

	傳統—臨床模式	學校變遷模式	學校—社區—學童關係模式
工作者的任務與活動	針對學童與家庭進行個案工作;有時亦進行學生或家庭團體;發揮在學童、父母與學校人員(包括老師)間的連結功能。	界定失功能的校規和情境;提供學童直接服務,或是團體工作;對教師和行政人員提供個別和團體的諮詢。	提供標的團體中的學童個案工作、團體工作與危機介入;發展新的方案;提供學校人員諮詢與協調學校政策;連結社區資源來幫助標的團體學童。
主要角色	治療、使能、合作、諮詢。	倡議、協商、諮詢、觸媒。	倡議、諮詢、觸媒、協商、連結。
理論基礎	精神分析理論、社會心理學、自我心理學、個案工作理論與方法論。	社會科學理論,特別是偏差行為理論、組織理論。	社會學習理論、系統理論、偏差理論、組織理論、制度理論、角色理論、生態理論。

資料來源:修改自Alderson(1972;引自Allen-Meares, 1996)

　　上述這3個學校社會工作的實務模式,最大的差異在於對學童問題的理解,與學校社會工作的任務界定。傳統臨床模式認為學童的適應不良源自個人及其家庭,學校社會工作者的任務在於協助學童及其家長處理情緒困擾問題,幫助他們適應既有的學校環境。學校變遷模式認為學童的適應問題有部分來自學校體系的條件與政策不利於學童的學習成就,因此,改變學校失功能的部分也是學校社會工作者的職責所在。學校社會工作者不只扮演學童的諮商者,也成為促使學校體系變遷的媒介。學校—社區—學童模式則視學童問題的來源為家庭、學校、社區三者互動的結果,必須處理三者間的關係才可能解決學童的適應問題。於是,學校社會工作者也要扮演社區變遷的媒介,才能創造良好的學習環境。此後,美國學校社會工作所衍生的新模式多與此三者相關,國內亦採借此3模式的精華,並加以應用(林萬億、黃伶蕙,2002)。

貳、學校社會工作師的寬廣視角

　　Frey and Dupper（2005）指出，21世紀的學校社會工作者必須從傳統專精取向的（specialist-oriented）服務途徑移向綜合的途徑。這樣的途徑移動主要是受到2002年「不讓任何孩子落後法案」（NCLBA）、2001年學校心理健康方案（School Mental Health Project），以及生態觀點、學校爲基礎的研究、學校改革努力、充權觀點、女性主義、後結構主義、後現代主義、批判種族等理論的影響。他們將學校社會工作的臨床座標（clinical quadrant）分爲橫軸的個人、小團體或家庭到大團體或大系統；縱軸的個人（學生或學生群）到生態／環境。而A象限（第二象限）是學校社會工作者介入個人、小團體或家庭，改變的標的是環境。B象限（第一象限）是學校社會工作者介入大團體或完整的體系，改變的標的是系統。C象限（第三象限）是學校社會工作者介入個人、小團體或家庭，改變標的是學生個人。D象限（第四象限）是學校社會工作者介入大團體或完整體系，改變的標的是學生個人。也就是學校社會工作的角色從學生個人、小團體、家庭的改變，到環境、大系統的改變。這就是Frey and Dupper（2005）所稱的寬廣臨床途徑（broader clinical approach）。

　　但是，Frey and Dupper（2005）也指出以下4個障礙：首先，進入學校社會工作的社會工作者之前大多數在私人機構服務，或是私人執業，很習慣於針對學童提供服務，採取的理論觀點比較是心理治療觀點，要改變爲寬廣的臨床概念，並不容易。其次，特殊教育的傳統也不利於推行寬廣臨床途徑，在美國學校社會工作大量與特殊教育關聯，幾近95%的學校社會工作職位是來自特殊教育方案，特殊教育方案給學校社會工作者的任務是介入C象限，透過個別教育計畫（individualized education plan, IEP）來協助身心障礙學童。此時，學校社會工作者常需要參考DSM-IV與ICD-9等診斷手冊知識與精神醫師溝通，認定學童是否需要轉介。因此，學校社會工作者在校園心理衛生方案中常習慣於接受特殊教育的工作模式，往往爲了在學校生存而遷就現實。第三，學校社會工作的歷史承諾著重在立即、危機與學童心理衛生，學校行政體系往往也認爲學校社會工作者是心理衛生專家，而加深了學校社

會工作的心理衛生形象。第四個障礙是心理衛生服務依法是有給付，亦即美國醫療救助（Medicaid）支付給心理衛生服務人員，促使學校社會工作人員往心理衛生服務移動。

本文作者將社會工作介入的光譜從直接介入到間接介入作為縱座標，介入的標的從個人到制度作為橫座標，畫出4個象限，每個象限以社會工作介入標的、社會工作者角色、社會工作方法作為討論內涵（見圖4-1）。第三象限的介入標的是學生、同儕、校園幫派及班級團體，社會工作者扮演的角色是使能者、治療者、催化者，介入的方法是以個體、團體為實施對象的社會工作方法。這是傳統臨床的角度，從個人下手，以直接介入為主。相對於第三象限的位置是第一象限，介入標的是教育政策、教育行政及整個學校體系，社會工作者的角色是倡議、協調、研究、公關與評鑑者，介入方法是政策與研究。這是最寬廣的角度，從制度下手，以間接介入為主。

第二象限的介入標的是家庭與社區，社會工作者的角色是倡議、中介、調解、協商、諮詢、方案規劃與評鑑，介入方法是以家庭、社區為對象的社會工作方法。這是間接介入個體的議題，介入面向是生態系統中的中介與外部系統，學校社會工作者必須兼顧個人與中介體系間的互動。其相對的位置是第四象限，介入標的是教師、學校行政人員，社會工作者的角色是行動者、教育家，介入方法是以組織為對象的社會工作，行政管理、諮詢（consultation）是主要方法。這是直接介入制度面的議題，介入面向是學生所處的學校環境。

在第四象限的工作，最常用的是諮詢。諮詢是非直接的介入方法，以協助其他專業更有效地處理服務過程遭遇的複雜的心理、社會、文化、組織與環境議題。所以諮詢是諮詢者（consultant）與被諮詢者（consultee）間解決問題的過程，由被諮詢者主動（志願性）提出問題請教諮詢者，目的在提升服務效能。諮詢有6個面向：組織、方案、教育與訓練、心理健康、行為、臨床（Gallessich, 1982）。學校社會工作者經常必須作為校長、教師、學校輔導人員、社會福利工作人員、精神科醫師、心理諮商師的諮詢者，例如：性侵害、家庭暴力、性剝削、網路沉迷、濫用藥物、性教育、人類行為與社會發展、危機處理等。

Sabatino（2009）認為就學校環境言，學校社會工作者最常使用的是組

織、方案、教育與訓練、行為諮詢，因為這涉及80-90%學生的普及服務（初級預防），諮詢對象是校長、教師、導師、學務人員。其次，針對有問題的學生標的團體的服務提供，進行方案、教育與訓練、心理健康、行為諮詢，這可能涉及5-10%的學生（二級預防），諮詢對象以學校輔導人員、社會福利工作人員、心理諮商師、精神科醫師、法官、警察、觀護人、少年保護官為多。最後是針對提供高風險群的學生的服務提供者，如醫師、臨床心理師、精神科醫師、家庭暴力暨性侵害防治中心的社會工作人員，諮詢的面向是心理健康、行為、臨床，涉及的學生可能不到5%（三級預防）。

　　過去臺灣的學校社會工作主要是採傳統的臨床模式服務，例如早年CCF所從事的外部支援模式，以及臺中縣政府推動的駐區巡迴模式，大抵是以直接介入個別學生問題（中輟、行為偏差）為主。後來臺北縣、臺北市政府推動的學校社會工作專業人員駐校（兼支援模式）模式，漸漸脫離純粹的臨床模式，試圖從直接介入個人（第三象限）走向第二象限間接介入個人問題，如介入家庭與社區。此外，學校社會工作者也被要求介入學校變遷，例如：協助教師、學校行政人員辦理預防中輟方案、訓練教師輔導知能、引進社區資源、改善中輟復學體系，甚至分攤或協助部分學校行政工作等，亦即逐漸有直接介入微視制度（第四象限）的運作。只是，受限於學校體系的高度封閉性，學校社會工作者往往被視為是多一個輔導人力，被期待擔任學校輔導行政的外加人力。等而下之者，則被要求扮演輔導教師或輔導組長的助手，協助辦一些本來是輔導教師應辦的專案活動，這就失去從第二象限擴展功能到第四象限的意義。至於第一象限的間接介入制度，則受限於學校社會工作者非正式編制人員，也非教育行政專長，相對不利於教育政策的參與、教育行政介入，以及學校體系的變遷。近來有些縣市的學校社會工作師已進展到參與本土研究、學生輔導制度設計的研商過程，算是我國學校社會工作者的視角從第四象限延伸到第一象限的機會。總之，學校社會工作者必須有所準備，不再只是一味地以諮商者自居，學校諮商不是學校社會工作者的專利，學校社會工作者的社會任命（social assignment）是同時扮演好四個象限的角色。

間接介入

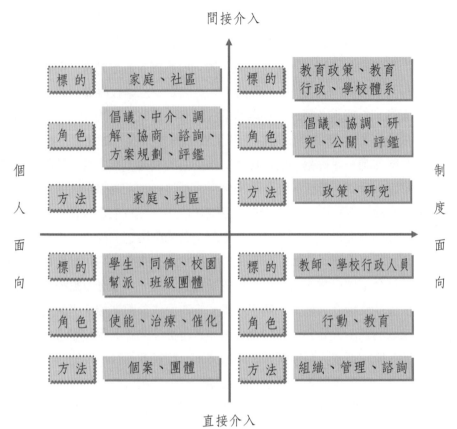

標 的	家庭、社區
角 色	倡議、中介、調解、協商、諮詢、方案規劃、評鑑
方 法	家庭、社區

標 的	教育政策、教育行政、學校體系
角 色	倡議、協調、研究、公關、評鑑
方 法	政策、研究

個人面向

制度面向

標 的	學生、同儕、校園幫派、班級團體
角 色	使能、治療、催化
方 法	個案、團體

標 的	教師、學校行政人員
角 色	行動、教育
方 法	組織、管理、諮詢

直接介入

圖4-1　學校社會工作師的寬廣視角

參、臺灣學校社會工作人力的配置模式

　　臺灣學校社會工作始於CCF在1977年發起的，由民間社會福利團體聘用學校社會工作者進入校園提供學童服務。事隔將近20年，才因臺北市成淵中學學生集體性騷擾案，迫使教育部推展專業輔導人員試辦方案，確立由公部門聘請社會工作人員進入學校體系協助學生輔導的開始。經過十幾年的發展，臺灣學校社會工作吸收來自社會工作母國的擴散經驗，傳統臨床模式與社區學校模式已出現在實務中，但國內學校社會工作實施仍處在摸索階段，

各縣市做法不一，實施時間亦不長，學校社會工作實務內涵並未發展出像美國學校社會工作的實務模式。本節從臺灣學校社會工作發展的歷史軌跡中歸納出，包括外部支援模式、內部派駐模式以及校外安置服務模式等3個模式為主（參見表4-2），藉此架構作為臺灣學校社會工作實務發展內涵的介紹。

表4-2　臺灣學校社會工作人力的配置模式

服務措施提供者　＼　人力配置模式	駐校模式	分區模式	機構式	
公部門	內部派駐		校外安置服務形態	安置機構形態
	駐校模式	輔諮中心模式／分區巡迴模式		
實施學校或地區	特殊學校、大學、專科、高中職、新北市、臺南市，以及其他縣市55班以上國民中小學。	除新北市、臺南市以外的各縣市。		
私部門	外部支援			社區學園形態
	入校支援形態	專案委託形態		
實施機構	早期CCF模式	2000年臺北市部分學校採行		

資料來源：修改自林萬億與黃伶蕙（2002）、黃韻如（2003）。

一、內部派駐模式

（一）駐校模式

　　駐校模式是內部派駐模式的一種，內部派駐模式係指由公部門編列經費並直接提供服務，目前在臺灣存在兩種實務運作型態，一為駐校模式，係指學校社會工作人員受聘於學校，提供該校學童社會工作服務。這個模

式又可分爲兩種次類型：（1）單一學校駐校服務模式，（2）駐校兼支援鄰近學校模式。前者包括特殊學校、大學、專科、高中職，以及各縣市依「國民教育法」第10條規定班級數達55班以上者，應至少置專任專業輔導人員1人。特殊學校的學校社會工作師聘用是依「特殊教育學校設立變更停辦合併及人員編制標準」第10條第9款特殊教育相關專業人員：依學生需要進用6人至9人。而所謂特殊教育相關專業人員如下：1.醫師：具有專科醫師資格之醫師。2.物理治療師、職能治療師、臨床心理師、諮商心理師、語言治療師、聽力師及社會工作師等專業人員。據此，臺灣的各特殊教育學校得聘用學校社會工作師。但是，並非各特殊教育學校一定會聘用社會工作師，因爲法定特殊教育相關專業人員總計有8類，如果學校編制只能容納6-7人，就會割捨某些專業人員。不過，以美國的經驗，在特殊教育中，學校社會工作師是不可或缺的，因爲特殊教育學童的身心條件已相對不利，復加上家庭、社區、文化、族群、階級、就業的相對弱勢，構成多重脆弱性（multi-vulnerability），亟需學校社會工作師的協助。

大學、專科、高中職聘用學校社會工作師則依「學生輔導法」第11條第一項規定，高級中等以下學校得視實際需要置專任專業輔導人員及義務輔導人員若干人，其班級數達55班以上者，應至少置專任專業輔導人員1人。第三項定專科以上學校學生1,200人以下者，應置專業輔導人員至少1人；超過1,200人者，以每滿1,200人置專業輔導人員1人爲原則，未滿1,200人而餘數達600人以上者，得視業務需求，增置1人。但空中大學及宗教研修學院，不在此限。該法所稱專任專業輔導人員係指心理諮商師、臨床心理師、社會工作師。因此，高中職、專科、大學均得聘用學校社會工作師。但也非必要，只要學校聘用上述三種專業之一即合乎規定。不過，以過往大學學生心理輔導中心的用人經驗來看，聘用心理諮商師的機會較大。

至於，國民中小學聘用學校社會工作師是依據「國民教育法」第10條規定，國民小學及國民中學得視實際需要另置專任專業輔導人員及義務輔導人員若干人，其班級數達55班以上者，應至少置專任專業輔導人員1人。直轄市、縣（市）政府應置專任專業輔導人員，視實際需要統籌調派之；其所屬國民小學及國民中學校數合計20校以下者，置1人，21校至40校者，置2人，41校以上者以此類推。55班以上學校所聘用專任專業輔導人員（社會工

作師、心理諮商師、臨床心理師）1人，就是所謂的「校級專業輔導人員」駐站在學校，而20校所聘用之專任專業輔導人員駐站在縣市學生輔導諮商中心，稱之爲「縣市級專業輔導人員」，已是屬於以下將敘述的分區模式。

　　駐校模式的第二種次類型是駐校兼支援鄰近學校模式。這是源自早期臺北縣、臺北市所實施的專業輔導人員進駐學校的經驗。如本書第三章所述，臺北縣所採行的學校社會工作人力配置是將所有學校社會工作師派駐各區的中心學校，或學生需求協助較殷切的學校。學校社會工作師並非由該校聘用，而是由教育局統一招考、分派、督導。駐站學校僅負責人事管理、經費報支，擔任部分考核權責。制度實施初期，由於員額限制，並非所有臺北縣的學校均納入駐站與支援對象，直到員額充足之後，支援學校數也跟著增加。2011年國民教育法第10條修正後，專任專業輔導人員人數擴充，所有學校均已納入駐站或支援對象。當然，也因爲專任專業輔導人員不僅限於學校社會工作師一種專業，因此，心理諮商師亦配合執行駐校兼支援鄰近學校模式。目前除了新北市之外，臺南市也實施此種模式；高雄市駐校學校社會工作師的策略聯盟則是自主性地支援鄰近學校。

　　1999年，臺北縣的試辦方案參考1997年臺北市試辦「國民中學試辦設置專業輔導人員計畫」的經驗，再考量實際狀況規劃更加完整。因爲臺北縣幅員較廣，因此每位學校社會工作者除了一所國中作爲駐站學校，還需要再分擔2所鄰近學校，稱爲支援學校，這樣的作法主要是爲了兼顧未分派到學校社會工作者的學校反彈，同時也把學校社會工作師服務覆蓋面擴大。在試辦學校的選擇上，區域均衡自然是優先考量，再輔以中輟生多寡與社區複雜程度；當然，校長、輔導主任的意願是前提（林萬億，2000）。確定專業輔導人員進駐的13所學校（稱駐站學校）後，就鄰近地區各選擇兩校（稱支援學校），初期以每週前往半天至一天提供支援服務；但後來爲考量學校社會工作人員的工作負荷，而依照各區域學校的狀況改以較有彈性的作法。此外，專業輔導人員亦受教育局指派，適時協助其他鄰近各國中小特殊或緊急個案的諮詢與處置。從此，臺北縣學校社會工作的駐校兼支援鄰近學校模式確立。

　　不論哪一種駐校型態的學校社會工作，均有以下優點（林萬億、黃伶蕙，2002；林萬億、王靜惠，2010；胡中宜，2007）：

1. 學校社會工作人員深入學校體系，可同時實施傳統臨床模式，也可進行學校變遷，又可兼及社區學校的實施模式。

2. 社會工作專業納入輔導體系，形成教育、輔導、社會工作，甚至臨床心理專業輔導團隊的架構完成，有利於團隊工作的運作。

3. 雖然駐校，但仍接受教育局的指揮、督導，對人力調配與專業成長均能兼顧。

4. 學校社會工作師駐站於一中心學校，又兼支援鄰近學校，可以建立以學校為中心、以社區為基礎的學校社會工作服務途徑。有利與社會局的社會福利服務中心合作建立區域兒童、少年與家庭的服務輸送體系。

但不諱言地，也有其限制存在。駐校學校社會工作師人數有限，仍無法普遍進駐學校，引發未獲分配進駐學校的妒嫉；駐站學校如果不配合，學校社會工作師有可能陷入駐站學校、學生、家長、教育局、社會工作專業間的多重角色困境，埋沒在既有學校體系的科層運作裡，難以發揮專業功能，必須仰賴教育局的協調或調校。這也是第一章提及的專任輔導教師不可避免地必須面對專業的科層化（bureaucratization of professions）的困境，亦即一方面是學校行政體系中輔導室（處）的輔導教師，又可能是教師產業工會或教師會的一員，更自詡為專業輔導人員。在這種一進教室，上了講臺就必須扮演教師的角色；當導師轉介學生前來求助，或自行發現有需求協助的學生時，角色立即轉變為專業輔導人員，一旦要兼具教室管理、秩序維護，又要扮演專業輔導助人角色時，教師角色與專業輔導的助人角色就會出現角色衝突；萬一輔導專業與學校行政出現不一致時，例如，學生遭受性騷擾，專任輔導教師有向性別平等委員會檢舉的責任與維護學校氣氛和諧的義務，此時專業倫理與行政倫理就出現倫理兩難困境。這種情形也可能部分出現在駐校模式的專業輔導人員身上，特別是第一種次類型的駐校專業輔導人員雖然不必擔任授課教師的角色，但是面臨專業倫理與行政倫理兩難困境的機會不少。亦即，為了熟悉校園文化、容易建立工作關係，以及建立以學生為中心、以學校為本，進而以社區為基礎的服務，而必須冒專業科層化的風險。

為避免專業的科層化，駐校兼支援鄰近學校的模式實已部分排除了專業輔導人員成為學校自家人的風險。既然由教育局統一招募、分發、督導、調動支援，已自然擺脫學校行政過度干預專業輔導人員的困境，又能兼顧專業

輔導人員在地性的維持。

另外，特殊學校已將相關專業人員納入編制內，以社會工作師爲例，必須具備公職社會工作師高等考試及格。這種情形不像約聘人員經常受限於人事規定及政策性考量，在人力的穩定性、員工的退休撫卹上遠較縣市政府約聘的專業輔導人員爲佳。但是，也因爲納入編制，其專業與行政倫理衝突的情形更嚴重。

顯示，依國民教育法或學生輔導法所規定的55班以上學校聘用「駐校專業輔導人員」的優點來看，只有類似香港「一校一社工」的個案負荷量相對輕的好處外，其餘諸如人力穩定性、員工退休撫卹福利、專業自主性等條件均相對不利。駐校兼支援鄰近學校模式除了無法享有編制內人員的優點外，至少維持住專業自主性，而專業自主性的維護是專業輔導人員存在最關鍵的要素。

（二）分區（巡迴）模式

分區（巡迴）模式意即由政府聘用專業輔導人員，再依學區或行政區規畫分區巡迴支援各校，協助校內既有的輔導人力處理學童適應問題。最早推展分區（巡迴）模式以1997年的臺中縣爲代表，雖然臺中縣所推展專案，中間亦經歷不同形式的改變，整體而言仍是以分區（巡迴）模式爲主軸，可惜在2002年2月方案突然因縣長政黨輪替而喊停，留下7位學校社會工作人員，並改名爲張姊姊。相似的是新竹市的學校社會工作亦是屬於分區（巡迴）形態。

臺中縣的經驗也不是一直都採分區巡迴模式的專業輔導人員配置。在實施該模式半年後，即發現其缺失，而改爲「巡迴輔導兼重點駐校」型態，也就是部分修正分區巡迴模式的缺失。分區巡迴模式有何缺失？

1. 專業輔導員面臨與學校關係不夠深入，勉強只能做到以學生爲中心的專業輔導服務，無法做到以學校爲本，更不用說以社區爲基礎的服務了。學校會以教育局派來的「外人」來看待這些專業輔導人員，甚至覺得是教育局派來監督學校的。

2. 社區支援資源不足。專業輔導人員缺乏經營社區的機會與意願，導致對學生所處社區與學校鄰近社區資源不熟悉，往往奔波於途，卻不得要領，

錯失立即協助學生的機會。

3. 往返路程耗時。每一位專業輔導人員負責一區，或是不分區，甚至依派案抽籤順序決定出勤。每位專業輔導人員負責20校以上，這些中小型學校都是位置偏遠、交通路途迢遙，甚至不清楚學校座落在哪裡，開車前往都會迷路。如何巡迴服務這些學校？

4. 學校轉介意願與觀念決定轉介三級輔導案例的多寡。學校如果覺得遠道而來的專業輔導人員不好用，便連轉介都懶得轉介，最後連出勤的機會也沒有，分區專業輔導人員的業務就門可羅雀了；反之，學校把所有案例都往外推，分區專業輔導人員就門庭若市。這對學生非常不公平，對專業輔導人員存在的價值也不利。

5. 學校未能感受到增加輔導人力。這些分區巡迴專業輔導人員被認為是屬於教育局的人力，學校會覺得他們偶而來串門子或接個案，不會有助於解決學校輔導人力不足的問題。因此，學校不會感激教育局，也不盡然會配合專業輔導人員的協助。

6. 專業輔導人員諮商化。既然只能處理學生個案或是危機事件，專業輔導人員就會成為類似「張老師」的功能，只進行學校轉介個案的個別諮商，要進行團體工作（輔導）都很難，除非有其他資源支持，例如：地方法院檢察署緩起訴處分金暨認罪協商金補助，或是高關懷課程等。更不用說社區工作、權益倡導了。這對學校社會工作的傷害猶大。

從當時臺中縣學校社會工作人員的職掌包括以下7項（臺中縣教育局，2001；陳玫伶，2001），即可看出上述的困境的梗概：

1. 縣府指派之各項輔導專案工作。

2. 受理該學區學校轉介之嚴重偏差行為及適應困難學生，進行個案診治及輔導，專案研究與設計，提供學生適性生涯規劃及情緒疏導等輔導策略。

3. 有效結合社會資源，支援學校輔導工作，提供各校教師及家長諮詢、諮商、轉介服務。

4. 參與學區學校所辦理之校內或校際研討會，並提供學校教師專業輔導知能，協助處理其他有關學生輔導事宜。

5. 協助中輟學生復學輔導事宜，不包括家訪中輟學生家庭或協助通報及協尋中輟學生。

6. 輔導員在聘用期間，須接受本府指定的督導人員之督導及工作指派，以提升專業知能。

7. 其他有關本縣輔導工作事宜。

分區巡迴模式的確是專業輔導人力不足下的產物，卻也不是一無是處。其優點如下：首先，避免專業輔導人員被納入學校體制而被校園同化，影響其專業成效；其次，避免因各校案例多寡而形成學校社會工作者勞逸不均；第三，避免重疊到原有輔導教師應輔導之個案；第四，由教育局聘用可靈活運用專業輔導人力（林萬億、黃伶蕙，2002）。

這樣的模式接軌前章所述的2005年高雄市政府首先創設的學生心理諮商中心，成為教育部強力推動的各縣市學生心理輔導諮商中心模式的專業輔導人員配置。

二、外部支援形態

外部支援形態是指CCF運作模式，也是臺灣最早期推展的模式，係指由學校以外的民間機構派員進入學校，協助學校進行學童服務，或由民間機構受委託承接學校轉介的個案。此模式可分為兩類，一種是入校支援形態，指由校外機構固定提供學校內特定類型個案，例如：兒童虐待或低收入戶個案輔導，這是CCF早期的作法，後來因為執行有困難而中斷；另一種則為專案委託形態（委託外包形態），則由教育局與社會福利機構簽約，由學校轉介個案至該機構進行個案輔導，目前臺北縣市、臺中市皆運用此模式協助學校輔導工作，例如：臺北縣及臺中市委託CCF進行中輟輔導的安學方案，臺北市委託基督教教會聯合會、勵友中心等機構提供服務（林萬億、黃伶蕙，2002）。

外部支援形態較適合運用1920年代後被廣泛運用的傳統臨床模式，因為不論入校支援或個案外包，都較難以做到學校、社區系統的介入，只能鎖定焦點在微視面的學生及其家庭為主，其優點在於學校節省聘用學校社會工作人力的人事經費、結合社會資源及與學校輔導教師較不會產生競爭壓力，容

易被學校接納。缺點在於只能提供個案或團體輔導，且不熟悉校園文化，難以處理學校制度或政策引發的學童適應問題，不易產生合作關係，輔導成效也不易評估（林萬億、黃伶蕙，2002），對於實務經驗中占相當大比例的學校適應不良個案，外部支援模式則較難以介入。

三、校外安置服務形態

　　校外安置服務形態係指由社會福利系統或民間教育機構協助正式教育系統進行校外安置，並提供整合的服務，特色在於機構皆以社會工作專業為主軸整合教育系統，並提供完整多元教育課程。可以再細分為兩種形態，其一為安置機構形態，係指中長期安置型社會福利機構，例如：少年輔育院、廣慈育幼院，因為案主求學需求而與鄰近學校合作提供義務教育課程，成為多元中途教育型態之一；其二為社區學園形態，則是公部門委託私立社會福利機構提供多元中途教育學程，例如：基督教教會聯合會之社區少年學園（臺北市）、善牧基金會之善牧學園（臺北市、宜蘭市）、向陽公益基金會之向陽學園（新竹市）等。

　　當1972年零容忍（Zero Tolerance）概念首次出現於美國，紐澤西州將之納入「鄰里安全與清潔法案」（Safe and Clean Neighborhoods Act）。1982年演化成為犯罪學的破窗理論（broken windows theory）（Kelling and Wilson, 1982），認為只要一棟建築物的一片玻璃被打破，沒有儘速修補，宵小就會有恃無恐地繼續打破其他玻璃，甚至侵入該棟建築，進而占領之，成為違法住戶，在裡面生火。這基本上是一種保守的論調，目的在清除街頭的遊民、貧窮、偏差行為等。零容忍政策從適用於街頭犯罪，被擴大到性騷擾、毒品、酒駕、學校管教等。

　　就學校管教來說，零容忍政策被用來處理校園毒品、槍械、暴力。只要學校發現任何可疑的藥物濫用、刀械、暴力傾向的學生，就會以「細漢偷挽瓠，大漢偷牽牛」的假設，不容許有任何違規行為發生，以免未來釀成嚴重行為問題。例如，只要學生帶刀子到學校，不管是用來切蘋果的水果刀、瑞

士刀、工藝雕刻刀，一律會被認爲是可能違反校園零槍枝政策，就立即被零容忍地禁止。這種趨勢擴大到校園管教的各層面，包括學校爲了維持秩序，將被認爲可能造成更嚴重行爲問題的學生，給予退學處分。

然而，零容忍政策明顯違反1975年勾思（Goss）vs.羅培茲（Lopez）案的判決。羅培茲等9位學生因破壞公物被俄亥俄州哥倫布市中央高中（Central High School）懲罰休學10天或開除。美國最高法院強調，將學生退學處分「不只是一個維持學校秩序的工具，而且也必須是有價值的教育手段。」最高法院法官認爲學校管教不應該只是爲了維持校園秩序，也必須發展一種與行爲偏差學生的對話關係，使之成爲教育的過程。這就是出名的程序正義（due process）的規定。學校不能只爲了淨化校園，擴大或彈性解釋零容忍政策，將不符合學校規範的學生一一趕出校園，讓學生失去辯解的機會，也失去受教育的機會（Meek, 2009）。

校園零容忍政策也間接促成另類教育（Alternative Education）的普及。校園零容忍政策讓許多有行爲問題的學生離開校園，造成更大的社會問題。於是，各州要求學校若要將學生排除，必須有另類教育替代之，也就是要保障學生的受教權不致因爲不當行爲而失去受教育機會。

中介教育措施或稱另類教育、選替教育措施，是一種可選擇性、可替代性的教育內容和教育方式，主要使命（mission）在於提供無法在傳統學校教育環境中獲得成功學習經驗的學生，有多元且另類的學習環境，提供學生、家長對教育內容和方式的另類選擇。另類教育的涵義包含：（吳芝儀，2000）

1. 確保每位學生都能找到達成其教育目標之路徑的手段；
2. 用以調適文化多元性、容許多樣化選項的手段；
3. 提供選擇讓每一個人都有機會成功且有建設性發展的手段；
4. 體認到每一個人皆有其長處和價值，故尋求爲所有學生提供最佳之選項；
5. 在公立學校系統和社區中是卓越的象徵；
6. 促進學校轉型的一項手段。

以美國田納西州（Tennessee）爲例，早在1984年，州議會即通過立法，必須設置一所另類學校給有管教問題（disciplinary problems）的學生就讀，

1992年州議會更進一步通過每一個學區均需設置一所另類學校給休學與被開除的學生就讀。州政府教育局必須保證這些另類學校可以提供創造一個有品質的學習環境給學生。由教育局負責協調另類教育的研究委員與州長的另類教育顧問委員，透過這兩個委員會的協助，讓教育局能夠扮演為學生倡議的角色，保證每一位學生均能獲得適性的教育。2014年全州設置了24所另類學校，全都是公立的。此外，2011年州政府並設置一個中輟預防中心（The Center for Dropout Prevention），協助學校、學區、利害關係人保證所有學生都能獲得適性、有品質的教育。俾利完成高中、學院、大學，或職業生涯教育。該中心提供技術指導、訓練、資訊、研究、介入、復學策略，協助學生完成高中學位；同時，協助各學區建立在地的預防中輟、介入與復學計畫。

參酌美國田納西州另類教育措施的推動原則，包含下列6點（http://www.state.tn.us/sbe/aternativeschool.htm）：

1. 為教育者了解所有學生都有其價值與潛能。

2. 公共投資於另類教育的資源有助於預防未來更多的花費。

3. 另類教育為內容廣泛的訓練政策與行動計畫，應包含班級經營訓練（classroom management training）等，並整合社區資源提供必要協助。

4. 另類教育係以高風險少年心理需求為規劃基礎，主要在於養成5種面向的能力：知能（competence）、歸屬感（belonging）、有用感（usefulness）、潛能開發（potency）、樂觀（optimism）。

5. 學生在另類性教育環境中的學習應該可以達到：運用不同的時間規劃、擁有不同規劃但有成功經驗的教育策略及工具、有較佳的教職員工協助學習歷程。

6. 專業推展有助於教職員重新介入學生的問題行為，提供學生重新建立行為特質的機會。

針對另類教育措施設置標準（standard）則有9點說明（http://www.state.tn.us/sbe/aternativeschool.htm）：（黃韻如，2010）

1. 必須跟學生建立合作的夥伴關係，共同分享支援方案推動及服務輸送給所有學生的責任。

2. 整合生活技能發展於課程規劃中。

3. 有一套正向且有效的學生管理系統。

4. 運用革新的教育策略。

5. 課程規劃的發展需反應學生的需求。

6. 提供一套適切的評估及支援性服務。

7. 提供有利的學習環境。

8. 選擇有效能且高品質的教職員工執行。

9. 有一套有效的轉銜過程協助學生參與方案。

美國加州教育法也規定每一個學區必須提供另類教育給學生,而所稱另類教育必須遵循以下原則始被承認:

1. 師生均必須是志願的。

2. 另類教育與方案所獲得的維持及經費必須與傳統教育一樣水準的支持。

3. 另類教育的課程、教學、學生成績要求標準必須與傳統學校一致。

4. 學區必須每年對此類學校進行評鑑。

另類教育是為了避免一體適用,每一所另類學校可以有自己的課程規劃、教學方法、成績達成方式,依學生需求、興趣、學習方式,提供選擇,讓學生完成有效的學習經驗。但是,到底哪些學生適合另類教育?Kelley (1993)、McCall (2003) 均認為配錯對 (disengaging) 只會讓另類教育毫無貢獻。他建議以下幾種學生比較適合進入另類教育:

1. 在學校行為失功能的學生。例如:退學、休學、開除的學生。

2. 需要學業補救的學生。例如:學業成績低落需要補救,或適合個別化教學的學生。

3. 社會技巧失功能的學生。例如:嚴重偏差行為、少年犯罪。

4. 家庭解組或衝突的學生。例如:單親、家庭暴力、兒童虐待、親職功能不彰的學生。

5. 慢性怠課的學生。例如:長期就學不穩定的學生、幽靈學生、偶而突然出現的學生。

依據Lange and Sletten (2002) 的研究發現,另類教育要成功,需具備的特色有以下幾點:

1. 低的師生比與方案規模小。

2. 師生之間能有一對一的互動。

3. 支持學習的氛圍。

4. 與學生的未來目標有關聯的學習經驗。

5. 讓學生發展自我控制的學習機會。

6. 彈性的結構包容學生的學業與社會情緒需求。

7. 提供照顧的環境以建立與滋養復原力。

8. 訓練教師兼顧與傳統的教育功能與特殊的學生需求一起工作。

9. 整合研究與實務,例如:評估、課程、教師知能與特殊教育。

10. 研究與評鑑方案對學生的影響。

11. 清楚地界定入學標準與方案目標。

12. 整合所有服務的光譜以滿足學生的特殊的教育需求。

Powell(2003)認為另類教育要成功必須得到學區廣泛的支持,也必須有夠格的人事與訓練搭配,特別是針對學生的正向發展與充權模式(empowerment model)的思考。同時,配套措施是讓學生的復原力得以展現,保護因子扮演很重要的角色,例如:有意義的校園涉入、照顧關懷、參與機會、高的期待、分享決策等。亦即,成人必須相信學生有能力改變、維持自我高的期許,只要我們提供機會滋養讓他們改變的環境與機會。

McCall(2003)的研究發現,成功的另類教育必須有以下3個條件:

1. 另類教育工作者必須把問題轉變成機會。

2. 創造一個安全的文化。

3. 創造一個尊重學生的校園氛圍。

Ruebel, Ruebel, & O'Laughlin(2001)彙整相關研究發現影響另類教育措施成功的因素包含:小班小校、老師對個別學生關注增加、非傳統且多樣化的課程、在社區或學校工作的職業訓練、參與學校政策或措施相關的決策、在支持性的環境中有較彈性的時間規劃;也就是指另類學校以學生為中心(student-oriented),教師較彈性化運用教材再加關懷的老師(caring teachers),並特別強調投注在個別學生的注意力,鼓勵學生參與應該是關鍵因素。除此之外,提供個別及團體諮商、師生有較多正向互動機會、個別化的教育計畫也有重要影響。

Saunders and Saunders(2002)針對美國北加州核桃溪(Walnut Creek)另類學校學生進行問卷調查,了解其對原先就讀傳統學校與目前就讀另類學

校主觀感覺評估時發現，學生在與另類學校教師、行政人員、學生工作（諮商）者相處時有較正向的經驗，並有66%的受訪者不認為原來的學校老師了解他，55%的受訪者不認為被公平對待，62%的受訪者不認為老師嘗試讓學習更有趣，並有41%不認為在功課困難時學校老師會幫助他；反之，在另類學校則有較正向的觀感。

美國科羅拉多州落磯山的鷹岩（Eagle Rock）住宿學校提供一個成功的案例（Easton, 2011）。要成功帶領中輟學生完成學業，另類學校必須挑戰既有一般學校存在的假設：

1. 學校不是為成人開創、維持與進步的地方，而是成人與學生一起學習的場所。

2. 隨時都可以獲得學分、畢業，不必有齊一的學分規定與畢業日期。

3. 學校不必堅守依據內容領域組織學習的硬性規定，而是有彈性、依學生學習經驗適性的學習。

4. 學校不斷地在變遷，以配合學生需求。

簡單的道理即：回到學生（back to the students）身上。教育是為了教導學生面對現在與未來，不是滿足成人的過去。

當然，另類教育不見得都是學校型態，也有非學校型態的另類教育。美國在1990年代中也開始引進線上學習（K-12 Online Learning），有助於讓那些中輟高風險學生，或是默默中輟的學生有機會學習。線上學習也可以採混合式，部分時間線上學習，部分時間於教室學習（Kronholz, 2012）。

然而，另類教育也可能成為分裂學生（disruptive students）的藉口。那些被安置到另類學校的學生都被貼上中輟高風險（at-risk of dropping out of school）的標籤，以他們需要教育支持或社會服務為由。他們被傳統學校通報轉介到非傳統學校或另類學校，名之為給他們第二次機會（secondary chance）學習。而這第二次機會，很可能就是次級學校（second chance schools），亦即是教育單位不管的學校、社會大眾排斥的學校。到底是這些學生中輟（drop-outs），還是被撐走（push- outs）？很難說明（Simmons, 2007）。因為他們有不成比例的多數學生來自少數民族、單親、貧窮家庭，難免令人懷疑是主流學校不喜歡這些學生，還是這些學生不適應主流學校？或是這些學生需要較多的教育支持與社會服務？

Losen and Edley（2001）就曾經提醒過「小心另類學校」（be wary of alternative schools），他們發現另類學校可能是另一個傷害學童的地方（引自Simmons, 2007）。這些學生通常都以需要教育支持與社會服務為由被安置，但是，所謂中輟高風險的指標、原因卻是模糊的，往往取決於決策者的偏好。有些教師、校長、教育行政人員認為另類教育就是將那些有偏差行為、不服管教、不喜歡讀書、低學業成就、不常來學校、危險的學生集中在一起管教。而這些歸類指標常是自我控制低、有性關係、名聲不好、服儀違反校規、結交壞朋友等，甚至於，打開書包檢查作為標準的「書包決定論」。尤其是那些以「成績測驗」為導向的學校，或是以「管教策略」為導向的學校，更容易以「適合到另類學校」作為攆走學生的藉口。

政府也不必以另類學校就是一種趨勢來推廣。以美國為例，一家私人教育公司社區教育夥伴（Community Education Partners, CEP）專門在承包另類教育，該公司從休士頓起家，已經承包數個州的城市另類學校，例如：費城、亞特蘭大市、奧蘭多市，獲得的委託契約以數以千萬美元。雖然該公司標榜「在此、表現、學習」（Be there, Behave, Be learning）的生活，但還是設計了許多限制學生行為、互動的機制，並且有安全人員隨侍在側，因此被批評為「軟監禁」（soft jails）（Fuentes, 2005；引自Simmons, 2007）。CEP的成本很高，每一位學生成本每年是13,000美元，而一般學校只要7,000美元。

鄰近的香港群育學校也曾是臺灣中途學校參考的範例。香港另類教育稱「群育學校」，是香港特殊學校的一類，總計有7所，招收對象包括：1.貧苦無依，流離失所的少年，例如：香港青少年培育會陳南昌紀念學校；2.情緒及行為困擾的小五至中六學生，例如：香港扶幼會盛德中心學校、香港扶幼會則仁中心學校、香港扶幼會許仲繩紀念學校、明愛陪立學校、東灣莫羅瑞華學校，以及專收女學生的瑪麗灣學校。這些學校都是由社會福利團體或教會設置，採通勤或住宿型為主，以住宿型為主；通勤有校車接送，住宿型宿舍興建由社會福利署贊助。

群育學校學生的來源是各小學、初中的校長、學校社會工作人員、輔導主任、教育輔導員、教育心理學家、臨床心理學家、精神科醫師等轉介申請，再由教育局與社會福利署的專業人員組成評估小組統籌審查，獲准者資

料會轉送申請學校，家長依此前往辦理入學入宿手續。群育學校的學生出路是初中3年級畢業後，可申請入主流學校中四（高中）就讀，或申請職業訓練局課程。

香港群育學校的特色除了大部分採住宿型之外，均採小班制、依學習能力分組教學（跨級編組）、開設多元課程，同時有3個月到半年的短期適應課程。不適應者經專業人員組成的評估小組評估後轉回原校就讀，或進行其他合適的處置。此外，學校都有委外或專職的教育心理、輔導專業人員協助學習、行為適應困擾的學生評估及轉介。另必備編制學校社會工作師，每校依學生數聘任，例如，香港扶幼會盛德中心學校招收學生數150人，學校社會工作師聘用2人，駐校擔任學生行為、情緒與學習困擾的輔導，以及連結家庭與社區資源。

即使，這些辦理群育學校的社會福利組織與教會都很努力創造一個和諧、健康、關愛、多元、適性的學習環境，積極培養學生的良善品格與發揮獨特的潛能，且香港政府教育局與社會福利署也有相當嚴格的專業把關，但還是避免不了社會的標籤化、隔離與歧視。例如，2016年大嶼山東灣莫羅瑞華學校因校舍老舊，規劃遷往屯門設新校，遭到屯門附近的6所中學、社區居民、民意代表等聯名反對，認為群育學校學生具暴力、幫派、濫交、毒品行為，將會對社區造成不良影響（蘋果日報，2016/5/6）。

如果，公共教育因為有另類學校的出現，而得以冠冕堂皇地分裂學生，將使中介教育成為這些學生的「終點教育」；另類學校成為傳統教育的「垃圾桶」。又如果，只是把孩子從這個學校趕到另一個學校，然後眼不見為淨，其實並沒有真正解決問題，受害的依然是那些經濟弱勢家庭、低學業成就、在主流教育下不適應的學生，以及少數種族的學童。

其實，學校、社會對中輟生、情緒與行為困擾的學生的嫌惡，某種程度是將偏差放大（deviancy amplification）的結果。學校、社會標籤這些學生的負向行為，而警察、法院、教育體系等具教化功能的體系就會將這些偏差行為放大來看待，甚至於誇大，唯恐天下人不知道自己的專業預感能力。一旦發現這些學生有違法或犯罪事件，就說：「我早就知道這些人一定會犯錯，只是遲早而已。」這些學生的負面行為被放大之後，社會就依循這個被放大了的偏差認知，產生道德恐慌（moral panic），認為這些學生一定會對社會

帶來負面的影響，例如：少年犯罪（Llewellyn, Agu, & Mercer, 2015）。於是，社會一致地認為要對這些學生採取較嚴格的對待，唯恐他們做出危害個人、學校、社會的行為。其中，隔離管教就成為很容易產生共識的作法，深怕找回一隻狼，帶走一群羊（黃韻如，2010）。不管是群育學校、慈輝班，或是不同形式的另類教育，某種程度吻合了這種認知。學校、警察、法院最容易有這樣的想法，鼓勵將中輟生或有中輟之虞者轉介到慈輝班或合作式中途學校。

然而，這種從弱點（weakness）和缺損（deficits）角度來看待學生，只會繼續加深對這些學生的邊緣化（marginalization）、汙名化（stigmatization），而進入迴路效應（loopback effect）。亦即，學校、法院、警察單位、家庭、社區、社會越對這些學生採取懲罰、汙名、排斥，這些學生越不容易找到正向的順服機會，反過來越容易對抗這些機制或當局，就順理成章地成為社會預期的偏差行為者或犯罪者。因此，社會的反應實無助於幫助這些學生約束其偏差行為，反而加深其成為反叛者的機會（Young, 1971）。

教育體系應從他們的優勢、潛力（potentiality）、復原力（resilience）的角度來看待這些學生，認為他們是有價值的。鼓勵這些學生為了開拓他們自己的命運而負起責任，揮別缺損觀點而進入歌詠學生的內在優勢，這個世界是充滿可能性的。校園文化應是關注人們能做些什麼及其解決問題的方法，而不是問題本身（Howe, 2009）。這也就是優勢觀點（Strengths Perspective）的社會工作（Saleebey, 1996），或是可能性思考途徑（Possibility-thinking Approach）、正向思考教育所強調的。

結語

校外安置服務形態與內部駐站形態及外部支援形態最大的不同，在於學生為脫離原有學校系統的高風險群學生，在機構中接受完整教育課程，包含：犯罪少年、被性壓迫少年、中輟學生等。它的優點在於由社會福利機

構，依照學生需求與教育系統共同規劃適切的特殊教育課程（或稱另類教育課程），並有較充足的社會工作專業人員進行個案介入，對於不穩定性極高的高危險個案教育有其正向助益。其中，機構安置模式必須經過法院裁定或社政單位轉介安置，而社區學園模式則須經過學校及機構共同參與之鑑定安置輔導會議審核之，必須注意的是安置社區中途學園將使學生脫離原有教學系統及課程，可能影響學生未來生涯規劃，應審慎評估。

　　學校社會工作在臺灣是個資淺的專業領域，在缺乏強勢法源依據支持下發展困難，特別是社工與教育兩專業知識體系，在專業社會化及職業社會化的過程皆有明顯不同情形下，如何在教育系統內有效整合及運作社會工作制度，是值得深思的議題。而學校社會工作在相關組織、制度、人事規定變動性都極高的情形下，逐漸建構制度的雛型，包含：內部派駐形態〔駐校形態、駐區（巡迴）形態〕、外部支援形態（入校支援形態、專案委託形態）、校外安置服務形態（安置機構形態、社區學園形態），皆有其優缺點及特質（詳參表4-3），需依個案類型及需求進行規劃。期望在學校社會工作穩定發展下，能與學校共同積極有效協助受到貧窮、暴力及其他家庭與社區複雜問題影響的學生之困境，提供跨專業整合性服務，提升學校團隊的效能。

表4-3　臺灣學校社會工作實施形態比較

實務形態　　特質比較	內部派駐形態		外部支援形態		校外安置服務形態	
	駐校	駐區	入校支援	專案委託	安置機構	社區學園
財務提供單位	公部門	公部門	私部門	公、私部門	公部門	公、私部門
服務機構財源屬性	公部門	公部門	私部門	私部門	公部門	私部門
服務機構的專業背景	教育	教育	社工	社工	社工	社工
學校社會工作者人員聘用形式	約聘	約聘	民間機構聘用	民間機構聘用	正式編制	民間機構聘用

特質比較 \ 實務形態		內部派駐形態		外部支援形態		校外安置服務形態	
		駐校	駐區	入校支援	專案委託	安置機構	社區學園
介入焦點	案主系統	○	○	○	○	○	○
	家庭系統	○	○	○	○	x	○
	學校系統※※	○	x	x	x	x	x
	社區系統	○	○	x	○	x	○
臨床模式	傳統臨床模式	○	○	○	○	○	○
	學校變遷模式※※	○	x	x	x	x	x
	社區學校模式	○	△	x	x	x	x
	社會互動模式	○	△	x	x	x	x
其他特質	建立校園輔導團隊機制	○	x	x	x	x	x
	增強學校輔導團隊效能※※	○	△	△	△	x	x
	社工角色與輔導教師分工	△	○	○	○	○	○
	教育局彈性調動	○	○	x	x	x	x
	增加政府人事成本	○	○	x	x	x	x

本表圖示說明：「○」表示具有該項優勢、可運作等；「△」表示稍具該項優勢、稍可運作等；「x」表示未具該項優勢、不利運作，或運作有困難等。

備註：※※本表所指學校系統皆為原有學校系統，而非案主安置後的中途學校（園）。

資料來源：修改自黃韻如（2003）。

參考書目

中文部分

王行（2002）。漁夫祭——專業督導又一年心得。臺北市各級學校九十一年度社會工作方案成果研討會，頁51-53。臺北市政府。

王靜惠（1999）。我國學校社會工作實施之探討：CCF、臺北市、臺中縣之推行經驗。國立暨南大學社會政策與社會工作學系研究所碩士論文。

林家興（1999）。國民中學試辦專業輔導人員實施成效及可行推廣模式評估。教育部訓育委員會委託研究。

林勝義（2003）。學校社會工作服務。臺北：學富文化事業有限公司。

林萬億（2000）。為學校社會工作、臨床心理專業人員加油。臺北縣國民中學設置專業輔導人員計畫第一階段工作成果彙編。臺北縣政府。

林萬億、黃伶蕙（2002）。學校社會工作。編入呂寶靜主編，《社會工作與臺灣社會》，臺北：巨流出版。頁445-486。

吳芝儀（2000）。國中階段中輟學生輟學經驗與危機因素之研究。犯罪學期刊，5期，頁179-232。

陳玫伶（2001）。臺灣學校社會工作之專業實踐及其影響因素。國立暨南大學社會政策與社會工作學系研究所碩士論文。

張秋蘭（1999）。高雄市專業輔導人員工作概況。高雄市政府。

黃韻如（2000）。臺北縣立國民中學八十八學年度試辦設置專業輔導人員第一學期工作成果報告。臺北縣國民中學設置專業輔導人員計畫第一階段工作成果彙編。臺北縣政府。

黃韻如（2001）。臺北縣中小學聘任社會工作專業人員成果報告。臺北縣國民中學設置專業輔導人員成果研討會手冊，頁37-72。臺北縣政府。

黃韻如（2003）。臺灣學校社會工作實務運作模式初探。學生輔導（85）。臺北：教育部。

黃韻如（2010）。中途輟學學生的輔導。編入林萬億、黃韻如編，《學校輔導團隊工作：學校社會工作師、輔導教師與心理師的合作，臺北：五南出版。頁153-218。

蘋果日報（2016/5/6）。群育學校遷屯門遭反對。鄰校校長：擺個炸彈係度。

廖榮利（1996）。學校社會工作實施領域。社會工作概論。臺北：三民書局股份有限公司。

英文部分

Allen-Meares, P. (1986). *School Social Work: historical development, influences and Practice,* in Allen-Meares ed. Social Work Services in Schools. NJ: Prentice-Hall, Inc.

Allen-Meares, P. (1977). Analysis of tasks in school social work, *Social Work,* May, 196-201.

Allen-Meares, P., Robert O. Washington, Betty L. Welsh (1996). *Social Work Services in Schools.* NY: Allyn & Bacon

Allen-Meares, P., Washington, R.O., & Welsh, B.L. (2000). *Social work services in schools (3rd).* MA: Allyn & Bacon.

Altshuler, S. J. and Webb, J. R. (2009). School Social Work: increasing the legitimacy of the profession, *Children & Schools,* 31(4): 207-218.

Ballantine, J. H., and Hammack, F. M. (2012). *The sociology of education: A systematic analysis* (7th ed.). Upper Saddle River, NJ: Prentice Hall.

Bronfenbrenner, U. (1979). *The Ecology of Human Development: Experiments by Nature and Design.* Cambridge, Mass.: Harvard University Press.

Costin, L. (1975). School Social Work Practice: a new model, *Social Work*, 20: 2, 135-139.

Costin, L. (1969). A Historical review of school social work, *Social Casework*, Oct. 439-452.

Easton, L. B. (2011). Challenging Assumptions Helping Struggling Students Succeed. *kappanmagazine.org,* 92: 5, 27-33.

Frey, A. J. and Dupper, D. R. (2005). A Broader Conceptual Approach to Clinical Practice for the 21st Century, *Children & School,* 27: 1, 33-44.

Germain, B. C. (1999). An Ecological Perspective on Social Work in the Schools. *School Social Work - Practice, Policy, and Research Perspectives.* Chicago: Lyceum Books, Inc.

Hancock, B. (1982). *School Social Work*, NJ: Prentice-Hall, Inc.

Howe, D. (2009). *A Brief Introduction to Social Work Theory*, Basingstoke, Hampshire: Palgrave Macmillan.

Kelley, D. M. (1993). *Last chance high: How girls and boys drop in and out of alternative schools.* New Haven, CT: Yale University Press.

Kelling, G. L. and Wilson, J. Q. (1982). Broken windows: the police and neighborhood safety. Atlantic Monthly. 249(3): 29-38.

Kronholz, J. (2012). *Getting at- risk teens to graduation.* Www.eddigest.com, pp.14-19.

Lange, C. M. & Sletten, S. J. (2002). *Alternative education: A brief history and research synthesis.* Alexandria, VA: Project Forum at National Association of State Directors of

Special Education. Retrieved October 29, 2003, from http://www.nasdse.org/forum.htm.

Llewellyn, A., Agu, L. and Mercer, D. (2015). *Sociology for Social Work*, Cambridge: Polity.

McCall, H. G. (2003). When successful alternative students disengaging from regular school. *Reclaiming Children and Youth*, 12: 2, 113-117.

Meek, A. P. (2009). School Discipline "As Part of the Teaching Process": Alternative and Compensatory Education Required by the State's Interest in Keeping Children in School. *Yale Law & Policy Review*, 28: 155, 156-183.

Monkman, M. M. (1999). The Characteristic Focus of the Social Worker in the Public Schools. *School Social Work-Practice, Policy, and Research Perspectives.* Chicago: Lyceum Books, Inc.

Powell, D. (2003). Demystifying Alternative Education: considering what really works. *Reclaiming Children and Youth*, 12: 2, 68-70.

Ruebel, J.B., Ruebel, K. K., & O'Laughlin, E.M. (2001). Attribution in alternative school programs: How well do traditional risk factors predict drop out from alternative schools? *Contemporary Education*, 72(1), pp.58-62.

Sabatino, C. A. (2009). School Social Work Consultation Models and Response to Intervention: a perfect match. *Children & Schools,* 31(4): 197-206.

Saunders, J. A. and Saunders, E. J. (2002). Alternative school students' perceptions of past (traditional) and current (alternative) school environments. *The High School Journal*, Dec 2001/Jan 2002, pp.12-23.

Saleebey, D. (1996). *The Strengths Perspective in Social Work Practice,* 2nd ed. NY: Longman.

Simmons, L. (2007). Research off limits and Underground: Street Corner Methods for Finding Invisible Students, *The Urban Review*, 39: 3, 319-347.

Young, J. (1971). *The Drug Takers*. London: Paladin.

第五章　學校社會工作評估與介入

林萬億

　　社會工作評估或心理評估像醫療診斷一樣，診斷正確才能對症下藥，藥到病除。誤診而投錯藥會延誤治療，甚至藥到命除。沒有經過社會工作或心理評估就介入或處置，就像不知道工作內容就上工，工作內容是什麼、目標進度到哪裡、當下的處境如何都不清楚，必然會像無頭蒼蠅一樣缺乏思考、盲目亂竄、浪費時間、毫無所獲。而評估不準確就介入，則像帶錯工具上工，搞錯方向、設錯目標、手忙腳亂、進展緩慢，甚至原地打轉。準確地評估才能了解問題所在、成因為何、個人特質、環境條件、資源儲備、切入角度、順序步驟。只有依著評估結果進行介入，才能達到預期的目標。

　　然而，每一種專業各自有自己觀看事物的角度、解析紋理的手法、切入議題的方法。即使同一種專業也會因慣用的理論不同、師承的工作方法差異，而於評估同一事物、對象、議題上，出現明顯的差異。Beckett（2010: 39）認為評估須以理論為基礎，原因就在於服務使用者的生命經驗千奇百怪，並非每位專業助人工作者都有相同的閱歷，靠豐富的生活常識也不足以應付，必須有理論作為基礎進行評估，才不致於浪費時間於摸索中。

壹、學校社會工作的生態觀點

　　學校社會工作應用許多相關理論，包括人類發展理論、人格理論、偏差理論、角色理論、社會學習理論、精神分析理論、系統理論、教育組織理論等於學校體系的實施上。到了1970年代以後，生態觀點（ecological perspective）已廣泛地應用於美國的學校社會工作實務中（Allen-Mears, 1986: Germain, 1999）。生態觀點屬於社會工作的中觀理論，強調生物個體與環境間的關係，著重個人與環境間的互動，被認為是最適用於學校社會工作的實務取向與協助介入標的探索（Allen-Mears, 1996）。

　　人與其環境的關係是最古老的生活哲學。當人們無法實現理想時常會說：「時也、運也、命也，非吾之不能也。」（呂蒙正，破窯賦）或者等待成就時機，便說：「萬事俱備，只欠東風。」（羅貫中，三國演義，第49回）這是將個人一時的成敗往外推給環境與命運決定。但是在鼓勵人們上進

時，卻會說：「人定勝天」。然而，在成就不盡如人意時，又會委婉地說：
「謀事在人，成事在天。不可強也！」（羅貫中，三國演義第103回）亦
即，人要盡全力，但事情成不成功，還得看老天賞不賞臉。顯示，環境（物
理與人文）在個人的生活中扮演很重要的角色。

　　社會工作從發展初期就非常重視人與其環境的關係。最早的社會工作理
論心理暨社會診斷（psycho-social diagnosis）就強調個人、家庭、團體、社
區是一個構成心理暨社會的要素。一百年前，社會個案工作方法的建立者芮
奇孟（Mary Richmond）的《社會診斷》（*social diagnosis*）已強調人與其環
境的互動關係。後經過Hamilton（1951）、Hollis（1972）等人的再定義，
確定人在情境中（person-in-the-situation）的觀點。這樣的觀點扭轉了過度
重視個人而忽略環境的失衡理解。例如，一位拒學的學生常被認定是壓力過
大、對學習無興趣、低學業成就、懶惰等，而忘了班級、學校、家庭等的失
功能才是造成兒童以拒絕學習來表達對環境的不滿。

　　社會心理學家Kurt Lewin（1938）採借自社會學家George H. Mead
（1934）與Herbert G. Blumer（1937）年的符號互動論（symbolic
interactionism），認為個人經由個人與集體的行動共同創造社會現實（social
reality），而發展出場域理論（field theory），其公式為行為（behavior, B）
= $f(P, E)$，認為行為是個人（person）與環境（environment）互動的結果（函
數），強調空間、時間與場域的關係。顯示，個人行為不可能脫離場域環境
條件而行動。

　　生態觀點的社會工作有兩個源頭。首先，傑冕（Germain, 1976, 1978）
從自我心理學與系統理論中發展出生態觀點的社會工作。傑冕與吉特門
（Germain and Gitterman, 1980）合力將此一模式定名為「生活模式」（life
model），強調環境、行動、自我管理與身分認同的重要性。生活模式認為
人與其環境的不同面向交互在改變而不斷相互調適，人們可以改變環境，也
被環境所支持，使交互調適（reciprocal adaptation）得以存在。生活模式的
環境概念已超出早年的情境觀點了，是包括物理環境、家庭、社區、社會、
文化等的制度環境。人在情境中已被擴大解釋為「人在環境中」（person-
in-environment），而此時的環境是指生態環境；同時，在1980年代進入將
時間、空間納入思考的「人在脈絡中」（person-in-the-context）。帕波爾與

樓斯門（Papell and Rothman, 1980）提醒：「忘了自己人在脈絡中的內涵，而只圖穿上臨床的外衣，是裡外不是人，兩頭落空。」晚近，綠色社會工作（Green Social Work）（Dominelli, 2012）發展之後，「人在環境中」的環境已經擴大到環境正義（environmental jutice）。當資本主義不斷以發展為導向的開發意識形態對待地球資源，財富被富人大量累積，經濟上貧富不均越來越擴大，過度開發使地球生態遭到嚴重破壞後，災難發生的頻率越來越高，也越來越嚴重，而首當其衝的受害者往往不是開發者，而是弱勢者，例如：低薪勞工、貧民、低收入家庭、外籍勞工、低技術勞工等。因此，「人在環境中」也隱含著「環境在人中」（environment- in-person）。

社會問題如貧窮、歧視等汙染了環境，而使交互調適的可能性下降。生存系統必須試著與其環境適配，每個人也都必須適切地投入資源以維持自己和發展。

當交流破壞了調適平衡，就產生壓力，接著產生需求、能量與環境間的合宜問題。壓力的來源有：

1. 生活轉銜（life transitions）。例如：發展階段、地位與角色改變、生活空間的再造等。

2. 環境壓力（environmental pressure）。例如：機會不均、冷酷與反應遲頓的組織。

3. 人際過程（interpersonal process）。例如：剝削、期待不一致等。

如同危機理論所述，並非所有壓力事件都會導致壓力，端視其個人與環境條件，以及對事件的認知。因此，生活模式非常重視認知與對外在世界的控制能力。社會工作的目標是增強人的調適能力和影響其環境，以使交流更具調適性。這裡雖然隱含著環境改變，但生態觀點並不主張基變的社會變遷（radical social change）。

生活空間的無法調適源於交流的問題，服務對象如何看待問題與交流應一併被考慮。生活問題的三個範疇（生活、環境、交流）應同時被考量。社會工作師與服務對象的關係也是一種交流，且會帶到其他交流（如社會工作師與機構、服務對象在家中的關係）。

梅耶（Meyer, 1983）接著提出生態系統觀點的（ecosystems perspective）社會工作，自稱比生活模式更具彈性。生態系統源於生態學

（ecology）（Dubos, 1972）和一般系統理論（general systems theory, GST）（von Bertalanffy, 1967）。生態系統強調系統思考（systemic thinking）而非線性思考（linear thinking）。生態系統觀點描述、分析人與其生活的系統，以及兩者間的交流。生活系統包括家庭、社區、團體、組織等，這些系統共構一個生態環境，而所謂的系統，是一組有秩序、互相關聯，以及展現完整功能的元素組合。這些系統與其環境之間有明顯的邊界、邊際與限制，稱界限（boundaries），人們及其環境投入力量（energy）以追求福祉的產出。人們為追求最大福祉，會努力保持系統的穩定狀態，稱衡定狀態（homeostasis）。但是，解決人與其系統平衡的問題是多樣的（diversity），都可能殊途同歸（equifinality）。系統間的交流模式（transactional pattern）是一種結構（structure），結構穩定是次系統功能展現的目的，以維持衡定狀態。據此，分析次系統、界限、系統交流、生態環境，就成為生態系統觀點的評估核心。

　　生態觀點的另一個源頭是布龍芬布倫諾（Bronfenbrenner, 1979）的生態觀點。他從發展心理學與社會學的角度出發，認為人類發展是「個體覺知及因應其所處環境方面的持續改變」，個體與其環境是「相互形塑」（mutually shaping）的，個體經驗如一組巢狀結構（nested structures），一層一層堆築成鳥巢狀，每一個經驗都是另一個經驗的內圈，像俄羅斯娃娃（Russian dolls）般。要了解人類的發展必須，要看其系統內部（within）、系統間（between）、超越（beyond）系統，及其跨越（across）系統的互動，如家庭、學校、職場、生態等，強調多重環境對人類行為及其發展的影響。

　　生態觀點透過全方位地探究人與環境間複雜的交流，提供學校社會工作師多元面向的概念基礎與較寬廣視野架構，強調社會工作服務應立基於某一文化或次文化脈絡，考量個人權力、需求、能力與人生目標，並與其所處的社會與物理環境質量相容。它也是關於組織體——環境關係的一門科學，將人和環境視為各自獨立但又交互作用的系統，在這個系統內彼此不斷地影響和形塑他方。生態觀點著重個人與其外在環境間的交互作用，不同於傳統的疾病或醫療觀點，而更關注人在情境中與此時此地（here-and-now）的現實（Germain, 1999）。因此，生態觀點提供了解個人和不同制度或系統間交流本質的架構，強調個體與外在環境間的一種動態關係，以下從生態環境、生

態觀的實務架構來了解生態觀點。

一、生態環境

生態觀點其實是一種共生共存的組織系統，每一個系統都存在於另一個系統中，最內一層的系統為個人，於其外是家庭，接著是鄰里、社區、朋友、同儕、學校、職場、組織、社會、國家、世界，而在這些系統間有最直接的關聯性、影響也最大者，稱為微視系統；接著為中介（間）系統，指系統間的互動關係，這也是個體發展的推進原因及發展的結果；最外層為外部系統，兒童及少年並未直接參與，但對兒童及少年卻有直接與間接的影響，例如：宗教、交通、政治、經濟、文化等。外部系統及中介（間）系統的形成，都直接受到各文化中的意識形態和制度的影響，這也就是鉅視系統。這些系統就是所謂的生態環境，依 Bronfenbrenner（1979）觀點，發展出學校社會工作師用來分析與學生相關的各個系統的生態環境圖，說明如下（其間關係如圖5-1）：

（一）微視系統（micro-system）

指與學生個人成長有著密切關係的環境，直接影響著個人的發展，如家庭、學校等。一開始兒童與其家庭成員互動，所涉入的成員主要只有家中的手足、父母，人數有限，產生的關係可能是對體關係或三人關係；到兒童階段，進入幼兒園、小學，微視系統擴大且複雜化，涉入的人也多了，如教師、同學、朋友；進入少年階段，微視系統更加擴大且複雜化，加入了社團、幫派等。微視系統是個體最持久的互惠關係，微視系統越大，越增強兒童及少年的發展（Bronfenbrenner, 1979）。兒童及少年發生問題時，不難發現除了受個人的特質所影響外，其所在的家庭、學校、同儕團體對其影響更大。因此，有時候不僅要處理學生本身內在情緒困擾的部分，也須對直接影響個人的環境進行評估。生態觀點協助學校社會工作師看到直接影響學生的其他系統因素。依 Bronfenbrenner（1979）觀點，學校屬於微視系統。而依道爾頓等人（Dalton, Elias & Wandersman, 2007）的社區心理學，則將學校視

為是社區中的組織（organization）之一，參與社區意識的建立、因應與支持社區居民，預防問題行為發生、促進社會知能、鼓勵居民參與、組織社區、達成社會變遷。

（二）中介系統（meso-system）

中介（間）系統是指設施間的相互關係，例如家庭、幼兒園、學校間的互動關係，其存在能幫助個體在各個微視系統中發展，如家庭與學校間的關係。設施間的關係越強與多樣，越有力與能影響兒童及少年的發展。兒童與少年及其家長扮演很重要的連結家庭與學校的角色，決定兒童及少年中介系統的品質（Bronfenbrenner, 1979）。學校社會工作師在處理學生問題時，常發現問題的來源不只在學生與其直接有關的環境，譬如說一個中輟生為何會中輟？一方面可能因為父母的不關心加上學校課程缺乏吸引力，一旦有好朋友邀約出遊，便可能提高其中輟的機率。反之，若其中之一能夠對學生有較正面的回饋，學生中輟機率將會降低。這也就是學校社會工作師期望與各個相關的系統，如家庭、班級教師、學校行政、社區人士等相互合作，一起來關心學生問題、共同解決校園問題的原因。

（三）外部系統（exo-system）

是指對設施間的相互關係品質有影響，但發展中的個體並未直接參與運作的系統，如父母的就業場所、學校的行政體系、社會福利機構、各種委員會等，而這些影響直接加諸在父母、教師身上，影響其與兒童、少年的互動（Bronfenbrenner, 1979）。學校社會工作師在處理學生問題時，可能發現問題來自間接影響的外部系統，例如在處理學生自我傷害事件時，發現影響孩子自傷行為的產生是父母長期不穩定的情緒造成的，父母情緒不穩定不見得是受到夫妻關係變化的影響，而是來自工作壓力或失業所造成，有時學校社會工作師無法直接處理這部分，需透過與其父母的溝通、協調，讓孩子的父母了解此一影響來源，促使其察覺並調整之。

（四）鉅視系統（macro-system）

這是指一種較大的環境系統，如文化、教育、政治、經濟、科技等，是形塑人類發展交互關係的社會力，其提供中介（間）系統與外部系統的一種

意識形態與組織模式的背景。鉅視系統不是恆定的，會隨著社會演化與革命而改變（Bronfenbrenner, 1979）。由於此系統在生態系統的最外層，雖然在處理學生問題的影響力上看似最小，但事實上其影響力有時是更大的。學校社會工作師幫助學生解決問題時，有時會發現許多使不上力的地方，譬如面對價值觀偏差的小孩，當學校社會工作師更深入了解之後，不難發現大眾媒體時時在灌輸金錢至上、笑貧不笑娼、血腥煽情的想法；或者一個學習意願低落的兒童，因為僵化的教育體制令其無法適應。這些其實是來自大環境的影響，學校社會工作師應對此部分有所認知，當它損及兒童的權利，造成多數學童適應不良時，應結合社區、社會的力量，為兒童、家庭、學校倡導，促使鉅視系統改變。

（五）長程貫時系統（chronosystem）

指個體成長的生命歷程中的環境事件、生活轉銜，以及社會史。個人在成長中，其所處的生態系統可能也在改變中。例如，當嬰幼兒正需要安全依附的發展時，父母卻處在分居、離婚的過程，此時，家庭系統對嬰幼兒的人格發展絕對不優於家庭系統穩定的嬰幼兒。同樣地，當兒童進入少年階段，開始需求發展更多元的友伴關係，甚至與他人發展羅曼蒂克感情等生活轉銜，而此時倘若父母正處於失業或工作忙碌的職涯頂峰，對正要進入青春期的少年來說，少了父母的關心，中輟、偏差行為、過早發生性關係、抽菸、喝酒、吸毒，都較持續有父母關心的家庭更有可能發生。所以，觀照個體生活轉銜的每一個階段與事件，同時考察當時的家庭、學校、社區、職場、社會、文化的轉變，才能理解為何處在相同身心發展階段中的個人，卻有不同的行為與問題。而個人當前的行為與問題，往往是過去生活轉銜過程中，生活事件與生態系統互動的結果。但是，生態系統中的角色補位，可以改變不利於兒童發展的脆弱條件，例如，父母親的離異對幼兒、兒童、少年的影響不一樣；而在父母離異時，是否有溫尼寇特（Winnicott, 1957）所說的「夠好的母職」（good enough mothering），或是「夠好的親職」（good enough parenting）替代缺席的父母或父母之一方的照顧，也就是生活事件與系統的互動，亦影響生活事件對個體的影響。

Bronfenbrenner（1979）提供了一種多變項體系研究的有用概念架構，

藉此制度爲基礎的（institution-based）社會方案設計，在影響兒童及少年的行爲上比家庭更大。學校社會工作師較不會陷入學生個人歸因及家庭歸因的思考，而是從微視的個人、家庭、同儕、學校出發，到外部的社區、職場，再到政策、文化、媒體、社會、政治、經濟等鉅視體系均納入思考。其間也關注到學生個人與其家庭的生命歷程，及這些生命歷程中的生活事件與系統的互動關係。因此，學校社會工作師在處理學童問題時，不僅要處理學童本身個人因素，對於個體有影響的系統如家庭、同儕、學校、社區，甚至國家政策，都需要介入。據此可知學校社會工作的內涵與角色是多元的，其工作是動靜皆宜，涵蓋個案、團體、社區到行政管理與政策倡導。

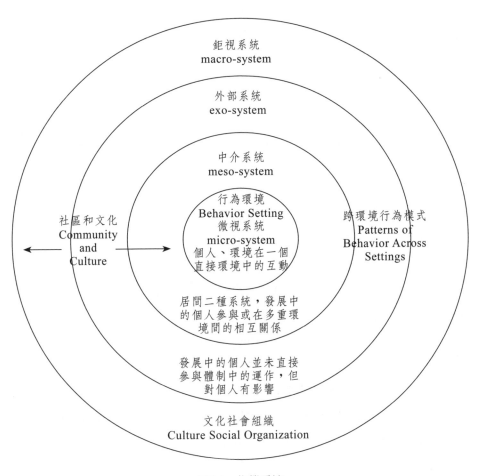

圖5-1　生態系統

二、生態觀的學校社會工作實務架構

　　生態觀點提供整體而非部分的概念，學校社會工作師介入的不僅是學童與學校間，還有家庭與學校、社區與學校間的介面，並促使學童、家庭和社區發展社會能力，同時也幫助學校回應兒童、家庭與社區的需求。據此，Monkman（1982）提出了「社會工作實務獨特的焦點」（The Characteristic Focus of Social Work Practice），並以此圖解學校社會工作師提供服務時所考量的各層面與因素（見圖5-2）。此架構稱個體與環境間的交流（Transactions Individuals Environment, TIE），說明社會工作的功能在介入個人與環境間的交流，以連接服務對象的需求，即因應行為（coping behavior）與環境資源，以及具影響性環境的品質（quality of the impinging environment），關於這兩者的重要內涵如下：（Allen-Mears et al., 1996；陳玫伶，2001；林勝義，2003）

（一）因應行為

　　因應行為包括：求生行為（surviving behavior）、結盟行為（affiliating behavior），以及成長與成就行為（growing, achieving behavior）三者。

　　1. **求生行為**：指可使個人得到且使用來維持生命所需資源的各種活動，例如：努力去獲得食物、住所或醫療資源的行為。

　　2. **結盟行為**：指可使個人在重要環境中與他人緊密地連結；另外也指個人能否發展與維持親密個人關係，以及參與社會組織活動的能力。前者指的是運用社會技巧的行為，後者指的是參與團體、俱樂部、學校、家庭和社會服務的能力。

　　3. **成長與成就行為**：指的是能夠追求對自己或他人有用的知識性和社會性活動，另外也包含認知功能、情緒、生理及經濟能力的發展。

（二）具影響性環境的品質

　　指個人直接接觸的環境或涉入情境的特性，包括資源（resources）、期待（expectations）以及法律與政策（laws and policies）。

　　1. **資源**：指可資運用的個人、團體、組織或制度，必要時可轉化為支持或協助的力量，包含正式資源、非正式資源，也可能是社會性資源，如親

因應行為　　　　　　　　　　　　　　競爭環境特性

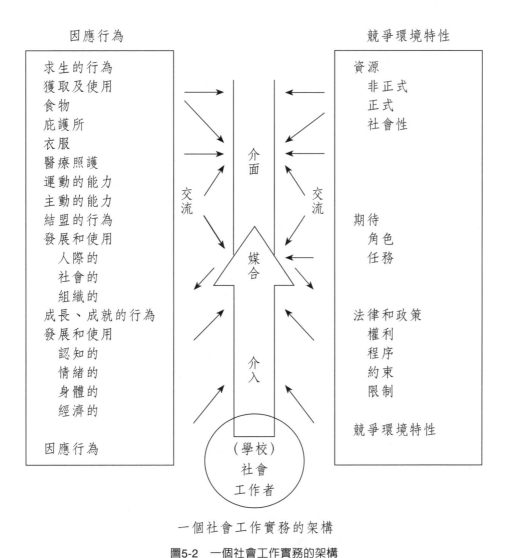

一個社會工作實務的架構

圖5-2　一個社會工作實務的架構

資料來源：Allen-Meares et al., 1996, pp.74-75；Monkman, 1999；陳玫伶，2001；林
　　　　勝義，2003。

戚、家長會、鄰里、社區治安愛心商店、認輔志工、原住民生活協進會、教
會、廟宇、社會局社會福利服務中心、家庭暴力暨性侵害防治中心、民間團
體等。

2. **期待**：指建立社會結構的具體措施及規範性的義務，也涉及角色和任務，例如，一個學童可能涉及許多的角色，包含班級成員、學生幹部、家庭成員、社團成員等，而在這些角色中都有須完成的任務。

3. **法律與政策**：指由國家及地方政府所運作產生的規範或規則。這些法律與政策，包含權利（rights）、程序（procedures）、禁制（inhibiting）、限制（restricting）等因素。例如，美國身心障礙者教育方案（IDEA）即規定學校教職員與家長的角色、任務、功能，以及相關維護身心障礙兒童就學權利等措施。同樣的，我國的特殊教育法、兒童及少年福利與權益保障法、強迫入學條例，規定學童的受教權，家長、教師均有責任、義務保障兒童的受教權不致被剝奪。

上述可知，學校社會工作在學童個人與環境的交流中扮演著一種配對的角色，目的在於促進學童與其環境間的最適搭配，使學童能獲得較佳的成長與學習。換言之，學校社會工作的功能是在學童與環境間找到一個相互配合的平衡點，以便能在個人與環境兩者的介面提供更適切的服務。

並非要所有學校專業輔導人員都要從學生個人―家庭―社區全面介入，而是必須有生態觀點的思考，才可能完整理解學生所面對的學校適應困擾，才能進行專業分工，跨專業團隊也才可能建立。

在強調人與環境的交流重要性時，也避免忘了個人內在的重要性。這亦是晚近人本心理學（Humanistic Psychology）重視的議題，試圖打破過去心理學將「外在政治」與「內在心靈」二分法的窠臼。亦即，當每個人內在未曾轉型時，外在世界結構的變遷將不可能對體制產生衝擊（南方朔，2107）。爲了將內在心靈工作與轉型政治搭上線，英國的「追求社會責任的心理治療師與諮商師」（Psychotherapist and Counsellors for Social Responsibility, PCSR）結合了精神分析、榮格分析、人本心理學等不同學派的心理治療師們，共同關切不同的社會議題。其中，長期投身社會運動，並取得心理衛生社會工作師資格的後榮格（post-Jung）心理治療師沙謬斯（Samuels, 2001；魏宏晉譯，2017）扮演重要的倡議角色。

貳、學校社會工作評估

一、社會工作評估（Assessment）取向

　　貝基特（Beckett, 2010: 25）認爲評估是對情境進行判斷，以利決定如何採取行動。爲了達成不同的目的，或是因著不同的任務需要，評估就發展出不同的取向（approach）。

（一）診斷模式
　　評估即是傳統社會工作中的診斷（diagnosis）症狀、問題、原因、如何處置（treatment）。亦即，如同醫療的診斷一般，評估的目的是爲了發現問題、診斷原因、找出解決之道。因此，此種模式的評估是很個人、家庭傾向的。

（二）預測模式
　　評估的目的是找到造成某些行爲、產生某些問題的風險因子、再犯率、未來發展可能性、方向等。評估的目的是預測個人、家庭、團體、社區、社會在何種情況或條件下，可能發生何種問題、災難、後果等。因此，這種評估模式必須有較宏觀的視野與較多的經驗、數據佐證。

（三）生態系統的評估模式
　　這是從個人、家庭、學校、社區到社會的整體評估。如前所述，生態觀點爲人與其環境的交流，而生態系統是從微視系統、中介系統、外部系統、鉅視系統，到貫時系統。因此，必須將個人、家庭、學校、社區到社會、文化、政治、經濟等制度，及其間的交流都納入評估範圍。

（四）科層評估模式
　　科層體制對服務對象的程序、規定、法律、權責的評估。科層評估適用於確認政府公共服務的資格（entitlement）取得、檢視依法應得服務的內容、品質、程序、結果等。因此，評估往往比前三種取向更重視依法規定、資格認定、程序、權責機關分工等。科層評估模式對於因程序爭議而來的行

政程序與司法訴訟，確實有助於釐清權責歸屬。

在進行兒童與家庭評估時，從技術上來看，又可以採取三種模式：（Milner and O' Byrne, 2009; Holland, 2011）

（一）提問模式（questioning model）

是以找出事件的真相及其影響為重點。此時，專業輔導人員是專家，採用不同的提問技術蒐集資料、進行分析，據以做成決策。大部分的校園學童問題評估採這種模式，以利蒐集豐富的資料。但是，提問模式運用於兒童時，必須格外小心，避免引導兒童做出順服成人的意思表達。此外，必須輔以工具，如布娃娃、玩偶、書畫、影像等，避免兒童因語言與行為的誤解落差而做出錯誤的表達。例如：確認是否受到性騷擾、性侵害、疏忽、虐待、霸凌、歧視等。

（二）程序模式（procedural model）

評估人員依循法定表單、標準或訪問大綱，蒐集資訊，以利決定何者可以獲得何種資源或取得服務資格。低收入戶、特殊境遇家庭、特殊教育學童的各種需求、優惠申請，常以此模式進行評估。這是最標準化的評估技術，依檢核表（check list）進行評估，如警察問訊即是。

（三）交換模式（exchange model）

承認服務使用者才是真正了解服務需求的人，他們知道自己所處情境，需要何種服務才能針對所需。因此，服務提供者必須與服務使用者一起評估，交換資訊與想法，規劃介入方案以達成目標。這是典型的從當事人身上學習（learning from clients）（Maluccio, 1979; Marsh, 2002）的助人模式。專業助人工作者去專業（de-pofessionalized），或自我消權（disempowered）來與服務對象互動，讓雙方的地位趨於平等，翻轉專業者高高在上、「案主」低下屈從的傳統。因此，評估的架構、順序、資訊來源大量依靠與服務對象商議後的共識來進行。

二、個人與教室為基礎的評估（Individual and classroom-based assessment）

在學校從事專業助人工作，有別於在社區機構、諮商中心、社會福利服務中心、家庭暴力暨性侵害防治中心等提供助人服務，評估的進行除了共同有的個人評估、家庭評估、社區評估之外，以教室為基礎的評估是學校專業輔導人員較獨特的經驗。因為，學童每天有8小時或更長的時間在學校，其中除了下課時間之外，大多數是以班級為基礎進行學習，且大部分時間是在教室，就形成一種獨特的生活經驗，以教室為主場域的個人學習、同儕互動、師生關係、個人與制度關係。因此，教室為基礎的評估就顯得格外重要。

（一）善用各種評估工具

因為對象是以學生為主，且以教室為主要活動空間、時間，再加上學生課餘生活的主要場域——家庭與社區，專業輔導人員必須善用各種評估工具，例如：功能行為評估、表現決定、學校氣氛評估、心理健康評估、兒童行為檢核表、社會技巧量表、性行為篩檢、焦慮量表、憂鬱傾向檢核表等，輔助以介入為基礎的評估（intervention-based assessment, IBA）。

（二）以介入為基礎的團隊評估

學校社會工作師要成為解決焦點的評估（Solution Focus Assessment, SFA）的專家。解決焦點的簡易治療（Solution Focus Brief Therapy, SFBT）是美國密爾瓦基簡易家庭治療中心（Milwaukee Brief Family Therapy Center, BFTC）的兩位社會工作師——狄夏澤（Steve de Shazer）與韓裔社會工作師柏格（Insoo Kim Berg），及其團隊發展出來的評估與治療方法。解決焦點的治療既然是要改變「案主」表露出來想要解決的過去及因而引發的當前問題，就要對問題的成因有完整的評估。然而，問題的成因雖然複雜，解決方法卻不必然要如此複雜（de Shazer, 1982; Berg and Dolan, 2002）。因此，評估必須問「案主」想要解決什麼問題？在維持當前生活條件下，「案主」做了哪些努力才達到這種水準，只要再改變另些部分，就可以再發生何種效果？即使一小步的改變也是值得肯定的，不一定要從頭到尾徹底解決。發現

例外（exception）與神奇問題（miracle question）就成爲很重要的治療技巧
（陳香君等譯，2011）。據此，評估與問題解決要扣在一起，也就是評估是
爲了介入。

解決焦點的途徑（Solution-focused approach, SFA）有以下過程：

1. 請問家長學校社會工作師可以如何幫助他們？

2. 請問家長當這個問題被解決之後，家庭會出現什麼新的面貌？

3. 請問家長在問題較不嚴重時是什麼情況？變成較嚴重的時機是什麼時
候？

4. 讚美家長爲了改善狀況所做的努力。

5. 給一些有助益的建議，幫助家庭改善現況。

6. 請家長評價（0-10分）在整個合作的過程中，問題得到解決的效果如
何？

與解決焦點的評估相近的是問題解決途徑（Problem-solving approach,
PSA）（Deno, 2005），大量用在解決學生的教育問題上，其過程如下：
1.定義問題，2.聽取家庭對問題的觀點，3.對渴望的成果取得共識，4.產出達
成目標方法的想法，5.發展計畫，6.評鑑方案成效。

介入爲基礎的評估是一種協力、問題解決的過程，針對特定學生的學習
困擾。既然評估是爲了介入，唯有精確的評估，才能找到正確的介入方法。
其過程如下：1.描述問題，2.發展假設，3.介入前的蒐集資料，4.介入方案設
計，5.檢視介入結果。

通常在學校輔導團隊工作的模式下，會採取團隊評估模式，因此，介
入爲基礎的評估就會被擴充爲以介入爲基礎的團隊評估（Intervention-based
Team Assessment, IBTA），也就是專業輔導團隊聯合爲服務對象進行介入爲
基礎的評估。不是把服務對象當成是各自服務的對象，進行依各自專業爲
基礎的單一專業評估，避免學生被切割成不同專業看見的片段，違背以學
生爲中心的（student centered）完整主體對待。學生是在學校中受教育的主
體，因此，必須加上以學校爲本的（school-based）的思考。如前所述，學
系體系、組織、制度都會影響學生的行爲表現。同時，考量學生從小受到
家庭的影響最深，以家庭爲中心的（family-centered）思考也是必要的。最
後，學校生活在社區中，學生也生活在社區裡，進而，加上以社區爲基礎的

（community-based）思考也有其必要。當然，在受到媒體、科技、資訊快速流通的影響下，學生的行為受到鉅視環境的影響越來越深遠，介入為基礎的團隊評估也必須將生態系統中的每一個次系統均納入。

三、兒童、家庭與社區評估的三角架構

如前所述，學生是成長中的主體，正受國民義務教育階段的年齡以兒童及少年為主，且與其生長環境最親近的生態系統是家庭與社區，極少數是在安置機構。因此，從兒童、家庭、社區生態環境的三角架構來評估，較能完整地了解學童的需求與問題所在。

（一）以兒童為中心

評估兒童、少年的發展需求，包括自我照顧技巧、社會表達、家庭與社會關係、身分認同、情緒與行為發展、受照顧與教育經驗等。

（二）以家庭為中心

評估親職能力與家庭關係，包括保證安全、情緒溫暖、文化刺激、引導與界線、手足關係、依附關係、家庭歷史、擴大家庭關係、社會化功能、家庭信仰、文化傳承、居住安排等。

（三）生態環境

即家庭、學校所處的生態環境因素，例如：就業、所得、家庭的社會整合、社區（部落）資源、休閒娛樂、社會參與、經濟活動與消費、社區安全、社會文化等。

這是結合了以兒童為中心生命歷程發展、以家庭為中心、生態模式的評估架構，其最終目的是保護兒童與促進其福利，亦隱含了公共衛生的風險為基礎（risk-based）的評估策略。點出了個人、人際與社會、環境三個面向的風險因子（risk factors）、保護因子（protective factors），及其復原力（resilience）。

Sprinson and Berrick（2010）指出兒童與家庭的風險因子，包括內在與

外部兩者，內在風險有：

　　1. 多代的困難模式（multigenerational patterns of difficulties），包括多代創傷（multigenerational traumas）、家庭暴力代間傳遞、多代兒童虐待、混亂的家族性侵害、上世代家族壓迫與剝削等，這些歷史關鍵事件依關鍵生活事件（critical life events）時間序列或家庭生命史、社會史，可以清楚發現造成兒童與家庭內在風險的因素，這些關鍵生活事件還可以再加以區分為不同風險等級，以利評估其影響，如下表5-1。

表5-1　○○學生關鍵生活事件史

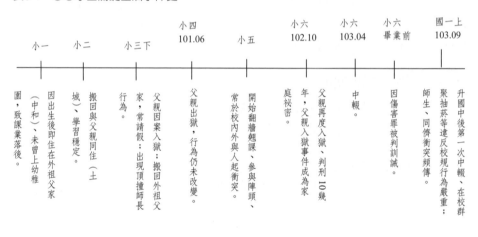

- 小一：因出生後即住在外祖父家（中和），未曾上幼稚園，致課業落後。
- 小二：搬回與父親同住（土城），學習穩定。
- 小三下：父親因案入獄；搬回外祖父家，常請假；出現頂撞師長行為。
- 小四 101.06：父親出獄，行為仍未改變。
- 小五：開始翻牆翹課、參與陣頭、常於校內外與人起衝突。
- 小六 102.10：年，父親再度入獄、判刑10幾年，父親入獄事件成為家庭祕密。
- 小六 103.04：中輟。
- 小六 畢業前：因傷害罪被判訓誡。
- 國一上 103.09：升國中後第一次中輟、在校群聚抽菸等違反校規行為嚴重；師生、同儕衝突頻傳。

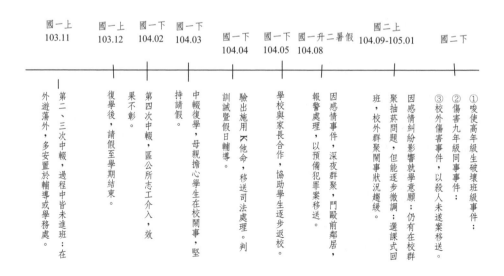

- 國一上 103.11：第二、三次中輟，過程中皆未進班；在外遊蕩外，多安置於輔導或學務處。
- 國一上 103.12：第四次中輟，區公所志工介入，效果不彰。
- 國一下 104.02：復學後，請假至學期結束。
- 國一下 104.03：中輟復學，母親擔心學生在校鬧事，堅持請假。
- 國一下 104.04：驗出施用K他命，移送司法處理。判訓誡暨假日輔導。
- 國一下 104.05：學校與家長合作，協助學生逐步返校。
- 國一升二暑假 104.08：因感情糾紛問題，深夜群聚，鬥毆前鄰居，報警處理，以預備犯罪案移送。
- 國二上 104.09-105.01：①唆使高年級生破壞班級事件；②傷害九年級同事事件；③校外傷害事件，以殺人未送案移送。因感情糾紛影響就學意願；仍有在校群聚抽菸問題，但能逐步微調；選課式回班，校外群聚鬧事狀況趨緩。
- 國二下：

2. **早期依附不穩定**（early instability of attachment）：關於不安全依附的議題，在本章稍後有較詳細的說明，此處不贅述。相同地，不穩定的依附也必須從關鍵生命事件表中追溯。

3. **創傷、不當對待**（maltreatment）**與疏忽**：包括死亡威脅、重大傷害、遺棄、人口販運、兒童虐待、疏忽、性騷擾、性侵害、性剝削、目睹家庭暴力等。

4. **多重安置失敗**（multiple placement failures）：如不成功的家庭寄養、機構寄養、育幼院安置等反覆安置。

常見的外部風險因子包括：1.鄰里與住宅不安全、不適足、負擔不起。2.脆弱的支持網絡。3.法定資源缺乏。4.醫療照顧資源不足。5.就業與經濟資源匱乏。6.缺乏精神支持系統。7.社會治安不好。8.交通不方便。

而保護因子或優勢（strengths）與期待指家庭投入（efforts）解決問題的資源、努力、動機、意願、學習、行動、自我管理、自我期待等；法定社會福利資源充足供給；社區資源、非正式資源、準正式資源迅速補位。越豐沛的保護因子，越能擠壓兒童與家庭的問題行為空間（behavioral space），讓問題行為發生的機會減少。家庭、家族、鄰里、社區、教育、宗教組織、職場、社會對脆弱家庭的期待越高，也會帶動兒童與家庭的自我期待。缺乏願景的個人與家庭，改變的動機不足，前進的動力也就停滯。

四、以兒童及少年為中心的評估

這是傳統以個人為中心的評估。但是，在評估過程要將個人視為一個成長中的個體，且鑲嵌在家庭、社區生態的脈絡裡。此時，評估是個別化的、動態的、持續的、縱身與橫向關係兼顧的。其評估重點包括：

1. **生理狀況**：身體條件、儀表、健康狀況。

2. **心理發展**：知覺、記憶、思考、學習、情緒、語言、注意力、認知、道德、動機、態度、人格等。

3. **行為表現**：友善、獨立、自信、自尊、自我形象、自主、信任、認

同、安全、攻擊、退縮、防衛、憂鬱、焦慮、恐懼、身體界線等。

4. **社會關係**：地位、角色、權力、資源、網絡、階級、社會距離、人際關係等。

5. **權利賦予**：福利身分、特殊權利。

6. **身分認同**：族群、性別、性傾向、特教生。

7. **人身安全**：人身安全的高風險因子、保護因子。

8. **受照顧經驗**：是否有兒童照顧疏忽、虐待。

9. **社會參與**：學校社團、社區活動參與，如童軍團、教會少年團契、宮廟陣頭、角頭幫派、合唱團等。

10. **經濟安全**：支持兒童及少年的家庭所得、主要經濟來源、主要照顧者職業等。

在評估兒童及少年的發展需求時，幾個常見的家庭、社區、社會、文化因素導致的兒童身心社會（Bio-psycho-social）發展課題，簡述如下，供學校輔導團隊成員參考，藉此舉一反三，針對不同的案例，進行相對精確的評估。

（一）依附（attachment）

與大部分年幼的哺乳動物一樣，人類的嬰兒生來就具有一整組內建（in-built）的生物行為，亦即內在工作模式（Internal working model），增加他們存活的機會。其中之一就是依附行為。無論何時，當嬰兒感到驚嚇、痛苦、困惑或難過時，依附行為就會被觸發。被噪音干擾或感到飢餓、寒冷、疲憊、生病或處在危險中，也會引發依附行為。依附行為的目的是恢復與主要照顧者的親近關係，那是安全與舒適所賴。當兒童發展成熟、分離、失去主要照顧者時也會引發激動、痛苦及依附行為（Howe, 2011）。

依附關係是在描述人際關係的動力，是人們從與所愛之人的人際關係中受傷害、分離、覺察到恐懼的反應。依附關係主要是描述嬰兒期的經驗，與其主要照顧者間期待親密的照顧者給予溫暖、安全、保護。Bowlby（1960）認為依附行為激發嬰幼兒在面對危險情境下的生存之道，同時，嬰幼兒藉由依附關係獲得成功的社會、情緒發展，學習有效的自我情緒管制。Ainsworth（1969）指出陌生情境協議（Strange Situation Protocol）大致發生

於嬰幼兒11個月到17個月大期間。

　　因為每個嬰幼兒成長的環境不同，依附關係的發展也不同。當嬰幼兒處在陌生情境時，主要照顧者不在場，就會出現煩亂（upset）情緒，一旦主要照顧者再度出現，就會變得很快樂。亦即，嬰幼兒的依附關係大量受到主要照顧者是否敏感到其需求的影響，倘若父母（主要照顧者）適時一致性（或幾乎一致）地回應嬰幼兒的需求，就會創造出安全的依附兒童（securely attached children）。

　　如果嬰幼兒處在陌生情境下，母親卻離開，嬰幼兒會出現極度痛苦狀態，當母親再度回來時，嬰幼兒會感到矛盾，焦慮—矛盾依附（Anxious-ambivalent attachment）於焉產生，這是一種對照顧者不可預測的回應反應，嬰幼兒會針對照顧者出現憤怒（矛盾抗拒）或無助（矛盾被動），這可視為一種制約策略，以維持照顧者能夠一直在身邊的先發制人的控制互動策略。McCarthy and Taylor（1999）研究發現，幼年受虐待的兒童，很容易發展出焦慮—矛盾依附，長大後很難與他人建立信任的親密關係。

　　當嬰幼兒的需求長期未被滿足時，嬰幼兒會出現焦慮—逃避依附（anxious-avoidant attachment），亦即嬰幼兒會以忽略、逃避照顧者來回應照顧者的缺席或斷然被照顧者拒絕的經驗。嬰幼兒在陌生情境中表現得看似平靜，似乎不在意照顧者的存在與否，表面上沒有痛苦，事後證明，他們是將痛苦掩藏，心中痛恨照顧者。嬰幼兒表現出逃避行為也是一種制約策略，展現兩種作用，一是維持與照顧者情緒的適度距離，以避免被照顧者斷然拒絕後的傷害；二是讓自己認知上遠離未被照顧者滿足的渴望，以避免自己情緒上過度負荷，才能維持自我控制。

　　當嬰幼兒在照顧者離去時，表現出緊張的動作、想哭的前奏，事實上，嬰幼兒是要控制自己的哭泣，避免哭出來。這種面對陌生情境的行為，既不是逃避，也不是矛盾，但卻出現緊張相關的刻板化動作，稱為混亂／方向不明的依附（Disorganized/disoriented attachment），其表現出來的行為包括：明顯地表現恐懼、矛盾行為、情感同時發生或接續發生、僵化、無系統、方向相反的、抽慉似的動作、靜止、解離等。Main and Hesse（1993）指出，在育兒之前有喪失或發生創傷事件的母親，於產後罹患嚴重憂鬱症，因此無法一致、有系統地回應嬰幼兒的需求，導致其嬰幼兒容易出現混亂或方向不

明的依附。

Hazan and Shaver（1980）將嬰幼兒依附行為擴大到解釋成人的情愛關係（romantic relationship），發現有4種成人依附關係：安全（secure）、焦慮—先占有（anxious-preoccupied）、輕視—逃避（dismissive-avoidant），以及恐懼—逃避（fearful-avoidant），與嬰幼兒期的安全、不安全矛盾、不安全逃避、混亂／方向不明類似。當學童進入青春期，追求羅曼蒂克愛情，新的依附關係出現，而少年依附關係也深受嬰幼兒依附關係的影響。

實務上，依附關係是一個很重要的概念，來評估兒童與少年的人際關係、信任感、安全感、行為模式。從而可追溯到幼年的親子關係、家庭關係、父母關係，甚至家庭暴力、兒童虐待等經驗。尤其未成年父母（小媽媽、小爸爸）、網路成癮、物質濫用、家庭暴力、性侵害、婚後不久婚姻關係即破裂的家庭、長期失業、家庭關係混亂等家庭危機事件。

（二）親職化（parentification）

親職化是一個兒童及少年發展過程中的異常經驗。兒童與父母角色翻轉（role reversal），兒童從小被迫扮演父母角色，成為不折不扣的早熟小大人，失去童年的快樂、天真爛漫的生活，其中尤其以女學生更明顯。單親家庭增多時，兒童親職化的情形越嚴重。Schmideberg（1948）提出，當父母情緒受到剝奪後，很容易無意識地將子女以成人角色對待之。Munichin（1967）稱之為配偶化（Spousification）或親職兒童（parental child），是一種家庭人際關係的破壞。Berne（1970）直接說出當喪偶之後，代間出現不對稱關係（asymmetrical relationship），長子（女）被期待成配偶的替身。Satir（1980）認為這是角色功能的矛盾。當兒童及少年被要求親職化之後，出現假的自我（false self），被迫早熟地承擔超出自己能力、意願之外的家庭責任。Bowlby（1979）發現這種強迫照顧（compulsive caregiving）是一種焦慮依附的後果，父母顛倒親子常態關係，將子女當成是依附的對象。親職化的兒童雖然學習到早熟的照顧家事能力，但是也容易陷入自我認同混淆、失去童年的焦慮、壓抑憤怒等。

（三）性徵化或性欲化（sexualization）

兒童及少年性徵化或性欲化是一個令家長、教師擔心的課題，尤其是

女生。然而，父母也不自覺地在形塑子女的性徵化。Robert and Zurbriggen（2013）指出我們的文化在滋養性徵化，無庸置疑地，性已成為資本主義消費文化的一部分，性（sex）像其他東西一樣被買賣。性徵化包括以下內涵：

1. 個人的價值僅被性誘惑（sex appeal）與性有關的行為所決定，排除其他特徵。也就是以性感（sexy）、性誘惑、顏值等來評斷個人價值。甚至，女性被色情化（pornografized）（Levy, 2005），處處以色情的角度來看待女性的外貌、身體、性吸引力等，以滿足男性的愉悅與成就。換句話說，剝掉女性的衣服就表示性感，性感才算女人。女性的才華、能力、優勢全被刻意忽略了。例如，媒體會以「漂亮寶貝」、「顏值一百分」來品頭論足女性運動員，忽視她在運動場上的優異表現。

2. 性（sexuality）被不適當地加諸在個人身上。包括小女孩被裝扮成超齡的女性，例如：染髮、濃妝、塗口紅、抹胭脂、穿高跟鞋、做出撩人遐思的性感動作等；或是成熟的女性被裝扮成像個小女生，例如：成熟的女性穿少女服裝、使自己年輕化（youthification）或跟上兒童性吸引流行（pedophilic fashion）。

3. 人被等同於狹義的性吸引力（attractive sexiness）定義標準。女孩被標準化定義為具身體吸引力，例如：皮膚細潤光滑、吹彈即破、細腰（蛇腰）、腿細長、胸部豐滿、九頭身黃金比例等。這些刻板化標準被年輕女性、少女們所接納，成為形塑自己身材的指標，忽略了女性在成長中的其他身體、心理、社會發展。

4. 個人被性客體化（sexual objectification）。亦即，女性被用來作為他人性滿足的工具，以獲致愉悅，而不是把女人當成有獨立行動與決策的個體來對待。性的客體化不只發生在人際關係上，也呈現在文化描述上，將身體視為裝飾客體，突顯某些部位，例如：D罩杯、童顏巨乳、波大、性感女神等，且以那些部位作為判斷完整人格的代表。

性徵化表現在以下三方面：（Robert and Zurbriggen, 2013）

1. 文化性徵化（cultural sexualization）

媒體與其他文化活動創造女孩被性徵化的管道，尤其兒童是電視主要的

觀眾群,透過電視節目傳遞女性性徵化的訊息,讓人們從小被性徵化洗腦而不自覺。

2. 人際性徵化(interpersonal sexualization)

女孩從與其父母、手足、同儕、師生的關係中,不斷地複製性徵化經驗。例如,父母無意識地將女兒打扮成性感寶貝、要女兒學習電視上少女舞團的性感舞蹈;媽媽告誡女兒不能變胖、男生會性騷擾女生、漂亮的女生眾人追等。

3. 自我性徵化(self-sexualization)

女孩們被動地接受圍繞在其四周的文化、人際關係中有關性徵化的信息,而忽略了本身就是一個行動者(agency)。例如,父母在女兒6歲的時候送給她布拉茲娃娃(Bratz dolls),女孩就不由自主地愛上她;或在進入少女期之前,母親帶她去採購細肩帶小背心(low-cut tank top),如此就很難要求小女孩不追求性徵化。這些經驗讓女孩由被動接受買來的性徵化消費者,轉而讓自己成為主動追求性徵化的行動者。當女孩們也以性感的外表作為討論、思考的話題後,其他成長中的人格特質變得不重要了,性成為女孩吸引力的唯一要素。自我客體化(self-objectification)的過程被潛移默化,女孩與女人們逐漸將自己的身體對待成為他人欲望滿足的客體,尤其女孩在9-12歲青春前期最為明顯,影響其情緒、認知、行為。只要他人說:「妳很漂亮」,女孩就覺得她擁有整個世界了。

性徵化對兒童及少年的影響包括及早性發生關係、多重性伴侶、同儕性騷擾(peer sexual harassment)、性暴力、兒童及少年性剝削、歧視性別少數,以及扭曲少年的身體形象等。美國的研究發現,18歲少年在前一年有70%已有羅曼蒂克關係(romantic relationship)(Carver, Joyner, & Udry, 2003),而通常有穩定的羅曼蒂克關係後就會發生性關係。但是,Giordano, Manning, & Longmore(2006)研究發現,40%的青少年性關係初體驗是與非戀愛對象發生的。雖然,其中有部分是將性初體驗當成是進一步追求羅曼蒂克關係的前奏。不論羅曼蒂克關係或性關係的對象是誰,羅曼蒂克關係或性關係的出現,除了帶來愉悅、滿足之外,也會伴隨著壓抑症候群(depressive symptoms),特別是少女更為明顯(Kerig, Schulz, & Hauser, 2012)。

　　臺灣的青少年發生性關係稍晚，從衛生福利部國民健康署的青少年健康行為調查發現，國內15-19歲青少年有性經驗者，1995年是8.0%，2011年攀升到13.7%，2013年降到10.2%，2015年又回升到11.1%。以2015年為例，有性經驗的青少年中，22%在14歲前即初嚐禁果，其中男性有27.5%、女性14.5%；在避孕措施方面，83.9%的有性經驗者表示在最近一次性行為有避孕，不過仍有16%完全不避孕。尤其交友網站多樣化，兒童及少年接近網路的便利性提高，網路交友的機會增多，影響到兒童及少年早熟的性經驗。

　　歐美國家的研究發現，兒童與少年提早發生性關係與家庭結構關係密切。貧窮、單親、族群、社區扮演很重要的角色。研究結論朝向三個方向：

　　1. **家庭學習假說**：認為兒童與少年學習如何與約會對象互動，是經由意識與非意識地觀察其父母的行為而來。如果兒童與少年生長於非婚姻家庭，耳濡目染其父母與非婚姻關係的約會對象的親密關係，就會學習到與異性的性活動（sexual activity），而提早發生性關係（Thoronton and Camburn, 1987; Newcomer & Udry, 1994; Burton, Obeidallah, & Allison, 1996）。

　　2. **父母監督假說**：認為成長在雙親家庭的兒童與少年，比單親家庭的子女較少有機會接觸到性活動，原因是雙親家庭有足夠的親職能力監督子女的課業學習與課外活動（Hogan and Kitagawa, 1985; Miller, Forehand, & Kotchick, 1999; Thompson, Hanson, & McLanahan, 1994）。

　　3. **婚姻瓦解假說**：認為婚姻瓦解過程，由於家庭衝突與缺乏溫暖的氛圍，因此在離婚前後，影響親職功能與青少年心理，導致各種少年問題行為的出現，包括提早性活動的機會增加（Wu and Martinson, 1993; Chase-Lansdale, Cherlin, & Kiernan, 1995; Peterson and Zill, 1986）。

　　Moore and Chase-Lansdale（2001）檢驗這3個假說發現，女性為戶長的單親家庭與同居家庭的子女，比雙親家庭的子女有較高的提早性經驗與未婚懷孕比例。其次，雙親家庭的親子關係的確使子女的提早性關係與未婚懷孕比例均低於單親家庭子女。顯示，家長的親職功能扮演降低提早性關係與未婚懷孕比例的關鍵性角色。青少女成長於離婚的單親家庭，確實增加其提早性關係與未婚懷孕的風險。

（四）自我授權的父母（Entitled Parents）與自我授權的兒童（Entitled Child）

自我授權的父母是自私的，不管他人的感受，我行我素，以爲全世界就是他家的天下，只有他們能爲所欲爲。他們不覺得自己的孩子有什麼錯，只不過是個小孩罷了，都是別人大驚小怪。

與自我授權的父母類似的概念是自戀的父母（Narcissistic Parents），這是指那些抓到任何機會，汲汲營營於表現完美的父母形象、模範家庭，不論是否有此條件，都急於成爲贏家。因此，常常粗暴地操弄與破壞他人的機會。

自我授權的兒童或稱自我占有的兒童（Self Absorbed Children），係指兒童被自我授權的父母或自戀的父母教導成爲過度競爭，踩到他人的頭上，也在所不惜地追求完美表現，他們通常缺乏適當的、適時的行爲表現，出現以下兩種極端：

1. 某些兒童被父母寵成掌上明珠、家中金孫，痛苦於成爲父母的資產或代罪羔羊。

2. 另些兒童爲了逃避成爲父母的寵兒，遁入電腦、書本、藝術、表演裡，消失在人群中，成爲孤獨的影子。

自我授權的兒童與中國於1979年到2015年間實施「一孩化政策」之後出現的兒童教養問題有高度相似性。這些獨生子（女）被稱爲小皇帝效應（Little Emperors Effects）或公主病，其性格特質包括以下：（Fong, 2004）

1. **心理素質不佳**：獨生子（女）在情緒與認知面向的發展上，較有兄弟姊妹的兒童差。由於缺乏與兄弟姊妹的互動機會，較難學習到容忍、互助、關懷、合作的經驗，因此，容易養成自私自利、犧牲別人以成就自己的想法，缺乏分享、利他的思考。

2. **溺愛**：在家庭中，獨生子（女）只發展與父母親間的親子軸關係，缺乏兄弟姊妹的手足軸關係；同時，長大成人後照顧父母的責任也必須一肩扛起。而父母只有一個子（女），會傾全力栽培、照顧、愛這個孩子。家庭中的所有財富預期也會由這個孩子繼承，家長通常會盡一切可能溺愛這個孩子，驕傲、任性、虛榮、孤僻等特質於焉養成。

3.**被寵壞（慣壞）**：中國社會流傳著「奶奶可以吃得少、媽媽可以睡地板、爸爸可以穿破鞋，也要省錢給小皇帝受教育。」父母認為只有一個孩子，不投資在他身上，要投資給誰？父母可以窮，但不能窮孩子，小皇帝就此被寵壞了，認為一切都是理所當然的。孝道、倫理、感恩的精神在獨生子（女）身上變得淡薄了。

4.**管不住自己**：獨生子（女）的父母通常缺乏對其子（女）行為的管教，任由子女我行我素、自我中心、自我授權、自戀，視一切事務都應該配合他而存在；或依父母的期待與方式管教，子（女）通常不領情。從子（女）的角度來看，集三千寵愛在一身，但也受到過多的壓力，擠壓了孩子自我發揮的空間；從父母的角度看，他們不了解孩子的真正需求是什麼，腦子想著就是給他所有的，而不一定是他需要的。因此，獨生子（女）往往不了解自己的特質、能力，而順著父母規劃的路徑前進，喪失自己獨立發展的機會；沒有機會學習管住自己的欲望與需求，也不知道自己真正的需求是什麼？

5.**社會適應力較差**：獨生子（女）在家是一條龍，或一隻鳳，予取予求，缺乏吃苦耐勞的機會，社交技巧普遍較差，挫折容忍力也低，追求當下滿足，無法忍受被拒絕。一旦出了家門，進入學校、社區、職場，氣氛就不一樣了，各組織都有自己的規矩要遵守，競爭對手增加了，這些小皇帝、小公主適應就出了問題。獨生子（女）的智能與才藝訓練經由從小的才藝班、安親班、補習班、家教等關關訓練之後，能力通常高於非獨生子女。但是，後續的努力、下苦功完成人生目標的意願與動機，就相對不足了。

（五）夠好的親職（good enough parenting）

在評估主要照顧者的親職能力時一定要超越「夠好的母職」（good enough mothering）的印象。所謂的「夠好的母職」來自英國小兒科醫師溫尼寇特（Winnicott, 1957）的臨床發現，認為母親只是兒童照顧環境的一部分，身為兒童的照顧者，只要能提供促進兒童發展的環境，就是夠好的母職。各種不同的母性（motherhood），不論是收養、未婚懷孕、單親等，都是可接受但不完美的母職，反映了母職的不同經驗與可替代性。相反地，不夠好的母職（not good enough mothering）是造成兒童假我疾患（false self disorders）的原因。假我疾患是指嬰兒期缺乏夠好的母職照顧，導致不安全或精神受打擊，而出現一種嬰兒與現實經驗的虛假關係，以隱藏不安全與受損的眞實的我（true self），達到維持誇大的自戀需求。雖然，「夠好的母職」不一定指涉原生母親，但是這樣的母職觀點還是受到女性主義的批判，認爲其過度強調母性、母職與兒童的關係（Silva, 1996）。於是，就有「夠好的親職」的修正，不分性別均可以扮演好親職。

五、家庭系統評估

家庭系統理論源自奧地利生物學家范博塔蘭菲（von Bertalanffy, 1968）的一般系統理論（general system theory），系統是由相互關聯且互賴的部分組成，依其界限（boundaries）而被界定，系統通常大於其次系統（subsystems）的總和。系統內任一次系統的改變都有可能帶動其他次系統的變化，進而影響整體系統的運作與產出。一般系統理論試圖預測系統內次系統與整體系統的行爲模式。家庭系統理論（Family System Theory）即運用一般系統理論到家庭系統。

美國精神科醫師包文（Bowen, 1966）認爲每個人都是其生長家庭的一分子，家庭是一個情緒單位（emotional unit）；是一個相互連結與個人互賴的系統，沒有任何一個家庭成員能夠脫離此一系統而被了解。依包文的說法，家庭是一個系統，每一個家庭成員都扮演角色、尊重家規。在此系統中的每一位成員，基於某種同意的關係，依各自的角色扮演，以某種方式對他人回應。據此，在這個系統的界限內，家庭成員的行爲模式發展是可預測的，是被其他家庭成員的行爲方式所引發，也成爲其他家庭成員行爲的成因。這種行爲模式的維持使家庭系統得以維持平衡，但是，也可能造成失功能（dysfunction）。例如，當丈夫因憂鬱症而無法承擔應有的家庭角色時，妻子就必須接手擔負起丈夫缺席的部分家庭功能。如果雙方角色重新界定是順暢的，家庭系統仍可維持平衡；反之，可能因爲角色銜接不順暢，妻子因承擔過度的新角色負荷而耽誤工作，或身體病變，或情緒失控等，讓家庭因失

功能而失衡。

　　包文的家庭系統理論涵蓋8個相互關聯的概念：

　　1. **三角關係**（Triangles）：是家庭系統中最小的穩定次系統，在家庭系統的三角關係中，通常和諧的兩人會結盟以對抗另一人，產生二對一關係，導致出現家庭關係的臨床問題。

　　2. **自我分化**（Differentiation of self）：個人依其感受度（susceptibility）變換對他人的依賴或被認可。

　　3. **核心家庭的情緒系統**（Nuclear family emotional system）：有4個主要的家庭問題關係模式：婚姻衝突、伴侶中的一方失功能、一位或多位子女身心障礙、情緒距離。

　　4. **家庭投射過程**（Family projection process）：家長將情緒問題傳遞（transmission）給子女。

　　5. **多代間的傳遞過程**（Multigenerational transmission process）：親子間的分化出現多代間傳遞上的差異。例如，祖父母介入孫輩的行為管制、情緒規制等，產生多代間的關係變化；或因婆媳關係良窳影響代間關係等。

　　6. **情緒改道**（Emotional cutoff）：成員為了管理家庭未解決的情緒問題，而採取降低情緒接觸或阻斷情緒接觸機會的行動。

　　7. **手足位置**（Sibling position）：影響手足發展與行為的家庭位置。家庭中的排序影響其責任、分工、角色扮演。

　　8. **社會情緒過程**（Societal emotional process）：受到整個大的社會層次統管行為的情緒系統影響。例如，因災難事件、政治鬥爭、經濟景氣、社會事件等影響家庭成員的情緒。

　　另一位精神科醫師敏努欽（Minuchin, 1974），將次系統納入成為結構家族治療（structural family therapy）的重要概念。他認為家庭會組織自己成為各種小單位，也就是次系統，這些次系統再構成一個大的家庭系統。家庭系統與次系統間存在階層性（hierarchies）。次系統通常依性別、世代而組成。其中最重要的次系統是婚姻（配偶）、親子、手足。每個次系統的區別，除了成員不同之外，其任務與焦點也不同。家庭系統也會結合各次系統完成家庭任務與目標，一旦次系統的任務與目標與家庭系統的目標模糊不清時，通常會出現家庭困擾。例如，祖父母介入子女的婚姻次系統時，就會發

生系統失衡。

　　界限是次系統的規則，定義誰能加入及如何加入次系統，也是家庭成員覺知到雙方該如何互動的依據，其功用在保護次系統的分化。功能好的家庭次系統的界限應該是清楚的，其性質是既能允許次系統的成員在易受干擾的情況下執行其功能、維持獨立，又能允許成員與外界可以互動交流。亦即界限必須足夠清楚以避免干擾，又有足夠的彈性，讓次系統間有所接觸，以利進行必要的溝通、協商、照顧與支持。界限並非僵化不變，而是具滲透性、可改變性，但也有可能僵固難以跨越。敏努欽等人（Minuchin, 1974; Minuchin and Fishman, 2004）認為界限是一連續體的概念，從糾結（鬆散的界限）到疏離（僵化的界限），而中間是清楚的界限。

　　界限僵化、疏離的家庭，其成員間的人際距離大，缺乏互相依賴與支持的功能，對家庭沒有忠誠感與歸屬感，容易產生為外化（acting out）的子女。

　　界限鬆散、糾結的家庭，其次系統的界限是未分化、薄弱、容易穿越的。家庭互動中極端接近和強烈的情感，導致其中的成員過度關切和涉入彼此的生活。由於強調忠誠與歸屬，子女往往為了家庭而放棄自主，犧牲個人的發展，導致情緒與心理的困擾，身心症的家庭常易見到這樣的情形。

　　界限清楚的家庭有最好、最健康的互動關係，界限適中，一方面可以促使個體具有獨立性與自主性，另一方面對家庭有歸屬感，家族成員能團結應付壓力，同時又能彈性地調整結構，以滿足個人心理與生理發展所需，且在此互動中，成員間彼此試探與學習「自主」與「親密」（Minuchin, 1974; Minuchin and Fishman, 2004）。

　　家庭系統評估主要的評估重點包括以下各項：

1. 家庭整體性（wholeness）

　　家庭整體圖像，包含：生命歷程、傳承、組成、分化、氣氛、功能、社會地位、職業、社會福利身分、族群、社區關係、家庭帳簿等。

2. 家庭脈絡（family context）

　　指家庭的物質環境、關係、歷史等的組合而成。物質環境包括家庭經濟、食物、居住安排、住家環境、設備等有形的空間安排；關係是指家人關

係，如親子、手足、父母等照顧、教養、角色扮演、示範、活動、互動等；
歷史則是家庭的生命史。

3. 家庭界限（family boundaries）

界定家庭的次系統（內部分化）、界定住宅的物理界限（疆界）、界定
誰屬於這個家庭的成員（裡外）。

4. 次系統（subsystems）

指家庭系統內的小系統，包括：夫妻、妯娌、婆媳、親子、手足、親
戚、家族成員等次系統。

5. 關係（relations）

因血緣、婚姻、年齡相近、經驗類似、利害與共、互動、資源分配而建
立的互動關係；因年齡、利益、親疏遠近、時機、性別、成就、資源、權力
有無而改變。常見的家庭關係：疏離、冷漠、衝突、敵對、依附、緊密、糾
結、結盟等。

6. 家庭規則（rules）

家規是家庭維持倫常、秩序、關係、產能等的規範，有公開的、潛藏
的、硬性的、軟性的。

7. 家庭權力結構

指家中誰擁有何種影響力？如何行使？在何種情境下行使？

8. 家庭決策

誰參與決策？主動或被動？參與決策的項目、範圍、何時進行決策？決
策品質如何？決策的效力？

9. 家庭情感與感受表白

家庭成員表達情感包括愛、恨、關懷、快樂等。表達也包括需求與給
予。

10. 家庭目標

家庭組成有其社會普同的目標，如「成家立業」、「完成人生大事」、
「樹大分枝」、「奉兒女之命」。但是，每個家庭成員有個人目標，例如：

兒子想升大學，女兒想學服裝設計，父親想升遷，母親想在家族裡不要被比下去等。

11. 家庭認知模式

家庭認知模式是指家庭成員共享的世界觀、價值、信仰、自我理解、信念等。

12. 家庭角色

角色安排的決定因素、角色定義、角色扮演、角色衝突、角色過度負荷、角色壓力等。

13. 溝通形態

溝通模式（討好、責備、電腦、打岔、一致）、溝通品質、溝通技巧、溝通管道、溝通路徑等。

14. 家庭優勢

家庭維持生存、福祉、進步、幸福的力量，例如：愛、關懷、動機、意願、宗教信仰、文化傳承、家族關係、社經地位、社區關係等。

15. 家庭生命循環

家庭處在何種階段，例如：新婚、生育、育兒、空巢、分家、晚年等。有些家庭包括分居、離婚、兒女結婚、孫子女初生等。

參、家庭訪視與外展工作

家庭訪視（home visits）是社會工作者到服務對象住家提供的專業服務，是社會工作長久以來的一種工作方式，從友善訪問者時代即有的社會工作傳統。1843年由英國國教派教徒成立「都會訪問與救濟協會」（the Metropolitan Visiting and Relief Association），即開始使用家庭訪視與外展（outreach）來訪問在街頭、家中的貧民、遊民、流浪兒童等，調查其身分、資產、需求，據以提供救濟。此後，家庭訪視成為各地慈善組織會社（Charity Organization Society, C.O.S.）普遍使用的方法，常因其服務對象無

家可歸、失能、身心障礙、行動不便、年幼，或因有家庭與環境評估的需要而進行（林萬億，2013）。除了社會工作師之外，醫師、護理、教師也常以家庭訪視來了解家庭對病人、學生的影響。

外展工作則是社會工作者到服務對象的住家、學校、職場或休閒活動場所，如社區、店家、娛樂場所等提供服務與資訊者。因此，家庭訪視也是外展工作的一環。外展工作常見於以鄰里為基礎的（neighborhood-based）社會工作模式中。

一、家庭訪視的目標設定

專業人員在工作時間通常不會與服務對象建立專業服務以外的人際關係，因此，任何行動都是有目的地安排而發生。家庭訪視也不例外，訪視目的是建立關係、資料蒐集、資源連結、特定任務完成。

二、訪談對象與場地

家訪前要確定是個別會談，或是家庭聯合會談。既然是家庭訪視就不可能單獨訪談學童，一定是以家長、主要照顧者或手足為訪談對象，原則上與案情有關的人士最好都訪談到。由於家訪的會談有別於晤談室會談，不可能期待受訪家庭有獨立空間供作會談室，因此，客廳、餐廳、廚房、大樹下、庭院都可作為臨時會談地點。但是，隱私仍然是必要的考量，如果不適合學童知情的資訊，就必須找個較隱密的房間會談，如借用當事人的房間。至於接觸人員，就依訪視目的而定，但最好先約定可能的潛在受訪者，如家長、兄弟姊妹、家族、部落長老、同居人等，有時在家訪安排行程中，也會順道訪視與目的有關的鄰居、鄰里長、職場老闆、廟祝、大姊頭、大哥等人。

三、居家環境觀察

　　學生的信仰、認知、情緒、行為、成績、交友等與居住環境關係密切。居家空間狹小，兒童及少年容易往外跑，以換取較大活動空間。同時，容易讓子女共用房間，甚至與父母同睡一臥房，導致隱私權觀念薄弱；而沒有書房、書桌都可能造成作業無法按時完成、學業成績低落的原因。缺乏安全的浴室也常造成發育中的女孩不敢洗澡等。因此，家庭訪視觀察面向包括：住家環境、房間格局、房間布置、家具擺設、衛生條件、維生資源、宗教信仰、娛樂活動、飲食習慣、居家生活、藥物使用、寵物飼養、手足關係、左鄰右舍關係、社區關係等。

四、時間安排

　　學校社會工作師、輔導教師、導師等，不能依自己的工作時間來安排家庭訪視，而是要依訪視對象可行的時間安排時間，否則會誤解家長不配合。因為家長的職業五花八門，有夜市擺攤的、科技公司輪班上班的、客運司機、計程車司機、市場賣菜的、顧檳榔攤的、百貨公司櫃姐等，都無法配合學校上下班時間接受家訪。一旦學校社會工作師聯絡不到家長，往往是他們正在為三餐打拚的時間，不要以難以接近或「非志願性案主」（involuntary clients）來標籤他們。即使白天可以安排家訪，也必須考量家庭生活步調來安排時間，例如，除非對方同意，否則應避免在用餐時間、午休時間前去拜訪。如果家長在工作，必須考量職場行程來安排時間，例如：休息時間、客人較少、工作不忙時訪談。如果要進行社區實地觀察，就要依社區活動、少年群聚安排時間行程，始能觀察到學生參與社區活動的狀況。當然，所有家訪行程都要顧慮本身的安全，因此也要依人身安全考量時間安排，如深夜不宜家訪、家長單獨一人在家時，要考量性別議題。

五、行前準備

行前做好以下清單所列工作，有助於順利進行家訪：1.訪視前用電話、書信、簡訊聯絡受訪者。2.案家資料閱讀，包括個案紀錄、申請各項相關權益紀錄與結果等。3.攜帶相關表單供填寫，例如：申請特教鑑定、免費午餐、獎學金等。4.準備翻譯員，例如：手語、外國語、原住民語、客語等。5.受訪家庭如果有慢性疾病、傳染病等，必須先熟悉相關知識與做好防護措施。6.熟悉受訪者的基本資料、特殊偏好、對學校的態度等。7.了解受訪者家庭關係，包括同居人、擴大家庭成員、重要家庭贊助者。8.攜帶機構簡介、宣傳單張、小冊子等。9.自我安全維護措施，例如：防範流浪狗攻擊、性騷擾、精神病患者溝通障礙、搶劫等。10.交通路線安排，包括公車班次查詢、行車路線圖、機車或汽車停車場等。11.諮詢與本案有關的人員，例如：導師、輔導教師、學校行政人員、其他單位社工師、心理師、重要同儕與朋友等。12.約督導討論。13.決定是否有陪同家訪人員，例如：專輔教師、其他機構社工、實習生等。14.打聽里長、當地轄區派出所聯絡電話，以備不時之需。

六、服裝儀容

專業輔導人員受聘於教育局、駐站於學校或學生輔導諮商中心，家庭訪視仍有代表教育局、學校的多重身分，儀表穿著需注意鄉里觀瞻，服裝儀容以整齊清潔、儀表端莊、方便行動的穿著打扮出訪為宜。從符號互動（symbolic interaction）的角度來看，服裝打扮作為一種人際互動的符號，他人會以你所穿著的服裝打扮來決定如何與你互動，因為他人已先對你的服裝打扮賦予某種意義。例如，穿著套裝代表專業、嚴謹；T-shirt代表休閒、輕便；細肩帶、熱褲代表青春、性感。這些服裝代表的意義，是當代社會互動後共享的結果。當然，還是有人會顛覆這種當下社會賦予服儀的意義，例如：教師穿夾腳拖、T-shirt、短褲上講臺。但是，制度還是提供某種限縮超

出既定服儀意義的界限，也就是學生看到的還是教室、標語、功課表、上下課鐘、公布欄等耳提面命的制度規範。女教師打扮得超火辣，在學校還是教師；男教師打扮得多邋遢，在學校也還是教師。離開制度框架之外，上了大街，不認識的人就不會以教師看待之，而是視為辣妹、邋遢男。同樣地，進入鄰里、社區的專業輔導人員，在開口之前，服儀仍是互動的中介。因此，到陌生的環境外展，透過服儀來定義自己是重要的。

七、態度

專業助人工作者除了以穿著打扮來建立專業形象之外，語言與非語言的表達，也扮演有效溝通的關鍵角色。態度友善溫暖是基本要件，謹守專業分際是基本的專業倫理。此外，必須充實自身的文化知能（cultural competence），亦即培養有效與適當地與不同文化的人們溝通與互動的能力。適當是指能理解他文化的價值、觀念、規範、儀式、習俗、期待、世界觀等，而能不誤解他人的文化、不強加自己的價值於他人身上。有效是指能完整、充分地溝通以達成共同的目的。

文化知能包括4個要素：知識、同理、自覺、技巧。要理解他人文化必須建立在足夠的文化知識上，而不單靠經驗與傳言。具文化同理是能設身處地、易地而處地理解不同文化的人們的感受與需求，基本上是一種具多元文化的態度。自覺是能覺察自身文化的優勢、弱點、渴望，以及以穩定的情緒與他人互動。技巧是具備多元文化的口語溝通、身體語言、文字表達、符號表達等的技巧。

八、不友善的訪視與外展經驗

專業助人工作者有必要進行家庭訪視，一定是學生有學校適應問題或需求，且家庭、社區扮演重要的影響因素。對家長來說，如果學校派來家訪的

人帶來致贈物資、協助解決問題，或獎勵、慰問等，拒訪的可能性相對會較低，尤其是物資匱乏的家庭，通常很歡迎聖誕老人。一旦家長發現來訪者是其所不欲，例如：進行家庭暴力評估、兒童虐待調查、找回中輟生、校園霸凌加害者調查、校園性騷擾加害者調查、物質濫用評估、校園暴力加害者調查等，家長抗拒受訪的機會很大。特別是那些被界定為「非志願案主」或強制性案主（mandated client）的家庭成員，若不是法院、學校、醫院、監獄強制提供服務，他們通常會反對被列入服務對象，不認為自己需要協助，例如：藥物濫用者、兒童虐待加害者、家庭暴力施暴者、性侵害加害人、幫派成員、犯罪者、遊民、精神疾病患者等（Trotter, 2015）；或是名義上的求助者，其實是疑似加害者，例如：兒童虐待的家長、中輟生家長等。在處理「非志願案主」時，助人工作者會陷入角色的兩難，一方面是依法監督或執行的角色，另一是助人專業的問題解決或治療的角色。有別於針對志願性服務對象的工作模式，助人工作者首先要進行角色澄清（role clarification），避免當事人誤解；進而在進行問題解決或認知行為修正的同時，增強與示範社會可接受的價值（pro-social value）。

　　拒訪的情形有不得其門而入、拒絕接見、逃避、安排替身受訪等。家庭訪視被拒絕，如果具強制性，如違反強迫入學條例，可以請地方政府強迫入學委員會的人員陪同前往，或是請村里長一起前往；如果有犯罪前科者，可請地方派出所員警協助。這些陪同訪視者的功能多在於協助「入門」與保護人身安全的成分，而改變受訪者行為、達成家庭訪視的功能少。欲與家長建立信任的工作關係，還是要靠專業助人工作者自己做功課。

　　即使進得了家門，對家庭訪視者來說，不順利的家庭訪視仍然是個挑戰，例如：時間片段、打岔、不提供資料、不情願回話、提供假資料、隱瞞資訊等。專業助人工作者除要以友善、溫暖、真誠、同理等態度來化解敵意的受訪情境外，且要以系統化、脈絡化的思考來加速訪談文本的解讀，以降低受訪者及其環境出現干擾訪談的不確定性。

　　至於，更嚴重的受訪者營造惡意氣氛，例如：要求檢查證件、指責、挪揄、羞辱、三字經、謾罵等，通常是因對學校、教育局（處）、政府其他部門的不信任、憤怒、受害創傷反應等。專業助人工作者無須扮演替罪羔羊的角色，也無須為制度或機關據理力爭，再多的爭執只會引來更多的反彈。適

時的同理與適度的澄清，有助於化解敵意與衝突。

　　有時，受訪者或其他在場人員會出現讓專業助人工作者感到不愉快的訪談經驗，例如：過度貼近身體產生的壓迫性接觸、不願讓來訪者坐下而迫使久站、服裝不整、在來訪者面前展示權力等。這些不愉快的經驗會挫敗專業助人工作者的士氣、信心，因此，必須有相應對策才能順利進行訪視。例如，當受訪者或其他在場人員棲身靠近，或有壓迫性擠壓時，來訪者就應表明請保持空間以利閱讀或填表；當受訪者遺忘或刻意不讓來訪者就坐時，來訪者應主動要求坐下，不過，重要的是運用團體動力學的座位效應，選擇有利訪視的座位，座椅不宜選擇太高或太低的、不宜坐在被包圍的位子、不宜坐在無法與主要受訪者保持可正面相視的位子、不宜坐在背對出入門道的位子等。

　　倘若受訪者在接受訪談時，體罰小孩、辱罵家人、毆打配偶等，有部分場景是受訪者在展示父權操演（patriarchal performativity）（Butler, 1990），尤其男性受訪者在女性專業輔導人員面前展現性別（doing gender）（Butler, 1990; Clatterbaugh, 1996/2003; Connell, 2009/2011），專業助人工作者應該適時禮貌地制止，告知可能涉及的違法行為。

　　性騷擾也是家庭訪視或社區外展的重要課題，如果來訪時受訪者剛起床、出浴，或習慣穿著暴露，務必提醒受訪者先穿著合宜服裝再受訪。有時受訪者語帶輕佻或大談黃色笑話挑釁，甚或趁機偷窺、藉機碰觸胸部或大腿、表現親暱動作，偶而也會碰到露鳥、手淫（洗蘆筍、清槍管）等不雅動作，專業助人工作者應直接制止或要求停止該動作。倘若家內有放置A片、情趣用具、黃色書刊於顯著位置，也要提醒家長這些物品依兒童及少年福利及權益保障法，不能讓兒童及少年接觸。

　　最後，家庭訪視也會遭遇生命安全威脅的場景，例如被受訪者威脅投訴、恐嚇、推擠，甚至追打等，也有可能面對傳染疾病威脅，或遇到野狗攻擊。專業助人工作者要做好人身安全防護準備。

肆、學校與家庭、社區的協力

　　社會工作介入兒童在學校、家庭、社區的生活，必須先有家庭、學校、社區是多樣的（diversity）的認識。雖然，我們相信國民教育幾近一致，但不同社區的學校，仍然是有差異的；即使同一個學校，一旦校長、教師與行政人員更替，教育方式與內容還是有可能出現差異。家庭的多樣性更是顯著，居住在相同或不同的社區，家庭是多樣的。每一位專業助人工作者必先思考自身關於兒童應該如何被照顧、教育及成長的價值與假設，列出清單，決定哪些是重要的，作為發展與了解兒童在家庭、學校與社區生活的切入點，進一步檢視專業價值與倫理（含機構的價值與倫理）、社會價值與倫理，再擴及法律與政治脈絡下的兒童與家庭（O'Loughlin and O'Loughlin, 2016）。

　　Allen-Meares（2010）指出社會工作師在學校服務最獨特的功能，是協助高風險的學生（high-risk student），包括因貧窮、虐待、疏忽、身心障礙等因素導致學校適應困難的學生。林萬億（2015）的研究也指出，當前臺灣校園學生常見的問題而需求專業輔導人員協助者，以親職功能不佳最多，其次依序是就學不穩定、中輟、心理健康、人際困擾、偏差行為、性侵害、兒童及少年虐待疏忽、身體健康、少年犯罪、高風險家庭、網路沉迷、物質濫用、師生衝突。這些議題涉及家庭、社區、社會環境者多，可歸因於個人者少。顯示，學校結合家庭與社區，協力工作才可能協助協助學童良好的學校適應、排除完成教育的障礙、滿足特殊學童（身心障礙、學習落後、原住民、新移民等）的教育需求、進而保障學童的受教權。其間，連結社區資源協助學校處理引發學童學校適應的家庭問題，例如：配偶暴力、兒童虐待與疏忽、貧窮、家庭解組、重大傷病等是不二選擇。

一、脆弱兒童與家庭及高風險青少年

　　脆弱兒童與家庭（vulnerable children and families）與高風險青年（high-risk youth, HRY）是學校社會工作的主要對象。所謂脆弱兒童與家庭是指家庭中的兒童有以下情況者：家庭中有兒童須照顧、低社經地位的年輕夫妻、不同少數族裔結合的年輕夫妻、年輕的家庭照顧者、年輕的母親、變換照顧者的兒童、難民或遊民家庭、家中有身心障礙的兒童、兒童有受傷害的高風險之虞者、兒童與脆弱的成人同住、接受家庭服務中的兒童、國語不流暢的學童、居住條件不佳的兒童家庭（Waldman, 2007）。

　　脆弱家庭往往存在多重脆弱性（multiple vulnerabilities），包括：物質、生理、心理、環境的脆弱（Berrick, 2009），需要多重支持與服務介入。因此，學校社會工作師就不只是扮演提升學童學校適應的功能，必須兼顧家庭社會工作的功能。學校社會工作師扮演連結家庭服務機構、以社區為基礎（community-based）的服務資源與學校的重要角色。然而必須提醒，與這些資源機構建立協力（collaboration）關係，而不是替代其職責。

　　高風險青年指涉的年齡層是指一般所說的青少年階段，或13-19歲的孩子（teenager），其指標包括以下10項：（High Risk Youth Operations Committee, 2012；引自Smyth, 2017）

1. 年齡不是重點，風險程度才是關鍵。
2. 物質濫用已影響到其日常生活功能。
3. 選擇處在危險的狀況下，包括生活與交友。
4. 除了專業社群外，無法認同與其一起生活的健康的成人。
5. 對抗權威形象的人物，鮮少信任他人。
6. 重複被安置或不願意停留在被認可的安置處所。
7. 由於缺乏追蹤服務導致出現多重結案紀錄。
8. 涉入或甘冒性剝削的風險，包括生存性交（survival sex）。
9. 多代的家人曾被納入兒童與少年服務。
10. 曾經是兒童及少年性剝削防制條例的保護對象。

　　從加拿大愛德蒙頓（Edmonton）地區的區域兒童與家庭服務中心的高風險青年啟動（High Risk Youth Initiatives, HRYI）方案，2011年服務的55位高風險青年中發現，幾乎百分之百都有依附與創傷（含跨代創傷）（transgenerational trauma）問題待處置。跨代創傷是因為上一代或前幾代遭遇重大災難但倖存，其災難創傷後壓力疾患（PTSD）或受害者症候群

（victimization symptoms）傳遞給下一代，導致次世代子女出現次級創傷（secondary traumatisation），甚至第三代還殘餘祖輩們留下的創傷經驗，其遭遇包括恐怖攻擊、鎮壓屠殺、奴隸、綁架、殖民壓迫、種族屠殺等。

另有，超過90%有物質成癮困擾；超過90%合併心理衛生議題待解決，包括憂鬱、焦慮、不安全依附、創傷後壓力疾患（PTSD）、雙極型疾患（bipolar disorders）、強迫症（obsessive-compulsive disorder）、思覺失調症（schizophrenia）、藥物引發的心理疾病、解離（dissociation），或合併以下症狀，例如：注意力不全過動症（ADHD）、對立反抗症（Oppositional Defiant Disorder, ODD）、品行疾患（Conduct Disorder, CD）等。超過90%曾涉及違法行為，最輕從搭捷運逃票，到攻擊、搶劫、企圖謀殺、謀殺、持有武器、販售毒品、偷車、襲警、死亡威脅等。

此外，許多高風險青年處在不穩定的生活型態下，不斷更換居住處所或庇護所，甚至為了獲得吃住、毒品、菸酒而淪為生存性交。其中也有人因生活條件而苦於病痛，一旦進入醫療院所，面對的又是信任、身體形象、羞恥、低自尊等議題，及勉強枯坐醫院等待醫療時的不自在，而埋怨醫療不友善（Smyth, 2017）。

二、貧窮與低學業成就

許多美國的研究發現，貧窮家庭的兒童由於缺乏資源，導致兒童學業成就的心理社會發展受到阻礙，學業成就相對較低（Chase-Lansdale, 1999; Conger and Elder, 1994; McLoyd, 1998）。對於青少年來說，缺乏有學業成就的家長作為學習模範，導致陷入低學業成就（Wilson,1987）。不僅如此，居住在貧窮社區的兒童與少年，更是容易接近毒品、及早發生性關係、未婚懷孕、低學業成就、中輟等（Bowen and Chapman, 1996; Gonzales, Cause, Friedman, & Mason, 1996; Duncan, Brooks-Gunn, & Klebanov, 1994; Peeples and Loeber, 1994）。據此，Chapman（2003）建議學校社會工作師應該注意到家庭與社區結構對貧窮家庭學童的學業影響，除了提升學校留住學童的行為誘

因之外，要能協助學童發現學校意義（school meaning）；同時，鼓勵家長參與（parent involvement），才能降低就學不穩定，提高學業成績。所謂學校意義是讓學生覺得到學校讀書可以學習新事物、解決困難等；亦即，讓學生發現學校對其個人成長、改變貧窮處境、提升未來生活品質是有幫助的。家長參與是指鼓勵家長參加班親會、學校活動、監督學童功課、簽署聯絡簿、限制子女使用網路、結交網友等（Jeynes, 2005, 2007, 2010, 2011）。

　　許多研究指出單親家庭的經濟狀況通常比雙親家庭不利，尤其是以女性為戶長的單親家庭更容易陷入貧窮。有研究指出這些家戶在成為單親之前即已貧窮（Weitzman, 1985），但是，更多研究指出，婚姻解組是導致女性單親家戶陷入貧窮的主要原因（Duncan and Hoffman, 1985; Weiss, 1984; Morgan, 1989; Weitzman, 1985; 林萬億、吳季芳，1993; McLanahan, 1994; Debord et al., 2000; Chambaz, 2001; Christopher et al., 2002; Hampden-Thompson and Pong, 2004; Ozawa and Lee, 2006）。

　　為何女性單親家戶容易陷入貧窮？Garfinkel and McLanahan（1986）認為有三個主要原因：(1)賺錢能力低，一個人賺錢，通常少於雙薪收入，尤其女性薪資大都只有男性的8成。(2)缺乏兒童照顧支持。一旦成為女性單親家長之後，通常有較多機會需扶養年幼子女。但是，國家卻缺乏足夠的公共兒童照顧系統，迫使女性單親家長必須放棄工作來照顧年幼子女，因此女性單親就業率便相對低。(3)社會福利給付微薄。除非單親家戶成為低收入戶，或中低收入戶，否則只靠特殊境遇家庭補助，往往無法提升其總體家庭收入太多。於是，女性單親家戶就容易陷入貧窮。

　　但是，不同國家的單親家庭陷入貧窮的機會不一，取決於該國的社會福利制度是否完善。Bradbury, Jenkins, & Micklewright（2001）的研究發現，北歐的女性單親家庭生活只比國家平均可支配所得低約10%，而同樣的情形在美國卻高達60%。相似的研究，Phipps（1999）發現，挪威女性戶長單親家庭的可支配所得是全體家戶平均的81%，而美國卻只有52%，可見社會福制度影響女性為戶長的單親家庭經濟安全甚大。亦即，不必然因為成為單親而註定經濟弱勢，還是可以透過社會福利體系加以有效改善（Breivik and Olweus, 2006）。

　　女性為戶長的單親家庭對子女的影響，其中受到關注的一項是學習成

就。 McLanahan（1994）指出，美國成長在單親家庭的兒童到了高中，比起非單親家庭有高達2倍的中輟率，2.5倍機會成為未成年母親，1.4倍會落入未升學未就業少年。同時，也有較低的學業成績、較低的學習期望，以及較高的就學不穩定。但是，這並不是說所有族群都受到同樣的影響。同樣的單親經驗，對美國西班牙裔家庭兒童傷害較大，白人次之，對黑人傷害較小。例如，家庭分裂之後，學童增加學校失敗的風險，西班牙裔高達24%，白人17%，黑人13%。就中輟率來說，白人學生會因此而提高1.5倍，西班牙裔學童增加1倍，黑人學童增加76%。所以說，不是單純因為單親與否造成學童的學業受影響，還要考慮家庭教養、文化、社區等因素。

臺灣的情形也不例外，據教育部統計，104學年國民中小學中輟生，依家庭背景統計，來自單親家庭者占59.6%，加上失親的占2.4%，合計占62%，又屬隔代教養者占12.1%；依族群分，具原住民身分者占14.7%，父（母）為外籍配偶者占11.5%，也是不成比例地高。

單親家庭之所以被認為對學童的教育成就不利，有不同的說法。首先，從家庭系統理論（family system theory）角度出發，認為單親家庭所空缺的父職或母職角色，必須由家庭中的其他成員接手，此時便容易產生親職角色過度負荷（role overloading）的現象。例如，父兼母職或母兼父職，在面對單親情境壓力下，單親家庭系統功能不若雙親家庭完整，因此無法妥善回應外部教育系統的要求與內部子女系統的互動，而出現適應不良，所以處在家庭系統變遷中的家庭子女學業表現較差（Coleman, 1988; Thompson, Hanson, & McLanahan, 1994; Jeynes, 2002）。單親家長一面要賺錢養家，扮演單一賺食者（single breadwinner）角色，自然較無時間、精力顧及子女的課業；同時，又要盡母職或父職管教子女，扮演單親親職（single parenting）角色。在無法兼顧賺錢養家角色與教養子女的親職角色的角色兩難困境（role dilemma）下，尤其當學校以雙親為常態的家庭教養觀點要求下，單親家長往往以逃避學校要求來面對家庭系統的失衡，結果是學校不滿單親家長不配合而責難家長，子女也跟著被學校標籤為「被家長放棄的孩子」。於是，單親子女在學校的歸屬感、成就感就相對低落，而成為就學不穩定的學生，甚至淪為中輟生。

其次，從家庭教育資源觀點來看，Teachman（1987）認為家庭教育資源

有經濟資源與非經濟性資源等二大面向。經濟資源指的是與物質投入有關的資源,例如:家庭收入、獨立書房、網路設備、參考圖書、學習工具等;而非經濟的資源的面向廣泛,包含文化資源或是社會資源等。故一般而言,家庭教育資源通常包括經濟資本、社會資本與文化資本。McLanahan(1985)的研究指出,處在單親家庭的子女,其處境較原生雙親家庭經濟弱勢;同時單親家長也會因經濟環境較差,無法提供子女良好的學習環境,或忙於經濟活動,而花費較少的時間在子女的學校功課上,以致子女學業表現較不理想(Thompson, Hanson, & McLanahan,1994; Jeynes, 2002)。

三、親職型態與子女行為

Baumrind(1967)分類父母的親職型態(parenting style),依要求與不要求(demanding vs. undemanding)、回應與不回應(responsiveness vs. unresponsiveness),歸納為4種:恩威並重型(Authoritative/Propagative,要求且有回應)、權威型(Authoritarian/Totalitarian,要求但不回應)、溺愛型或放任型(Indulgent/Permissive,不要求但有回應)、忽視型(Neglectful,不要求且不回應)。

恩威並重型的教養是以兒童為中心的管教,父母表現出成熟的親職,該管就管、該罰就罰、該尊重就尊重,如此容易培養出獨立、自主、自賴、自決的兒童。權威型教養採取懲罰多於鼓勵、限制多於開放、要求多於回應,有時不惜以體罰來進行管教,導致兒童容易出現壓抑、自我歸咎、缺乏社會知能。溺愛型或放任型教養對孩子的行為是寬容的、非引導的、允許的,對子女期待少、對行為不要求、管教也少。父母往往把自己當成是孩子的朋友,而不加以管教,導致兒童不成熟、缺乏行為引導、界線不清、自我控制力低、攻擊性強、偏差行為多。忽視型父母幾乎是不涉入、遺忘、疏離或放棄子女的管教責任。這種類型的父母通常是自己的人生還有很多未滿足的願望擺在優先順位、未成年父母、受困於財政壓力而忙碌於事業打拼、缺乏家庭支持、受苦於藥酒癮等,導致子女缺乏依附、低學業成就、缺乏行為模

範、社會撤離、親子關係疏離、早熟、獨立、不善於表達情緒與愛。

　　父母的親職型態有可能出現不一致的情形，亦即所謂的管教不一致，包括3種情形（Dwairy, 2009）：一是父母管教不一致（father-mother inconsistency），亦即父母親各自有自己的親職作為，但缺乏協調與共識，導致兒童及少年認知失調，不知道該聽誰的，要不斷討好不同管教方式的父母，最後誰都不服，而發展自己的行為；二是情境不一致（situational inconsistency），父母親對不同子女的管教型態不同，亦即對手足管教不一致，有人被溺愛、有人被嚴管、有人被放棄，導致手足感受不公平對待，心生怨懟；三是暫時不一致（temporal inconsistency），父母親的管教風格隨個人情緒而改變原則，亦即前後不一致，導致很難建立信任關係。而其中父母管教不一致與管教前後不一致，比手足管教不一致更容易引發少年心理疾病（Dwairy, 2009）。

四、社會資本與學業成就

　　Coleman（1990）指出家庭結構提供子女的社會資本，包括：社會網絡的大小與相關成員所擁有的資本總量。人際之間存在的社會資本是無形的，並以三種不同形式存在：(1)責任與期望、(2)資訊管道，以及(3)社會規範。就家庭結構言，一方面，社會資本既是父母所給予子女的社會與心理支持，同時也是一種社會約束力，家庭藉由社會化與教養的過程傳遞給子女社會資本。

　　以家庭中父母對子女的教養過程而言，社會資本來自家庭結構中的三方面，第一是成年人與子女的親密聯繫，例如：父母花時間指導孩子功課，親密的親子關係有助於子女課業的學習（Coleman, 1990）。Astone and McLanahan（1991）研究發現，單親家長對於子女的一般性生活監督與每日課業的監督都是較少的，且對於子女的教育期望較低，因此，生長在單親家庭的子女課業表現會較不理想。

　　第二，父母分別與孩子保持親密聯繫，且彼此之間也有聯繫，建立

封閉性網絡規範與傳遞訊息，將可發揮社會資本力量協助子女學業學習
（Coleman, 1994）。單親家庭與繼親家庭相較原生雙親家庭，除了減少經濟
資源之外，同時也減少了相關的社會支持（Acock and Kiecolt 1989; Peterson
and Zill, 1986）。

　　第三，處在同一家庭結構中並經歷一段時間的延續，將有助於資本的累
積。Coleman（1990）認為良好的親子關係是具有時間延續性或封閉性，穩
定的關係狀態可以使彼此之間的關係得到增強，與建立信任基礎。因此，當
家庭結構發生改變，破壞親子關係的穩定與延續性，將不利於子女的學習表
現（Coleman, 1988）。

　　Bourdieu（1986）依據資源的不同類型，提出三種資本型態，包括經濟
資本、文化資本與社會資本，不同資本之間具有可轉型（transformability）
與可移轉（transferability），依「兌換原則」（conversion）而互轉。例如，
學歷可轉換成為薪資、升遷。經濟資本在個人的社會化過程中，是可將之
轉換為個人的文化資本與社會資本，同時在某種程度上，文化資本與社會
資本也是能夠轉換為經濟資本。其中，文化資本與資源主要是由個人所處
的家庭所提供，具體表現在自然承襲來的語言、生活風格、思維模式與氣
質。另一方面，社會亦透過教育系統，扮演著不同階級的文化複製（cultural
reproduction），與階級之間的品味區分的功能角色。根據Bourdieu（1986）
的看法，學生所擁有的文化資本和其在校學習過程有著密切的關係。擁有較
多文化資本的學生，在學校裡獲得較多的回饋，而這些學生通常是來自中上
階層的學生。何瑞珠（1998/99）研究香港的中小學生發現，家庭內的「物
質資本」、「文化資本」以及透過家長在家中及校內參與而建立的「社會資
本」，對學生的學習成效均有正面的影響；其中，「社會資本」是各種資本
中最重要的一項。亦即，家長參與子弟在學校的學習活動，是改變家庭結構
不利的重要變數。

　　就父母的學歷與子女教育期待的影響來說，父母學歷越高，對子女教
育的期待越高（Zhan and Sherraden, 2003）。高比例的家庭分裂（family
disruption）經驗對學生來說，除了不利於經濟安全之外，如前所述，也比較
容易出現家庭轉銜過程的問題行為（Wu and Martinson, 1993; Cahselansdale,
Cherlin, & Kiernan, 1995; Peterson and Zill, 1986）。

五、學校歸屬感與就學穩定

　　許多研究都指向曠課與學校不穩定，是學童之所以恐懼上學與低學業成就的兩個關鍵因素（Balfanz, 2006; Balfanz et al., 2007; Eckenrode, Rowe, Laird, & Brathwaite, 1995; Rumberger, 2003）。而因安置或遷徙的頻繁變換學校產生的惡化問題行為，進而是出現長期曠課、與學校脫節、低學業成就等情事的重要因素（Rubin, O'Reilly, Luan, & Localio, 2007）。其中，寄養安置是最常見的轉學案例。Zorc 等人（2013）研究寄養安置的兒童發現，長期曠課（Chronic school absenteeism）與轉換學校是寄養安置學童學業失敗與中輟的主要因素。轉換學校與變換居住地有密切關聯。除非是因兒童保護案件，必須以轉學籍不轉戶籍方式轉學之外，最常見的轉換學校是因學校適應問題，例如：ADHD、校園霸凌、師生關係不佳、親師關係衝突等因素。

　　改變環境有時是改變個人的重要策略，否則不會有孟母三遷的案例，或中國古訓《增廣賢文》所載「近山識鳥音、近水知魚性」，在什麼環境下長大就容易培養什麼能耐。但是，如果環境改變是被迫改變，而非自主選擇改變，往往帶給被強制遷移者一種被拋棄、被迫害的受害者症候群。例如，教師因班上ADHD學生難以管教而要求家長將其轉學，或因學童成績低落、偏差行為而要求轉學等。這種為淨化班級與學校，而強制要求偏差者、邊緣者遷移的作法，反而帶給學童與家長更大的學校與社區適應困難。

　　此外，另一些轉換學校的原因大多與家長轉換工作、躲債、離婚、分居等因素有關。頻繁轉學對學童來說，不易結交到新朋友、不適應教師的教學方法、不適應學校的文化與不同版本的課本，以及沒有熟悉的社區生活等，都讓學童對新學校感到陌生，學校依附感薄弱，且常假設父母隨時又再搬家、自己隨時會跟著轉學，怕好不容易建立的學校與社區歸屬感再度受傷，以致不敢投入感情與承諾在新學校與新社區，自然不易融入社會網絡中。在缺乏學校與社區支持系統下，學童的學校適應不易，學業也容易失敗，中輟風險升高。一旦發生曠課、中輟，同儕關係就更疏遠，陷入不斷轉換學校的惡性循環中，成績也跟著退步，學習動機減弱，學業失敗就在咫尺。

伍、促成家長與學校合作的策略

　　家長配合學校是早年國民教育現場的經驗，只要學校一張通知、一通電話，家長大多會請假、撥冗飛奔前往，唯恐自己的孩子在學校發生的大小事，自己趕不及處理。當然，這樣的場景並非平白獲得，是在教師的專業權威被社會肯定、教育資源幾乎集中在正式教育機構的時空脈絡下，且搭配教師三不五時的家庭訪視所建立的親師關係。時至今日，教育資源分散，電腦網路、圖書館、家長在家教育都可能取代學校的正式教育；家長的學經歷提高，教師的專業權威屢屢遭到質疑。更何況，大部分教師不進行家庭訪視已經很久了，家長與教師的關係變得陌生而疏離。重建學校與家庭的合作關係，或許是拉拔低學業成就、低校園歸屬、低家庭溫暖的學生有效的策略。

一、與家庭建立良好關係

　　首先，學校要與家長建立關係，不能假設家長一定歡迎學校來訪或介入，也不能單方期待家長會事事配合學校的要求，先做足功課才是建立學校與家庭關係的基礎工。以下是與家庭建立關係的注意清單，供教師、學校專業輔導人員參考。

　　1. 了解家庭與學校所在社區的宗教、文化、生活習慣。如前所述，家庭是多樣性的，不能以唯一家庭的概念來理解多樣的家庭，也不能以教師所處階級、種族、文化地位來理解學生家庭。在與學生家庭建立關係之前，了解家庭所處社區的宗教、文化、生活習慣，有助於進入家庭，原因在於家庭通常或多或少會受到社區生活的影響；同時，社區居民也是引導學校人員進入家庭的媒介。

　　2. 建議學校進行與社區文化相容的教室裝置與活動。學校不自外於社區，讓家長覺察到學校是社區的成員之一，家長與學生也會較認同學校，產生歸屬感。如前述，學生與家長對學校產生歸屬感是提升學習、學校參與的要素。例如，學校將社區宮廟的八家將、將官首、舞獅團、蜈蚣鼓、宋江陣

等民俗技藝團隊納入社團活動，學生就不必沉浸於宮廟活動。

3. 用家長熟悉的語言溝通。雖然今日的家長大部分都會使用華語溝通，但是家居語言使用仍然五花八門，有原住民各族群語、新移民語、臺灣話、客家話、英語、日語等。即便使用同一種語言，也必須了解語言背後的意義、語言使用的文化脈絡與情境因素。就像公務機關不能以法條、公文書寫習慣來與人民溝通一樣，學校人員也不宜以法規、教本知識來與家長溝通，而必須學習以家長聽得懂的說法來溝通。

4. 正向看待所有家庭。既然相信虎毒不食子，也要假設家長不會虐待自己的子女。如果不是因為家庭經濟差、住宅破、能力弱、婚姻毀等，家長通常會配合社會主流價值讓子女接受好的教育、好的生活。因此，協助引進資源解決家庭面臨的困境、正向看待家庭對成員的努力，才可能促成家庭即使處在困境中也能持續投入心力來照顧子女。

5. 感恩家長對子女教育的協助。中輟生、行為偏差、低學業成就的學生家長最怕學校一再打電話來詢問、叮嚀。家長視學校派人來訪為畏途，聽到學校來電就緊張、看到學校line就不回。之所以會有此種情形，是因學校的窮追不捨、咄咄逼人，名之為盡責，但對家長來說則是責難。如果學校改變態度，同理家長的處境、感謝家長曾經有過的努力，家長便會感受到溫暖、友善、被支持，而比較有意願與學校合作來改變學生當前的困境。

6. 提供學童在校學習的相關資訊與資源。家長經常透過學生的角度來理解學校教育，頂多是加上聯絡簿的有限資訊，如此一來，資訊往往是片段的。一旦教師或專業輔導人員告知家長其子女在校表現時，家長會恍然大悟，或感到不可思議。親師關係如果只透過子女作為中介是不足的。但是，也要避免學生覺得專業助人工作者是爪耙子、通風報信，而破壞信任關係。

7. 真誠表達對學生的關心。弱勢家長或脆弱家庭通常擔心學校會欺侮或貶抑其子女，這是缺乏自信的階級反應，也是經驗累積的行為模式。專業助人工作者要能讓家長感受到對其子女的關懷，送來溫暖絕對是打開心防之鑰。

8. 利用班親會、入學式，進行性教育、防毒、反霸凌等宣導。專業助人工作者要能善用各種家長聚會的時機，進行親職教育。機會是爭取來的，尤其當他人尚不熟悉專業輔導的功能時，更應該主動積極爭取。每一次的親職

教育對家長來說都是彌足珍貴的，當家長需要時，就會記起你曾經有過的提醒。

9. 協助家庭連結社區資源。弱勢家庭所需的資源挹注不是一餐、一天，而是一段時日。因此，連結社區資源給家庭遠比由學校單獨撐起維持家庭的力量來得省力氣。社區資源包括物質的提供、課後照顧、補救教學、社區活動、志工陪伴、家庭整潔、宗教活動等，不同的家庭處境有不同的需求。

10. 鼓勵教師參與社區活動。弱勢家長常忙碌於三餐或退縮回陋室。當然，也有可能是沉溺於手機遊戲、電腦遊戲、網路遊戲、宗教活動、賭博、毒品等。鼓勵家長參與社區活動，是拓展家長的社交圈、建立自信心、充權自己、獲得鄰里支持的好方法。

11. 提供學校各種教育活動資訊給家長。弱勢家庭或脆弱家庭在乎物質、教育資源、機會等的提供。即使相對優勢家庭也會積極爭取教育資源與機會，學校要有弱勢優先的觀念，協助弱勢家庭或脆弱家庭充實其教育資源與機會。

二、促成家長參與教育的策略

利用各種事件、機會，結合家庭與學校一起工作方案（Families and Schools Together, FAST），或是透過師生一家親方案（Families are students and teachers, FAST）把家庭拉進來。必要時，將關心學校發展的家長引進到學校發展計畫中，例如：學校營養午餐計畫、課後照顧計畫、暑期活動計畫。新北市學校社會工作師在新莊地區辦理的「黃家大院」，用家長捐來的經費辦理區域中的特殊生照顧，吸引其他家長跟著參與，是一個本小利多的家長參與方案。

此外，學校作為社區的一分子，學校也可成為社區進步的引領者，學校社區（Community in School, CIS）方案，讓學校成為辦理社區活動的場所、媒介，學校要成為社區居民民主學習的舞臺，學校本身就得先實踐校園民主。家長、教師、學生都是民主校園社區的成員。

　　至於，學校該不該介入家庭，就跨部門分工言，家庭事務好像是社會局的事，但別忘了，親職教育一直都是教育的範疇。需要家庭治療的家庭不應該是學校的事務，家庭暴力防治當然也是社會局的工作，但是，每個兒童幾乎都在學校受教育，而家庭是否支持兒童受教育絕對是影響學童在校表現的關鍵，因此，協助家庭解決問題不是社會局單獨的工作。必要的、適時的家庭介入絕對是學校社會工作師的責任；更重要的是如何與社會局、民間社會福利機構、醫療體系等協力來幫助家庭戒絕困擾。

三、以學校爲基礎（本）的社會工作實務（School-based social work practice）

　　學校社會工作師、專任輔導教師，甚至心理師都可以透過團體工作、家庭工作、以學校爲本的校園方案、社區方案等來串起校園三級輔導，也就是不可能單靠個別諮商或個案工作就可以解決學童面對的各種校園適應問題。例如，衝突解決方案、學習尊重方案、反校園霸凌方案、校園暴力預防方案、友善校園方案等，都是學校在處理師生關係、同儕關係上有效的團體或班級活動。預防性侵害方案、預防未成年懷孕方案、了解你的身體方案等，也是必要的校園性騷擾、性侵害防治方案，端視專業輔導人員如何運用。物質濫用預防方案、預防中輟方案、大手牽小手方案、校園無障礙方案等也都針對不同適用對象，達到預防與及早介入的效果。

參考書目

中文部分

何瑞珠（1998/99）。家長參與子女的教育：文化資本與社會資本的闡釋。教育學報，26(2)/27(1), 233-262。

林萬億、吳季芳（1993）。男女單親家長生活適應之比較研究。中國社會學刊（現改為臺灣社會學刊），17期，頁127-162。

林萬億（2013）。當代社會工作——理論與方法（第三版）。臺北：五南出版。

林萬億（2015）。新北市慈輝班申請安置學生與學校社會工作輔導學生案例趨勢分析與因應對策研究。新北市政府教育局委託研究。

南方朔（2017）。轉型政治的一本小聖經。推薦序一，診療椅上的政治學（Politics on the Couch: citizenship and the internal life）（Andrew Samuels 原著，魏宏晉譯）。臺北：心靈工坊出版。

陳香君等譯（2011）。社會工作理論導論。臺北：五南出版。

魏宏晉譯（2017）。診療椅上的政治學（Politics on the Couch: citizenship and the internal life）（Andrew Samuels 原著），臺北：心靈工坊出版。

英文部分

Acock, A. C. and Kiecolt, K. J. (1989). Is It Family Structure or Socioeconomic Status? Family Structure during Adolescence and Adult Adjustment. *Social Forces*, 68 (December): 553-571.

Ainsworth, M. D. (1969). Object relations, dependency, and attachment: a theoretical review of the infant-mother relationship. *Child Development*, 40 (4): 969-1025.

Allen-Meares, P. (2010). School social work: Historical development, influences, and practices. In P. Allen-Meares (Ed.), *Social work services in school,* 6th (ed.), pp. 23-47. Boston: Allyn & Bacon.

Astone, N. M., and McLanahan, S. S. (1991). Family structure, parental practices and high school completion. *American Sociological Review*, 56, 309-320.

Balfanz, R. (2006). *Unfulfilled promise: The dimensions and characteristics of Philadelphia's dropout crisis, 2000-2005*. Philadelphia Youth Network.

Balfanz, R., Herzog, L., & Iver, D. J. M. (2007). Preventing student disengagement and keeping students on the graduation path in urban middle-grades schools: Early identification and effective interventions. *Educational Psychologist*, 42(4), 223-235.

Baumrind, D. (1967). Child care practices anteceding three patterns of preschool behavior. *Genetic Psychology Monographs*, 75(1), 43-88.

Beckett, C. (2010). *Assessment & Intervention in Social Work: preparing for practice*. London: Sage.

Berne, E. (1970). *Sex in Human Loving*. Penguin.

Berg, I. K. and Dolan, Y. (2002). *Tale of Solution*. New York: WW Norton.

Berrick, J. D. (2009). *Take Me Home, Protecting America's Vulnerable Children and Families*. Oxford: Oxford University Press.

Bourdieu, P. (1986). The forms of capital (R. Nice, Trans.). In L. C. Richardson (Ed.), *Handbook of theory and research for the sociology of education* (pp. 241-258). New York: Greenwood Press.

Bradbury, B., Jenkins, S. P., & Micklewright, J. (2001). *The Dynamics of Child Poverty in Industrialised Countries*. United Nations: UNICEF.

Breivik, K. and Olweus, D. (2006). Children of Divorce in a Scandinavian Welfare State: are they less affected than US children, *Scandinavian Journal of Psychology*, 47, 61-74.

Bowen, M. (1966). "The Use of Family Theory in Clinical Practice", in *Family Therapy in Clinical Practice* (reprint ed.), Lanham, MD: Rowman & Littlefield (published 2004).

Bowen, G. L., & Chapman, M. V. (1996). Poverty, neighborhood danger, social support, and the individual adaptation among at-risk youth in urban areas. *Journal of Family Issues*, 17(5), 641-666.

Bowlby, J. (1960). Separation Anxiety, *International Journal of Psychoanalysis*, 41: 89-113.

Bowlby, J. (1979). *The Making and Breaking of Affectional Bonds*. London: Routledge.

Burton, L. M., Obeidallah, D. A., & Allison, K. (1996). Ethnographic insights on social context and adolescent development among inner-city, African American teens, in R. Jessor, A. Colby, & R. Shweder (eds.) *Essays on ethnography and human development*. Chicago: University of Chicago.

Butler, J. (1990). *Gender trouble: Feminism and the subversion of identity*. London: Routledge.

Carver, K., Joyner, K., & Udry, J. R. (2003). National Estimate of Adolescent Romantic Relationships, in P. Florsfeim (ed.) *Adolescence Romantic Relations and Sexual Behavior:*

theory, research and practice implications, pp.43-66. Stanford, CA: Stanford University Press.

Chambaz, C. (2001). Lone-parent Families in Europe: A Variety of Economic and Social Circumstances, *Social Policy and Administration*, 35: 6, 658-671.

Chapman, E. (2003). Alternative Approaches to Assessing Student Engagement Rates, *Practical Assessment, Research & Evaluation*, 8(13). http://PAREonline.net/getvn.asp?v=8&n=13

Chase-Landale, P. L., Cherlin, A., & Kiernan, K. E. (1995). The long-term effects of parental divorce on the mental health of young adults, *Child Development*, 66, 1614-1634.

Christopher, K. et al., (2002). The Gender Gap in Poverty in Modern Nations: single motherhood, the market, and the state, *Sociological Perspectives*, 45: 3, 219-242.

Clatterbaugh, K. (1996/2003)。《男性氣概的當代觀點》（Contemporary perspectives on masculinity: Men, women, and politics in modern society）（劉建臺、林宗德譯）。臺北：女書文化。

Coleman, J. S. (1987). Families and schools. *Educational Researcher*, 16(6), 32-38.

Coleman, J. S. (1988). Social capital in the creation of human capital. *American Journal of Sociology*, 94 (Supplement), 95-120.

Coleman, J. S. (1990). *Foundations of social theory*. Cambridge, MA: Beiknap Press of Harvard University Press.

Coleman, J. S. (1994). Family, school, and social capital. In T. Husen, & T. N. Postlethwaite (Eds.), *International encyclopedia of education* (2nd ed., pp. 2272-2274). Oxford: Pergamon Press.

Coleman, J. S., & Hoffer, T. (1987). *Public and private high schools: The impact of communities*. New York: Basic Books, Inc.

Conger, R. D., & Elder, G. H. (1994). *Families in troubled times: adapting to change in rural America*. New York: Aldine de Gruyter.

Conyne, R.K. (1983). Two critical issues in primary prevention: What it is and how to do it. *Personnel and Guidance Journal*, 61: 331-333.

Connell, R. (2009/2011)。《性別的世界觀》（Gender in the world perspective）（劉泗翰譯）。臺北：國家教育研究院。

Dalton, J. H., Elias, M. J., & Wandersman, A. (2007). *Community Psychology: Linking Individuals and Communities*, Thomson Wadsworth.

Debord, K. et al., (2000). Understanding a Work-Family Fit for Single Parents Moving from

Welfare to Work, *Social Work*, 45: 4, 313-324.

Deno, S. L. (2005). Problem-solving assessment with Curriculum-based Measurement (CBM). In R. Chidsey-Brown (Ed.) *Problem-Solving Based Assessment for Educational Intervention*. NY: Guilford Press.

Domenelli, L. (2012*). Green Social Work: from environmental crisis to environmental justice*. London: John Wiley & Sons.

DuBos, R. (1972). *The God within*. New York: Charles Scribner' s Sons.

Duncan, G. and Hoffman, S. (1985). A Reconsideration of the Economic Consequences of Marital Disruption. *Demography*, 22: 485-498.

Dwairy, M. (2010). Parental Inconsistency: A Third Cross-Cultural Research on Parenting and Psychological Adjustment of Children, *Journal of Child and Family Studies*, 19 (1), 23-29.

Eckenrode, J., Rowe, E., Laird, M., & Brathwaite, J. (1995). Mobility as a mediator of the effects of child maltreatment on academic performance. *Child Development*, 66(4), 1130-1142.

Fong, V. L. (2004). *Only Hope: Coming of Age Under China's One-Child Policy*. Stanford University Press.

Garfinkel, I. & McLanahan, S. (1986). *Single Mothers and their Children: A New American Dilemma*. Washington, DC: Urban Institute Press.

Germain, C. (1978). *Social Work Practice: People and Environments-an Ecological Perspective*. NY: Columbia University Press.

Germain, C. and Gitterman, A. (1980). *The Life Model of Social Work Practice*. NY: Columbia University Press.

Giordano, P. C., Manning, W. D. E. & Longmore, M. A. (2006). Adolescence Romantic Relationships: An emerging portrait of their natural and developmental significance. In A. C. Crouter and A. Booth (eds.) *Romance and Sex in Adolescence and Emerging Adulthood*, pp.127-150, Mahwah, NJ: Erlbaum.

Gonzales, N. A., Cauce, A. M., Friedman, R. J., & Mason, C. A. (1996). Family, peer, and neighborhood influences on academic achievement among African-American adolescents: One-year prospective effects, *American Journal of Community Psychology*, 24: 365.

Kerig, P. K., Schulz, M. S., & Hauser, S. T. (2012). *Adolescence and Beyond: family processes and development*. Oxford: Oxford University Press.

Hamilton, G. (1951). *Theory and practice of social casework*. New York: Columbia University

Press.

Hampden-Thompson, G. and Pong, S-L. (2004). Does Family Policy Environment Moderate the Effect of Single-Parenthood on Children's Academic Achievement? A Study of 14 European Countries" *Journal of Comparative Family Studies*, 36: 2, 227-248.

Hazan, C. and Shaver, P. R. (1990). Love and work: An attachment theoretical perspective. *Journal of Personality and Social Psychology*. 59 (2): 270-80.

Hollis, F. H. (1972). *Casework: A psychosocial therapy* (2nd ed.). New York: Random House.

Hogan, D. P. & Kitagawa, E. M. (1985). The impact of social status, family structure, and neighbord on the fertileity of Black sdolescents. *American Journal of Sociology*, 90, 825-855.

Howe, D. (2011). *Attachment across the life course: A brief introduction*. London: Palgrave.

Jeynes, W. (2002). *Divorce, Family Structure, and the Academic Success of Children*. Binghamton, New York: Taylor & Francis.

Jeynes, W. (2005). A meta-analysis of the relation of parental involvement to urban elementary school student academic achievement. *Urban Education*, 40(3), 237-269.

Jeynes, W. (2007). The relationship between parental involvement and urban secondary School academic achievement: A meta-analysis. *Urban Education,* 42(1), 82-110.

Jeynes, W. (2010). The salience of the subtle aspects of parental involvement and encouraging that involvement: Implications for school-based programs. *Teachers College Record*, 112(3). 747-774.

Jeynes, W. (2011). *Parental involvement & academic success*. New York: Taylor & Francis/ Routledge.

Duncan, G. J., Brooks-Gunn, J., & Klebanov, P. K. (1994). Economic deprivation and early childhood development. *Child Development*, 65, 296-318.

Levy, A. (2005). *Female Chauvinist Pigs: Women and the Rise of Raunch Culture*. NY: Free Press.

Main, M. and Hesse, E. (1993). Parents' Unresolved Traumatic Experiences are Related to Infant Disorganized Attachment Status: is Frightened and/or Frightening Parental Behavior the Linking Mechanism? In M. T. Greenberg; D. Cicchetti, & E. M. Cummings (eds.) *Attachment in the Preschool Years: Theory, Research, and Intervention*. Chicago: University of Chicago Press. pp. 161-84.

Maluccio, A. N. (1979). *Learning from clients: Interpersonal helping as viewed by clients and social workers*. NY: Free Press.

Marsh, J. C. (2002). Learning from Clients, *Social Work,* 47 (4): 341-343.

McCarthy, G. and Taylor, A. (1999). Avoidant/ambivalent attachment style as a mediator between abusive childhood experiences and adult relationship difficulties. *Journal of Child Psychology and Psychiatry*, 40 (3), 465-477.

McLanahan, S. (1994). The Consequences of Single Motherhood, *American Prospect*, 18, 48-58.

McLoyd, V. (1998). Socioeconomic disadvantage and child development. *American Psychologist*, 53, 185-204.

Meyer, C. (1983). *Clinical Social Work in the Eco-system Perspectives*. NY: Columbia University Press.

Miller, K. S., Forehand, R. & Kotchick, B. A. (1999). Adolescent sexual behavior in two ethnic minority samples: the role of family variables. *Journal of Marriage and the Family*, 61, 85-98.

Minuchin, S. (1967). *The Disorganized and Disadvantaged Family: Structure and Process*. NY: The Basic Books.

Minuchin, S. (1974). *Families and Family Therapy*. Harvard University Press: Cambridge.

Minuchin, S. and Fishman, H. C. (2004). *Family Therapy Techniques*. Harvard University Press: Cambridge.

Morgan, L. A. (1989). Economic Well-being following Marital Termination: a comparison of widowed and Divorced Women, *Journal of Family Issues*, 10(1), 86-101.

Moore, M. & Chase-Lansdale, P. L. (2001). Sexual Intercourse and Pregnancy Among African American Girls in High-Poverty Neighborhoods: The Role of Family and Perceived Community Environment, *Journal of Marriage & Family*, 63, (4), 1146-1158.

Newcomer, S. F. & Udry, J. R. (1984). Mother's influence on the sexual behavior of their children, *Journal of Marriage and the Family*, 46, 477-485.

O'Loughlin, M. and O'Loughlin, S. (2016). *Social Work with Children and Families*, (4th ed.). London: Sage.

Ozawa, M. N., and Lee, Y. (2006). The Net Worth of Female-Headed Households: A Comparison to Other Types of Households, *Family Relations*, 55, 132-145.

Papell, C. P., and Rothman, B. (1980). Relating the mainstream model of social work with groups to group psychotherapy and the structured group approach. *Social Work with Groups*,

3(2), 5-23.

Peeples, F., and Loeber, R. (1994). Do individual factors and neighborhood context explain ethnic differences in juvenile delinquency? *Journal of Quantitative Criminology,* 10(2): 141-157.

Peterson, J. L. & Zill, N. (1986). Marital disruption, parent-child relationship, and behavior problems in children, *Journal of Marriage and the Family,* 48, 295-307.

Phipps, S. (1999). *An International Comparison of Policies and Outcomes for Young Children.* Ottawa, Canada: Renouf Publishing.

Richmond, M. E. (1917). *Social diagnosis.* New York: Russell Sage Foundation.

Robert, T-A. and Zurbriggen, E. L. (2013). The Problem of Sexualization: what is it and how it happen, in T-A. Robert and E. L. Zurbriggen (eds.) *The Sexualization of Girls and Girlhood: causes, consequences, and resistance.* Oxford: Oxford University Press. pp. 3-21.

Rubin, D. M., O'Reilly, A. L. R., Luan, X., & Localio, A. R. (2007). The impact of placement stability on behavioral well-being for children in foster care. *Journal of the American Academy of Child and Adolescent Psychiatry*, 46(5), 610.

Rumberger, R. W. (2003). The causes and consequences of student mobility. *The Journal of Negro Education*, 72(1), 6-21.

Satir, V. (1980). *Peoplemaking,* Souvenir Press Ltd.

Schmideberg, M. (1948). *Children in Need.* London: Allen and Unwin.

Shazer, S. D. (1982). *Patterns of brief family therapy: an ecosystemic approach.* Guilford Press.

Silva, E. B. (1996). *Good Enough Mothering? Feminist perspectives on lone motherhood.* London: Routledge.

Smyth, P. (2017). *Working with High-Risk Youth, a relationship-based practice framework,* London: Routledge.

Sprinson, J. S. and Berrick, K. (2010). *Unconditional Care: relationship-based, behavioral intervention with vulnerable children and families.* Oxford: Oxford University Press.

Teachman, J. D. (1987). Family background, educational resources, and educational attainment. *American Sociological Review*, 52, 548-557.

Thompson, E. T., Hanson, L., & McLanahan, S. S. (1994). Family structure and child well-being: economy resources vs. parental behaviors. *Social Forces*, 73, 221-242.

Thornton, A., & Camburn, D. (1987). The Influrnce of the family on premarital sexual attitudes and behavior, *Demography*, 24, 323-340.

Trotter, C. (2015). *Working with involuntary clients: a guide to practice*, 3rd ed., London: Routledge.

von Bertalanffy, L. (1967). General systems theory. In N. Demerath & R. A. Peterson (eds.), *Systems change and conflict* (pp. 119-129). New York: Free Press.

Waldman, J. (2007). *Narrowing the Gap in Outcomes for Vulnerable Groups*. Slough: NFER.

Weiss, R. (1984). The Impact of Marital Dissolution on Income and Consumption in Single-parent Households, *Journal of Marriage and the Family*, 46: 115-127.

Weitzman, L. J. (1985). *The Unexpected Social and Economic Consequences for Women and Children in American.* NY: Free Press.

Wilson, W. J. (1987). *The Truly Disadvantaged: The Inner City, the Underclass, and Public Policy*, (2nd. ed.). Chicago: the University of Chicago Press.

Winicott, D. (1957). *The Child, Family and the Outside World.* Harmondsworth: Penguin.

Wu, L. & Martinson, B. C. (1993). Family structure and the risk of a premarital birth, *American Sociological Review*, 58, 210-232.

Zhan, M. and Sherraden, M. (2003). Assets, Expectations, and Children's Educational Achievement in Female-Headed Households, *Social Service Review,* June, 191-211.

Zorc, C. S., O'Reilly, A. L.R., Matone, M., Long, J., Watts, C. L., Rubin, D. (2013). The relationship of placement experience to school absenteeism and changing schools in young, school-aged children in foster care. *Children and Youth Services Review*, 35, 826-833.

第六章　學生輔導的三師三級分工模式

林萬億

在全球49個國家,包括臺灣在內,學校社會工作已經被證實是各級學校必要設置的專業人力,能夠提供學生有效的協助,以滿足學童需求(Powers, Bowen, Weber, & Bowen, 2011)。而學校專業輔導人力的配置,不只是學校社會工作師,還包括學校諮商師、學校心理師,在臺灣更有專任輔導教師的編制。這群不同背景的專業輔導人員的分工,三級輔導是各國常用的分工模式,但是,對三級輔導的界定與運作卻有不同。

依三級輔導的概念,估計美國95-99%的學生需要第一級(普遍性)到第二級(選擇性)的協助(Stormont, Reinke, Herman, & Lembke, 2012)。第一級輔導通常以教室為基礎,主要的介入者是教師、社會工作師或其他專業人員。大約有85%的學生在這一層次的協助上獲得需求滿足(Kelly, Raines, Stone, & Frey, 2010)。

第二級輔導的需求量大約是學童的5-10%。主要以小團體為基礎的服務,服務提供者是學校社會工作師、學校心理師(school psychologist)、學校諮商師(school counselor),或其他行為治療專家(Crone, Homer, & Hawken, 2004)。

另有1-5%的學童需要第三級輔導(Stormont et al., 2012),進行個別化的密集處置,服務提供者可能是精神科醫師、臨床心理師(clinical psychologist)。

Allen-Meares, Montgomery, and Kim(2013)的後設研究發現,包括美國、加拿大、以色列等各國學校社會工作師在校園裡從事的第一級服務,主要是三大類:一是性騷擾、性禁欲、危險性行為;第二是攻擊性行為;第三是行為與心理健康評估、壓力管理。第二級服務則包括四類:一是高風險少年介入;二是懷孕與未成年父母親職;三是喪失與壓抑;四是身體、性別認同與團體關係。顯示,學校社會工作師在學校主要提供第一級、二級服務。

Allen-Meares(2010)認為,社會工作者在學校服務最獨特的功能是協助高風險的學生,包括因貧窮、虐待、疏忽、身心障礙等因素導致學校適應困難的學生。再從這些核心服務對象擴大到特殊人口群,例如:未成年懷孕、未成年親職、行為偏差、攻擊行為、性議題等。

顯然,我國實施的三級輔導與移植母國——美國的經驗不一樣,我們將導師界定為第一級輔導人力、專任輔導教師界定為二級輔導主要人力,學校

心理諮商師、學校社工師界定爲三級輔導人力，以致移植自美國的三級輔導必須適應臺灣學生輔導的土壤，重新被定位。

　　然而，不論從時間軸來看學生問題行爲的循序漸進發展，或是從生態系統的關係來看學生問題行爲的盤根錯節因素，或是問題的嚴重性來區分，都發現學生輔導不可能由單一專業來完成。本章從我國校園輔導專業人力配置的三師：專任輔導教師、學校心理諮商師、學校社會工作師，如何在既有三級輔導架構下，運作出團隊分工合作，才可能因應學生問題日益複雜的需求，將專業輔導人力的效能發揮到極致。

壹、學校輔導團隊工作

一、團隊工作（team work）

　　學生輔導需要團隊工作的呼聲越來越高，主因於學生的問題日益複雜、涉及的面向屬多面向（multi-faceted）、問題成因也是多因的、助人專業的訓練日趨專門化（specialization）、提供服務的方法越來越多元、社會期待學生被完整與連續地照顧到。於是，單靠教育、諮商專業，無法滿足學生學習上的多樣問題與身心發展過程的多元需求。

　　以學童偷竊行爲爲例，學童偷竊行爲在年級上，國小學生比國高中生有較高的偷竊行爲比例，亦即，偷竊行爲較少是兒童時期不偷竊，而發生於少年期，除非匱乏或同儕壓力。印證了家庭親職功能對學童偷竊行爲的影響。兒童偷竊行爲不外乎以下原因（林萬億，2015）：

　　1.**匱乏型偷竊**：因家庭經濟匱乏或零用錢太少，經濟生活不滿足而偷竊。這種偷竊行爲只要改善家庭經濟環境或增加零用錢，就會逐漸消除。

　　2.**引發注意型偷竊**：因爲缺乏家庭照顧者的關愛，不被家人重視，或教養偏見，導致必須以偷竊來引起他人注意。這種偷竊行爲只要被主要照顧者關愛之後，也會逐漸改善。

　　3.**無知型偷竊**：這是缺乏管教而偷竊，兒童並不知道偷竊行爲是違法

的。這種偷竊行為只要施給予法治教育、認知改變就會逐漸減少。

4. **團體壓力型偷竊**：這是因被同儕影響而偷竊，同儕壓力是偷竊的主因，兒童為了在同儕中獲得接納、歸屬，或邀功而偷竊。兒童知道偷竊是不好的行為，但是，加入團體的滿足感、安全感、成就感大於表現成為好兒童的榮譽感，因而加入集體行竊，或偷竊上繳分享。有時兒童年紀小、膽量不夠、經驗不足，就會被年紀大、膽量夠、經驗豐富的同伴要求只做把風，而不直接介入偷竊行為，稱把風型偷竊。這類偷竊行為只要找到正向的替代性安全、滿足、成就的新歸屬團體，偷竊行為就會跟著降低或消除。

5. **世代傳遞型偷竊**：這是家人有偷竊的習慣，或以偷竊為業，兒童從小跟著學習偷竊小東西來變賣。家人明知偷竊是違法行為，卻會以法律規避（evasion of law）來避開懲罰，同時，也會教導兒童如何規避懲罰，兒童就被訓練成為慣竊。這種偷竊行為很難矯正，因為偷竊已被養成一種生活方式、謀生技能、價值。古人說：把十隻手指頭剁掉還是照常偷，就是在描述這種偷竊行為。

6. **強迫型偷竊**：罹患強迫症（obsessive-compulsive disorder, OCD）的人會陷入一種無意義且令人沮喪，重複的想法與行為當中，一直無法擺脫它，這基本上是焦慮症的一類。強迫症患者並不是都會以偷竊來平衡內在焦慮，強迫行為有很多種，例如：拔頭髮、眉毛、咬指甲、反覆洗手、鎖門、檢查瓦斯開關、儀式動作、標準定位等都是。但是，只有少部分人會以偷竊行為來平衡焦慮而違法。強迫症患者當然知道偷竊行為是不好的，只是無法自我控制偷竊的衝動意念，因此必須接受藥物、心理治療才有效果，而非懲罰。

從以上例子可知，兒童偷竊行為可能是單因造成，例如：家庭貧窮，因匱乏而偷竊，或為引發家人注意而偷竊，或無知而偷竊，或強迫症；至於因同儕壓力而偷竊或把風，成因就不只是為了尋求歸屬感、認同，或好奇，涉及的可能是更複雜的家庭、社區因素。即使視家庭教養造成的偷竊行為，背後也牽扯諸多家庭關係、家庭動力，代代相傳的偷竊行為也是如此。不可能只靠勸導、制止、懲罰等行為修正即可改變；且不只是學童本人，同儕、父母、手足都可能是介入的對象。介入的方法也不只是行為修正或治療，包括認知改變、問題解決、親職教育、家庭經濟改善、家族治療等；校內涉入的人員包括導師、專任輔導教師、學校心理師、學校社會工作師等，甚至是特

教師、社團指導人員等。

　　學校輔導團隊成立的目的是爲了使問題解決的行動更人性、有效，吻合教育宗旨。而解決問題行動的過程是交流進展的，也就是在執行中透過不斷地對話、交換意見、凝聚共識、整合知識、交換經驗的結果。團隊成員要持續地參與溝通、合作、共享決策、相互支持及貢獻知識。

二、團隊工作模式

　　團隊工作模式有多種：跨專業（interdisciplinary）、跨專長（interprofessional）、多專長（multiprofessional）、多專業（multidisciplinary）等。這些概念有時被交互使用。嚴格說來，仍然有差別，跨專長與多專長團隊適用範圍、團隊組成較跨專業與多專業團隊狹窄（Nancarrow, Booth, Ariss, Smith, Aderby, & Roots, 2013）。

　　多專業的團隊工作（multidisciplinary team work）與跨專業的團隊工作（interdisciplinary team work）也有不同的組成模式與適用場域。多專業團隊工作常被用在跨組織間，爲了服務特定對象、解決特定問題，例如：兒童虐待、性侵害等，由不同機關（構）具互補性專長的專家，包括檢察官、律師、醫師、社會工作師、心理諮商師等，組成多專業的團隊來處理該案例。多專業的團隊成員來自不同單位，成員具有相對高的獨立性，參與決策過程會以自己的專業立場進行建議，因此，不盡然可以形成共識，也不期待一定會有多數同意的決議（Garner and Orelove, 1994）。

　　跨專業團隊工作常見於同一機關（構），例如：醫院、學校、長期照顧機構、日間照顧機構、早期療育中心、心理衛生中心等，爲了服務特定對象，解決特定問題，如治療嚴重發展遲緩的兒童，由不同的專家，包括醫師、護理師、職能治療師、社會工作師、語言治療師、復健師、營養師等，組成健康照顧工作團隊一起來處置（Garner and Orelove, 1994）。跨專業團隊成員大多來自同一機構內的不同專業，平時就有共事經驗、且有主責的單位主管出面整合，建立共識的機會較大、決策速度也較快。

不論是哪一種團隊，成員各自擁有特定專長，為了共同的目標，透過溝通、合作與知識結合而工作在一起，且每個人有責任進行各自的決策，據此進行計畫、決定行動，進而影響未來的決策。

三、團隊工作的四個要素

團隊工作由四個要素組成：小團體、不同專業、共同目標、協力工作，缺一不可，簡述如下：

1. **團隊是一個團體**：學校本身即是一個大團體，學校內的各處室構成行政團隊，輔導室的不同專業成員構成小團體。而因應不同學生的需求，輔導團隊被建構成為助人的網絡工作（helping network）。亦即，由行外或非正式服務系統（lay/informal service system）、準正式服務系統（quasi-formal service system）、正式服務系統（formal service system）、組織間關係（inter-organizational relationships）組成。

2. **團隊由不同專業的成員組成**：在校園或教育體系內，校園輔導團隊由導師、輔導教師、學校社會工作師、心理諮商師等組成；因服務對象的需求，例如：家庭暴力、兒童虐待、性侵害、性剝削、涉入幫派、物質濫用、少年犯罪、高風險家庭等，則會擴及校園外的社區資源，包括社會局家庭暴力暨性侵害犯罪防治中心的社會工作師、社會局社會福利服務中心的社會工作師、精神科醫師、警察、法官、醫師、醫院的社會工作師，乃至於上述的非正式服務體系、準正式服務體系的人員加入，才能解決學生的問題、滿足學生的需求。

3. **團隊有共同的目標**：學校輔導團隊的共同目標是經過考量學生權益、法律規範、教育哲學、社會期待、理論與實務、公平正義等要素界定而成。基於不同的學生需求與待解決的問題，也循著不同的問題解決階段，設定差異的輔導目標。簡言之，學生輔導團隊目標設定不是以犧牲服務對象的福祉來成就團隊成員各自專業的理論實踐、個人偏愛、專業倫理等，而是基於服務對象的最大利益考量，結合當事人及其家庭共同擬訂輔導目標，並依此目

標研擬輔導策略，據以執行之。

4.**團隊成員相互溝通、合作與結合知識**：跨專業的團隊要協力（collaboration）完成任務。協力是指兩人或兩人以上共同（co）工作（labor)，以完成任務，如踩協力車前進般，方向、力道、律動等默契不佳，就難前進。倘若相互掣肘，必然車倒人摔。

團隊工作既然是由不同機構、不同部門、不同專業的成員組成，常會面臨三個困境。首先，對傳統專業權威的挑戰，某一專業將部分決策權讓渡給專業者，即使是相鄰專業，也會有專業權威受到挑戰的不悅，或不習慣，尤其是對那些社會賦予相對高的權威的專業，例如：醫學、教師、法官等來說，更不習慣。其次，地盤之爭（turf war），引入他專業進入傳統由某一專業獨占提供服務的場域，難免會有引兵入關的擔憂，例如，1968年實施九年國民教育之後，才有「指導活動」課程，到1983年才改稱「輔導活動」。這尚且只是將學童的管教權由導師、訓導處分享給同是教育體系的輔導教師，就已經不容易了。一旦輔導教師進入校園之後，1997年因應成淵國中集體性騷擾案而引發的國民教育法第10條修正，引進專業輔導人員入校園，教育社群並不贊同，包括輔導教師也不認為有必要引進非教育體系的其他助人工作者，擔心地盤被瓜分。第三，工作職責畫分的限制，許多單位的職掌分工早已明訂，要將自己的職掌業務的部分交由他人執行，或進入團隊工作分攤他人職掌分內的工作，有時難以被接受，導致團隊工作難以建立或運作。但是，面對學生問題的複雜性，即使有這些困境，也必須透過溝通、協調，讓跨專業間的隔閡盡量縮小。只要大家都以學生為中心、以學校為本、以家庭為中心、以社區為基礎來思考學生的學校適應問題，跨專業間的歧見自然會降低。

根據以上的團隊工作要素，以團隊為基礎的服務（team-based services）包括5個重要的內涵：

1.**需求界定**：團隊成員採前一章所述的以介入為基礎的團隊評估（Intervention-based Team Assessment, IBTA），明確定義服務對象的需求、建構服務對象的範圍與涉入的人口群，才可能藉此擬定工作目標。

2.**發展共同目標**：團隊成員依各自的專業評估服務對象的問題與需求，看到的面向、程度與原因可能不同。但是，以學生為中心的服務必須將服務

對象當成一個完整的個體看待，且生活在生態環境中，因此，團隊成員必須協商建立共同的工作目標，而不是堅持或彰顯自己的專業看見。

3. **方案發展與規劃**：依著所建立的共同工作目標開始發展服務方案，如此就可避免各自專業將服務對象當成是任務完成的標的，或專業技術實踐的對象，重複操作、片段施作，甚至執行衝突矛盾的處置。

4. **團隊內部溝通**：團隊在執行服務方案的分工過程，仍然需要不斷滾動協商執行細節、溝通觀念、交流意見、確立價值、評價執行效果等。

5. **互惠學習與支持**：團隊工作是一場不斷學習成長的旅程。助人工作者除要不斷從服務對象身上學習生命經驗、解決問題的方法、驗證理論、精進技巧之外，也要從相鄰專業、團隊夥伴學習工作態度、價值、方法等。但是，並非要求團隊成員都要熟悉他專業的知能，而是知悉他專業的工作手法、慣用語言、工作習慣，以利相互支持、合作順暢。

以學校為基礎的問題解決團隊（school-based, problem-solving teams）是當今各級學校必須整備的。輔導團隊是其中重要的一環，尤其在校園危機事件發生時，更能突顯輔導團隊的重要性。至於，如何才能把團隊工作帶領好？Nancarrow, Booth, Ariss, Smith, Aderby, & Roots（2013）提醒以下11點：（1）正向領導與管理、（2）溝通策略與結構、（3）人事獎勵、（4）訓練與發展、（5）足夠的資源與適當的程序、（6）合適的技巧混用、（7）支持團隊的氛圍、（8）尊重個別專業以利跨專業團隊運作、（9）清晰的前瞻遠景、（10）服務品質與產出、（11）尊重與了解各自專業的角色。

貳、三級輔導模式

三級輔導的觀念源自預防醫學。1940年代，Leavell and Clark（1958）從公共衛生的角度提出初級預防的概念。之後，逐漸被擴大到次級、三級預防。Goldston（1987）認為用預防（prevention）、治療／處置（treatment）、復健（rehabilitation）更適合描述三級預防的完整內涵。然而，公共衛生、社會工作、學生輔導、心理諮商仍習慣使用三級預防概念。

　　就公共衛生或預防醫學角度，初級預防（Primary prevention）是避免不健康（Illness）或疾病（Disease）（人無病痛也無疾病），亦即健康促進（health promotion）。次級預防（Secondary prevention）是及早診斷與適切治療既存疾病，避免病變（人不覺得有病痛，但已生病）。三級預防（Tertiary prevention）是藉由恢復功能與縮小疾病範圍擴大，以降低疾病的負面影響（人覺得有病痛，也確實生病），亦即，極大化因疾病、障礙造成的身心功能限制的能量，這也是為何Goldston（1987）認為這是復健的範疇。後來又加入四級預防（Quaternary prevention）的概念，是指減緩或避免不必要或過度的醫療介入所產生的後果（人覺得有病痛，但並無生病），也就是避免過度醫療，或不必要的醫療。O'Connell, Boat, & Warner（2009）認為依風險層次，健康行為的介入可以分三級如下：

　　一、普及預防（Universal prevention）：全學校、社區、地區、社會普遍性接受預防宣導、教育。例如：物質濫用防治、暴力預防、性安全宣導等。

　　二、選擇預防（Selective prevention）：選定特定高風險的團體、班級、年齡、性別、學校、社區、地區、族群等進行宣導、教育、篩選物質濫用、性安全、暴力預防等活動。

　　三、標定預防（Indicated prevention）：針對已知某種問題的特定個人、家庭、團體、班級、族群進行篩選、評估、介入等活動的過程。

　　再就預防的角度看，就有4個層次的介入：促進（promotion）、預防（prevention）、治療（treatment）、維持（maintenance）或復原（recovery）。這4個層次的介入基本上是一個連續的光譜。在預防的階段就依對象採取上述普及、選擇，以及標定預防（O'Connell, Boat, & Warner, 2009）。這樣的概念適用於醫療，也可用於心理健康、物質濫用、網路成癮、自殺防治、暴力行為等的預防。

　　至於學校輔導的三級預防模式，首先引進的是初級與次級預防（Conyne, 1983; Klingman, 1978, 1983, 1984,1986; Klingman & Ben Eli, 1981; Lewis & Lewis, 1981; Zax & Specter, 1974; Zigler, Kagan & Muenchow, 1982）。早期第三級預防則相對被忽略，原因是如何分類第三級案例是相對困難的；而且三級預防與早已被習慣使用的復健概念混淆（Goodyear,

1976; Mann, 1978）。但是，晚近三級預防觀念已深入學校輔導與學校社會工作（Knapp and Jongsma, 2002/2015）。例如，加拿大曼尼托巴省教育、公民與青年局出版的〈學校輔導與諮商服務手冊〉（Manitoba Sourcebook for School Guidance and Counselling Services: A Comprehensive and Developmental Approach）就明確採取三級預防的學生輔導概念。

McWhirter, McWhirter, & McWhirter（2017）在其《高風險青年（*At Risk Youth*）》一書中將學校輔導的三級預防界定如下：

一、初級預防：屬「發展層次」，以全體師生爲主，防範問題於未然，著重學童的發展性，如兩性教育、生命教育。

二、次級預防：屬「早期介入層次」，及早介入高風險學生，以減少不良事件的發生率，或減輕已發生問題的嚴重性，預防行爲的惡化，如認輔高風險學生。

三、三級預防：屬「治療與追蹤層次」，著重危機的調適，必須採用個別、密集、連續、長期的介入，如自殺未遂學生的介入。

進一步，有將學校輔導將三級預防的架構，轉化爲三層式學校支持系統。以美國學校諮商師協會（American School Counselor Association, ASCA）爲例，於2008年起即採用多層級支持系統（Multi-Tiered Systems of Support, MTSS)，作爲學校諮商師納入綜合的學校諮商方案（comprehensive school counseling program）的利害關係人之一的參考架構：（ASCA, 2008/2014）

一、第一層（Tier 1）：普及的核心教導性介入（Universal Core Instructional Interventions），對象爲全體學生，目的是預防於先（proactive）。

二、第二層（Tier 2）：附加/策略性介入（Supplemental/Strategic Interventions），對象爲已出現某些風險的學生。

三、第三層（Tier 3）：密集、個別的介入（Intensive, Individual Interventions），對象爲高風險學生。

美國學校諮商師協會的學校諮商方案的國家模式（ASCA National Model: A Framework for School Counseling Programs）建議專業的學校諮商師在學校輔導的多層級支持系統架構下，應同時扮演支持者與介入者的角色（Ockerman, Mason, & Feiker-Hollenbeck, 2012）。支持角色是指學校諮商師

提供間接服務的角色給其他學校的學生支持團隊，例如：導師、教師、行政人員，服務方式包括資料提供、擔任諮詢等。介入角色則是要求學校諮商師依學校諮商方案的國家模式（the ASCA National Model）提供綜合的學校諮商方案如下：

1. 提供全體學生標準化的學校輔導核心課程（standards-based school counseling core curriculum），課程聚焦於普及的學業、生涯及個人與社會發展。

2. 分析學生的學業與行為資料，以利認定艱困的學生。

3. 界定與協力執行學校教師的以「研究為基礎的介入策略」（research-based intervention strategies）。

4. 評量介入後的學業與行為進步情形。

5. 修正合適的介入。

6. 轉介學生給適合的學校與社區服務單位。

7. 與學校行政人員、其他學校專業人員、社區機構，以及家庭協力設計與執行多層級支持系統。

8. 為全體學生獲得公平教育而倡議，並排除系統的障礙。

從2004年起，美國學校諮商師協會針對符合學校諮商方案的國家模式指標學校給以認證，稱為學校諮商方案的國家模式認可學校（Recognized ASCA Model Program, RAMP）。

多層級支持系統（MTSS）與美國針對特殊教育所發展出來的「回應教學與介入」（response to instruction and intervention, RtI^2）的精神相似，只是多層級支持系統的範圍較廣泛，對象是全校學生。回應教學與介入是針對那些正在奮力向上（struggling）的學生，提供團隊與資料為基礎（data-based）的決策管道，在其教育與行為問題變得嚴重前，增強渠等的學習成就。

誠如葉倫等人（Ehren et al., 2006）所言，以學生資料為基礎，多層級支持系統有助於進行關於一般、補救、特殊教育的決策，以及協助創造一個具整合且無縫接軌的教學與介入系統。

國內王麗斐、李旻陽與羅明華（2013）、杜淑芬、楊國如、卓瑛與謝曜任（2013）發展出立基於生態理論的WISER三級輔導機制，如下：

一、初級發展性輔導

全體原則（Whole Principle）：1.做得來與雙方得利原則（Workable and Mutual Beneficial Principle）、2.智慧原則（Working Smart not Working Hard）。初級輔導是透過校長領軍的全校層級、導師的班級層級，與輔導室支援層級共同合作達成。

二、次級介入性輔導

個別化（Individualized）原則：1.系統合作的輔導策略（System collaboration）、2.效能評估（Evaluation）。次級輔導由輔導室主要負責協助超出導師輔導知能外可能協助之學生。

三、三級處遇性輔導

跨專業資源整合（Resource Integration）原則。三級輔導由學生輔導諮商中心主責，協助超出校內輔導知能可協助之學生。

WISER的三級輔導機制重點是在導師、輔導教師的雙師分工，到了第三級輔導，才由學生輔導諮商中心主責引進超出校內輔導知能可協助的學生所需的輔導資源。所謂超出校內輔導知能可協助的學生輔導需求，應是指家庭（貧窮、家庭暴力、兒童疏忽與虐待、性侵害、性剝削、未成年懷孕、未成年親職、脆弱兒童與家庭等）、社區（毒品、幫派、色情、犯罪等）、精神疾病等議題，這些議題由輔導諮商中心結合校外輔導資源協助。這與前述美國式的三級輔導概念有些類似。但美國式的三級輔導是將學校社會工作師、學校心理師納入一、二級輔導，也就是第一級輔導不完全是導師的責任，第二級輔導亦不完全由專任輔導教師主責。此外，這與我國現行三級輔導分工也不盡相同。一、二級輔導分工的部分一致，但現行第三級輔導責任是歸給

學校心理諮商師、學校社會工作師負責。

　　不論如何,學校輔導的三級預防體系明顯有以下限制:

　　1.採借醫療模式(medical model),容易汙名化、問題化、病理化學生。

　　2.採個體化觀點,把學生抽離出其家庭、班級、社區、社會、文化、制度來評估,缺乏生態觀點、人在脈絡中(person-in-context)的視角,難以涵蓋學生的同儕、師生、班級經驗。

　　3.許多學生的心理與社會議題很難明確區分問題行為的進展階段,就難以界定何時轉介二級、三級介入。事實上,學生的學業、行為與學校適應問題並非線性發展或循序漸進發展的。例如,中輟、貧窮、家暴、性侵害、性剝削等議題,並不一定會由初級、二級、三級的階段進行,經常是觸發(trigger)事件挑起潛藏的脆弱性,而發生中輟、貧窮、家暴、性侵害、性剝削、自殺等事件。

　　4.學校輔導的三級分工是以學校諮商的角度出發,每個國家的學校輔導體制與專業人力配置不同,社區輔導資源亦不同,分工很難標準化。例如,在美國,學校諮商師要與其他哪些學校專業人員、社區機構協力規劃與執行多層級支持系統,各州不一。又例如,香港初中每1,000位學生設置學校社會工作師1名,委外給民間社會福利團體聘任;國小則自行選擇設置輔導教師或委外聘請學校社會工作師。如此一來,各級學校的三級輔導分工就不同。在臺灣二級輔導主要由輔導教師、認輔教師擔綱,三級輔導由心理師/諮商師與學校社會工作師負責。部分輔導教師與學校心理師/諮商師的專業背景相同,甚至還多了教師的資格,為何其不能承擔三級輔導角色?也是有值得再思考。

　　5.學校諮商師的專業訓練與工作習性要進行學生教育權的倡議與系統變遷有一定的限制;在進行與學生家庭、學校與社區關係、政策倡議上,也是相對不熟悉,只靠轉介一途不一定能滿足學生的需求。

參、三級輔導分工

在臺灣，補強學校團隊專業人力是輔導學界的期盼（宋湘玲、林幸台、鄭熙彥、謝麗紅，2000），也是社會工作學界的共識（林萬億，2000；林萬億、黃伶蕙，2002；林勝義，2003）。然而，學校輔導團隊到底應該包括哪些專業？依工業先進國家的經驗，通常包括學校諮商師、學校社會工作師，以及學校心理師。其中學校心理／諮商師有幾種配置建議，林家興（2003）建議甲案由教育局聘心理諮商師配置一校一人，或多校一人；乙案由輔導老師轉任心理諮商師；丙案由社區心理衛生中心或醫院派駐心理諮商師定時到校服務；丁案是學校聘任兼職心理諮商師。

上述四種心理諮商師的配置模式，以目前國內學校規模大小差異極大、輔導資源短缺，以及學生心理輔導需求來看，每一學校聘一心理師，在資源配置上不可行，也無此需要，多校聘用一人較可行。乙案的輔導教師的教學負擔問題已獲的解決，事實上也有一定比例的輔導教師具備心理諮商師的資格。但是要全面規定輔導教師必須具備心理諮商師資格，需要調整大學輔導諮商科系改為以碩士班為主的教育，否則現有大學部學生的出路會受到影響。不過，長遠來看，專任輔導教師、學校社會工作師具備碩士學歷似乎是國際趨勢。如果輔導教師都具備心理諮商師資格，校園輔導團隊就剩下學校心理諮商師與學校社會工作師了，與美國的情況類似。

丙案亦可行，但是必須結合醫療單位，設置足夠的社區心理衛生中心，否則人力調配會有困難，至於其派駐學校方式可由地方政府教育局與衛生局協商，分區指定心理師輪流定時駐校服務，讓學校輔導團隊與社區心理衛生中心建立順暢的轉介系統。至於丁案目前已有執行前例，在未配置心理諮商師的學校，已由縣市政府教育局支援經費聘用鐘點行動心理諮商師協助學校進行學童心理諮商。

至於學校社會工作師配置也不需要每校一人，可比照香港模式，1,000位國中生聘1位學校社會工作師。不過，以目前國內地方政府的教育經費拮据，恐怕很難達到此標準。事實上，香港於1970年代開始試辦時，也是1位學校社會工作師對4,000學生，逐年增加員額。務實的建議是先以每4,000位

學生聘一學校社會工作師，也就是派駐在大型學校，如當年臺北縣的學校社會工作師駐校模式，再支援鄰近學校。以目前新北市爲例，大校兩校配置一學校社會工作師，中小校4到5校配置一學校社會工作師，依現有學校社會工作師人數，只要再微幅增加學校社會工作師員額即可，其中區域中心學校一定要配置學校社會工作師，組成區域學校社會工作師與心理師的團隊。至於國小部分，可提高學生人數，例如6,000位學生配置學校社會工作師1人。但是爲了區域性，國中與國小可並列一支援學校群，減少學校社會工作師奔波於途，也可收社區與學校結合的好處。

輔導團隊組成後，各專業人員的角色分工必須明確，才不會相互產生角色模糊、功能重疊的現象（吳英璋、徐堅璽，2003）。靠專業督導的協助，專業輔導人員依專業分工的協商，相互磨合，找出最合適角色分工。不過，既然是專業，角色分工的磨合也是一種藝術，難以完全標準化。至於輔導團隊領導者的位置，原則上應該依個案由誰主責而定。

輔導教師的定位不宜再以教學爲主。過多的教學，已嚴重影響輔導教師的輔導專業成長。應將部分輔導活動去課程化，學輔導的人都知道輔導活動是工具而非目的，諮商輔導的目的是藉由各種活動來提供資訊、給予建議、支持、充權，以及協助解決學生的心理、生涯與生活困難，因此，應將活動多元化，如演講、示範觀摩、團體活動或輔導、個別指導或諮商。目前輔導活動已納入綜合領域，如果將其中不宜以上課方式處理的主題抽出，就可以減輕輔導教師的課程負擔，輔導教師才能回歸輔導專業。學生輔導法所定義的專任輔導教師就是去課程化的設置。當然，去課程化後的專任輔導教師也會面對校園教師社群的同類或異類的歸屬感議題。

輔導教師回歸輔導專業後，擔任個別諮商、團體輔導，就應該與學校社會工作師、學校心理諮商師組成學校輔導團隊，再將學校護理人員、社區心理衛生中心的心理師納入，學校輔導團隊就比以前整齊了。如果具備心理諮商師資格的輔導教師，其實只要搭配學校社會工作師即可組成校園輔導團隊工作。

表6-1　學校三級預防輔導模式與輔導教師的角色功能表

輔導體制	工作內容	主要負責推動者	提供支援與協助者
初級預防	提升學生正向思考、情緒與壓力管理、行為調控、人際互動以及生涯發展知能,以促進全體學生心理健康與社會適應。	全體教師	輔導教師 以全校或班級為單位,實施發展性輔導措施,藉由輔導相關課程或活動、心理測驗、資訊提供、技巧演練等方式來進行,提供學生成長發展所需的資訊、知識、技能及經驗,以及提供家長及教師輔導與管教相關知能之諮詢服務,以提升學生在思考、情緒、行為及人際管理的知能,並促進學生的心理健康與社會適應。
二級預防	早期發現高關懷群,早期介入輔導。	輔導教師 以個別或小團體學生為單位,實施介入性輔導措施,針對學生在性格發展、學業學習、生涯發展及社會適應等之個別需求,進行高關懷群之辨識與篩檢、危機處理、諮商與輔導、資源整合、個案管理、轉介服務和追蹤輔導等,並提供學生個案之家長與教師諮詢服務,以協助學生及早改善或克服學習、認知、情緒、行為及人際問題,並增進其心理健康與社會適應。	全體教師

輔導體制	工作內容	主要負責推動者	提供支援與協助者
三級預防	1.針對偏差行為及嚴重適應困難學生，整合專業輔導人力、醫療及社政資源，進行專業之輔導、諮商及治療。 2.在學生問題發生後，進行危機處理與善後處理，並預防問題再發生。	專業輔導人員 （心理諮商師、社會工作師及精神醫療人員等）	輔導教師 以個別或小團體學生為單位，實施介入性輔導措施，針對偏差行為及嚴重適應困難學生，進行危機處理、諮商與輔導、資源整合、個案管理、轉介服務和追蹤輔導等，並提供學生個案之家長與教師諮詢服務，以協助學生有效改善或克服學習、認知、情緒、行為及人際問題，並增進其心理健康與社會適應，以預防問題之復發。

　　雖然，教訓輔三合一與三級輔導將不同專業的人力整合進入輔導團隊中，改善了過去教學歸教學、輔導歸輔導、社區輔導資源不進入學校的缺失，但還是不夠精緻，仍然未解決前述三級輔導存在的本質困境。過於僵化的學生問題三級分階、分類，以及輔導教師、學校心理諮商師、學校社會工作師的分級，再加上第三級輔導心理諮商師與學校社會工作師的分工不明，都造成空有三級輔導系統，不見得能符合學生需求與讓團隊工作運作順暢。

肆、三級輔導三師分工模式

　　教育部配合國民教育法於2011年1月26日修正第10條將專任輔導教師與專業輔導人員配置入法之後，於2012年1月20日將輔導教師的主要職責確認

包括以下兩點：

1. 專任輔導教師負責執行發展性及介入性輔導措施，以學生輔導工作為主要職責，原則上不排課或比照教師兼主任之授課節數排課。

2. 兼任輔導教師之減授節數，國民中學教師10節為原則，國民小學教師以2節至4節為原則。

這兩項規定的主要目的在於區分專、兼任輔導教師的分工。但是，似乎看不出專兼任輔導教師的完整職責。如本書第一章所述，在教訓輔三合一體制下，依國民教育法第10條規定，輔導主任及輔導教師以專任為原則。國小輔導教師是兼任，每24班1名；國中輔導課教師是擔任課程為主，每15班1名，得減授4節課，然多數未減；高中輔導教師是專任，每15班1名，所有輔導教師均必須授課。輔導教師主要工作是擔任「輔導活動科」的教學。這也是本文作者在1995年底臺北市成淵國中發生學生集體性騷擾案之後，主張應修正國民教育法第10條，引進學校社會工作師、學校心理諮商師進入校園；同時，讓輔導教師去課程化，回歸專業輔導工作。

然而，在教育界的反對下，1999年2月3日國民教育法修正，僅明定「輔導室得另設置具有專業知能之專業人員及義務輔導人員若干人。」並未能將學校社會工作師、學校心理諮商師等專業輔導人員強制納入成為校園輔導團隊的一員；同時，自86學年度起至88學年度推動的「國民中學試辦設置專業輔導人員實施計畫」，也僅是試辦兩年，之後回歸各縣市自行辦理，剩臺中縣、臺北縣、新竹市、臺北市賡續辦理；輔導教師去課程化也未立即到位。

不過，為配合部分縣市專業輔導人員已進入校園，同時回應輔導教師去課程化的呼聲，教育部於2007年11月5日已將輔導教師的職責明定如下：

1. 個案兒童輔導及諮商事項（專任輔導教師每學期至少累計100人次）。

2. 個案家訪事宜。

3. 協助個案會議召開。

4. 協助個案親師溝通。

5. 重大個案評估，轉介服務和延續輔導。

6. 帶領小型團體輔導（專任輔導教師每週至少4節，兼任輔導教師協助每週至少1節，每學期至少累計160人次）。

7. 提供教師及學校行政人員輔導專業諮詢及協助。

8. 提供家長輔導專業之諮詢及協助。

9. 校園危機事件之班級輔導及全校團體輔導事宜。

10. 需配合上級單位辦理之輔導教師工作訪視，積極準備相關資料。

11. 其他臨時交辦學生緊急安置、輔導事項。

　　從以上輔導教師的職責中已可看出專兼任輔導教師的差別。專任輔導教師以個別輔導與諮商、團體輔導爲主。在2011年1月26日國民教育法第10條修正，將專任輔導教師配置入法後，專任輔導教師配合三級輔導分工，其工作內容如下：

一、初級輔導

1. 輔導資料之蒐集建立，整體與運用。

2. 利用輔導活動科教學，進行各種輔導工作及初級預防服務。

3. 協助導師作相關輔導工作。

4. 負責學生的個別諮商與團體輔導。

5. 進行個案研討，參與個案研討會議，擔任個案研討會記錄。

6. 與家長聯繫及會談。

7. 與社會團體、社會資源的連繫，請求協助輔導學生。

8. 參與學生輔導工作的執行及評鑑。

二、二級輔導

1. 適應不良、行爲偏差學生之個案建立、諮商及輔導。

2. 中輟學生之追蹤輔導。

3. 對須加強關懷學生，實施春暉密集輔導。

4. 個案之家庭訪視及約談。

5. 成立個案輔導群（訓練人員、教師、實習老師、家長義工）。

6. 特殊家庭的訪問、協調與輔導。

7. 辦理團體輔導。

8. 接受並處理學生申訴事件。

9. 提供親師輔導資訊與輔導策略。

10. 建構輔導支援網絡。

三、三級輔導

1. 精神疾病及心理疾病學生之轉介、治療與追蹤。

2. 學生嚴重行為問題之轉介、矯正與追蹤。

3. 長期中輟學生之追蹤與輔導。

4. 個案轉介。

5. 意外事件發生後之心理復建及團體輔導。

　　從以上的專任輔導教師的三級輔導工作內容可知，專任輔導教師並非只扮演二級輔導的角色，也必須兼顧一級輔導、三級輔導的工作，只是工作重點在一、二級輔導，特別是二級輔導。

　　至於學校心理諮商師的工作內容，Reinke, Stormont, Herman, Puri, & Goel（2011）的研究以學校教師為對象，探究校方關心的心理健康議題，研究結果指出學校教師認為最需要心理專業介入的5大議題為：行為問題（包含干擾、挑釁、攻擊行為或品性問題）、過動或注意力問題、顯著的家庭壓力源（包含離婚、單親、父母坐牢、父母本身有心理健康議題）、社交技巧問題、憂鬱情緒問題。在所有的心理問題類型中，對學校教師而言最困擾、也最期望心理專業服務能夠協助的類型是「干擾行為」，有高達97%的教師最關切此事；其次「注意力問題」與「過動」則分別有96%的教師關注（Reinke, Stormont, Herman, Puri, & Goel, 2011）。

　　國內趙曉美與王麗斐（2008）同樣針對學校教師的調查研究則發現，我國教師最急迫需要心理專業人員介入的學生問題類型為「嚴重自我傷害」、

「特殊需求兒童社會福利問題」，顯然對於「高風險」學生有相當高的需求，期待有更專業的資源能夠介入處理。其次則是出現頻率相當高的「外向性適應欠佳行為問題」、「情緒困擾與障礙」及「注意力缺陷過動症」三類，雖對於心理專業人員的需求度是中等，但因出現頻率相當高，因此亦是學校應接不暇的燙手山芋。

然而，林郁倫、陳婉真、林耀盛、王鍾和（2014）提醒，就校方而言，對學生個體心理健康的關切最初可能出自於對整體班級的干擾、秩序規則的破壞、學習效果不佳等，學校乃是以群體的觀點做全面性的考量。顯而易見地，學校對整體學生的受教權、教育責任有其需求，且確實是學校工作者的核心工作意義與責任，但這種關注角度的不同，與目前心理師所習慣關注的「個人成長」、「當事人中心」（client center）是可能有所牴觸的。心理師若忽視學校對於「教室內行為改善」、「學習狀況提升」的需求，將可能與學校真實的需求擦身而過。

林郁倫等（2014）進一步指出，學校方面對於學生問題類型的需求，會因學校的「教育機構」角色而有不同的觀點，相較於重視自我探索、成長導向，確保整個學生群體能夠獲得受教育、學習的權利可能更是校方的考量，而心理師若不能在照護當事人心理健康的同時，回應學校的需求，可能會造成「供需不平衡」的狀態。其次，相當重要的是學校需要「能夠處理危機狀況」的心理專業人員，面臨有自傷、自殺危機，或是目睹家暴、家庭暴力、兒童虐待、兒童疏忽、性侵、特殊安置的個案乃是學校最擔心害怕的狀況，均是學校教師強烈表達出「無法自行處理，非常需要校外心理健康專業協助」的學生問題類型。

如同前述林郁倫等人（2014）的研究發現，學校對於學生群體受教權的保障、危機事件（自殺、自傷等）介入的需求，或是兒童保護議題（兒童虐待、家庭暴力、性侵害、性剝削、目睹家庭暴力等）強烈需求協助。這正是學校社會工作師從1906年起即被期待進入校園的原因。依本書第二章所述各國學校社會工作的發展，學校社會工作師的工作內容大致可歸納如下：（林萬億，2000；林萬億、黃伶蕙，2002）

1. 協助學童良好的學校適應。
2. 協助學童排除完成教育的障礙。

3.滿足特殊學童（身心障礙、學習落後、原住民、新移民等）的教育需求。

4.預防校園暴力、物質濫用等。

5.處理引發學童學校適應的家庭問題（如配偶暴力、兒童虐待與疏忽、性侵害、性剝削、目睹家暴、貧窮、家庭解組、犯罪、重大傷病等）。

6.連結社區資源協助學校處理學生的需求與問題。

7.協助學校建立有利於學童學習的制度環境。

循此可以發現專任輔導教師、學校心理諮商師、學校社會工作師，在專長背景與工作取向上，專任輔導教師與學校心理諮商師較接近，與學校社會工作師有較明顯差異。在任用上，專任輔導教師屬於教育人員，納入正式教職員編制；學校心理諮商師與社會工作師雖也是依國民教育法、學生輔導法必須聘任的學校專業輔導人員，但其性質屬於約聘人員。

基於上述差異，本文將學生問題與需求議題分為三組，同時將其依介入層次分為三級，再加上團隊工作，或守門人（gate keeper）的概念，將每一議題組與介入階段，均有主責與支援人力，避免專業服務轉銜的接縫造成服務使用者被不斷地被重複評估、重複介入或漏接。據此，試擬學校輔導團隊的三師分工模式如下，先將學生常見的問題與需求議題依性質分案給不同的專業輔導人員，再依介入分級、主責分工如下表6-2：

一、輔導教師：中輟、性別平等、學習困擾、人際關係困擾、校園暴力（含霸凌）、師生衝突、網路沉迷、行為偏差等。

二、學校心理師：心理健康、自傷、自殺、創傷後壓力疾患、校園暴力（含霸凌）、物質濫用等。

三、學校社會工作師：兒童與少年虐待與疏忽、性侵害、性剝削、少年犯罪、校園暴力（含霸凌）、幫派、危機事件、貧窮、脆弱家庭、高風險家庭、社區資源整合等。

表6-2　學生輔導的三師三級分工模式

	專任輔導教師		學校心理諮商師		學校社會工作師	
	主責	支援	主責	支援	主責	支援
初級預防	班級經營、親職教育、心理健康、性別平等、人際關係、中輟、情緒管理、自傷與自殺、校園暴力與霸凌、生涯規劃。			心理健康、物質濫用、自殺與自傷、人際關係。	兒童虐待與疏忽、性侵害、性剝削、脆弱家庭、高風險家庭、多元文化、社區整合與資源運用、學校社區工作、學生權益倡導。	親職教育、性別平等、中輟、物質濫用。
二級預防	情緒困擾、學習困擾、人際關係困擾、親密關係困擾、性別困擾、校園性騷擾、中輟、偏差行為、網路沉迷、自傷與自殺、校園暴力與霸凌、物質濫用。			親師衝突、職親教育、偏差行為、性別認同、校園性騷擾、校園暴力與霸凌、物質濫用。	高風險家庭、兒童虐待與疏忽、少數民族、新移民家庭、學生適應困擾、幫派。	中輟、性別認同、校園性騷擾、校園暴力與霸凌、物質濫用。

	專任輔導教師		學校心理諮商師		學校社會工作師	
	主責	支援	主責	支援	主責	支援
三級預防		兒童虐待與疏忽、性侵害、兒童及少年性交易、精神疾患、物質濫用、危機介入、創傷後壓力疾患。	自傷、自殺、物質濫用、精神疾患、創傷後壓力疾患。		兒童虐待與疏忽、性侵害、兒童及少年性交易、少年事件、危機介入、監護權爭議、無國籍學童。	自傷、自殺、創傷後精神疾患、壓力疾患。

由於各縣市專業輔導人員的配置不一，如本書第三章所述有三種模式。不管哪一種人力配置模式，均非每一個學校都有學校社會工作師或心理諮商師，通常，有學校社會工作師進駐就不會有學校心理諮商師駐校。因此，必須借助鄰近學校駐校的學校社會工作師或心理諮商師。如果不採駐校模式的縣市，學校要建立輔導團隊，更需要借助在學生輔導諮商中心上班的學校社會工作師或心理諮商師。於是，必須再演化出不同的學校社會工作師與心理諮商師「區域支援模式」如下：

一、模式一（駐校支援模式）

學校社工師／心理諮商師與各該駐站及支援學校的輔導教師，組成校園輔導團隊；基於駐校學校社工師／心理諮商師必須支援鄰近學校，從而組成包含學校社會工作師、心理諮商師、各校專任輔導教師在內的「小區域專業輔導團隊」，學校社工師、心理諮商師分別負責該轄區專業分工事項的完成。亦即，學校社工師、心理諮商師不只負責各該駐站學校的三級輔導分工，且必須擴及鄰近支援學校的三級輔導分工。以此基礎，再向外擴展社區相關輔導資源的引進。這種模式的校園三師三級輔導分工是最明確可行的。

二、模式二（輔諮中心分區服務模式）

學校社工師／心理諮商師服務於縣市學生輔導諮商中心，各自支援所負責的轄區之學校輔導團隊的組成與分工。執行此類模式的縣市大多是人口較少的縣市，但土地幅員不見得小，例如：南投縣、花蓮縣、臺東縣、屏東縣等地廣人少；人口少、學生數少，不見得就是學校數少。學生數少、學校數多、土地遼闊等條件，使得每位學校社工師／心理諮商師必須負責的轄區遼闊、校數亦多。因此，在大區域中必須再分割為若干小區域，組成輔導支援團隊，比較難建立以單一學校為基礎的校園三師三級輔導團隊。例如，以一

個鄉鎮為單位來建立小區域的跨校輔導團隊三級分工。此外，有些縣市又以聘任學校心理諮商師為主，致出現失衡的專業分工，往往學校社會工作師必須負責更大的地理區域、校數也更多。輔導教師、學校社工師、心理諮商師的三師三級輔導團隊分工就要更具彈性化。

三、模式三（輔諮中心與駐校平行模式）

如同模式一，駐校（駐區）學校社工師／心理諮商師與各該駐站及支援學校的輔導教師組成校園輔導團隊。倘若駐校（駐區）學校社工師／心理諮商師依各該縣市規定必須支援鄰近學校，則亦如同模式一，組成「小區域專業輔導團隊」。而任職於縣市學生輔導諮商中心的專業輔導人員一如模式二，在各該負責轄區建立「小區域專業輔導團隊」三級分工。比較需要注意的是駐校專業輔導人員與輔諮中心分區專業輔導人員，如何在區域畫分上搭配專長分工。例如，如果駐校專業輔導人員是學校社會工作師，則該區巡迴專業輔導人員盡可能安排學校心理諮商師，假如無法做到如此精準的人力配置，至少在大區域上，要能有學校社會工作師與心理諮商師的搭配，如此始有可能進行區域輔導三師三級分工與合作。這種模式下的三師三級輔導分工的確需要更精緻的規劃，其複雜度不亞於模式二。

基於上述，可見專業輔導人員的人力配置模式不單單只是人數多寡的議題，而且關係到三級輔導的操作。如前所述，缺乏人力配置與專長分工的制度環境設計，很難期待校園輔導可以實現三級（三層）輔導。即使增加再多的學校專任輔導教師，如果沒有善用三師分工，只不過是增加各校一、二級的學生個案服務量。前提還得要看各該專任輔導校師是否積極介入學生輔導工作，否則缺乏其他專長的互補與互助，以「當事人為中心」的個案工作模式，再加上在專業自主的保護傘下，獨自進行評估、決定該不該開案？設定輔導目標、決定何時介入？如何介入？外人很難知道最需要幫助的學生是否已被幫助。

尤其在偏遠地區的學校，輔導三師三級分工的建立相對困難，如果不採

模式一的專業輔導人力配置，幾乎很難在偏遠地區找到社會工作師或心理諮商師可以協助。不但是服務於縣市學生輔導諮商中心的專業輔導人員因地理遼闊、交通不便、資訊短缺、社區陌生等因素而較少前往偏遠學校走動，而且偏遠地區的社會福利資源相對匱乏，行動心理師也少。

　　因此，在偏遠地區學校規模小、校數多、區域遼闊、學校專兼輔教師少，又缺乏外部系統資源支持的相對不利條件下，較難完整建立三師三級輔導團隊。更需要縣市政府協助配置專業輔導人員經營轄區，建立跨校的區域輔導團隊，始能提供從預防、及早介入到治療、追蹤的服務。

　　此外，駐站學校與支援學校間一直存在著駐校專業輔導人員管轄歸屬的心結，駐站學校認為此等人力應由駐站學校管理，其必須花費大部分時間於駐站學校。但支援學校認為駐站學校只是提供場地，專業輔導人員並非該學校專屬外加人力，理應各校視學生需求公平分配服務時間。於是，新北市的學校社會工作師就發展出「行動辦公室」或「移動辦公室」的概念，以提高支援學校的能見度、公平分配服務時間、發掘支援學校的潛在服務對象。

　　新北市學校社會工作師為此發展出4種工作方式，包括：定點、定時、定頻、調頻服務。定點是安排在各支援學校固定地點提供學生接案、評估、介入、團體工作、個案研討、教師諮詢等服務。定時是每週或每隔週固定時間前往支援學校提供服務。定時服務必須先安排前去支援的服務內容，否則就會出現專業輔導人員空坐在支援學校輔導室等學生進門的窘境。定頻是指固定頻率前往支援學校提供服務，例如每週一次，或隔週一次等。依此，定點、定時、定頻必須是一個套裝組合的安排，若定點不定時，服務對象很難知道專業輔導人員何時會出現，就不會配合前來求助。既然定點且定時，其實就是定頻了。

　　調頻才是彈性安排，有事前往，無事等待。關鍵在於何時有事？會有事嗎？如果支援學校因為不確定專業輔導人員何時有空，是否有意願前來支援，就很容易揣摩他人意圖或自行決定是否該轉介個案，導致部分支援學校無案可接。其實不是無案，而是不轉介個案，學生的權益就此遭到忽視。這種情形並非特例，所以，要實施調頻作法，必須先與支援學校建立良好的合作關係，蒐集足夠資訊、累積資訊與案量再出勤，或遇有事件即主動出勤。才可能避免調頻等於忘了支援學校的存在之譏諷。

學校心理諮商師其實更適合採定點、定時、定頻模式提供學童服務。不過，不管學校心理諮商師或社會工作師，一旦支援學校增多，必須將服務模式由均分改為標定重點；並加強預防（初級）與及早介入（二級）輔導。

伍、學校輔導團隊的困境與因應

國民中小學學生輔導面臨的困境，在國中小專任輔導教師制度未建置前，林家興、洪雅琴（2001）早年的研究發現教學負擔過重、專業訓練不足、行政問題、兒童及少年問題日益嚴重等。其中有部分已獲得解決，例如教學負擔過重的問題已因減授或免授課而得到寬解。然而，部分問題並未被有效處理。兒童及少年問題日益嚴重並無減緩的跡象，包括：兒童疏忽與虐待、家庭暴力、目睹家庭暴力、性侵害、網路交友、網路視訊直撥秀、物質濫用等。

王文秀等人（2011）受教育部委託針對一般教師、輔導教師、教師團體、家長團體、校長團體、政府代表與民間團體等進行焦點團體蒐集資料，發現當前輔導教師投入輔導工作的困境包括：(1)輔導教師的界定、邀請與投入之困難，形成有專業背景卻不願意投入，而學校普遍缺乏具專業背景之輔導人員；(2)輔導教師專任與專業化有其困難，輔導教師應採專任方式設立，且輔導教師專業度仍有待提升和培訓；(3)學校輔導空間普遍簡陋、困窘，也是造成專業無法發揮的直接困境；(4)學校輔導行政系統專業度與穩定性長期不足，上級管理者如校長或輔導主任往往非相關專業，對輔導的推行和延續常產生極大的衝擊或阻力，也是相關的困境。

上述問題，其中輔導教師專任化已因法令修正而確定，越來越多專任輔導教師投入學校。許育光（2013）研究輔導教師面對的實務困境發現：一、從輔導教師個人的角度出發有：1.個人專業狀態與自信缺乏之困境（自我專業裝備匱乏、承接意願薄弱、專業自信不足），2.個別與團體等實務接案之困境（問題界定的困難、個案概念化之困難、接案實務與技術運用之困難、輔導關係建立困難、接案歷程現象之敏感度不足、輔導目標之無法設定、輔

導團體之帶領能力欠缺），3.家庭與教師等系統介入之困境（家庭父母介入之困難、教師諮詢與個案問題探討、教師班級經營的協助、親師溝通介入之困難、教師個別心理需求之介入）。二、從輔導體制、資源和運作面向看：1.角色職責與輔導教師制度之困境（工作負擔與壓力、角色衝突，以及其他與兼任減課制度有關之困境），2.學校輔導運作概念與行政資源之困境（學校輔導或轉介運作制度不清、處室協調與權責不明、基本輔導倫理概念不足、成效評估與認定差異、空間設備缺乏）。

顯示，雖然加強輔導教師的專業知能有其必要，但兒童及少年問題的日益複雜很難單靠輔導教師知能的補強可以因應得宜。許育光（2013）主張強化專任輔導教師的個案管理、危機介入、社區心理衛生工作、社會福利法令與體系等三級介入知能，來解決輔導教師知能不足問題，顯然低估了兒童及少年問題的複雜度，也簡化與誤解學校社會工作的知能與工作內容。將學校社會工作簡化為提供三級間接服務是諮商輔導界普遍的認知錯誤。如何加強本文所提議的三師三級輔導團隊工作，始能根本解決當前輔導實務面對的困境，而不是在如何加強輔導教師的社會工作知能上打轉。

學校輔導體系的困境，也不是臺灣獨有。美國社會工作師在學校裡服務也常遭遇許多阻礙。Teasley, Canifield, Canifield, Crutchfield, & Chavis（2012）研究美國的學校社會工作師，發現常見的困境依序如下：

1. 時間不夠、個案負荷量太大。
2. 經費與資源不足。
3. 教師、幕僚與行政阻礙。
4. 官僚與政策阻礙。
5. 家長與家庭阻礙。
6. 知識與自我覺察不足。
7. 學生態度與少年非行。
8. 文化知能與人群多樣性議題。
9. 種族主義。
10. 動機不足。
11. 社區議題與態度。
12. 交通。

　　這些阻礙我國也有。顯然，忙碌是最主要的問題，個案負荷量偏高是人力配置的問題，當然也是學生問題日益多元而複雜所致。資源不足其次，特別是偏遠地區小校，學校教學資源相對不足、社區輔導與社會福利資源也相對不足。如前述我國的研究顯示行政更替頻繁、外行領導內行、學校重視升學率，不重視學生全人發展與多元性向，學校行政團隊配合度差都困擾著輔導團隊。縣市政府政策不支持、校長不在乎、輔導團隊被邊緣化也使輔導專業很難發揮。有家庭問題的家長本來就不容易配合，尤其是「非志願性案主」怎麼可能志願按時前來諮商室，接受輔導教師或心理諮商師的晤談？被學校疏忽、邊陲化、放棄、霸凌、標籤的學生，當然不可能配合輔導室的輔導計畫。不只是學校社會工作師、輔導教師、心理諮商師都必須加強輔導知能，包括網路成癮、物質濫用、心理健康、自傷、自殺、網路視訊直撥秀、網路交友等新興或時髦的兒童及少年問題，也必須充實多元文化、人類行為多樣性（human diversity）等知能，才有能力在當今校園中存活。提升存活力是學校社會工作師的第一課，接下來是就是充分發揮社區關係建立（community engagement）的抓地力，沒辦法在社區生存，工作績效就會倒退，便無法推進到第三關的續航力，續航力不足，人力快速流失，員工不斷變換工作，專業知能無法累積、專業認同無法深植，使專業很難發展。

　　Teasley等人（2012）建議學校社會工作師要一方面增強知能、善用社區關係建立的優勢、提升自我效能、自我充權（empowering yourself），倡議學校體系改變，依序如下：

1. 學校幕僚人員的協力、溝通、合作與態度。
2. 知識、自我覺察與訓練。
3. 家長與家庭的支持。
4. 社會工作技巧與態度。
5. 社區支持。
6. 改變學生態度。
7. 社區資源。
8. 時間管理。
9. 庶務性支持。
10. 文化知能。

11. 政策與工作介入。

12. 經費與預算。

　　顯示，學校的支持絕對是關鍵，其次就是知能提升，取得家長的支持，強化社會工作技巧與態度是進入校園、家庭與社區的門票，取得社區與學生的支持本來就是學校社會工作師的工作手法。看起來，時間、金錢、政策支持的要求很卑微。

　　最後，對專業輔導人員來說，督導是重要的。其中對輔導教師來說，督導更是重要。龐大的輔導人力進入校園，必須有強而有力的督導體系支持。單靠來自大學輔導科系的教師的督導，有時遠水救不了近火，兼具理論與實務的督導教授人力也不足。從專任輔導教師群中，發掘、培養資深的同儕督導是穩定基層輔導教師的必要措施。

參考書目

中文部分

王文秀、施香如、林維芬、許育光、連廷嘉（2011）。國民中小學三級輔導體制之角色分工建立與強化計畫報告書。教育部委託研究案（案號：0980059395）。

宋湘玲、林幸台、鄭熙彥、謝麗紅（2000）。學校輔導工作的理論與實施。彰化：品高圖書出版社。

吳英璋、徐堅璽（2003）。校園中輔導專業人員之角色功能：淺談國中輔導教師、心理師、社工師在教改潮流下之合作基礎，學生輔導雙月刊，85期，頁8-21。

林家興（2003）。心理師駐校模式的探討，學生輔導雙月刊，85期，頁22-33。

林家興、洪雅琴（2001）。學校人員對國中輔導工作及專業輔導人員試辦計畫之評估研究。教育心理學報，32(2)，頁103-120。

林勝義（2003）。學校社會工作服務。臺北：學富文化事業有限公司。

林萬億（2000）。「為學校社會工作、臨床心理專業人員加油！」，臺北縣國民中學試辦設置專業輔導人員計畫第一階段工作成果彙編。臺北縣政府編印。

林萬億（2015）。新北市慈輝班申請安置學生與學校社會工作輔導學生案例趨勢分析與因應對策研究。新北市政府教育局委託研究。

林萬億、黃伶蕙（2002）。學校社會工作。編入呂寶靜主編，社會工作與臺灣社會（445-486頁）。臺北：巨流出版。

林郁倫、陳婉真、林耀盛、王鍾和（2014）。心理師校園駐區服務的困境、需求與挑戰：由臺北市國中輔導人員之觀點。輔導與諮商學報，36卷1期，頁37-64。

許育光（2013）。國小輔導教師實務內涵初探：從困境與期待分析進行對話。中華輔導與諮商學報，38期，頁57-90。

趙曉美、王麗斐（2008）。國小兒童個案問題與輔導室對校外心理健康專業協助需求之研究—以臺北市為例。北體學報，16，頁351-362。

英文部分

Allen-Meares, P. (2010). School social work: Historical development, influences, and practices. In P. Allen-Meares (Ed.), *Social work services in school,* 6th (ed.), pp. 23-47. Boston: Allyn & Bacon.

Allen-Meares, P. , Montgomery, K. L., & Kim, J. S. (2013). School-based Social Work Interventions: A Cross-National Systematic Review. *Social Work,* 58: 3, 252-261.

Conyne, R.K. (1983). Two critical issues in primary prevention: What it is and how to do it. *Personnel and Guidance Journal,* 61: 331-333.

Crone, D. A., Homer, R. H., & Hawken, L. S. (2004). *Responding to problem behavior in schools: The behavior education program.* New York: Guilford Press.

Ehren, B., Montgomery, J., Rudebusch, J., & Whitmire, K. (2006). *New Roles in Response to Intervention: Creating Success for Schools and Children.*

Garner, H. G. and Orelove, F. P. (1994). *Teamwork in Human Services: Models and Applications across the Life Span.* Butterworth-Heinemann Press.

Goodyear, R.K. (1976). Counsellors as community psychologists. *Personnel and Guidance Journal,* 54: 513-516.

Goldston, S. E. (Ed.). (1987). *Concepts of primary prevention: A framework for program development.* Sacramento: California Department of Mental Health.

Kelly, M. S., Raines, J. C., Stone, S. & Frey, A. (2010). *School Social Work: An Evidence-informed Framework for Practice.* Oxford: Oxford University Press.

Klingman, A. (1978). Children in stress: Anticipatory guidance in the framework of the educational system. *Personnel and Guidance Journal,* 57: 22-26.

Klingman, A. (1983). Psychological education: Curriculum intervention of school counselors within a primary prevention model. *Humanistic Education and Development,* 21: 172-182.

Klingman, A. (1984). Health-related school guidance: behavioral medicine within primary prevention. *Personnel and Guidance Journal,* 62: 576-580.

Klingman, A. (1986). Tertiary intervention: Conceptual framework for school counselor education and practice, *International Journal for the Advancement of Counselling,* 9(1), 5-10.

Klingman, A. and Ben Eli, Z. (1981). A school community in disaster: Primary and secondary prevention in situational crises. *Professional Psychology,* 12: 523-533.

Knapp, S. E. and Jongsma Jr., A. E. (2002/2015). *The School Counseling and School Social Work Treatment Planner* (Practice Planners). Wiley Press.

Leavell, H. R. and Clark, E. G. (1958/1979). *Preventive Medicine for the Doctor in his Community* (3rd ed.). Huntington, NY: Robert E. Krieger Publishing Company.

Lewis, J.A., & Lewis, M.D. (1981). Educating counselors for primary prevention. *Counselor Education and Supervision,* 20: 172-182.

Mann, P.A. (1978). *Community Psychology: Concepts and Applications*. New York: The Free Press.

McWhirter, J. J., McWhirter, B. T., McWhirter, E. H., & McWhirter, A.C. (2017). *At-risk youth: A comprehensive response* (6th Ed.). Pacific Grove, CA: Brooks/Cole.

Nancarrow, S. A., Booth, A., Ariss, S., Smith, T., Aderby, P., & Roots, A. (2013). Ten principles of good interdisciplinary team work, *Human Resource for Health*, 11(19), 10.1186/1478-4491-11-19.

Ockerman, M. S., Mason, E. C. M., & Feiker-Hollenbeck, A. (2012). Integrating RTI with school counseling programs: Being a proactive professional school counselor. *Journal of School Counseling,* 10 (15).

O'Connell, M. E., Boat, T., & Warner, K. E. (Editors) (2009). *Preventing Mental, Emotional, and Behavioral Disorders Among Young People: Progress and Possibilities*, Board on Children, Youth, and Families, Division of Behavioral and Social Sciences and Education. Washington, DC: The National Academies Press.

Powers, J. D., Bowen, N. K., Webber, K. C., & Bowen, G.L. (2011). Low effect sizes of evidence-based programs in school settings. *Journal of Evidence-Based Social Work*, 8, 397-415.

Reinke, W. M., Stormont, M., Herman, K. C., Puri, R., & Goel, N. (2011). Supporting children's mental health in schools: Teacher perceptions of needs, roles, and barriers. *School Psychology Quarterly*, 26(1), 1-13.

Stormont, M., Reinke, W. M., Herman, K. C, & Lembke, E. S. (2012). *Academic and behavior supports for at-risk students: Tier 2 interventions*. New York: Guilford Press.

Teasley, M., Canifield, J. P., Canifield, A. J., Crutchfield, J.A., & Chavis, A. M. (2012). Perceived Barriers and Facilitators to School Social Work Practice: A Mixed-Methods Study. *Children & Schools,* 34: 3, 145-153.

Zax, M., and Specter, G.A. (1974). *An introduction to community psychology*. New York: John Wiley.

Zigler, E., Kagan, S.L., & Muenchow, S. (1982). Preventive intervantion in the schools in C.R. Reynolds and T.B. Gutkin, *Handbook of school psychology*. New York: Wiley.

第七章　中途輟學學生輔導

黃韻如

小羽的出走

「唉！小羽又跑了！我看昨天8班那個被打的，八成又是他們打的⋯⋯聽說有鐵條耶！還有生教昨天問我說這群孩子穩不穩？因為7年級又有被勒索的情形，懷疑又是他們，我就說嘛！這群孩子真是⋯⋯唉！」

小羽的導師依循往例又到輔導處找學校社工師，這是兩年來小羽第八次蹺家啦！這次她有三個夥伴：小珊、小茜、小閔。

從小羽的其他好朋友口中知道，她大概躲在「庫房」，一間山邊廢棄的工寮，陰陰暗暗的室內空間僅讓我聯想到恐怖電影，地上散布著夜市99塊錢睡袋，還有一堆菸蒂、垃圾、泡麵、罐頭，這是他們常見的生活，而散布一地的工地廢棄物——鐵條、榔頭，讓我想起昨天8班的學生。除此之外，山上涼亭、鐵皮屋、公園、空屋都是他們藏身的地方，一碗滷肉飯就是大餐，雖然沒有家裡舒服，但多一份自在。

經過多次蹺家，小羽已不再有以往的驚慌表情，小羽在兩年前被吸食安非他命的爸爸性侵後，同時間接也染上毒癮，所以當毒癮發作或受不了爸爸時就會蹺家或蹺課。

小珊是個愛唱歌、想當明星，剛轉來半年的8年級女孩，主要是父母離異多年，監護權歸屬媽媽，但媽媽工作壓力大、脾氣不好，在小珊上國中時，就常常出現親子衝突，有天媽媽一氣之下便將她交給爸爸。但小珊跟爸爸其實根本不熟，所以她不想回家。玩手機追劇，是她最大的休閒。

小閔則只是想出來透透氣，「你知道的，我爸媽常常吵架，那種環境真煩⋯⋯而且你們都不在學校，我一個人也沒意思啊！鴨子聽雷喔！而且會被堵。」小珊、小茜異口同聲：「吼！牽拖啦！」

和小羽這一群孩子相同的中途輟學學生（以下簡稱中輟生），存在於社會中不同的角落，因為各種不同的原因蹺課，蹺了課怕被家人碎碎唸，所以便蹺家；當然，也可能因為各種不同的理由蹺家，因為蹺家而跟著蹺課，這兩者之間常常是緊密相連、互為因果。

中輟生離開校園、離開家庭，提早進入社會，卻因為未符合勞基法所規範的最低工作年齡15歲，又與家庭連結通常較弱，社會生活的經濟需求高，

因此非常容易成爲幫派吸收的對象，也促使中輟議題成爲國內外社會工作與教育輔導所共同關注的焦點。

　　通常少年都有群聚與互助的需求，因此也衍生出許多不同社會議題。成人世界中諸多不同於學校的新鮮有趣的生活誘惑，讓這群孩子迷失，在學校或許只是打架、勒索、偷竊、抽菸，一旦進了社會，這群定力不足的孩子則漸漸與菸酒、毒品、聲色場所、夜市、網咖、性關係、色情行業產生連結。這些提早離開家庭與學校羽翼保護的孩子，自然在社會上跌跌撞撞，其中部分孩子迷途知返，部分則迷失在茫茫人海中；再加上日益嚴重的毒癮議題，很難不令人擔憂。

　　Allen-Meares（1994）針對美國學校社工的任務研究中顯示，有76%的受訪者認爲曠課問題（truancy problems）是其主要工作焦點之一。從經驗中發現缺曠課學生是校園中的最高風險群，原因除了前述可能衍生的青少年問題之外，更有因家庭經濟狀況不佳或突遭變故所導致的失學，強迫入學輔導工作有助於減緩未來因失學所造成的學業成就差距。因此，國民中小學輔導處皆以中輟生輔導爲重點工作，特別是國中部分。

　　本章首先分析中輟學生社會現象、影響、定義、現況資料，勾勒出臺灣中輟問題的梗概；其次，以生態觀點分析中輟原因；接著，提出學校層面的因應方案；最後，提供學校第一線輔導人員或學校社工師實務技巧的參考意見，期望藉由提早介入中輟生的生活一起面對問題，帶領他們重回應有的學生生活軌道。

壹、臺灣中途輟學現況分析

　　臺灣中輟學生人數究竟有多少，一直是關注的焦點，根據近5年來教育部統計資料，每學年國民中小學生中輟人數降至4千人左右，然而就實務上來說時輟時復，或者是復學到學校後，沒有進入教室上課等邊緣性個案仍有不少的黑數存在。中輟生對社會的影響爲何？到底是否應該被重視呢？

一、中途輟學學生的定義

　　蹺課、逃家、行為偏差的學生就是中輟生？這是在學校普遍存在的錯誤概念，將行為偏差學生與中輟生畫上等號，形成標籤化的作用，造成學生負面心理壓力。依聯合國教育科學與文化組織（United Nations Educational, Scientific, and Cultural Organization, UNESCO）定義，中輟係指「任何一階段的學生，在其未修完該階段課程之前，因故提早離開學校者。」因此中輟並非國民中小學所專有，尚包含其他教育階層及體制。蹺課僅為短暫時間未經請假而未到學校上課的情形。另外，Dupper（1994）並將中輟肇因於學校因素，導致學生被迫離校的中輟生，定義為攆走（pushout），對這些被攆走的學生應該更著重在學校適應輔導。

　　經濟合作暨發展組織（Organization for Economic Co-operation and Development, OECD）於2012年發布「教育公平與品質——支持弱勢學生與學校」的報告指出，來自於低社經地位家庭的學生中，屬於低成就表現者較一般學生高出兩倍，不利於這些學生的教育良性發展，因此應協助改善弱勢學生的環境與境遇。蕭玉佳與張芬芬（2013）亦指出，經濟弱勢學生常遭受到「四低一高」：「教育機會低」、「受教品質低」、「教育適當性低」、「教育資源轉化成效低」及「所付出的教育成本高」的教育不利處境（龔心怡、李靜儀，2015）。

　　依照上述定義來看，中途輟學係指未到學校上課的事實，可能因為蹺家、蹺課、拒學、懼學、疾病等因素，長期未到學校上課，也因此原因常是多元且非單一的，學生間也有其個別化差異。本文所討論的中途輟學係針對義務教育階段之國民中小學學生為主，依據「國民教育法」、「強迫入學條例」、「兒童及少年福利與權益保障法」、「兒童及少年性剝削防制條例」等相關法令所規定的。

　　兒童及少年福利與權益保障法第49條規定任何人不得剝奪或妨礙兒童及少年接受國民教育之機會。復依國民教育法第1條，依中華民國憲法第158條規定，以養成德、智、體、群、美五育均衡發展之健全國民為宗旨，規範凡6歲至15歲之國民，應受國民教育。

　　強迫入學條例規範6歲至15歲國民的適齡國民之強迫入學，其中包含：設置強迫入學委員會，規範適齡國民之父母、監護人、收容或受託監護之機構或個人有督促子女之義務，並配合學校實施家庭教育。其中第8-1條規定「國民小學及國民中學發現學生有未經請假或不明原因未到校上課達3天以上，或轉學生未向轉入學校報到者，應通報主管教育行政機關，並輔導其復學；其通報及復學輔導辦法，由教育部定之。」

　　第9條規定學校通報責任，應入學而未入學、已入學而中途輟學或長期缺課之適齡國民，學校應報請強迫入學委員會派員作家庭訪問，勸告入學、復學；若因家庭清寒或家庭變故導致者，則應該依照社會福利法規或以特別救助方式協助解決其困難。當然若其父母或監護人經勸告後，則規範處100元以下罰鍰，並限期入學、復學。

　　中輟之操作性定義則是依教育部2017年8月23日修訂的「國民小學與國民中學未入學或中途輟學學生通報及復學輔導辦法」第2條規定「一、未入學學生：指新生未經請假或不明原因未就學。二、中途輟學學生係指，國民小學及國民中學學生有下列情形之一者：（一）未經請假、請假未獲准或不明原因未到校上課連續達3日以上。（二）轉學生因不明原因，自轉出之日起3日內未向轉入學校完成報到手續。但不包括於少年矯正學校及少年輔育院接受矯正教育之學生。」

　　同辦法第3條規定，教育部應建置主管教育行政機關通報系統，供學生就讀學校、轉出學校或新生未就學學校（以下併稱學校）辦理通報及協尋。通報程序如下：首先，學校應至通報系統辦理通報，學生有行蹤不明情事者，由通報系統交換至內政部警政署。其次，學校應函送強迫入學委員會，執行強迫入學程序。而學生之通報、協尋及協助復學，至其滿15歲之該學年度結束為止。

　　第4條規定，學生因家庭清寒、發生重大變故或親職功能不彰影響，學校應檢具該生及其家庭相關資料，報當地政府提供必要之救助或福利服務，並得請家庭教育中心提供親職教育之諮詢服務。第8條也規定針對經常輟學及輟學後長期未復學學生，得洽商民間機構、團體協助追蹤輔導復學。

　　第9條規定復學後不適應一般學校教育課程者，應規劃多元教育輔導措施，提供適性教育課程，避免學生再度輟學。包含：1.採跨學區、跨行政區

設置慈輝班，以協助家庭功能不彰的學生；2.國民中小學分區設置資源式中途班；3.委託民間團體提供適宜場地及專業輔導資源，政府提供師資及適性課程，共同設置合作式中途班；4.其他具相同功能之教育輔導措施。

中輟生常見通報標準，主要包含下列四類（詳見表7-1）：

1. 無故未經請假未到校達3日以上者或全學期累積達7日者；其追蹤輔導的責任歸屬於就讀學校。

2. 未依入學基準到學區所屬學校報到的學生；而入學基準，於國小部分係依適齡學生入學名冊，國中則以國小畢業學生名冊為依據；其追蹤輔導的責任歸屬於應報到學校。

3. 學生未於註冊日返校完成註冊手續者；其追蹤輔導責任係歸屬於所就讀學校。

4. 完成轉學手續後3日內，未到轉入學校辦理報到手續的學生；其追蹤輔導責任係歸屬轉出學校。

另外，針對學校及學生為規避三天未到校規定而有「上兩天休一天」之現象，「教育部國民及學前教育署執行強迫入學條例作業要點」也要求重點輔導全學期累計達七日以上，未經請假而無故缺課者。也將整體強制入學流程繪製成下圖，於教育部主管法規查詢系統中。

表7-1　中途輟學判斷基準及追蹤輔導責任一覽表

中輟原因	判斷基準	追蹤輔導責任學校
無故缺課	1.持續3日以上 2.該學期累積7日以上 3.無故未經請假	就讀學校
入學	未依入學基準報到 1.國小：依適齡學生入學名冊 2.國中：國小畢業學生名冊	應報到學校
未註冊	未於註冊日返校註冊	就讀學校
轉學	轉出後3日內未向轉入學校報到	轉出學校 （原就讀學校）

　　提醒所有學生輔導團隊的專業人員注意，「學生缺課情形是否達到中輟通報標準？」主要在於行政意義，而非專業輔導上的意義。換句話說，行政上確實需要定義通報的條件、時間及標準，但是對於專業輔導上，「學生上課狀況不穩定未達中輟通報標準」、「學生缺課已達中輟通報標準」、「時輟時復」、「長期輟學」等等，都是需要長期關懷及積極介入的學生。

　　雖然，3日未到學校的規定，有助於學校警覺學生問題，並積極介入輔導工作，掌握中輟輔導的黃金時間。但是，由於學校擔心影響校務評鑑或考核成績等，再加上因為學生間斷性的出席，讓學校於輟（復）學通報間增加行政負擔，因此出現「延遲通報」、「刻意遺漏」、「請長假」、「在家管教」或與學生形成「蹺課不超過3天」的不成文默契等，藉以降低中輟率的行政處理模式，更有部分導師因為擔心中輟生復學對其班級經營造成困擾，所以隱匿不報，同時也忽略追蹤輔導。即使新修正的強迫入學條例已針對此部分進行修正，事實上的執行與否，仍操控在校方是否有心進行追蹤輔導。因此在討論中輟學生的輔導措施時，應該要有涵蓋各種潛在中輟生的周延思考，更應將思考層面提前至有蹺課、蹺家經驗的中輟高風險群學生輔導工作，以期提高中輟生輔導績效。

　　晚近，12年國民義務教育政策及少子化現象影響下，幾乎所有國中畢、結業生都有機會進入高中職就讀，然而，對於升學及生涯目標卻不太確定，再加上學校管理方式、學習模式、同儕關係都有改變。同時，高中集中於都市導致許多學生必須離家住宿，更容易因為生活適應帶來校園適應不良的議題。2017年8月教育部公布「高級中等學校學生穩定就學及中途離校學生輔導機制實施要點」，依學生輔導法第7條第3項規定，辦理中途離校、長期缺課或其他有輔導需求學生之追蹤及輔導事項，協助學生穩定就學。高中職須成立學校輔導小組，建置協尋運作機制，避免學生因為學習適應不良，又無法順利銜接職涯所產生的少年問題。

　　實施對象事實上與國中中輟輔導工作對象相似，包含：

　　1. 當日未到校上課且未辦理請假手續，經聯繫無法確定原因之學生。

　　2. 未經請假且未到校上課超過3日以上之學生。

　　3. 學期開學未到校註冊超過3日以上之學生（含新生已報到未註冊者，學籍系統沒有資料，留校備查）。

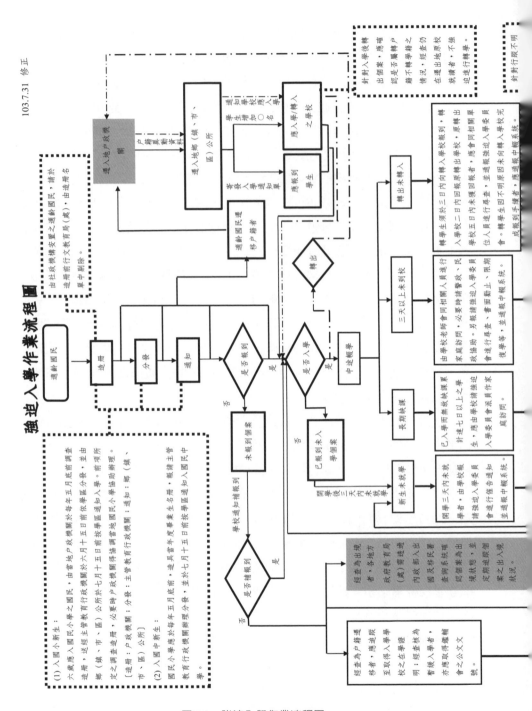

圖7-1　強迫入學作業流程圖

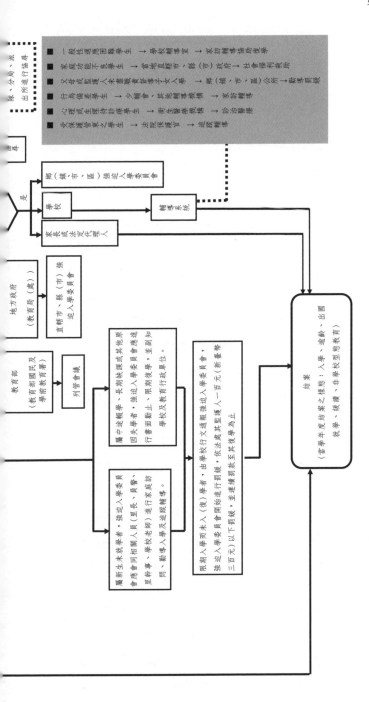

4. 轉學時未向轉入學校報到超過3日以上之學生。

5. 休學或其他原因失學者（喪失學籍之學生追蹤至18歲爲止）。

6. 中途離校復學之學生（追蹤輔導至穩定就學）。

二、懼學、拒學與蹺課

拒學（School Refusal、School Avoidance）、懼學（School Phobia）、蹺課雖然都會出現輟學的現象，但是前兩者卻和我們一般討論的中輟生顯著不同。一般中輟生的討論，常側重在因爲行爲偏差而中輟的學生身上，也就是對課程沒興趣而不愛上課，有明顯外顯偏差行爲的蹺課學生（Truancy、Playing Hooky）。而拒學、懼學則是因爲心理因素導致拒絕到學校上課，例如：與父母有分離焦慮等，所以通常並不會夾雜蹺家或欺騙等行爲。出現生心理疾病症狀而選擇待在家中，更須著重在心理治療層面的介入。現將拒學、懼學及蹺課依照外顯現象、定義、識別症狀，討論如下（Fremon, 2003a, b）。

從定義上來看，拒學學童會害怕上學，特別容易於長期待在家中一段時間後出現，例如：星期一或寒暑假過後；另外，也有可能發生在某些特殊的壓力事件後，例如：搬家、重大災害、家人過世等事件之後。懼學症則是一種兒童期的焦慮症，特別是對與父母親分離產生莫名焦慮，當然多數兒童、少年成長過程中都會經歷這樣的階段，特別是逃避考試、面對校園暴力事件等，需要協助兒童、少年共同面對問題情境。兩者之差異在於恐懼學校程度不同所造成嚴重程度不同。

拒學與懼學症學童外顯行爲症狀相似，通常會用感覺身體不舒服作爲不去學校的理由，在父母親同意他可以留在家中後，所有的疾病症狀就會消失，但是次日要上學時，所有症狀又會重複出現。因此，文獻上常會交錯出現，支持使用「懼學症」者認爲學童的恐懼只有在上學時才發生，所以適合運用恐懼症（Phobia），不過近期研究則較傾向於運用拒學。拒學常見的疾病類型包含三大類：腸胃型（肚子痛、嘔吐、腹瀉、反胃等）、肌肉型（背

痛、腰痛、關節痛等）、自主神經型（心悸、頭昏眼花、冒汗、發抖、頭痛等）等等與壓力等社會適應相關的身心徵狀，但醫生通常難以找出具體病因的徵狀。

拒學與蹺課的差異何在？拒學是指學生因莫名恐懼而拒絕到學校上課，他通常會運用如上述疾病因素，懇求父母幫他請假，讓他留在家中，學生通常也會相信家裡是比較安全的地方。蹺課學生則是在父母不知情下，選擇不去上課，當然蹺課期間不會選擇待在家中，同時蹺課學生常可能有一些群聚性反社會行為，例如：犯罪、說謊、偷竊等。除此之外，拒學學生對於沒到學校會產生焦慮與罪惡感，偶而會因此產生嚴重情緒症狀，例如：易怒、沮喪、焦慮等，功課進度會儘量在家中補齊。反觀蹺課學生對於曠課則沒有任何的焦慮或不安，對於學業沒有任何的焦慮，通常也沒有興趣完成。

三、中輟歷程分析

學生輟學歷程多半會經歷下列8個階段：1.學生隱瞞家長與學校蹺課之事，2.學校與家長發現後採取控制措施，3.學生稍有收斂但心懷抗拒，4.家長與學校見學生行為略有收斂而控制稍解，5.學生故態復萌，6.家長與學校再度嚴厲控制但效果日差，7.學校與家長發現管教無效，家長與學校放棄，而至8.中途輟學的結果（黃軍義、謝靜琪，2001）。中輟介入時機以中輟歷程中的前三階段最為重要，在第四階段「家長與學校見學生行為略有收斂而控制稍解」後就陷入一種惡性循環，較難以介入（詳見圖7-2）。

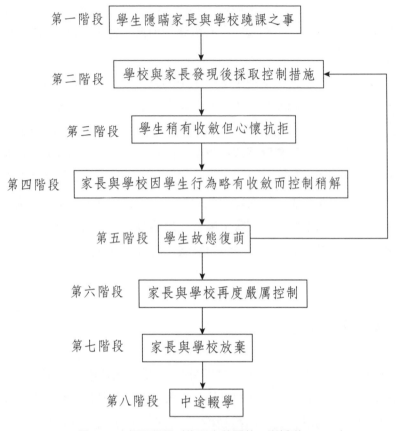

圖7-2 中輟歷程圖（修正自黃軍義、謝靜琪，2001）

四、中輟生現況分析

（一）中輟率計算方式

　　臺灣對中輟生有法規上的認定標準，因此在身分認定上並無太大疑議，而對於中輟率計算，教育部則以「輟學學生總人數」除以「在學學生人數」為統一標準（教育部，2001b）。但是事實上，這樣的計算方式係針對學校所通報的中輟學生數進行計算，而漏失掉上述各種可能的中輟黑數，因此建議主管機關若期望掌握實際中輟率，除現有中輟人數計算以外，應該計算學

校完成率或縱貫性長期中輟率以掌握確實中輟狀況。

　　在Viadero（2001）探討美國德州中輟的困境研究中，針對中輟率計算方式進行討論，將一般中輟率計算方式分析為年中輟率（Annual Dropout Rate）、學位完成率（Completion/Student-status Rate）、縱貫長期中輟率（Longitudinal Dropout Rate）、退學率（Attrition Rate）等4種，而計算方式及比較基準如下：

1. 年中輟率

　　「年中輟率」係計算一學年之學校中輟比例，即將【一學年中中輟學生數／該年註冊學生數】，優點為僅需計算一年內的資料，並且可以計算單一學校或區域之單一年級學生，但是此種計算方法所獲得的資料為最低的資料，而目前臺灣計算中輟率的方法傾向於這種計算方式。

2. 學位完成率與縱貫長期中輟率

　　「學位完成率」與「縱貫長期中輟率」兩者為相對應的概念，前者係計算每一班級學生畢業獲得學位或在該班級畢業後仍在學學生數，在於測量學生順利畢業比例，相較於中輟率計算學業失敗情形，為更正向的指標。後者為計算該班級畢業前中輟的學生比例，計算方式為【畢業人數（畢業前中輟的人數）／原始入學總人數＋轉入人數－轉出人數】。這類型中輟計算方式需要長期的穩定資料追蹤，與實際中輟學生資料較為相近，更有助於中央或縣市政府確切掌握中輟情形，避免遺漏中輟黑數，但缺點在於需要多年資料的計算，並且較難對短期間的年級或班級中輟率進行掌握，而規劃立即性的輔導措施。

3. 退學率

　　「退學率」係計算入學至畢業間不論任何原因而導致無法完成學業的人數，計算方式係針對【入學班級人數－畢業班級人數／入學班級人數】，並依照在學年度間人口改變情形作適度的調整，係為估量值的計算方式。針對僅能獲得註冊人數為唯一指標時計算離校人數的方法，為所有方式中資料最高但最不準確的計算方式，無法區辯耗損率中源自於轉出、留級、死亡或提早畢業的人數。

（二）臺灣中輟概況分析

　　教育統計簡訊（教育部統計處，2017）根據「全國國民中小學中輟生通報及復學系統」資料顯示，國中小之中輟人數由100學年的5,379人，逐年減少至104學年的3,934人，平均每年減少7.5%，致輟學率亦由100學年之0.23%降至104學年之0.20%，其中國小輟學率大致呈現持平趨勢，國中則因學生正值青春叛逆期，自我意識快速發展、重視同伴關係及易受周遭生活環境影響，致中輟人數達3,500人，占國中小中輟生總數的89%，輟學率也顯著大於國小階段，且男性輟學率略高於女生、原住民生大於一般生。原住民族比例為14.7%，父或母為外籍配偶的比例為11.5%，隔代教養比例為12.1%。

表7-2　國中小中輟生社會人口屬性（104學年度）

104學生國中小中輟生特性									
項目別	總計	性別		家庭背景			群體分類		
		男	女	雙親	單親	失親	一般生	原住民	父（母）為外籍配偶	隔代教養
總計	3,934	2,133	1,801	1,498	2,343	93	2,427	579	453	475
結構比（％）	100.0	54.2	45.8	38.1	59.6	2.4	61.7	14.7	11.5	12.1
國中	3,500	1,882	1,618	1,290	2,121	89	2,178	490	383	449
中小	434	251	183	208	222	4	249	89	70	26

單位：人、%

資料來源：教育部國民及學前教育署

　　依照「全國國民中小學中輟生通報及復學系統」官方資料進行分析（2014，2015，2016），102至104學年度數據分析：

　　1. 中輟學生約為4千左右：102-104學年度中輟生總數分別為4,316、4,214、3,934人。

　　2. 以性別分，男性多3%-8%左右：102-104學年度男生分別占中輟生中51.58%、51.95%、54.22%，而女生則占48.42%、48.05%、45.78%，趨勢上

相較於10年前，95年度的43.99%來說，女生比例略微上升。

3. 以學制分，以國中爲多，約占9成：102-104學年度中，國小生約占一成，分別是11.17%、10.65%、11.03%，國中生占88.83%、89.35%、88.97%，與95-97學年度資料相較，國小生約占16-18%間來看，目前國小生輟學狀況較好。

4. 每學年度新增中輟生中約有八成六成功復學：102-104學年度分別爲86.19%、86.33%、85.74%。相較於95-97學年度分別爲79.0%-83.6%的復學率，可以了解學校對於中輟復學的接受度逐漸提升。

5. 當年度尚輟率約爲0.032%，也就是每年約有600位學生在學年度結束時仍然未復學。102-104學年度分別爲0.032%（676人）、0.032%（661人）、0.031%（606人）。

6. 中輟生與復學生人數最多的縣市前5名皆爲新北市、桃園市、高雄市、臺中市、臺北市，與人口數有直接關係。

7. 中輟生比例最高的前三縣市爲臺東縣、花蓮縣、基隆市。

8. 單親家庭占將近六成：102-104學年度中單親家庭比例分別爲58.55%、58.47%、59.56%。再加上2%的失親個案，確實家庭議題在中輟學生中比例高。

9.「該學年度中輟生」復學率約爲七至八成，逐年提升，97學年度爲83.56%，顯示中輟追蹤輔導方案的成效。

從不同學制學生的年紀來看，國中輟學率高於國小，而國小復學率高於國中，顯示國小輔導成功率較國中爲高。但是值得注意的是，非該學年度輟學的國小復學率低於國中復學率，顯示國小如果沒在輟學當年復學，則輔導難度會增加。整體而言，輟學時間愈長、經驗愈多、年紀（級）愈長者，愈難輔導矯正。依照教育部有關每年度尚輟人數及尚輟率趨勢來看，現在確實逐年下降，以104學年度來看，下降到606人，尚輟率約爲0.031%。然而，若以輟學人數3,934人來看，約有15.40%的輟學生到學年度結束時，仍未復學，值得關注。

93學年至104學年結束全國尚輟人數（尚輟率）對照圖

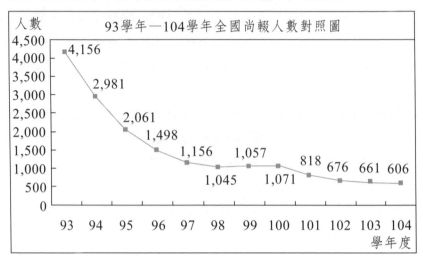

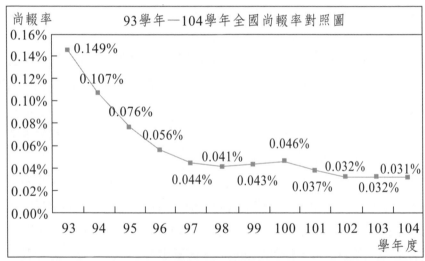

【註】尚輟率：指當學年結束時仍在輟的學生／國民中小學學生總數。

圖7-3　全國尚輟人數與尚輟率趨勢圖（93-104學年度）

　　另外，教育部（2017）105學年度各級教育統計概況分析，為鼓勵教育創新，103年通過實驗教育三法，實驗教育分為「非學校型態」、「公辦民營」及「學校型態」，其中105學年非學校型態實驗教育學生人數，高級中等學校有658人次，較100學年78人次，成長7.4倍最多，國小從937人增至

3,183人，占總學生比例增至0.27%，國中從636人增至1,015人；105學年公辦民營實驗教育學生人數1,620人，包括國小974人、國中551人、高級中等學校95人；因各縣市積極鼓勵小型學校轉型實驗教育，以避免遭裁、併校，學校型態實驗教育實施2年，已有40校通過計畫審核，學生人數從780人增至3,285人，成長超過3倍，顯示實驗教育正蓬勃發展中。也可能因此解決部分校園適應不良學生的學習議題。

表7-3　實驗教育學生數

學年	非學校型態實驗教育學生人數						105學年	公辦民營實驗教育	學校型態實驗教育
	國小	占學生數比例	國中	占學生數比例	高級中等學校	占學生數比例			
100	937	0.06	636	0.07	78	0.01	學生人數合計	1,620	3,285
103	1,907	0.15	641	0.08	275	0.03	國小	974	2,564
104	2,408	0.20	857	0.11	432	0.05	國中	551	593
105	3,183	0.27	1,015	0.15	658	0.08	高級中等學校	95	28

說明：實驗教育相關資料來自本部國教署，公辦民營實驗教育係指公立學校委託私人辦理實驗教育。

　　學校對於中輟學生輟學因素的解讀中，以個人因素比例最高、家庭因素次之、社會因素第三、學校因素第四。分述如下：

　　1. 個人因素[1]占超過五成：102-104學年度分別為52.91%、53.58%、50.76%，其中多數為「生活作息不正常」，約占七至八成（分別占77.03%、78.26%、75.31%）。

---

[1]　就教育部統計（2016），個人因素包括：肢體殘障或重大疾病、觸犯刑罰法律、智能不足、遭受性侵害、精神或心理疾病、從事性交易、懷孕、生子或結婚、生活作息不正常及其他個人因素。

2. 家庭因素[2]約占兩成：102-104學年度分別為21.78%、19.22%、22.65%，前五因素為「父（母）或監護人管教失當」、「父（母）或監護人離婚或分居」、「受父（母）或監護人職業或不良生活習性影響」、「親屬失和」與「其他家庭因素」。

3. 社會因素[3]第三：102-104學年度分別為14.07%、14.47%、14.13%，其中以「受校外不良朋友引誘」及「受已輟學同學影響」為主，其次則為「流連或沉迷網咖」及「加入幫派或青少年組織」。

4. 學校因素[4]約占一成：95-97學年度分別為10.43%、12.21%、11.88%。其中歸因仍以學生個別因素為主，以「對學校生活不感興趣」最高占超過七成（分別為77.86%、74.72%、74.96%）；「缺曠課太多」次之（占11.15%、13.92%、13.52%）。

由於統計資料來源是學校，難免會外部歸因，將中輟原因盡可能歸給個人、家庭與社會等學校以外因素造成。例如，師生關係衝突會被歸因為學校適應不良，或個人行為偏差。又例如，課程設計不合學生需求會被歸因為學生不適應學校課程，學校管理過當會被歸因為學生不適應學校生活；教師的班級經營能力不佳、教師的教學效能問題、學生因ADHD而被教師動員家長趕走等，都不易顯現在調查分析中。

貳、中輟現象解讀的差異性

「中輟生既然不願意來學校上課，我們幹嘛一定要他來呢？」

---

[2] 就教育部統計（2016），家庭因素包括：父（母）或監護人去世、居家交通不便、父（母）或監護人失蹤、經濟因素、父（母）或監護人重殘或疾病、父（母）或監護人離婚或分居、父（母）或監護人管教失當、父（母）或監護人虐待或傷害、受父（母）或監護人職業或不良生活習性影響、親屬失和、須照顧家人、其他家庭因素。

[3] 就教育部統計（2016），社會因素包括：受已輟學同學影響、流連或沉迷其他娛樂場所、受校外不良朋友引誘、加入幫派或青少年組織、流連或沉迷網咖、其他社會因素。

[4] 就教育部統計（2016），學校因素包括：對學校生活不感興趣、觸犯校規、不適應學校課程、考試壓力過重、師生關係不佳、教師管教不當、與同儕關係不佳、受同學欺壓不敢上學、缺曠課太多及其他學校因素。

「他們來學校只是干擾其他學生的上課」

「帶回中輟生是帶回一匹狼，帶走一群羊」

「爲何需要花這麼多的資源在中輟生身上？」

「我要照顧整個班還是照顧一個人？」

　　義務教育是社會制度建構下的產物，從輟學過程中發現，中輟生、家長與老師三者間的互動，呈現出一種社會控制力（包括親情與懲罰等）與中輟生抗拒力的折衝過程，最後由於社會控制的持續力道不夠，致使個人抗拒的力道破繭而出（黃軍義、謝靜琪，2001）。因此，國中生輟學涉及社會價值判斷的議題。社會問題的認定以及助人介入歷程，常常是一種解讀的過程，也就是說對「學生爲什麼會中輟？」現象的解讀，影響到輔導策略及服務輸送的規劃及執行。

一、中輟生及其家長對中輟的解讀

　　針對中輟生爲研究對象的報告中皆發現，中輟生除承認自己有不良習慣外，傾向於對外在因素的討論，例如：家庭、學校相關因素，較少看到其他對自身因素的陳述。家長部分研究較少，可能與施測或訪談對象較困難有關。研究及實務經驗多發現，家長較常歸咎孩子中輟原因於學校系統、同儕系統，以及過去成長經驗中明顯的家庭互動關係，例如：給保母帶、離異、重大風險事件影響等。

　　針對中輟生直接進行研究施測或訪談的困難性仍高，因此臺灣許多研究係針對中輟復學者、曾有中輟經驗目前已被安置機構者爲主。在與學生直接進行訪談或調查研究中（吳芝儀，2000b；陳富美，2001；黃軍義、謝靜琪，2001；謝秋珠，2003），中輟生認爲輟學是一種解脫，擺脫源自於課業壓力、同學疏離、教師責罰等三部分的限制及壓力，導致他們認爲「上學無意義」、「上課無動機」、「想去工作」、「受到不良朋友的影響」、「學業無用」、「不想承受老師及家長讀書的要求」、「學校不要叫他們

唸書」、「上課讓我多睡覺」、「學校不要考試」等概念,也因此雖然家長與朋友對輟學生的決定有某種程度的影響力,但最終的決定權仍在於學生本身。顯示主流文化所規範的社會制度,對於部分學生而言,有配合上的困難,而逃學對於他們而言,只是以行動表達對社會的抗議。

謝秋珠(2003)針對中輟復學生進行調查,詢問他們主觀上希望別人如何幫助他們,發現他們希望能學習一項技術、希望學校增加職業訓練的課程、希望有一個安靜而住得舒服的家、希望改掉一些不好的生活習慣等。他們最希望接受的輔導或幫助事項,為增加職業訓練的課程為優先、學習與人溝通相處的技巧、學習如何改善與家人的關係、申請獎助學金(顯示對金錢的需求性)。

郭靜晃(2000)針對全國抽取246位中輟少年(國中生人數占68.1%,高中生人數占31.9%),實徵調查研究發現:中輟少年時常覺得情緒起伏不定及情緒不佳,且常以生氣、焦慮來表達他們的情緒反應,主要困擾係源自於學校課業及經濟問題,其次是人際關係及情感問題。他們自覺需要被協助的項目是經濟支持、升學協助、家人關係互動及就業的輔導等。

黃軍義、謝靜琪(2001)以中輟生為對象的質性研究中,中輟生給其他同學的建議,除了符合主流價值(好好讀書、盡量不要輟學、學習一技之長、勿結交不良朋友等)外,部分中輟生則建議同學不要勉強自己,並建議不一定要把中輟生找回學校,應讓中輟生適才適性,做他們喜歡做與能勝任的事情,且受訪學生普遍並未表現出改變現狀的企圖心,顯示受訪中輟生對於返校意願並不強烈。

至於家長的部分,陳富美(2001)研究中發現家長無法明確指出孩子中輟原因,且被問到孩子在學情形時,有半數家長表示不清楚,更不知道為什麼孩子會演變成為這個樣子。受訪家長多數會直接或間接承認孩子有偏差行為問題,並試圖從過去成長經驗中尋找可能的歸因,例如:從小沒有自己帶、家庭發生變故,或是歸因於學校及同儕。相對於老師及中輟生本身而言,較少看到家長對於家庭因素影響孩子的體認。

龔心怡、李靜儀(2015)在影響國中經濟弱勢學生的學業表現與中輟傾向之因素:以「脈絡—自我—行動—結果」之動機發展自我系統模式為取向研究中發現,家人互動與學業投入之間扮演中介角色,尤其教育期待較為關

鍵，而良好的師生互動也可激發學生的自我效能，降低中輟的可能性。

　　從學校體系或學生系統的討論可以發現，不論是從學生、家長、老師層面，就中輟的因素的解讀上，除少部分對自己的省思外，多數皆傾向於外部系統，也就是歸責於自己以外的體系。學校認爲是學生個人及家庭問題，家長認爲是學校制度問題，中輟生本身並不認爲中輟是個有待解決的困擾。相對而言，中輟生主觀觀點反倒是期望周圍福利、教育、家庭系統能夠支持他做其他的生涯選擇。反之，周圍系統呈現出高度傾向於希望少年能夠回歸社會主流價值期待。顯示中輟輔導與學生本身自我期望有顯著的落差，也因此中輟生爲典型「非志願性學生」，任何輔導工作及介入模式，都必然有一定程度的困難。

二、學校體系對中輟原因的解讀

　　教師們如何幫助中輟生的看法，跟他們對中輟生歸因有許多關聯性。在教育部有關學生輟學原因分析中，歷年統計數據都傾向於以個人因素、家庭因素爲主因。而事實上這些資料源自於各校承辦人員填報（通常是輔導處的資料組長或輔導組長，或是教務處註冊組長），可以反映出教育系統對中輟原因的解讀，傾向於認定爲個人因素及家庭因素的延伸，因此他們無能爲力，能做的只是鼓勵、關心、恩威並濟地教育學生。

三、中輟輔導工作者對中輟的解讀

　　雖然不同系統的中輟輔導工作者，對於中輟生受失功能家庭影響的看法一致性高，但是對於與學校因素及社會風氣影響程度，卻有其差異性存在（張紉，2002）。張紉（2002）的研究指出，教育、社政及其他多數執行中輟預防服務計畫的工作者，包含：社會局、少輔會、區公所強迫入學委員會、衛生局、勞工局及警察單位，認爲失功能的家庭是造成青少年中輟行爲

的重要原因,其次為「個人學習習慣及能力不良」,其他原因依序為結交不良同儕、老師的教學管理態度、不良社會觀念的影響,同時也都不認同學校類型是造成中輟的原因。但是在其他原因的討論上卻出現差異,研究中指出「個人學習習慣不良」因素上,教育體系工作者明顯地比其他體系工作者認為是造成中輟的原因;在「老師的教學管理態度」因素上,教育體系明顯地不同意此項因素是重要原因;「不良社會觀念」是中輟的重要原因之一部分,則是教育系統同意程度較社政系統為高。

因此,與學生、家長現象相同的是,所有中輟輔導工作者對於中輟因素的思考,亦都傾向於外部系統因素的解讀,也就是歸責於其他專業。例如,學校系統認為家庭問題並非學校系統所能處理,應由社政體系介入處理;社政體系則認為中輟問題為學校應處理的學生問題,因此除非涉及家暴、性侵害或其他社會福利需求,否則社政系統也無法介入。也因此,家庭因素及學生個人因素等私領域因素,就成為中輟輔導工作者主要探討的問題焦點,或許這也是一種社會控制的思考角度,期望個體能夠接受及適應社會的制度。另外,從各系統中輟輔導工作者,都傾向於其他系統的推論,或許可以推估多數中輟輔導工作者,對於中輟業務的執行,都有程度不同的無力感,以致於歸責於其他系統應該多做一些事情、多承擔一些責任。

事實上,中輟生是高風險少年的一環,也是最難處理的一環,其形成因素當然與多元複雜生態環境背景因素有關(詳參第五章)。高風險學生長期問題無法解決,就可能演變出親子溝通不良、學校適應困難、結交不良夥伴、兩性關係複雜等多重複雜問題,倘若家庭、學校、社會福利系統沒有積極介入,則「出走」成為這些青少年的選項,中途輟學問題於是乎產生,與家庭學校漸行漸遠,並在食衣住行等民生需求的現實需求下,與街頭少年等同儕團體連結,此時輟學少年的輔導工作更形困難,更可能從此不見蹤跡。從實務經驗上發現常見的因素,包含下列五類:

(一)中輟學生的家庭教養功能薄弱

從微視系統來看,個人因素中除了一般偏差行為學生常見因素外(詳參第八章),應特別強調的是中輟歷程多半是由青少年自己做決策的,他們有著較多不願意屈服或認同於社會現實規範下的思考模式及生活型態,傾向

於認同或跟隨同儕的生活型態。從家庭因素來看，中輟生的家庭功能多半呈現失常或不佳的情形，在馮莉雅（1998）從社會體系探討國中學生輟學傾向研究中指出，家庭不完整、家庭關係較不融洽、父母採用權威式管教態度的國中生，有較高的輟學傾向。而Franklin and Streeter（1995）研究發現，不同社會階層的中輟生特質不盡相同，中輟的後果也不同。例如，來自中產階層家庭的中輟生，較可能經驗到家庭問題以及施用毒品；對於貧窮家庭的青少年而言，中輟並不會增加其暴力犯罪行為，但中產階級青少年因學校因素中輟者，涉入暴力犯罪行為程度高於一般畢業生（引自黃軍義等，2001）。家長對於孩子中輟問題常有的反應為「不知道該怎麼做，等待孩子自己覺悟」、「會再跟孩子勸說」（陳富美，2001）。

（二）同儕關係擴大廣度，從校內延伸至校外

中輟學生同儕關係，又可分為「校內」及「校外」同儕關係為主的兩階段。前者以「校內同儕」關係為主的階段是較易介入的時期，中輟現象傾向於連鎖效應，不是集體蹺課，就是接續中輟，形成校園圍牆內外的拉鋸戰，如果能夠適時介入同儕影響，則返校意願容易增強；後者係以「校外同儕」為主的階段，其同儕關係可能源自於江湖道義的同儕、男（女）朋友關係、打工同事、娛樂場所（夜市、鬧區、撞球場等）搭訕與網路交友，身分可能包含跨區域的國中或高中職中輟生、國中畢業未升學學生、社會人士等等，若再加上這些學生在校內缺乏同儕的情形下，學校的「推力」多過於「拉力」，其生活空間漸漸脫離學區與家庭，問題複雜性高過於前者，通常長期中輟學生較屬於此類。

面對以校外同儕為主的學生，外展工作及校外同儕關係的輔導更形重要，並且必須整合相關社會福利機構或團體（例如：少年隊、少輔會或少年福利服務中心）介入學生同儕團體成效較佳。網際網路盛行，使部分高危險群學生（特別是校內人際關係不佳）的同儕關係，已跳脫傳統以地緣為主的同儕關係，而改以網路虛擬空間為主，更提高中輟追蹤輔導的困難度。

（三）輔導成效受學校系統影響

從學校因素來看，學校系統是否有良好的輔導制度？對這類型學生是否有足夠的接納度？就成為關鍵性的影響了。學校是一個整體，因此教師系統

間彼此的交互影響，也常是學校面對中輟生議題的高度挑戰。

　　以班級適應不良的學生而言，就如同臺灣傳統認為病要治癒，靠的不只是醫術，還要視病患是否有「醫師緣」而定；需要的不是名醫，而是應該評估病患與醫師是否可以正向溝通，使醫師能順利診斷及提供符合病患個別需求的處方；由於病患對醫師的信任，病患也較能服從醫囑配合進行治療。回到校園環境，對於班級適應不良的學生，如何能夠找到適性的學習環境或教師特質確有其必要性，「轉學」通常非常容易在校內達成共識並提出建議，但卻常常是將學生往外推的託辭，形成不是中輟，而是將學生攆出學校的情形。

　　「轉班」或適當的校內安置應該是較佳的輔導策略，因為校內的環境及導師，應是輔導人員最熟悉的情境，除有利於完整評估與安置外，也有利於持續性追蹤輔導學生。但在教師系統和諧運作默契下，多數學校將「轉班」視為不可行的策略，甚至有默契認定復學生必須返回原班就讀，或是在原班級已升級或畢業時，安置人數最少的班級為唯一選擇，忽略評估學生個別需求，更忽略安置班級學生的權益。安置班級應該不以人數多少為評估基準，而是以班級穩定性進行專業評估。

　　至於為何要主張維護學生轉班的權利？就基本概念上來看，原就讀班級對於復學生而言，通常也應該是較好的選擇，因為該班導師、輔導老師、班級同學最熟悉學生特質，也是學生最熟悉的，理應較容易適應及融入。然而，相對而言也最容易陷入原有的標籤，若再加上原先學生輟學原因就是班級適應不良時，則復學原班勢必導致再輟，特別是原先導師與中輟生有嚴重衝突之學生。就實務操作上，學生轉班之後，通常除了必須面對自己的適應問題，以及環境、同儕等關係變遷外，還須適應源自於教師系統反彈所造成的隱藏性負面影響。因此，學校輔導人員及社工師在進行相關輔導策略時，應加強教師系統間的溝通疏導，以求爭取學生的最佳學習環境。

　　另外，部分教師也似乎陷入「尊重少數特殊學生的權利」或「照顧多數一般孩子的權利」的價值衝突上，難以選擇，特別是對於中輟時間較久的學生，於復學後對班級衍生影響較深，因此校園中盛行「找回一匹狼，帶走一群羊」的擔心與迷思。

（四）社會結構與輟學現象有關

　　從社會環境來看，周愫嫻（2000）社會結構、中途輟學率與少年犯罪率關係的研究中，認為高輟學率與高少年犯罪率共同肇因於不良社會結構，兩者間有共變關係，並無因果關係。研究結果指出原住民戶數比例、該地區成人犯罪率愈高，則輟學率、少年犯罪率也呈現較高情形。中途輟學發學生較高的學校，似乎與集中偏遠地區、低社會經濟條件地區、特殊社區文化等因素具有密切關係。

　　在部分社區中，學生因為參加八家將、陣頭等廟會活動而一起請假、曠課時有所聞，而學生日夜流連的撞球場、網咖、漫畫屋、夜市等場所也是處於社區環境中相當重要的一環。這些場所或活動的本身並不可稱為是不良活動或文化，且多數的場所及活動都有其積極正向之意義。但是，在學生參與該項活動時間的正當性（上課時間及深夜逗留等）、場所複雜性（出入分子複雜、械鬥等）、活動延伸帶來的負面影響（色情網站、賭博性遊戲、結交不良友伴等），甚至提供不當或非法工讀機會（販賣色情或盜版光碟等）等負面影響下，深刻影響少年社會學習及生活空間，著實有商榷的必要性，因此學校如何與社區取得必要的溝通及協商空間，以期對未成年人有更正向多元的保護措施，是必須努力的方向。

（五）中輟學生容易成為犯罪高危險群

　　從事虞犯少年輔導工作與犯罪矯正的輔導人員，強烈認為中途輟學是一切問題的起點。中輟生在與學校及家庭脫節投入社會後，可能成為社會中的加害者，產生許多虞犯或犯罪行為，如：勒索、打架、結黨滋事、加入幫派等。其實，中輟生更可能是社會黑暗面的受害者，被勒索、被性剝削、被販毒及犯罪集團操控等，致使孩子回歸常軌的空間愈來愈小。

　　學生在學校內外的偏差行為在程度上有明顯差距。以暴力事件為例，校園內的打架事件多半是徒手攻擊及簡易工具，如隨手可及的掃把等，而校園外的攻擊事件，則常涉及殺傷性較高的器具，如刀、棍棒、鐵條等。從金錢需求的角度而言，在校學生的金錢需求較少，相對而言，校外生活的少年，在缺乏家中經濟支持的情形下金錢需求較高，也因此投入於低付出、高報酬、高風險的工作者較多，亦可能延伸校園勒索等初步犯罪行為，同時在蹺

家期間因為缺乏住宿空間，所以常成為犯罪組織所覬覦的對象，成為犯罪高風險群。因此，有中輟是一切少年問題的根源之說法，也藉此提醒了學校圍牆內外的差異及中輟輔導的重要性。

從國內外中輟與少年犯罪的相關文獻中發現（Allen-Meares, Washington, & Welsh, 1996; Ruebel, Ruebel & O' Laughlin, 2001；何進財、鄧煌發，2001；周愫嫻，2000；黃軍義、謝靜琪，2001；許文耀、呂嘉寧，1999），學生因為脫離學生角色、脫離學校依附而出現曠課情形較高的地區，少年犯罪較嚴重，而最後出現輟學的可能性極高，社會損失相對提高，特別是輟學後無正當工作且結交損友，非行頻繁性與嚴重性又有增加的趨勢。此時非僅教育資源浪費而已，更容易產生遊蕩、冶遊等不良、虞犯，甚至犯罪行為，影響社會治安至鉅。

除此之外，因為教育不足，可能導致其職業能力貧乏而出現缺乏長期穩定工作，甚至呈現高失業情形，無法在社會競爭中平穩生存成為社會積極生產力的一員，再加上對學校經驗的怨恨，又無法順利適應社會生活，甚至出現反社會行為的比例與傾向顯然高於一般正常就學的青少年，成為社會治安之重大隱憂的絕對負面消耗，甚至需要更多社會福利的援助，對國家、社會的損失，形成加乘效果，對社會國家成本的付出不可謂不大。英國某地方教育當局統計發現，年齡在11歲以上的被退學少年中，有58%於被退學當年的前後有違法犯行，42%被少年法庭判刑的學齡少年在犯行前已被學校退學，另有23%犯罪少年有嚴重蹺課行為（The Audit Commission,1996；引自吳芝儀，2000b）。Hallfors等（2002）研究指出，蹺課行為對於中學階段學生藥物及物質濫用問題有高預測率。

參、打破中輟輔導常見的迷思

刻板的教育課程，對於偏好彈性、極端好動、缺乏定性的中輟學生，實不吻合。因此在復學時規劃符合學生個別需求的教育內涵，協助中輟生在刻板體制中找到優遊的空間是值得投資的；而在進行輔導措施前，教育、輔

導、社工專業應該先釐清與摒除下列各種似是而非的思考枷鎖：

一、輟學是自己造成的，復學困境也要自行承擔？

學校對於復學生通常缺乏基本的尊重，所以最常聽到輔導人員及家長會對學生說：「輟學是自己造成的，所以不管老師怎麼對待你，你一定要忍耐喔！」甚至連服兵役時也常出現：「合理的是訓練，不合理的是磨練」、「吃苦當作吃補」。這樣的說法對嗎？答案很清楚，這對於有多重困擾的學生而言太沉重。因此，在不受尊重、不受歡迎的環境下求學，一輟再輟就成為必然的現象，也成為復學歷程中最大的阻力，包含：導師及同學的不歡迎、訓輔人員的緊迫盯人等等。

舉例來說，導師在復學生復學前，或許會跟同學說：「即將有一位壞（問題）學生到本班，請大家不要跟他做朋友，以免受到他的影響。」應該修正為具有輔導意涵且正向鼓勵的語言：「我們即將有一位因為某些原因暫停一段學習時間的同學來到本班，他需要大家的協助，以適應我們班上的學習步調……」又例如，多數轉學生都會經由正式介紹及歡迎的過程進入班級，但是復學生卻常是在導師叫喊：「去總務處搬張桌椅，坐在最後面」的鄙夷眼光下，「偷偷摸摸」進入教室，這對於復學又是一種傷痛。事實上，師生間相互尊重，對於任何學生而言，都是最寶貴的學習資產，別忘記；言教不如身教。

二、帶回一匹狼，帶走一群羊？

「帶回一匹狼，帶走一群羊」這句話是在中輟生復學輔導中最常聽見的抱怨，主要原因在於中輟復學生必然對導師班級輔導所造成的困擾，影響程度從干擾秩序到結伴蹺課，端視復學生個別情況、班級穩定性及導師、輔導人員的輔導策略而定。通常較容易受影響的是復學生的同儕團體，或班上最

不穩定的少數學生，可能產生「帶走一群羊」的情形。爲避免羊群脫序現象的產生，如何扮演優秀的牧羊人，是導師的最大挑戰。建議思考如下：

1. 建議學校在安排復學生就讀班級時，除原就讀班級外，應以穩定性高的班級爲優先考量，且應注意避免同一學期安置兩位以上的復學生於同一班級，造成對班級過度干擾，以致影響教學品質。

2. 復學生回班級後，是否受到師生基本的尊重及對待，也是再輟與否的關鍵因素，如前段所述。因此，應強化該班級師生心理輔導工作，提升正向師生關係。同時強化班級中預期可能受復學生影響的學生的輔導工作，以協助該班導師班級經營。

3. 強化復學準備階段，以減低復學生班級適應問題。輔導處應加強學生偏差行爲的輔導；學務處應強化生活常規的漸進式輔導工作，以避免負面影響；教務處應積極安排適當的補救教學，或許是中輟資源班、潛能開發班、資源班或其他個別化教育方案，以提升學生參與班級學習課程的能力，避免因課業進度懸殊導致學習適應問題。

4. 復學原班後，導師適當安排「小老師」協助復學生相關學習，並將座位安排於穩定性較高的學生之間，強化正向同儕聯結，以協助其班級適應。輔導處、教務處、學務處都應密集性進行追蹤輔導，作爲導師最佳的支持後盾。

三、我要照顧整班還是照顧一個人？

「爲什麼要投資那麼多資源在一個人身上？尤其他又不是好學生。」是中輟輔導中最常被論及「團體利益」及「個別利益」間的倫理爭議與兩難，因爲一位復學生的輔導工作，可能必須花費數倍於輔導一般學生的時間及精力，到底值不值得？

人是群居性的動物，人存在社會的價值絕非金錢可衡量的，當然任何個體因爲無法在社會中良好發展而脫序，甚至造成破壞，也同樣無法用金錢進行衡量。勉強可比較的是高等教育的支出遠高過對中輟學生的關注，而中輟

輔導的花費相較於矯正教育及監獄的花費更有價值。固然，不應該因為個人的特殊需求，影響集體的共同利益分享；但是，也不應該以大多數的利益限制少數人追求其個別需求的權利。何況，這些中輟生往往是家庭、學校、社會失功能下的產物，而非其個人的選擇。

四、「中途學校」是解決中輟問題的萬靈丹嗎？

「請問有沒有中途學校？我想送孩子去那裡讀書，因為我管不動他了……唉！每天上下學、住在家裡……那有什麼用？」或「我知道這些學生特別需要加強輔導，需要特別照顧……但我們是一般學校、一般班級，輔導資源及能力不足，所以請他去找適合的地方。」這些是輔導過程中常見的對話。許多家長及教師還認為應該多規劃設置封閉式、軍事化管理的中途學校，甚至希望警察局開辦「留隊輔導」等措施，然而，這樣真的有助於學生的穩定就學嗎？亦或只是家長及學校「眼不見為淨」而已？

事實上，中輟生不是傳染病，也非犯罪者，不是隔離就能治療、矯正及修正。值得注意的是，缺乏輔導的安置反而容易造成標籤作用，形成更多負面影響。必須強調的是，中途學校所提供的是另類教育輔導措施，係提供特殊需求學生所需的協助。

五、家庭問題？社會亂象？學校沒輒？

中輟到底是誰的錯？是家庭問題、社會亂象，或是學校問題？應該如何根治？是中輟輔導中常被問到的問題，那麼，到底是誰的問題？

如前所述，教師、輔導教師們討論中輟生時，通常都歸因於複雜難解的家庭問題，典型語言是「學生家庭背景太過複雜，學校能介入的實在有限……」家長及校外團體則通常歸因於僵化的學校體制，典型語言是「學校組織太僵化，老師及訓導人員刁難……完全沒有輔導概念。」但是，當家長

與校內外人員共同座談或進行學生討論時，焦點常常指向無力抗辯的社會環境，典型語言是「要不是現在社會價值觀改變、風氣敗壞、誘惑太大……青少年也不會……」研究亦指老師針對中輟問題，常希望家長要負起爲人父母的責任，但是家長並不知道如何做，老師的期望與家長的能力有明顯落差（陳富美，2001）。中輟問題常在學生、家長及老師的無力感間，相互感染形成惡性循環。

中產階級中輟生家長常帶學生四處尋找各種專家協助，舉凡精神科醫師或心理衛生專家、心理師、諮商輔導專家，甚至求神問卜等。尋求專業心理輔導資源，對於學生輔導而言，正向且值得鼓勵，但學生問題行爲是長期累積的，需要長期輔導及關懷，千萬別期望學生行爲修正如同治療感冒一般，會談一、兩次後便立刻見效。常見家長的抱怨是「去那個××輔導中心也沒有用，因爲去了兩次一樣蹺課啊？也一樣跟我吵架啊？還不是要我跟他好好談、關心他，談什麼……都談了十幾年了。」顯示家長尋求病理診斷的急切性。

針對一部分肇因於生理或精神疾病的中輟生，如憂鬱症、躁鬱症、過動症、懼學症、濫用藥物等學童而言，求助醫生並配合適當的治療是必要的。但是多數中輟學生不是疾病所造成的，當然也就不是藥物所能治療的。如前所述，中輟生係源自於多重生態系統因素所導致，而社會心理層面的介入需要的是長期給予孩子溫暖、體諒及愛的輔導環境及歷程，才能於過程中重建學生正向的認知與經驗、培養正向的依附關係，計較誰要負較大責任並無濟於事，只是推卸責任的藉口而已。

六、中輟輔導講求「形式公平」或是「實質公平」？

中輟復學輔導中另一類常見且具體的問題是：何時復學？是否需要重讀該年段？輟學期間、參與彈性教學課程成績如何計算？畢業證書及結業證書評估及發放標準爲何？這些問題雖然都有法規及相關規定可供參酌，但是從實務運作過程中應尊重學生個別差異，以保障學生最佳利益爲最優先考量，

提供最佳的學習機會及空間。

　　這直接衝擊到的價值觀是對學生的「形式公平」或「實質公平」，是「重視結果」還是「強調過程」。前者所強調的是必須依照一般學生的學習歷程作統一規範，例如：中輟生於中輟期間未參加期中考試，因此無法計算成績，學校強迫其於下年度重讀或降級一學年，如同強迫學生延長中輟時間的謬誤。後者所強調的公平是依照學生的實際狀況，提供彈性適性課程，在現有教育體制下尋求教育銜接、成績認定的方法。事實上，如何讓輟學生回歸正常生活軌跡，並有持續性正向的成長動力，是更關鍵且急迫的輔導目標。

七、「轉換環境重新開始」是給中輟生的重生機會？

　　中輟輔導過程中，有部分學校會建議家長「轉換環境重新開始」是給中輟生的重生機會，甚至是要求家長及學生簽下「若再發生違反校規情事，則自願改變環境」的切結書，而這些都是學校不負責任且自打嘴巴的做法。

　　首先，不論是切結書或口頭建議，都是違反現行教育法令的，因為義務教育係依學區分發，如何轉換環境？其次，轉換環境不見得有助於學生的改變。事實上，在學生本身有相當多社會心理議題未解決的情形下，改變環境所產生的陌生與不安全感，及被原有學校教師、輔導人員拋棄的心理創傷，更可能造成再輟，甚至怨恨的情形，對轉入學校的輔導人員形成考驗。

　　再者，部分學生雖於轉學後短時間收斂行為，但長期而言問題的嚴重性並不會減少，相反地可能增加。因為多數學生被迫轉學後，仍舊以距離為主要考量，所以轉入學校與轉出學校通常為鄰近學校，因此出現跨學校同儕團體整合或衝突的問題常常發生。即使轉至較遠學校，也常出現跨縣市蹺課逃家，造成輔導上更大的困境。

肆、中輟生輔導方案

中途輟學確實是一個多元且複雜的議題，學校、家庭、個人、社區互為問題的因果，而衍生與兩性問題、少年犯罪、物質濫用、色情交易等議題密切結合，被認為是青少年階段最重要議題之一。然而如何有效解決，卻是國內外學者專家所共同關注且難解的習題。本文討論了許多中輟的相關現象，期待為中輟輔導架構出較完整的面貌，但是仍舊無法對中輟生提出像食譜般，直接且具體的處理程序及步驟，主因在於學生問題的個別差異性大，極需要專業輔導人員，規劃「專業化」的教學、輔導及配套措施，並針對學生進行「個別化」的評估及介入，運用「彈性化」且「多元化」的措施及方案，才能有效協助中輟學生的多元發展歷程。當然，在彈性與多元的同時，李姿靜（2012）也在實務工作反思文章中，這樣多元資源的投入是不是變相鼓勵偏差行為的孩子，因為他們將擁有更有趣的課程？然而，事實上如何吸引學生，進一步讓他相信自己可以往更好的方向發展，是所有輔導工作者最大的挑戰，而產生互動的吸引力與機會就是最重要的助人工作基礎。

中輟學生輔導方案應強化三層次的工作，首先，確認中輟學生校內外輔導機制及分工，以避免因行政設計不當或疏於輔導，導致學生持續中輟；其次，規劃並善用校內輔導方案及多元適性教育課程；最後，才是思考彈性運用另類教育措施（或稱另類性教育措施）。如此結合校內外資源妥善運用輔導人力、資源，配合各種專業工作方法，將介入的重點提前到預防性的層面預防中輟問題的產生，是較為治本的方法。

一、確認中輟學生輔導機制與分工

中輟生的偏差行為及穩定性低的特質，使「再輟」成為輔導中常見現象，尤其是輔導機制較弱的學校而言，更是如此。不過，實務上發現中輟輔導流程與分工的混亂，卻常是導致再輟的主因。因此，確認校內中輟學生輔導機制與分工為中輟輔導的第一步驟，對於中輟輔導具有預防性與治療性的

功能，有助降低再輟率與提升復學率。

確認中輟輔導機制之所以具有預防性功能，主要是釐清並提醒相關教職員工應有的責任，避免輟（復）學期間因為各處室及導師分工職掌不明確，或對相關規定不清楚所造成的輔導空窗期或阻礙。治療性的功能則著重在針對輟（復）學生專業性配套措施的規劃，對於復學生應以「零拒絕」為原則，隨時接受申請復學，並積極協助辦理相關程序及學校適應輔導。

在檢討校內中輟輔導流程及分工時，應強調溝通及彙整多方意見進行修正，至少應包含學務處、輔導處、教務處、補校及各年級導師（或導師代表）等，以避免後續執行上的困境。另外，也應建立針對復學疑議召開「中輟學生復學安置輔導會議」的溝通機制，避免過程中任何疏漏而引發學生再輟的動機。其中相關人員職責可以彙整歸納如下：

（一）導師扮演全方位關鍵性輔導角色

導師在學生求學歷程中扮演全方位輔導工作的關鍵性角色，於中輟輔導工作中亦然，從平日關懷輔導、高風險學生關懷輔導、中輟追蹤輔導、復學輔導等，其重點工作包含下列四點：

1. 於日常教學歷程中，確實掌握該班級個別學生的生心理狀況。平日即應養成主動與缺席學生家長聯繫的習慣，除表達關心外，更可避免學生以任何方式於欺瞞家長、學校的情形下請假（如：偷刻印章、假簽名等）。針對出缺席特別異常同學（例如：突發性的遲到或不當滯留學校情形），運用學生訪談、家庭訪視、親師會談、同儕輔導等方式，積極深入了解，並詳細記錄於AB表或學生紀錄中，以避免中輟歷程中第一階段「學生隱瞞家長與學校蹺課之事」的發生，記錄重點強調包含人、事、時、地、物的客觀事實。

2. 針對持續性或多次蹺課的學生應進行家庭訪視，並彙整相關資料轉介輔導處尋求必要協助，資料應包含：AB表、學生紀錄、生心理特質、學校適應情形、歷次蹺課或出席異常情形、家庭狀況、同儕關係、其他特殊行為。

3. 於學生輟（復）學期間，應積極配合輔導處及學務處相關輔導措施進行中輟生協尋及復學輔導工作，並加強同儕輔導以避免中輟與復學連鎖效應。

　　針對安置多元適性課程學生，則應積極關懷輔導及評估學生學習情形，提出適當建議，並應配合相關處室協調補校及原班級各任課教師，依規定指定學生相關作業並批閱及核定學生成績。

（二）教務處應維護學生受教權

　　教務處主責學生就學權利的保障，因此舉凡註冊學籍相關事宜、中輟情形的通報、復學班級安排、成績認定、補救教學等皆屬於教務處之職責。在中輟輔導的重點工作包含下列四項：

　　1. 針對低學業成就及中輟高危險群，規劃彈性教育課程以預防中途輟學。

　　2. 出現中輟學生時依規定通報教育局、強迫入學委員會，並會簽校內相關人員。

　　3. 於中輟學生復學後，積極介入安置適當班級並提供補救教學方案，以強化復學生學校適應，降低再輟率。

　　4. 應於學期初依據各校中輟與復學情形，預留足夠套數的備用教科書籍以利復學生借用或購買，另補校教務處亦同，以滿足暫讀補校復學生之需求。

　　教務處於中輟輔導中最常見的困境，在於復學編班與成績計算的困擾，建議在學校討論復學流程時，針對進行原則性的討論，但必須保留依據學生個別情形當作調整的彈性空間。應以保護學生最佳利益為基本原則下作決策，若沒有特殊情形，建議安置原則如下：

　　1. 中輟時間「未達一年」者，建議以安置原班為原則，但中輟生原班級適應困難者除外；中輟「一年以上」者，以安置適當年級為原則，安置班級則以該年級穩定性較高班級為原則。

　　2. 除非為原班級復學生，否則每班級每學期以安排一名復學生為原則，安置第二名以上則應審慎評估班級之穩定性。

　　3. 若有其他特殊原因，而需對中輟生規劃其他適切教育安置計畫，例如：暫讀補校、安排適當年級、暫時安置相關處室、成績計算或教育銜接等，應會同原班級導師及各處室相關人員，並邀請家長出席召開中輟學生復學安置輔導會議，在鼓勵學生復學及保障其最佳利益考量下討論之。

（三）學務處負責生活教育輔導工作

　　學生事務處於中輟輔導中的重點工作，在於學生生活常規教育，因此必須介入的層面較為寬廣，舉凡學生生活常規教育輔導、失蹤協尋、家庭訪視、偏差行為的矯正、勞動服務、校園安全維護等等，都是學務處介入範圍。最常見的困境，則是被期待的訓導、懲罰、約束角色過重，忽略尊重學生個別化特質，形成「懲罰重於輔導、約束重於引導」的管理風格或刻板印象，導致學生抗拒排斥的心理障礙。而學務處在中輟輔導的重點工作包含下列三部分：

　　1. 在於預防中輟部分有三項重點工作：

　　　(1) 針對出缺席情形異常者，建立主動與家長及導師聯繫的預防機制，以確實掌握學生缺席情形，異常的指標包含：一個月內累積缺席超過三日、請假事由或請假單簽章異常、遲到早退情形頻繁、出現蹺課情形等。

　　　(2) 結合輔導處加強對高危險群學生生活輔導工作，特別是同儕關係較為複雜者，並鼓勵學生以勞動服務等方式改過銷過，並應避免團體式跨班級、跨年級的介入方案，以避免學生不當連結。

　　　(3) 加強學區內巡訪工作，以確實掌握學區內危險生活空間及不當容留未成年的店家，掌握學生課前課後生活動向，並整合社區內警政、地方仕紳、畢業學生等相關資源進行必要之處理。

　　2. 在中輟協尋部分，應針對學生個別情形主動協助導師及輔導處，整合警政及相關學區資訊進行協尋及家庭訪視工作，以掌握學生最新動態。

　　3. 在學生中輟復學階段，則應視學生個別情形加強復學生與高危機同儕的生活輔導，以避免再輟與同儕間不當連結所造成的影響。

（四）輔導處主責學生心理輔導工作

　　輔導處主責在於學生心理輔導工作，應屬中輟輔導團隊眾多成員之一。但由於多數中輟學生皆為輔導處長期輔導學生，因此通常扮演統整中輟輔導工作的關鍵性角色，配合導師及相關處室，針對學生個別特質進行個別、同儕、班級、家庭等心理暨社會輔導，其重點工作要項討論如下：

　　1. 應將高危險群學生列入重點認輔學生，由導師主責，結合認輔教師、

志工，並配合相關輔導方案與相關處室加強輔導工作，以預防中輟情形的發生。

2. 於學生中輟後，則強調透過相關處室配合、同儕輔導、家庭訪視、外展工作等方式蒐集並整理學生相關資訊，訂定並執行中輟學生協尋計畫及策略，並積極輔導學生復學。

3. 復學準備階段是輔導處重點工作階段，為學生決定復學到返校辦理相關手續的階段。輔導處應針對有關學生編班、成績銜接、學籍處理、生活輔導等事宜召開中輟安置輔導會議進行討論，或與相關處室、導師進行個別性討論，以減低中輟生復學對學校各系統所可能造成的影響，也同時降低復學生於復學過程中，遭受學校系統不當傷害或拒絕，以提升復學穩定度。

4. 在安置輔導階段，則與相關處室、導師配合規劃學生安置輔導計畫，並視情形整合所需輔導資源（例如：輔導志工、社福機構、心理衛生中心、社會局等），對學生進行長期心理輔導工作，避免再輟情形發生。

5. 針對復學生安置彈性教育課程或暫讀補校部分，則應積極輔導與評估學生學習情形，協助學生學習適應，並提出適當的建議與輔導方案，並每兩個月召開安置評估會議評估學生安置情形。

輔導處在中輟輔導工作中常見的困境，在於許多學校輔導處必須統籌或承擔所有中輟學生追蹤輔導、復學安置、心理輔導、生活輔導，甚至承辦各種彈性教育課程（或稱潛能開發班、高關懷彈性分組教學等各縣市名稱不一的適性教育課程）、中輟資源班等，必要時還需協調學生安置適當班級，與教師協調成績計算方式等，遠遠超過原訂職責的工作角色，致使輔導處常忽略原有心理輔導的重點角色功能，導致輔導成效不彰，因此建議學校應在討論中輟復學流程時，將工作依處室執掌規畫分工標準，以利中輟輔導工作之推展。

針對已設置學校社會工作師、心理師的學校，則輔導室應依照學生問題嚴重性區分三級輔導機制，社會工作師、心理師角色圖示如下（詳見圖7-4），強調統籌中輟輔導工作的角色，協助中輟學生專業評估及建議，整合校內外專業輔導資源，建構社工師心理師、輔導教師、教師、學校行政系統所組成的專業團隊，提供輔導老師及教師必要協助以增強學校中輟輔導效能。

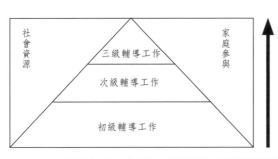

	統籌輔導	輔助輔導	支援輔導	諮詢服務
	社工師、心理師	輔導教師	導師	
	輔導教師	社工師、心理師	導師	
	導師			輔導教師、社工師、心理師

圖7-4 學校社會工作師、心理師在三級輔導制度中的角色定位（黃韻如，2001；陳香君，2007）

二、規劃適切的校內輔導方案

有鑒於中途輟學問題的多元複雜性，中輟學生輔導方案應該是全方位依照區域社經文化特質、學校特性、學生及教職員次文化特質、社區資源多寡等相關因素考量後規劃，而輔導成效也會依這些相關因素產生個別差異，方案設計係以提高學生參與願意爲主，並不限於一定之時間、空間及形式；另外，復學生再輟應視爲中輟輔導過程中的可能現象，畢竟學校及家庭的壓力，絕對比不上校外的自由生活，而如何提升復學穩定性、引導學生改變其價值觀念、延伸生涯規劃就成爲復學輔導的重點。

因此，從學校角度出發，除應全面檢討及修正中輟輔導機制及流程外，更應規劃多元性以學校爲基礎的介入，並整合及運用社區資源的輔導措施，依照學生問題類型的不同彈性運用各種暴力行爲輔導方案。

（一）運用外展理念，放下身段走出校園親近學生

「主動出擊」勝過「被動等待」是在面對中輟學生問題時的積極態度，主要的原因在於中輟學生之所以中輟，係肇因於逃避學校或家庭環境，因此若要期待這群學生倦鳥歸巢般主動返校的可能性極低，而從實務經驗可知中輟時間的長短直接影響到復學適應情形，中輟時間愈長，復學適應情形愈差，因此最佳的介入時間爲有中輟之虞與中輟初期。

外展工作的理念係主動深入學生系統訪視及接觸，是社會工作有別於諮商輔導及臨床心理學的顯著特質之一。首先，中輟生之所以稱爲「中輟」，主因在於學生已經離開學校輔導人員慣常工作的場域——「學校」，對於中輟學生而言，「返校」就像老鼠自己走入補鼠器一般地困難，即使學校有朋友或其他誘因，他也多半只是運用爬牆及混水摸魚的偷渡方式進入，找到或完成他所需要的事務後便迅速離開，更何況部分學校警衛、學務人員及教師在學校見到中輟生時常採取驅離的態度，甚至「貓抓老鼠」般地將其「趕出」校園，因此學校輔導教師或社工師又如何能期待學生主動到輔導處呢？常見的情境有下列兩種：

警衛或學務人員在校園發現中輟生而「送」他們到輔導處（或導師辦公室），原因是學生說：「是輔導處老師（或導師）找我來的，我要去輔導處（找導師）」，而到了輔導處（或導師辦公室），他們會待警衛離開後說：「我是在學校被ㄓㄤ（抓）到，所以才說到輔導處（或導師處），我沒有說要復學喔！」顯示學生會從參考架構中篩選出願意幫助他們的資源，但是仍然不願主動求助。

學校社工師常常可以在校園附近「布樁」進行外展工作，觀察到「迅速移動」的身影，將身體轉向、拔腿就跑，或是躲入店家……當然也有主動打招呼，還會開玩笑地說：「老師蹺班喔！」的中輟生。徘徊學校附近的理由總是等同學或拿東西之類的理由，再再顯示學校對中輟生而言有一定的吸引力，但是這些學生不會主動走進來。

因此，學校輔導人員必須走出去，而且不論在上述任何狀況下遇到少年，都必須掌握機會與學生互動，但請注意，千萬別扮演學務人員的角色說教：「你應該回學校上課」、「你現在爲什麼在這裡？」、「跟我回學校」，這樣是會讓孩子離得更遠的。應該與學生建立關係而融入學生的團體中，雖然常被質疑是縱容學生，但是確實有其必要性，因爲社工與輔導人員不應該扮演「訓導」及「管理」之角色。

中輟學生多半爲非志願性學生，對輔導人員多半採取不合作、敷衍或表面配合的態度，因此學校輔導人員走出輔導處、走出校園、進入社區後，藉由和學生建立良好的關係，主動積極參與其生活圈，就近進行觀察，將有助於了解學生生活的眞實面及其不同於主流社之價值觀念及特質，與學生一起

工作（work with），從他們身上找尋能夠幫助他們自己的資源，才能真正幫助他們。

更重要的是，學生在「屬於他們自己的場域」時，較易解開心防展現真實的自我，例如，在撞球場、公園、泡沫紅茶店等場所遇到的學生，很少有人會立正說話或低頭不語，較常出現的是高談闊論，「髒話」夾雜各種「術語」常常脫口而出，這才是真實的他們，輔導人員必須與「真實」的學生一起工作。目標有三：杜絕社區危險因數預防中輟產生、整合社區資源共同輔導中輟生、找回社區中迷失的學生。學校社工師主要推展的工作，包含對社區聚集少年的輔導工作及社區資源網絡建構兩大工作重點（參見第十九章）。

汪敏慧、鍾思嘉（2008）研究三位國中瀕臨中輟生的改變歷程，發現「與他人連結是改變的火種」，因為學生需要被看見、察覺和重視，並與他人產生關係；被理解和同理後，彼此間情感互相交流，建立連結。「自我的省思是改變的能量」，與人連結會先以負向情緒紓解，思考與覺察能力漸萌芽，接著產生自我省思，啟發他人較為成熟與客觀的想法，並產生自我辯證。最後，「與他人不斷互動是改變的動力」，在正向的人際網絡中不斷調整和改變自己，以因應回到學校的壓力和挑戰，成為自己改變的動力。

（二）彈性輔導與高關懷課程規劃

依照教育部中輟之虞學生彈性輔導及高關懷課程計畫，為協助中輟之虞學生、時輟時復或中輟復學學生返校後之學習及生活適應，提供多元彈性課程或適性教育課程，以提升學生的學習興趣與動機、學習的自信及有效的學習方法，並促進學生心理健康，使其樂在學習，補助規劃並辦理高關懷課程（行政院公報，2017）。

基本上，彈性輔導課程與高關懷課程設計就是針對校園學習適應不良、需要多元及彈性課程的學生，提供針對個別差異的適性教育機會，激發學生學習潛能、增進正向自我概念，以期把每個孩子都帶上來。課程設計原則以提高學生學習動機為前提，提升其自我效能為依歸，且不以正式課程取向為限制。也鼓勵學校結合認輔人力、學生輔導諮商中心及社區輔導資源（如心理衛生、社區福利資源、心理師及社工師等）積極預防學生中輟及中輟生再

輟。

　　「彈性輔導課程」學校針對中輟之虞學生規劃及提供個別適性之彈性輔導課程，1人以上即可開辦，學校應進行個案評估，適時修正辦理方式。「高關懷課程」編班以抽離式為原則，每班人數不得低於6人，依學生問題類型之不同，以彈性分組教學模式規劃安排，每週課程至多5日，每日至多7節為原則。課程內容包含下表7-4所示。

表7-4　彈性高關懷課程內容

課程類別	課程內容
學習適應課程	適度安排補救教學、閱讀指導
輔導課程	探索教育、體驗活動、壓力管理、情緒管理、正向思考教育、問題解決訓練、行為與自主管理訓練、人際互動、生活輔導、感覺統合遊戲、個別晤談（諮商）、團體輔導、性教育及法律知識等課程等
技藝類	電腦教學、樂器、武術、餐飲技藝、手工藝等
服務學習課程	課程結合社區服務活動等
生涯輔導課程	生涯規劃、進路輔導等
休閒藝文	藝術欣賞、休閒教育、電影欣賞、音樂欣賞、體能活動、美術課程等
其他	適合學生需求之課程、轉銜措施（課程）等

（三）團體工作的運用

　　輟復學學生共同特色之一為同儕關係緊密度勝過家庭學校，再加上青少年群聚在一起時膽子較大、開放程度較高，因此相較於學生輔導而言，團體諮商或活動較易和青少年建立關係，也更容易深入一些被視為禁忌的問題，例如：參與廟會、性經驗、吸毒經驗、非法打工經驗等。不過，應該特別注意的是輔導人員必須有足夠的心理準備及團體工作經驗，否則可能難以掌控學生失序行為及討論議題；另外，也應特別注意成員的篩選，以避免強化校內高危險群學生的群聚現象產生。

　　團體工作最重要的部分在於整體活動設計，社會工作所強調之團體方案並不限於一定之時間、地點及形式，所期待的是學生願意參與及投入。因此，對於中輟一段時間暫時不願意返校的學生，校外固定時間的團體輔導有助於與少年建立關係，唯活動設計時應視場地及成員特性而作必要之調整。從時間、主場、場地、成員皆無結構的外展性團體，逐漸朝向有結構團體運作，包含：主題從青少年有興趣的議題朝向復學輔導主題設計；場地由校外少年聚集地（例如：撞球場）到接近學校的場地，最後至校內團輔室；成員從不固定到有意願復學的少數成員。成員的組成建議鎖定青少年固有的同儕團體為主，團體領導者建議參考成員個性特質、人數、問題複雜性而規劃，建議應有協同領導者為宜。

　　例如，咖啡已經成為許多人生活中必要的飲料，臺北市學生輔導諮商中心駐麗山國中社工師，就曾經透過每週2小時的咖啡沖泡課程，教導中輟之虞學生咖啡知識、沖煮練習，讓學員分送至各處室，成為學校角落咖啡（蔡心媛，2015）。平時課程透過訓練歷程，建立技巧的訓練、熟練，強化自我效能的關鍵；接著，透過肯定、激勵與要求，產生正向關係的循環，發掘與回饋孩子的優勢特質與特殊能力，釋放專業者角色觀察少年。當然，互動的經驗也讓學生跟學校導師等重要他人，建立另一種不一樣的關係。

（四）高關懷青少年社區牽手方案

　　許多縣市都針對中輟之虞就學不穩定的學生，發展個別化的職涯方案或社區型方案，以讓學生跳脫校園框架。包含：新北市青少年社區牽手方案、臺北市的社區師傅等，都是類似概念。

　　2006年起新北市高關懷青少年計畫中試辦青少年社區牽手方案，針對國民中學中途輟學之虞或中途輟學復學學生以「多元智慧」的理念，結合民間資源提供多元教育學習方式，實際送學生到職場進行職業探索及學習課程，發掘學生身上的「復原力」，從學生潛力與長處著眼，以讓每個學生都能獲得成功經驗，協助其肯定自我並達到自我實現。

　　新北市目前的作法由學校成立工作執行小組，由校長擔任召集人，小組成員包括學校各處室主任、相關業務組長及導師等，業務承辦處室主任擔任執行祕書。其職責在於審查實施對象及社區指導師傅資格，並針對實際執行

之課務、出缺席情形、成績、經費、輔導等個層面進行督導及了解，並定期進行評估檢討。

方案以服務學習爲原則，依學生需求及類型之不同，經學校安排至社區學習，提供學生多元教育學習課程。主要課程實施與內容如下：

1.採師徒制教學，針對學生獨特性需要個別化的教學設計，達到因材施教的功能；並經由學校小團體活動，增強學生與他人之正向互動能力。

2.課程設計活潑、實用、多樣化，以增加學習成就感爲主。

3.針對每位學生深入輔導，透過長期的陪伴與接納，使學生有歸屬感及安全感。

4.積極進行家庭訪視，與家長建立良好的溝通管道，使家庭成爲助力。

5.課程階段分爲適應期、發展期及回歸期3階段，其內容與目標如下表7-5：

表7-5　社區牽手方案目標與內容

階 段	方式／內容	目 標
適應期	師徒制教學	1.強化復原力，適應規律生活。 2.提升學習動機，肯定自我。
發展期	多元智慧課程 小團體課程	1.學習團體規範，強化情緒與生活管理之能力。 2.發展多元智慧，創造成功經驗。
回歸期	銜接課程	建立生涯規劃，達成自我實現。

6.學生於社區上課時數，以不超過正規課程之二分之一爲原則；如有特殊學生，得由學校專案申請。

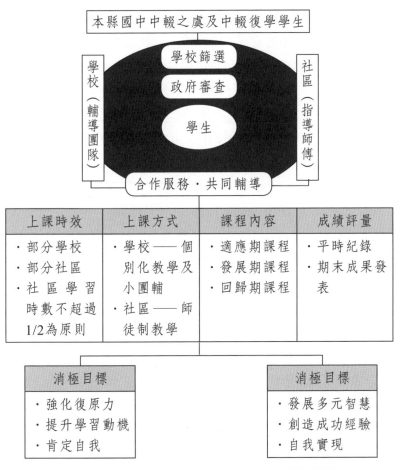

圖7-5　新北市高關懷青少年社區牽手方案實施架構

三、中介教育課程的運用

　　中介教育措施（或稱另類教育、選替教育措施，Alternative Education Programs），係一種可選擇性、可替代性的教育內容和教育方式，主要使命（mission），在於提供無法在傳統學校教育環境中獲得成功學習經驗的學生，有多元且可另類的學習環境，提供學生、家長對教育內容和方式的另類選擇。美國學者Morley（1991）主張：「另類教育是一種觀點，而不僅是一

種程序或方案，其所依恃的信念是許多方法可以使人受教育，也有許多類型的環境和結構，可以使教育在其間發生。」其涵義包含：1.另類教育是確保每位學生都能找到達成其教育目標之路徑的手段，2.另類教育是用以調適文化多元性、容許多樣化選項的手段，3.另類教育是提供選擇讓每一個人都有機會成功且有建設性發展的手段，4.另類教育是體認到每一個人皆有其長處和價值，故尋求爲所有學生提供最佳之選項，5.另類教育在公立學校系統和社區中是卓越的象徵，6.另類教育是促進學校轉型的一項手段（吳芝儀，2000）。

Ruebel, Ruebel, & O'Laughlin（2001）彙整相關研究發現影響另類性教育措施成功的因素包含：小班小校、老師對個別學生關注增加、非傳統且多樣化的課程、在社區或學校工作的職業訓練、參與學校政策或措施相關的決策、在支持性的環境中有較彈性的時間規劃；也就是指另類性學校以學生爲中心（student-oriented），教師較彈性化運用教材再加上溫暖關懷（caring teachers），並特別強調投注在個別學生的注意力，鼓勵學生參與應該是關鍵因素。除此之外，提供個別及團體諮商、師生有較多正向互動機會、個別化的教育計畫也有重要影響。

Saunders and Saunders（2002）針對Walnut Creek另類學校學生進行問卷調查，了解其對原先就讀傳統學校及目前就讀另類學校主觀感覺評估時發現，學生在與另類學校教師、行政人員、學生工作（諮商）者相處時有較正向的經驗，並有66%的受訪者不認爲原來學校老師了解他，55%的受訪者不認爲被公平對待，62%的受訪者不認爲老師嘗試讓學習更有趣，並有41%不認爲在功課困難時學校老師會幫助他；反之，在另類學校則有較正向的觀感。

臺灣中介教育的發展從1994年起，教育部開始積極發展中輟預防工作，1996年由臺北市政府社會局公辦民營全臺第一所少年社福機構「臺北市萬華少年服務中心（現爲臺北市西區少年福利中心）」。1997年爲了協助不願意到校的中輟生，教育局研議辦理多元性向發展班，以原校恢復中輟生學籍，讓中輟生在中心接受教育，成爲最早期的中介教育（劉宏信，2011）。2001年開始，教育部補助直轄市、縣市與民間團體辦理追蹤、安置與輔導中輟生實施要點，開始正式有多元中介教育的雛型，2003年開始合作式中途班逐漸

成形與發展（賀孝銘，2006；洪嫩玲，2014）。

　　依據2017年教育部國民及學前教育署補助辦理中輟生預防追蹤與復學輔導工作原則，中途班設置的目的為「中輟生經追蹤輔導返校而無法適應原就學環境，經復學輔導就讀小組審查通過，並經監護人或法定代理人同意者，得安排就讀慈輝班或資源式與合作式中途班；其課程規劃以現行課程綱要內涵為基礎，得考量學生需求及特性，由學校教師提供適性課程，其須施以技藝教育者，應配合本署技藝教育政策及原則進行。」

　　慈輝班強調「輔導對象為義務教育階段學生，因家庭遭遇變故而中途輟學，經追蹤輔導返校而無法適應就學環境，或因家庭功能失調，以及因列為中低、低收入戶而有中輟之虞，經監護人或法定代理人同意接受輔導就讀者。包含：高風險家庭／雙親亡故之依親學生及單親家庭學生。」班級人數以12 名以上，30名以下為原則辦理，應就學生擬訂個別化輔導計畫。輔導就讀原因消失後，將學生回歸原校或原班上課（每學期應召開回歸評估會議）。

　　資源式中途班是由政府遴請中輟輔導需求高的國中小學校辦理，並與鄰近學區教學資源共享，提供中輟生適性課程及輔導措施，申請開班人數每班6人為原則（得跨區），倘有特殊需求可調增或調減人數。主要特色在於設置地點在原就讀學校或鄰近學校，校園生態改變不大，同時又有充足的師資及輔導資源，利於學生返回原班就讀。

　　合作式中途班係由政府結合民間團體提供適宜場所，提供中輟生專業輔導資源及中介措施，學校教師提供適性課程（部分提供住宿），每班以8~15人為限。特色是學生離開校園環境但仍在社區環境中，可以提供更多社會福利等相關資源以協助學生問題的處理。但是，由於教育模式及課程與學校有較大的差距，因此學生返回原校原班比例較低。

　　許多老師及家長都希望能將中輟生轉介到中介教育，期望多元教育措施能夠協助中輟生的教育適應，然而在運用中介教育上應有正確的認知。事實上，中介教育只是一種中介及短期教育方案，也就是應該有計畫地讓中輟生透過中介教育進行教育適應，但是需要在最短的時間讓學生返回原學校及原班就讀，以使學生教育得以銜接。然而臺灣目前實務運作上卻常常成為「終界」教育，返回原校就讀比例甚低，值得深思。

粟惇瑋（2007）在研究中輟學園帶領中輟生往何處去的論文中，討論到當初教育部的規劃，學園應是協助中輟生返回原校的中介教育單位，但研究發現，學園對自身定位的看法並不一致，包含社福機構、學習機構、安置機構等不同的定位，教育內涵包含教學、社會工作，以及轉銜輔導措施。教學方面，中輟生進入學園學習後，學習情況普遍有改善，但在非住宿型學園內的學生較易持續發生輟學行為或是沒有按時出席上課，真正銜接教育的課程並不完整。社工員成為學生的個案管理員，媒合相關的資源，強調問題發生的當下立即性的介入。研究結果發現，除了持續輟學者，其他在學園穩定就學者，由於返校意願低落，且學園的課程設計難與原校銜接，因此(1)多數學生不會選擇返回原校，而是直接從學園畢業；(2)由於家境不佳，多數學生會選擇工讀或建教合作，一方面學習技藝，一方面可以獲取薪資，念普通高中者甚少；(3)多數返回一般教育體制者，包括回原校或升學，仍會面臨求學適應的困難，再度中輟的機率很高。

針對學生安置中介教育的評估，建議應就學校規劃類型、學生教育轉銜、生態環境區隔及改變、標籤化作用等部分考量。

1. 學校規劃類型的不同：對學生生活習慣、往返交通、學習型態都會造成影響，致使學生原有生態系統產生改變，而學生、家長及教師是否充分了解及接受，例如：住宿型態中途學校將使學生脫離原有生態環境及支援系統，通勤式學校則須花較多時間於往返路程，都必須在安置前做全盤考量；中途學校師資、課程、空間規劃及教育模式是否妥當，也是評估的重點。

2. 教育轉銜部分：中途學校除部分學校仍以主流學科教育為主外，多數皆以技藝教育及輔導課程為主，對於學生返回原校就讀的教育銜接或者是未來升學都勢必產生困擾，需要規劃較多轉銜教育課程，以利學生未來生涯發展。

3. 生態環境改變也是評估的焦點：例如，住宿型中途學校將使學生脫離原生家庭，勢必造成與原生家庭的疏離影響親子互動；學生同儕系統是否可能因此產生跨校際連結或群組的形成，都是應該被考量的重點。

4. 標籤化作用是學生就讀中途學校最常見的負面影響：學校輔導人員應該清楚認知中途學校是為短期中介輔導性質的學校，而不是處罰或驅離學生的「替代性」教育方案，導致學生被標籤化與邊緣化的困境，影響其自我價

值。除此之外，原就讀學校及中途學校輔導人員應強化學生及其家長輔導工作，以減緩或去除標籤效應，並積極協助學生自我概念的重建。

參考書目

中文部分

行政院（2017）。教育科技文化篇，《行政院公報》，25卷156期。

何進財、鄧煌發（2001）。臺灣地區國小暨國中學生輟學概況及其與社會巨觀因素關係之比較分析。犯罪學期刊，7，頁1-36。

李姿靜（2012）。不一樣的路——談中輟復學彈性適性化課程。臺灣教育，673，頁46-47。

汪敏慧、鍾思嘉（2008）。爲什麼要上學？——三位國中瀕臨中輟生的改變歷程。諮商輔導學報，19，頁1-29。

周愫嫻（2000）。「社會結構、中途輟學率與少年犯罪率關係之研究」。臺北市立師範學院學報，31，頁243-268。

洪嫩玲（2014）。接受中介教育之中輟少年的學習經驗之研究——以新北市某國中資源式中途班爲例。臺北：中國文化大學。

國教署學生事務及校園安全組（2015）。102學年度全國中輟統計數據分析。網址：http://203.68.64.40/six/main/data/102學年度全國中輟統計數據分析.pdf。

國教署學生事務及校園安全組（2016）。103學年度全國中輟統計數據分析。網址：http://203.68.64.40/six/main/data/103學年度全國中輟統計數據分析.pdf

國教署學生事務及校園安全組（2017）。104學年度全國中輟統計數據分析。網址：http://203.68.64.40/six/main/data/104學年度全國中輟統計數據分析.pdf。

教育部（2017）。105學年度各級教育統計概況分析。網址：http://stats.moe.gov.tw/files/analysis/105_all_level.pdf。

教育部統計處（2017）。教育統計簡訊64號——國中小學生輟學概況分析。網址：http://stats.moe.gov.tw/files/brief/國中小學生輟學概況分析.pdf。

郭靜晃、曾華源、湯允一、吳幸玲（2000）。中途輟學少年對家庭生活認知與感受分析。社區發展季刊，91期，頁302-315。

陳富美（2001）。「從老師、家長及學生的差異觀點探討阻礙學生中輟問題防治之因素」。社區發展季刊，96，頁302-315。

粟惇瑋（2007）。中輟學園帶領中輟生往何處去？論中輟學園的中介教育（碩士論文）。臺北：臺灣大學。

蔡心媛（2015）。增權運用於多元方案之成效（The Effect of Diversified Program with

Empowering Process）簡報檔，未發表。

馮莉雅（1998）。「從社會體係探討國中學生輟學傾向」。教育資料文摘，42(4)，頁138-148。

黃軍義、謝靜琪（2001）。青少年輟學與犯罪行為之研究。犯罪學期刊，7，頁99-126。

劉宏信（2011）。中介教育措施的「中介」意涵：以合作式中途班「臺北善牧學園」為例（未出版之博士論文）。國立東華大學，花蓮縣。

蕭玉佳、張芬芬（2013）。國小經濟弱勢生學習生活與學習文化之個案研究——凌寒待暖陽。課程與教學季刊，16(1)，頁35-68。

龔心怡、李靜儀（2015）。影響國中經濟弱勢學生之學業表現與中輟傾向之因素：以「脈絡—自我—行動—結果」之動機發展自我系統模式為取向。教育科學研究期刊，60(4)，頁55-92。

英文部分

Allen-Meares, P., Washington, R.O., & Welsh, B.L. (1996). *Social Work Services in Schools* (2nd edition). Allyn and Bacon.

Dupper, D.R. (1994). "School dropouts or "pushouts"? Suspensions and at-risk youth". *UIUC School of Social Work Newsletter,* 7(1).

Fremont, W. P. (2003a). "What to do when your child refuses to go to school". *American Family Physician*, 68(8), p.1563.

Fremont, W. P. (2003b). "School refusal in children and adolescents". *American Family Physician*, 68(8), p.1555.

Hallfors, D., Vevea, J.L., Iritani, B., Cho, H., Khatapoush, S. & Saxe, L. (2002). "Truancy, grade point average, and sexual activity: a meta-analysis of risk indicators for youth substance use". *The Journal of School Health*, 72(5), pp.205-211.

Ruebel, J.B., Ruebel, K.K., & O'Laughlin, E.M. (2001). "Attribution in alternative school programs: How well do traditional risk factors predict drop out from alternative schools? ". *Contemporary Education*, 72(1), pp.58-62.

Saunders, J.A. &Saunders, E.J. (2002). "Alternative school students' perceptions of past (traditional) and current (alternative) school environments". *The High School Journal*, Dec 2001/Jan 2002, pp.12-23.

Viadero, D. (2001). "The dropout dilemma". *Education Week*, 20(21), pp. 26-29.

第八章　校園暴力行為輔導工作

黃韻如

小宇與丫貓

小宇是個國二男生，焦慮性高，對於師長所交代的事情及作業，即使無法完成也不敢說，老師的嚴厲指責會使小宇逃避，甚至出現大小便失禁的現象。

在同儕團體中，小宇與小西、小北是死黨，好動頑皮、聲音大，喜歡模仿他人的動作，拉近與同儕的距離，肢體動作上總喜歡模仿大哥……外表很「踐」、吊兒郎當、學習抽菸、標榜自己很有辦法等，以顯示自己的「不凡」，更期望別人對他的重視。

丫貓是個國三男生，因打群架致嚴重傷人而受保護管束，對於班級導師相當信服，可以說是「言聽計從」，因此在入學後雖然沒有特殊重大的過失，但是在同儕團體中，一直是頂尖的老大，行為一直是帶著「徒弟們」遊走在挑戰校規的法令邊緣，小錯不斷，但分寸的拿捏總是恰到好處，一旦東窗事發總是爽快認錯，並表示不再犯錯。

小宇與丫貓有一天因為常遲到而於勞動服務中認識，但總是感覺井水不犯河水地沒有交集及互動。

小宇某日一大早向學校社工師表示：「老師，我可不可以跟你借錢？」

「為什麼需要借錢？」學校社工師詢問小宇。

「我需要50元買午餐。」小宇直截了當地回答。

「媽媽沒給你錢嗎？」學校社工師疑惑地問。

「她一早出去工作就忘記了。」小宇順口說出。

於是社工師在取得小宇隔天還錢的承諾後，借了他50元。不過，小宇借錢的行為及藉口持續了3天，到了第4天……

「要不要告訴老師，到底發生了什麼事情？媽媽又忘記了？不會吧！」學校社工師思索著。

隔天，小宇媽正好來電。事後，學校社工師問小宇：「今天早上你媽跟我聯絡過，問我你在學校最近表現如何？完全沒提到借錢的事耶！」。

小宇猶豫了一下，表示：「沒事，只是我愛吃而已，隨便說說，我

以後會還你的。」

次日，學校社工師再次問小宇，「你想將昨天的事再說明一下嗎？」

「老師，你不可以找丫貓，否則我會被打。」小宇急促地回答。

一會兒，小宇怕沒說清楚，又補上一次說：「老師，你不可以找他喔！否則我會被打。」隔沒幾分鐘，「老師，你不可以告訴媽媽喔，否則媽媽一定會很激動。」小宇反覆強調心中的擔心……

學校社工師看到頑皮的小宇，一下子變得遲疑且焦慮，就同理地說：「你有許多的擔心，害怕事情說出來可能對你的傷害，我答應你在沒有和你討論之前，老師不會擅作任何的處理，因為老師知道你最清楚什麼樣的處理對你最好。」學校社工師告訴小宇。

小宇表示，丫貓向他「勒索」，要求小宇每天替他帶一包菸來學校，否則將打他。

學校社工師問小宇：「你預計每天不吃午餐，用午餐錢替丫貓買菸嗎？」

小宇與丫貓的例子是典型的校園恐嚇勒索。在臺灣，學校導師、輔導老師、學務人員及社工師所共同關切及煩惱的，也同樣就是這一群可能會抽菸、欺騙、偷竊、打架、恐嚇、翹課的校園偏差行為高風險群學生，在學校他們常常群聚在廁所、後門、天臺、垃圾場、空地，躲著巡堂人員，這群學生是中輟的高風險群，也是學校應該積極著力協助的學生。

Allen-Meares（1994）針對美國學校社工進行全國性調查研究，從回收的860份有效樣本中，在複選的情形下顯示，有84%受訪者認為紀律性的問題（disciplinary problems）為學校社工師主要工作任務[1]。

---

[1] Allen-Meares（1994）針對美國學校社工進行全國性調查研究，從回收的860份有效樣本中，在複選的情形下顯示，有84%受訪者認為紀律性的問題（disciplinary problems）為學校社工主要工作任務；其他各類型問題比例為76%的受訪者認為是逃學問題（truancy problems），77%為兒童虐待（child abuse），77%為身心障礙問題（handicapping conditions），72%為離婚與分居問題（divorce and separation），59%為物質濫用問題（substance abuse problems），57%為健康問題（health problems），50%為青少年懷孕（teenager pregnancy），50%為特殊教育學生（special education students），48%為經濟問題（financial problems），10%為難民（refugees），10%為無家可歸的學生（homeless students）。

壹、校園暴力行為定義與現況

一、校園暴力定義

　　校園暴力可以分為狹義與廣義兩者，狹義定義係指學校內學生與學生、學生與教師、校外入侵者與學校師生間，所發生之侵害生命、身體，即以強暴脅迫或其他手段，壓抑被害人的抵制能力與抵抗意願，以遂行特定不法意圖之犯罪行為。廣義言，除上述行為外，還包括學生侵害自身生命與身體之行為，如自傷或自殺等（教育部，1995）。程又強（1995）認為若從廣義言，校園暴行是指發生在校園內所有暴力行為，包括學生對學生、學生對教師、教師對學生等的暴行（體罰），以及學生對學校的破壞行為等。另外從實務上來看，校園暴行是在校園裡的攻擊行為，屬於外向性行為中對財物、規則或他人的攻擊，且對現有環境中的人、事、物產生威脅性或傷害性，例如：脾氣暴躁、打架、滋事、性侵害或其他違規犯過行為等（鄔佩麗、洪儷瑜，1997）。

　　Walker等人（1996）從學生的問題行為角度將學校輔導工作分為三級預防（參見圖8-1），初級預防（Primary Prevention）針對沒有嚴重問題行為的學生，約占全體學生的80%～90%，需要學校進行全面性的介入（Universal Interventions），包含：全面性的情緒輔導、預防暴力行為的方案規劃等輔導教育課程，以加強各年齡層預防暴力技巧、行為管理模式著手，以減少需要次級預防輔導的人數。

　　次級預防（Secondary Prevention）針對有問題行為風險的學生，約占全體學生的5%～15%，強調選擇性介入（Selected Interventions）高風險學生，包含個別認輔、經常性的觀察、行為修正及其他輔導配套策略等，以修正其行為並減少需三級輔導的學生。

　　三級預防（Tertiary Prevention）學生則針對長期嚴重問題行為的學生，約占全體學生的1～7%，應進行標的性介入（Targeted Interventions），包含依據學生個別性需求進行深入輔導工作，而更應將服務的層面，深入家庭及社區。事實上，評估學校學生問題嚴重程度，可以從三級學生分布情形進行

評估，而暴力行為學生通常為二、三級學生。

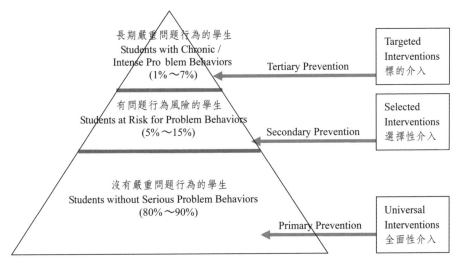

長期嚴重問題行為的學生
Students with Chronic /
Intense Pro blem Behaviors
(1%～7%)

Tertiary Prevention

Targeted
Interventions
標的介入

有問題行為風險的學生
Students at Risk for Problem Behaviors
(5%～15%)

Secondary Prevention

Selected
Interventions
選擇性介入

沒有嚴重問題行為的學生
Students without Serious Problem Behaviors
(80%～90%)

Primary Prevention

Universal
Interventions
全面性介入

圖8-1　學校預防暴力與破壞性行為的三級預防系統（Walker et al., 1996）

教育部2012年訂定「維護校園安全實施要點」，以強化高關懷學生輔導，防制學生藥物濫用、校園暴力霸凌與涉入不良組織，及關懷中途輟（離）學學生，以建構安全、友善、健康之校園，強化三級預防概念：

（一）初級預防

1. 營造安全、友善、健康之學習環境，包含：培育現代公民素養內涵、充足教材及師資、落實犯罪預防及被害預防宣導工作。

2. 強化中央跨部會維護校園安全功能。

3. 統整地方教育、警政、社政、衛生資源，包含：邀集教育、警政、社政、衛生及學生校外生活輔導會定期召開校安會報；與轄區警察分局訂定維護校園安全支援約定書，建立即時通報協處機制；建立校園事件法律諮詢服務小組。

4. 強化校外生活輔導會的支援功能，包含：與轄內社政、警政、衛生、毒品危害防制中心、少年輔導委員會等單位聯繫合作，並擴大認輔志工招募，協助教育局（處）建立完善之支援服務網絡，並定期辦理相關研習。

（二）二級預防

1. 國高中職都應該加強特定人員及高關懷學生之辨識，建立特定人員、高關懷學生名冊，以及早介入輔導。

2. 辦理教育人員增能研習，強化預防、發現及處理知能，內容包含：防制藥物濫用、暴力、霸凌、高關懷學生輔導知能等。

3. 藥物濫用特定人員尿液篩檢。

4. 辦理校園生活問卷調查，掌握暴力霸凌訊息，以早期發現潛藏之暴力霸凌事件，研訂輔導策略，消弭校園危安事件。

5. 發現疑似參加不良組織學生之通報及先期輔導。

6. 國民中小學中輟生復學通報及輔導就讀，也強化時輟時學及躲避中輟通報高關懷學生輔導。

7. 高級中等學校中途離校學生復學輔導，包含：事前預防、適時輔導及事後追蹤等預防輔導措施。

8. 加強學生校外生活輔導，包含：學生校外易聚集流連時段及處所，執行校外聯合巡查、春風專案，並積極與學校進行合作。

9. 設立多元投訴管道，協助校園霸凌事件處理，包含：設置教育部24小時免付費電話0800200885（耳鈴鈴幫幫我）受理投訴，並協助解決問題。

10. 定期校園治安事件通報、處理及彙報。

（三）三級預防

1. 提供藥物濫用學生輔導支援網絡。

2. 落實霸凌個案之追蹤輔導，包含：一般偶發性暴力偏差行為、霸凌個案共同介入加害、受害及旁觀學生輔導。

3. 確認參加不良組織個案之追蹤輔導。

4. 國民中小學中輟學生復學輔導及高級中等學校中途離校學生追蹤輔導。

5. 針對校園輔導無效或中斷時，應轉介相關單位進行輔導，並建立完善的支持網絡。

依據教育部校園安全暨災害防救通報處理中心（2016）統計分析報告指出，暴力與偏差行為事件類別進入通報系統分析，總共有霸凌事件、暴力

偏差行為、疑涉違法事件、藥物濫用事件、干擾校園安全及事務及其他校園暴力或偏差行為6大類，31項，總計通報7,941案次，影響14,235人次（參見表8-1）。其中，以其他暴力事件與偏差行為發生1,731件，影響3,601人次最多，占總比例的21.8%，顯示雖然分類頗多，但事實上許多校園暴力事件與偏差行為仍屬於無法歸類，值得進一步探討。除此之外，依序為離家出走未就學〔高中職（含以上）〕計1,251件，影響1,336人次（占15.8%）；一般鬥毆事件1,241件，3,098人次（占15.6%）；疑涉及偷竊案件1,010件，1,412人次（占12.7%）。

　　從學制分析來看，國小、國中以「疑似偷竊案件」較多，到國中「一般鬥毆事件」與「離家出走未就學」大幅增加，高中職部分則在「離家出走未就學」、「一般鬥毆事件大幅增加」，顯示校園暴力行為在國中及高中職較顯著。根據暴力與偏差行為事件之死傷人數與性別進行交叉分析，結果顯示男生明顯高於女生。

　　當然，這些統計數據都只是校園暴力的一部分，許多沒有外顯的受害結果（如受傷、物品毀損等），學校及家長都難以從外顯特徵察覺，且學生因擔心被報復等因素而隱瞞不報，可以顯示出勒索事件符合美國學者Wesley G. Skogan所提出有關犯罪黑數（Dark Figure Of Crime）的特質：較不嚴重、財物損失較輕、輕微身體傷害及沒有武器被使用（引自江淑如，1992），因此校園暴力事件能掌握的案件數通常遠少於實際案件，但是卻深深影響許多學生的生活。

表8-1　104年暴力與偏差行為事件類別件數分析表

事件類型	件數／人次	百分比	事件類型	件數／人次	百分比
（知悉）霸凌事件	620/1,804	7.8	疑涉妨害家庭	2/3	0
械鬥兇殺事件	31/56	0.4	疑涉縱火、破壞事件	51/92	0.6
幫派鬥毆事件	35/46	0.4	電腦網路詐騙犯罪案件	80/96	1
一般鬥毆事件	1,241/3,096	15.6	其他違法事件	824/1,153	10.4
飆車事件	52/86	0.7	疑涉及違反毒品危害防制條例	-	-
疑涉殺人事件	34/49	0.4	學生騷擾各級學校及幼兒園典禮事件	6/9	0.1
疑涉強盜搶奪	21/33	0.3	學生騷擾教學事件	7/12	0.1
疑涉恐嚇勒索	133/257	1.7	入侵、破壞各級學校及幼兒園資訊系統	5/10	0.1
疑涉擄人綁架	5/5	0.1	學生集體作弊	1/10	0
疑涉偷竊案件	1,010/1,412	12.7	離家出走未就學（高中職（含以上））	1,251/1,336	15.8
疑涉賭博事件	84/229	1.1	其他校園暴力或偏差行為	1,731/3,601	21.8
疑涉及槍砲彈藥刀械管制事件	34/47	0.4	幫派介入校園	31/51	0.4
疑涉妨害秩序、公務	50/70	0.6	總和	7,941/14,235	100

表8-2　104年暴力與偏差行為事件發生件數與學制分析表

事件類型/次數　　學制	（知悉）霸凌事件	械鬥兇殺事件	幫派鬥毆事件	一般鬥毆事件	飆車事件	疑涉殺人事件	疑涉強盜搶奪	疑涉恐嚇勒索	疑涉擄人綁架	疑涉偷竊案件	疑涉賭博事件	疑涉及槍砲彈藥刀械管制事件	疑涉妨害秩序、公務	疑涉妨害家庭	疑涉縱火、破壞事件	電腦網路詐騙犯罪案件	其他違法事件	疑涉及違反毒品危害防制條例	學生騷擾各級學校及幼兒園典禮事件	學生騷擾教學事件	入侵、破壞各級學校及幼兒園資訊系統	學生集體作弊	離家出走未就學（高中職（含以上））	其他校園暴力或偏差行為	幫派介入校園	總和（件數）
幼兒園	0	0	0	0	0	0	0	1	0	0	0	0	0	0	0	0	0	-	0	0	0	0	0	10	0	-
國小	259	0	0	93	0	2	2	16	0	229	0	1	1	0	6	1	25	-	0	3	0	0	60	585	0	-
國中	220	9	8	453	12	5	6	66	3	447	6	22	10	0	25	21	252	-	2	0	3	0	378	526	7	-
高中職	131	20	23	619	37	21	12	46	1	275	66	11	52	2	16	49	504	-	3	4	2	1	755	565	24	-
大學	10	2	4	76	3	6	1	4	1	29	12	0	6	0	4	9	45	-	1	0	0	0	58	45	0	-
教育行政單位	0	0	0	0	0	0	0	0	0	0	0	0	1	0	0	0	0	-	0	0	0	0		0	0	-
合計	620	31	35	1,241	52	34	21	133	5	980	84	34	70	2	51	80	826	-	6	7	5	1	1,251	1,731	31	-

貳、校園暴力行為學生之所以為「高風險」

　　校園暴力行為學生之所以高風險，主要呈現在兩大部分，首先，暴力行為導致校園被害恐懼感的產生及蔓延，造成學生在校園生活的不安全感；其次，則為高風險群學生行為對自己及他人所造成的傷害或隱藏性危機。

一、校園被害恐懼感的產生

　　「被害恐懼感（Fear of victimization）」可以界定為「個人對於犯罪現象之負面情緒反應」，一旦恐懼形成壓力，則可能傷害個人生理功能，甚至於造成無能力感（incapacitation），是一種「間接被害」（陳麗欣，1995a）。恐懼（fear），經常是伴隨著攻擊或暴力行為（包含肢體與言語暴力）而產生的一種負面情緒反應，被害恐懼感為一種情緒上對於害怕成為犯罪侵害對象的焦慮感受程度（賴擁連、苗延宇，2017）。高風險群學生常常造成校園內「財物損失不大」的暴力、損害及危機事件。雖然，實務經驗發現「加害者」與「被害者」通常為舊識，有共同的活動空間，甚至互為加害與被害關係，也常有加害學生會表示：「我們要找也都是找壞學生，因為我們其實也很羨慕及崇拜好學生」（黃韻如，1999a），但事實上卻對於學生及家長造成長期持續的「被害恐懼感」，特別是源自校園流言或媒體報導的訊息，因此「我聽說……」或「有人說……」常成為輔導工作中需要被確認的重點。

　　在陳麗欣（1995b）有關被害恐懼感研究中指出女性、學校表現好、低非行行為、無不良友伴經驗、低被害經驗、低加害經驗的「優良學生」，卻有高被害恐懼感。校園霸凌直接與間接被害經驗愈多者，其恐懼程度愈高（周蘭珍，2009；廖進安，2004）。但亦有研究顯示，僅有直接被害經驗會引發被害恐懼感（吳長穎，2002）。在性別方面，某些研究指出男性對於校園暴力的被害恐懼感高於女性（Akiba, 2008; Gibson, Zhao, Lovrich, & Gaffney, 2002；曾淑萍、蘇桓玉，2012）。

陳淑娟、董旭英（2006）在個人犯罪被害恐懼感影響因素之研究中發現，環境因素中的監督系統愈完善，其個人的被害恐懼感愈低；另外，社區「不文明符號」愈明顯，如到處塗鴉、滋事的少年、亂倒垃圾、荒廢的公共場所、性騷擾等現象，個人犯罪被害恐懼感愈高。Lane, Rader, Henson, Fisher, & May（2014）認為，研究被害恐懼較研究被害經驗來得重要，因為研究被害恐懼感能深入地了解個體內在的情感性知覺（emotional perceptions），更重要的是，能夠盡早協助個體辨識日常生活或周遭的危險情境或危險來源，及早因應，免得真正被害。賴擁連、苗延宇（2017）從日常活動理論分析護理人員職場暴力被害恐懼感，建議應該強化強化高風險環境處理、提升辨識高風險加害者的能力、強化環境的監控力道以及加強相關人員自我防護及求助能力，期能降低受害恐懼感。

二、偏差行為對自己與他人的傷害

高風險群學生有較高比例危害生心理發展的行為，除了暴力行為所常見傷害情形以外，許多偏差行為都可能造成實質上的傷害及隱藏性的危機。根據臺北市少年輔導委員會吳嫦娥等人（2002）針對12～18歲2,400名少年進行生活狀況調查指出，在有關青少年過去一個月曾抽菸、嚼檳榔、吸毒、喝酒等不良習慣部分，一般少年與偏差少年有顯著差異。一般少年中有6%、偏差行為少年有66%曾抽菸；一般少年中7.5%、偏差行為少年有23.6%曾喝酒；一般少年中有1%、偏差行為少年有12.6%曾嚼檳榔；一般少年中有0.7%、偏差行為少年有2.1%曾吸毒。

簡羽謙（2008）研究國民中學校園內學生間暴力事件歷程，發現：1.通常中學校園中嚴重暴力起源於未經妥適處理的糾紛以及共犯的推波助瀾；2.加害人、共犯與被害人通常有著相似的社會結構因素與較弱的社會依附與學校依附；3.加害人當中有嚴重的社會適應問題者與較輕微的衝動行事者之分，換言之，並非所有加害者都有反社會人格；4.加害者對於暴力事件都有正面評價並用以保護自己、提升在同儕間價值地位與名望；5.對加害人而

言，暴力事件有工具性與表達性的意涵，而共同加害人而言，暴力事件大多屬於工具性的暴力，其差異在於加害者通常有想要表達的不滿，後者則通常只是表達義氣；6.暴力事件中，通常第三者少見扮演協助解決的問題的角色；7.不同類型的威脅行為可以預估暴力行為是否真正被實行或更嚴重化。

參、從社會過程理論看學生偏差行為的發展

社會過程理論（Social Process Theory），包含：社會學習理論、社會控制理論、社會標籤理論〔Social Labeling Theory，或稱社會反應理論（Social Reaction Theory）〕，分享一個基本概念，即所有人不論種族、階層或性別，都有成為偏差行為少年及成人的可能性，差別只是在於成長歷程中是否有偏差行為的學習機會。本節嘗試運用社會過程理論的觀點，檢視高風險群少年偏差行為的發展歷程。

一、偏差行為是社會化的產物

社會過程理論認為偏差行為是個人社會化（individual socialization）的功能，也就是每個人的行為是從成長經驗中與各種社會組織、制度、機構的互動經驗中學習而來，因此行為嚴重受到家庭關係、同儕團體連結、教育經驗、與權威者互動經驗影響，其中權威者包含：教師、司法機構等。如果互動關係是正向且支持性（positive and supportive）的，則個人可以在社會認同的規則下擁有成功經驗；反之，如果是失功能且具破壞性（dysfunctional and destructive）的互動關係，則不可能出現常規的成功經驗，而偏差行為就提供了可以替代的解決方案（Siegel, 2003: 214-220）。

從社會過程理論觀點，認為雖然較低階層可能必須負荷較高的社會成長風險，例如：貧窮、疾病、種族歧視、較差學習環境等，但是這些社會影響可能被正向的同儕關係、支持性家庭關係和成功教育經驗所轉變。相

對而言，如果高社會階層社會成員，經歷到負面、具破壞性的生命經驗，例如：家庭暴力、負面的家庭關係，則可能出現反社會行為（antisocial behavior），也就是認為偏差行為與社會階層間並沒有直接的關係，而與成長經驗關係密切（Siegel, 2003: 219-220）。

林坤隆（2016）採用自陳方式，總共調查了812 位不同犯罪類型的少年。研究發現，犯罪少年父母親的身體、精神及總體虐待都高，其中跟父親依附關係較差，屬於逃避型的依附，少年較容易犯財物的犯罪行為，其中，犯罪少年有被父母性侵害的經驗者則顯著與一般少年有差異。顯示家庭暴力經驗與互動經驗確實影響少年偏差行為的發展。

陳易甫（2016）對青少年暴力行為認知以及友伴特質的影響研究時，發現青少年所處的家庭、社區以及個人生活經驗涵養了青少年的暴力認知。其中，接受父母較高的負面教養以及具有較高頻率的受害經驗、生活在凝聚力較低的社區，比較會發展出較高的暴力認知。

二、偏差行為是長期負面發展而來

Walker and Sprague（1999）認為許多孩子從出生開始就依循危機因素的發展軌跡（詳見圖8-2），這些危機因素間可能彼此獨立或者是交互重疊影響，包含：家庭、鄰里、學校及社會層面，產生貧窮、虐待、疏忽、不適任親職、照顧者酒精及藥物濫用、大眾傳播暴力、對教育忽視、父母犯罪、家庭結構改變等問題。愈長時間暴露在風險因素的孩子，愈容易導致不當行為模式的發展，呈現出侵略性、自我中心及不良的行為模式，例如：挑戰成年人、缺乏學習意願、高壓性的互動模式、對同儕的侵略性行為、缺乏問題解決技巧等。這些行為問題在進入學校以前就已經產生，更進一步出現短期的負面結果，即反社會行為模式（antisocial behavior patterns），包含：蹺課、同儕及師長的排斥、低學業成就、訓導工作的常客、早期接觸藥物或酒精、兒童犯罪等，而最後呈現長期負面且具破壞性的結果，即反社會生活型態（antisocial lifestyle）：在學校失敗經驗、中輟、少年或成年犯罪、藥物及

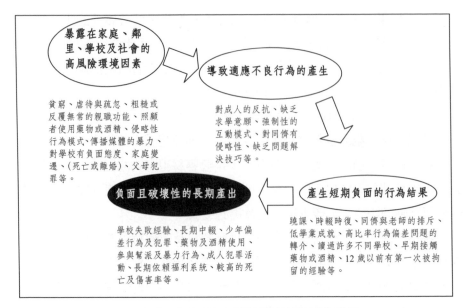

圖8-2　高風險兒童少年之長期負面結果的發展軌跡

資料來源：Walker & Sprague（1999）

酒精濫用、參與幫派、暴力行為、長期依賴社會福利及醫療系統、高死亡及傷害率等。

　　兒童階段由於年紀較小且缺乏獨立行動能力，因此偏差行為常在家長及教師治標不治本的概念下，以嚴厲的管教方式（如體罰、辱罵、不當剝奪等）輕易控制孩子，因此總被認為問題不嚴重，再加上缺乏專業輔導機制的介入，促使問題日趨嚴重，直到青少年階段由於具有充分的行動能力及獨立性，再加上長期累積的家庭問題、學校適應問題、同儕關係及社會環境等等問題，心理壓力運用偏差行為（如：打架、偷竊……）浮出檯面，出現親子溝通不良、學校適應困難、結交不良夥伴等，促使學校及家長共同來正視及面對學生的問題。倘若學校輔導、社會福利系統沒有積極介入，則少年與家庭學校漸行漸遠，接著中途輟學、少年犯罪、物質濫用等多元複雜且高風險性問題逐一浮現。

　　家庭相關之風險因子往往廣泛地影響少年的發展結果，而非只造成特定問題。例如，精神疾病或是酒癮家庭中的子女可能會有焦慮、憂鬱問

題、攻擊行為或學校適應問題，加上外化行為與內化情緒問題常有共病現象（comorbidity），且少年的偏差行為通常與低學業成就相關，故有必要廣泛性地探索累積家庭風險因子對少年各發展面向的影響（Chen, 2013；引自陳杏容，2016）。陳杏容（2016）研究運用「臺灣教育長期追蹤資料庫」進行次級資料分析，研究結果發現家庭累積風險因子愈多，少年內、外化問題愈嚴重且不利其學業成就；性別差異部分則是發現女生的憂鬱情緒比男生高，而男生的學業成就比女生低，偏差行為比女生多，賴慧敏、鄭博文、陳清檳（2017）也有相似研究結果。

三、「標籤化」強化高風險群學生負面行為

社會標籤理論特別關注兩部分，首先，標籤理論相信社會所創造出來的標籤，將剝奪被標籤者的社會參與機會，是為「烙印的產生」（the creation of stigma）；同時也影響被標籤者的自我形象（the effect on self-image）（Siegel, 2003）。

人在成長過程中，通常都是由父母、老師及其他重要他人（同儕、朋友）對自己的實際反應，或自己接受到的意義，形成一種標籤對自己進行重新評價（reevaluation），稱為「差別社會控制」（differential social control），被標籤為愈正向的孩子成長歷程愈順利；反之，當一個孩子被標籤為麻煩製造者（trouble maker）之後，自然而然就會被正向發展的社會情境所區隔，並且接受認知偏差行為、態度、價值的同儕團體，加入偏差幫會（joining deviant cliques），形成少年童黨，更接受偏差及犯罪的資源或概念。Tannenbaum（1938）認為製造犯罪者的過程是一種「罪惡的戲劇化」（dramatization of evil）過程，從貼標籤（tagging）、定義（definition）、確認（identify）、製造意識及自我意識（making conscious and self-conscious），形成刺激（stimulation）、建議（suggesting）及喚起（evoking）被標籤者發展成為我們所抱怨的特質的過程。亦即，自我預言的實現，標籤者便理所當然地增強其繼續標籤他人的過程。因此，要幫助這

些被標籤者的最好方式，就是協助他們忽略這些標籤（Siegel, 2003），這是一個艱難但重要的歷程。

舉例來說，以受教育歷程爲例，同學很自然地被標籤爲「好學生」及「壞學生」，前者不論在發展或學習機會上都會較好，即使犯錯也會獲得較多的體諒和原諒，代表參與語文競賽、擔任班級幹部、參與樂儀隊的機會都較後者爲多。後者則因成績不佳、注意力不集中、好動、有主見、愛說話等特質，被老師主觀評價爲「壞學生」或「麻煩製造者」（trouble maker）等負面標籤，標籤方式包含：正式的以言語或文字指責或形容，例如，在課堂上以暗示性標籤字眼形容（如：啦啦隊，意即拉低平均分數的學生）、公開批評、書寫於學生輔導紀錄及AB表中；或非正式的以疏忽或差別對待等，例如，不推薦成績不佳的學生參與競賽或擔任幹部、以表現不好爲由不讓學生參加校外活動等。值得一提的是，標籤並非都是惡意，有時是因輔導工作的疏忽，例如，將高風險群彈性課程命名爲「高關懷課程」，而參與的同學自然被稱爲「高班學生」或「需要高關懷」的學生，形成新的標籤身分，更容易因此強化負向的自我暗示及預言，讓偏差行爲更惡化。

四、少年透過合理化歷程解釋自己的行爲

Matza and Sykes的中立化理論（neutralization theory）觀點（Siegel, 2003: 225-7）是社會學習理論的一種，認爲犯罪行爲形成過程是學習歷程，有時對自己的違法行爲仍有罪惡感，但在合理化（rationalization）偏差行爲與傳統價值後，就能悠遊於常規行爲與偏差行爲間，特別是與較低道德色彩或具有隱藏價值（subterranean value）而不被公開討論的行爲，例如：看色情影片、喝酒過量、運動博弈等。因此，青少年常常用一些藉口合理化自己非法的行爲和態度，當然這些理由常常似是而非。合理化行爲常見有五種：

（一）否定責任（denial of responsibility）

也就是指少年會以無法控制的事件或者是一種意外，來解釋或逃避應有的責任，例如：「是他們先出手的」、「我沒有其他選擇」、「我沒想到會

這樣」、「我不是故意的」。

（二）否定損害（denial of injury）

否認行為對別人造成的傷害，以合理化為社會可接受的行為，而通常周圍的父母與朋友會支持他們這種說法，例如：「我只是借錢，沒有恐嚇」、「他每天都炫耀家裡多有錢」、「我又沒有打傷他」。

（三）否定受害者（denial of victim）

將自己錯誤的行為合理化成為受害者自己導致的，同時，也會被運用在沒有典型受害者的問題上，例如：「老師沒有監考，我才會作弊」、將破壞公物解釋成「老師太過分，所以要發洩」。

（四）指責定罪者（condemnation of the condemners）

從犯罪者的角度來看，認為世界是一個狗咬狗的腐敗地方，而藉由指責別人的錯誤降低自己的罪惡感。例如：「那裡天天有人抽菸，幹嘛只抓我」、「如果我不扁他，他就會扁我」。

（五）對團體效忠（appeal to higher loyalties）

少年常常會爭辯偏差行為是在「對自己同儕團體」效忠下，不得不違反學校規定。代表的說法為：「我必須保護我的好朋友」、「沒辦法，大家都打，我不能不打啊」。

五、「偏差與否？」是場善與惡的拉鋸戰

社會控制理論強調所有人都有犯罪的潛在因子，而現代社會也呈現很多非法活動的機會，例如藥物濫用等，都是刺激性的娛樂，並且可以在短期內獲得獎賞與滿足。重要的是，人們為什麼要遵守社會的行為規範？社會控制理論學者認為源自於內外在控制的力量，包含：擔心對別人造成傷害、擔心會惹麻煩、傷害至親的心、宗教道德信仰等。換句話說，少年的行為被自己對常規機構、個人或過程的依附與承諾所控制，而當這些控制消失時，就可能會產生偏差行為，當一個人犯了法又不會受到懲罰的話，那麼每個人都

有可能犯法。而外在的影響力量包含：家庭、學校、職業、朋友、宗教及社會信仰，甚至於法律及警察等（Siegel, 2003: 227-8）。Nye（1958）指出社會控制因素可抑制少年犯罪傾向。社會控制因素有四種：直接的控制（指來自紀律、限制或懲罰之直接控制）、內在控制（來自內在良心的控制）、間接控制（發展其個人意願，使其不要令父母、師長、親友等失望），以及運用其他合法的方法去達到既定的目的、意願（引自蔡德輝、楊士隆，2000: 99）。

陳巧雲（2013）探討衝動型暴力青少年與一般青少年進行抑制控制歷程在行為上的差異，藉此進一步探討他們產生攻擊行為的可能機制。衝動型暴力犯的外顯特徵為魯莽的行為，常常不能控制自己的行為，其衝動暴力行為及預謀暴力行為高於一般少年，可能的潛在原因在於他們反應衝動過快，或是抑制過慢造成的。

六、引發偏差行為的技術與動機由行為結果決定

社會學習理論中相當著名的是蘇哲蘭（Sutherland）的差別結合理論，他發現偏差行為並非源自於個別特質或社經地位，相反的，學習過程可以在任何文化架構下影響個人，因此行為是學習而來的，引發犯罪的技術及動機是接觸犯罪的結果（Siegel, 2003: 220）。當少年偏差行為經驗中接受到的結果，如果是正向多過於負向時，那他就會持續偏差行為，包含：接觸到的個人、團體或事件；也就是說，少年接觸有利偏差行為發生的定義多於不利偏差行為的定義時，他就會持續偏差行為。舉例來說，如果少年運用威嚇方式勒索受害者都成功，且受害學生並沒有舉報，則少年勒索行為將會持續；相反的，如果恐嚇的結果是被家長、老師、朋友發現並指責，則行為就有機會被修正。

七、偏差行為隱藏高犯罪因子

　　差別結合理論同時強調行為會因頻率（frequency）、持續時間（duration）、接觸順序（priority）、影響強度（intensity）而不同，Sutherland認為個人行為受社會互動品質影響，持續時間較長、接觸頻率較高、年紀較小接觸、對個人重要性較高者（如摯友、父母）的社會互動，對個體影響愈大（Siegel, 2003: 220）。

　　高風險群青少年受到三個因素影響，可能隱藏偏差少年高犯罪因子。首先，接觸與學習較多反社會行為及態度，多過於符合社會規範的行為及態度，例如，勒索、打架、恐嚇技巧的學習，更多於情緒管理、問題解決等技術的學習；其次，青少年階段所結交的同儕團體有較高的偏差行為取向，而此時結交同儕又恰巧對人生發展有最關鍵且長遠的影響；最後，有較高機會接觸到犯罪團體及前輩並且學習犯罪技巧，例如，容易因為缺錢而參與盜版光碟或毒品販賣的犯罪集團，甚至進一步參與幫派，學習犯罪技術。柯政宏、游家權、陳巧雲（2017）研究藥癮與一般少年發現，藥物成癮青少年較一般青少年展現較高的攻擊行為，且此高攻擊行為可能與較差的負向情緒調節能力、不佳的抑制控制有關，使用藥物易惡化青少年之抑制能力，進而導致其具高攻擊行為。

肆、校園暴力高風險群學生的形成因素

　　社會過程理論在於強調成長經驗中整個生態環境所帶來的學習累積，從直接緊密影響少年的家庭、社區、同儕、學校等微視系統（microsystem），以至青少年並不直接參與，但對青少年卻有直接及間接的影響，例如：宗教信仰、社會輿論風氣、教育政策等鉅視系統（macrosystem），都全方位地藉著人與環境間複雜的交流來影響青少年生活，而從這些角度出發解釋高風險群學生問題發生，可以清楚了解現今校園中所存在的多樣化青少年問題。任何學生的問題行為不能視為單一原因，更不能將問題簡化至學生個人問題，其與家庭、學校及社區都有及密切連結；換言之，學生問題係由發展過

程中受到系統的長期交互影響所得之結果，在青少年時期呈現。從社會結構角度而言，家庭制度、學校教育制度、社區文化對學生中輟率與少年犯罪形成共同的推力，而合法及非法的就業需求則形成強大的拉力（周愫嫻，2000）。

　　Calhoun, Glaser and Bartolomucc（2001）探討高風險犯罪少年研究中，提出JCAP模式（Juvenile Counseling and Assessment Program Model），也是從生態觀點為出發，認為青少年階段發展任務在於企圖藉由探索與經驗各種角色及行為，發展出自我認同，並深深影響到成人後的適應情形。成長歷程中許多不利的因素，例如，藥物濫用、氾濫的性行為等都可能是導致犯罪的因子。JCAP（詳見圖8-3）提供包含：(1)犯罪的病因；(2)犯罪少年的介入策略目標；(3)提供一個以諮商基礎的計畫訓練學生成為諮商方案的一員；(4)

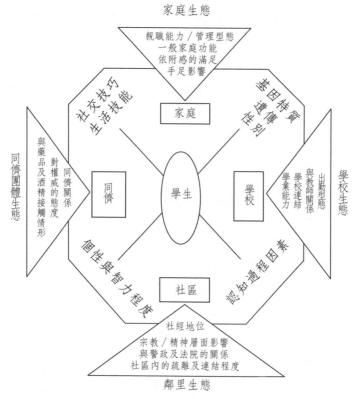

圖8-3　少年犯罪諮商與評估方案模式（Juvenile Counseling and Assessment Program Model, JCAP）

藉由研究擴大對犯罪少年的了解與介入模式的評估。JCAP基於研究發現的理論基礎上，提供一套理論性觀點將犯罪概念化與描述介入的需求，包含：(1)學生的特質（包含：性別、年齡、個性、智力、社會技巧等），(2)學生周圍生態內涵（包含：家庭、同儕、學校及社區），以及(3)各變項間的互動。

　　彙整近年相關文獻研究（周愫嫻，2000；馮莉雅，1998；吳芝儀，2000；黃韻如，1999b；鄭煌發，2000；黃軍義、謝靜琪，2001；郭靜晃等，2000；陳富美，2001；陳玫伶，2002），加上筆者實務觀察發現，校園暴力行為的成因主要可歸納下列六點：

一、個人不良的特質與生活習慣

　　雖然在生態環境系統中，不難發現環境對於少年所可能造成直接、間接影響的因素，但是並不能，也不應該忽視源自於個人的特質因素，因為不可否認的，相同的成長環境及背景，相同的社區、學校、家庭等，卻可能在個體身上創造出不同的影響。這些源自於個體特質或習慣，包含：情緒管理能力較差、對學習缺乏興趣、感染不良習性（抽菸、吸食毒品、偷竊、打架等）；生理因素，如精神疾病（躁鬱症、身心症、憂鬱症、懼學症等）、其他重大或長期疾病（例如：癌症）或身心障礙；不良生活作息（例如：晚睡、沉迷網咖、網路遊戲、手機遊戲）；喜歡於高風險時間出入公共場所（例如：於深夜或凌晨出入社區公園）；出入較具爭議性或危險性較高之場所，如酒吧、網咖、泡沫紅茶店、撞球場、其他出入分子複雜之娛樂場所。

　　1968年Schafer 提出「功能性責任（functional responsibility）」的概念，認為潛在性被害人有責任防範自己成為受害者，這種從被害人身上探求犯罪原因之論點，稱為偏差行為的社會互動論（social interaction theory of deviance），此理論認為犯罪人傾向於選擇與自己相似特質的人為下手的目標，而這些論點在國內相關文獻及研究中相信及證實，甚至在研究中發現受害者及加害者人口有重疊現象（陳東陽，1989；張平吾，1990；陳麗欣，

1995a,b；程又強，1995；黃富源，1998）。而1979年Cohen and Felson則提出日常活動理論，認為非法活動的發生，在時空方面尚須與日常生活合法活動相配合，藉由犯罪者及被害者相同的日常活動內涵，影響了犯罪的機會，產生「直接接觸掠奪性犯罪（direct-contact predatory violation）」（許金春等，1991）。另外，在機會理論所強調的犯罪客體（被害人）所製造「有利於犯罪之情境」，含人、時、事、地、物的組合，更有利於犯罪行為的發生（陳東陽，1989）。

二、家庭失功能

家庭關係是決定行為的重要因素，特別是親職因素，包含：親子關係（parent-child relationship）、溝通能力、是否提供合適的教導，及是否擁有足夠能力判斷哪些行為是兒童（成人）適當行為等，而家庭關係相較於家庭結構而言，是更關鍵的影響因素。少年如果是在較為衝突和緊張的家庭環境中成長，例如：失親、離異、缺乏愛與支持，則擁有較強的犯罪推力（crime-promoting forces）。換句話說，如果居住在高風險區域，但是擁有很好的成長訓練及親職環境，則一樣可以擁有正向發展。

陳易甫（2016）研究家庭結構、組成成員特質及交互產生的互動關係，都直接間接影響到家庭功能。家庭是青少年情緒發展的重要社會單位，家庭成員間彼此控制、認同及爭議的關鍵性影響，而Reiss（1991）認為健康家庭應該具備六項溝通特質：(1)清楚且避免嚴厲的溝通模式；(2)同意的部分勝過不同意的部分，讓每個人擁有自己的空間而不傷害別人；(3)有一個友善的環境，即使不同意也不會傷害其他成員；(4)在各種影響下自然呈現正負向情緒；(5)成員皆擁有幽默感及笑容；(6)尊重彼此隱私的需要而不介意（Martin & Martin, 2000）。而這些家庭特質在高風險群青少年家庭中確實較為少見。

Robin and Foster（1989）認為認知曲解（cognitive distortions）會對父母及青少年關係產生影響導致偏差行為、負面態度、不當情緒或不合邏輯思考

的產生，而認知曲解常見的有下列八種，輔導人員應注意評估不健康家庭的危機警訊（Martin & Martin, 2000）：

1. 完美主義（perfectionism）：父母期望子女的行為能完美無瑕；相對的，子女認為他們的父母永遠會給正確的答案。

2. 破滅（ruination）：是一種非理性的信念，即父母認為如果青少年有一點不適當的行為，就會帶來悲慘的結果，將導致青少年本身及其他家庭成員受害；相對的，子女認為如果父母限制他的自由將毀了他的人生。

3. 公正（fairness）：青少年認為父母應該公平對待他，而且每個人的人生都應該受到公平對待。

4. 愛與贊同（love and approval）：奠基在「沒有人可以擁有祕密」、「每個人都應該贊同其他人的行為」概念上，認為人如果沒有吐露祕密，則將不會有其他人愛他。

5. 順從（obedience）：即父母認為不論他們做什麼或說什麼，青少年都應該無疑問地同意。

6. 自責（self-blame）：青少年或父母拒絕接受責備或自己的錯誤，而替代地認為如果其他人可以提供更完整的資訊或不同的方法，則錯誤就不會發生。

7. 惡意的意圖（malicious intent）：是一種不理性觀點，認為如果任何人有不良行為，就是要蓄意傷害其他家人，而任何建議性或積極性回饋都是有傷害性意圖。

8. 自主（autonomy）：即青少年相信他們可以做任何他們想做的事情，而不希望有任何約束。

三、同儕關係多元複雜

青少年在Erikson（1950）的身心發展理論中強調青少年發展階段任務，開始尋找較穩定的同儕關係，並與同儕建立良好之人際關係，並從中學習人際互動技巧，同時不論在同儕的數目或類別，都在此時起逐漸累積增加，之

後同儕對於決策的影響力將超過父母。青少年早期，同儕影響力著重在情緒支持，特別擔心同儕背叛；青少年晚期則對社會化過程有主要影響。青少年期感受到遵守團體價值的壓力，同時彼此行為交互影響。當同儕傾向於正向關係，則朋友間會學習分享與合作，以因應外在的負面壓力或刺激，並討論源自於家庭的情緒；同時，透過彼此分享與學習以了解他們所共同面對及關心的議題，從中也體會到自己並不孤單。反之，同儕若不是正向的團體，則青少年的偏差行動將在團體互動過程中產生。

高風險群同儕關係發展上有共同的趨勢，就是由微視系統傾向鉅視系統，逐漸呈現「跨班級」、「跨年級」、「跨校際」、「跨區域」，甚至發展為「跨縣市」。由班級及家庭內逐漸往外發展的同儕關係，是高風險群學生常見的發展情形，當然與行為複雜度呈現正相關，特別是逃學、逃家及中途輟學學生，因必須維持生活所需而與同儕利益結合最為顯著，同儕間觀念同質性高且相互影響，而相互認同與集體決策模式，提高少年集體性失序行為的產生，在網際網路盛行的現代及未來，多元複雜且趨向難以掌握的同儕關係更是可以預期的現象，或許跨國際的問題也會在不久的未來出現。陳易甫（2016）研究青少年暴力認知與友伴特質的影響，發現友伴通常在暴力認知上並不會相互影響，但是友伴表現出現較高的暴力行為，則青少年本身也會有較高的暴力行為發生，也就是暴力行為是同儕模仿論點，但是對於友伴行動的動機則通常不需要了解。與簡羽謙（2008）所提的共同加害人暴力事件大多屬於工具性的暴力，只是表達義氣相同。

青少年活動多半是呈現團體的型態，彼此在食衣住行各方面都形成相互支援及協助的「生命共同體」，多半他們會相當「講義氣」地支助其他成員的生活費，甚至到學校向學弟妹「籌錢」（屬一種勒索形式）（黃韻如，1999）。住宿地點也是相互支援，常為家庭管教較不嚴謹或放任式管教之同儕的家庭居多（父母常不在家、家長對孩子已無約束力、房子較大、有閣樓及分層住等），部分學生甚至在涉世未深、識人不明的情形下，寄宿陌生人家中而遭受性侵害或遭受犯罪集團以毒品等方式控制。因此處理青少年議題時，與其進行單一學生的處理，還不如深入青少年族群，了解其共同需求、團體動力、價值觀念、生活習性等等，將同儕團體納入介入之範疇中。

四、學校教育環境的侷限性

　　教育過程與青少年在學校的學習成就與犯罪有關聯性。兒童及少年在學校低學習成就、缺乏學習動機、感覺孤獨的，較有可能與犯罪行為連結，產生較高比例的嚴重及暴力的危險行為，更可能延伸至成人犯罪。學校通常會標籤上述特質學生為「問題學生」，而使他們與常規社會分離。部分被標籤學生會長期進入追蹤系統，呈現被汙名化（stigmatization）的危機，認為這群學生有潛在的低學業成就、中輟等可能性，而限制這些學生成就發展的空間；相對而言，強化這些師生的正向依附關係，將有助於犯罪預防。學校場域常常是學生累積犯罪經驗的地方，美國一個全國性調查呈現，有15%的12～19歲學齡孩子在學校有暴力與財產受害（violent and property victimization）經驗，另研究也顯示每年有19萬件打架在校園發生，有116,000件偷竊案、98,000件破壞公物、4,000件強暴案、7,000件搶劫案、11,000件有武器的攻擊事件。另外有一個較新的數據顯示，15歲學生中有15%的學生曾經知道有學生帶槍上學（Siegel, 2003: 216）。

　　鄧煌發（2007）探討校園安全時，整理Gilligan（1997）的研究發現，認為學校環境中，學業成績表現、能力分班政策、學生疏離等三方面是造成校園暴行的主要原因。探討如下：

　　1. 學校成績不良與少年非行關係：非行少年低智商比例高、家庭狀況極不穩定、低自控、衝動性強，都是影響學校成績表現的重要背景因素，再加上非行極可能結合藥物濫用、抑鬱、營養不良、被虐待、疾病等，這些都是困擾型的生活方式。

　　2. 能力分班的影響：後段班或成績不佳的學生常會有不良行為，主因可能跟標籤效應、汙名烙印有關，同時發展出強化其不良行為的價值觀，再加上後段班教師的教學熱誠通常較前段班教師低，交互影響下對自我未來期許較低。雖然目前臺灣國中一般採取常態編班，但是成績較差同學可能受到的相關影響仍舊存在，而從高中中途離校或逃家的案例趨勢來看，也可以看出目前部分高中職的中輟與問題行為的發展趨勢。

　　3. 學生疏離學校：學生人數較多的學校較難有機會處理學生學習及行為

適應問題，除此之外，部分學生程度若無法得到有效的課程設計，容易產生教育與現實之間的差異及困境；再者，缺乏未來收益的憧憬，學生也較難在學習中找到成就；最後則是普通高中與職業技能教育的偏失，導致貶低職業技能課程，使之僅能位居次等的角色，致使學生產生疏離感。

五、特殊文化或不良結構的社區環境

學校與社區兩者存在微妙的關聯，即社區是學校的所在地，更是學校的背景；學校則提供社區目標完成的必要基礎，更是左右社區的文化（黃伶蕙，1996）。而社區與學校家庭的依存關係，也深刻影響著兒童少年的學習及成長，以生態觀點來看影響學童問題最重要的因素，除了個人、家庭及學校環境外，就是社區環境。因為社區是學童長期接觸的環境，對行為轉變形成具有強大的潛移默化，包括了社區文化、社區環境以及社區治安等，影響著學童的價值觀、行為舉止、生活型態（詳見本書第五章、第二十章）。

六、複雜且多元的社會體系

社會工作在實務運用上強調全方位（holistic）的生態觀點，透過人與環境間複雜的交流提供多元面向的概念基礎及較廣闊之架構。社會文化或次文化脈絡影響著上述各層面的發展，更影響兒童少年的價值、權力、需求、能力與人生目標，並與其所處的社會與物質環境質量相容，交流產生各種生命課題。在社會風氣的日益開放，大眾傳播媒體無孔不入，國際社會訊息的「無國界」、「零時差」現象下，無時無刻影響著我們的生活、價值觀，對青少年影響更不容忽視。舊有單一準則的傳統社會教育價值觀，在現今多元自由價值充斥的環境下，備受挑戰；而新的價值體系又尚未建立，兒童及少年需要的已非單一標準的價值，更需要彈性思考判斷以面對劇變的社會。以近年來網際網路盛行為例，嚴重轉變兒童少年的休閒生活型態及人際互動關

係，取代幾年前所盛行的泡沫紅茶店。後者的盛行強調聚會場地的改變，但人際互動仍不脫傳統關係，需要學習互動、溝通、衝突；但是前者的流行，讓部分學生人際空間不受實體空間的限制，人際互動不再真實，虛擬、欺騙、匿名性的溝通模式漸漸流行，個別且獨立性高、缺乏實際人際互動的高風險學生與日俱增，同儕友伴也不限於地域空間限制，足可顯示少年問題的多元複雜性因社會演變而與日俱增。

伍、校園暴力事件介入的迷思

一、體罰是管教頑劣學生的方法？

　　體罰是管教頑劣學生的方法嗎？這是個長久被討論的問題，即使是教育單位三申五令不准體罰的今日，教鞭、棍子、愛的小手，似乎仍舊是教師辦公室中不可缺少的權威象徵。事實上，教養品質優劣是影響兒童成長的關鍵性因素，因此，兒童虐待、疏忽、性虐待被認為與偏差行為有關聯。在兒童的成長經驗中，即使只是有少量的體罰（physical punishment），都比其他兒童有較高的機會運用暴力與他人互動，更容易與少年犯罪、憤怒、配偶虐待、沮喪與成人犯罪間有較高連結（Siegel, 2003），而體罰基本上就像「打孩子巴掌，以教育他打人是不對的」一般荒謬，試想，究竟是誰在示範「打人」的行為？

二、「家長帶回管教」是一種懲罰學生的手段？

　　「家長帶回管教」是一種矯正學生行為的好措施嗎？實務中，我曾經聽過荒謬的理由，包含：「剝奪他上課的機會，這樣他才會珍惜」、「讓家長負擔起管教的責任」、「讓學生回家反省自己錯誤的行為」、「讓學生在家裡學習，這樣他才會跟上班級進度」，捫心自問這些理由，哪一個具有說服

力？說穿了不過是合理化地把學生趕出教室的藉口罷了。

從社會學習觀點來看，如果學生家庭是有功能的，學生也不會成為高風險群，那既然家庭都已經失功能，又如何期待家長負起這段時間的教養責任，更何況是以雙薪家庭為主的現代社會。學生是否會在家中反省學習？是否會爭取返校上課的機會？在家自修更是無稽之談。實務上常見到是，學生如脫韁野馬，悠遊於網咖、撞球場、網路遊戲，甚至深夜在外遊蕩等，只是惡化少年行為偏差的程度而已。

三、「調整座位」是一種警惕學生的教育方法？

在許多國中學生管教辦法中，有關於調整座位的條款，這牽涉到兩個思考層面的討論。首先，涉及調整的幅度有多大？調整到教室外走廊、學務處、操場是合理的嗎？這個答案很清楚，損害到「學生受教權」的調整肯定不適當。其次，調整是出自於善意，為了讓學生更專心地學習？抑或是惡意讓學生丟臉及出糗？不論何者，明顯的座位調整都會讓學生因此被「標籤」，例如：講臺前的特別座、垃圾桶邊的邊緣座位，因而產生負面影響。因此，如果調整座位有其必要性，那麼如何運作及安排得不著痕跡，是值得思考的議題。

四、等他中輟後一切問題就沒啦？

「他現在不懂事，不會珍惜學校的生活，等他哪天中輟，到社會上磨一磨，自然就會想要回來唸書了。」這是真的嗎？還是又是老師合理化自己行為的藉口。高風險群學生長期問題無法解決，就可能演變出多重問題，倘若沒有積極介入，則中輟於是乎產生，與家庭學校漸行漸遠，並在食衣住行等民生的現實需求下，與街頭少年等同儕團體連結，此時中輟生的輔導工作更形困難。

中輟生是虞犯少年的大宗，可能成為社會中的加害者，如勒索、打架、結黨滋事、加入幫派等，形成社會問題重要一環；但更可能的是，成為社會黑暗面的受害者，被勒索、成為雛妓被性剝削、販毒及犯罪集團操控……使孩子回歸常軌的空間愈來愈小。偏差行為校園內外在程度上有明顯差距，以暴力事件為例，校園內的打架事件多半是徒手攻擊及簡易工具，如隨手可及的掃把等；而校園外則常涉及殺傷性較高的器具，如刀、棍棒、鐵條等。同時由於實際生活所需投入於低付出、高報酬、高風險的工作者較多，成為犯罪高風險群，甚或進入司法介入系統，因此中輟才會被說成是一切少年問題的根源。

五、偏差行為的孩子一定要到學務處？

「進出學務處的常客」也是一種標籤。偏差行為學生產生「跨班（年）級」群聚亦源自於常常在學務處相遇，進而出現「同是天涯淪落人」的「我團體感」（we-group feeling）的童黨或小圈圈，更相互資訊交換、認同，影響成員自我意識，再加上原有班級同學及教師的排斥或指責（例如：要同學主動遠離壞學生），更進一步強化這一群被標籤學生的內部凝聚力，有一種「其他人都不認同我們，我們必須認同我們自己」，強化為「中輟高風險群」的「那一群」。當哪天他真的曉課，老師會說：「哈！我早就覺得你會出事」，形成學生與環境共謀的「自我預言」。因此，注重學生個別性差異，避免將學生歸類，是協助學生忽略標籤，幫助學生的方法之一。

六、合理化自己行為代表無可救藥？

合理化自己行為常常被解釋為「不知悔改」，但是反過來思考，如果少年對自己的偏差行為沒有罪惡感，又何必為自己的行為找臺階下呢？顯示少年基本上是清楚自己行為的錯誤，只是暫時找不到符合規範的方式，滿足自

己的欲望及需求，因此了解少年內在需求，並進一步運用合理的手段達到合理的目標，是協助少年的關鍵。

陸、輔導理念與措施

一、尋找校園治安死角，避免負向行為的群聚現象

少年階段有發展同儕關係的需求，也因此偏差行為少年群聚現象特別明顯，因此篩檢校園治安死角，減緩偏差少年群聚現象，就成為輔導的第一要務，而學生是最好的助手，可以運用輔導活動課時間蒐集資料，並教育學生如何自我保護避免減少被害恐懼感。

二、進行觀察研究了解學生高風險行為模式

高風險群學生有其共同特質、共同生活空間，並且有密集性的互動關係，但是卻有相當多校際性的差異，而這些差異可能延伸自社區文化、家庭社經地位、社會文化脈絡，然而更重要的可能是源自於高風險群學生藉由集思廣益產生。因此，學校如何有效地積極觀察了解，並思考解決之道，是相當重要的輔導概念。

舉例來說，黃韻如（1999）曾從學生處理實務經驗中，針對單一學校學生在一學期之內的勒索行為演進進行整理，發現出「暴力型」、「金字塔型」、「丐幫式」三種校園勒索模式。本文中小宇的案例為暴力型恐嚇，符合校園勒索行為典型定義：「校內或校外人士或學生對於在校學生以語言威脅或其他方式進行恐嚇，強迫對方交出財物者即為勒索行為。」（劉念肯，1991），其中包含威脅的行為或字眼。然而，後續演變出「金字塔型」恐嚇勒索，則是由主要加害者透過與校內學生的非正式關係網絡（如乾兄弟姊妹、學長學姊、同學等），直接間接「借錢」形成金字塔型的模式，過程中

並沒有直接出現威脅性的語言或肢體暴力，但被害者有強烈的「被害恐懼感」，而這類型的受害者主觀意識常陷入「是否被勒索」的疑問中，因此學校重新宣導及定義被害恐懼感在勒索中的角色，就成為輔導的重要介入之一。最後，這群學生則在一個月內又演變出「丐幫式」勒索。相同的一群學生在上下學途中，以類似乞討的方式，拿著袋子表示：「救救學長吧！五元十元都可以。」要求路過學生「捐出」身上零錢。

三、針對學生特質掌握高風險群學生指標，提升預防輔導效能

如前所述，高風險群學生有其共同特質可以進行觀察，而掌握輔導時機也是高風險群學生相當重要的輔導關鍵。綜合少年行為因素討論，常見的預警性篩選指標可以歸納為學生行為特質、家庭互動關係、學校管理三部分進行思考，導師、輔導老師、家長應強化警覺性，提早介入輔導。

（一）從學生行為觀察

1. 學校出席情形異常，包含：請假、遲到、早退等情形的出現。

2. 同儕關係有複雜化的趨勢，從微視系統的家庭、班級向鉅視系統擴展，而呈現出「跨」班級、年級、校際、區域，甚至有校內外的「乾兄姊弟妹」的同儕關係。

3. 在高風險群偏差少年同儕關係中具有領導地位，常出現群組性的挑釁與攻擊行為。

4. 活動時間地點呈現高風險警訊，例如，活動時間為夜間、早晨出現在撞球場、市集、公園等地點流連，而這些時間空間與高風險群少年活動有較高的重疊性。

5. 學生在金錢運用方面有較大需求，出現異常借錢行為、要求調高零用錢，甚至出現勒索行為。

6. 學生於人際互動中，呈現情緒及行為克制力較差的情形，例如：易衝動、耍老大、情緒不穩定、缺乏自省能力、運用暴力解決衝突問題等。

7. 學生常於特定廟會、幫派或社群活動時間缺席。

（二）了解學生家庭互動情形

1. 親子關係不佳，常出現衝突、疏忽、虐待等不良互動情形。

2. 家庭教育功能不彰，對少年偏差行為及生活作息缺乏約束力，甚至曾有逃家經驗。不以家庭為主要活動中心。

3. 家庭突遭變故，例如：父母重病、死亡、經商失敗、躲債、婚外情、婚姻暴力等等，導致家庭缺乏功能而對學生生活造成影響，甚至被迫搬家、中輟等情形。

（三）從學校管理進行評估

1. 學校環境管理不當，以至於常有在校內或附近高風險角落聚集抽菸、蹺課、鬥毆的學生，在學校形成獨立高風險學生群組，對其他同學可能產生被害恐懼感的壓力。

2. 師生關係因教師輔導知能不足、要求過當、溝通不佳而出現衝突情形，包含：學生與導師、任課教師、生教組長、教官的關係，導致學生對學校產生負面情緒，例如：師生產生爭執情境、逃避特定課程或教師、毀壞教師座車、惡作劇等。

3. 學校過度依賴記過、不當管教，缺乏多元彈性教育方案規劃，以致無法有效輔導及教育高風險群學生。

四、整合輔導資源，強化三級預防概念

高風險群學生是長時期且全面性問題的累積，因此輔導工作相形之下困難度高且成效不彰，造成教職員工長期累積輔導壓力及對這群高風險學生負向的情緒，形成輔導枷鎖，更限制了輔導成效。因此有效整合校內外資源並配合各種專業工作方法，強化二、三級學生輔導，並將介入重點提前到預防性的層面，有助於預防學生問題的產生。

Walker and Sprague（1999）認為教育單位針對這群高風險學生，通常會有一套口惠而不實（lip service）的預防策略，在擔心成效及長期投資成

本情形下缺乏長期執行的意願。Walker及其工作夥伴於1996年設計一套於學校執行的預防反社會行為的三級輔導策略（詳見圖8-1），建議應強化三級輔導概念，並積極落實，特別是學校不能忽略初級輔導策略而僅加強二、三級輔導策略，因為愈傾向於二級、三級輔導的學生，所需花費的社會成本及輔導成本愈高，但相對的輔導工作所產生的影響力愈薄而成效愈差（Walker et al., 1996; Walker and Sprague, 1999）。相同的三級預防概念，呈現在目前教育部推行教訓輔三合一方案及學校社會工作角色定位的概念中（黃韻如，2001；臺北市教育局，2001），而在學校教職員工有限的前提下，有效整合校內外人力資源加強三級輔導工作，是中輟輔導的不二法門。

五、個案工作與團體工作並進

個案工作的介入對於任何學生而言，都有其必要性，學生有個別性的問題差異及需求。然而，高風險群學生共同特色之一為同儕關係緊密度勝過家庭學校，再加上青少年群聚在一起時開放程度較高，因此相較於學生輔導而言，團體工作或活動進行較易與青少年建立關係，也更容易深入一些被視為禁忌的問題，例如：參與廟會、性經驗、吸毒經驗、非法賺錢經驗等等。應該特別注意的是，輔導人員必須有足夠的心理預備及團體工作經驗，否則可能難以掌控學生失序的一些行為及討論議題。

然而，Heath & Sheen（2005）針對第一時間處理衝突事件時，強調運用翹翹板的概念，要注意校園暴力雙方的說話速度及音量，當學生或加害者聲音愈大時，則助人者聲音需要愈輕柔，當學生或加害者說話速度愈快時，則助人者的聲音需要愈慢，才能夠讓現場容易趨於緩和，以利掌握現況。

（一）介入場域不以學校為限，端視學生需求而定

Corcoran et al.,（2000）將學校社會工作常見的介入場域分為三種：（1）社區為基礎（community-based），係以社區機構為主軸，介入的對象與進行場所都以社區為焦點，主要鎖定在社區中有此類需求的學生群；（2）學校為基礎（school-based），即以學校為主軸，所有方案規劃、經費

來源及學生都是以校園為主，多半是由學校內的老師、學校社工師或輔導人員配合學校輔導計畫進行相關介入；（3）與學校連結（school-linked），即是以社區為基礎介入場域並與學校連結，將校園外的場所連結到校園內（off-campus site linked to a school setting），為前兩者間的連結，而這也是蠻常見的運用模式。當然，並非所有的方案都可以做這樣的絕對區分，有些方案會是兩種模式的結合或是介於兩者模式間，至於如何選擇，端視學生需求而定。

團體工作最重要的部分在於整體活動設計，社會工作所強調的團體方案並不限於一定時間、地點及形式，所期待的是學生願意參與及投入，因此諸如輔導室、教室、操場、泡沫紅茶店、撞球場、籃球場、社區公園、廟口或其他少年聚集的場所皆可以成為團體輔導的場所。對於中輟一段時間暫時不願意返校的學生，校外固定時間的團體輔導有助於與少年建立關係，增強學生復學意願，惟活動設計時應視場地及成員特性而作必要之調整。例如，較吵雜的戶外公眾場地就不宜討論過度隱私性的問題，而室內空間可能應避免肢體動作、噪音過大的活動。參與成員應以5人左右小團體為主，成員的組成建議鎖定青少年固有的同儕團體為主，以避免成員間彼此結盟、學習、爭鬥等負面影響，團體領導者建議參考成員個性特質、人數、問題複雜性而規劃，建議應有兩名以上領導者為宜。

（二）討論議題以生活適應與生涯發展為主

在輔導內容的規劃上，根據高風險群學生常見及後續可能引發的問題，建議朝五大主軸議題進行規劃：心理輔導（含自我探索、家庭關係、親子關係等）、學校適應（含師生關係、違規行為、班級適應等）、人際互動（含衝突管理、情緒管理、禮儀訓練等）、預防宣導（含毒品防制、兩性關係、性病防治、犯罪防治宣導等）、生涯規劃（含升學輔導、性向探索、職業取向、技藝訓練、就業陷阱等）。其中內在省思探索部分，對於高風險群少年而言困難度較高，需要較多互動性活動設計的引導，如角色扮演等。從實務經驗上建議在活動規劃的同時，輔導者應保留心靈空間，也就是多一些觀察、多一些活動的彈性，因為這群生活經驗同質性及彼此熟悉度極高的成員，常常會有許多在參與團體前未解決的生活經驗，例如：成員失戀、逃

家、約好圍爐（打群架）時間等壓力事件。只要輔導員留心觀察及引導，常常可以引發成員積極參與討論，而此時搭配相關議題的輔導工作成效較佳，且有助於輔導及預防現階段問題的處理。

六、強化青少年正向社會經驗，避免負向社會連結

　　Hirsch討論社會連結理論（Social Bond Theory）是社會控制概念之一，假設每個人都有潛在的犯罪因子，而人之所以自我控制避免違法的原因，在於擔心違法行為將會危害其與朋友、父母、鄰里、老師及雇主的關係。換言之，倘若沒有這些社會連結，則人就可能會產生偏差行為或犯罪。社會連結的要素包含依附、承諾、參與、信念等四部分，詳參圖8-4（Siegel, 2003）。

　　首先，依附（attachment）強調強化重要他人與少年發展良好的正向依附關係，而愈是對人及環境有正向依附關係者，愈容易接受社會規範。其中，重要他人又以父母最為重要，但是如果父母失功能，那麼穩定長期關係下的老師、輔導人員、認輔爸媽（志工）、大哥大姐，也是可以藉由依附關係的發展影響少年行為修正。其次，個人投入愈多承諾（commitment）於追求理想目標的同時，從事偏差行為則會使其冒著失去所有投資的代價及風險，包括失去努力的成果、就學與就業機會，甚至美好的未來等，所以可能降低偏差行為發生之機會。因此，生涯規劃、職業訓練等跳脫此時此地壓力環境的思考及規劃，有助於協助學生追求理想目標，唯應注意目標的設定應以學生需求為主，學生對於過高過久的目標容易放棄。涉入（involvement）的概念強調少年投入常規活動程度愈高，則間接降低了從事偏差行為的可能性，所以當少年參與較多的家庭、學校、娛樂活動，則能阻絕偏差行為產生機會。最後，信念（belief），是指遵守法律及道德規範的程度。少年若愈相信應該遵守，則犯罪的可能性較低，反之，若對社會規範的信念愈弱，則愈會違反規則，也就愈會發生偏差或犯罪行為。

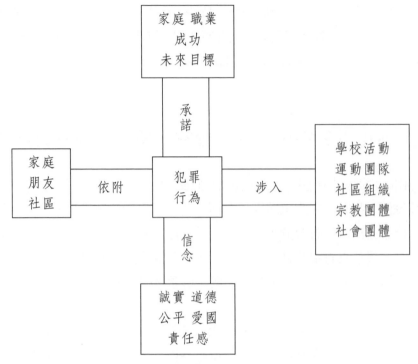

圖8-4　社會連結要素（Siegel, 2003）

七、學生爲中心出發，增強學生改變的動力

　　高風險群學生多半具有多重性的問題，而問題發生時多半具有危機性與時間性，因此強調以短期治療、問題解決爲中心的「焦點解決治療模式」成爲近年來盛行的概念之一（Corcoran, 1998）。教師與輔導人員應該從少年現況爲治療的起始焦點（starting where the client is），發掘少年表現及成長歷程中的優點，對於少年減少批判性態度、勸導及嘮叨等，強調少年參與而讓少年更容易與社工師一起工作，以增強學生改變及成長的動力，並尊重個別差異及特殊狀態，將介入目標緊扣在短期問題焦點上，架構具體化目標（concrete goal setting），過程中運用語言帶給少年對未來的憧憬，以強化少年幫助自己發揮潛能與長處來解決其問題。

　　其中，正向的角度切入對高風險群少年是很重要的，有助於協助少年擺

脫成長脈絡中過度強化的負向標籤。如果，少年在會談歷程中呈現失敗的過去，例如：「我全部都蹺課」，焦點解決模式建議應該將焦點轉移到未來，例如：「你以前都蹺課」，而顯示出目前及未來都是有改變的機會，以增強學生改變的動力。另外，Corcoran（1998）認為教師與學生家庭，也是學校社工師或輔導人員介入重點之一，因為教師、家長通常是少年的重要他人，如何塑造合作的夥伴關係是很重要的輔導重點。

八、全面性評估學生生態體系，加強系統間整合及互動

社會工作以「個人與環境的互動」為思考基礎，從個人、家庭、同儕、學校、社區、社會環境等層面，分析及評估青少年問題，並期待架構起以個別學生為核心的「家庭—學校—社區」專業連結，以維持少年生活中正向且持續存在的助力。

不論是社會學習或生態系統的觀點，都強調任何個人成長都與其環境有密切之關聯性，而且所有學生的問題絕非單一原因所能解釋的。從另一個角度思考，即使專業輔導對少年有正向積極協助，但是輔導歷程所建立的正式資源及專業介入都可能因任何因素而終止，唯有學生才永遠是協助自己的最佳資源。因此協助學生重整內外在資源，就成為「治本」的方法。

高風險群學生輔導工作應該從學生身上發掘，並主動與學生系統中的同儕、家庭、團體、熱心鄰居、商家老闆等接觸，統整出學生周圍正向資源，使其成為學生正向且持續存在的助力；反之，各種不利學生的資源系統也應被介入，避免持續對學生正向生活經驗的養成造成干擾。其中家庭關係的介入是生態系統中的關鍵部分，因為家庭系統常常是青少年問題的根源，以學校角度為出發建議採取個別案家評估為主，Liddle & Hogue（2000）建議評估重點應包含「家庭結構與發展」、「親子互動關係」、「父母親目前生活壓力源」、「父母對少年家庭外生活了解程度」、「父母本身青少年段的成長經驗」。介入重點以修正家庭互動關係並重新建立青少年與家庭的正向連

結最為重要,減輕少年與家庭爭吵及衝突,強化青少年正向的情感依附,有助增強少年面對新行為或情緒環境的社會心理能力及自信。除此之外,應加強親子與正向少年活動空間的連結,例如:運動場所、各種社交活動場所、職業訓練、技藝訓練課程等各種學校外的活動空間,或參與青少年同儕關係以就近觀察了解並參與少年生活。

參考書目

中文部分

江淑如（1992）。談校園恐嚇被害之防範。諮商與輔導，(77)，頁42-43。

吳長穎（2002）。國小兒童校園環境知覺、被害經驗與被害恐懼感之關聯性研究。國立中正大學犯罪防治研究所碩士論文，未出版，嘉義縣。

吳嫦娥、張淑慧、樂洋如、黃韻如（2002）。臺北市政府九十一年度計劃研究報告——從少年生活狀況探討臺北市政府少年服務措施內涵。臺北市政府。

周愫嫻（2000）。社會結構、中途輟學率與少年犯罪率關係之研究。臺北市立師範學院學報，31，頁243-268。

周蘭珍（2009）。都市地區學生被害恐懼感形成因素之研究——以臺南市中西區國小高年級學生為例。立德大學地區發展管理研究所碩士論文，未出版，臺南市。

林坤隆（2016）。不同類型犯罪少年與被虐待經驗之關聯性研究。青少年犯罪防治研究期刊，8(2)，頁199-267。

柯政宏、游家權、陳巧雲（2017）。青少年藥物成癮與暴力行為的相關性。藥物濫用防治，2(2)，頁101-141。

張平吾（1990）。臺灣地區少年恐嚇犯罪與被恐嚇情形之探討。警政學報，(17)，頁233-262。

教育部（1995）。防制校園暴力專案報告。臺北市：教育部。

郭靜晃、曾華源、湯允一、吳幸玲（2000）。中途輟學少年對家庭生活認知與感受分析。社區發展季刊，91，頁302-315。

陳巧雲（2013）。論負面情緒如何影響衝動型暴力青少年的行為能力？。青少年犯罪防治研究期刊，5(2)，頁77-108。

陳杏容（2016）。家庭危險因子對少年之學業成就、偏差行為與憂鬱情緒發展的影響：累積危險指數模型探討。臺大社會工作學刊，(34)，頁41-83。

陳易甫（2016）。青少年暴力行為之研究：暴力認知以及友伴特質的影響。社會分析，(13)，頁83-112。

陳東陽（1989）。社區居民保護自己、拒絕被害之策略作為。警政叢刊，28(5)，頁139-149。

陳玫伶（2002）。學校社會工作之兒童少年中途輟學服務——以臺中縣經驗為例。兒童

福利期刊，2，頁231-242。

陳淑娟、董旭英（2006）。個人犯罪被害恐懼感影響因素之研究。犯罪學期刊，2(9)，
　　頁31-52。

陳富美（2001）。從老師、家長及學生的差異觀點探討阻礙學生中輟問題防治之因素。
　　社區發展季刊，96，頁302-315。

陳麗欣（1992）。國民中學生活方式與校園暴行被害經驗之關係。嘉義學院學報，(6)，
　　頁157-194。

陳麗欣（1995a）。從被害者學觀點探討國中校園勒索暴行暨其被害恐懼感。教育與心
　　理研究，18，頁248-286。

陳麗欣（1995b）。從被害者學觀點探討校園被害經驗、加害行為與被害恐懼感之關
　　係。犯罪學期刊，1，頁77-112。

曾淑萍、蘇桓玉（2012）。國中學生網路霸凌被害恐懼感之研究。青少年犯罪防治研究
　　期刊，4(1)，頁1-33。

程又強（1995）。談影響校園暴力之家庭因素。學生輔導雙月刊，37，頁44-49。

馮莉雅（1998）。從社會體係探討國中學生輟學傾向。教育資料文摘，42(4)，頁138-
　　148。

黃伶蕙（1999）。走出校園，走進社區——談學校社會工作中社區工作的推展。學校社
　　會工作與臨床心理經驗談。臺北：臺北市政府教育局。

黃軍義、謝靜琪（2001）。青少年輟學與犯罪行為之研究。犯罪學期刊，7，頁99-
　　126。

黃富源（1998）。暴力被害人特質之文獻探討。學生輔導雙月刊，57，頁84-95。

黃韻如（1999a）。從校園勒索事件談高風險學生之輔導策略。校園暴力之防制與輔導
　　學術研討會。臺北：中華民國觀護協會。

黃韻如（1999b）。尋回迷途的羔羊——從社會工作觀點談中輟生問題。訓育研究，
　　38(2)。

黃韻如（2001）。臺北縣中小學聘任社會工作專業人員成果報告。臺北縣國民中學設置
　　專業輔導人員成果研討手冊，頁37-72。臺北：臺北縣政府。

鄔佩麗、洪儷瑜（1997）。校園暴力行為之診斷與處理策略研究。教育心理學報，
　　(29)，頁177-214。

廖進安（2004）。社會支持與國中生犯罪被害恐懼感之相關性研究——以臺北市國民中
　　學學生為例。南華大學教育社會學研究所碩士論文，未出版，嘉義縣。

臺北市教育局（2001）。孩子心靈的魔法師——臺北市各級學校九十年度社會工作試辦

方案成果研討會。臺北：臺北市政府教育局。

蔡德輝、楊士隆（2000）。少年犯罪——理論與實務。臺北：五南出版。

鄧煌發（2007）。校園安全防護措施之探討——校園槍擊、校園霸凌等暴行事件之防治。中等教育，58(5)，頁8-29。

賴慧敏、鄭博文、陳清檳（2017）。臺灣青少年憂鬱情緒與偏差行為之縱貫性研究。教育心理學報，48(3)，頁399-426。

賴擁連、苗延宇（2017）。日常活動理論分析護理人員職場暴力被害恐懼感之成因。中華心理衛生學刊，30(2)，頁195-219。

簡羽謙（2008）。國民中學校園內學生間暴力事件歷程。國立臺北大學犯罪學研究所碩士論文，未出版，新北市。

英文部分

Akiba, M. (2008). Predictors of student fear of school violence: A comparative study of eighth graders in 33 countries. *School Effectiveness and School Improvement,* 19(1), 51-72.

Allen-Meares, P. (1994). Social work service in schools: A national study of entry-level tasks. *Social Work*, 39, pp. 560-565.

Calhoun, G.B., Glaser, B.A., & Bartolomucc, C.L. (2001). The Juvenile Counseling and Assessment Model and Program: A conceptualization and intervention for juvenile delinquency. *Journal of Counseling and Development*, spring 2001, pp. 131-141.

Chen, H.-J. (2013). Robust protective factors for Africa American youths who have a parent with depression. *Social Work Research*, 37(2), 121-134.

Corcoran, J., Franklin, C., & Bennett, P. (2000). Ecological factors associated with adolescent pregnancy and parenting. *Social Work Research*, 24(1), pp. 29-39.

Corcoran, J. (1998). Solution-focused practice with middle and high school at-risk youths. *Social Work in Education*, 20(4), pp. 232-250.

Gibson, C. L., Zhao, J., Lovrich, N. P., & Gaffney, M. J. (2002). Social integration, individual perceptions of collective efficacy, and fear of crime in three cities. *Justice Quarterly,* 19, 537-564.

Gilligan, J. (1997). *Violence: Reflections on a national epidemic*. New York: Vintage.

Heath, M. A. & Sheen, D. (Eds.) (2005). *School-based crisis intervention: Preparing all personnel to assist*. New York, NY: Guilford.

Lane, J., Rader, N. E., Henson, B., Fisher, B. S., & May, D. C. (2014). *Fear of crime in the*

United States: Causes, consequences, and contradictions. Durham, North Carolina: Carolina Academic Press.

Liddle, H. A. & Hogue, A. (2000). A Family-based, developmental-ecological preventive intervention for high-risk adolescents. *Journal of Marital and Family Therapy*, 26(3), pp. 265-279.

Martin, D. & Martin, M. (2000). Understanding dysfunctional and functional family behavior for at-risk adolescent. *Adolescence*, 35(140), pp. 785-792.

Siegel, L. J. (2003). *Criminology* (8th). Singapore: Thomson.

Tannenbaum, F. (1938). *Crime and Community*. London and New York: Columbia University Press.

Walker, H. M. & Sprague, J. R. (1999). The path to school failure delinquency and violence: Casual factors and some potential solutions. *Intervention in School and Clinic*, 35(2), pp. 67-73.

Walker, H. M., Homer, R. H., Sugai, G., Bullis, M., Sprague, J. R., Bricker, D. & Kaufman, M. J. (1996). Integrated approaches to preventing antisocial behavior patterns among school-age children and youth. *Journal of Emotional and Behavioral Disorder*, 4, pp. 194-209.

第九章　校園霸凌

林萬億

　　學生欺侮學生的行爲存在校園內已久，各國都有，其中有些還被制度化成爲組織文化的一部分，如軍隊、學校、球隊、社團的學長制，進而被發展成爲學長姊有特權在學弟妹入營、入學、入隊、入社初期，進行所謂新生訓練，合法教訓學弟妹，其中不乏過當管教行爲，例如：要求學弟妹奉獻金錢、幫學長姊洗衣被、跑腿打雜，甚至提供性服務。

　　由於校園欺侮行爲很吸睛，被寫成小說，進而拍成電影的已不在少數。美國作家茱迪·皮考特（Jodi Picoult）的《事發的19分》，進入2008年《紐約時報》暢銷書排行榜第一名。改編自1974年史蒂芬·金（Stephen King）的小說《嘉莉》（*Carrie*）的電影《魔女嘉莉》，描述高中校園同儕排擠、欺侮，暴力行爲。當時，這本小說被許多美國校園列爲禁書，芬蘭甚至禁演這部限制級的電影。2010年瑞典新銳導演艾佛瑞德森（Tomas Elfredson）改編自瑞典文學獎同名暢銷小說的恐怖電影鉅作《血色入侵》（*Let the right one in*），雖爲恐怖電影，也涉及三位學生長期欺侮一位同學的校園欺凌行爲。本片獲獎無數，好萊塢更將之改拍爲《嚙血童話》（*Let me in*）。美國導演范桑特（Gus van Sant）所拍的小成本電影《大象》（*Elephant*），也受到廣泛的討論。2012年美國導演史汀森（John Stimpson）的《校園霸凌：沉默的代價（*Shattered Silence*）》，探討一位母親爲自殺的女兒揭開校園裸照、網路霸凌的眞相。2013年5月福蘭柯（Michel Franco）導演的墨西哥片《露西亞離開之後》（*After Lucia*），敘述一位轉學生被欺凌，遭動用私刑到幾乎被溺斃的故事，都是有感而發之作。

　　日本也有出色的校園霸凌電影，如2007年東寶出品，三池崇史導演、小栗旬主演的《熱血高校》，是校園暴力電影的代表作；2008年中西健二導演的《青鳥》，敘述一位高中代課老師爲了一位因校園欺凌而轉學的學生，教導全班同學自我覺察欺凌的故事，提醒「忘記這事很卑鄙。」（臺灣2012年放映）2010年中島哲也導演、松隆子主演的電影《告白》更是個中的經典，獲得日本電影界的高度評價。

　　臺灣電影《艋舺》有一句經典的對話：「國中的時候，每天去上學都是一個嚴峻的挑戰，我根本不知道我會被誰、被怎麼欺侮？」2014年9月臺灣導演張榮吉的《共犯》，探討校園欺凌故事，預告：「夏薇喬是被人害死的，殺人兇手，⋯⋯。」探討高中三位男生的校園欺凌行爲，是少數探討校

園霸凌的本土電影。

　　校園欺凌（霸凌）（school bullying）被認爲與個人、家庭、同儕、學校有多重相關（Olweus, 2005; Smith, Schneider, Smith, & Ananidou, 2004）。其中，學校被認爲是介入的關鍵（Olweus, 2005; Rigby, 2002; Smith, Morita, Junger-Tas, Olweus, Catalano, & Slee, 1999; Smith, et al., 2004）。

　　對臺灣的校園來說，學生欺侮學生事件不只引發社會的關注，也成爲推動專業輔導人員進入校園的引爆點。兩次國民教育法修正，針對學校輔導體制的改良都與校園暴力事件發生後，媒體的批評、家長的施壓、學者專家的倡導、民意代表的呼應息息相關。本文探討校園欺凌的產生、過程、處置與預防，並討論學校社會工作在處理校園欺凌事件中的角色。

壹、校園欺凌行爲

　　霸凌（bullying）這個字在臺灣採音譯，與原意有出入，譯爲欺凌或欺侮比較正確，因爲欺凌事件不見得如此惡霸。其因場合不同有許多類型，如職場欺凌（workplace bullying）、校園欺凌（school bullying）、軍隊欺凌（bullying in the military）、教學欺凌（bullying in the teaching）、學術欺凌（bullying in academia）等。

　　校園欺凌是校園暴力與破壞行爲的一種，一般都認爲是最常見的校園暴力行爲之一（Nansel, Overpec, Pilla, Ruan, Simons-Morton, & Scheidt, 2001），且往往是嚴重校園暴力的前奏（Leary, Kowalski, Smith, & Phillips, 2003）。校園暴力與破壞行爲是學生間、師生間、校外侵入者和學校師生間相互傷害，以及師生與校外侵入者對學校公物的破壞。其行爲包括：侵害生命或身體的犯罪行爲，或以強暴、威脅或其他手段壓抑被害人之抵抗能力和抵抗意願，以遂行特定不法意圖的犯罪行爲，以及對校園公物的損毀、破壞。據此，校園內的欺（霸）凌、恐嚇、勒索、鬥毆、騷擾、破壞公物等都是校園暴力行爲的一環。

　　校園欺凌最早被挪威學者黑尼門（Heinemann, 1975）以挪威語的「聚

眾滋事」（mobbning/mobbing），來描述一種「一群人突然攻擊一位與一般人不一樣的個人，又突然停止的舉動。」（Smith, Cowie, Olafsson, & Liefooghe, 2002）這種行為很像集體挑釁，或是羞辱。另一位挪威學者歐維斯（Olweus, 1978）則將欺凌定義為「一種一個人或更多人系統性地使用身體或心理攻擊同儕的行為。」一開始歐維斯並沒有將權力、意圖與動機納入定義中。跟進者都將權力、意圖、動機納入定義（Mishna, 2012）。後來，歐維斯（Olweus, 1997）也強調權力（power）的重要性，認為欺凌行為來自身體的優勢與心理的強勢。Smith and Sharp（1994）也認為校園欺凌是系統性的權力濫用（The systematic abuse of power）。因此，校園欺凌隱含兩個重要元素：具有權力關係的負向行動（negative action）、重複持續一段時間（Olweus, 1993; Craig and Pepler, 2007）。負向行動包括造成他人傷害或不舒服，不論是身體接觸、語言表達或其他方式。

　　雖然，欺凌的定義仍然有一些歧異，不過，有共識的部分已經很清楚，包括：「欺凌是一種直接或間接的，有意圖地（intentional）藉由權力的不平衡（power imbalance）關係（relationship），使用身體、語言、心理和關係的行動，重複的（repeated）一段時間地對他人採取的攻擊形式（a form of aggression）。」（Mishna, 2012）

　　根據以上，欺凌可以是直接（外顯）（direct/overt）與間接（內隱）（indirect/covert）攻擊等兩類。直接攻擊包括身體、語言的攻擊（Olweus, 1991; O'Connell, Pepler and Craig, 1999）；間接攻擊包括關係攻擊與社會攻擊（Björkqvist, Lagerspetz & Kaukiainen, 1992; Crick, Casas & Mosher, 1997; Crick and Grotpeter, 1995, 1996; Galen and Underwood, 1997），例如：排斥他人、散播謠言等。雖然歐維斯（Olweus, 1993）認為欺凌是長期的、負向的、造成他人身體、心理、社會的傷害行為，但是，如果在某種特殊情形下，單一造成他人嚴重的傷害事件，也算是欺凌行為。其實，欺凌行為往往是由單一行為，逐漸累積成為持續的行為（Byrne, 1993）。而欺凌的形式不重要，重要在於讓他人覺得受到威脅與恐懼（Tattum, 1997）。

　　歸納以上各家說法，校園欺凌是發生於與校內或校外，學生長期、重複地欺侮或騷擾其他學生的行為，包括語言的、身體的、情緒的，導致受害者身體、心理、社會關係受到痛苦折磨。其類型包括以下幾種：

1. **身體欺凌**（physical bullying）：對他人身體踢、打、撞、敲擊、甩耳光、拉扯背包、用鞋跟敲打、推擠、用水淋、偷竊、搶奪財物、移開椅子惡作劇、戲弄、攻擊等。

2. **言語欺凌**（verbal bullying）：罵髒話、嘲笑他人的外貌身體與穿著、取不雅的綽號、逼問他人說出不想說的話、用言語騷擾等。

3. **關係欺凌**（relational bullying）：直接地破壞他人的信用、大聲張揚他人的糗事，或故意在他人面前與友人小聲地咬耳朵等；間接地排斥某人加入團體、脅迫某人成群結黨欺侮他人、刻意忽略他人（冷漠對待）、刻意讓名之為朋友的同儕不能分享祕密等。

4. **聲望欺凌**（reputational bullying）：散播不利於他人的謠言、閒言閒語、操弄友誼等，以影響他人聲望、名譽、社會階層。

5. **心理或社會欺凌**（psychological or social bullying）：心理或社會欺凌是利用心理或社會的折磨使人不舒服，包括使用嘲諷、威脅、集體拒絕、嘲笑他人外表與人格，貶抑他人的種族、性別、家庭，以及打惡作劇的電話、明知他人想來參加聚會而故意不邀請等；有時也會使用非語言的瞄、瞪、白眼、給臉色看、不正眼看人等。

6. **網路欺凌**（cyberbullying）：透過網路聊天室（internet chat rooms）、部落格（blogs）、即時通（instant messaging）、社會網絡網址（social networking sites）（MySpace、Facebook）或手機（cell phones）等散播不利於他人的文字、圖片；利用他人的帳號、姓名，散播謠言或欺騙留言等達到攻擊、羞辱特定他人的目的。不像面對面的欺凌，網路霸凌具匿名性、高度滲透性、立即性，因此，其影響範圍廣且深、擴散速度快（Waggoner, 2016）。最近報復式色情／色情報復（revenge porn）有升高趨勢，男女朋友分手後，一方為了報復對方移情別戀，而將過去在一起時所拍攝的裸照、性愛影片在網路上散布，供人點閱，以達到羞辱對方的目的，受害者以女性居多。

7. **性欺凌**（sexual bullying）：以有關性、身體性徵及性別作為嘲笑或譏諷他人的行為，或以性有關的動作與言語侵犯他人的身體或人格，如拉扯女生胸罩的肩帶、罵人婊子、公廁、北港香爐，或撫摸他人身體、脫衣、要求手淫、口交，或進行性愛表演等。

8.**同志欺凌**：以性取向作爲嘲笑、譏諷他人的行爲，如嘲笑他人很娘、人妖、變態、怪胎等。對男女同性戀、雙性戀、跨性別、酷兒（LGBTQ）的同志欺凌的嚴重性，在美國已發展出另一個概念稱凌遲（bullycide），亦即LGBTQ被欺凌與騷擾而產生壓抑與痛苦，而加害者根本無須動手便已經達到足以令他人自殺的後果（Wallace, 2011）。

至於青少年約會暴力（teen dating violence, TDV）算不算一種欺凌？如果從定義來看，美國健康與人群服務部疾病管制局（the Centers for Disease Control and Prevention, CDC）定義青少年約會暴力是指兩人在親密關係下的身體、情緒、性的暴力對待。很明顯地，這個定義與欺凌有諸多重疊之處。但其主要差別在於施暴者與受害者間的關係，校園欺凌者與被欺侮者之間不侷限於朋友或情人關係（Hertzog, Harpel, & Rowley, 2016）。而約會性暴力與性欺凌、性騷擾（sexual harassment）重疊更爲明顯。因爲青少年約會暴力的攻擊者與受害者間具備某種程度的親密關係，而使性騷擾定義核心中的「違反其意願或不受歡迎的性要求」，成爲界定是否爲校園性騷擾的模糊界線。學校常以兩人有親密關係而判定青少年約會時違反其意願的性關係，不構成性騷擾，而未受到校園性騷擾防治的重視。但是，現代資訊社會利用網路交友是青少年獲得約會與性關係的重要管道，兩人即使發生性關係，也不一定眞的是親密朋友，常是「一夜情」或「速食性」而已。Manning, Longmore, & Giordano（2000）研究美國的青少年性活動發現，大部分青少年都會選擇與戀愛的對象發生性關係。已發生性關係的美國青少年中，53%的男生與67%的女生是在約會關係下發生性關係，60%男生與73%女生是在戀愛關係下發生；大部分荷蘭的青少年也以戀愛作爲決定性關係初體驗的對象（Boislard, van de Bongardt, & Blais, 2016）。然而，從兩波的美國青少年健康長程調查（National Longitudinal Study of Adolescent Health）資料分析發現，60%的青少年與戀愛對象與非戀愛對象都發生過性關係（Manning, Longmore, & Giordano, 2005）。顯示，如果發生約會性暴力，兩造不一定是戀人，有可能是網友、砲友或床伴而已。不管青少年約會暴力是否屬於校園欺凌，Theriot（2008）指出這是一種持續被嚴重忽略的校園暴力行爲。

以上的歸類在實務上不完全互斥，例如，關係欺凌與社會欺凌有高度重疊，網路欺凌與性欺凌也有部分重疊，性欺凌與同志欺凌也是有重疊的；此

外，複合式的欺凌在實務上也是常見的，欺凌者往往同時使用多種手段以達到讓對方不悅或受辱的後果。身體欺凌往往夾帶語言的攻擊，或包括性的攻擊；語言的攻擊亦有心理或社會的欺凌成分；性欺凌也可能使用網路張貼他人裸照、不雅照片等就涉及網路欺凌；聲望欺凌常是心理或社會的折磨。

　　涉及種族、宗教、性別、性傾向、社經地位、能力、身體條件的欺凌通常稱為偏見傾向的欺凌（bias-based bullying）（Green, 2006; Rigby, 2002），是一種因歧視而衍生的欺凌行為，發動者常是由主流種族、掌權的宗教、男性、雙性戀者、上流社會、菁英、身體健康者對於少數族群、異教徒、邊緣群體、脆弱者的排外攻擊。

　　即使校園欺凌的定義如上述已廣為各界接受，但是，就學生與教師的角度來看，這些定義的內涵也有輕重之分。Naylor, Cowie, Cossin, de Bettencourt, & Lemme（2006）研究英國的校園欺凌行為發現，有三分之一的受訪學生只認定直接的欺凌才算，教師也有一成持相同看法；有5.3%的受訪學生與2.9%的受訪教師不認為社會排除或間接攻擊是欺凌定義的重要內涵；有9%的受訪學生認為重複攻擊與否並不重要。至於權力不對等的概念有70%的受訪教師覺得很重要，但只有40%的學生覺得重要。關於欺凌行為是否為意圖傷害他人，只有3.9%的受訪學生覺得意圖是重要的，但是25%的受訪教師卻覺得意圖很重要。說到欺凌行為的後果，31.4%的受訪學生覺得重要，而高達76%的受訪教師覺得重要。顯示學生與教師對校園欺凌的關切點有明顯差異。

　　若從上述校園暴力的定義來看，包括師生間的攻擊行為也算校園暴力。但是，當在討論校園欺凌時，大多侷限於學生間的相互攻擊。較少文獻研究教師攻擊學生，或學生攻擊教師。Terry（1998）調查學生欺凌教師，發現過半的教師提及曾被學生欺侮，包括態度傲慢、取綽號、不合作、身體威脅、偷東西等。同樣的研究也發現，有三分之一教師承認欺凌學生，例如：語言羞辱、諷刺、取綽號、貶抑等。James, Lawlor, Courtney, Flynn, Henry, & Murphy（2008）的研究也發現，30.8%學生反映曾被教師欺凌，性別上無差異，方式大都是挑剔、討厭、取笑、放棄、批評笨、罵是垃圾、廢物或人渣、嫌沒水準、歸咎學生、掐喉嚨、抓頭髮、掐衣領、用課本丟學生、用粉筆板或板擦丟學生、用拳頭搥、推倒、踹腳後跟、罰站、吼叫等。相反地，

學生也有28.2%承認曾經欺侮教師，包括不理睬、激怒、搗亂、取綽號、散播謠言、不服從、取笑、不給面子、吼叫、扔東西、恐嚇、威脅、碰觸胸部或陰部、偷窺女老師的胸部或內褲、把教師的東西藏起來、惡作劇等。

實務上，將教師欺侮學生歸類為教學欺凌，教師欺侮教師歸類為學術欺凌。學術欺凌基本上是一種學術圈或學校內的職場欺凌。本章討論以學生間的欺凌為主，以利將校園欺凌聚焦在學生間的攻擊行為。

我國教育部採自上述各家定義，將校園欺凌的成立要件定為：

1. 具有欺侮行為；
2. 具有故意傷害的意圖；
3. 造成生理或心理的傷害；
4. 雙方勢力（地位）不對等；
5. 其他經學校防制校園霸凌因應小組確認。

進一步為了行政便利，校園欺凌事件均應經過學校防制校園霸凌因應小組確認。

從教育部的校園霸凌定義中可以看出一些疑義。首先，略去長期、重複的概念，使偶發、單一事件也被歸類為校園霸凌。雖然歐維斯（Olweus, 1993）也不反對某些情況下的單一事件可歸為校園欺凌，但是如果不定義清楚，就會演變成只要一次學生間的騷擾紛爭，就被判定為校園欺凌。從上述學生與教師對欺凌事件定義的差異，即可看出不能單方面來看待學生間的騷擾紛爭問題。

其次，忽略社會關係的傷害。亦即，教育部的定義將欺凌的後果簡化為身體與心理的傷害，忽略社會關係的傷害，例如：學生間的社會孤立、社會排除等。第三，將校園欺凌幾乎等同於校園暴力，這是誇大校園欺凌行為。不能因為校園欺凌報導出現，就放下校園暴力事件不管，專門對付校園欺凌，且將之等同於校園暴力事件，使處置失焦。一旦校園欺凌風潮冷卻，很可能連校園暴力防制也一併被封箱冷藏了。這對校園學生輔導制度的推動來說並非好事。

第四，過度強調「霸」（地位、勢力）的概念，使校園欺凌惡霸化、犯罪化。教育部接受兒童福利聯盟的用詞，將學生間的欺侮行為採用誇張、渲染的霸凌概念，嚴重扭曲歐維斯（Olweus, 1978）的原意。歐維斯（Olweus,

1993）將校園欺凌行為特別標示出來，其目的是希望看到在校園暴力事件之外的一種流傳於學生間的欺侮行為。其實，嚴重的身體傷害，根本就是校園暴力，無須再另取新名詞來套用。而是要在關切校園暴力之餘，注意那些持續而隱諱不宣的欺侮行為，例如：嘲笑、排擠、孤立、取樂、惡作劇等。英文Bully是從高大、強壯、粗壯、公的（bull）衍生而來，的確有身形、實力的不對等關係。但是，它更強調仗勢欺人的意味，不見得一定是惡霸才會仗勢欺人，反而，將欺凌惡霸化會讓欺侮別人的人也被惡霸化，亦即抬高他的身價、誇大他的神勇，使欺侮別人變成是一種累積惡霸資歷的行動，這可能陷入建構學生偏差行為的層級標籤。前教育部長吳清基於2011年3月31日宣示：「校園霸凌是犯法的行為，……未來有霸凌、暴力行為一律送警察局，依少年事件處理法處理。」這就是典型的將校園欺凌惡霸化、犯罪化的政策定位。又立法院也於2011年6月9日三讀通過《性別平等教育法修正案》。根據此修正法案，未來若在校園內嘲笑同學娘砲、娘娘腔、男人婆或死gay，都將歸類為性霸凌，須接受性平教育輔導，情節嚴重者則將遭到退學處分。這也是將校園欺凌行為犯罪化的另一例證。當社會一窩風誇大校園欺凌的嚴重性，就會出現新威權主義，將語言使用背後複雜的文化經驗簡化為政治的正確與否，妄加論斷為犯罪與否的依據，其實無助於從根本了解校園少年文化，也將使校園學生間的關係變得緊張萬分。

　　最後，教育部於2010年3月16日與2010年4月23日，兩次召開會議對認識校園霸凌事件下結論，確定校園欺凌事件均應經過學校防制校園霸凌因應小組確認，這其實是給校園霸凌因應小組很大的自主裁量空間。如果發生校園欺凌就找警察來，或送法辦，將校園欺凌事件都寄望於法律解決，那校園學生輔導還剩下什麼？反之，如果採息事寧人認定，脆弱學生將無法得到學校的保護。

貳、校園欺凌的普及率

　　中華民國兒童福利聯盟2007年針對17所國中小進行調查（對象樣本包括

臺北市國中小），結果發現中小學兒童自陳在學校被霸凌者（包括：關係霸凌、言語霸凌、肢體霸凌、性別霸凌等）約29.3%（在最近2個月中，每個禮拜至少被欺侮一次）。

兒童福利聯盟又於2011年1月3日至1月14日針對臺灣19個縣市（不含澎湖、金門、連江等離島縣市）國小五、六年級抽樣調查，回收有效樣本1,516份。調查發現，18.8%的受訪者自述「最近兩個月內經常被同學霸凌」。其中關係霸凌（人際關係排擠等）占77%最多，言語霸凌占近60%，肢體霸凌占10%。近一成受訪者坦承最近兩個月內曾欺侮、嘲笑或打同學。被霸凌者67%覺得難過和受傷，51%選擇「忍一忍就過去了」，32%會「偷偷報復他」，10%反過來「巴結對方」，7%轉到網路上報復，僅22%會勇敢告訴對方不該這麼做。受霸凌學童逾半數不會找大人求助，四分之一透露「覺得不如死了算了」。

再來看看世界各國的經驗。美國2001年進行一次大規模的調查，發現六到十年級的學生有29.9%曾經涉入中度或經常的校園欺凌事件。13%學生承認曾欺凌別人，16.9%學生曾被欺凌。在這16.9%的學生中，也有6.3%承認自己也欺凌過別人（Nansel, Overpec, Pilla, Ruan, Simons-Morton, & Scheidt, 2001）。加拿大社會發展委員會（CCSD, 2006; 引自Mishna, 2012）調查發現，14%的男孩與10%的女孩曾被校園欺凌。但是，學者研究發現，加拿大校園欺凌普及率應該接近30%（Craig and Harel, 2004）。

世界衛生組織（WHO）2001年至2002年針對31個工業先進國家的學生進行調查，受訪學生達15萬5千人。結果發現受訪學童在過去2個月間，曾遭受欺凌的比例平均約35%；其中最低的瑞典約15%，最高的立陶宛則為65%。大多數國家男童受到校園欺凌的經驗略多於女童，只有法國、斯洛維尼亞、匈牙利例外。世界衛生組織（WHO）又於2003年至2005年針對15個開發中國家學童進行調查，受訪學生近7萬人，調查結果大抵類似。從最嚴重的桑比亞67%到較輕的阿拉伯聯合大公國（25%）、中國23%。的確，不分國家經濟發展、民主化程度如何，校園欺凌一樣存在，只是程度不同而已。

參、校園欺凌的動力

在校園欺凌議題上，學生扮演不同的角色：非參與者、欺凌幫手（Bully Aides）、欺凌支持者（Bully Supporters）、反對者（Defenders）、欺凌者（Bullies）、欺凌者也是受害者（Bully/victims）、受害者、證人（Witnesses）。當欺凌者尋找受害者後，往往需要欺凌幫手加入攻擊陣容，或在一旁鼓動。旁觀的欺凌支持者也會無視於受害者的痛苦、恐懼而加入取笑受害者。如果碰到仗義執言的反對者，會出手或出口扮演保護受害者的角色，女生比男生更經常扮演反欺凌的角色。其實許多學生都知道學校何人、何時、於何處欺侮誰，也許未親眼目睹，通常知之甚詳，這些學生是校園欺凌事件的證人。欺凌者有可能先前曾經被欺侮過，身兼受害者與欺凌者。這樣的場景在校園持續地發生著。校長、教師、學校行政人員務必理解學生在校園欺凌的角色扮演，才能對症下藥，提出有效的校園預防霸凌方案（Austin, Reynolds, & Barnes, 2016）。

校園欺凌是一種持續地針對個人或團體的負向行為。有欺侮人的人，亦即加害者，就會有被欺侮的人（bullied），亦即受害者。當然，其中也可能出現受害者也曾是加害者（Smokowski and Kopasz, 2005; Nation, Vieno, Perkins, & Santinello, 2007）。通常校園欺凌涉及集體行動，因此有旁觀者（bystanders）。而促成校園欺凌行為發生的外部環境，最被關切的是社會氣氛（social climate），往往校園欺凌事件來自校園的社會氣氛多於個人病理（Roland and Galloway, 2004）。Meyer-Adams and Conner（2008）研究發現，學校若發生欺凌事件，學生就會認定學校是不安全的環境。當學生認為學校心理社會環境不安全，就會出現攻擊行為，或攜帶武器到學校以求自保。香港學者Lam and Liu（2007）指出，產生校園欺凌事件的原因有五：個人因素、家庭因素、同儕因素、大眾媒體、學校環境。Mishna（2012）也指出校園欺凌是個人、同儕關係、家庭、社會因素結合的產物。

個人特質是校園欺凌加害者選擇受害者很重要的指標，尤其是偏誤的欺凌。年齡、身體條件、外表、穿著、髮型、種族、性別、宗教信仰、性傾向、社經地位、個性等都扮演重要的角色。年齡小的、身體弱小、外表長

相特出、穿著太突出或太俗氣、髮型怪異、少數族群、非主流宗教、同志、社經地位低下、成績差的學生容易被欺侮。個性上，懦弱、孤僻、害羞、焦慮、不安全、衝動、缺乏同理、不受歡迎、社會孤立、學校適應不良、衝突管理能力差者，往往是校園欺凌的對象。性別上，女孩比男孩更容易成為間接欺凌、關係欺凌的對象，因為女童的友誼是學生生活的核心，傷害友誼關係足以造成他人的心理與社會痛楚。是故，加害者會以破壞友誼關係來達到欺侮女同學的效果。

同儕關係越是友善、合作、互助、平等，校園欺凌出現的可能性越低。教師的班級經營以及學校的管理越是溫暖、公平、尊重多元差異者，出現校園欺凌的機會也越少。從受害者的角度來看，越得不到班級教師支持的學生，越容易被同儕欺侮（Cassidy, 2009）。這是很容易理解的，欺凌者也在觀察教師如何看待被欺侮的學生，如果學生越被教師充權，欺凌者就不敢再欺侮這些學生（Saarento, Garandeau, & Salmivalli, 2014）。

家庭親職功能薄弱、權威式管教、懲罰式管教、缺乏溫暖、極端放任、缺乏管教、家庭關係衝突、代間暴力傳遞等，容易使子女成為欺凌者。反之，子女在家不被允許自由表達、過度被保護（媽寶）、家庭問題纏身、曾（常）被兄弟姊妹欺侮等，比較容易在校園或社區中被欺凌。

校園氛圍（校園文化）（school culture/climate）（Pečjak and Pirc, 2017），或是校園哲學（school philosophy）（Sullivan, 2011）被認為是校園同儕霸凌的重要原因。校園氛圍是複雜的、多面向的，包括學校互動的品質與特性、規範、價值、組織結構與關係模式。正向的校園氣氛屬保護因子，減少學校的各種風險行為（risk behavior）與攻擊行為發生的機會。

文化與社會也部分決定了校園發生欺凌事件的可能性。社會的文化越是尊重多元差異、平等，越不可能出現偏誤的欺凌。而一旦發生校園欺凌事件，家長、學校、社區、社會的重視與否，也決定了校園欺凌事件是否會被制止的關鍵。

然而，上述因素往往具有交錯性（intersectionality），亦即欺凌夾雜著多種交錯的因素，例如：種族偏見、性別歧視、同志恐懼、外表偏愛、階級優越等。其也具有生態性，不只個人特質作祟，誘發加害者找尋受害者加以欺侮，同儕、家庭、學校、社會、文化的容許或抑制，絕對是關鍵的影響因

素（Mishna, 2012）。

　　本文針對校園環境、加害者、受害者、旁觀者四個面向來分析校園欺凌行為產生的動力關係。

（一）負向的校園社會氣氛（Roland and Galloway, 2004; Meyer-Adams and Conner, 2008）

1. 校長領導無方。
2. 教師對學生期待低。
3. 學生不被尊重與支持。
4. 教師不當的行為示範。
5. 教職員間缺乏共識與凝聚力。
6. 教職員間缺乏相互了解、關心、支持。
7. 學校缺乏社區認同。

（二）加害者

1. 個人特質

　　Pečjak and Pirc（2017）研究發現小學生涉入霸凌者多於中學生，男生多於女生，成績差的多於成績好的。Smokowski and Kopasz（2005）發現具以下特質者容易欺侮同儕。

(1) 權威性格。
(2) 好支配他人，如校園中的大哥、大姊頭。
(3) 好嫉妒。
(4) 想引起他人注意。
(5) 易怒。
(6) 害怕競爭。
(7) 缺乏同理心。
(8) 有偏差行為。

2. 家庭因素

(1) 缺乏溫暖、友善的家庭照顧。
(2) 不當的家庭教養。

(3) 缺乏正向的行為示範。

(4) 兒童虐待、疏忽的受害者。

(5) 從家庭中習得暴力行為，如黑道家庭、家庭暴力。

3. 學校生活因素

(1) 校園生活常遭挫敗。

(2) 為了提升在校園或同伴中的地位。

(3) 在校園中習得暴力行為，如經常被體罰。

(4) 校園欺凌受害者（反擊式欺凌、報復式欺凌）。

(5) 受同伴影響（欺凌共犯）。

(6) 學校縱容，如不通報、通報但不處理、從輕發落、不教育、不輔導、不協助。

（三）受害者

Harlow and Roberts（2010）調查美國紐澤西州與德州的10-12年級學生1,002人，發現，校園欺凌的受害者的社會人口特徵是男生多於女生，與Nation, Vieno, Perkins, & Santinello（2007）的研究相似，非洲裔的受害者不成比例地高，成績差的受害者較成績好的多，與父母分開住的比與父母同住的受害機會較高。校園欺凌有某種程度的針對性。通常以下學生較易被鎖定成為受害者。

1. 新生、轉學生。

2. 孤鳥型人物。

3. 缺乏自信。

4. 低自尊。

5. 社會支持網絡薄弱。

6. 低學業成就。

7. 身體瘦弱。

8. 身心障礙者。

9. 注意力不全過動症。

10. 好挑釁別人。

11. 愛出鋒頭。

12. 人緣不佳、白目。

13. 人際關係技巧差。

（四）旁觀者

1. 受集體欺凌心智（bully mentality）所制約。

2. 習慣以團體欺凌解決問題。

3. 對受害者缺乏同理心。

4. 無法認識到欺凌的成本與後果。

5. 愛湊熱鬧者。

6. 團體的順服者、追隨者、死黨，不洩漏欺凌祕密以博取小團體友誼，或獲得小團體支持。

校園欺凌的觀衆（spectators）、旁觀者在校園欺凌現場扮演非常重要的角色。他們可以促成、鼓舞、引發欺凌事件的發生，也可以因爲及時介入而使暴力嘎然中止。Zequinão, de Medeiros, Pereira, & Cardoso（2016）研究巴西3到7年級的小學生，發現56.5%的男童、62.4%的女童都曾經旁觀過校園欺凌事件，比例相當高。

校園欺凌的旁觀者之所以不離開現場，或不加以制止，往往是受到欺凌心智的制約，或是集體壓力的左右，不只旁觀，一旦進入集體欺凌情境的情緒加溫，相互激盪，就開始加油添醋、鼓動情緒；進而，動手加入成爲共犯。許多少年集體性侵害事件，或霸凌事件，都是在如此的心態與壓力下鑄成。

香港學者Lam and Liu（2007）發現校園欺凌有以下路徑：

1. **拒絕階段**：尋找受害者。

2. **實行階段**：一步步朝向欺凌行爲。

3. **持續階段**：加害者從欺凌別人中獲得滿足。

4. **撤離階段**：撤退。

如果在欺凌持續階段出現鼓舞因素，如獲得物質報償、心理安全、樂趣、情緒宣洩等，欺凌事件會持續較久。反之，如果出現一些抑制因素，如學校懲處、家長介入、道德良心發現、警察介入等，加害者與旁觀者就會撤退散去。

本文重新整理出以下的校園欺凌行為路徑：

（1）學生暴露在家庭、鄰里、學校及社會的高風險環境中→（2）欺凌者尋找被鎖定的學生→（3）一旦校園社會控制力量薄弱→（4）集體欺凌心智的激發→（5）校園欺凌事件發生。

如果沒有抑制因素（學校、家長、社區、司法體系等介入），校園欺凌路徑，就會演變成欺凌循環如下：

（1）一旦校園欺凌事件沒有被處理→（2）增強欺凌者的權力欲望→（3）繼續尋找欺侮對象→（4）發動下一波欺凌行動→（5）集體欺凌心智擴大或堅定→（6）形成欺凌循環。

一旦出現欺凌循環，校園就永無寧日了。教師為自保而噤聲，家長要求學生轉學，形成劣幣驅逐良幣的反淘汰。甚至，形成一種新的校園氛圍或文化，學生欺侮學生、學生欺侮教師、教師欺凌學生，上下交相賊。欺凌者會一再試探學校的忍受程度，除非有外力介入（媒體報導、教育局下令學校處理），否則學校很難自行解決問題，直到出了人命為止。

肆、校園欺凌的後果

Thornberg（2015）指出校園欺凌通常是一種集體行動，透過欺凌者的帶頭、欺凌幫手的加油助陣、旁觀者的起鬨，對受害者進行汙名化的過程，導致受害者除了可能的身體傷害之外，還面對兩種身分的掙扎，一是掙扎於被承認、接納與包容；另一則是掙扎於被價值與社會接納的常態化生活，或成為無價值與被社會排斥的偏差者。這兩種掙扎交織與互賴著一旦產生偏差認同，就會出現自我形象低落、自責、無價值、怪咖、不合群等自我貶抑。例如，覺得自己真的如他們所說的很醜、很賤、很爛、很笨、欠揍、活該。

校園欺凌對受害者之所以傷害很大，在於其集體性與長期性，比較不是因為其嚴重程度。校園欺凌的受害者受到的負面影響（Smokowski and Kopasz, 2005; Whitted and Dupper, 2005）如下：

1.**心理方面**：情緒困擾、自信心降低、低自尊、沮喪、壓抑、恐懼、

焦慮、睡眠障礙、價值觀改變、暴力循環，嚴重者甚至導致創傷後壓力疾患（PTSD）。

  2. **生理方面**：受傷（輕者皮肉外傷、重者肢體傷殘）、自傷或自殺。

  3. **學業方面**：成績退步、就學不穩定、逃學、拒學、懼學等。

  4. **人際關係方面**：人際疏離、社交能力降低、被同儕排擠、社會撤離等。

  5. **學校方面**：校園規範瓦解、社會控制力薄弱、學生恐懼、教師不安、教育品質低落。

  6. **家庭方面**：經濟損失、親師關係緊張。

  7. **社會方面**：社會對教育制度不信任、社會不安、治安惡化、威權主義抬頭、以暴制暴。

伍、發現校園欺凌受害者

  校園欺凌行為既然是普遍存在著，那為何通報量如此之低？也許是受害者、目睹者、加害者對於校園欺凌的定義出現歧異（Mishna, 2012）。首先，欺凌與戲弄（teasing）一線之隔。有時教師或家長問孩子是否被欺凌，孩子會說：「他只不過是在戲弄我。」反之，當孩子向教師或家長報告被同學欺侮，教師或家長也可能會說：「他只不過是在戲弄你。」欺凌者也會藉此說：「我只不過是跟他開玩笑。」戲弄、開玩笑、好玩就成為校園欺凌最模糊的地帶。一旦將欺凌看成是戲弄、開玩笑，被欺侮的人就習以為常，忍受被欺侮；加害者亦理直氣壯地繼續躲在戲弄的煙幕背後欺侮別人。

  其次，兩造的朋友關係讓他人產生錯覺。例如，約會性暴力被誤解為表達愛的方式過當而已。被害者常因將加害者認定為朋友而忽略或淡化被欺凌的事實。有時教師或家長問孩子是否被欺凌，孩子會說：「他是我的朋友，不應該會欺侮我。」反過來，當學童向教師或家長報告被同學欺侮，教師或家長也可能會說：「他們不是你的朋友嗎？怎麼會欺侮你呢！」於是，虛矯的朋友關係就成為校園欺凌的護身符。如果是真心的朋友，是不應

該欺侮對方的。以朋友之名規避欺凌的指控，也是校園欺凌之所以隱晦的原因。

第三，被欺侮後是否出現預期的後果。當學童向教師報告被其他同學欺侮時，教師往往假設情況很慘才是霸凌，就會說：「你看起來沒怎樣，哪像是被霸凌過？」有時，某些學生告訴教師他被人欺侮，教師會說：「你看起來不像會被欺侮的人，你可以保護自己啊！」。總之，如果教師或家長以自己的框架來界定學生是否被欺凌，就會出現很大的誤差。亦即，校園欺凌可能被成人既定的想像模糊了。

第四，被欺凌者不必負責嗎？當學童向教師報告被其他同學欺侮，教師往往認為「銅板沒兩個敲不響。」或「你沒惹他，他怎麼會動手打你？」這是假設任何欺凌行為都是雙方互動的結果，雙方都必須負責。家長有時也會說：「以後不要理他就沒事了。」然而，這有可能造成責難受害者。其實，校園欺侮行為不必然是兩造引起，很多是單方惡意促成。

第五，其他同學是否同理受害者？既然學童間的欺凌行為有如上述不易確認，因此，學校處理人員就會以是否有其他人同理受害者，作為判定欺凌事件成立與否的根據。問題就在欺凌者早已把其他人都搞定了，例如，收買旁觀者、恐嚇旁觀者不可對外走漏風聲，或汙名化受害者，使其他人不敢站在被欺侮的這一方，導致欺凌事件不易被發現。

第六，欺凌行為被正常化。不論東西方社會，都有互相欺侮、打鬧、調皮、捉弄等，是兒童與少年階段必經的成長過程的迷思。很多家長會說：「我小時也被欺侮過，長大就忘記了。」當社會普遍認為欺凌是成長必經之路，或是成長的一部分，校園欺凌事件就不可能被揪出，也不可能終止。

最後，受害者礙於權力不對等，心生恐懼而不敢告知他人。有時欺凌者吃定受害者因自尊心作祟而不敢告知他人自己被欺侮，有時被欺凌者也會因習得無助而不再有動機告知他人，因此，最接近學生的教師、家長，應該及早發現，及早介入的機會也喪失了。本文從實務經驗中試擬一些跡象，提供辨識潛在的校園欺凌受害者：

1. **外傷**：出現無法解釋的傷痕。
2. **孤獨**：很少有朋友願意跟他在一起。
3. **懼學**：出現懼學、中輟現象。

4. **拒學**：出現不尋常的遲到現象。

5. **成績**：成績突然低落。

6. **無趣**：突然對校園活動沒有興趣。

7. **改變**：突然改變行為模式。

8. **情緒**：出現情緒低落、哀傷、恐懼、痛苦、壓抑。

9. **病痛**：抱怨頭痛、肚子痛，或其他身體不舒服。

10. **食欲**：胃口不佳。

11. **睡眠**：睡眠障礙。

12. **惡夢**：驚嚇、做惡夢。

13. **焦慮**：出現焦慮、不安。

14. **信心**：對自己的外表、成就、表現失去信心。

15. **缺錢**：零用錢突然不夠用。

16. **物品**：經常說東西掉了。

17. **空間**：對某些地方感到恐懼。

教師、家長、學校輔導教師、學校心理師、學校社會工作師一旦發現學生有以上的跡象，應立即進行了解、評估，才能讓受害學生覺得受到關注與重視。

陸、如何防制校園欺凌

從不同角度解讀校園欺凌行為，就會有不同校園霸凌介入方案的構思。視欺凌為個人為中心的人格特質（person-centered characteristics）的產物，認為行為、生理、發展（性、年齡）等因素造成欺凌行為，就會有個人為焦點的介入（individual-focused intervention）方案的構想，而聚焦在脆弱人口群的認定、建立有效的諮商、行為管理技巧訓練等。

視欺凌行為是校園氛圍、學生與學校的連結等學校層次脈絡特性（school-level contextual characteristics）的產物，就會推出學校為焦點的介入（school-focused intervention）方案，強化校園安全、營造對脆弱學生

（vulnerable students）的友善校園。例如，保護身心障礙、性別少數、低學業成就、低社經地位、少數族裔等學生。

視學生欺凌行為是家庭支持系統、社區社經地位的產物，則會設計社區或家庭為焦點的介入（community or family-focused intervention）方案，支持脆弱兒童的家庭、社區整體預防欺凌行為。

雖然生態觀點的欺凌行為認為每一個層級的因素都很重要，但是，以學校為本的生態觀點的學校輔導，重點還是以微視的個人、學校為焦點，較少介入家庭與社區。因此，將學童、家庭及其照顧者、鄰里、學校納入以學校為本的同儕、學校、家庭、社區霸凌介入方案是必要的。實證研究也發現，較高的家庭、社區連結、親近與支持，可減少校園集體欺凌行為與被欺侮經驗；學生越不喜歡學校與教師，越容易成為霸凌者與霸凌受害者；高的同儕支持是減少被霸凌的保護因子；社區特性也影響校園欺凌行為。因此，建構一個以學校為本、以家庭與社區為基礎的校園霸凌介入方案是有實證基礎的（Mann, Kristjansson, Sigfusdottir, & Smith, 2015）。

學校為本的校園霸凌防制方案通常有三個層次：全校方案（whole-school program）、班級課程方案（classroom-based curricular approaches）、選擇的社會技巧團體（selective social skills group）。全校方案是歐維斯（Olweus, 2005）發展出來的，稱「歐維斯霸凌預防方案」（The Olweus Bullying Prevention Program, OBPP）。該方案為國民小學、國民中學、高級中學的學生而設計，甚至也適用於高等教育。所有學生被包含在該方案中的大部分活動裡，一旦學生被界定為欺凌者，或被欺凌對象，還會給予額外的個別化介入。

歐維斯霸凌預防方案不是一套課程，而是一組核心原則、規定與支持的素材，讓學校可以因地制宜，除了學校活動之外，也適用於課後照顧、營隊、社區青年活動等。其目的在於促進同儕關係與提升校園安全，創造一個讓學生更正向的學習與發展環境。其目標如下：

1. 減少存在於學生間的欺凌問題。
2. 預防新的欺凌問題發生。
3. 達到較佳的校園同儕關係。

其核心的要素有以下四個層次：

（一）學校層次

1. 建立一個預防霸凌協調委員會。
2. 執行委員與幕僚訓練。
3. 進行全校性的歐維斯霸凌問卷調查。
4. 舉辦幕僚討論會議。
5. 制定校規以對抗校園霸凌。
6. 檢視與再定義學校的監督體系。
7. 辦理學校反霸凌方案的起跑活動。
8. 邀請家長一起加入。

（二）班級層次

1. 公告與強調校園反霸凌規定。
2. 召開經常性班會。
3. 辦理家長座談會。

（三）個人層次

1. 督導學生活動。
2. 確保所有員工在學生發生欺凌事件時立即介入。
3. 召開涉入欺凌事件的學生會議。
4. 召開涉入欺凌事件的學生家長會議。
5. 為涉入欺凌事件的學生發展個別介入計畫。

（四）社區層次

1. 邀請社區重要人士進入成為預防霸凌協調委員會成員。
2. 與社區建立夥伴關係俾利支持學校反霸凌方案的發展。
3. 協助傳播反霸凌訊息與社區最佳實施的原則。

　　歐維斯霸凌預防方案針對學校、教師設計完整的手冊，供學校行政人員與教師參考。例如，學校行政人員手冊就有130頁之譜，教師手冊更高達150頁。還有DVD和CD-ROM版，提供學校行政人員與教師一步一步的線上學習。

　　班級課程方案經常聚焦在社會認知技巧訓練，但是，不必然要納入成為

全校方案的一部分。教室為基礎的課程方案是傳統教育的方法，將反霸凌納入課程，讓學生在課堂中認識反霸凌。這種作法有助於：(1)預防學習問題產生，(2)教師可以在課堂中立即介入學生提出的學習問題，(3)強化學生的學習動機，(4)引導學習落差的學生再進入課堂學習的進度中。

選擇的社會技巧團體是利用小團體技術，選定社會技巧待改善的學生加入，透過小團體互動過程，讓團體成員學習對話的、友善的、問題解決的技巧。同時，也可兼具教導成員控制情緒和相互了解他人的觀點。

Kelly, Raines, Stone, & Frey（2010）的後設研究發現，歐維斯霸凌預防方案的預防霸凌效果相對好，他們傾向推薦學校採取這種全校性的反霸凌方案。亦即，校園欺凌行為的防制一定要教育主管機關、學校、家長、社區通力合作才有可為。

荷蘭在1995年由4個家長協會聯合推出一個全國性的反校園欺凌方案，稱為國家教育反欺凌議定書（National Education Protocol Against Bullying, NEPAB）（Limper, 2000），進行全國學生欺凌調查（Bullying Test），讓教師了解學校、班級學生受欺凌情形，再結合教師、學校、學區教育委員會，共同討論防制校園欺凌方案。接著，義大利、奧地利、比利時、丹麥等國家都跟進使用同樣方法來防制校園欺凌。各國均依各自不同的教育體制、社會文化，提出防制校園欺凌方案。本文將之整理如下，以供國人參考：

（一）學校如何防制校園欺凌

1. **在乎**：確認學校知道學生在學校發生了什麼事。
2. **認知**：了解欺凌可能出現在不同的年級、學校、校內外。
3. **成因**：記住欺凌的成因很多，可能是醫學、精神醫學、心理、發展、家庭、社會等面向。
4. **校規**：落實校園反欺凌法規。
5. **通報**：建立校園通報、申訴管道，讓學生遇到被欺凌即可投訴。
6. **處理**：針對欺凌事件立即召開會議處理。
7. **懲處**：懲處加害者。
8. **回應**：對欺凌事件立即進行調查與介入。
9. **反欺凌**：清楚讓學生知道欺凌是不被接受的行為。

10. **友善校園**：強化校園尊重、照顧、安全的教育。

11. **溝通**：加強學校行政、教師、學生、家長間的溝通。

12. **校安**：增加校園容易出現欺凌的地點，如廁所、花園、菜園、倉庫、圍牆邊、死角的巡邏。

13. **合作**：教導學生合作學習活動。學生越能學習到協力決策（collaborative decision-making）行為，越能有親社會行為（pro-social behavior），就越不會有欺侮弱小的意圖（Nation, Vieno, Perkins, & Santinello, 2007）。

14. **訓練**：協助學生訓練情緒控制與發展同理心。

15. **支持**：鼓勵學生發展正向的同儕關係。學校要教育教師支持讓學生發聲的習慣。學生學習到發聲是會被學校尊重的，就能在被欺凌後通報，或當下立即反應（Nation, Vieno, Perkins, & Santinello, 2007）。

16. **示範**：教師要扮演反欺凌的重要示範角色，不要成為欺凌弱小學生的角色示範者。亦即，不做不必要的懲罰、不濫用體罰、不歧視弱小與低成就學生（Nation, Vieno, Perkins, & Santinello, 2007）。

17. **課外活動**：發展多元的課外活動，滿足學生的學習興趣。

18. **保護**：提醒家長教導孩子保護自己，抵抗欺凌。

19. **提告**：如果欺凌持續發生，要向欺凌者的家庭請求賠償，才可能制止行為繼續發生。

（二）學校如何協助校園欺凌受害者

1. **揭露**：請受害者把事情經過說出來，如果當事人拒絕，就展開調查。

2. **評估**：調查後，必須找到問題所在，提出介入計畫。

3. **處置**：協助受害者醫療、諮商、心理治療、關係重建、課業補救、家庭支持等。

4. **會議**：通知雙方家長到學校開會，決定處理方式。

5. **溝通**：與受害者、家長、教師溝通，告知事情進展。

6. **監控**：監控加害者行為，保護受害者免於繼續受到欺凌。

7. **隔離**：如果欺凌行為繼續發生，告知家長，必要時得隔離加害者，如在家管教，或留置輔導。

8. **懲處**：召開懲處會議，依加害程度、人數、期間，決定懲處。

9. **公道**：執行懲處，以還受害者公平正義。

10. **移送**：如果涉及少年事件處理法、刑法等嚴重違法事件就應該移送法辦。

（三）家長如何協助校園欺凌受害者

1. **關切**：讓孩子知道你相信他被欺凌的說法，而且你很在乎這件事。孩子被欺凌後亟需知道有人站在他這一邊，且願意幫助他。

2. **確認**：再確認欺凌這件事情有沒有辦法解決？

3. **支持**：讓他知道你不認為他有什麼錯，即使他有還擊，但是，現在他仍然是受害者。

4. **教導**：教導孩子如何解決被欺凌的問題。強調孩子也要自己知道如何處理問題。藉由學習如何保護自己，讓你的孩子可以在其他情境下用得上。社會知能（social competence）與自我效能（self-efficacy）不足往往是長期被遭欺凌的重要因素，家長有必要協助子女培養這些能力（Nation, Vieno, Perkins, & Santinello, 2007）。

5. **求助**：讓孩子知道求助老師，或其他大人是正當的。讓孩子練習如何向他人求助。

6. **發展**：確認孩子有健康的人際關係。如果不是，要教導他如何與他人發展正向的人際關係。

7. **交友**：鼓勵孩子邀請同學或朋友到家裡來做功課、作客，或聚餐。

8. **同伴**：建議孩子找幾個比較要好的朋友一起玩、一起回家。

9. **親師**：如果有必要，與班級家長委員、教師討論欺凌事件。

10. **反欺凌**：切記！欺凌不是人生發展階段都必須經歷的常態過程。幫助孩子學習對抗欺凌才是正途。

11. **協力**：問孩子學校如何處理他的欺凌事件？問他有沒有其他的辦法可以幫助解決這件事？討論你們可以一起做些什麼來防止欺凌繼續發生。記住，提醒孩子，要採取任何行動前都要知會你。

12. **適當回應**：教導孩子以有膽識、堅定的方式回應別人的欺侮。

13. **預演**：讓孩子在家裡練習角色扮演，培養信心，發展社會技巧，勇

敢說出：「我不喜歡這種行為，不要再惹我！」

柒、學校專業輔導人員參與防制校園欺凌

　　學校社會工作師面對撲天蓋地而來的校園欺凌報導，早就被淹沒在校園無處不暴力的陰影裡。事實上是這樣嗎？這種情形曾發生於1990年代的美國。當時，校園暴力陰影籠罩，媒體不斷報導校園暴力充斥校園，出現諸多誇大校園欺凌的迷思：（Astor, Meyer, Benbenishty, Marachi, & Rosemond, 2005）

1. 校園謀殺死亡事件頻傳？

　　因為1999年4月20日發生葛倫彬高中（Columbine High School）的槍擊事件，12位學生與1位教師被殺、另有21位學生受傷，這是美國歷史上死亡人數排第四的校園槍擊事件。僅次於1927年的巴斯小學（Bath school）、2007年維吉尼亞理工大學（Virginia Tech）、1966年的德州大學（University of Texas）。事實上，1992-1993年，美國校園暴力事件死亡人數為57人，與1998-1999年的人數一樣，包括葛倫彬高中死亡的12人。扣除1992-1993學年、1998-1999學年，從1992年到2000年間，美國校園的謀殺事件死亡人數維持穩定，在28-34人之間，並沒有惡化。但是，因為一次突發的校園謀殺事件，把美國校園暴力化到人人自危。

2. 校園到處可撿到槍枝？

　　因為葛倫彬高中槍擊事件，使得美國人民懷疑校園到處都是槍枝。然而資料顯示，1993年到1999年美國教育部的調查，學生在調查前30天有攜帶槍枝進入校園的比例從12%掉到7%，到了2001年更下滑到6.4%。可見，媒體報導校園槍枝浮濫是誇大的。

3. 校園到處有鬥毆？

　　校園暴力事件最常見的是身體攻擊。然而，資料顯示學生報導被打的經驗，從1993年的16%降到2001年的13%，涉入校園肢體衝突的學生比例從

1993年的42%降到2001年的33%。亦即，美國校園到處在打架的說法也是誇大其詞。

4. 校園黑道逍遙？

臺灣也有相同的經驗，只要在黑道大哥的喪禮上看到理平頭、穿白襯衫、黑西裝褲的少年，就誤以為校園充滿黑道的身影。其實也是誇大其詞。美國教育部的校園犯罪調查報告指出，從1995到1999年間，學生涉入幫派的比例從29%下滑到17%。亦即，美國學生參加幫派的經驗並沒有增加。

5. 校園路上不安全？

同樣地，學生報導在通學路上感到不安全的比例也下降中，1995年是29%，1999年掉到17%。並沒有顯示因為槍擊事件導致學生覺得到校路上更不安全。

6. 校園欺凌頻傳？

前述世界衛生組織（WHO）研究發現美國校園欺凌普及率在33-36%間，排名中間。Nansel等人（2001）的研究也指出10.6%的受訪者偶而欺凌他人，8.8%表示經常欺凌他人，8.5%偶而被欺凌，8.4%每週一次，或更頻繁地被欺侮。30%左右的受訪者指出涉入校園欺凌事件，13%曾欺凌別人，10.6%被欺侮，6.3%兼具兩者。可見美國校園欺凌事件沒有想像中嚴重，多半是媒體的炒作，家長、教師的過度緊張。

7. 教師與學校社會工作師是校園暴力的最大受害者？

的確，在校園暴力事件的討論中普遍關切的是學生。美國的資料顯示，從1992到1996年，教師有7.6%的受害率，其中中學教師的風險高於小學教師，男老師的風險又高於女老師（4.1%對2.6%）。至於學校社會工作師的全國性調查顯示，有35%報導曾經被攻擊。其中報導來自學生的攻擊有77%，來自家長的攻擊有49%，來自幫派的攻擊有11%。無疑地，除了學生家長擔心子女會被校園欺凌外，老師、學校社會工作師才更應該擔心人身安全。但是，教師、學校社會工作師防制校園暴力，責無旁貸。因此，提醒教育部門不要忽略教師與學校社會工作師的校園暴力支持與預防方案（Astor et al., 2005）。

相反地，校園也存在諸多低估校園欺凌的迷思：（Graham, 2010; Bakema, 2010）

1. 欺侮人的學生是低自尊與被同儕拒絕。其實不然，很多欺侮人的學生是班級的老大或大姊頭，他們有時享受欺侮人的快感。

2. 如前所述，在學校被欺侮是人生成長過程中的一部分，哪個人在學校沒有被欺侮過？事實上，還是有很多人在學校沒被欺侮過。被欺侮並不是必要的成長經驗。校園欺凌絕對是錯誤的與有害的（Craig and Pepler, 2007）。

3. 一旦成為被欺侮的人，就永遠會被欺侮，有些人天生欠揍。這也不正確，很多校園欺凌事件是情境造成的，不是個人的病理。尤其是學校環境縱容的結果。

4. 男生用體力，女生用關係欺侮別人。這也不盡然，很多男生也用語言、關係欺凌他人；女生也會加諸他人身體的傷害。校園欺凌既是身體的施暴，也是關係的問題（Craig and Pepler, 2007）。

5. 零容忍欺凌政策就會減少校園欺凌。這也是一廂情願的想法，校園欺凌原因多元，不可能只靠懲罰、移送法辦就能解決。

6. 校園欺凌只是加害者與受害者兩造間的關係。循此想法，就會出現懲罰加害者、保護受害者就夠了。這也未免過度簡化校園欺凌事件。如前所述，校園欺凌是一組多重因素互動的結果。

7. 校園欺凌是學校的問題，應該由教師承擔。事實不然，校園欺凌是學校環境、學校行政、家長、學生個人、媒體、社會共同的問題。

8. 倘若把事情掀開來，只會更糟。這就是讓校園欺凌得以持續長期存在的關鍵之一。如果不掀開，何以能協助受害者。

因此，學校社會工作者要站在專業的立場，正視校園欺凌的問題，不能受迷思左右，隨風潮起舞。在校園暴力預防上，學校社會工作師可以做哪些事？學校社會工作師要積極參與校園欺凌預防與介入方案的推動，甚至扮演部分方案的啟動者。Astor等人（2005）的研究發現，美國校園常見的校園暴力介入方案包括以下幾類；而Whitted and Dupper（2005）則將學校社會工作者可以介入的校園欺凌預防方案，以學生層次、班級層次、學校層次來區分，內容大致相同。Craig and Pepler（2007）則將校園欺凌防制方案分為四個支柱：教育訓練、評估、預防與介入、政策與倡導，缺一不可。

（一）社會工作與心理諮商服務

1. 暴力危機介入。
2. 受害者協助與支持服務。
3. 個人或家庭諮商。
4. 受害者或旁觀者的創傷後壓力疾患團體。
5. 種族、宗教、族群衝突標定團體服務。
6. 兒童虐待教育。

特別提醒學校專業輔導人員，學童對於自己被欺凌的經驗不易揭露清楚。如前所述，學童可能受困於開玩笑與欺凌的模糊關係，也可能被「他是我朋友」的友誼關係困住，亦在揣摩他人如何看待這事件，以及我自己要負多少責任等。因此，建立良好的信任關係，是學童揭露欺凌事件的敲門磚。讓學童相信你是信任他、願意協助他的，助人關係才可能發展。

其次，學童受到欺凌的影響是長期的、內隱的、不容易被發現的，特別是關係欺凌，無明顯的外表損傷，即使有心理與社會創傷也不易被發現，因為學童會自己找到存活之道。有時，受欺凌的人會發展出內向性的因應策略，例如：隱忍、自我詮釋、順服、合理化等，因此不容易暴露被欺凌後的情緒、行為的後果。例如，被欺凌者本來成績就不好、人際關係不佳，更不容易判別是被欺凌的後果。

第三，部分被欺凌的學童因內化了欺凌問題，而出現焦慮、恐懼、壓抑，最終導致拒學或懼學。一旦脫離學校之後，就更難被專業輔導人員服務。家庭外展服務是必要的，但是，所需時間成本就變得很高。

（二）人際技巧訓練

1. 衝突管理。
2. 社會技巧訓練。
3. 親社會行為課程。
4. 人際技巧練習。
5. 兒童攻擊行為團體。
6. 領導訓練。

（三）同儕方案

1. 正向同儕文化。

2. 友誼俱樂部。

3. 課後運動或俱樂部。

以上都是以學校為基礎（school-based）的方案，既可以是預防方案，也可以發揮處置（treatment）的功能。到底這些方案應該由誰來主導？如本書第六章所述，在三師分工中，校園欺凌是三種學校專業輔導人員都會被要求介入，因為任何一件校園欺凌事件都會涉及多人，有加害者、被害者、旁觀者（目睹者），不可能由單一專業輔導人員處理得來。當然，就預防而言，由專任輔導教師擔負起較多責任也是合理的。

（四）教師為本的方案

以學校為本的反霸凌方案中，最重要的一環是訓練學校幕僚人員處理校園霸凌事件。其中最重要的是教師效能訓練。教師運用班級管理作為反霸凌的策略。四種教室行為管理策略常被提起的，包括：分開學生（separating the students），直接介入霸凌事件，讓霸凌者與受害者分開；倡議避開（advocate avoidance），要求雙方避免接觸；家長涉入（parents involvement），要求家長扮演終止欺凌的角色；倡議主張（advocate assertion），充權被欺侮學生 （Kochenderfer-Ladd and Pelletier, 2008; Vahedi, Azar, & Golparvar, 2016）。教師為本的方案包括：

1. 教師支持團體或反暴力訓練。

2. 班級經營。

3. 反欺凌運動。

4. 針對加害者、受害者、旁觀者的課業補救方案。

這也是以學校為基礎的方案的一環，由專任輔導教師結合學校心理師、學校社會工作師，協助教師進行以教師為本的反校園欺凌方案，導師扮演關鍵角色。

（五）社區方案

1. 反幫派方案。

2. 社區暴力服務方案。

3. 父母支持團體。

4. 教會團體或青年團契。

社區反校園霸凌方案則比較適合由學校社會工作師結合少年輔導委員會、警察局、教會、社會局、社區發展協會、青年會等組織進行，提供父母、社區居民參與。

（六）物理環境改善方案

1. 加裝金屬探測器。

2. 加強警衛。

3. 清除校園安全死角。

除了協助發展上述以校園為本的欺凌與受害者介入方案（School-based bully and victim intervention programs）外，學校社會工作師在校園欺凌事件上可以著力的地方還很多，如前所述的建置與暢通通報管道，及早發現受欺凌者，鼓勵知情者、受害者通報，協助受害者接受治療，協助進行加害者行為修正，協助進行旁觀者教育方案，支持家長進行親職教育，協助學校建立輔導團隊，還要包括倡議校園和平的文化。

當今校園充斥著責難文化（culture of blame），對校園欺凌事件採零容忍懲罰途徑（Zero-tolerance punitive approaches），缺乏以支持為本的途徑（Supported-based approaches）（Bray and Lee, 2007）來教育學生。固然，懲罰對嚇阻校園欺凌事件的蔓延有一定的成效，但是也帶來諸多問題。例如，懲罰錯誤或過當；短期效果不易持久；學生會學習如何避免被抓到；產生報復心理，特別是被冤枉的學生；與學校教育強調學習的經驗不一致；缺乏積極學習正向行為的誘因；強化校園欺凌的權力不對等本質；容易造成學生與教師間的對立關係。這種動不動就懲罰的校園文化，其實無助於校園欺凌事件的預防。支持為本的途徑反而有助於正本清源，協助學生認清人際界線、權利與義務、了解受害者的經驗。研究均指出，由上而下的反校園欺凌立法，或是強力移送法辦，並不是防制校園欺凌的有效策略；反而是由下而上，由關係利害人協力的方案執行較有效。改變校園文化需要長期的耕耘，端賴教師、學生、家長、社區一起努力，很難靠由上而下加強懲處可以達成（Terry, 2010; Bray and Lee, 2007; Limper, 2000）。

促進師生關係與消除暴力是每天的工作，不是一次反欺凌運動就可以終結校園暴力（Craig and Pepler, 2007）。校園欺凌也不是任一個專業可以單獨扛下來的，必須跨專業的合作，包括學校行政人員、導師、體育老師、輔導教師、學校心理諮商師、學校社會工作師、家長等（Biggs, Simpson, & Gaus, 2009）。

為因應普遍存在的校園欺凌行為，各國紛紛將反霸凌入法，或採行強制性反霸凌方案。在英國與比利時，所有公立學校都要執行校園反霸凌方案（U. K. Department for Education 2013; Stevens, De Bourdeaudhuij, & VanOost, 2000）；在芬蘭，95%的公立學校開授反霸凌課程（anti-bullying curriculum）（Finland Ministry of Education and Culture, 2014）；在瑞典，學區要求學校必須預防學生免於遭受校園欺凌，否則要負法律責任（Sweden Ministry of Education and Research, 2016）。在美國，大部分州與地方政府都已開始執行反霸凌改革（U. S. Department of Education, 2011）。反霸凌法（anti-bullying laws, ABLs）被認為有助於促進校園學生安全，Sabia and Bass（2016）研究美國的反霸凌法實施以來發現，校園暴力下降了7%到13 %，校園欺凌減少了8%到12 %，校園槍擊案降低9%到11 %，同時，少年因暴力事件被逮捕的情形也明顯減少。顯示，政府有作為就會有成效。

結論

校園欺凌往往是家長、學校縱容的結果，息事寧人只會增強欺凌循環。但是，誇大校園欺凌於事無補，只會「惡霸化」加害者，讓學生陷入恐懼中。擴大對校園欺凌的定義，會混淆校園暴力與校園欺凌，無助於校園安全的推動。一味將校園欺凌事件移送法辦，只會讓校園欺凌防制計畫失焦；單獨制訂反校園欺凌法也不一定必要。讓警察、教官進入校園處理欺凌，更只會弱化教育能力，無助於解決校園欺凌問題。親師合作、學校在乎、社區關注、警政協力、專業介入才有可能防制校園欺凌。

學術與實務研究的共識是除非持續與永續地執行校園欺凌方案，否則

校園欺凌事件仍會層出不窮（Olweus, 1993; Smith and Sharp, 1994; James, Lawlor, Courtney, Flynn, Henry, & Murphy, 2008）。因此，反校園欺凌不只是一次全國、全縣市、全校總動員式的宣傳活動；逐步漸進，有計畫、有組織地增聘學校專業輔導人力，建立有效能的專業輔導團隊，長期投入校園學生需求與問題的解決。然而，在媒體、學術研究、教育當局傾全力關注校園霸凌的當下，Donoghue and Raia-Hawrylak（2016）提醒有必要超越對校園霸凌的關注，朝向關注一般的校園同儕攻擊行為，才不會因霸凌的特定測量指標而忽略了校園仍普遍存在的校園暴力行為。

隨著政治民主、經濟發展、社會變遷、校園開放，學生的需求與問題日益多元。原有學校輔導系統已不足以因應多重且複雜的學生問題。即使再增添專任輔導教師也不可能單獨解決校園學生問題，必須建構完整的輔導專業團隊與落實三師分工協力合作，始能奏效。

參考書目

中文部分

林萬億（2011）。校園欺凌與臺灣學校社會工作的發展。社區發展季刊，135，頁 5-25。

英文部分

Astor, R. A., Meyer, H. A., Benbenishty, R., Marachi, R., & Rosemond, M. (2005). School safety interventions: Best practices and programs. *Children & Schools*, 27, 17-32.

Austin, S. M., Reynolds, G. P., & Barnes, S. L. (2016). School Leadership and Counselors Working Together to Address Bullying. *Reading Improvement*, Project Innovation, Inc. pp. 188-194.

Bakema, C. (2010). *How to Stop Bullying in Schools: A Dutch Way*, Bulletin of the Transilvania University of Bra ov, 3: 52, 77-84.

Biggs, M. G., Simpson, C. G. & Gaus, M. D. (2009). A Case of Bullying: Bringing Together the Disciplines, *Children & Schools*, 31: 1, 39-44.

Björkqvist, K., Lagerspetz, K. M. J., & Kaukiainen, A. (1992). Do girls manipulate and boys fight? *Aggressive Behavior*, 18, 117-127.

Boislard, M-A., van de Bongardt, D. & Blais, M. (2016). Sexuality (and Lack Thereof) in Adolescence and Early Adulthood: A Review of the Literature, *Behav. Sci. 6*(1), 8; doi: 10.3390/bs6010008.

Bray, L. and Lee, C. (2007). Moving away from a culture of blame to that of supported-based approaches to bullying in schools, *Pastoral Care*, Dec. 4-11.

Byrne, B. (1993). *Coping with bullying in schools.* Dublin: Columbia Press.

Canadian Council on Social Development (2006). *Growing up in North America: child health and safety in Canada, the United States and Mexico.*

Cassidy, T. (2009). Bullying and victimisation in school children: the role of social identity, problem-solving style, and family and school context. *Social Psychology of Education*, 12, 63-76.

Craig, W. M. and Pepler, D. J. (2007). Understanding Bullying: From Research to Practice,

Canadian Psychology, 48: 2, 86-93.

Craig, W. M. and Harel, Y. (2004). Bullying, physical fighting, and victimization, in C. Currie, C. Roberts, A. Morgan, R. Smith, W. Setterbulte, & O. Samdal (eds.), *Young people's health in context* (pp.133-144). Geneva, Switzerland: World Health Organization.

Crick, N. R., Casas, L. F., & Mosher, M. (1997). Relational and overt aggression in preschool. *Child Development*, 33: 4, 579-588.

Crick, N. R., and Grotpeter, J. K. (1995). Relational aggression, gender, and social psychological adjustment. *Child Development*, 66, 710-722.

Crick, N. R., and Grotpeter, J. K. (1996). Children's treatment by peers: Targets of relational and overt aggression. *Development and Psychopathology*, 8(3), 673-680.

Donoghue, C. and Raia-Hawrylak, A. (2016). Moving beyond the Emphasis on Bullying: A Generalized Approach to Peer Aggression in High School, *Children & Schools*, 38(1), 30-39.

Finland Ministry of Education and Culture (2014). "KiVa International." Retrieved from: http://www. kivaprogram.net。

Galen, B. R., and Underwood, M. K. (1997). A developmental investigation of social aggression among children. *Developmental Psychology*, 33, 589-600.

Greene, M. B. (2006). Bullying in Schools: a plea for measure of human rights, *Journal of Social Issues*, 62(1), 63-79.

Graham, S. (2010). What Educators Need to Know About Bullying Behaviors, Kappan, Sept. 66-71.

Harlow, K. and Roberts, R. (2010). An Exploration of the Relationship between social and psychological factors and being bullied, *Children & Schools*, 32: 1, 15-26.

Hertzog, J. L., Harpel, T., & Rowley, R. (2016). Is It Bullying, Teen Dating Violence, or Both? Student, School Staff, and Parent Perceptions, *Children & Schools*, 38(1), 21-29.

James, D. J., Lawlor, M. Courtney, P., Flynn, A., Henry, B., & Murphy, N. (2008). Bullying Behaviour in Secondary Schools: what roles do teachers play? *Child Abuse Review*, 17: 160-173.

Kelly, M. S., Raines, J. C., Stone, S., & Frey, A. (2010). *School Social Work: an evidence-informed framework for practice*. Oxford: Oxford University Press.

Kochenderfer-Ladd, B. and Pelletier, M. E. (2008). Teachers' Views and Beliefs about Bullying: influence on classroom management strategies and student coping with peer victimization, *Journal of Social Psychology*, 46, 431-453.

Lam, D. O. B. and Liu, A. W. H. (2007). The Path through Bullying--A Process Model from the Inside Story of Bullies in Hong Kong Secondary Schools, *Child and Adolescent Social Work Journal*, 24: 1, 53-77.

Leary, M. R., Kowalski, R. M., Smith, L., & Phillips, S. (2003). Teasing, Rejection, and Violence: case studies of school shootings, *Aggressive Behavior,* 29, 202-214.

Limper, R. (2000). Cooperation between Parents, Teachers, and School Boards to Prevent Bullying in Education: An Overview of Work Done in the Netherlands, *Aggressive Behavior*, 26: 125-134.

Mann, M. J., Kristjansson, A. L., Sigfusdottir, I., D. & Smith, M. L. (2015). The Role of Community, Family, Peer, and School Factors in Group Bullying: Implications for School-Based Intervention, *Journal of School Health*, 85(7), 477-488.

Manning, W.D.; Longmore, M.A.; Giordano, P.C. (2000). The Relationship Context of Contraceptive Use at First Intercourse. *Fam. Plan. Perspect. 32*, 104-110.

Manning, W. D., Longmore, M. A. &Giordano, P. C. (2005). Adolescents' involvement in non-romantic sexual activity, *Social Science Research*, 34(2), 384-407.

Meyer-Adams, N. and Conner, B. T.（2008）. School Violence: Bullying Behaviors and the Psychosocial School Environment in Middle Schools, *Children & School*, 30: 4, 211-221.

Mishna, F. (2012). *Bullying: a guide to research, intervention, and prevention*. Oxford: Oxford University Press.

Nansel, T. R., Overpeck, M., Pilla, R., Ruan, W. J., Simons-Morton, B., & Scheidt, P. (2001). Bullying behaviors among US youth: prevalence and association with psychosocial adjustment, *JAQMA*, 285, 2094-2100.

Nation, M., Vieno, A., Perkins, D., & Santinello, M. (2007). Bullying in School and Adolescent Sense of Empowerment: an analysis of relationships with parents, friends, and teachers, *Journal of Community & Applied Social Psychology*, 18, 211-232.

Naylor, P., Cowie, H., Cossin, F., de Bettencourt, R., & Lemme, F. (2006). Teachers' and pupils' definitions of bullying, *British Journal of Educational Psychology*, 76, 553-576.

O'Connell, P., Pepler, D., & Craig, W. (1999). Peer involvement in bullying: Insights and challenges for intervention. *Journal of Adolescence*, 22: 4, 437-452.

Olweus, D. (1978). *Aggression in the schools: bullies and whipping boys*. Oxford, England: Hemisphere.

Olweus, D. (1991). Bully/target problems among school children: Basic facts and effects of a school-based intervention program. In D. J. Pepler & K. H. Rubin (Eds.), *The development and treatment of childhood aggression* (pp. 411-448). Hillsdale, NJ: Laurence Erlbaum.

Olweus, D. (1993). *Bullying: What we know and what we can do*. Oxford: Blackwell Publishers.

Olweus, D. (1997). Bully/target problems in school. *Irish Journal of Psychology*, 18(2), 170-190.

Olweus, D. (1999). Sweden. In P. K. Smith, Y. Morita, J. Junger-Tas, D. Olweus, R. Catalano, & P. Slee (Eds.), *The nature of school bullying: A cross-national perspective* (pp. 7-27). London and New York: Routledge.

Olweus, D. (2005). A useful evaluation design, and effects of the Olweus Bullying Prevention Program. Psychology, *Crime and Law*, 4, 389-402.

Pečjak, S. and Pirc, T. (2017). Bullying and Perceived School Climate: Victims' and Bullies' Perspective, *Studia Psychologica*, 59(1), 22-33.

Rigby, K. (2002). *New Perspectives on Bullying*, Philadelphia: Jessica Kingsley Publishing.

Roland, E. and Galloway, D. (2004). Professional cultures in schools with high and low rates of bullying. *School Effectiveness and School Improvement*, 15, 241-260.

Saarento, S., Garandeau, C. F. & Salmivalli, C. (2014). Classroom- and School-Level Contributions to Bullying and Victimization: A Review, *Journal of Community & Applied Social Psychology*, 25: 204-218.

Sabia, J. J. and Bass, B. (2016). Do anti-bullying laws work? New evidence on school safety and youth violence, *J Popul Econ*, 30: 473-502.

Smith, J. D., Schneider, B., Smith P. K., & Ananiadou, K. (2004). The effectiveness of whole-school anti-bullying programs: a synthesis of evaluation research. *School Psychology Review*, 33 , 548-561.

Smith, P. K., and Sharp, S. (1994). The problem of school bullying. In P. K. Smith & S. Sharp (Eds.), *School bullying: Insights and perspectives* (pp. 2-19). London: Routledge.

Smith, P. K., Morita, Y., Junger-Tas, J. Olweus, D. Catalano, R., & Slee, P. (1999). *The nature of school bullying: a cross-national perspectives*. London: Routledge.

Smith, P. K., Cowie, H., Olafsson, R. E., & Liefooghe, A. P. D. (2002). Definitions of Bullying: a comparison of term used, and age and gender differences in fourteen-country international comparison. *Child Development*, 73(4), 1119-1133.

Smokowski, P. R. and Kopasz, K. H. (2005). Bullying in schools: an overview of types, effects, family characteristics, and intervention strategies, *Children & Schools*, 27, 101-110.

Stevens,V., De Bourdeaudhuij, I., & VanOost, P. (2000). Bullying in Flemish schools: an evaluation of anti-bullying intervention in primary and secondary schools. *B J Ed Psychol,* 70: 195-210.

Sweden Ministry of Education and Research (2016) "Education in Sweden." Retrieved from https://sweden. se/society/education-in-sweden

Tattum, D. P. (1997). A whole-school response: From crisis management to prevention. *Irish Journal of Psychology*, 18: 2, 221-232.

Terry, A. (1998). Teachers as targets of bullying by their pupils: a study to investigate incidence, *British Journal of Educational Psychology*, 68, 255-268.

Terry, T. M. (2010). Blocking the bullies: has South Carolina's Safe School Climate Act made public schools safer? *The Clearing House*, 83, 96-100.

Theriot, M. T. (2008). Conceptual and methodological considerations for assessment and prevention of adolescent dating violence and stalking at school. *Children & Schools*, 30, 223-233.

Thornberg, R. (2015). School Bullying as a Collective Action: Stigma Processes and Identity Struggling, *Children & Society*, 29, 310-320.

U.S. Department of Education (2011). Analysis of State Bullying Laws and Policies. Retrieved from http://www2.ed.gov/rschstat/eval/bullying/state-bullying-laws/state-bullying-laws.pdf.

Vahedi, S., Azar, E. F., & Golparvar, F. (2016). The effectiveness of school-wide anti bullying programs on teachers' efficacy in dealing with students' bullying behavior, *Fundamentals of Mental Health*, Mar-Apr, 68-75.

Waggoner, C. R. (2016). Cyber Bullying: The Public School Response, Franklin Publishing Company, www.franklinpublishing.net. 45-54。

Wallace, J. A. (2011). Bullycide in American Schools: Forging a Comprehensive Legislative Solution, *Indian Law Journal*, 8, 735-763.

Whitted, K. S. and Dupper, D. R. (2005). Best Practices for Preventing or Reducing Bullying in Schools, *Children & Schools*, 27: 3, 167-177.

Zequinão, M. A., de Medeiros, P., Pereira, B., & Cardoso, F. L. (2016). Association between spectator and other roles in school bullying, *J Hum Growth Dev*, 26(3): 352-359.

第十章　校園性別平等

黃韻如

小姍的自傷

「小姍昨天吞了樟腦丸，今天早上跟數學老師說，導師已經通知家長也緊急送醫院了。」

「小萍用手打破教室玻璃，目前由保健室協助處理。」

「小婷的媽媽到學校來說，數學老師在Line上有跟小婷相約出遊的訊息，後來發現數學老師是男的，小婷媽媽希望轉學。」

前述這三位學生都是在同一所學校不同班級的8年級學生，唯一相同的事情，就是三位都是數學成績優異的學生，也都是班上小老師，亦受同一位男性數學老師授課。

「社工師，我可以跟你說些事情嗎？但是可以幫我保密嗎？」

事件爆發後兩天內，有兩位以上在相同辦公室中的老師，來輔導室尋求協助，並且告知社工類似的觀察。

「數學老師常常在午休、下課跟放學後的時間，單獨留數學小老師個別指導，時間有點長，老師跟學生距離都很靠近，學生來找老師時，說話口氣也常常是類似撒嬌的感覺，我覺得有點不尋常，特別是前兩天陸續出現的事情……他這樣的行為已經好多年了，我覺得很不舒服，但因為是同事，我又不好說什麼，只是不知道這樣的訊息對你有沒有幫助。」

現代社會日趨開放，兩性之間的關係與界限，常成為被關注的焦點，也成為挑戰人性的陷阱，再加上透過通訊軟體交流的流行，導致公私領域有更多不同於過往世代的接觸方式。前述的案例，恰恰說明模糊的師生界限，加上在旁觀察卻不介入的教師同僚及學生同僚，都使事情從單純師生關係，漸漸演變成為性騷擾及性侵害的案件。

除了兩性間不論是師生或同學關係外，現今社會也面臨更多元的性別議題。臺灣性別平等教育協會於2006年出版《擁抱玫瑰少年》，記載葉永鋕身為男性而具有女性特質的生命故事。

2000年4月20日，南部某國中三年級學生葉永鋕，在上音樂課的時候去廁所，當時距離下課大約還有5分鐘，結果葉永鋕一去就再也沒有回來。葉永鋕的意外死亡，經由師生陳述與揣測，有各種不同的版本，但無論是因個

人滑倒、有人捉弄或傷害而致死，都和他的性別特質發展沒有獲得應有的學校適當對待、同學接納和教育行政體系的關注有關。葉生在學校生活中被老師與同儕認爲是具有「女性氣質」傾向的小孩。他的行爲特質可歸納爲：聲音比較細、講話時會有「蘭花指」的習慣性動作、喜歡打毛線和烹飪（在午睡時間常打毛線、做皮卡丘、書包中總是有食譜）、比較常和女同學在一起（但也有男性朋友）。這樣的性別特質並非不正常，卻由於同學的性別刻板印象、學校處理不當與介入不足而造成了死亡的間接性原因。他曾經因爲這樣的特質而受到同學的性別歧視和暴力，包括怕上廁所時有人欺負他，害他不敢和一般同學一樣上廁所，只好經常提早下課去上廁所。其所遭受的同儕暴力，其實就是一種性別屈辱和性別暴力（畢恆達，2000）。

　　教育部兩性平等教育委員會委員組成專家調查後，將事件發生緣由及校方處置方式作成書面報告呈交委員會暨教育部，並建議發起新校園運動，以表示重視此校園性別問題。十月中，教育部舉行「新校園運動：反性別暴力」宣誓記者會，運動的主旨強調，不但要尊重傳統兩性，更要尊重其他不同性別傾向和特質的人，希望透過各種教育活動，破除性別刻板印象，打擊性（別）暴力，並將多元性別平等教育納入師資培訓及在職進修內容。2000年12月16日，教育部「兩性平等教育委員會」正式宣布更名爲「性別平等教育委員會」，教育政策的重點從兩性教育正式轉化成爲性別平等教育。隨著從「兩性平等」到「性別平等」，宣告了隨著臺灣愈趨多元的社會脈絡底下對於不同性傾向、性別特質與性別身分認同（gender identity）的多元事實與現況。因此，僅以男、女爲區分的兩性世界受到了挑戰與質疑，性／別已不能單純地由生物或社會的角度來定位與畫分（江明親，2003）。

一、性別平等的價值與概念

　　追求性別平等已是國際社會努力的重要方向，尤其聯合國自1995年正式將「性別主流化」列爲各國政策的行動綱領後，許多國家便致力於將所有政策納入性別觀點，以求達到實質的性別平等。性別平等不僅被視爲普世人

權的基本保障，也被定位為應積極追求的理想價值與目的，故而性別平等是一種價值、一種思維方式，更是一種行動目的。教育部在1998年9月30日公布之《國民教育階段九年一貫課程總綱》，決議將資訊、環境、兩性、人權等重大課題融入七大學習領域中（教育部，1998）。此宣示復於2001年公布的九年一貫課程性平教育議題暫綱（90暫綱），以及2003年公布之92課綱有了具體可操作之依據（教育部，2001、2003）。此於2004年頒布的《性別平等教育法》見到了落實所需的法制基礎。建構多元性別觀，以營建性別地位實質平等的環境與文化，是實施性別平等教育的重要途徑（潘慧玲、黃馨慧，2016）。

> 性別平等教育（gender equity education）即希望透過「教育」的歷程和方法，促使不同性別或性傾向者都能站在公平的立足點上發展潛能，不因生理、心理、社會及文化上的性別因素而受到限制；更期望經由性別平等教育，促進不同性別者在社會性別之實質平等，亦期能與國家社會之整體發展相互配合，共同打造性別平等之多元社會（教育部，2012：2）。

教育部性別平等教育網，在校園性別事件防治與處理中有關防治性霸凌專區中，特別將性別概念分類說明如下（教育部，2016）：

（一）生理性別（biological sex）：以第一性徵、第二性徵來區別男女之生理差異，是解剖學或生理學之男性或女性的特徵，舉例來說，女性有月經而男性有喉結、睪丸或是男性可以產生精子，這些都是生理性別的特徵。

（二）性別（gender）：則是指社會、文化、心理和歷史等面向，用來描述社會的價值規範或是人們被社會期望扮演的角色，包括所做的工作、穿著和行為舉止等。性別角色即為社會對男性或女性行為定義與表現期待的文化規範，把特定的工作與責任分配給不同性別的人並進一步形塑出「性別合適」的行為模式與價值觀念。

（三）性傾（取）向（sexual orientation、sexual preference）：指一個人在情感與性的面向對男性及女性的吸引與愛戀，包含了性行為與性慾二者。性傾向可以看作是程度漸進的連續（continuous）概念，我們可以說每

個人的性傾向位於從「只對異性感興趣」到「只對同性感興趣」之間的某個位置。大致上被歸爲三類：異性戀（對異性產生情感與性的吸引）、同性戀（對同性別的人有情感與性的欲望）、雙性戀（對兩性均能產生情感與性的欲望）。此外，亦有無性戀（對兩性均沒有情感或性的欲望）。

（四）性別認同：指的是個人對自我歸屬性別的自我認知與接受狀態。認識性別認同要同時理解「跨性別」的概念，O'Brien（2009）認爲跨性別包含好幾種群體，從偶而或總是扮裝、爲表演或是內在心裡欲望而扮裝，到想動變性手術與否等多元多樣的跨性別認同或表現，可以包含陰陽人（intersexuals）、女變男的跨性人（femal-to-male transsexuals, FTM）、男變女的跨性人（mal-to-female transsexuals, MTF）、扮裝皇后與國王（drag queens and kings）、扮裝者（cross-dressers）等。有的社會文化承認「第三性」之存在，並且爲其創造了相對應的性別角色和身分名號以安置他們。

從前述生理性別通常是我們認定的基本標準，然而，不同個案可能在性別、性傾（取）向、性別認同等三部分產生社會適應上的困擾。以前述的葉姓同學爲例，其生理性別是男性，但是從國小三年級開始在性別角色上產生傾向女性的社會行爲，也因此家長曾經尋求專業協助，直到家長接受葉生的個別特質。然而，校園中親職師生若未有充分的認識、理解及接納，則可能導致性霸凌或性騷擾事件的產生。猶如其他章節一般，所有輔導工作在校園中都可分爲三級預防的概念，因此在本章節中，並不討論全面性教育課程的規劃及設計，主要的焦點將放在需要輔導人員積極介入的二、三級個案輔導上。

二、性騷擾、性侵害及性霸凌的定義及嚴重程度

與性侵害、性騷擾有關的法規包括：性別平等教育法、性侵害犯罪防治法、性騷擾防治法、性別工作平等法、家庭暴力防治法、兒童及少年福利與權益保障法等，將性侵害及性騷擾定義如下：

（一）性侵害

性侵害係指違反性侵害犯罪防治法及刑法所稱性侵害犯罪之行為。但是由於性侵害案件，本身就是兒童及少年福利與權益保障法及性侵害犯罪防治法所規範的範圍（詳見第十一章）。性侵害主要包含：

1. **強制性交罪**（刑法第221條）：對於男女以強暴、脅迫、恐嚇、催眠或其他違反其意願之方法而為性交者。

2. **強制猥褻罪**（刑法224條）：對於男女以強暴、脅迫、恐嚇、催眠或其他違反其意願之方法而為猥褻之行為者。

3. **乘機性交猥褻罪**（刑法225條）：對於男女利用其心神耗弱、身心障礙或其他相類似之情形不能或不知抗拒而為性交或猥褻者。

4. **利用權勢性交或猥褻罪**（刑法228條）：對於因親屬、監護、教養、教育、訓練、救濟、醫療、公務、業務或其他相類關係受自己監督、扶助、照護之人，利用權勢或機會為性交或猥褻者。

（二）性騷擾

根據《性別平等教育法》與《性侵害犯罪防治法》對性騷擾與性侵害行為的界定如下，其中性騷擾係指符合下列情形之一，且未達性侵害之程度者：1.以明示或暗示之方式，從事不受歡迎且具有性意味或性別歧視之言詞或行為，致影響他人之人格尊嚴、學習或工作之機會或表現者。2.以性或性別有關之行為，作為自己或他人獲得、喪失或減損其學習或工作有關權益之條件者。

依照性騷擾的嚴重程度大致可以分為5種等級：（1）性別騷擾（gender harassment），對某一種性別有汙辱、貶抑、敵視、引誘的言語與態度，或因為性別而有不同的對待，在生涯上給予性別評論等；（2）性挑逗（seduction），指不受歡迎、不合宜或帶有攻擊性的口頭或肢體上的吃豆腐行為；（3）性賄絡（sexual bribery），係以性作為利益交換的工具，例如：升遷、調職等；（4）性要脅（sexual coercion），使用肢體、權威、威脅或酒精等脅迫方式，占對方便宜；（5）性攻擊（sexual assault）或性侵犯（sexual imposition）則是涉及到性侵害的程度（陳金定，2004）。

性騷擾又可分為下面四種類型：

1. **言語騷擾**（verbal harassment）：在言語中帶有貶抑任一性別的意味，包括帶有性意涵、性別偏見或歧視行為及態度，甚或帶有侮辱、敵視或詆毀其他性別的言論。例如：過度強調女性的性徵、性吸引力，讓女性覺得不舒服；或者過度強調女性之性別特質及性別角色、刻板印象，並加以貶損（或明褒暗貶）。

2. **肢體騷擾**（physical harassment）：任一性別對其他性別（通常較多出現在女性）做出肢體上的動作，讓對方覺得不受尊重及不舒服。例如：擋住去路（要求外出約會、做出威脅性的動作或攻擊）、故意觸碰對方的肢體（掀裙子、趁機撫摸胸部及其他身體的部分或暴露性器官）等俗稱吃豆腐的行為。

3. **視覺騷擾**（visual harassment）：以展示裸露色情圖片或是帶有貶抑任一性別意味的海報、宣傳單，造成當事人不舒服者。

4. **不受歡迎的性要求**（unwanted sexual requests）：以要求對方同意性服務作為交換利益條件的手段。例如：風紀查報以不檢舉遲到、講話……等條件，要求別的同學與其約會或趁機占身體上的便宜等。常見的有性賄賂和性脅迫兩種：(1)性賄賂：以利益承諾、利誘方式要求他人從事與性有關的行為或與性相關的活動。(2)性脅迫：以威脅懲罰的方式要求他人提供性行為或與性相關的活動（例如：約會強暴等。）

蕭昭君（2007）分析大學校園常出現的性騷擾迷思，四項分析如下。其實在高中職以下校園也有類似經驗。

1. 迷思一：只有美女會被性騷擾？而帥哥就是被誣告嗎？

長相迷思是在性騷擾中常見的議題，長相漂亮且柔美的女生就是高危險群，溫文儒雅的男性就容易是被誣告者，這樣的迷思就跟「性騷擾者等同陌生人」大有關聯。事實上，校園性騷擾大部分都是熟人所為，同儕、師生之間常出現，被騷擾者通常可以輕易指認騷擾者，兩者之間也有明確的性別與階級不對等的微妙關係，因此受害者通常選擇沉默面對。相對地，對陌生人顧慮較少因而容易舉報處理，所以暴露狂及公共場所的性騷擾較常聽聞也容易被舉報。

2. 迷思二：只有穿著暴露的女生會被性騷擾嗎？

許多性騷擾者向親人與朋友提到這樣的經驗時，常常會有受到質疑的不堪感受，例如：「誰叫你穿著那麼性感」、「誰叫你都這麼晚回家」、「誰叫你喜歡去那些地方」、「誰叫你都自己一個人行動」……等等。這犯了雙重迷思，先是責難受害者，繼而錯誤歸因。其實，即便阿拉伯國家女性穿著保守也常出現性騷擾及性侵害，許多工作職場中性打扮的女性同樣常被騷擾，臺灣中小學生穿著相同且沒有太大創意的制服仍屢傳性騷擾，因此，大眾應該有正確的認識，就是女性受害者跨越年齡、婚姻狀況、外貌、種族、階級、職業等各種界線，跟穿著、長相沒有必然關係。

3. 迷思三：同性之間不會有性騷擾嗎？只有同志才會有同性之間的騷擾嗎？

只有男性會騷擾女性也是一種迷思，事實上，在男性中被同性「阿魯巴」、上廁所被脫褲子、比較生殖器大小等也常常是一種性騷擾；女性間也常常以「公車」誇大形容異性朋友很多、有較多追求者的女性，或認為她愛勾引男生等等，也都是同性的性騷擾。

4. 迷思四：立法禁止性騷擾，會讓社會愈難達到性解放嗎？

在規範性騷擾的法令陸續通過後，社會開始出現反彈的聲浪，例如：「這樣以後都不能講黃色笑話，學校不是太壓抑、太不自由了嗎？」或者，「當我們開玩笑的當下，怎會知道參與者在意與否？」質疑這樣會不會讓性成為更禁忌的議題？事實上，嚴肅地界定性騷擾，正可以把男女之間原來私密的身體或情慾議題提出來嚴謹討論，達到兩性相互尊重與互動、兩性平權與自主。

（三）性霸凌

相對於前兩者，性霸凌似有明確的定義，但難題在於分辨何者為行為、何者為朋友間單純的嬉鬧。辨識欺凌行為可以從三個方向著手：權力、意圖、頻率，霸凌事件通常權力明確不對等；意圖並不是在促進友誼，而是在於羞辱、傷害；而且受害時間通常都有一段長時間（詳參第九章），其中性別角色與社會期待有差異、性取向、性別認同者常常是個「理直氣壯」的被霸凌者（詹勳育，2011；張榮顯、楊幸真，2010）。性別平等教育法明文規

定性霸凌為透過語言、肢體或其他型式的暴力，對於他人之性別特徵、性別特質、性傾向或性別認同進行貶抑、攻擊或威脅之行為，且非屬性騷擾。

　　性霸凌和性騷擾兩者也常常被相提並論，游美惠（2013）曾經引用Nan Stein（1999）的看法指出：談論性騷擾行為時，在小學脈絡中，學生之間開玩笑或惡作劇式的性騷擾行為，常會演變為針對特定對象一再重複發生的欺負行為，最終成為霸凌事件。

　　英國「友善女性」（Womankind）組織所發展的「終止校園性霸凌實踐準則」認為：「性霸凌是因為個人的性或性別，在肢體或非肢體上所遭致的霸凌行為。性或性別被用來作為一種武器。它可能當面發生，也可能在背後或運用科技的方式進行。」具體行為包括：(1)用一些字眼來影射某人的性傾向，以達到羞辱的目的（例如：用「gay」來形容某人或某事物，意味這是不好的）；(2)用具性意涵的話來汙辱某人（例如：用公車、香爐、大鍋炒形容跟許多男人上床的女人）；(3)使用威脅的言語或笑話，造成對方的恐懼（例如：開玩笑說要強暴某人）；(4)閒聊中散布有關某人性生活或性傾向的謠言（包括塗鴉）；(5)讓別人感覺不舒服的碰觸；(6)碰觸別人不喜被碰觸的身體部位。這些可供教育工作者辨識和說明性霸凌（王儷靜，2015）。

　　張藝寶（2011）引述英國學者Neil Duncan（2001）所著《性霸凌：中等學校性別紛爭與學生文化》（*Sexual bullying: Gender conflict and pupil culture in secondary schools*）一書中指出在學校場域中常可發現一些「性化的性別衝突紛爭」（sexualised gender conflict）的模式，包括：性化的辱罵與口語虐待、與性相關的表演戲謔、嘲笑身體表態、對性行為的批評、散布謠言、恫嚇型的性邀約、威脅性行為、不受歡迎的接觸與肢體上的攻擊等。而這些都跟學校組織有意無意間形塑出學生的「性化的性別認同」（sexualised gender identity）攸關，包括對肢體的壓縮、對正常與競爭的強調、年齡階層化以及校方對性的否定態度，所造成的結果會使得男同學帶著恐同（homophobia）與厭惡女性（misogynist）的價值觀離開學校；許多女同學則是因此對性產生負面的看法，影響自尊建立。追根究柢，造成性霸凌的背後因素，常與「男陽剛，女陰柔」的性別規範及恐同有關（游美惠，2014）。

　　簡雅慧（2012）針對國中教師處理校園霸凌的過程中進行探討，發現部

分教師難以逃脫父權體制二元性別框架下的思維，因此認爲唯有教師從偏見中解放後，才能眞正解決學生間的性霸凌問題。吳怡慧（2010）則提醒教師常在處理過程中，混淆發展情欲的「身體遊戲」及性霸凌，因此，建立判斷應考量是否保有身體自主性以及相互尊重的基準點上。

「網路性霸凌」則是「利用電腦、手機、e-mail、臉書及line 等通訊軟體和聊天室等網路空間，針對他人之性別特徵、性別特質、性傾向或性別認同進行貶抑、攻擊或威脅之行爲且非屬性騷擾者。」（洪培忻、李明峰，2016）例如，在前一章提及的《校園霸凌：沉默的代價（Shattered Silence）》這部電影，女主角爲了取悅男友，因而拍了裸照傳給對方，沒想到照片卻被其他人看到且意外地流傳出去，最後甚至被有心人士不斷散播與傳送，造成後續的怒罵及校園環境中的困境與漣漪。而在臺灣現實環境中，也產生過相似的實際案例，並且普遍性增加中。

洪培忻、李明峰（2016）認爲網路性霸凌的迷思常見有三：

1. 迷思一：我並非主要上傳裸露影片或照片的人，只是留言回應而已，這樣也算校園網路性霸凌嗎？

　　事實上，依照《性騷擾防治法》第2條，只要違反當事人意願、直接上傳同學的裸露影片或照片，造成當事人的困擾與傷害，便可能是性騷擾行爲。若看完影像圖片之後，針對個人性別特徵等要項加以批評，以「雞雞太小」、「大奶妹」等嘲笑對方，或平日在網路上留言、散布具有貶抑、攻擊他人性與性別相關的言論等，都可能因此構成網路性霸凌。

2. 迷思二：我並沒有像性霸凌者一樣，直接當面攻擊對方，只是在網路上發文或按讚而已，這樣也算校園網路性霸凌嗎？

　　透過網路空間，針對他人之性別特徵、性別特質、性傾向及性別認同，進行貶抑、攻擊或威脅的行爲，便可能是網路性霸凌。需要特別提醒的是，網路的散播性與流傳性更可能會增加事件的傷害程度，或讓事件經過網路流傳後，被帶進校園中成爲同儕取笑的題材，對受害者的負面影響常常更強過於實際發生的性霸凌事件。

3. 迷思三：既然已有校園網路霸凌，何須再提出校園網路性霸凌的概念？

　　性霸凌的內涵與概念即包含在校園網路性霸凌，但應該被特別關注，因為除了讓受害者的身體隱私，及私密行為嚴重暴露在公眾的注視之下，傳統中應該要自我保護、不得裸露身體的道德價值，反而讓受害者因此被貼上行為不檢、道德瑕疵的標籤，因而受到更嚴厲的批判，隨之而來的攻擊與詆毀也因此被合理化，需要教育現場更多的關注與重視。

　　依據表10-1顯示，2015年教育部對校園性騷擾事件調查屬實統計，總共有1,896名受害者，就當事人關係來看，以學生對學生間占最多（1,197件占86.87%），師對生則有115件（占8.35%）；就學制來看受害者，以國中階段最多，高中職及國小次之；以性別來看則以女性居多，而加害者則以男性居多。值得注意的事情是一般國中特教學生的加害者有62位，顯示特教生在進入國中時性教育的需求特別需要注意。

　　至於2011年後通報數量增加，性別平等教育法第21條明定通報義務，第36條，第36-1條更訂定未於規定時間內進行事件通報的罰鍰，或偽造、變造、湮滅或隱匿他人所犯校園性侵害事件之證據者，應依法予以解聘或免職。因此，形成教育人員對於疑似性侵害案件的通報非常積極，以免受罰。但是實務上，臺灣的性侵害通報案件中約有85%的被害人為女性，由於性侵害犯罪涉及隱私、貞操的社會價值，社政人員面對通報後卻無意願進入司法程序的非告訴乃論性侵害案件被害人時，常會陷入應尊重「被害人意願」的工作倫理價值，而錯失即時引進司法偵查資源的機會（王燦槐，2015），也造成實際案件與通報量上的落差。

　　王燦槐（2015）針對我國少年性侵害被害人報案因素之研究，發現報案率較低的是：男性、年齡較小、父母離婚、加害人非陌生人、受傷者、身心障礙者、加害人為多人和未成年，而原住民和經濟困難者的報案率則較高。不願意報案的因素，以證據力的考慮是主因，包含案情不嚴重、發生時間久遠、有其他方式讓加害人受到懲罰和想私下處理（和解）；其次，則為社會支持不夠（父母離異者）和創傷因素，讓他們不想在此時報案。另有16%的被害人想原諒對方，而有10%不認為自己受害。值得注意的是，原住民和經濟困難者的報案率較高，這些可能和社工給予弱勢族群的關注有關。

表10-1 疑似校園性侵害、性騷擾及性霸凌通報件數統計

年	項目	性侵害						性騷擾						性霸凌					
		總計	大專校院	高中職	國中	國小	特教學校	總計	大專校院	高中職	國中	國小	特教學校	總計	大專校院	高中職	國中	國小	特教學校
95年	件數	214	26	66	82	28	12	145	39	35	44	25	2						
	百分比	100.00	12.15	30.84	38.32	13.08	5.61	100.00	26.90	24.14	30.34	17.24	1.38						
96年	件數	313	24	51	189	32	17	209	45	43	78	30	13						
	百分比	100.00	7.67	16.29	60.38	10.22	5.43	100.00	21.53	20.57	37.32	14.35	6.22						
97年	件數	387	18	104	208	33	24	258	29	72	114	30	13						
	百分比	100.00	4.65	26.87	53.75	8.53	6.20	100.00	11.24	27.91	44.19	11.63	5.04						
98年	件數	269	12	78	133	33	13	267	27	73	98	54	15						
	百分比	100.00	4.46	29.00	49.44	12.27	4.83	100.00	10.11	27.34	36.70	20.22	5.62						
99年	件數	897	45	387	368	70	27	985	87	212	427	180	79						
	百分比	100.00	5.02	43.14	41.03	7.80	3.01	100.00	8.83	21.52	43.35	18.27	8.02						
100年	件數	1,652	74	657	773	98	50	2,018	205	555	722	420	116						
	百分比	100.00	4.48	39.77	46.79	5.93	3.03	100.00	10.16	27.50	35.78	20.81	5.75						
101年	件數	2,491	179	914	1,131	214	53	2,632	263	745	962	550	112						
	百分比	100.00	7.19	36.69	45.40	8.59	2.13	100.00	9.99	28.31	36.55	20.90	4.26						
102年	件數	1,660	134	663	752	95	16	2,733	315	510	1,274	537	97	28	5	3	12	8	0
	百分比	100.00	8.07	39.94	45.30	5.72	0.96	100.00	11.53	18.66	46.62	19.65	3.55	100.00	17.86	10.71	42.86	28.57	0.00
103年	件數	1,666	107	652	768	114	25	3,013	292	616	1,374	622	109	72	9	10	31	22	0
	百分比	100.00%	6.42%	39.14%	46.10%	6.84%	1.50%	100.00%	9.69%	20.44%	45.60%	20.64%	3.62%	100.00%	12.50%	13.89%	43.06%	30.56%	0.00%
104年	件數	1,562	109	583	759	97	14	3,522	358	668	1,506	898	92	92	13	13	36	29	1
	百分比	100.00%	6.98%	37.32%	48.59%	6.21%	0.90%	100.00%	10.16%	18.97%	42.76%	25.50%	2.61%	100.00%	14.13%	14.13%	39.13%	31.52%	1.09%

資料來源：教育部學生事務及特殊教育司。

表10-2　2015年校園性騷擾事件調查屬實統計——按當事人關係統計　　　　單位：件；%

	總計		大專校院	高中職	國中	國小	特教學校
	件數	百分比					
總計	1,378	100	188	256	675	237	22
生對生	1,197	86.87	143	204	623	209	18
師對生	115	8.35	29	34	31	21	0
生對師	32	2.32	4	11	14	1	2
職員（工）對生	29	2.1	7	7	7	6	2
生對職員（工）	5	0.36	5	0	0	0	0

說明：本表資料為「學校進行校安通報後，依性別平等教育法處理且調查屬實之事件」。
資料來源：教育部學生事務及特殊教育司（2016）。校園性侵害、性騷擾或性霸凌性別
　　　　　統計。民106年11月26日，取自「教育部統計處」：https://depart.moe.edu.tw/
　　　　　ed4500/cp.aspx?n=0A95D1021CCA80AE

表10-3　2015年校園性騷擾事件調查屬實統計——按被害人性別統計　　　　單位：人；%

身分別	百分比（被害人身分別及性別占總人數之比例）		大專校院		高中職		國中		國小		特教學校		未指定		合計	
	男	女	男	女	男	女	男	女	男	女	男	女	男	女	男	女
一般生	16	71.9	24	153	32	268	163	656	72	238	0	0	12	49	303	1,364
原住民生	1.32	2.95	0	1	2	3	11	33	10	18	0	0	2	1	25	56
特教生	1.74	3.38	0	4	8	11	15	34	5	9	5	6	0	0	33	64
外籍生	0.05	0.11	1	1	0	0	0	0	0	0	0	0	0	1	1	2
僑生	0.05	0.11	1	2	0	0	0	0	0	0	0	0	0	0	1	2
教職員工	0.05	2.11	0	10	0	13	1	14	0	1	0	2	0	0	1	40
不詳	0.05	0.16	0	3	0	0	0	0	0	0	0	0	0	0	1	3
合計	19.3	80.8	26	174	42	295	191	737	87	266	5	8	14	51	365	1,531
總計	100.00															

說明：本表資料為「學校進行校安通報後，依性別平等教育法處理且調查屬實之事件」。
資料來源：教育部學生事務及特殊教育司（2016）。校園性侵害、性騷擾或性霸凌性別
　　　　　統計。民106年11月26日，取自「教育部統計處」：https://depart.moe.edu.tw/
　　　　　ed4500/cp.aspx?n=0A95D1021CCA80AE

表10-4　2015年校園性騷擾事件調查屬實統計——按加害人性別統計

單位：人；%

身分別	百分比（加害人身分別及性別占總人數之比例）		大專校院		高中職		國中		國小		特教學校		未分類		合計		
	男	女	男	女	男	女	男	女	男	女	男	女	男	女	男	女	
一般生	72.72	4.66	128	3	194	5	642	40	182	25	0	0	24	2	1,170	75	
原住民	4.6	0.75	2	0	7	0	38	5	24	7	0	0	3	0	74	12	
特教生	7.4	0.75	8	1	24	3	62	7	16	1	9	0	0	0	119	12	
外籍生	0.06	0	1	0	0	0	0	0	0	0	0	0	0	0	1	0	
僑生	0.12	0	2	0	0	0	0	0	0	0	0	0	0	0	2	0	
教職員工	8.45	0.31	35	1	38	1	35	3	25	0	2	0	1	0	136	5	
不詳	0.19	0	2	0	0	0	0	0	1	0	0	0	0	0	3	0	總人數
合計	93.54	6.46	178	5	263	9	777	55	248	33	11	0	28	2	1,505	104	1,609
總計	100.00																

說明：本表資料為「學校進行校安通報後，依性別平等教育法處理且調查屬實之事件」。
資料來源：教育部學生事務及特殊教育司（2016）。校園性侵害、性騷擾或性霸凌性別統計。民106年11月26日，取自「教育部統計處」：https://depart.moe.edu.tw/ed4500/cp.aspx?n=0A95D1021CCA80AE

三、校園性侵害、性騷擾或性霸凌事件處理

（一）強化校園性別平等的友善環境意識與環境

　　在社會愈來愈多元的環境中，性別二元論要優先被排除，也應該由教育面優先著手，強調性別平等與尊重的基本概念，建立校園性別平等的友善環境。性騷擾的定義應該優先被教育與釐清，包含：教學、公告、提醒，也可以運用新聞事件隨時提供教職員生機會教育。當然，也包含校園危險環境的篩選與整體安全環境的建置（例如：求助鈴等）。

（二）強化校園中多元求助管道

學校應該建立完整的求助管道及處理流程，清楚傳遞給所有教職員生，強調問題的嚴重性、對受害者的隱私保護及後續相關保護措施，並且提供清楚處理流程及相關法令規範，包含：校內及校外的多元求助管道。

（三）校園性侵害性騷擾或性霸凌事件調查專業人員須經過專業培訓

依照學生事務與特殊教育司網站，教育部因應性別平等教育法之實務需要，制訂調查專業人員培訓課程之重點，分為初階、進階及高階課程。初階課程包含：

1. 校園性侵害、性騷擾或性霸凌基本概念及相關法規，刑法227條、少年事件處理法、行政程序法等相關法令解說。

2. 於調查程序中運用諮商技巧訓練課程，除加強受訓學員晤談技巧、團體動力訓練外，新增處理兒童及少年校園性侵害、性騷擾或性霸凌事件之專業技巧及注意事項。

3. 於校園性侵害、性騷擾或性霸凌懲處追蹤與行政救濟課程，增列申復及救濟程序解說（請參見表10-5）。進階課程：加強初階課程演練、調查報告撰寫解說、調查報告撰寫習作，以及申復案例審議演練（請參見表10-6）。高階課程則針對人才庫人員所辦理的再進階訓練（請參見表10-7）。

陳慧女（2016）則針對現有性別平等事件調查的專業性進行檢視，認為目前確實因調查人員專業知能及經驗不足、具有性別偏見、未具備邏輯推理與歸納精神而產出缺乏科學依據的報告結果，或是因為趨附學校官僚體制及刻板文化的影響而附和調查小組的團體決策，而出現不具客觀的調查結果。因此，建議性平委員需要調查專業知能的訓練課程，包括：標準化的詢問程序與技巧、輔助工具的使用時機及如何使用輔助工具、無性別偏見的調查態度等，而且需要在指導下具有實際操作的經驗。

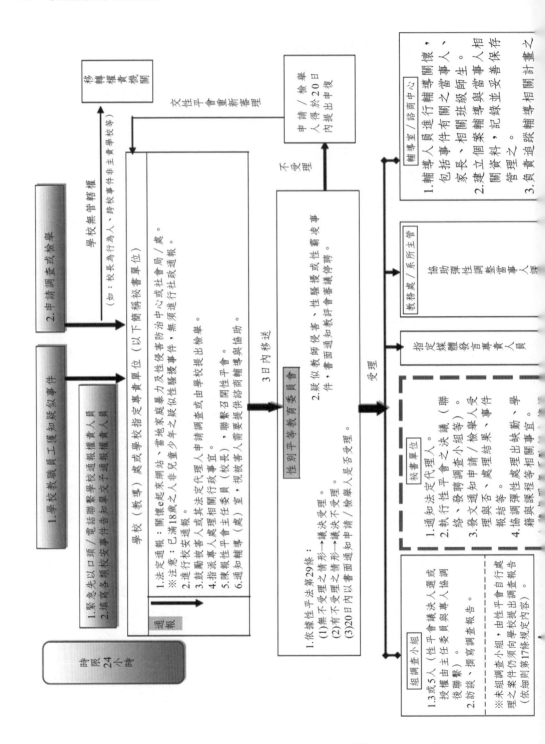

圖10-1　校園性侵害、性騷擾或性霸凌事件通報及調查處理程序參考流程圖

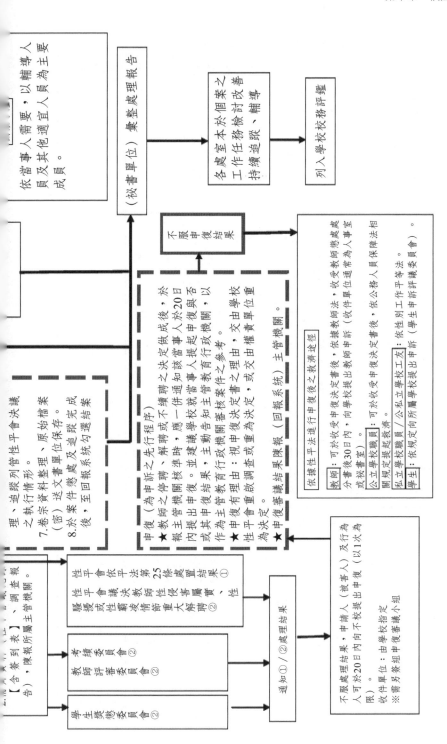

依當事人需要，以輔導人員及其他適宜人員為主要成員。

（秘書單位）彙整處理報告

各處室本於個案之工作任務檢討改善持續追蹤、輔導

列入學校校務評鑑

不服申復結果

理、追蹤列管性平會決議之執行情形。
7.卷宗資料整理、原始案（密）送文書單位保存。
8.於案件懲處及回報系統勾選結案後，至回報系追蹤完成結案

申復（為申訴之先行程序）
★教師之停聘或不續聘準據，並建議學校於申復結果通知當事人起20日內，或其為主管教育行政機關受理之理由，交由學校權責單位重
報主管機關提出申復。
★性平會重啟調查或重為決定，交由權責單位重作為申復審議結果陳報（回報系統）主管機關。

申復審議決定為決定

依據性平法進行申復後之救濟途徑
教師：可於收受申復決定書後，依據教師法、收受教師懲處，依教師申訴（收件單位通常為人事室或秘書室）分書後30日內，向學校提出教師申訴。
公立學校職員：可於收受申復決定書後，依公務人員保障法相關規定提起救濟。
私立學校職員／公私立學校工友：依性別工作平等法（學生申訴評議委員會）。
學生：依規定向所屬學校提出申訴（學生申訴評議委員會）。

性平會依平法第25條處置結果①
性平會議決教師性侵害、性騷擾或性霸凌情節重大解聘②、性
考績委員會②
教師評審委員會②
學生獎懲委員會②

通知①／②處理結果

不服處理結果，申請人（被害人）及行為人可於30日內向不校提出申復（以1次為限）。
收件單位：由學校指定
※需另籌組申復審議小組

表10-5　校園性侵害、性騷擾或性霸凌事件調查專業人員初階課程（24小時）

課程名稱	課程主題內容綱要	授課時數
校園性侵害、性騷擾或性霸凌基本概念及相關法規 ◎授課人員：建議為具法律專業背景或精熟該等相關法律者	1.辨識校園性別事件之敏感度及調查處理專業知能。 2.校園性侵害、性騷擾或性霸凌基本概念：相關法規之定義與比較、校園性侵害、性騷擾或性霸凌之樣態與實例……等。 3.刑法227條（包含學校處理學生間發生刑法第227條事件應注意事項）、少年事件處理法、行政程序法等相關法令解說。 4.教育部相關函釋。	4
校園性侵害、性騷擾或性霸凌危機處理與媒體公關	1.校園危機管理的原則與策略。 2.新聞事件之處理、危機溝通技巧。 3.輔導校園性侵害、性騷擾及性霸凌事件當事人之專業知能。 4.對當事人法令解說及權益告知技巧。	3
校園性侵害、性騷擾或性霸凌處理程序及行政協調	1.校園性侵害、性騷擾或性霸凌事件處理程序及相關法規。 2.橫向分工之行政協調等。	4
調查程序中運用諮商技巧之訓練	1.調查人員的晤談能力、調查人員的團體動力等（避免以誘導式問話之技巧）。 2.處理兒童及少年校園性侵害、性騷擾或性霸凌事件之專業技巧及注意事項。	4
校園性侵害、性騷擾或性霸凌事件調查程序	調查小組組成之注意事項、分工及調查程序發動。	4

課程名稱	課程主題內容綱要	授課時數
校園性侵害、性騷擾或性霸凌懲處追蹤與行政救濟	1.校園性侵害、性騷擾或性霸凌事件行政懲處之適用規定解說，及可能遭遇的困境與解決之道等。 2.申復及救濟程序解說。	4
綜合座談	綜合討論。	1

備註：1.按課程順序授課。2.完成初階課程且有案件調查經驗者，優先參加進階訓練。

表10-6　校園性侵害、性騷擾或性霸凌事件調查專業人員進階課程（20小時）

課程名稱	課程主題內容綱要	授課時數
校園性侵害、性騷擾或性霸凌基本概念及相關法規案例研討◎建議與初階課程同一講師	1.校園性侵害、性騷擾或性霸凌基本概念：以案例作相關法規之定義與比較。 2.校園性侵害、性騷擾或性霸凌之樣態與實例探討。	3
校園性侵害、性騷擾或性霸凌危機處理與媒體公關案例研討	以案例進行： 1.校園危機管理的原則與策略運用。 2.新聞事件之媒體因應、危機溝通技巧。 3.當事人權益告知說明技巧。	2
校園性侵害、性騷擾或性霸凌事件調查人員晤談技巧與心理調適實務研討	1.調查人員晤談技巧及同理心訓練。 2.調查人員心理調適問題。 3.兒童及少年校園性侵害、性騷擾或性霸凌調查技巧案例研討。	3
申復及救濟程序解說	校園性侵害、性騷擾或性霸凌事件調查報告撰寫實務解說。	2
校園性侵害、性騷擾或性霸凌調查程序演練及研討	第1-2小時進行調查程序分組演練：校園性侵害、性騷擾或性霸凌事件調查程序之演練。 第3小時進行分組報告及討論。	3
調查報告撰寫習作與討論	校園性侵害、性騷擾或性霸凌事件調查報告分組撰寫習作及評閱。	3

課程名稱	課程主題內容綱要	授課時數
校園性侵害、性騷擾或性霸凌懲處追蹤與行政救濟案例研討	1.校園性侵害、性騷擾或性霸凌事件行政懲處可能遭遇的困境以及解決之道等。 2.申復效果及申訴救濟案例解說。	3
綜合座談	綜合討論。	1

備註：1.按課程順序授課。
　　　2.全程完成初階及進階訓練者，由主管機關將名單送至所設性平會核可後列入調查人才庫，並於所屬網站公告。

表10-7　校園性侵害、性騷擾或性霸凌事件調查專業人員進階課程（18小時）

課程大綱	課程內容	課程時數
校園性霸凌與性別正義實踐	以實際案例分析： 1.校園性別事件的處理。 2.校園性別事件的調查分析。 3.事件意識、認知與處理困境。 4.校園權力結構的介入。 5.權力移轉之間的矛盾。 6.性別特質差異對待與性傾向學生校園處境。 7.懷孕女學生在校園中「自動」消失。 8.校園中性別意識的落差。	3
校園性侵害、性騷擾或性霸凌事件調查實務及救濟爭議實務案例研討	以分組個案研討及演練進行： 1.校園危機管理的原則與策略運用。 2.了解學校應提供之行政協調及資源。 3.精熟校園性侵害、性騷擾或性霸凌處理程序（刑法妨害性自主罪章、性平法、防治準則及行政程序法相關規定）。 4.有效因應校園性侵害、性騷擾或性霸凌事件處理過程中的困境及迷思之作法。 5.以學校教師評審委員會對教師解聘、停聘或不續聘事件之處理為核心，探討校園性侵害、性騷擾或性霸凌事件行政懲處可能遭遇的困境。	2

課程大綱	課程內容	課程時數
	6.探討困境發生的原因及解決之道。 7.實務問題探討。	
調查策略及報告撰寫	調查策略及報告撰寫綜合性解說。	1
校園性侵害、性騷擾或性霸凌事件調查分組演練（課程包含調查程序、諮商技巧之應用及調查人員心理調適）	以分組個案研討及演練進行： 1.調查程序 　(1)熟悉如何組成調查小組 　(2)了解調查程序之發動及進行演練 　(3)精熟調查證據之原則 2.諮商技巧之應用 　(1)同理心的演練 　(2)團體領導技巧的演練 　(3)調查過程之倫理議題和後續溝通 　　①調查倫理的內涵：調查期間的迴避 　　　與處理原則 　　②人身安全問題之處理 　　③調查對象之危機事件處理 　　④組織層面之溝通：與獎懲委員會或 　　　申訴委員會之了解與溝通 　　⑤個人層面之溝通：與被害人、加害 　　　人、家屬等相關人員的溝通 3.壓力的來源、如何調適及自我保護之方法。	3
調查報告分組習作	校園性侵害、性騷擾或性霸凌事件調查報告撰寫指導。	3
調查報告檢閱	1.校園性侵害、性騷擾或性霸凌事件調查報告分組演練、評閱與討論。 2.統整學習成效、經驗分享與討論。	2
申復審議重點、流程及報告書撰寫	1.申復審議重點說明。 2.申復審議流程說明。 3.報告書撰寫。	3

課程大綱	課程內容	課程時數
綜合座談	綜合討論。	1

備註：完成高階訓練者，由主管機關於調查人才庫名單標示，學校得優先選聘擔任案件調查人員。

（四）強調媒體及公關處理能力

處理校園性侵害、性騷擾或性霸凌事件，因事屬敏感的性議題，倘若處理不當或媒體曝光，對於相關人員都可以造成更嚴重的交互傷害（鄭乃文，2017），相關細節建議參酌第十八章校園危機事件介入。

1. **依法於法定時間內進行通報的重要性**：學校或主管機關處理校園性侵害、性騷擾或性霸凌事件，依照相關社會福利法規於法定時間內向主管機關通報，也依「校園安全及災害事件通報作業要點」向教育主管機關進行通報，同時依照「性別平等教育法」第29條、「校園性侵害性騷擾或性霸凌防治準則」第18條規定予以受理及調查處理。

2. **應該強化第一時間面對媒體的應變能力**：依據「校園性侵害性騷擾或性霸凌防治準則」第19條第1項規定，經媒體報導之事件應視同檢舉，學校或主管機關應主動將事件交由所設之性平會調查處理。

3. **由性別平等委員會專職處理**：事件發生時，應依法律明定之性平會專責調查處理，不得由其他單位或人員進行，倘學生表明僅願接受特定人員之輔導或協助時，仍應知會學校性平會，由性平會專責人員告知法律規定之處理範圍，才符合性平法第22條第1項之「應避免重複詢問」規定。但學校之首長為加害人時，應向學校所屬主管機關申請調查。

4. **性平會之調查處理**：實務上依照成立調查小組而有不同

    (1) 依「校園性侵害性騷擾或性霸凌防治準則」第21條第1項規定，事件管轄學校或機關得成立調查小組調查之，成員以三人或五人為原則，女性人數比例，應占成員總數二分之一以上，必要時，部分小組成員得外聘，其中具專業素養之專家學者之人數比例應占成員總數三分之一以上；雙方當事人分屬不同學校時，並應有申請人學校代表。

(2) 不成立調查小組，應由學校性平會處理依法處理，委員為五人至二十一人，採任期制，以校長為主任委員，其中女性委員應占二分之一以上，並得聘具性別平等意識之教師、職工、家長及學生代表，以及性別平等教育相關領域之專家學者為委員。

（五）針對社會支持較為薄弱的族群，社工適時的協助將有助於案主求助

　　王燦槐（2015）建議針對男性被害人、加害人不是陌生人和未成年的案件，都要積極提供專業協助，這些個案往往因為證據力容易不足而不願報案，也可能因為創傷的因素短期內不想再談，這樣的被害人應該先給予生活或心理上的關懷，等待他們走出否認期的創傷階段，給予充分的社會支持，也是學校單位輔導人員及專業輔導人員應該積極介入的部分。

參考書目

中文部分

王燦槐（2015）。我國少年性侵害被害人報案因素之研究。亞洲家庭暴力與性侵害期刊，11(1)，頁113-136。

王儷靜（2015）。這就是性霸凌。性別平等教育季刊，(73)，頁4-6。

江明親譯（2003）。性別多樣化（The No-nonsense to Sexual Diversity）（V. Baird原著，2001年出版）。臺北：書林。

吳怡慧（2010）。陽剛少女國中校園性別操演的敘事探究。國立臺灣師範大學公民教育與活動領導學系博士班論文，未出版，臺北市。

邱珍琬、張麗麗（2012）。中小學教師之校園霸凌行為辨識、嚴重性與介入評估之研究。應用心理研究，(54)，頁203-250。

邱獻輝（2013）。性霸凌者諮商介入之探究。青少年犯罪防治研究期刊，5(2)，頁41-76。

洪培忻、李明峰（2016）。校園網路性霸凌的概念、迷思與處遇。婦研縱橫，(105)，頁30-37。doi: 10.6256/FWGS.2016.105.30

張榮顯、楊幸真（2010）。玩耍？霸凌？國小高年級男童性霸凌者經驗之探究。教育學誌，(24)，頁41-72。

張藝寶（2011）。關心校園恐同霸凌是教育人員的職責嗎？反思臺灣目前性平教育之不足。性別平等教育季刊，(64)，頁65-68。

教育部（1998）。國民教育階段九年一貫課程總綱。臺北：教育部。

教育部（2001）。國民中小學九年一貫暫行課程綱要。取自http://teach.eje.edu.tw/9CC2/9cc_90.php。

教育部（2003）。國民中小學九年一貫課程綱要。取自http://teach.eje.edu.tw/9CC2/9cc_92.php。

教育部（2011）。教育人員對「性侵害或性騷擾」的基本認知。臺北：教育部。

教育部（2012）。國民中小學九年一貫課程綱要。取自http://teach.eje.edu.tw/9CC2/9cc_97.php。

畢恆達（2000）。從兩性平等到性別平等：記葉永鋕。兩性平等教育季刊，(13)，頁125-132。

陳金定（2004）。兩性關係與教育。臺北：心理。

陳慧女（2016）。校園性別平等事件調查報告做爲性侵害案件證據之探討。亞洲家庭暴力與性侵害期刊，12(1)，頁81-106。

陳慧女、盧鴻文（2013）。性侵害被害人自我療癒與對修復式正義的看法。亞洲家庭暴力與性侵害期刊，9(1)，頁29-48。

游美惠（2014）。性霸凌。性別平等教育季刊，(69)，頁92-98。

詹勳育（2011）。性取向霸凌何時休？──從美國的旁觀者教育談起。性別平等教育季刊，(53)，頁65-67。

潘慧玲、黃馨慧（2016）。性別平等教育議題融入課程的回顧與展望。課程與教學，19(2)，頁1-26。

鄭乃文（2017）。大專校院校園性侵害、性騷擾或性霸凌事件之處理與防治。學生事務與輔導，56(1)，頁1-5。doi: 10.6506/SAGC.2017.5601.01

蕭昭君（2007）。性別權力與校園性騷擾。載於黃淑玲、游美惠主編，性別向度與臺灣社會，頁137-156。臺北市：巨流。

簡雅慧（2012）。糾葛於「生活世界」與「系統」之間──國中教師處理校園霸凌之實踐邏輯。南華大學教育社會學研究所碩士班論文，未出版，嘉義縣。

第十一章　校園兒童及少年保護

林萬億

周杰倫唱過一首歌，名爲「爸 我回來了」，歌詞寫道：

我聽說通常在戰爭後就會換來和平，爲什麼看到我的爸爸一直在打我媽媽。

就因爲喝醉酒，他就能拿我媽出氣？我真的看不下去，以爲我較細漢。

從小到大只有媽媽的溫暖，爲什麼我爸爸那麼兇？

如果真的我有一雙翅膀，兩雙翅膀，隨時出發，偷偷出發，我一定帶我媽走。

從前的教育，別人的家庭，別人的爸爸，種種的暴力因素一定都會有原因。

但是呢？媽跟我都沒有錯，虧我叫你一聲爸，爸！我回來了。

不要再這樣打我媽媽，我說的話，你甘會聽？

不要再這樣打我媽媽，難道你手，不會痛嗎？

其實我回家就想要阻止一切，讓家庭回到過去甜甜，溫馨的歡樂香味。

雖然這是我編造出來的事實，有點諷刺，有點酸性。

但它確在這快樂社會發生，產生共鳴，產生共鳴來阻止一切暴力。

眼淚隨著音符吸入血液情緒，從小到大你叫我學習你，把你當榜樣。

好多的假象，媽媽常說乖乖，聽你爸的話，你叫我怎麼跟你像？

不要再這樣打我媽媽，我說的話，你甘會聽？

不要再這樣打我媽媽，難道你手，不會痛嗎？

12345678，12345678，我叫你爸，你打我媽，這樣對嗎？幹嘛這樣！

何必讓酒牽鼻子走，瞎！說都說不聽，聽！痛是我們在痛，痛！

　　周杰倫自己作詞作曲的這首歌控訴著因喝酒而歐打妻子的丈夫，而孩子正是親密暴力的目睹者。像這樣的故事，在社會的各個角落一再地發生，

有時，孩子也一併被打。孩子成為家庭暴力的受暴者，也是目睹者。他們每天還是背著書包上學校，然而，功課沒做完，聯絡簿沒人簽，心情跌落到谷底，晚上沒睡好，精神無法集中，撐著被暴力傷害的身軀或目睹暴力的驚恐心情，勉強上完一天的課程，脆弱的心靈，痛苦向誰傾訴？這樣的生活與學習品質在學校有誰關心？

不只是家庭暴力事件，還有些學生受到教師、同學性侵害的案例，例如：

> 小玉經常被教師要求於下課時留在導師室唸書，教師有時會趁四下無人，正面抱住小玉，並親她的嘴。暑假後，小玉與同學到學校輔導自習，教師於下課後，要求小玉到導師室，並將門窗關起來，對小玉進行猥褻，擁抱、強吻、摸其胸部，將手伸進小玉運動短褲內，撫摸其陰部。小玉曾將此事告訴同學，但她們擔心口說無憑，校方及家長可能不會相信；又擔心教師因此會把她交男朋友的事告訴媽媽，所以一直隱忍。直到國文教師發現小玉行為有異樣時，她才把受害情形說出來。

這是一個活生生的校園性騷擾與性侵害案例，學校起初不相信學生講的話，經過輔導教師、學校社會工作師的努力，總算讓案情水落石出。

學生不只可能被繼父、叔叔、哥哥、電梯之狼性侵害，也可能被校園之狼性侵害。其中被家人、教師性侵害者，最不容易曝光，這是兒童與少年遭受性侵害的冰山下層。

此外，已經流行一陣子的網路援助交際，也讓家長、學校、少年警察隊頭痛不已，網路上的經常可以看到學生妹利用網路援交：

> 「含苞的小花，等待蜜蜂來採，粉嫩的，宅男歡迎，等你哦！160，48，34C/24/32，小萱。立刻來電0951xxxxxx。」
> 「開學在即，缺學費，請善心大哥行行好，以身相許。初次下海，請溫柔相待哦！小雯。電0924xxxxxx。」

雖然，這類案例不是每天都會發生，但是一旦事件發生，比起其他案例的複雜度有過之而無不及。它涉及多面向（multi-faceted）的議題，須透過多機構（multi-agency）合作（Lupton and Gillespie, 1994; Thompson, 2016），因此，需要完整團隊工作（total team work），例如：學校、家長、家庭暴力暨性侵害防治中心、社會局、警察局、法院、醫院、少年之家、中途學校等。本文先就家庭暴力、性侵害、性騷擾與性剝削的基本概念與法律規範加以說明，再討論其成因與對學童的影響，以及團隊輔導的作法，最後點出一些似是而非的觀念，以供學校輔導專業人員參考。

壹、定義家庭暴力、性侵害、性騷擾與性剝削

依聯合國兒童權利公約（UN Convention on the Rights of the Child, CRC）第19條規定，保護兒童免於在家內、家外遭受暴力、剝削、虐待與疏忽。該條明定兒童保護（child protection）的內涵，顯示兒童保護不侷限於家內，也包括家外，例如：社區、學校、廣大的社會。

一、家庭暴力

家庭暴力（family violence）包括三種類型：兒童不當對待（child maltreatment）或兒童虐待（child abuse）、親密暴力（intimate partner violence, IPV）或家內暴力（domestic violence, DV）、老人虐待（older adult abuse）或老人不當對待（maltreatment of older adults/elder mistreatment）（McClennen, Keys, & Dugan-Day, 2017）。其中對於兒童權益影響最直接、最深遠的是兒童虐待與疏忽。雖然，親密暴力與老人不當對待對家中的兒童影響較間接，但1980年代以來，目睹家內暴力兒童（Children who witness with domestic violence）逐漸受到重視。這類兒童被稱爲沉默的（silent）、被遺忘的（forgotten）、非故意（傷害）的（unintended）兒童（Elbow,

1982; Groves et al., 1993; Rosenbaum & O'Leary, 1981; Edleson, 1997）。

依我國的家庭暴力防治法第2條規定，家庭暴力係指家庭成員間實施身體、精神或經濟上之騷擾、控制、脅迫或其他不法侵害之行爲。同法第3條所定家庭成員，包括下列各員及其未成年子女：

1. 配偶或前配偶。

2. 現有或曾有同居關係、家長家屬或家屬間關係者。

3. 現爲或曾爲直系血親或直系姻親。

4. 現爲或曾爲四親等以內之旁系血親或旁系姻親。

據此，家庭暴力包括配偶、前配偶、同居、家屬、親戚間的相互施暴。本文關心的對象是學童，因此，重點放在家庭暴力中的兒童不當對待。同時，也關注目睹兒童的受害經驗。

（一）兒童不當對待

兒童不當對待包括兒童虐待（child abuse）與兒童疏忽（child neglect）（McCoy and Keen, 2009）。兒童虐待指父母或照顧者對兒童施以身體、性、語言的攻擊稱之。通常包括身體虐待、性虐待與剝削、情緒虐待等不同形式。也有少數案例超出上述兒童虐待形式（McClennen, Keys, & Dugan-Day, 2017），如下：

1. 手足虐待（sibling abuse），顧名思義是兄弟姊妹間的身體傷害、性剝削等。

2. 強迫裝病症（factitious disorder imposed on another）〔過去慣稱孟喬森症候群（Munchausen syndrome by proxy）〕，是指家長或照顧者強迫兒童裝病，作爲濫用醫療照顧或獲准請假的藉口。

3. 非生理的體重不足（nonorganic failure to thrive, FTT），亦即非因生理器官造成兒童體重不足，而是因照顧者外力加諸的（exogenous）兒童發展遲緩、體重萎縮（weight faltering）。

4. 以物質濫用作爲降低照顧者的負擔，例如：給兒童服用安眠藥，使其嗜睡，而不吵鬧。

5. 合併多重受虐（polyvictimization）。

以下就常見的兒童不當對待分別敘述：

1. 兒童身體虐待（child physical abuse）

指對兒童施加的行動，導致其身體出現非意外的（nonaccidental）傷亡稱之（McClennen, Keys, & Dugan-Day, 2017）。通常包括：

(1) 打傷：用巴掌、拳頭、鞭子、棍棒，或其他工具毆打造成的擦傷、瘀傷、裂傷、鞭痕、瘀血、血腫、淤斑、綑綁傷痕等。

(2) 燒燙傷：用火鉗、炭、蠟燭、香火、熱水、打火機、菸頭、化學物質、電等燒燙造成受害者皮膚紅腫、起泡、潰爛、脫皮、疤痕等。

(3) 骨折：因棍棒毆打、拉扯、推倒造成的脫臼、骨骼斷裂、筋骨拉傷等。

(4) 頭部與腦傷：因推倒、扭摔、重擊造成的骨裂、骨碎、瘀血、腦出血、腦震盪等。

(5) 內傷：因重擊造成的胃出血、腎裂、血管破裂等。

2. 兒童性虐待（child sexual abuse）

兒童性虐待是指以強暴、脅迫、恐嚇、催眠術，或其他違反其意願的方法對他人所進行的性侵害與性剝削等，包括：強暴、猥褻、使其從事色情表演、使其拍攝錄製色情圖刊、影片、錄影帶，或使其觀看色情圖刊、影片、錄影帶等。對兒童的性虐待包括三種次類型：性侵入（sexual intrusion），是指用性器官侵入兒童的口（口交）、肛門（肛交）、陰道，或用手指侵入兒童的肛門與陰道稱之；性侵犯（sexual molestation），是指尚未侵入的性器官接觸；身體接觸，指暴露、接觸胸部與臀部，或教導兒童不當的性動作（McCoy and Keen, 2009）。

實務上，兒童性虐待包括以下幾種型態：（McClennen, Keys, & Dugan-Day, 2017）

(1) 愛撫、接觸、親吻兒童的生殖器官。

(2) 讓兒童愛撫成人的生殖器官。

(3) 侵入性器官、性交、近親相姦、強暴、口交、肛交。

(4) 使兒童暴露在成人的性活動下，例如：暴露性器官、強迫觀看性活動、觀看色情影視書刊、講不適當的笑話。

(5) 其他形式的違反兒童隱私權，例如：強迫兒童裸體、探索兒童身體等。

(6) 性剝削。

(7) 引誘兒童進入色情場所或進入有色情圖像影視的網站。

(8) 使兒童拍攝色情影視或雜誌。

(9) 雛妓。

(10) 利用兒童生產色情產品。

3. 兒童心理虐待（child psychological abuse）或情緒虐待（emotional abuse）

兒童心理不當對待（child psychological maltreatment）包括心理虐待與疏忽（McCoy and Keen, 2009），指父母、照顧者，或控制兒童者直接傷害兒童，或允許他人對兒童造成嚴重的情緒危害，經醫師或心理專家診斷有嚴重焦慮、壓抑、撤退、不當的攻擊行為等心理的傷害。心理的傷害包括對智力或心理能量造成的損傷（impairment）。從臨床實務的角度來看，兒童心理不當對待包括不同的類型。McCoy and Keen（2009）發現有以下六類型：(1)拒斥（spurning）、(2)恐嚇（terrorizing）、(3)孤立（isolating）、(4)剝奪／墮落（exploiting/corrupting）、(5)拒絕情緒回應（denying emotional responsiveness），以及(6)心理健康、醫療與教育疏忽。

McClennen, Keys, & Dugan-Day（2017）指出有更多型態的兒童心理虐待，如下：(1)漠視（ignoring）、不在乎、拒絕。(2)缺乏身體的疼愛（physical affection）。(3)缺乏讚美或正向增強。(4)咆哮（yelling）、尖叫（screaming）。(5)威脅或恐嚇。(6)在他人面前負向比較。(7)輕視（belittling）、告訴孩子他（她）很不值得、很壞。(8)用貶損的（derogatory）用語描述孩子或命名。(9)羞辱。(10)習慣拿孩子當替罪羔羊或責怪的對象。(11)用極端或奇怪的方式懲罰孩子，例如：關在衣櫃裡、綁在椅子上、製造恐怖。(12)綁架（abduction）。

從以上定義顯示，兒童心理虐待與下述的疏忽有些只是程度的區別，難以明顯區分。

（二）兒童疏忽

兒童疏忽是一個更模糊的概念，通常指涉行為的省略（omission，該做未做）、失敗於（failure to，做不好、做得不夠）照顧行動，或不適當

（inadequate，做錯了）的照顧等（Horwath, 2007）。亦即父母或照顧者失敗、拒絕、無能提供兒童適當的照顧或管教，而使其身體、心理受到傷害，或有傷害之虞者。兒童疏忽包括不能滿足兒童身體、情緒、認知、教育、社會與文化等需求（Howe, 2005），細分其類型包括：

1. **身體疏忽**：衣著疏忽，如提供不合季節氣候的穿著與衣被；安全疏忽，如搭乘車、船、飛機不繫安全帶、騎機車不戴安全帽、搭載兒童不按規定使用安全座椅等；不適當住宅，如讓兒童露宿街頭、缺乏遮蔽等。

2. **營養疏忽**：營養剝奪、心理社會侏儒症（psychosocial dwarfism, PSD）。

3. **醫療疏忽**：延宕醫療、健康照顧剝奪、延宕心理健康照顧。

4. **管教疏忽**：不當督導與引導，如監督不周、缺乏保護、留置兒童於危險環境、將兒童獨自留置車內等。

5. **教育疏忽**：阻礙受國民教育、長期輟學、不關心學業。

6. **情緒疏忽**：失敗或拒絕配合兒童情緒的需求，如親情、情緒支持或讓兒童暴露在家暴情境中等。

7. **遺棄**：是一種極端的疏忽，使兒童失去應有的照顧。

8. **剝削**：利用兒童行乞賺錢、不當使用童工、過度工作負荷。

9. **環境疏忽**：使兒童進出賭博、限制級遊樂場、酒家、特種咖啡茶室等場所，或使接近暴力、刀械彈藥、酒精、檳榔、毒品、色情物品等。

10. **錯誤示範**：在兒童面前濫用藥物與酒、偷竊、鬥毆等。

其中，較難從外表或客觀的事實覺察出來的兒童疏忽是兒童心理疏忽（child psychological neglect）或兒童情緒疏忽（child emotional neglect），且與兒童情緒虐待難區分，必須從後果來論斷。

二、性侵害、性騷擾與性剝削

（一）性侵害

我國的性侵害犯罪防治法所稱性侵害犯罪，係指觸犯刑法第221條至第227條、第228條、第229條、第332條第2項第2款、第334條第2款、第348條

第2項第1款及其特別法之罪。所稱加害人，係指觸犯前項各罪經判決有罪確定之人。

性侵害犯罪包括妨害性自主、妨害風化兩者，其罪行如下：

1. 強制性交

對於男女以強暴、脅迫、恐嚇、催眠術或其他違反其意願之方法而為性交者，處三年以上十年以下有期徒刑。前項之未遂犯罰之。（第221條）

犯前條之罪而有下列情形之一者，處七年以上有期徒刑：(1)二人以上共同犯之者。(2)對未滿十四歲之男女犯之者。(3)對精神、身體障礙或其他心智缺陷之人犯之者。(4)以藥劑犯之者。(5)對被害人施以凌虐者。(6)利用駕駛供公眾或不特定人運輸之交通工具之機會犯之者。(7)侵入住宅或有人居住之建築物、船艦或隱匿其內犯之者。(8)攜帶兇器犯之者。前項之未遂犯罰之。（第222條）

顯示，對於未滿14歲的兒童、身心障礙者強制性交罪刑較重。

對於因親屬、監護、教養、教育、訓練、救濟、醫療、公務、業務或其他相類關係受自己監督、扶助、照護之人，利用權勢或機會為性交者，處六個月以上五年以下有期徒刑。因前項情形而為猥褻之行為者，處三年以下有期徒刑。第一項之未遂犯罰之。（第228條）

以詐術使男女誤信為自己配偶，而聽從其為性交者，處三年以上十年以下有期徒刑。前項之未遂犯罰之。（第229條）

2. 猥褻

對於男女以強暴、脅迫、恐嚇、催眠術或其他違反其意願之方法而為猥褻之行為者，處六月以上五年以下有期徒刑。（第224條）

對於男女利用其精神、身體障礙、心智缺陷或其他相類之情形，不能或不知抗拒而為性交者，處三年以上十年以下有期徒刑。對於男女利用其精神、身體障礙、心智缺陷或其他相類之情形，不能或不知抗拒而為猥褻之行為者，處六月以上五年以下有期徒刑。第一項之未遂犯罰之。（第225條）

3. 對兒童與少年性交

對於未滿十四歲之男女為性交者，處三年以上十年以下有期徒刑。

對於十四歲以上未滿十六歲之男女為性交者，處七年以下有期徒刑。

第一項、第三項之未遂犯罰之。（第227條）

4. 對兒童與少年猥褻

對於未滿十四歲之男女為猥褻之行為者，處六個月以上五年以下有期徒刑。

對於十四歲以上未滿十六歲之男女為猥褻之行為者，處三年以下有期徒刑。（第227條）

上述犯罪行為，如果犯行者為十八歲以下之人，減輕或免除其刑責。（第227-1條）亦即，同是兒童與少年間的性交、猥褻行為得減刑或免刑。

對配偶犯第221條、第224條之罪者，或未滿十八歲之人犯第227條之罪者，須告訴乃論。（第229-1條）

5. 引誘、容留、媒介兒童與少年與他人性交或猥褻

意圖使未滿十六歲之男女與他人為性交或猥褻之行為，而引誘、容留或媒介之者，處五年以下有期徒刑、拘役或五千元以下罰金。以詐術犯之者，亦同。意圖營利犯前項之罪者，處一年以上七年以下有期徒刑，得併科五萬元以下罰金。（第233條）

（二）性騷擾、性霸凌

我國有關性騷擾的法律，有《性騷擾防治法》、《性別平等教育法》、《性別工作平等法》。依《性騷擾防治法》規定，有關性騷擾之定義及性騷擾事件之處理及防治，依本法之規定，本法未規定者，適用其他法律。但適用性別工作平等法及性別平等教育法者，除第十二條、第二十四條及第二十五條外，不適用本法之規定。

據此，校園性騷擾、性霸凌主要是依性別平等教育法規定處理。依《性別平等教育法》第2條規定，性騷擾係指符合下列情形之一，且未達性侵害之程度者：

1. 以明示或暗示之方式，從事不受歡迎且具有性意味或性別歧視之言詞或行為，致影響他人之人格尊嚴、學習、工作之機會或表現者。

2. 以性或性別有關之行為，作為自己或他人獲得、喪失、減損其學習或工作有關權益之條件者。

　　同條規定，性霸凌指透過語言、肢體或其他暴力，對於他人之性別特徵、性別特質、性傾向或性別認同進行貶抑、攻擊或威脅之行為且非屬性騷擾者。而校園性侵害、性騷擾或性霸凌事件指性侵害、性騷擾或性霸凌事件之一方為學校校長、教師、職員、工友或學生，他方為學生者。

　　《性別平等教育法》未規範而適用性騷擾防治法的有以下條款：

　　廣告物、出版品、廣播、電視、電子訊號、電腦網路或其他媒體，不得報導或記載被害人之姓名或其他足資識別被害人身分之資訊。但經有行為能力之被害人同意或犯罪偵查機關依法認為有必要者，不在此限。（性騷擾防治法第12條）

　　意圖性騷擾，乘人不及抗拒而為親吻、擁抱或觸摸其臀部、胸部或其他身體隱私處之行為者，處二年以下有期徒刑、拘役或科或併科新臺幣十萬元以下罰金。前項之罪，須告訴乃論。（性騷擾防治法第25條）

　　對於學生來說，常見的性侵害是約會暴力（Dating abuse/dating violence）。這是指雙方至少有一人為未婚者，雙方關係處在約會或戀愛階段，所發生的暴力或虐待行為，其形式也不侷限於性暴力或約會強暴（date rape），還包括身體虐待、情緒虐待等。對於施暴者來說，其目的往往是為了施展權力優越與控制他方。

　　與約會暴力相近的是熟識暴力（acquaintance violence），是指暴力事件發生的雙方相互認識，或至少認識其中一人，而非全然陌生。但是，其關係不是配偶、性伴侶、前配偶、家人，或其他親戚，也就是家庭暴力以外的熟識者間的暴力行為。晚近各縣市家暴中心受理性侵害通報案例中，最多的是男女朋友關係，接著依序是同學、普通朋友、網友、陌生人、直系親屬性侵。顯示，性暴力風險就在身邊。

　　在當今網路交友如此方便、快速與流行下，速食愛情取代浪漫愛（romantic love）之後，小男生、小女生對熟識程度的定義相對淺薄，沒認識幾小時就成為朋友；沒認識幾天就可以互稱對方為老公、老婆。因此，與不怎麼熟識的人發生性關係，或是第一次約會就發生性關係，已經不是新鮮事；如果雙方相互喜歡，就相安無事；一旦後悔，就控告對方熟識強暴、約會強暴。

　　有時，因認識不清而邂逅到恐怖情人。這些把妹高手，或是人際關係有

障礙的愛情獵人，除了利用約會強暴、猥褻對方之外，經常以緊迫盯人、跟蹤、追蹤、誘捕、情緒勒索、拍攝裸照等手段達到操控對方的目的。一旦一方想要分手，他方就以殺人、縱火、潑硫酸的暴力手段報復。此外，報復式色情（Revenge Porn）或色情報復也是恐怖情人常用的惡質手段。「未經同意散布私密影像」（Nonconsensual Pornography, NCP），在色情網站上供人瀏覽，以達到報復對方分手的目的。有時，藉持有這些性私密影像來威脅當事人的行為，稱為「性勒索（Sextortion）」，例如，拿對方的裸照來無止盡地約「分手炮」，或將裸照寄給其分手後新交的男女朋友，威脅對方分手。

　　熟識的雙方或約會中的親密朋友在未提防下被對方拍攝或盜錄暴露性器官、性交的私密照片或影片；或是在對方的央求、引誘下，自己也心存「既然有愛，何須在意」的想法，而提供裸照給對方，或同意接受拍攝裸照，甚至同意將兩人性愛全程錄影，讓對方收藏，一廂情願地展現承諾的愛（committed love）。一旦情變，常成為對方要求復合的把柄，或性勒索的籌碼。在此提醒年輕男女，在無法保證對方的善意與誠信下，不要輕易將私密照片或影片流入對方手中。如果要讓青春的肉體留下美好的回憶，也只能留給自己欣賞。

　　基於校園性騷擾、性霸凌主要是依性別平等教育法規定處理，本書另有專章討論校園性平事件處理，故本章不重複討論校園性騷擾、性霸凌。

（三）性剝削

　　性剝削（sexual exploitation）過去慣稱性交易（sexual trade/selling sex），國際防制人口販運則稱性販運（sex trafficking）。依美國2000年人口販運受害者保護法（Trafficking Victims Protection Act 2000, TVPA）定義，性販運是泛指藉由暴力、詐欺、脅迫等手段，使未滿18歲之人從事商業的性活動（commercial sexual activities）。所謂商業的性活動是指從事有對價的娼妓（prostitution）、色情影音書刊（pornography）、脫衣舞、裸體舞蹈、性實境表演秀等活動（Reid, 2012）。

　　為何從1990年代以降，兒童性交易或雛妓的概念被性剝削取代？除了年齡因素之外，發現兒童從事性工作是在限制選擇（constrained choice）下，被迫（不論是使用暴力、欺騙、脅迫、藥物控制、金錢控制、假結婚）出售

其身體（Pearce, 2009）。那些從事商業的性活動的兒童本應在學校受教育與在家受照顧，也就是不應有尊重兒童選擇自由與志願從娼的想法，任何從事性交易的兒童都是性剝削的無辜受害者（innocent victim）。不只是因為他們年齡小、身心發展未臻成熟、社會與性經驗不足，容易在性交之後性器官受到傷害、感染性病，甚至懷孕；且因在經濟因素、情感綁架、藥物控制、暴力威脅下，陷入被操弄與控制的惡性循環中，難以自拔（Reid, 2012）。

我國於84年8月11日公布施行《兒童及少年性交易防治條例》，到了104年2月4日配合國際慣例，修正為兒童及少年性剝削防制條例。依該法第2條規定，兒童或少年性剝削，係指下列行為之一：1.使兒童或少年為有對價之性交或猥褻行為。2.利用兒童或少年為性交、猥褻之行為，以供人觀覽。3.拍攝、製造兒童或少年為性交或猥褻行為之圖畫、照片、影片、影帶、光碟、電子訊號或其他物品。4.利用兒童或少年從事坐檯陪酒或涉及色情之伴遊、伴唱、伴舞等侍應工作。

三、目睹家庭暴力

兒童目睹暴力事件（Witnessing a violent event）一般定義是在視野範圍內看見暴力事件發生（as being within visual range of the violence and seeing it occur）。兒童目睹家庭暴力不只成為暴力事件的證人，也是受害者。Pynoos and Eth（1984）提醒兒童目睹謀殺事件所產生的創傷，當受暴者的身體被致命攻擊造成的傷害，不論是被拳打或踢飛、白刀子進紅刀子出、子彈穿膛炸裂而血濺四射，都將持續侵入兒童心智活動的核心。

目睹暴力事件不見得都是親眼看到，有些經驗是從受害者嘴中說出而聽聞，即使沒親眼看到，但是從主要照顧者（通常是母親）嘴中說出被毆打的慘痛經驗，對聽聞的兒童來說也會有嚴重的創傷。故依我國家庭暴力防治法第2條定義目睹家庭暴力，指看見或直接聽聞家庭暴力。目睹暴力創傷來自恐懼、害怕、擔心會不會也發生在自己身上，以及因認同受害者的同病相憐，而產生設身處地、感同身受的痛楚。

　　目睹暴力事件不只是發生在婚姻或親密關係不和諧時，也包括暴露在社區暴力（含校園暴力）下而目睹暴力事件發生，或目睹媒體報導暴力事件。

貳、家庭暴力的原因及其影響

　　家庭暴力、性侵害、性騷擾、性剝削的加害者不完全是男性，女性也可能是加害者。但是，畢竟女性成爲受害者的機會大於男性許多，因此在研究家庭暴力與性侵害的原因時，男性往往成爲主要的研究對象。反之，從事性交易工作的人也不必然都是女性，性產業市場的確也有牛郎存在，但女性總是占大多數。因此，研究性剝削的原因時，就會以女性爲主要對象。也就是性別在家庭暴力、性侵害、性交易的議題上扮演很重要的角色。

　　至於兒童不當對待的原因有五。首先是兒童本身的風險因子（risk factors），包括：過度依賴、難照顧、身心障礙、疾病、非預期出生的兒童等，但歸咎於兒童似乎不是兒童保護的精神。其次是父母因素，包括：物質濫用、心理疾病、缺乏擔任親職的準備、代間傳遞（intergenerational transmission）等。第三是家庭因素，包括：單親、家庭暴力、大家族等。第四是家外因素，如缺乏支持、貧窮等。最後是文化因素，如不打不成器（McCoy and Keen, 2009）。本節從加害者與責難受害者的角度分析家庭暴力的原因。

一、他（她）爲什麼施暴

（一）他（她）有病——生理與心理病因論

　　傳統的自由主義或心理學理論認爲人之所以會施暴是因爲他有病態行爲，或他的心理發狂（Maynard, 1992）。這是從個人的心理病因來看待施暴者，特別是男人。這種角度有時從腦器官或生化的病變著手，有時也從心理功能來研究，但是其結果並不一致（Dobash and Dobash, 1992; Bograd,

1988）。依此說法，人們就會試圖去篩選出那些心理失功能的男人，也就是畫出一條人格失常的界線，區辨出偏差的男人，認為他就是危險人物，一家大小應該避而遠之，應避開這些「臭男人」、「爛蘋果」或「壞蛋」，避免被傷害。

　　由於把暴力行為視為是一種生理或心理疾病的結果，因此很難歸咎於施暴者，社會似乎還應該給予同情，因為他們有病，而非故意打人。這種解釋施暴者有病的說法，好像只要把這種有病的男人隔離開來，女人與小孩就不會受暴力侵犯，完全忽略了社會中存在的性別與權力關係。而且，這也給暴力行為某種程度的合理化，要求受害者寬恕加害者，造成對受害者的不公平對待。其實，真正有病的男人很少，而家庭暴力卻層出不窮，可見，並不是有病的人才會打老婆、小孩（Bograd, 1988; Maynard, 1992）。

（二）他（她）是罪惡的——靈魂罪惡論

　　這種觀點也是從個人病因出發，認為靈魂有罪惡的人就會施暴妻小，或該被虐待。在宗教信仰中特別常看到這種解釋，例如，在華人社會有些女性受家庭暴力之後，去求神問卜，廟祝或靈媒會告訴求籤者因為男人被某種不祥之物纏身或遭天譴，所以性情暴戾。反之，有些父母虐待子女，往往也是聽信神鬼旨意，以子女八字不合、帶煞、剋父母、惡靈纏身、嬰靈附身等為由，將子女打到半死；或強迫女兒與廟祝、靈媒、法師、牧師性交（雙修），藉以改運、淨身或獻身。在西方社會也有類似的說法，因為男人靈魂喪失，所以不能自我控制而打人。意思是說這種男人不只是個爛蘋果，而且還從核心爛起，爛透了。既然如此，責任也不在這個男人身上，被打的人只好認倒楣，並繼續求神問卜，直到靈魂變好為止。

　　這種觀點非常危險，不但將暴力行為合理化，而且讓受害者必須同情加害者，並感到無助，甚至恐懼。而加害者可以推託改善的可能性，遂行控制暴力情境的無限延續。

（三）他容易失控——情緒失控論

　　這是一個非常普遍的說法，Ptacek（1988）研究18個家庭暴力的加害者發現，控制不了自己而打人是最常見的說詞。為何控制不了自己呢？原因則推給嗑藥、喝酒、家庭衝突、被挑起的憤怒、女人恐嚇要離家出走、女人不

夠好、孩子不聽話等。

以這種「我失控而打人」的失控模式來解釋家庭暴力，無法解釋爲何在別人面前較不容易失控打人，卻大部分都在家庭私密的情境下施暴？Ptacek（1988）的研究發現，18個施暴者中有17個說自己失控打人。但是，18人中只有5人在家庭外也會打人。亦即，對大部分人來說，失控只是個藉口。其實，很多施暴者不只是打人而已，他們也用其他方式傷害家人，例如：寫恐嚇信、到女人的工作場所附近跟蹤等著抓姦、嚇走孩子的朋友等，而做這些舉動的時候不一定有喝酒、嗑藥、被刺激。

失控論的支持者會鼓勵加害者閱讀自我控制的書籍，或是學習打坐，就會學到自我控制。事實上，效果並未如預期，因爲他們也忽略了性別與權力關係。男人不一定是失控而打人，往往是爲了展現丈夫或父親的威風而打人。其實，學校中的情境也類似，教師不見得是因失控而打學生，往往是爲了展現教師的權力（威）而體罰學生。據此，加強自我控制，只是治標而不能治本。

（四）他酒喝多了──醉鬼論

男人因喝得酩酊大醉而打人，是許多家庭暴力事件的歸因。有些研究家庭暴力的學者的確發現，嗜酒的男人比較容易對配偶施暴（Kantor and Straus, 1987），Gelles（1974）的研究也發現48%的家庭暴力事件與酒醉有關，Pahl（1985）的研究更高達52%。可見，喝酒的確是造成家庭暴力的重要原因。這是所謂的毆妻打子的「醉鬼理論」（the Drunken Bum Theory）。但是，這個理論無法解釋爲何有更高比例的喝醉酒的男人（80%）沒有打老婆小孩。因此，是酒醉打人，還是借酒裝瘋、借酒壯膽？很多人喝醉了，倒頭就呼呼大睡，也許這樣的人會被說成酒品好，而酒品不好的人才會打人。不過，施暴者借酒裝瘋或借酒壯膽的大有人在，通常是已有施暴的意圖，再藉著喝酒壯膽，或找個理由施暴。

通常因酒醉打人的人，會將施暴的原因歸諸酒醉失常，而非眞的想打人，據此，他的配偶就會期待施暴者少喝幾杯。其實，男人選擇喝酒作爲一種麻醉或刺激自己的手段，本身就有意義。如果我們不去探討借酒裝瘋或壯膽的背後動機，只是期待男人少喝酒，並不能眞正解決家庭暴力問題。然

而，這不是否認酒精或毒品會促成施暴的衝動，戒酒或戒毒仍然是很重要的預防家庭暴力的方案之一。有時，受暴者也會借酒痲醉自己，或是吸毒以減輕家庭暴力的痛苦，這些人都需要戒酒、戒毒的協助。

（五）代間傳遞或暴力循環——社會學習論

這個理論基礎來自「貧窮循環」理論，認為有問題的家庭持續複製悲哀與不幸。一些臨床研究指出受父母親性虐待、性騷擾、身體虐待的受害者，經常會將暴力行為傳遞給下一代（Straus et al., 1980）。這樣的經驗，在不同的研究中有不同的結論，據美國的研究統計指出，有高達30%到70%的受虐兒童，其上一代幾乎都有受虐的經驗，日本的研究也指出有高達51%的受虐兒童其上一代也是受虐者（The Japan National Child Abuse and Family Study of 1983）。這種上一代受暴力侵犯的受害經驗，經由社會學習而傳到下一代，成為加害者，即是暴力循環（cycle of violence）。

不過這種暴力代間傳遞（Transgenerational Transmission）的說法被認為是「過度的決定論」（Mullender, 1996），因其在方法論上有諸多瑕疵。首先，不管是代間遺傳的百分比機率有多高，還是有另外30%-70%的受虐者並非來自受虐的上一代，亦即，並非所有加害者都是因上一代受虐的經驗才造成這一代的施虐行為。其次，這些研究大多來自臨床經驗，也就是正在接受治療的施暴者或受害者，他們的樣本代表性有問題，通常他們只研究這群被治療者，而缺乏控制組，所以，很難確定是否不同的群體會有明顯的差異，因此推論要格外小心。第三，回答問卷或訪問的信效度也有問題，例如，治療者採取回溯的研究，被研究者早已忘記真實的童年經驗，或者被治療者、研究者引導去推測可能的一點關聯，而誇大了其間的因果相關。

第四，有可能被研究者故意將責任推給上一代的受暴經驗，而減輕自己的罪惡感，如此一來，代間暴力循環可能被誇大。最後，研究很難證明上一代的暴力行為與下一代的暴力行為的因果關係，例如，上一代受親職暴力（parental violence），而下一代卻施行配偶暴力，這其間如何確認其因果關係？很多研究都提出受訪者早年經歷身體虐待、性虐待、情緒虐待，或者不同程度的疏忽，有些是親密暴力，有些是兒童虐待。但是，哪一項與下一代的暴力有關？研究中很難區辨清楚。其實，家庭暴力是一種複雜的因素造成

的，很難以單一因素來確定家庭暴力的成因。

暴力的代間傳遞容易誤導心理治療者、社會工作者或法院注意上一代有無受暴經驗，而忽略了沒有受暴經驗的加害人。其實，沒有受暴經驗的加害人絕對多於有受暴經驗的加害人。比較持平地說，早年有受暴經驗的人，如果沒有治療完全，其家庭暴力循環的發生可能性較高。但是，早年沒有受暴經驗的人，一樣會有家暴的可能性。事實證明，早些年美國童年階段受暴者中只有3%真正被完整地治療。因此，家庭暴力的代間傳遞之所以形成，決定在有無被完整治療。

家庭暴力的代間傳遞也有責備家庭的嫌疑，好像是意指有問題的家庭冤冤相報，上一代被打，就打下一代出氣，其實，社會脈絡因素可能才是造成家庭暴力的主因。

（六）社會與環境壓力——心理社會論

這個觀點認為男人之所以會施暴家小，是因為個人對社會與環境的壓力反應，人們一旦遭遇到生活事件，例如生意失敗、考試失敗、婚姻關係不合諧、失戀、家境貧寒、失業、重大疾病、居住環境窳陋、種族歧視、在職場受到剝削、工作成就低、教育水平低、人生無望，以及在消費主義的社會無法與人競爭等因素造成個人壓力大，特別是對養家活口的男人產生更大的壓力，男人因無法紓解壓力或抗衡壓力而施暴於家人（Gelles, 1983; Smith, 1989）。好似在說「貧賤夫妻百世哀」。依此觀點，家庭暴力的邏輯是：**社會與環境施壓→挫折感→壓力→暴力行為**。

這個假設如果成立，那麼較富裕、成功的男人就應該不會打妻小，然而事實證明並非如此，社經地位高的施暴者也不少。這樣的理論也有方法論上的瑕疵，首先，這種研究大多來自受暴婦女庇護所的研究，受訪對象傾向低社經地位，因此，她們的受暴經驗很容易被發現與貧窮、住宅條件差等不利的社會環境相關聯；反之，高社經地位的家庭暴力受害者比較少藉由庇護中心來逃避家庭暴力。

其次，這些研究的樣本都不大，而且缺乏比較組，樣本代表性偏低，很難推論。第三，一旦發生疑似家庭暴力事件，低社經地位的人，特別是窮人與黑人比起富人與白人更容易被逮捕或起訴。因此，在犯罪統計中，家庭暴

力的案例就出現窮人與黑人比例上高於高社經地位的富人與白人，警察也比較勇於介入低社經地位或黑人社區的家庭暴力事件。雖然貧窮家庭與黑人家庭的女性認為警方介入家務事是一件不名譽的事，但他們還是會尋求社會福利機構或教會的協助，一樣會被通報。

第五，高社經地位的人家遇到家庭暴力事件時，通常不會通報家庭暴力防治中心，他們認為一旦案情曝光將會是一件丟臉的事，所以，高社經地位的家庭暴力事件，通報率遠比低社經地位的家庭來得低。而且，高社經地位的施暴者也比較了解法律的規定，他們不會輕易地動粗，以免外傷被驗出。因此，高社經地位家庭的施暴者，較傾向用精神虐待方式來施行家暴；即使有外傷，受害婦女也會用各種方式隱瞞，以免被外界看出。所以，統計上很容易誤以為高社經地位的家庭是無暴力家庭。

這種觀點不但無法解釋高社經地位的男人為何也會施暴家小，也不能解釋為何男人遇有壓力就可以回家施暴妻小或老父母，而不是去找使他事業、學業、居住條件不利的男人算帳？當然也無法說明貧賤夫妻亦有恩愛的家庭。然而，這並不是否定物質條件提供對家庭暴力防治的重要性，只是並非唯一的因素。

二、責難受害者觀點

這種觀點最早出現在Ryan（1971）的著作中，他指出受害者之所以會被責難是因其較低的社會地位，社會中強有力的人士為了要解決社會問題，而傾向聚焦於受害者的身上來解決問題，以為只要受害者改變，問題就會解決。以下是幾種常見的說詞。

（一）她（他）自找的──壞女人（孩子）論

這種說法認為婦女自己找罪受，例如：碎碎念、已經決定的事還不斷翻案、取笑丈夫、激怒丈夫、不給丈夫面子、勾引別人、與人通姦、沒有盡到作母親與妻子的責任等。而虐待或遺棄孩子的理由是因為孩子行為偏差、教養困難、妖魔化身等。這種論調相似於性侵害女性時，歸咎於該女子穿得太

暴露、太騷包、太辣、太賤等。總之，千錯萬錯都是別人的錯，加害者一點也沒錯，是受害者激起加害者的攻擊慾念。

基於此，蘇格蘭婦女救援中心（Scottish Women's Aid）曾發展出教導女性如何免於受暴的「好女人守則」（how not to be an abused women），摘要如下：1.不要在老公的朋友來訪時刻意打扮，以免被誤解爲勾引人家；2.不要在老公的朋友來訪時讓人看到家裡一團亂，這有損男人顏面；3.不要在朋友面前問東問西，老公不喜歡女人多嘴；4.不要在朋友面前羞辱他；5.不要在老公未進門前就把晚餐端上桌，這會讓他認爲你在怪罪他晚回家；6.不要把晚餐準備得太晚，讓他已經累了一天還要枯坐等待晚餐；7.不要讓孩子在老公回家時纏著不放，他已經累得無法管孩子的瑣事；8.不要在他還未想上床前就逼他就寢，妳會讓他想起他老爸；9.不要在他一下班就問他今天做了什麼，妳應該自己察言觀色；10.不要忘了問候老公工作的情況，女人應該表現對自己老公的工作有興趣；11.不要一回家就告訴他妳今天是怎麼過的，因爲他不想一進門就聽到一堆抱怨的話；12.不要在睡覺時間穿著性感的家居服，以免他誤以爲妳亂花錢；13.不要穿睡衣上床，除非妳的老公偶而希望妳吸引他；14.不要在床上將妳的臂膀繞者他睡，除非他自己要妳那樣做；15.不要倒頭就睡著，妳會被認爲性冷感；16.當他打妳的時候，不可以還手，要退縮回去，否則他會繼續打下去（Mullender, 1996）。

倘若女人都做到上述的現代女誡，就算能倖免於被毆打或施虐的命運，恐怕也免除不了精神疾病上身。這種把所有一切配偶暴力歸咎於女人的說法，是假設男性高於女性，女性必須配合男性行事，若女性做不好就該打。此說法完全忽視人人平等，沒有任何人是該打的，或是該受性侵害的。

（二）她樂於受虐／她沉溺於受虐——習得的無助感

這種說法認爲女人有被虐待狂（masochism），臣服於男性、受苦受難是一種生活方式（Shainess, 1984）。這也與Walker（1977-78）所說的習得的無助感（learned helplessness）相通。Walker認爲暴力有三個階段：關係堵塞、爆發、懺悔的蜜月期。這三個階段循環進行著，他稱之爲暴力循環（不同於代間暴力循環）。女人在暴力威脅下，爲何不離去？因爲她被假定參與這個暴力事件，而學習到無助的行爲，由於受暴婦女曲解自己的行爲爲常

態，如果她向男人低頭，她就會減少被打的機會，她也不認為有其他更好的辦法可以使施暴者停止暴力，只有如此才有助於減少受暴。

在現代父權社會中的確存在許多不利於女性的條件，使女性受苦於受暴經驗而難以自拔，例如：托兒照顧不足、女性低薪資、適合受暴婦女的庇護住宅短缺等。

Dobash and Dobash（1992）列出一長串超過30種人格特質的女性容易成為受虐婦女，包括低自我強度以對抗操弄、自我瓦解以避開面質等。其實，這些對受虐婦女性格特質的描述往往相互矛盾。不過這種觀點卻成為美國個人主義傳統的心理學研究與臨床實務的基調，強調受虐婦女症候群（battered women syndrome）或創傷後壓力疾患（post-traumatic stress disorder, PTSD）的診斷與治療。這可能與美國私人健康保險公司給付有關，沒有這種診斷就得不到服務（Mullender, 1996）。這種觀點也給了女性自我防衛與殺死加害者的減刑理由。不過，正當防衛本應是積極的，而不是像上述的被動、自我瓦解的性格特質。

為了篩選哪些婦女具有受虐傾向，心理測驗就成為常用的工具。被認為容易受虐的婦女往往是愛得太多、沉溺於暴力的興奮與危險中不能自拔。因此，就有這些婦女從一個受暴的經驗結束，又陷入另一個暴力關係中的結論，似乎暗示著這些婦女欠教訓，一再追求暴力的性伴侶，直到生命終結為止，許多黑道大哥的情婦就被認為屬於這類婦女。

不過，這種觀點嚴重忽略婦女會一再陷入暴力的婚姻中，是因為曾受家暴的婦女在她開始建立另一段新的配偶關係時，就會告訴她的新伴侶她如何被前配偶毆打，如此一來，就撒下了使其新伴侶毆打這位婦女的種籽。愛得太深而不忍離去的說法，也不可靠，當婦女被打得鼻青眼腫時，還會繼續愛這個男人，恐怕是少數，若有也是為了孩子著想。婦女被虐待而仍然樂在其中的，恐怕絕無僅有。

（三）她學到與暴力相處——求生存論

與上述的習得無助感不相同的是，學到與暴力相處是指婦女如同被綁架的人質一般，在恐怖的氣氛下學習到勇氣與因應策略。她們不等於是容忍暴力，也不是沒有恐懼，只是她們發現了生存之道，把憤怒與痛苦暫時壓下，

一旦當她發現孩子受到負面的影響時，就會勇敢離開施虐者。通常是最大的孩子覺察到父母親的關係有些奇怪，導致受暴婦女決心脫離暴力環境。習得的無助感通常是較長期的、被動的與暴力共存亡。學到與暴力相處的期間較短暫，且婦女的主動性並未消失。

這種現象在心理學與犯罪學上稱為「斯德哥爾摩症候群」（Stockholm syndrome），又稱為人質情結，是指犯罪的被害者對於犯罪者產生情感，甚至反過來幫助犯罪者的一種情結。源於1973年8月23日兩名有前科的罪犯歐森（Jan Erik Olsson）與歐洛森（Clark Olofsson），在意圖搶劫瑞典首都斯德哥爾摩市內最大的一家銀行失敗後，挾持了4位銀行職員，在警方與歹徒僵持了130個小時之後，因歹徒放棄而結束。然而這起事件發生後幾個月，這4名遭受挾持的銀行職員，仍然對綁架他們的人顯露出憐憫的情感。本案因歹徒放棄而結束，但所有的被害者在事後都表明不痛恨歹徒，並表達他們對歹徒非但沒有傷害他們，還對他們多所照顧的感激，甚至對警察採取敵對的態度。事後，更有進者，被綁架的人質中有一名女職員克麗絲汀（Christian）竟然愛上歐洛森，而且與他訂婚（Bejerot, 1974）。

這兩名搶匪劫持人質達6天之久，在這期間他們威脅受俘者的性命，但有時也表現出仁慈的一面。在出人意表的心理錯綜轉變下，這4名人質抗拒政府最終營救他們的努力。研究者發現到這種症候群的例子見於各種不同的經驗中，從集中營的囚犯、戰俘、受虐婦女與亂倫的受害者，都可能發生斯德哥爾摩症候群經驗。

據心理學者的研究，情感上會依賴他人且容易受感動的人，若遇到類似的狀況，很容易產生斯德哥爾摩症候群。通常有下列幾項特徵：

1. 人質必須真正感受到綁匪（加害者）威脅到自己的存活。

2. 在遭挾持過程中，人質必須體會出綁匪（加害者）可能略施小惠的舉動。

3. 除了綁匪的單一看法之外，人質必須與所有其他觀點隔離（通常得不到外界的訊息）。

4. 人質必須相信，要脫逃是不可能的。

而通常斯德哥爾摩症候群會經歷以下四個歷程：

1. **恐懼**：因為突如其來的脅迫與威嚇導致現況改變。

2. **害怕**：籠罩在不安的環境中，身心皆受威脅。

3. **同情**：和挾持者長期相處，體認到對方不得已的行為，且並未受到「直接」傷害。

4. **幫助**：給予挾持者無形幫助，如配合、不逃脫、安撫等；或有形幫助，如協助逃脫、向法官說情、一起逃亡等。

這種心理現象在電影裡常出現，如007電影第19集《縱橫天下》（*The World Is Not Enough*）、金城武演的日本電影《極盜狂熱份子》都出現類似的情節（全嘉莉，2002）。

（四）她忍受暴力／文化使然——父權論

這是被女性主義者大加攻擊的觀點。與上述的婦女學到與暴力相處不同的是，學到與暴力相處並不容忍暴力，而是為了某些原因，如自身或／與子女的安全，而留下來與施暴者虛以委蛇，以求生存，或是情感轉移而愛上加害者。此處的忍受暴力是指社會認為某些型式的家庭暴力是可以接受的，例如：適度地懲罰不合翁姑嫂意的配偶，更不用說不守婦德的婦女了。在亞洲國家，如印度、巴基斯坦，以及華人社會或受儒家影響的東亞社會，如日本、韓國，婦女被灌輸在家從父、出嫁從夫、夫死從子；婦德、婦言、婦容、婦功的三從四德。婦女在家不可以有抱怨，須持家以和為貴，家醜不可外揚。因此，婦女即使受到家庭暴力，也會容忍。

但這並不是說亞洲婦女很樂意接受暴力，而是，社會普遍視家庭暴力為家務事，應該由家族中的長者處理。因此，缺乏對受害者的協助措施，家中的長者，不管是夫家或娘家，多半不鼓勵受暴婦女挺身而出抗拒暴力。導致這些社會的受暴婦女只好忍耐，直到文化變遷為止。

在父權社會裡，這種情形最為普遍，女性在經濟上依賴男性，在教育水平上又低於男性，缺乏足夠的經濟與知識資源與男性對抗，也缺乏社區支持力量脫離家庭暴力，社會亦不覺得丈夫打老婆、父母打孩子、教師打學生、師父打徒弟有什麼不對，甚至會美化為「打是情，罵是愛」、「不打不成器」、「棒下出孝子」；如果長輩不想介入，也會合理化地說小夫妻是「床頭打，床尾和」。婦女在這種夫家視為當然、娘家不敢管、朋友不知情、公權力不介入的四下無援的情況下，只好忍受家庭暴力。

（五）再差也不過如此 ── 現實成本考量論

有些家庭暴力的倖存者被社會福利機構認為不值得幫助，因為她們覺得暴力沒有那麼不可容忍，而不願離開施暴者，讓社會工作人員感到挫敗，問自己「為何她不離開那傢伙？」當第一次受到暴力侵害時，她們覺得「這是偶然的，只有這一次吧，不會這麼嚴重。」從回溯的研究中發現，有40%的婦女在第一次受暴時有這種想法（McGibbon et al., 1989）。剛開始受虐階段，受害者經常還是想擁有施暴者，而不輕易切斷關係，因為他深愛著施暴者，或對婚姻、愛情仍然抱持高度承諾，或者想要與施暴者分享親職。偶發性的暴力讓受害者存有一絲情況會改變的希望，其中夾雜著施暴者曾承諾從此不再犯。

暴力經驗累積次數越多，加害者會同意接受治療，通常效果不大，只會陷受害者於長期的受虐情境中。受虐者無法離開的最主要原因是低估自己的受害嚴重性，受害者不認為自己是受虐婦女，或是婚姻強暴，她們會找一堆理由說明自己的狀況不合家暴中心的定義。而受暴經驗越久，施暴越嚴重，受害者更覺得無力離開，她相信任何協助都沒有用。

此時，幾個因素交相糾葛，使受害者衡量利弊得失，更無法離開。首先，施虐者會利用各種威脅恐嚇手段來留住受害者，例如：孤立她、威脅要殺她、威脅要殺她全家、威脅要把孩子賣掉、威脅要強暴她與前夫所生的女兒、逼迫在家裸體行動等；其次，受害者資源短缺，沒有其他地方可去，也不知道要去哪裡躲避，回娘家也會被找回來；第三，受害者盤算著，如果離開，她將失去這個家、失去兒女，她會一無所有，她的生活立刻會陷入絕境，她的女兒可能會替代她受性侵害等等；最後，受害者往往又是那些在社會上被邊緣化的人們，如同性戀者、同居人、單親母親、私奔的女性、逃家少女、吸毒者、性工作者等，礙於社會不同情她們，更是不敢輕易離開施虐者。這種現實的障礙與成本考量的確困住了許多家庭暴力或性侵害受害者，也是家庭暴力持續發生的原因。

三、家庭暴力對兒童與少年的影響

兒童不當對待可能造成兒童身體結構與功能的傷害與非生理的後果，如智能發展遲緩、智力退步、學習障礙、認知障礙、人際障礙、社會疏離、拒學、逃家、攻擊、物質濫用、壓抑、無助、無力感、創傷壓力疾患（PTSD）、注意力不全過動症（attention deficit hyperactivity disorder, ADHD）、體化症（somatization）、偏差行為、性行為偏差、強迫行為、恐懼焦慮、人格違常、情緒障礙、失憶、反社會行為、自殘、自殺等（Howe, 2005; McCoy and Keen, 2009）。家庭暴力的受害者可能是兒童、少年本身，也可能是其他家庭中的成員，特別是母親。直接受到暴力侵害的人，會有身體、心理、社會的傷害；而目睹家庭暴力的兒童與少年，也會受到不同程度的心裡、社會創傷。茲分別描述如下：

（一）受虐者

家庭暴力對受害兒童與少年產生以下後果：

1. 身體傷害：外傷、燒燙傷、骨折、腦傷、內傷、性器官裂傷、營養不良、健康條件差、殘障、死亡等。

2. 心理創傷：睡眠障礙、做惡夢、逃避、撤退、解離、焦慮、情緒不穩、冷漠、壓抑、不安全感、無助感、無力感、行為偏差等。

3. 社會適應：逃家、人際關係失調、家庭解組、暴力代間傳遞、權力感低落、性別不平等、教育機會減少、學校適應差、濫用藥物、成為兒童與少年犯罪的機率增加、鄰里關係疏離等。

（二）目睹家庭暴力兒童與少年

不論目睹哪一種暴力，兒童與少年會受到以下三方面的影響：
（Edlerson, 1997）

1. 行為與情緒問題

最常見的是出現被歸類為「外化行為」（externalized behaviors）的攻擊（aggressive）、反社會（antisocial）、好鬥（belligerence）等，其部分和社會學習與模仿有關；以及「內化行為」（internalized behaviors）的恐

懼（fearful）和抑制行為（inhibited behaviors）；此外，也可能降低兒童的社會知能（social competence）；實務上也發現目睹兒童較常出現焦慮、自尊、壓抑、易怒、脾氣不好。如果目睹受暴者是自己的親密家人，則會出現難以理解他人感受（為何他要打人？）、無法判斷情境（為何她會被打？）。

2. 認知功能與態度問題

處在家內暴力陰影下的目睹兒童，被發現語言與數量分析技巧較薄弱、身心發展較不成熟與不適足、較常以衝突方式解決問題、正當化自己的暴力行為、以攻擊來建立聲望或自我形象。

3. 生理功能

目睹兒童的就醫率較高，特別是關於身心症（psychosomatic）的抱怨、因病請假的機會也較多。

目睹暴力事件的創傷如同本身受到暴力攻擊一樣，如果不介入，會持續影響到成年時期。Henning et al.,（1996）研究指出，童年目睹家庭暴力的婦女有較高的憂鬱、較低的社會適應。Rosenbaum and O'Leary（1981）研究發現男性親密暴力加害者有顯著比例是童年生長在家庭暴力環境下目睹家內暴力。Suh and Abel（1990）的研究也發現，兒童虐待的家長有較高比例是本身童年有被虐待的經驗。童年目睹暴力事件也與少年犯罪事件有正相關，不論是本身被暴力攻擊或目睹暴力事件（Spaccarelli, et al., 1995）。

當然，並不是所目睹家庭暴力的兒童與少年都會有相同的心理與社會創傷，性別、年齡、出生別、目睹次數、家庭暴力的嚴重程度、親子關係、認知能力，以及本身是否合併受暴經驗等不同，導致受到的影響程度或層面也不同。例如，男童傾向攻擊行為多於女童，女童則轉而退縮，或導致身心症。在越小年紀時目睹家庭暴力，越容易有驚嚇、退縮、逃避、依賴、認知錯亂、退化等行為。隨年齡成長，目睹兒童與少年就會出現攻擊、反社會、報復等行為。排序較長的子女受到影響較深。目睹次數越多，程度越嚴重，受害也會越嚴重。親子關係的二對一關係，或三角關係造成目睹兒童與少年的角色混淆、衝突，如果父母處於家庭暴力但極力保護親子關係，則子女受害較小。目睹者的認知與評估能力較佳者，適應也會較好（曾慶玲，1997；

沈慶鴻，2001；黃群芳，2003）。

參、性侵害與性剝削的原因及其影響

一、為何會發生兒童與少年性侵害

性侵害發生的原因，有些與家庭暴力相似，例如：生理病因、心理病因、行為偏好、戀童症（pedophilia）、性虐待症（Sexual Sadism）、社會因素等。Fisher（1994）認為單一因素很難解釋為何加害者會性侵受害者。因此必須從多因素模型（Multi-factorial model）來了解。

（一）整合病因論

Marshall and Barbaree（1990）提出整合生理、社會、文化、情境因素的性犯罪理論，他們認為男性在生理上的攻擊特性，如果沒有適當的社會禁制，例如：親職教養、父母關愛等，就容易被激化產生性的攻擊。他們指出社會文化態度與不適當的社會化互動會增加性犯罪機會，然後加上情境的誘因，而發生性攻擊。簡單地說，這個理論的邏輯是：**1.攻擊性性格→2.不當社會化→3.情境誘發→4.性侵害。**

然而這個理論並無法解釋性侵害加害人是女性，因為女性在社會文化建構下並不具攻擊傾向的特質。不論如何，這個理論已經將性侵害的可能原因更綜合地刻劃出來，有助於我們了解性侵害的成因。

（二）性犯罪循環論

伍爾夫（Wolf, 1984，引自Fisher, 1994）也是將社會、發展、情境、文化等因素整合，他發現某些人格特質比較傾向發展出偏差的性偏好。尤其是童年曾受害者，如遭遇身體虐待、情緒虐待、性虐待、疏忽者，或是成長於失功能家庭中的孩子。他也指出曝露於家庭暴力下的孩子，亦即目睹家庭暴力的兒童，亦容易發展偏差的性行為、不正確的自我印象與信念，認為成人男子就有權力對女人與兒童為所欲為。這種潛伏因子會受到外在禁制力量的

束縛，如恐懼被發現、怕傷害受害者、社會禁忌、怕被懲罰等而壓抑下來，一旦這些禁制鬆懈，就可能發生性侵害。

　　具有性攻擊傾向的人格特質包括：自我中心、自我形象差、防衛性、曲解思考、強迫思考、社會疏離、性偏見等。具有這些性格傾向的人較容易在環境中挫敗，於是就會責怪外界的錯誤。這種人將性的行為當成是一種逃避，藉由性幻想達到排解其他因環境帶來的不舒服感。復基於童年的受害或目睹經驗，當感到脆弱時，就以性幻想或手淫來排解，如此一來，禁制力量鬆解，吸引力量增加。同時，喝酒、嗑藥、色情書刊也成為激發性幻想的媒介。為了解除罪惡感，曲解思考就形成，於是開始規劃性攻擊，製造性侵害的情境。也許需要一段長期間來準備，獵取對象，尋找風險較小的時機、地點。由於施暴者只是為滿足自己的需求與欲望，不管對方的感受，因此施暴就會很嚴重，或強迫性插入。一旦得逞，射精後，性的興奮感消失，加害者會因為回到現實情境而滋生罪惡感。為了解除罪惡感，加害者會以曲解思考，消除罪惡感與焦慮，同時，淡化或正當化性虐待，或保證不再犯來重組自我形象。然而，犯了強暴罪的事實，使其自尊受到嚴重毀損，又讓他回到自我形象差的循環。

　　伍爾夫的性犯罪循環邏輯如下：1.自我形象差→2.自我預期被拒絕、失敗→3.撤退→4.缺乏信心→5.強迫性幻想→6.性逃避→7.準備性侵害→8.尋找下手對象→9.短暫罪惡感→10.解除罪惡感→11.自我形象差。

　　這個理論假設性侵害犯罪者的性幻想會越來越嚴重，性侵害如同喝酒、賭博一樣會累加而成癮。但是，從一些實證研究中發現，並非所有性犯罪者都會落入這個模式中，無法說明受過身體虐待的人為何會發生性偏差行為，而不是直接引發暴力幻想，也沒辦法解釋一些性侵害的受害男性並沒有變成性犯罪者。最後，這個模式提供的一個僵化地解釋一般性犯罪的過程，並無法針對個別的性犯罪者提供理解與介入的架構。

　　加拿大社會工作教授Charles（2009）從治療青少年性侵害的臨床經驗發現，許多青少年性侵害者不是不可治療，而是人們有一種刻板印象（stereotype），認為性犯罪者是惡魔與偏差，我們無法幫助他。如此，我們自己先創造了一個加諸於他們的印象，然後說我們無法治療他們。其實，很多青少年性犯罪者並非惡魔，而是缺乏學習適當的兩性互動關係。常誤以為

對方沒有拒絕，或是沒有真正地拒絕，不然怎麼敢獨自到我家來看影片；或者，誤以為女生喜歡用強制親熱才有快感。這些青少年的性侵害行為不會發生虐待的層級（hierarchy of abuse）現象，亦即不會有越來越暴力、越來越深化的性侵害，例如，不會今天撫摸異性胸部，以後就會撫摸下體，或是強制性交。不論如何，性教育還是最重要的。一旦發生少年性騷擾、性侵害應給予這些加害少年適當的心理與社會治療，而不是依賴法律制裁就可以降低其性犯罪機會。

（三）性虐待的四個前提條件因素

芬可賀（Finkelhor,1984）提出4個因素的架構來說明為何男人會以兒童作為性侵害的對象：

第一個因素是性虐待的動機。包括三個部分：一是情緒的投合，意即有性侵害意圖的成人發現與兒童發生性接觸是在情緒上相投合的，也許是來自男人的權力感，視兒童為弱勢的順服者；二是性的興奮，來自加害者個人的經驗、情境、童年的創傷複製與認同攻擊性等；第三是阻礙因子，如人際關係障礙、性關係障礙等。

第二個因素是內在的禁制。這是指具有性偏差的人是否認知性侵害是違法的，是否發展認知曲解性偏差行為，也就是說對性行為的正確認知會制止性侵害的動機，如社會禁忌；反之，毒品、酒精、有繼親女兒等都會解除內在禁制。

第三個因素是外在的禁制。這是指性侵害的外部限制，例如：有性侵害動機的人能發展正常的朋輩關係，找到適合的性伴侶；或是找不到適當的性侵害時機與地點。因此，女性單親戶長家庭的女童、行動落單的女童、智能障礙女童、夜行女子、性工作者、社區死角等都不是有利的外在禁制。

第四個因素是兒童的抗拒。這是指可能的性侵害對象採取各種提防措施。性侵害加害者往往需要設計一種有利於性侵害的情境，例如恐嚇、誘拐、友善地接近兒童、給兒童金錢與禮物、騙說同學在等她。如果可能的性侵害對象提高警覺，將制止性侵害的發生。

芬可賀的性侵害發生路徑是：1.性侵害的動機浮現→2.跨越內在禁制→3.跨越外在禁制→4.克服兒童抗拒→5.性侵害得逞。

　　由於加強內在、外在的禁制，可讓性侵害者無機可乘。因此，芬可賀主張加強性教育、減少暴露在高風險的環境下、預防性侵害方案等，有助於減少性侵害。

　　性侵害犯罪中最難處理的是近親姦（incest）。在學校社會工作的臨床經驗中發現許多兒童與少年被性侵害，其加害者若是父親、繼父、母親的同居人、叔伯、哥哥等都很難早期發現，因為父權文化、母親的疏忽、家庭解組、經濟依賴、性教育缺乏等。另一種難以防範的性侵害是前述的熟識強暴（acquaintance rape），性侵害加害者是認識的人，甚至某種程度熟悉，如教師、教練、男朋友、鄰居、同事、同學、朋友等，因為教學、工作、社交、地理位置的密集接觸關係，往往使受害者屈服於權力壓迫，或疏於防範，導致性侵害事件難以預防，也不敢通報。此外，約會強暴發生在國中、高中、大學的情形也很多。約會強暴還涉及感情與意願因素，除非感情變卦、父母介入，或身心受到嚴重創傷，如變態性行為、群交、性虐待、拍裸照等，大多數祕而不宣，因此更難及早發現與協助。

二、兒童與少年為何淪為性剝削

　　娼妓是一種古老的行業，包括雛妓。兒童與少年進入性產業市場的原因隨著時代改變。在傳統中國，娼是指提供性服務的女子，妓則是賣藝不賣身，故有青樓豔妓之說。不過，也不全然可如此區分。娼妓多為貧窮、人口販賣、罪犯、罪犯家屬、戰犯等。中國歷史上出名的將戰犯發配為娼妓的情形，有明成祖在靖難之役後將建文帝大臣的女眷發配為妓；張獻忠攻破成都後將蜀王朱至澍的兒媳（世子妃）發配為娼戶，時年都未滿18歲。最淒慘的是1126年宋朝靖康之難，根據《南征錄匯》、《靖康稗史箋證》記載，被金國俘虜的宋皇室、大臣后妃、姬妾、公主，遭貶為娼妓者數千人（王書奴，1932/2014）。

　　中國古代女子以娼妓為業者，大都因家貧淪落紅塵，例如，宋朝的王朝云因家境清寒，自幼淪落歌舞班中，被蘇東坡看上納為妾，終生不離不棄。

南宋莘瑤琴幼年因戰亂與父母失散被賣入妓院，14歲已美豔異常，不肯接客，鴇母將其灌醉，賣掉處女初夜，後成爲杭州花魁娘子。明末秦淮八豔中的柳如是，因家貧自幼被賣到吳江爲婢，妙齡時墜入章台爲妓。

出身官宦世家，因家道中落而進入妓院謀生者，也不在少數。例如，唐代女詩人薛濤，幼年隨任官的父親薛鄖從長安遷至成都，父死後，薛濤與母留成都，相依爲命，生活窘困，16歲時頗有姿色，通音律，善詩文，迫於生計而淪爲樂妓。晚清名妓李萍香出身望族，「工吟詠，擅書畫……女紅之餘，兼攻詞翰」。明末秦淮八豔中的卞玉京、李香君也都是名門之後。

在西方社會，底層社會女子淪爲娼妓者不計其數，依據1854年英國的人口調查指出，在15-50歲的婦女中有近6分之1的人口從娼。性病的廣泛傳播幾至撼動整個英國的兵力，迫使國會不得不通過惡名昭彰的傳染病檢查法案（Contagious Diseases Act, CDA），該法案授權士兵或警察可以在港口和軍營中任意逮捕疑似有性病的婦女檢查，這項極端侵犯女性人權的法案，在社會上卻沒有太多人在乎，因爲在那個時代的女性是不被重視的，更何況是那些一向被視爲汙穢般存在的娼妓。這種歧視娼妓的立法引發社會改革者約瑟芬・巴特勒（Josephine Butler, 1828-1906）的抗爭，在1869年成立全國婦女廢止傳染病檢查法案協會（The Ladies National Association for the Repeal of the Contagious Diseases Acts, LNA）來反抗CDA這個惡法（洪蕙芬、簡守邦譯，1999）。

CDA法案之所以惹人非議，主要是因爲這項法案允許士兵或警察可以在港口和軍營中任意逮捕疑似染有性病的女性，強迫她們必須赤身裸體地在醫生前面被「檢查」。此外，若被醫生認定染有性病的女性，還必須強制接受2個月的住院治療，如果不從，警察還可以將這些女性關進監獄裡。令巴特勒女士感到氣憤的是姦淫的確有罪，但不可單方面歸責於妓女，嫖客的道德標準也應受檢視。在巴特勒女士的努力倡議下，隔年龐大的社會輿論迫使英國皇家委員會將CDA中強迫檢查女性身體的部分廢止（林萬億、鄭如君，2013）。

1880年，巴特勒女士又爲了抗議當時社會販運白奴的行爲而發起新的運動。白奴就是白人少女雛妓。販運白奴的惡形惡狀，引起帕摩爾報（Pall Mall Gazette）的記者斯特德（W. T. Stead）關注，便和巴特勒女士與

救世軍的布思（Bramwell Booth）合作，共同策劃「臥底行動」。他們利用一位妓女因急需用錢，不惜將自己13歲的女兒伊麗莎‧阿姆斯壯（Eliza Armstrong）賣去妓院，以5英鎊成交。斯特德藉此混入妓院，第一手蒐集雛妓接客資料。這個「臥底行動」被改寫成一系列的專欄文章刊登於帕摩爾報，標題為《現代巴比倫少女的進貢》（The Maiden Tribute of Modern Babylon）。文章出刊後，收到廣泛的迴響。迫使英國於1885年修正刑法（Criminal Act），史稱斯特德法案（Stead's Act）（Pearce, 2009），將原本從娼的年齡從13歲提升到16歲，並嚴格禁止妓院買賣未滿16歲的雛妓（林萬億、鄭如君，2013）。

臺灣於二次戰後的娼妓大多來自貧窮人家女子或養女。自1970年代經濟起飛，漢人貧窮家庭販賣女兒為娼者明顯減少。性工業市場業者轉向原住民部落購買少女進入娼寮、酒店、脫衣舞臺、旅館等從事色情活動，其中又以淪落娼寮者為最。原住民人口販運事件，促成1980年代臺灣的雛妓救援運動，同時也促成1989年「少年福利法」的制訂，以及1995年「兒童及少年性交易防治條例」的通過。從此，臺灣的雛妓問題從早期的懲罰模式轉變為福利模式，不再把從娼少女視為是偏差個案與妨害風化的行為者，而是人口販運的受害者，應給予保護與協助（林萬億，2005、2008、2012）。

此後，押賣少女為雛妓的情形減少，代之而起的是少女逃家自行進入各種型態的色情行業（黃淑玲，2002）。這也就是所謂的「自願的性交易工作者」。而且工作方式也改變了，不再是以在妓女戶、旅館、酒家、酒店為主的集中式、固定工作場所的侍應、陪酒與接客。新興的性交易是靠網路、手機聯絡、宅配、賓館、摩鐵等分散式的、不固定場所的性交易為主。即使如此，兒童與少年從事性交易者，很少是因個人生理或精神病因造成，如性被虐待症（Sexual Masochism）、高度性感者、內在因子導致強迫性行為等；大多是因社會、經濟、或心理社會因素造成。Reid（2012）在其《少女從娼之路》（A Girl's Path to Prostitution）指出，少數民族、低社經地位家庭、高犯罪社區、警察腐敗、逃家少年、無家可歸、兒童虐待與疏忽、家庭關係衝突等風險因子，導致少年為了金錢、住宿、衣服、食物、物品、情感依附等淪為生存性交（survival sex），或性交易（trading sex）。以下是少女進入色情行業的主要原因：

（一）貧窮

貧窮是女性進入性交易市場最古老的理由，不論古今中外都有相似的經驗。臺灣1980年代以前被取締的雛妓都會有共同的說詞：「上有高堂老祖母，下有弱小弟妹，母親生病、父親失業、弟弟要學費、妹妹要奶粉錢，只好淪落爲娼。」若就經濟的理由來看，工業先進國家的少女應該不會迫於經濟壓力而從娼，其實不然，富裕的社會中仍然存在著貧窮。美國賓州大學教授Richard Estes的研究發現，75%的街角少女來自工人、中產階級家庭，她們受到性的剝削。亦即，經濟條件仍然是決定少女是否進入性工業的主要推力，在紐約布魯克林區，或是洛杉磯日落大道都可以看到來自中、低社經地位家庭出身的少女阻街，或進入男人俱樂部陪酒，或成爲色情書刊的裸女（Milloy, 2002）。更普遍的是在解體前的蘇聯加盟國家、泰國、越南、尼泊爾、中國，以及非洲、中南美洲經濟發展落後的國家的少女，因貧窮而淪落爲娼者比比皆是。

這些從娼少女有些是自願賣春，爲了賺錢替父母還債、供弟妹讀書、整修房子、籌錢做生意等，這是黃淑玲（2002）所稱的孝順型。有些是被父母以三、五十萬質押販賣給妓院，早些年臺灣的貧窮家庭也有將女兒質押給人口販子或老鴇爲雛妓的（婦女救援基金會、纓花，2003）。目前，許多貧窮國家的童妓大部分屬於這類。

（二）被脅迫

黃淑玲（2002）稱之爲被綁架型。這類少女通常是因偷渡、逃家，或加入幫派而被迫賣淫。控制這些少女的手段包括毒品、威脅、毒打、利誘、限制行動等，其背後往往有黑道、幫派撐腰，甚至與少數不肖警員掛勾，少女一旦落入這些人手中很難逃脫。有些少男也會因逃家或被黑道容留而成爲戀男童症者的「雛雞」，被迫進行肛交，至於被大姊頭收攬成爲「小牛郎」者，案例比較少。

（三）好奇

有些少女自願從事性交易純粹是爲了好玩，這類少女較少長時間從事性交易工作，俟其發現不好玩就脫離此行。她們只是爲了體驗在金錢或物質交換下與異性發生性關係的滋味，有時是被同學、朋友激將而做一次性交易，

例如被學校中的「黃后」、「黃帝」吹噓而下海；有時是因爲聽聞性交易報導而產生好奇，試著考驗自己的膽量；有時是被網友刺激而上陣。這種因好奇的性交易對象，往往是認識的人，有時很難區分是性交易或是熟識強暴、約會強暴，因爲她們往往是在半推半就下發生性關係，其交易金額或交換物品也不一定依市場行情。

（四）滿足虛榮

援助交際（えんじょこうさい/enjokōsai）是日本從1985年以來出現的一種有別於傳統妓院形式的性交易，少女接受成年人的「援助」，包括金錢、服裝、皮包、化妝品、手機、毒品、食物、旅遊等物質享受；成年人則接受少女的「援助」——性的奉獻。援助交際的媒介不是三七仔或皮條客，而是少女透過網路、電話、個人製作的精美宣傳單等，尋找陌生人進行援助交際。少女在交友過程中有自主選擇權，透過網路、電話與對方接觸，進行了解、交流、溝通，再決定是否進行援助與性服務，以及價碼。網路上有些言論主張援助交際不等於性交易，其論點是援助交際有傳統性交易所沒有的「交際」（交流）；援交少女並非職業的性工作者，而是短暫的自主生存性行爲；援助交際並非全都有性交成分，有時只是一種互惠的陪伴。

援助交際的風潮也從日本擴散到韓國、香港、臺灣、中國、新加坡。援交妹主要是國、高中女學生，利用放學後或假日，到賓館、摩鐵、男方家中應召。這些少女少數是跑單幫，大部分是幾個人一夥，相互牽線、奧援。萬一客人要求集體性交（多P），也可相互支援。她們的服務對象除了喜好年輕女孩的大叔之外，也大力向有錢的科技新貴或年輕的上班族促銷。有時爲了滿足男性喜好UKLM（幼齒辣妹）或原裝貨（處女）的偏好，她們會扮燒餅（很騷的女生）、裝嫩、假處女，以討好顧客，提高價碼，甚至上網競標處女夜。

除了援助交際之外，也有少女進入KTV酒店、鋼管酒店、餐飲店、冰果室、摸摸茶店、泡沫紅茶店擔任公關（陪酒、陪唱、陪玩的服務生）、傳播妹（陪酒、陪唱、陪玩、陪遊、陪搖的鐘點情人）、脫衣陪酒，坐檯，或在網路影音上色情視訊、脫衣、露奶、自慰，甚至進行網路性交（cybersex），或販賣少女穿過的內褲、胸罩等。這種出賣靈肉賺取金錢以

購買奢侈物品，也代表一種將自己的身體物化、商品化，如同她們所換來的名牌商品一樣。而這種錢快速賺進，也快速流出，少女就不容易存到足夠的錢好離開色情市場，因此經常越陷越深。整個社會商品化越嚴重，少女以性換取物質享受的情形也將越嚴重。

（五）為愛犧牲，為情下海

有些少女進入色情行業或進行援助交際，是因應男朋友的請求，或是為了姊妹情誼，例如：幫男朋友還債、籌錢做生意等。這些少女通常是被情緒勒索（Emotional blackmail）（Forward and Frazier, 1997），為了維繫與她心目中的重要人物（男友、情人、父母）的關係、降低焦慮，而重複被迫去做一些自己本來不想做的事情。情緒操控者通常採取恐懼（fear）、責任（obligation）、罪惡（guilt）（FOG）等三種手段讓被操控者無法逃脫情緒折磨，而持續做一些本不想要、不舒服、有負擔、自我犧牲的行為。操控的男生會裝出一副可憐相，表示已經到了窮途末路，如果想不出其他辦法，他將被黑道、債主、地下錢莊追殺，他們的愛情也會被拆散，並暗示如果少女願意幫忙，他將沒齒難忘，於是少女就答應為愛情犧牲色相接客。通常起先都說好只做到籌足金錢為止，但是，男人食髓知味後不會就此罷手，他們樂於享受做小白臉、吃軟飯的滋味，直到少女受不了為止。這些少女其實是受到雙重剝削，一方面得應付男朋友的金錢與性需索，另方面又得滿足嫖客的性需求，只是為了自詡偉大的愛情。有些少女為了表現義氣、協助大姊頭解困，因而志願下海，理由很單純，就是為了江湖義氣，朋友有難，捨身相挺。通常這些姊妹淘平時就互相掩護、照顧、支持對方。

（六）替代需求

有些少女從事性交易是因為離家出走、與家人關係失調，或缺乏關愛的後果。她們其中有部分在童年時曾經遭受家庭暴力，離家出走是為了獲得溫暖、歸屬，而被友人收容，並在他人慈惠下進入色情市場，以換取他人容留；有些少女缺乏親情關愛，因寂寞孤獨而下海，渴望尋求感情慰藉，獲取身體與心理的滿足。正因為在色情場所的恩客、姊妹淘、馬夫、保鏢、男友的關愛下，獲得所需要的滿足，既有錢賺，又得到身心滿足，於是就繼續依戀著這個工作，難以脫身。這是典型的生存性交易。

（七）報復男人

有些少女為了報復男友移情別戀或是劈腿而進入色情市場。這些少女往往先與他人進行一夜情來試探自己的容忍度以及成本考量，如果無法就此平衡感受，就會繼續墮落，直到發現不好玩為止。

Reid（2012）擴大安格紐（Agnew, 1992）的一般緊繃理論（General Strain theory, GST），發展出兒童性販運的緊繃回應路徑（Strain-Reactive Pathway to Victimization in Child Sex Trafficking in Prostitution）發現：**照顧者的緊繃（逆境、限制：酗酒、藥物濫用、精神疾病、家內暴力、貧窮、家庭關係衝突、缺乏管教、缺乏愛）→A（兒童不當對待：虐待、疏忽）→B（風險膨脹反應：逃家、使用毒品、喝酒、抽菸、渴望因應、逃避、逆境生存）或→C（負面情緒：自我沾汙）→D（升高兒童陷入再受害的脆弱性）→E（兒童性販運）。**

綜合以上發現大多數少女淪落成為性交易工作者的生涯歷程大抵如下：**1.厭家、貧窮、愛慕虛榮、缺乏愛→2.逃家、家庭關係疏遠、中輟→3.短期街頭生活→4.成人提供居住、飲食、零用錢、衣服、關愛→5.產生歸屬感與感恩心→6.報恩式或嘗試性的生存性交→7.獲得暫時的情緒支持、金錢、安全感→8.進入色情場所工作，滿足所需→9.利用經驗拉其他逃家、貧窮、缺乏愛、愛慕虛榮的少女加入。**

即使有一些少女並未逃家，但是，從事性交易的兒童及少年的家庭關係通常都較疏遠，父母或監護人一時無法發現其徵兆。有從事性交易的少女在家庭生活中其實是很容易看出一些端倪的，例如：零用錢增多、藏有保險套、買化妝品、穿性感內衣褲、常攜帶便衣到學校、看色情刊物、不自覺地出現性動作與性語言、性器官傷害、胸部與頸背抓傷或吻痕、陰道疾病、感染性病、頻有陌生人的電話、不按時回家、無預警地外出、有人接送、生活作息不正常、對行動交代不清、身體疲累、與家人互動減少、不喜歡正眼面對家人等。家長應有所警覺，及早制止，否則將越陷越深。

同時，從上述的過程中也可以發現兒童與少年曝露在性交易情境下的細緻社會化過程如下：**1.兒童與少年被鎖定成為性交易對象→2.提供兒童與少年接近色情書刊、影片→3.說服兒童與少年性接觸是可欲求的→4.找同儕**

示範他們也曾經這樣做過→5.兒童與少年逐漸降低性接觸的敏感度與排斥感→6.片段或部分地讓兒童與少年接觸性動作，如撫摸、暴露、目睹性行為等→7.如果不從則以暴力恐嚇、毆打、追討借款等施壓→8.拍攝色情圖片或發生性關係。

　　即使有部分少年表達自願從事性交易，但是我們必須從兒童的脆弱性（vulnerability）與結構壓迫的角度思考兒童進入性產業的非自願經驗。兒童從事性交易應被理解為性剝削的受害者（victims of exploitation），我們不應該汙名化從事性交易的兒童或少年。如果我們對援助交際少女有偏見，認為她們是自願的，那就像我們將未成年懷孕（teen pregnancy）視為是享受性愛的後果一樣，都是一種偏見。如果因為她們的低學業成就、低社經地位、少數種族、家庭背景而政治正確地認定她們活該受罪，就完全忽略她們可能是因為早年未受到應有適足的照顧、被拋棄、被迫離家、被壓迫、被藥物控制、被幫派控制、家庭貧窮、被強暴、無力感、性別歧視、社會排除等結構因素，而被挑選或推向夜晚經濟（night economy），成為性剝削對象。即使在嫖客前表達樂意性交，或是在被警察查緝時表示自願從事性交易，這種看似自由選擇（free choice）的背後，都潛藏著種族、階級、性別、文化的議題（Nelson, 2016）。

三、性侵害與性剝削對兒童與少年的影響

（一）受性侵害兒童與少年的創傷

　　性侵害有不同的程度，其判準依接觸的範圍、部位，以及行為或接觸的密度差別而定。第一級的受害者指加害者使用具有性暗示或明示的語言、手勢、姿勢等動作，表達對受害者的侵犯意圖。雖然沒有身體接觸，但已達到對受害者的身體、心理、社會關係產生不利的影響。這一級屬於性騷擾防治法規範的範圍，還沒有達到性侵害犯罪防治法所規範的妨礙性自主罪。

　　第二級受害者是指加害者對受害者以強暴、脅迫、恐嚇、催眠術或其他違反其意願的方法，暴露私處、碰觸或撫摸身體性器官以外的部位、親吻、

拍裸照、做出猥褻動作等方式，進行身體的接觸。第三級受害者是指加害者對受害者以強暴、脅迫、恐嚇、催眠術或其他違反其意願的方法，撫摸生殖器官、性交、口交、肛交等行為（陳若璋，2000）。

這樣的分級與性侵害犯罪防治法依刑法所定義的妨礙性自主罪不一致，主要是刑法所規定的妨礙性自主罪只包括兩種：強制性交與猥褻。這兩類妨害性自主行為都已屬第二、三級性侵害。對於學校專業輔導人員來說，即使學童受到性騷擾，也會產生負面影響，因此，所界定的範圍比刑法要廣泛。據此，受害的程度與受害時的年齡，會產生不同的後果。通常受害程度越高，年齡越小，其後果越嚴重。

1. **身體傷害**：口腔、胸部、背部、乳房、大腿內側、肛門、生殖器官、處女膜等淤傷、發炎、腫脹、出血、撕裂，感染性病、愛滋病、未預期懷孕、墮胎、過度自慰、腸胃不適、尿床、厭食、嗜食、行動不便等。

2. **心理創傷**：性侵害的受害者的PTSD高達47%，遠高於自然災害、汽車事故，以及一般的犯罪受害者（Richards, 2001）。其症狀包括噁心、恐懼、驚嚇、睡眠障礙、麻木、易怒、無法集中精神、壓抑、自卑、缺乏自信、自我形象差、羞恥、罪惡感、迷惑、認知扭曲、憂鬱、沮喪、退化、孤立、冷漠、疏離、不安、敵意、報復、性偏差、性格違常、精神疾病、自殘、自殺等。

3. **社會適應**：逃家、暴力的代間傳遞、性關係早熟、性挑釁、性交易、濫交、人際關係差、學業成績退步、學校適應障礙、性關係障礙、婚姻關係失調。

雖然有些性侵害行為並不一定是在強迫之下進行，如對未滿16歲兒童與少年進行性交或猥褻，有時是在引誘或利誘下得逞，都屬違法行為，其過程有時受害者會有性興奮、愉悅、物質獲利、被疼愛、權力感等正向滿足，但這不代表她們都不會有上述負面影響。

（二）性剝削對兒童與少年的傷害

從事性交易的兒童與少年不論是自願或被迫，都可能對自己的身體、心理、社會產生以下不利的影響：

1. **身體傷害**：被保鏢或客人打傷、性器官裂傷、胃腸疾病、藥物濫用、

酗酒、菸癮、性病、愛滋病、未預期懷孕、墮胎、自殘、自殺,以及其他因過度性交負荷的身體病變等。

2. **心理創傷**:麻木、自我形象差、自我貶抑、自暴自棄、人格解組、情感壓抑、退縮、空虛、孤寂、認知曲解、性偏差、道德感低落、虛榮心、無助感、無力感、對未來不抱希望等。

3. **社會適應**:被剝削、被汙名化、中輟、低學業成就、學校適應差、家庭關係失調、社會疏離等。

肆、受家庭暴力、性侵害與性剝削學生的處理

一、家庭暴力介入觀點

針對兒童與少年的家庭暴力、性侵害、性剝削的預防與處置有不同的觀點,簡述如下:

1. **漸癒模式**(convalescence model):聚焦在對家庭暴力倖存者的處置(treatment)、諮商(counselling)、治療(healing),將受暴女性統歸為被醫療產業治療的(therapized)「病患」,或社會工作、心理治療專業服務的「案主」,對女性被家庭暴力、性侵害、性剝削的壓迫憤怒中立化(neutralized anger)。這是一種從個人角度看待家庭暴力,甚至是責難受害者的觀點,無視家庭暴力是一種社會問題,此觀點無助於社會正義的實現。

2. **受害者倡導觀點**:認為兒童與少年受到傷害是成人犯罪造成的,該懲罰的是成人,才可能預防與減少兒童虐待與疏忽。依這種觀點,對加害者的懲處是解決問題的關鍵,這也就是1980年代以來普遍存在於美國主流社會的家庭暴力入罪化觀點,以及罰嫖不罰娼的主張。

3. **改善環境觀點**:認為兒童的權益應該優先被保障,如果家庭環境不適合兒童成長,應該把兒童與少年安置到其他適合成長的更好環境,包括寄養家庭、寄養機構、收養或庇護中心,以免兒童被侵害。

4. **系統修正觀點**:認為兒童與少年會受到虐待、疏忽、性侵害、性騷擾

是因為法律過程不完善，例如通報系統、警政系統、檢查系統、司法審判系統、矯正系統、學校體系等均有瑕疵，以致問題不能有效處理。所以，改善系統是必要的。

5. **獨立觀點**：認為兒童與少年受虐是一種病態，而非犯罪，因此，不是去懲罰加害者或從事性交易的兒童或少年，而是去教育、治療加害者，以及那些從事性交易的孩子。

6. **系統替代觀點**：認為要從家庭重建開始，才能真正解決兒童與少年受虐、疏忽的問題；如果兒童是在機構、學校中被虐待、性侵害、性騷擾，則必須從機構、學校重整下手；同理，如果社區是兒童性交易、性侵害的溫床，就必須進行社區重建，才可能預防與降低兒童與少年受害。

7. **家庭暴力入罪化（criminalization）觀點**：過去20餘年來，美國對家庭暴力的看法，已經認為家庭暴力不只是社會問題，也是一種犯罪矯正體系的問題，因此，強化家庭暴力的犯罪矯正觀點，也就是家庭暴力的入罪化（criminalization）觀點（Danis, 2003）。這種觀點的轉變，獲得受害者倡導團體與女性主義者的支持，強化了司法體系介入家庭暴力的必要性。其中最顯著的進展是保護令的實施、強制逮捕政策、不得撤銷的起訴（non drop）或無受害者的起訴（Danis, 2003; Bohmer and others, 2002）。我國的家庭暴力防治法是仿照美國模式，採家庭暴力的入罪化觀點，警察人員發現家庭暴力罪之現行犯時，應逕行逮捕之，並依刑事訴訟法第92條規定處理。檢察官、司法警察官或司法警察偵查犯罪，認為被告或犯罪嫌疑人犯家庭暴力罪或違反保護令罪的嫌疑重大，且有繼續侵害家庭成員生命、身體或自由之危險，而情況急迫者，得逕行拘提之。此外，第二章整章都在處理民事保護令的申請與執行。

8. **家庭健康觀點（family health perspective）**：整合生理—心理—社會（biopsychosocial）、生態觀點、系統理論、社會建構、後現代理論等觀點（Pardeck & Yuen, 1997; McClennen, Keys, & Dugan-Day, 2017），強調當事人的全面福祉（total well-being），允許當事人解釋自己的健康程度、壓力的重要性，了解其對當事人自身福祉的影響，以及來自家庭與社會的影響。

9. **修復式正義途徑（Restorative Justice Approach）**：在家庭暴力入罪化的觀點下，保護令不一定真的能保護受害者，還是有60%持有保護令的婦女

通報其加害者違反保護令（Danis, 2003）。同時，強制逮捕也造成一些後遺症，例如，警察不管三七二十一，只要有人通報家暴就通通逮捕，往往連受害者也一起逮捕，因為警察無法判斷誰先動手，結果使得許多女性被逮捕（Bohmer and others, 2002）。於是，最近的改革又傾向不只是保護受害者，更走向協力充權（collaborative empowerment）的模式，及承認家庭暴力是一種複雜的問題，不可能單靠司法體系的強化來解決。因此，政府、檢察官、法官、警察、社會工作機構、社區、教育體系都應該負起一部分的責任（Danis, 2003; Lutze and Symons, 2003）。晚近，布雷斯偉特（Braithwaite, 2002）提出修復式正義模式（Restorative Justice Approach），也就是回應的管制模式（responsive regulatory approach）。盡可能用較少的懲罰、較多的說服，採取由朋友、家庭等受害者照顧社區所組成的會議形式，來達成停止暴力的可能性（Grauwiler and Mills, 2004）。如此一來，政府、社區與家庭的伙伴關係就要加強（Kelly, 2004）。

　　10. **基變途徑**（radical approach）：兒童性虐待議題過去主要聚焦於事件後的介入（intervention）或治療（therapy），或是以個人觀點討論兒童受虐後的影響。這樣的角度不是不重要，但是如果因此而忽略基本的預防（primary prevention）、保護（protection）、制止（deterrence）等措施，社會如果不覺得兒童性虐待事件在降低中，就不會對兒童保護有信心。因此，不能只是把兒童性虐待當成是狹義的兒童保護社會工作議題，也必須將之視為嚴重的犯罪與公共健康議題亦是把兒童性虐待看作是嚴重的社會問題，而不是看成個人的不幸，或是經常存在的疾病（ever-present disease），來幫助受害者治療或復原而已。同時，兒童性虐待也是一個公共健康議題，其後果將引發心理健康與生理健康的問題。但是，不是把受害者治療好，使其復原，就算成功達到兒童保護的目的，而是預防、制止、減少事件的發生，才能真正維護兒童的身心健康。據此，基變模式（radical change model）的對抗兒童性虐待策略，才是根本解決兒童性虐待的方法（Nelson, 2016）。

　　從基變觀點來處理兒童性剝削，有以下幾個亟待進行改革的重點：1.及早保護兒童免於被性虐待，例如：針對脆弱兒童與家庭、物質濫用家庭早期介入。2.改變對援助交際兒童與少年的偏見，助人工作者必須有專業的覺醒，同時覺醒社會大眾，如果不改變對援助交際兒童與少年的汙名化偏

見，就不可能提出有效的預防與介入策略。3.改善安置的住宿型照顧體系（residential care system），安置機構不只是作爲防止受害者逃離之後，繼續被剝削的具照顧功能的隔離設施，也必須重視虐待創傷的治療、協助其增進自我保護能量與改變被剝削的家庭與社區環境、強化安置機構的信任關係、建立同儕支持系統、建立全包式在地社區照顧（wraparound local community care），包括專門的寄養家庭照顧、社區支持。4.引進多元的短期安置服務，例如：非正式、非官方、臂距系統的（arm's-length system）的服務措施。5.保護脆弱少年離家後的照顧，避免淪爲逃家與無家可歸。6.改革學校永久排除脆弱少年的規定，避免學童失學而淪爲性交易、物質濫用少年。7.開創保護性的性健康服務，例如：性健康諮詢、避孕、性安全、避免性傷害等（Nelson, 2016）。

二、發現受家庭暴力、性侵害與性剝削的學生

通常兒童受到家庭暴力、性侵害、性騷擾、性剝削，大多不會主動說出來，更不用說主動求助，而是以行爲發出警訊。一來是因爲受害者通常也是社會、經濟、身體的弱勢，難以抗衡加害者；二來受害者以女性、兒童居多，在父權結構下處於弱勢地位，擔心求助會加深受害情形；第三，受害者普遍認爲教育、警政、司法體系也是優勢的、父權的，會站在父母、男性的角度看待問題；第四，受害者往往會貶抑自己，認爲自己也有錯，羞於啓齒，怕被別人看笑話，或是被處罰而掩蓋不報；第五，部分受害者並不了解什麼是性侵害、性騷擾、性剝削，例如：智能障礙者、年幼者，或是缺乏法律、性知識者；最後，受害者通常相信求助是沒有用的，因爲機構不足、資源有限、學校教師、行政人員也都很忙，沒人會理睬。因此，大多數受害者是因併發其他適應問題，如中輟、懷孕、學校適應問題、疾病、自傷、自殺等才被發現。校園裡最有機會發現學童遭遇這些困擾者是導師、輔導教師、教師、體育教師、護士等。以下是一些幫助學校教師、行政人員發現學童有家庭暴力、性侵害、性剝削的徵兆的清單。

（一）學童遭受或目睹家庭暴力的徵兆

1. 突然缺席、遲到、成績下滑。

2. 身體突然出現非意外性的傷害，如打傷、燒燙傷、骨折、頭部與腦傷、內傷等。爲了掩飾傷痕，往往刻意穿著長袖、長褲。

3. 身體孱弱、飢餓、盯著他人食物看、偷拿別人的便當或食物來吃。

4. 衣衫不整、衣服無法保暖、穿著不合宜的服裝。

5. 疲憊、無精打采、注意力不能集中。

6. 害怕回家，或不願提起父母、親人。

7. 出現驚嚇、焦慮與不安的表情。

8. 與他人互動呈現猜疑、過敏、過分小心。

9. 依賴、退縮、疏離，甚至表現某種程度的退化行爲。

10. 壓抑、憂鬱、情緒不穩。

11. 刻意引人注意。

12. 出現說謊、偷竊、暴力等偏差行爲。

13. 用紙筆表達片段的憤怒與無助。

（二）遭受性侵害學童的徵兆

1. 突然缺席、遲到、成績下滑。

2. 身體出現非意外的擦傷、紅腫、瘀傷、抓傷、綁痕，或行坐困難。

3. 抱怨性器官瘀傷、裂傷、出血、疼痛、腫脹、發癢，甚至感染性病。

4. 拒絕換穿著裙子、短褲。

5. 睡眠障礙，如做惡夢、尿床、難以入眠、睡覺時怕黑。

6. 出現驚嚇、恐懼、焦慮、不安的表情。

7. 神情木然、眼神呆滯、孤獨、憂鬱、壓抑、退縮、自我封閉、自傷。

8. 嫌惡討論與性有關的話題。

9. 不經意地說出性器官的名稱、與性有關的成分，或畫出性器官的圖形。

10. 情緒不穩定，有時突然哭泣或發脾氣。

11. 食欲不振，或暴食暴飲。

12. 恐懼回家、上課、參加團隊，或當提及某特定人士（加害者及其同

夥）時會出現憤恨表情。

13. 擔心一個人獨自行動、在家或在學校。

14. 用紙筆表達片段的憤怒與無助。

（三）被性剝削的學生的徵兆

1. 反常的請假、遲到、早退、缺席、中輟。

2. 上課不專心、成績低落。

3. 身體病變，如性器官疼痛、性病、陰道發炎。

4. 身體重要部位出現抓傷、吻痕，如頸部、背部、大腿、胸部。

5. 打扮入時、化妝、戴耳環、指甲彩繪、刺青貼紙。

6. 書包藏有保險套。

7. 零用錢突然增加、好客、出手闊綽、頻換新手機。

8. 學會抽菸，擁有打火機，接觸俱樂部藥物。

9. 言語中出現與性有關的成分，如套套、陰蒂（豆豆）、體位、高潮、潮吹、中出、顏射、口爆、吞精、吹簫、小性奴等。

10. 舉止突然變得輕佻、開放。

11. 出現說謊、閃躲、不喜談私生活。

12. 攜帶換穿的便服上學。

13. 下課後沒有立即回家，。

14. 手機中出現不明人士的留言。

15. 有不明身分人士到校門口接送。

三、家庭暴力、性侵害、性剝削的處置

（一）初步評估

1. 學生求助

學校要營造友善兒童、保護求助學生的氛圍。學生有遭遇家庭暴力、性侵害、性騷擾、性剝削時，有時會主動求助教師、輔導室或同學；有時，也會接到家長、同學、地方人士的告知；而常見的是由學校其他人員發現學生

有前述的異樣行為表現，轉介給輔導室或學校社會工作師。此時，學校社會工作師或輔導教師要立即接案。一接案，馬上要進入評估階段。首先要評估的是學生有無服務的需求？也就是真的受到家庭暴力或性侵害、性剝削嗎？是否謊報？由於這三類案件都必須通報社會局家暴中心，因此，學校社會工作師的評估很重要，學校會據此決定是否要通報。

2. 蒐集資料

輔導室應立即安排保護個人隱私的會談空間。通常第一個知悉學生需被保護的學校人員是教師，而教師在會談知能與經驗上較不足，常會轉介給輔導室，輔導室應將學生引導進入會談室，指派學校社會工作師、輔導教師、心理師，進行資訊或社會史會談（social history interview），如有必要則進一步進行評估會談（assessment interview）（林萬億，2013）。由於兒童、少年判斷事件本質的是與非、嚴重性、影響程度的能力相對不足，且加害者可能是熟悉的家人，因此在敘述或面對學校社會工作師、輔導教師的詢問時，學生的心情可能是忐忑不安、充滿焦慮與擔心。

此時，真誠（authenticity）與同理的溝通（empathic communication）是很重要的，如此才能建立信任關係（林萬億，2013）。為了讓兒童與少年自我揭露，會談時首重給予他／她充分的安全感，藉由肯定的言語、鼓勵的態度，讓兒童與少年了解事件的發生不是他／她的錯、肯定他／她把事情發生始末說出來的勇敢。同時，在進行角色誘導會談（role induction interview）時，學校社會工作師或輔導教師可以試圖解釋相關法令的保護內容、可能的處理流程，以增加學生的心理準備，確立學生的角色期待；並視加害人與學生的關係、學生家庭狀況，評估是否需要與學生家長討論，蒐集更多具體資訊。

通常學生會要求學校保密，不要讓家人知道。學校社會工作師或輔導教師可以與學生討論他／她想保密的原因，是擔心被罵？被同學笑？被加害者傷害？擔心政府無法協助？害怕和家人分開？怕被抓去關？或是因其他的擔憂。當了解緣由後，可以再跟學生進一步解釋法令的規定、可能的處理流程，討論可以因應的方法等。若討論後學生依舊強烈表達希望保密的意願時，應同理學生的心情，但告訴他／她，你會隨時留意、關心，如果發生急

迫的情況時，你仍會做適當的處理。

　　學校社會工作師或輔導教師要在一、二個小時內對學生進行初步評估，當然有些困難。因此，宜就與事件事實相關的資訊先查證，好確認是否眞有家暴、性侵害或性剝削，及其嚴重程度；並判斷是否立即要做緊急處置，如就醫、家外安置、安全保護等。在評估的過程裡，有可能因學生對問題的理解與家長、學校社會工作師、教師不一致，而錯估問題的嚴重度；或因使用的語意不同而誤報；更要注意學生因文化差異而導致對事件的看法不同。例如，有些父母認爲與子女同睡一張大床是習慣；有些家庭全家一起洗澡是常有的事；學生說教師在教射箭時，牽着她的手拉弓，順勢觸摸到她的胸部；學生說她在同學的慶生會派對上，大夥兒起鬨要配對獻身，她被分配到一位初識的男生，在酒精作祟下發生性關係，事後那個男生送她一支手機等模糊的關係。

　　諸如此類的描述，很難一下子判斷是否爲家庭暴力、性侵害或性剝削。而是要經過翔實的評估才能確認。但是，學校不是家暴、性侵害、性剝削的主管機關，學校社會工作師也不是家庭暴力防治中心的社會工作師，因此，最後還是依家暴中心社會工作師的評估爲依據。不過，學校社會工作師與輔導人員要站在兒童與少年的最佳利益的角度來處理類似案件。先要假設兒童與少年在權力、身體、性別、經濟、知識上是弱勢的、依賴的，他們的心智發展較不成熟，也不可能世故到能設計出複雜的計謀來陷害他人，才不會拒絕傾聽兒童與少年的聲音，更不可因學童的成績、家庭背景、族群、外貌、社經地位、行爲特質等而先入爲主地認定學童說謊。當然，這不代表兒童與少年不會因個人的需求滿足而欺騙別人，包括欺騙學校社會工作師或輔導教師，只是，他們即使說謊，也不難在社會工作者一再澄清、合理性分析、面質、再確認之下，露出餡來。兒童與少年會說謊本身就是一個重要的線索，道出了以家暴、性侵害，或性剝削事件作爲引子的另一個眞實的故事，有待學校社會工作師深究協助。只是該案就不以家暴、性侵害或性剝削來通報，以免傷及無辜。

（二）依法通報

　　在兒童保護通報上，醫院、學校扮演非常重要的角色。以兒童及少年性

侵害爲例，在2010年以前，醫院通報占超過三成，其次是警政機關、學校通報。2010年以後，學校取代醫院、警政機關躍升爲通報首要來源，醫院、警政機關其次，三者相加超過通報率的8成。因爲幾乎所有兒童及少年都在接受國民基本教育，學校是學童求助，或揭露家庭暴力、兒童虐待與疏忽、性侵害的最信任場所，如果教師、輔導教師、心理諮商師、學校社會工作師對學童的求助信號缺乏敏感，兒童及少年將失去求助與受助的機會。

依《家庭暴力防治法》、《兒童與少年性剝削防制條例》、《性侵害犯罪防治法》、《兒童及少年福利與權益保障法》等相關規定，校長、主任、組長、教師、社會工作人員、保育員、護士、學校行政人員等，在執行職務時，知有家庭暴力之犯罪嫌疑犯者、疑似性侵害犯罪情事者、發現學生有未經請假而不明原因未到校上課達三天以上者、轉學生未向轉入學校報到者、有性剝削之虞者，及施用毒品、充當侍應、接近危害健康物質與其他傷害等，均應立即通報主管機關，至遲不得超過24小時。

若有其他人員，包括鄰居、警察、律師、法官、檢察官、醫師、護理人員、藥師、心理師、導遊等向地方政府家暴中心通報學生受家庭暴力、性侵害或性剝削，家暴中心爲了查證是否謊報，會要求學校代爲確認該校是否有通報中的學生；甚至會請學校社會工作師或輔導教師代爲進行初步評估，確認是否屬實。此時，學校就視同知悉此事，有協助確認通報的義務，不能以任何理由迴避，或延宕通報時程，以免觸法，並影響兒童及少年權益。

各地方政府教育局都對校園危機事件規定學校有通報的義務，校園發生學生家庭暴力、性侵害、性騷擾、性剝削都屬危機事件的範圍。學校除了通報主管機關的社會局家庭暴力暨性侵害防治中心之外，也必須通報教育局。各地方政府教育局都有規定校園危機事件的通報單。依法通報人員的身分是保密的。通報過程中有一些注意事項：（教育部，2009）

1. 通報後，家長會不會遷怒到學生身上？

通常來說，家庭暴力、疏忽或家庭內性侵害行為是持續、循環的，通報後，或許家長（加害人）會暴跳如雷，甚至有非理性行為出現，可是那是短暫的，畢竟通報後，保護機制啓動，加害人可能會面臨司法的刑罰，被害人會得到適當的協助，如庇護安置、法律協助、心理諮商等，是屬於治本的處

理方式。

面臨家長可能會有的失控行為時，學校通報時，可以同時教導學生自保的方法，如不要用言語、行為激怒加害人；隨身攜帶哨子、手機等可以求救的工具；保護自己的頭、臉、頸、胸、及腹部；遇有危急狀況，打110，或馬上離開現場，尋找鄰居、路人、親戚協助等。若學校評估可能有危急狀況發生，可於通報社政單位時特別說明，並與警政、鄰里等相關單位隨時保持聯繫。

2. 家長懷疑學校通報，到學校理論時，應該如何處理？

面對家長的情緒，校方除避免以言語、態度激化外，應以堅定的態度、語氣委婉的方式明確告知家庭暴力、疏忽、虐待、性剝削等行為是法律明定禁止的，並表明通報的立場與責任。除了讓家長知道法律的規定，也能使其了解政府可以協助解決家庭所遭遇的困境，讓家長不會片面地認為校方與公部門的行為是不友善的。

3. 學校發現學生疑似性剝削，但考量證據不足，無法提交警方處理，教師可以採取哪些措施？

如果發現學生有性剝削之虞，縱使證據不足，也應立即通報主管機關，如社會處／局、警察局少年（警察）隊。

如果發現學生疑似「自願」從事性交易，基於案件性質比較敏感，且需維護師生關係，需以更嚴謹態度處理。學生習慣性的自願性交易毫無疑問需要通報，而模糊的性關係則需要被輔導，但不一定是真正的性剝削。輔導重點建議先從學生的家庭關係了解，評估其家庭支持網絡是否可以告知家長注意其日常行為、交友對象、經濟狀況，並試圖從言談中判斷學生從事性剝削的可能性。一次偶發的性關係，如一夜情，不一定是性剝削，且不見得會持續發生性剝削。學校是否需要立即啟動通報，是可以再思考的。學校輔導室需要謹慎討論可能的處理情形。

由於性剝削偵辦業務是由警察局少年（警察）隊、分局偵察隊負責，建議可以主動聯繫，詢問警察機關對該名學生狀況的處理建議。此外，亦可詢問中華民國終止童妓協會、現代婦女基金會、基督教長老教會彩虹中心，或是郵寄至內政部警政署刑事警察局預防犯罪信箱（臺北郵政80-23號

信箱）。

4. 當家長表示這是家裡的家務事，希望教師不要通報、別將事態擴大時，該怎麼辦？

　　當孩子身上出現你可以辨識出來的傷痕時，不論學生或家長的說詞為何，我們都需要專業人員協助判斷這究竟是意外傷害，還是蓄意的傷害。有時，母親為了協助丈夫，特別是具有經濟、情感依賴的丈夫，會掩飾其家暴或性侵的事實，以維護自己的利益，或認為不通報才是他們家庭的最佳利益，而一再舉證說明孩子告知學校的家暴或性侵是不實的指控。此時，如果放棄通報，往往就喪失了幫助孩子和家庭的契機；當孩子下次再受傷時，他很有可能會受到更嚴重，甚至是致命的傷害。

5. 通報時要注意哪些事項？

　　由於通報後，社會局的社會工作人員仍需訪視、評估，因此不論以電話、書面傳真或e-mail等方式通報，資料盡可能完整，將節省社政單位再次查證的時間與人力，資料應包括兒少的基本資料（姓名、年齡、電話、地址等）、受傷情形、受虐史、家庭狀況、生活照顧情形等。

6. 通報到哪個單位？

　　教育人員係屬責任通報人員，依法應於知悉24小時內傳真通報單至各縣市政府社會處／局或家庭暴力暨性侵害防治中心，若需回覆處理情形，可於通報單上勾選須回覆。若有相關疑問諮詢，可以洽詢各地縣市政府社會處／局、家庭暴力暨性侵害防治中心，或利用網站完成線上通報（網址：http://ecare.moi.gov.tw/），惟發生立即性危險時，請打110，由警察先行處理。

7. 通報後，主管機關會做什麼處理？

　　不論以書面或電話方式通報，主管機關（社會處／局、警察局、家庭暴力暨性侵害防治中心）受理並評估開案之後，會視受害人情況，給予協助安排驗傷、採證、製作筆錄、聲請保護令、庇護安置等措施。此類緊急處遇流程有社會工作人員或警察陪同，讓被害人在人身安全無虞的狀況下，安心處理相關程序。其次，針對兒少性剝削案件，主管機關（社會處／局）會立即指派社會工作人員陪同指認加害者、製作筆錄、24小時內安置於緊急收容中

心，並於安置後72小時內提出報告，聲請法院裁定，後續處置視法院裁定而定。

上述處置流程、進出場所（如社會局／處、警察局、庇護場所）、面對的人（如社會工作人員、警察等），對兒童、少年而言都是陌生的，其心裡難免感到害怕與不安。教師與兒童、少年朝夕相處，若能陪同、鼓勵，或用他們可以理解的語言解釋可能會面對的情形，將降低兒童、少年的恐懼感，減少他們的抗拒，有助於整體流程的進行。

8. 學校通報後，如何知悉或掌握學生後續處置情形？如社政單位介入協助後，是否有相關聯繫管道可定期了解學生最新狀況？

通報後，如經主管機關判斷須開案處理時，會有主責社會工作人員進行相關處置、資源聯繫等事宜。若學校、教師欲了解該名兒童、少年的情形，可打電話至主管機關，表明身分，由主責社會工作人員說明。惟因屬於保護性案件，有時社會工作人員會基於保密立場，不方便透露細節，如安置地點，也需教師的體諒與包容。

此外，兒童及少年福利與權益保障法第60條規定，若兒童、少年已經安置，安置期間，兒童及少年之父母、原監護人、親友、師長經主管機關許可，得依其指示時間、地點及方式，探視兒童及少年。不遵守指示者，直轄市、縣（市）主管機關得禁止之。主管機關為前項許可時，應尊重兒童及少年之意願。

9. 若班上同學已知某同學發生家庭暴力事件，教師要如何告訴班上同學並做好即時輔導？

為了避免學生被貼標籤、產生自卑心理，建議教師可以：

(1) 尊重該名學生想法，是否願意讓教師在班上討論，或是討論時，該名學生可以不在場等。

(2) 讓班上同學了解每個家庭都有其獨特性、差異性，發生家庭暴力事件並不是該名學生的問題。

(3) 解釋政府目前的法令、處理流程，藉由團體活動或其他方式，讓其他同學同理該名學生的感受與不安。

倘若是性侵害或是性剝削事件，同學中一旦有人知悉，必然會將事件流

傳。為了避免當事人被貼標籤，教師宜將知悉此事的同學請來私下了解其知悉內容，告知同學在事件未經過司法機關判決前，都只是有嫌疑，不宜將所悉資訊到處流傳，以免有妨害名譽、誹謗的嫌疑。如果全班都在傳言此事，教師不妨依上述家暴事件處理。

10. 如果沒有通報，會受到何種處罰？

依法，教育人員為責任通報者，因此，若無正當理由不通報而使得兒童、少年陷於危險者，將面臨以下裁罰：

(1) 兒童及少年福利與權益保障法第100條：違反第53條第1項規定無正當理由者，依法應處新臺幣6,000元以上3萬元以下罰鍰。

(2) 家庭暴力防治法第62條第1項：違反第50條第1項5規定者，由直轄市、縣（市）主管機關處新臺幣6,000元以上3萬元以下罰鍰。

(3) 兒童及少年性剝削防制條例第46條：違反第7條第1項之規定者，處新臺幣6,000元以上3萬元以下罰鍰。

11. 校安通報之注意事項為何？

依教育部92年12月1日臺軍字第0920168279號令頒「校園安全及災害事件通報作業要點」，乙級事件應於獲知事件12小時內，透過校安即時通完成通報作業。法定責任通報案件皆屬乙級以上事件，應於獲知事件12小時內通報教育部校安中心。爰此，相關責任通報案件須依法通報社政主管機關，再依規定進行校安通報。並於校安通報表「處理情形」欄內記載法定通報情形，欄內註記事項臚列如下：

(1) 知悉時間：於○年○月○日○時○分知悉。

(2) 法定通報時間：於○年○月○日○時○分傳真通報。

(3) 通報受理單位、傳真電話。（僅限：各縣市政府社會局／處或家暴及性侵害防治中心）。

另依兒童及少年福利與權益保障法第53條、性侵害犯罪防治法第12條及性別平等教育法第26條規定，保護性個案應依法善盡保密之責；有關足以識別當事人身分之資訊應以代號（姓○○、○年○班）為之。

各級學校及幼兒園通報兒童及少年保護與家庭暴力及性侵害事件注意事項及處理流程如圖11-1。

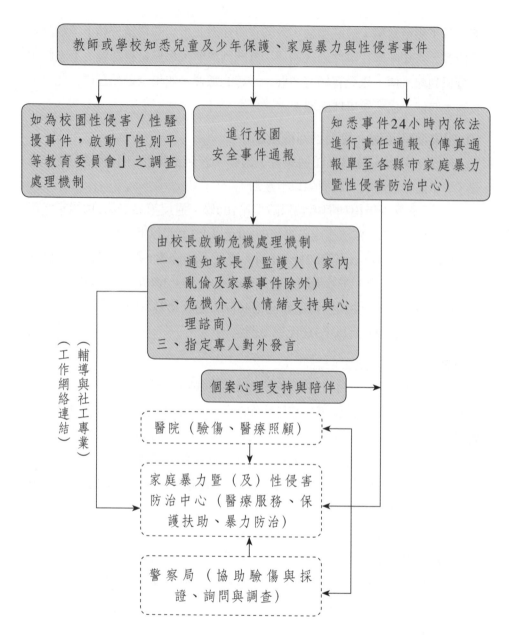

備註：虛線流程係屬協助配合項目

圖11-1 各級學校及幼稚園通報兒童及少年保護與家庭暴力及性侵害事件注意事項及處理流程圖
　　　資料來源：教育部（2009）教育人員兒童及少年保護手冊。頁65。

（三）資源連結

　　雖然，學校社會工作師與輔導教師都不是家暴、性侵害、性剝削的主責工作人員。但是，學生只要在國民義務教育階段，終究還是會回到學校受教育。即使，轉學或被裁定進入中途學校，還是在教育體系之內。就算是性剝削案件，當法院審理結果認定該兒童或少年無性剝削，或無性剝削之虞者，應裁定不予安置或交付該兒童或少年之法定代理人、家長、最近親屬、其他適當之人。此時，兒童或少年還是回到原校就讀，學校社會工作師或輔導教師仍然必須扮演主要輔導者的角色。

　　學校社會工作師或輔導教師在輔導這類學生時，必須以完整團隊中的一員自居。所謂完整團隊是指前述的家庭暴力、性侵害、性剝削的問題涉及到社會福利、司法、心理治療、醫療、精神醫學、教育等體系，因此，必須組成包含這些體系的完整團隊。

　　第一組成員包括社會局的社會行政人員與社會工作人員、家庭暴力暨性侵害防治中心的社會工作師、民間社會福利團體或機構的社會工作人員、勞政單位的就業服務員，負責接案、訪視調查、個人與家庭評估、安置服務、緊急庇護、陪同就醫、陪同偵訊、未成年子女會面安排、經濟協助、家庭重整、親職教育、心理與社會輔導、職業訓練、就業服務等。

　　第二組成員是醫療團隊，包括醫師（小兒科醫師、兒童精神科醫師、家庭醫學科醫師、婦產科醫師）、護理人員、醫療社會工作師等，負責驗傷、診療、開立驗傷診斷書、身心治療等工作。

　　第三組成員是司法團隊，包括警察、檢察官、法官、少年輔導員、觀護人、少年保護官等，負責緊急救援、緊急安置、護送、協助庇護、申請保護令、安全保護、加害人追蹤、協助驗傷採證、詢問調查、製作筆錄、偵訊、提出告訴、查獲性交易、移送、裁定、審判等工作。

　　第四組成員是學校教育人員，包括學校社會工作師、心理師、輔導教師、導師、教師、保育員、護理人員、行政人員，負責性教育、社會與心理治療、家庭訪視、家庭評估、家長諮詢、學校與社區的連結、親子關係的重建、親職教育、復學輔導、轉介等。

　　第五組成員是社區心理衛生人員，包括精神科醫師、心理師、諮商師

等，負責精神疾病診斷與治療、心理治療、心理諮商、心理衡鑑、行為修正等。

在完整團隊中，學校社會工作師、心理師與輔導教師必須先自我角色定位，雖然學校社會工作師並不是家暴中心的社會工作師，不必承擔主管機關的職責，可是，社會工作師不管在哪裡工作，依兒童與少年福利與權益保障法規定，還是要負起為兒童與少年權益倡導的職責；而且，社會工作師最清楚整個家庭暴力防治、性侵害防治、性剝削防制的程序，因此，社會工作師要擔負起在校園內保護兒童與少年之責，扮演校園兒童與少年保護的倡導者、發起人、行動者、諮商者、資源整合者、協調者，甚至發言人的角色。就資源連結的角度來說，在學校發生或發現家庭暴力、性侵害、性剝削等事件，上述5個完整團隊的其他成員都是學校社會工作師要去連結的對象。

學校社會工作師要告訴家長、教師、校長，關於家暴、性侵害、性剝削的法定處理流程，學校社會工作師不待他人指揮就應結合資源來協助家長、受害學童。例如，轉介精神科醫師協助目睹兒童精神診斷、轉介心理師協助心理衡鑑，或者作為家暴中心、社會福利服務中心、社會福利機構、少年隊、法院觀護人、心理衛生中心與學校的聯絡窗口等。

此外，學生家庭面臨的危機，可能有主要經濟負擔者失業、家庭成員入獄服刑、生病、酗酒、吸食毒品、有精神疾病等，除有經濟困境外，可能伴隨家庭暴力、親子關係緊張、照顧品質不佳等情形，面對此類有多重問題的家庭，教師除了進行家庭訪視外，尚有以下資源可以運用，以達預防之效。

若發現兒童與少年學生的家庭發生以下任何一種危機情形（兒少保護、性侵害、家庭暴力除外），且該家庭的親屬網絡、支持系統薄弱，致使兒童、少年缺乏適當照顧，請轉介社政主管機關，提供高風險家庭的預防性介入：

1. 家庭成員關係紊亂或家庭衝突：如家中成人時常劇烈爭吵、無婚姻關係而帶著年幼子女與人同居、頻換同居人，或同居人有從事特種行業、藥酒癮、精神疾病、犯罪前科等。

2. 家中兒童少年父母或主要照顧者從事特種行業或罹患精神疾病、酒癮、藥癮，並且未就醫或未持續就醫。

3. 家中成員曾有自殺傾向或自殺紀錄者，使兒童少年未獲適當照顧。

4. 因貧困、單親、隔代教養、父母未婚或未成年生子等其他不利因素，使兒童少年未獲適當照顧。

5. 非自願性失業或重複失業者：負擔家計者遭裁員、資遣、強迫退休、負債（積欠卡債）等，使兒童少年未獲適當照顧。

6. 負擔家計者死亡、出走、重病、入獄服刑等，使兒童少年未獲適當照顧。

7. 其他需要緊急協助者。

（四）輔導與追蹤

當學童依家庭暴力防治、性侵害防治、性剝削防制處理程序完成法定程序後，有不同情況將後續發生。

1. 受害學童處置

家暴、性侵害的受害學童需要緊急安置、家庭服務、家庭重建、長期安置、心理治療、醫療、親職教育、家庭訪視、懷孕協助、墮胎處理等，學校社會工作師與社會局或家暴中心社會工作師應進行分工，通常家暴中心會在法律程序走完之後，將該個案轉介給社會福利服務中心或民間社會福利機構接手。此時，舉凡學童的受害經驗與教育有關的事項，通常由學校社會工作師或輔導教師承接，社會局社會工作人員不可能經常到學校來探訪受害者，尤其是在學校情境下所呈現的身體—心理—社會症狀，學校最清楚。因此，教育安置、補救教學安排、同儕關係、心理輔導、學校適應由學校社會工作師負責；家庭訪視與親職關係重建則由雙方視需要分工；家庭經濟扶助、家庭重建、家庭服務、鄰里關係、社區支持等通常由社會局社會工作人員承擔。需要轉介精神科醫院、心理衛生中心、醫院時，誰評估出有此必要者，誰就應主動轉介，但應知會對方。

2. 返校輔導

如果被查獲、舉報性剝削，而經法院裁定交付家長帶回者，雖然是以無性剝削之事實，或無性剝削之虞者為由。但是，學生經歷了這一場風波，必然會有被汙名化、標籤化、驚嚇、挫折、懷疑通風報信者、被陷害感、痛恨警察等困擾或不滿情緒，學校社會工作師與輔導教師要提供學童心理諮商、

團體輔導、重建人際關係、重建家庭關係、認知澄清、發展正當休閒娛樂，並請各科教師協助補救課程進度等。

3. 目睹兒童與少年處置

目睹家庭暴力或性侵害的兒童與少年，在家暴或性侵害的法定處理過程中，家暴中心有時會注意到而提供目睹兒童的協助。但是，家暴中心在人力不足下，往往忽略這群沉默的受害者。其中情況嚴重者，需要社會工作危機介入，如安置在庇護中心的學童，學校社會工作師應協助安置機構的社會工作人員進行學童創傷後壓力疾患（PTSD）的治療。即使非緊急的案例，也要協助澄清、充權、認知改變、重新架構（reframing）、情緒抒發、滌清、再確認、重建自我形象、衝突管理等。

4. 轉學追蹤

如果被緊急安置到社會福利機構或寄養家庭，依轉學籍不轉戶籍的方式轉入安置地點鄰近的學校就讀，社會工作師除應在轉學過程中給予協助外，也要在轉學後進行追蹤，以確定該生的教育、社會福利、健康等權益無損。至於心理與社會治療、親職關係重整等工作就由轉入學校接手辦理。學校社會工作師可擔任該校輔導體系的諮詢者。

（五）教育宣導

學校在家庭暴力、性侵害與性剝削預防工作上最能著力的是教育。有幾方面的教育工作在平常就應積極進行。

1. 性教育

對小學高年級的學童與國、高中學生來說，網路發達之後，性知識、資訊取得已從往昔的書報、朋友處獲得，轉變成從網路中取得。本應是性教育最前線的家庭，由於禮教的束縛，鮮少成為兒童性教育的主要知識來源。作家林奕含（2017）「改編自真人真事」而寫成的《房思琪的初戀樂園》[1]，書中談到思琪被李國華（陳國星）誘姦後，鼓起勇氣對媽媽說：「我們的家

---

[1] 林奕含於2017年4月27日自殺身亡，離該書出版才一個多月。被指控誘姦林奕含的補習班教師陳國星被臺南地檢處不起訴處分，理由是無積極證據足以證明被告陳國星涉有強制性交等罪嫌。

教好像什麼都有，就是沒有性教育。」媽媽詫異地看著她回答：「什麼性教育？性教育是給那些需要性的人，所謂教育不就是這樣。」思琪一時間明白了，在這個故事中父母將永遠缺席。雖然如林奕含所言：「這只是一本小說。」但是，這是何等溫柔而堅定的指控，指控的不是一人一家的父母，而是天下的父母與學校教師們（林萬億，2017）。家庭常在兒童及少年有性教育需求時缺席，學校如果不補位，對性愛好奇又懵懂的兒童及少年，如何過得了愛情關與性誘惑。學校要教導學生認識身體、交友、愛情、婚姻、安全的性關係，也要教導他們了解網路虛擬世界的陷阱與正確認知，以免因網路一夜情而被性侵害、性剝削。

2. 性別平等教育

如本章前述，家庭暴力、性侵害、性剝削的部分成因來自父權社會的性別不平等結構，因此，從小開始教導學童性別平等的觀念與行為是減少未來家庭暴力、性侵害、性騷擾、性剝削的治本作法；當下的性別平等教育也有助於兒童與少年的充權，增加其對抗性侵害、性騷擾、性剝削的力量。

3. 生命教育

防範性侵害、性剝削的一部分力量來源是學童對生命價值的正確理解。尊重生命、愛惜身體、自尊與尊重他人與生物是減少暴力、侵害、物化的有效措施。

4. 安全教育

學校應教導學童人身安全以減少曝露在高風險的情境下，如避免夜間獨自行走於暗巷，避免放學落單，避免出入有暴力、色情的場所，避免與不熟識的人單獨約會，避免輕易暴露自己的隱私等，誠如前述避免性侵害的理論，外在禁制、學童的抗拒也是減少性侵害的重要因素。

5. 法治教育

很多學生並不了解何謂家庭暴力、性侵害、性騷擾、性剝削。因此，即使被侵害或是性剝削了也不知道。有時，即使知道不可以性侵害別人，但是卻不知道即使兩廂同意的性交，對方只要未滿16歲都屬違法，以為跟別人發生關係，只要對方喜歡，有何不可。

　　教育不只是提供知識、資訊，更可藉由教育機會來充權（empowering）女性與兒童、少年，使他們更有保護自己及處理衝突的能力。上述各項教育不一定都必須透過課堂進行，有時也可透過團體活動、演劇、角色扮演、團體工作等達成。為了有效起見，學校師資不足的時候，邀請校外專家前來授課是必要的。

（六）校園與社區防範

　　校園往往也是性侵害、性騷擾、性剝削的溫床，教師性侵害學童的案例屢見不鮮，同學間性侵害、性騷擾也時有耳聞，甚至，學生間相互仲介性交易也非絕無僅有。因此，校園與社區防範性侵害、性騷擾、性剝削的措施絕不可缺。

1. 清查校園死角

　　校園死角是最容易發生性侵害、性騷擾的地方，包括倉庫、樓梯間、工地、偏遠的角落等，學校該裝燈的地方要加裝，該栽種花木的地方要植栽，該清理的地方要清理，以免荒蕪陰暗。

2. 午休課後的安全巡邏

　　廁所、教室、器材間、實驗室、儲藏室、美術教室、音樂教室都是在學童午休、課後容易被當成是性侵害、性騷擾的場所。因此，學校應該於午休、課後針對這些地方進行安全巡邏，放學後，除非有開放社區使用必要者，否則應關閉。

3. 社區借用場地之安全維護

　　有些學校夜間、假日開放社區使用，因此，夜間與假日會有非本校學生出入校園，學校應告知學生，哪些地方借給社區使用，避免學生於夜間、假日出入校園陰暗、人少的地方，尤其留校輔導或自習的同學，學校應組成夜間導護，以維護學生安全。

4. 學校社區安全地圖

　　學校社會工作師可邀請學生參與繪製學區安全地圖。將學校鄰近的街道、商家、交通、公共設施、景點，繪製成學區安全地圖，其中特別點出社區中的娛樂設施、八大行業、危險地段，以利學童上下學時結伴而行，或避

開該路段。尤其是學校鄰近社區有色情場所、網路咖啡、摸摸茶店、情趣商品店、KTV酒店、電動玩具店、公園暗巷、幫派角頭地盤等特別要圖示清楚。社區安全地圖印製後可請家長廣為宣導，學校社會工作師應結合學務單位踏訪這些路線，以利進行社區連結。

5. 社區導護商店

例如，彭婉如基金會所推廣的社區治安導護商店，邀請學校鄰近商家加入，發給每家商店一個愛心標示，學童於通學路上，三步一家，五步一店，隨時有難可就近躲避或求援，不但可達到敦親睦鄰、預警作用，也可減低傷害。

伍、實務相關議題討論

輔導學童受到家庭暴力、性侵害、性騷擾、性剝削，對學校社會工作師來說，相當不容易，一方面是依法必須執行，二方面是社會工作專業的職責要求，三是面對社會、社區、學校、家庭的政治、經濟、社會、文化條件限制，執行起來有相當程度的困難。以下是常見的一些兩難困境。

一、儘速處理vs.不告不理

通常當學生發生性侵害或性騷擾事件時，不論加害者是教師、工友、學生，或校外人士，家長如果知道，一定會要求學校處理，學校如果怠慢處理，家長不可能等待太久，一定會投訴縣市政府、民意代表、媒體，甚至教育部、監察院。這道理很簡單，像臺灣這種資訊發達、教育水準高、民主進步的社會，學生在學校吃虧了，家長怎可能不討回公道。事實上，作為教育工作者也不希望學生陷入被性侵害、性騷擾了還委屈求全的迷惘中。

有時，學校會誤以為學生被性侵害、性騷擾是羞恥的事，學生家長必然不希望張揚出去，因此可以私了。殊不知，學生受到性侵害、性騷擾，如果

不加以處理，受害者會有受雙重壓迫的痛苦。亦即，受性侵害、性騷擾已身心受創，這已隱含有身體、權力、地位、性別上的壓迫、欺負、剝削；倘若事後處理又受到打壓、延宕、不公平對待，這種雙重壓迫的結果是使復原更加困難。

學校有時會有另一種誤解，以為學生性侵害、性騷擾事件最好私了，反正畢業了就沒事，長大了自然就會忘記。誠如前述的，學生受到性侵害如果沒有適當的處置，只靠一時壓抑，到了某些關鍵時刻，如學校適應問題、挫敗事件、升學不順、異性交友關係不佳、結婚、生育等，創傷後壓力疾患（PTSD）出現或復發的機會就會大增。雖然，那時候事件已被淡忘，或學生已離校，可是，受害者受到的痛苦並不會因此而減少，反而可能因延緩處理而病情加重。前述林奕含的自殺，有相當成分是被誘姦後的創傷後壓力症候群得不到及時有效的介入後果。學校如果只是把問題丟給個人、家庭或社會，有違學校作為一個法定教育機制應盡的責任。

學校也有另一種可能，認為事有輕重緩急，等到校慶活動辦完、校長遴選結束、考試考完，或是等加害者自動請辭、轉校，學校再來處理也不遲。這種觀念也是大錯特錯。學生受到傷害時，越早處理，復原的機率越高。為了一些個人或學校行政事務的理由而延宕處理時效，不只傷害學生，對學校作為一個教育機制也是嚴重失職的。

二、依法通報vs.維護校譽

學生受到家庭暴力、性侵害、性騷擾、性剝削，不只不能私了，更應該依法通報，由主管機關介入處理。前述依《兒童及少年福利與權益保障法》、《兒童及少年性剝削防制條例》、《家庭暴力防治法》、《性侵害犯罪防治法》、《性別教育平等法》等，學校人員也是家庭暴力、性侵害、性剝削事件的法定義務通報人。然而，學校往往不願意通報。其理由通常是：(1)擔心通報後加害人會前來學校找碴；(2)擔心一旦通報就會使消息曝光，校譽受損；(3)萬一加害者是教師，消息曝光後，教師的面子掛不住，也會影響其教師生涯發展。

學校屬於相對較穩定、封閉、保守的制度，通常不喜歡被發現體系有漏洞，也不喜歡被校外的力量介入。就校長、教師的期待來說，追求升學率提高，校譽昌隆是好事，至少學校平安無事是底線。就大部分家長而言，學生認真讀書、服從校規是應該的，不要造成學校、家長的困擾，不要因為少數學生個人的問題，影響多數學生的權益。就教育行政主管機關的立場，違法的事不能做，尤其是上了媒體就一定要快速處理。

就在這種三方各有主張下，大部分學校通常不主張通報，除非消息外洩；大部分家長除非自己的子弟受到傷害，否則也不會主張學校公開處理類似案件；而教育局除非不知道，否則一定要求學校儘速處理，以免被媒體圍剿。學校社會工作師夾在其中，一旦事件爆發，往往會被學校認為是學校社會工作師洩密，學校社會工作師就成了人人喊打的報馬仔。可是，教育局會要求學校社會工作師一定要依法通報，以免事態擴大到無法控制的地步。依法，任何通報者的資訊絕不可外洩。家暴中心、學校、教育局均不能為了息事寧人而將通報者的資訊外洩給媒體、加害人、民意代表等。

此時，基於學校人員都有通報義務，學校社會工作師的最佳策略不是擅自通報，而是說服學校其他人員，也就是致力於改善學校的政策、程序，說服學校尊重法律，並分析通報與不通報的利弊得失，及其後果。倘若，學校仍不依法通報，學校社會工作師應本其職責，既已做到充分告知，又做到對機構的承諾，最後，只好依兒童及少年的最佳利益考量，依法進行通報。

三、保守祕密vs.到處張揚

不管是家庭暴力、性侵害、性騷擾或是性剝削，對兒童及少年的傷害已如上述。然而，每一案例都有一段引人好奇的故事。如果學校相關人員不遵守隱私與保密的倫理，必然會將學生的家庭、個人資料外洩。例如，說三道四評價受暴學生的父母的長短；到處張揚受性侵害學生的受害經過；編造受性騷擾學生異性交友的情形如何淫亂；揶揄諷刺性剝削學生的身材、臉蛋、價碼等。這些偷窺與好奇在校園文化裡本不陌生，再加上對家暴、性侵害、性騷擾、性剝削事件處理的不熟悉，導致洩密的情形更加嚴重。學校行政人

員常存有一種想法，認為既然敢做還怕人家知道？殊不知受害學童的資訊外洩將造成嚴重的二度傷害。例如，學童因被性侵害的消息外洩而被指指點點，可能被迫離開學校；學童因家暴事件外洩而被質疑不孝，導致遭受心理行刑；校園性騷擾事件曝光及早而導致學生被迫接受道德譴責；萬一性剝削事件是誤報，一旦資料外洩，學生的尊嚴幾無挽回餘地。

因此，在處理家暴、性侵害、性騷擾、性剝削案件時，絕對是越少人知道越好，通常都是校長、輔導主任、學校社會工作師、輔導教師、導師介入處理即可，有時甚至只有校長、學校社會工作師、輔導主任介入而已，以免資料外洩。同樣道理，家暴中心接獲學校通報後接手案件處理，也常不願將處理過程告知學校，以免洩密。不過，有時因拘泥於守密，家暴中心的社會工作師隔離任何有關案主的資訊，但是又希望學校社會工作師或輔導教師協助進行家訪、調查或後續輔導，如此，團隊合作的效能將降低，有違以兒童最佳利益考量的原則。比較可行的作法應是，家暴中心的社會工作師將處理過程中與學校職責有關的，摘述給學校社會工作師，或主責輔導教師知悉，而學校社會工作師或主責輔導教師必須嚴守保密倫理，如此，既達成守密的規定，又能讓團隊工作有效運作。

有時，法院轉來學生涉案資料也是基於保密原則而資料從缺，致使學校幾乎無法進行銜接輔導計畫。當然，這是法院不信任學校的長期痛苦經驗，如果這種互不信任的經驗繼續傳遞下去，對少年輔導的發展並非有利。學校不受信任也有其歷史包袱，在輔導不受重視，非專業主導的時代，的確容易產生資料外洩的情事，再加上學校仍然存在拒絕「壞學生」的心態，自然難以取得法院的信任。因此，學校專業輔導人員有責任逐步改變這種互不信任的歷史痛苦，否則完整輔導團隊難以建立，輔導工作難以推動。

四、媒體公關vs.封鎖消息

一旦學校發生性侵害、性騷擾，或性剝削事件，學校最擔心的是消息外洩，引來媒體採訪。的確，只要消息走漏，以性侵害、性騷擾或性剝削案的聳動性，媒體一定不會放棄採訪機會。如果就保護受害者的立場，能避免將

事件公諸媒體，就應避免之。依法依專業適當的處理更為重要。雖然，依兒童及少年福利與權益保障法規定，媒體在報導家庭暴力、性侵害、性剝削事件時，不得揭露足以識別兒童及少年身分之資訊。也就是媒體在報導該事件時只要隱其姓名及足以辨識其身分的其他資訊，就不算違法，但是，有關這些事件的報導，還是能免則免。

一旦需要面對媒體，學校處理人員要有一些基本的媒體公關知識，以免節外生枝。首先，掌握媒體關切該事件的動向。即使學校未公布消息，家長、教育局，或警察局都有可能被媒體找到而先學校一步發布消息。學校不可低估情勢發展，或裝聾作啞，以免媒體找上門來，措手不及。

其次，指定發言人。學校要指定一位職級相當、對事件了解充分，又能適切表達，且口齒清晰的發言人。以家庭暴力、性侵害、性騷擾、性剝削案例來看，最適當的發言人應是輔導主任，或是學校社會工作師。

第三，指派媒體聯絡與接待人員。這些人應包括學校祕書、輔導教師、工友，由學校祕書擔任窗口，位階夠高，經驗也夠。媒體聯絡、接待的工作包括列出完整的媒體清單，不可獨漏任何一家該區常見的媒體；確認採訪人員的姓名、人數、聯絡方式。媒體來訪時，就應成立媒體接待中心，提供設備如傳真機、電腦連線、茶水供應、安頓休息等。

第四，準備新聞稿或相關資料。媒體記者有時需要學校提供相關資料，甚至完整新聞稿。學校應事先準備好新聞稿，新聞稿內容應包括人、事、時、地、物、影響，以及學校的處理經過。但是別忘了依法保密的部分，不可公開。

第五，選擇時機發布消息。早報是下午五點以前發布，晚報則是上午十一點以前發布，較方便記者寫稿，電視就要注意整點新聞或晨午晚夜間新聞播報的時間。

第六，安排記者採訪。新聞記者來到學校採訪應避免任其到處流竄，最好事先安排採訪地點、人員。如果要安排受害者接受採訪，一定要告知，且經其本人及監護人同意，不可勉強。依法也要有社會工作人員陪同在旁，以保護其隱私與尊嚴。接受採訪的主題、範圍，應經學校社會工作師、輔導主任同意，學校新聞聯絡人再與媒體確認，遵守約定，不可二度傷害學童。至於，加害者的採訪，學校無權要求其接受。若加害人是學童，學校社會工

作師或輔導教師，仍然要依兒童及少年福利與權益保障法相關規定協助之，不能因為其為加害者而忽視其應有的剝削相關權益。倘若記者要採訪受害人上課的現場，應經學校安排，學校應告知該班教師、學生，並取得同意，且應避免拍攝到受害學生的正面，也不宜拍攝其他學生的臉部特寫，或張冠李戴，影響學生權益。有時為了保護受害者與加害者的隱私，學校可請其暫時離開教室，才開放媒體拍攝。

第七，萬一媒體報導有誤，學校應去函要求更正。更正函宜客氣表達，並將正確資料附上，通常媒體會於次日報導一更新的新聞。若學校不去函更正，會使被誤報的師生受到傷害。

第八，受訪教師的表達應避免誤導、誇大不實，或違反法律規定。有時，記者會採訪受害者的教師、同學、同事，這些訪問很難迴避，因此，學校有義務告知這些人，接受訪問時不可有影射、誇大不實，以及公布可識別受害者的資訊。

總之，媒體如水流可載舟，亦可覆舟。如果善用媒體，可以讓該事件的真實面貌呈現，亦可澄清誤解，也可達到社會教育的效果。然而，不當使用媒體，如拒絕採訪、閃躲消息、揭露隱私，或隨意放話，不但會造成受害者的二度傷害，也會造成學校的信用破產，不可不慎。

五、家庭事務vs.學校責任

在臺灣，不論是學校，或是社會大眾，對家庭暴力事件都還或多或少存有這是「家務事」的觀念；對於性侵害存在著「丟臉」的想法；對性騷擾存在沒必要「大驚小怪」的觀念；對於性剝削存有「淫蕩」的批判。而另有一種似是而非的觀念，認為「少年犯罪種因於家庭，顯現於學校，惡化於社會」，因此，學校只不過是家庭、社會問題的顯現場所，學校是無辜的。其實，這些觀念都有偏差。家庭暴力事件絕非單純的家務事，如前所述，引發家庭暴力的原因很多，並非家庭單獨要去承擔，更不是學生單獨的錯誤，學校應該要提供協助。

遭受性侵害、性騷擾也不應責備當事人。尤其學生遭受教師性騷擾或性侵害時，學校不宜先懷疑該生成績不好，趁機會勾引教師以求過關；或是該生已非處女，行為不檢；或是學生故意謊報陷害、報復教師；或是那是單親家庭的孩子，本來就管教不好等成見，導致學生受到二度壓迫。

至於，性剝削的學生是否淫蕩，也非學校關注的焦點。的確，就近幾年來兒童及少年涉入性交易活動的趨勢來看，本國少女被質押販賣為雛妓的人數明顯下降，而因被利誘、被騙、好奇、享樂等原因而自願從事性交易的兒童與少年比例上升。不過，如本章前述，兒童及少年在自願從事性交易的過程是先被欺壓或強迫的，或者因為逃家而不得不的生存性交，只是不像以前一樣被人口販子仲介販賣。不論如何，還是必須將這些從事性交易的兒童及少年視為是家庭、學校、社會的受害者來看待。不能單純地以愛玩、淫蕩、自己喜歡被玩等粗暴的概念來責備他們。

最後，到底性剝削或其他行為偏差的孩子，其問題是出在個人、家庭、學校，還是社會？前已述及一些理論觀點，本文主張多因素的觀點。因此，我們並不支持少年犯罪只是種因於家庭，學校也可能是滋養少年犯罪或製造少年問題的溫床。例如，一些案例顯示學校的教師性侵害、性騷擾學生，學生性侵害、性騷擾同學，學生欺壓同學等大有人在。至於學校疏於教育、提供不適當的教育環境、忽視學生的個別差異、排斥弱勢的學童、不適任的教師持續在校園任教等，也有可能製造學童的困擾，甚至因此而成為中輟生。中輟生往往是性侵害、性剝削的高風險群，學校不可不察。總之，將家庭暴力、性侵害、性騷擾、性剝削案例視為家庭責任，學校無從管起，基本上是不負責任的說法，學校有義務協助家庭、社會，共同來預防、協助受家庭暴力、性侵害、性騷擾與從事性交易的學童。

結語：學校連結的服務（school-linked services）

以下是一位英國國民學校校長的自述：「我發現由於社區的本質，當我檢視我作為校長的角色，除了領導學校的學習與教學，我花了很多時

間在處理社會工作的課題，……我回顧過去4週的工作內容，竟然發現有60%的時間在做與社會工作有關的事務，那是非我專長的工作，我的優勢應該是教學與學習。」顯示，如果社會工作者不協助學校把教學與學習以外的工作做好，必然導致學校校長、教師需要花很多時間處理教學專長以外的工作，這是教育資源的浪費，也是本末倒置。但是，這不是說學校不需要關心學生在校園學習以外的事務，只管單純的教學工作。因為學生的學習經驗是否成功與滿意，受到學習意願、學習準備、健康條件、同儕關係、師生關係、親師關係、家庭經濟、家庭關係、生涯規劃、社區特性、社會風氣等的影響。而是說，學校與社會工作必須形成夥伴關係，不管是用學校連結服務（school-linked services）、學校為本的服務（school-based services）、全服務社區學校（full service community school）、學校社區夥伴關係（school-community partnerships）、延伸學校（extended school）等（Cummings, Dyson, & Todd, 2011; 引自Bronstein and Mason, 2016）。

百年前，社會工作的老前輩，撰寫社會工作第一本書的芮奇孟女士（Marry Richmond）就曾提到：「學校是社區中合法的社會中心，從學校或透過學校，散發出影響兒童美好（betterment）（未來）的力量，即使不完全是，至少也是（關鍵的）一部分。」可見，學校教育對於兒童成長的重要性，不言可喻。然而，學校如果只針對兒童的教育與學習，必然無法實現兒童美好未來的承諾，太多與兒童美好的成長經驗有關的事務必須透過學校與家庭、社區的合作，才能達成。

世界衛生組織（WHO）於1997年也指出：「學校可以做更多超出其他促進兒童及青年福祉與知能的單一制度之外的事務。」包括影響兒童身心發展、學習經驗有關的兒童保護議題，絕對需要學校的配合，學校社會工作師則必須扮演好學生個人、學校、家庭、社區間的橋梁。因為幾乎百分之百的兒童會進入學校受教育，倘若他們受到家庭暴力的傷害或目睹，或是遭性侵害、性剝削，都不可避免地會出現某些徵兆，只要學校教職員工敏感於這些徵兆、勇於通報、勤於轉介、樂於與家庭及社區建立夥伴關係，幾乎大部分兒童保護事件會被發現而及早被介入；更何況，學校絕對是預防兒童保護的最佳學習場所。

基於學校在兒童及少年保護上的重要功能，行政院（2018）已將學生

輔導體系納入「強化社會安全網計畫」的一環，與社會福利的家庭暴力暨性侵害防治、高風險家庭服務、社會福利服務、社會救助等體系，衛生行政的精神疾病、自殺防治體系，警政司法的少年輔導、治安維護體系，以及勞工行政的就業服務體系等銜接、整合，企圖建立一個以家庭為中心、以社區為基礎的綿密社會安全網，來保障兒童及少年免於受到虐待、疏忽、侵害與剝削，而能健康、安全福祉地成長。

參考書目

中文部分

王書奴（1932/2014）。中國娼妓史。秀威資訊。

全嘉莉（2002）。門診室的春天——名醫看電影。臺北：未來書城出版。

林奕含（2017）。房思琪的初戀樂園，臺北：游擊文化出版。

林佩瑾（1997）。臺灣反婚姻暴力行動的研究：女性主義社會工作觀點的分析，臺灣大學社會學研究所碩士論文。

林萬億（2005）。我國的人口販運與對策，專題報告論文發表於Vital Voices Global Partnership，勵馨基金會、臺灣民主基金、臺灣亞洲基金會合辦「東南亞人口販運防治策略國際研討會」，臺北集思國際會議中心。

林萬億（2008）。我國的人口販運問題與防制對策。警學叢刊，38: 6，頁55-78。

林萬億（2012）。臺灣的社會福利：歷史與制度的分析。臺北：五南出版。

林萬億（2013）。當代社會工作：理論與方法。臺北：五南出版。

林萬億（2017）。不要再有第二個房思琪。愛心世界季刊，2017夏季號，041期。

林萬億、鄭如君（2014）。社會工作名人傳。臺北：五南出版。

沈慶鴻（2001）。「被遺忘的受害者——談婚姻暴力目睹兒童的影響和介入策略」，社區發展季刊，94期，頁241-251。

洪蕙芬、簡守邦合譯（Paul Barker ed.）（1999）。福利國家的創建者：16個英國社會改革先驅。臺北：唐山出版。

教育部（2009）。教育人員兒童及少年保護工作手冊。臺北：教育部編印。

婦女救援基金會、纓花（2003）。染色的青春：十個色情工作少女的故事。臺北：心靈工作坊。

曾慶玲（1998）。父母親婚姻暴力對兒童問題行為影響之研究，臺灣師範大學家政研究所碩士論文。

陳若璋（2000）。兒少性侵害：全方位防治與輔導手冊。臺北：張老文化。

黃群芳（2003）。他（她）是怎麼看？怎麼想？婚姻暴力目睹子女眼中的暴力家庭，臺灣大學社會工作學研究所碩士論文。

黃淑玲（2002）。「叫叛逆太沈重——少女進入色情市場的導因與生活方式」，兩性平等教育季刊，20期，頁66-73。

英文部分

Augusta-Scott, T.; Scott, K., & Tutty, L. M. (2017). *Innovations in Interventions to Address Intimate Partner Violence: research and practice*. NY: Routledge.

Bograd, M. (1988). Feminist Perspect on Wife Abuse: An introduction, in Yello, K. and Bograd, M. eds. *Feminist Perspectives on Wife Abuse*, Newbury Park, CA: Sage.

Bohmer, C. and others (2002). Domestic Violence Law Reforms: reactions from the trenchers, *Journal of Sociology and Social Welfare*, XXIX: 3, 71-87.

Bejerot, N. (1974). The six day war in Stockholm, *New Scientist*, 61 (886): 486-487.

Bronstein, L. R. and Mason, S. E. (2016). *School-Linked Services: promoting equity for children, families, and communities*. NY: Columbia University Press.

Charles, G. (2009). Rethinking the Way We Work with Adolescent Sexual Offenders: building relationships. *Child and Youth Care Practice*, 23(1): 16-24.

Danis, F. (2003). The Criminalization of Domestic Violence: what social worker need to know, *Social Work*, 48: 2, 237-246.

Dobash, R.E. and Dobash, R.P. (1992). *Women, Violence and Social Change*. London: Routledge.

Elbow, M. (1982). Children of violent marriages: The forgotten victims. *Social Casework*, 63, 465-471.

Edleson, J. L. (1997). Children's witness violence between adults, URL: /papers/witness.htm

Finkelhor, D. (1984) *Child Sexual Abuse: new theory and research*. New York: Free Press.

Fish, D. (1994). Adult Sex Offenders: Who are they? Why and how do they do it? in Morrison, T. ed. *Sexual Offending Against Children: assessment and treatment of male abusers*. London: Routledge.

Forward, S. and Frazier, D. (1997). *Emotional Blackmail: When the People in Your Life Use Fear, Obligation, and Guilt to Manipulate You*. NY: Harper Collins.

Gelles, R. J. (1974). *The Violent Home*, Beverly, Hills, Ca: Sage.

Glaser, D. and Frosh, S. (1993). *Child Sexual Abuse*, 2nd ed. London: Macmillan.

Grauwiler, P. and Mills, L. (2004). Moving Beyond the Criminal Justice Paradigm: A Radical Restorative Justice Approach to Intimate Abuse, *Journal of Sociology and Social Welfare*, XXXI: 1, 49-69.

Groves, B.M., Zukerman, B., Marans, S. & Cohen, D.J. (1993). Silent victims. *Journal of the*

American Medical Association, 269, 262-264.

Henning, K., Leitenberg, H., Coffey, P., Turner, T. & Bennett, R.T. (1996). Longterm psychological and social impact of witnessing physical conflict between parents. *Journal of Interpersonal Violence*, 11, 35-51.

Horwath, J. (2007). *Child Neglect: Identification & Assessment*. NY: Palgrave.

Howe, D. (2005). *Child Abuse and neglect: attachment, development and intervention*. NY: Palgrave.

Kaufman, K. G. and Straus, M. A. (1987). The Drunken Bum Theory of Wife Beating, *Social Problem*, 34: 3, 213-30.

Kelly, K. (2004). Working Together to Stop Domestic Violence: State-Community Partnerships and the Changing Meaning of Public and Private, *Journal of Sociology and Social Welfare*, XXXI: 1, 27-47.

Lupton, C. and Gillespie, T. (eds.) (1994). *Work with Violence*. London: Macmillan.

Lutze, F. and Symons, M. (2003) The Evolution of Domestic Violence Policy through Masculine Institutions: from discipline to protection to collaborative empowerment, *Criminology & Public Policy*, 2: 2, 319-328.

McGibbon A. and Kelly, L. (1989). *Abuse Women in The Home: advice and information*. London: London Borough of Hammersmith and Fulham.

Marshall, W.L. and Barbaree, H.E. (1990). "Present State and Future Direction", in Marshall. W. E.; D.R. Law, & H.E. Barbaree (eds.) *Handbook of Sexual Assault*. New York: Plenum.

Maynard, M. (1992). Violence towards Women, in Richardson, D. and V. Robinson eds. *Introducing Women's Studies*, Basingstoke: Macmillan.

McCoy, M. L. and Keen, S. M. (2009). *Child Abuse and Neglect*. NY: Psychology Press.

McClennen, J. C., Keys, A. M., & Dugan-Day, M. L. (2017). *Social Work and Family Violence: theories, assessment, and intervention*, 2nd ed.. NY: Spring Publishing Company.

Milloy, M. (2002). Girls Interrupted, *Essence*, Sept.160-165.

Morrison, T. and others eds. (1994). *Sexual Offending against Children: assessment and treatment of male abusers*. London: Routledge.

Mullender, A. (1996). *Rethinking Domestic Violence: the social worker and probation response*. London: Routledge.

Nelson, S. (2016). *Tackling Child Sexual Abuse: radical approaches to prevention, protection and support*. Bristol: Policy Press.

Pahl, J. (1985). Refuges for Battered Women: Ideology and Action, *Feminist Review*, 19, 25-43.

Pardeck, J. T. and Yuen, F. K. O. (1997). *Family Health: a holistic approach to social work practice*, Westport, CT: Arburn House.

Pearce, J. J. (2009). *Young People and Sexual Exploitation*. London: Routledge.

Ptacek, J. (1988). Why Do Men Batter Their Wives, in Yello, K. and M. Bograd (eds.) *Feminist Perspective on Wife Abuse*, Newbury Park, Ca: Sage.

Reid, J. A. (2012). *A Girl's Path to Prostitution: linking caregiver adversity to child susceptibility*, El Paso: LFB Scholarly Publishing LLC.

Richards, D. (2001). A Field Study of Critical Incident Stress Debriefing versus Critical Incident Stress Management, *Journal of Mental Health*, 10: 3, 351-362.

Ryan, W. (1971). *Blaming the Victims*. New York: Pantheon.

Rosenbaum, A., & O'Leary, D. K. (1981). Children: The unintended victims of marital violence. *American Journal of Orthopsychiatry*, 51, 692-699.

Shainess, N. (1984). *Sweet Suffering: Women as Victim*. New York: Pocket Books.

Smith, L. (1989). *Domestic Violence: an overview of the literature*, Home Office Research Study, 107, London: HMSO.

Spaccarelli, S., Coatsworth, J.D. & Bowden, B.S. (1995). Exposure to serious family violence among incarcerated boys: Its association with violent offending and potential mediating variables. *Violence and Victims*, 10, 163-182.

Straus, M. A. (1980). Victims and Aggressors in Marital Violence, *American Behavioral Scientist*, 23: 5, 681-704.

Suh, E. & Abel, E.M. (1990). The impact of spousal violence on the children of the abused. *Journal of Independent Social Work*, 4(4), 27-34.

Thompson, K. (2016). *Strengthening Child Protection: sharing information in multi-agency settings*. Bristol: Policy Press.

Walker, L.E.A. (1977-8). Battered Women and Learned Helplessness, *Victimology*, 2: 3-4, 525-534.

第十二章　學生物質濫用

林萬億

依國家衛生研究2009年藥物濫用調查調查研究報告顯示，我國15-17歲與12-14歲的吸菸終生盛行率分別為7.48%與1.00%，其家庭背景是父親教育程度為小學程度及以下者、母親教育程度為國中者，菸品使用盛行率最高。飲酒方面，少年人口（12-14歲與15-17歲）的終生飲酒盛行率分別為5.56%與11.62%，推估約有6萬多名12-14歲與13萬名15-17歲的少年曾有飲酒經驗。顯示我國兒童及少年有吸菸與飲酒經驗的人數不少，尤其是在少年階段。

至於使用非法藥物方面，少年首次使用的平均年齡為12.5歲。首次使用非法藥物的地點，以「學校」占最多（23.1%），「娛樂場所」及「家中」次之，分別為15.4%。少年使用非法藥物的首要原因是「好奇、無聊或趕流行」，占64.3%；其次是「放鬆自己，解除壓力」，占21.4%；第三則是「不好意思拒絕」，約占14.3%。顯示，國中小轉銜節點是學生接觸毒品的關鍵時機。

復依法務部的犯罪統計資料顯示，從94年到103年間，我國兒童及少年犯罪類型，竊盜與傷害仍是兩大主要犯罪類型。但是，98年以前排名第三的妨害性自主罪，已被原列第四位的毒品犯罪取代。兒童及少年查毒品犯罪人數比例從94-97年間的1.95%到4.41%，爬升到102年的一成，到103年再升高到11.63%。而兒童與少年犯罪中占最大宗的保護事件中（經裁判交付保護處分者），觸犯毒品罪人數也從98年突破500人（6.01%）大關後，快速爬升到102年的1,037人（9.75%），成為第三大保護類型犯罪。103年才稍降到779人（8.10%），落回第五。

另依警政署的統計，查獲施用或持有未滿20公克之第三、四級毒品人次中，未滿18歲以下者2010年為934人次，2011年為1,427人次，2012年為3,274人次，2013年為3,380人次。總計9,015人次，占總查獲數的12.09%，其中有少部分年齡未滿12歲，顯示兒童及少年涉入毒品使用的機會越來越多。尤其，一旦國小階段就涉入物質濫用，進入國中之後要戒斷就更困難了。因此，國小校園扮演很重要的角色，來預防學童暴露在物質濫用的風險中；同時，如果發現學童有持有或施用毒品者，應及早介入輔導。

依聯合國藥物與犯罪辦公室（United Nations Office on Drugs and Crime）的世界藥物報告（World Drug Report, 2012）指出，全球15-64歲人口中有

3.4%-6.6%使用過藥物。香港的經驗也是藥物濫用年輕化，從2004年到2010年，21歲以下年輕人使用藥物的比例增加26%，最早使用毒品的年齡下降到15歲（Tam, 2014）。顯示，物質濫用是古今中外未解決的重大課題。

壹、成癮與物質濫用

　　物質濫用（substance abuse）是一種成癮（addiction）行為。然而，成癮的範圍不只是酒精、藥物，還包括食物、性活動，都可能養成成癮似的行為（addictive-like behaviors）。成癮這個概念受到科學知識昌明的影響而不斷演進。通常，對成癮的認識有兩種途徑，一是對成癮現象的探討，二是對成癮原因的了解。前者包括：(1)探討為何某些物品容易令人上癮；(2)為何某些個人容易上癮，不管他是否認為成癮是一種問題、自我傷害、持續使用、難以停止，或尋求戒斷；(3)成癮行為的發展，例如，某些人從少年時期開始接觸菸酒、毒品，到了中老年就停止這些行為；(4)為何成癮行為容易出現較高的與不健康行為相關的併發症；(5)哪些理論可供作為引導治療之用（Bickel, Mueller, and Jarmolowicz, 2013）。

　　後者則是成癮理論的議題。最早研究成癮是依生理學角度，從研究酒精中毒開始，研究酒精生理的依賴是因慢性地從酒精的攝取中發展神經調適（neuroadaptation），亦即個人生理會逐漸調整去迎合酒精的刺激，而提高耐受性，個體要增加酒精成分、濃度與容量，才能滿足生理需求。當中斷飲酒之後，會出現戒斷症狀（withdrawal syndromes）。由於戒斷症狀帶來極端的痛苦，導致個人又回想到借酒麻醉的經驗，因此日積月累成酒癮行為。生理觀點的成癮理論無法精確地指出哪些人容易成為酒精依賴者，以及為何是他們？也缺乏指引治療的方向。

　　第二種觀點來自古典制約學習理論，認為藥物依賴是一種藥物追求的習性與藥物使用的行為，這些行為因藥物的藥性增強，而出現渴望故態復萌，這種渴望通常是受到藥物作用的刺激。曾經使用過藥物的人，藥物作用會殘留在經驗裡，吸引、暗示、刺激個人繼續使用。這種理論是一種一般化的學

習原則，無法清楚地區分不同物質與行爲的差異，也無法描述成癮行爲發展的差異。

第三種理論進化到將藥物視爲一種增強物（reinforces）。這是立基於操作增強爲基礎的學習理論，認爲藥物的自我管理（self-administrations）是一種正向增強，如同食物、水、性一樣。如果對藥物戒斷效應的自我管理得當，就是一種藥物的負向增強。藥物的增強作用觀點成爲物質濫用的認知行爲治療（cognitive-behavioral treatment, CBT）與權變管理（contingency management, CM）的理論基礎。

第四種理論觀點是競爭神經行爲決策系統（competing neurobehavioral decision systems），這是來自兩種新的研究途徑的結合，一是功能磁場共振印象（functional magnetic resonance imaging, FMRI），另一是神經經濟學（neuroeconomics）。人的腦部有兩個決策區域，一個是衝動決策，立即反應需求與情緒主導刺激的決策區域；另一是執行決策系統，這個區域由記憶功能、價值未來目標、發展計畫、彈性修正計畫等組成，物質依賴是這兩個功能互動競爭的結果。這是一個非病理學的探究途徑，物質濫用決定於環境、內在需求和外部壓力（Bickel, Mueller, & Jarmolowicz, 2013）。

不論哪一種理論都無法全盤關照到所有物質依賴行爲，成癮是一個頑強的議題。涉及的層面廣泛，成因多元，從生理、心理、家庭、社區、社會、經濟、文化、治安到國際政治都可能是成癮的原因，戒斷也相當困難。因此，第五種以上的成癮理論還是可能出現。此時，多面向成癮探究（multimentional addiction approach）可能是較務實的選項。

聯合國世界衛生組織（The World Health Organization, WHO）定義物質濫用（substance abuse）是使用任何足以造成傷害或危害的精神作用物質（psychoactive substance），包括酒、非法藥物。這些精神作用物質會產生依賴症狀和生理現象，在重複使用之後，會持續渴望再度使用，難以控制，即使出現傷害性的後果，仍然會繼續以使用該物質來取代其他活動與責任履行，導致耐受性提高與生理戒斷現象出現。

美國精神醫學會2000年第5版的精神病診斷與統計手冊（DSM-V），成癮的診斷使用物質依賴（substance dependence）疾患診斷指標，指個人經驗到以下3個或7個指標，統稱爲物質相關疾患（Substance-related Disorders）

（Bickel, Mueller, & Jarmolowicz, 2013）：

　　1. **耐受性**（tolerance）：指需要使用更多劑量才能達到麻醉效果，或是同樣劑量的效果已下降。

　　2. **戒斷性**（withdrawal）：停止使用後依不同物質出現不同特徵。

　　3. **長期性**（longer periods）：此物質的使用常比個人的意圖還要長久。

　　4. 渴望戒除或努力戒除但不成功。

　　5. 花費很多時間在取得該物質或使用，或要花很長時間從物質的影響下復原。

　　6. 由於物質使用導致重要的社會、工作、休閒活動等都被迫放棄。

　　7. 明知問題成因所在，或因物質使用積累造成，仍繼續使用。

貳、物質濫用的類型

一、菸癮

　　菸（tobacco）是以整片或部分菸葉材料製成的產品，用來供作抽、吸、嚼、聞之用，內含有成癮精神作用物質成分的生物鹼尼古丁（alkaloid nicotine）。抽菸或吸菸會導致多種慢性疾病，例如：癌症、肺病、心血管疾病等。即使是如此，全世界仍然到處都有吸菸的人口。由於吸菸的成癮性與危害性，很多國家都限制菸草廣告、管制購買者的年齡、限制抽菸的場所，以達到降低菸害的擴散。2008年世界衛生組織指名，菸是最大的、最容易單獨造成許多可預防疾病的成因。

　　許多印第安人早已使用菸草，甚至，美洲東北部的印第安部落已將菸草當作一種商品交易。當時，抽菸被當作一種社交與儀式行為，例如：在簽訂和平協議時抽菸。同時，菸草也被用來作為祭祀神祇的祭品，傳達思想與祈禱。

　　1559年，西班牙的東印度群島傳記作家邦加洛（Hernández de Boncalo）首先將菸草種籽帶到歐洲，這些菸草種籽被種植在西班牙中部的拖雷多

（Toledo）附近。由於菸草製作技術尚未成熟，早期的菸草味道濃烈難吸，故使用量仍少，直到18世紀初，菸草才成為歐洲及其殖民地的主要工業。而在加勒比海的古巴，則從18世紀開始也生產出世界聞名的雪茄（cigars），成為該國重要的現金作物。19世紀，菸草更加普及。1880年，美國發明家邦撒克（James Bonsack）發明自動香菸製造機，每分鐘可捲200支菸，比熟練的工人每分鐘可捲4支菸，要快上50倍，菸草工業於焉出現（Tilley, 1972），形成今日菸草工業在世界各國急速發展的重要里程碑。

20世紀中葉，吸食菸草被證實會造成身體健康的傷害，包括癌症、呼吸器官疾病、新血管疾病等。美國於是在1998年通過菸草主支付協議（Tobacco Master Settlement Agreement, MSA），由美國五家菸草公司與51個州與領土，以及哥倫比亞特區政府達成的協議，每年支付100億美金作為各州因抽菸造成的健康照顧成本增加的補償，同時達成幾項限制廣告與促銷的協議：

1. 禁止製菸產業直接或間接以青年為訴求對象。

2. 強制顯著的禁止或限制廣告、行銷與促銷活動。

3. 禁止或限制卡通、通路廣告、任何形式的戶外活動，包括排名票選、媒體秀出成品、品牌促銷、免費試用等（在只有成人可以進出的場所除外），以及贊助活動。

1970年代，美國布朗與威廉森（Brown and Willionson）菸草公司生產一種跨品牌的新菸，名叫Y1，尼古丁含量高達6.5%，比一般菸高出一倍，引起美國食品與藥物管理署的介入，於1990年要求菸品製造商必須管制香菸尼古丁的含量。2003年，世界衛生組織發現發展中國家的抽菸人口成長，而說服168個國家簽署菸草控制架構協約（the Framework Convention on Tobacco Control），要求各國立法防治菸品對健康的傷害。

基於菸品的經濟價值，每年全世界約生產670萬噸的香菸，中國是最大生產國，約占39.6%，其次是印度占8.3%、巴西占7.0%、美國4.6%。因於香菸的種植與生產，除了造成吸菸者健康的傷害之外，也同時帶來許多問題，首先是雇用童工生產。在中國、印度、印尼、阿根廷、巴西、辛巴威、馬拉威等國，均被發現菸草工廠雇用童工生產。其次，經濟利益誘因導致走私猖獗。不論是英美的莫理斯菸草公司（Phillis Morris, British American

Tobacco），或是日本菸草公司（Japan Tobacco），至少在50個國家擁有生產工廠，並向超過12個國家進口菸葉，低價供給菸品，導致香菸市場價格下跌，菸農利益縮水，而走私香菸在世界各國仍然猖獗。第三，由於種植菸草必須大量使用殺蟲劑，使得土地嚴重被汙染。

　　我國於民國86年3月19日公布施行菸害防制法，如同前述美國的規定，限制香菸廣告、販售方式，並禁止未滿18歲者吸菸，同時也限制吸菸場所。為了以價制量，也對菸品課較重的菸品健康捐。民國91年1月開徵菸品健康捐，每包5元，95年2月提高到每包菸捐10元，98年1月再調高到每包20元。依據衛生福利部國民健康署歷年18歲以上成人吸菸率來看，在79年，男、女吸菸率分別為59.4%、3.8%，91年男性吸菸率降至48.2%，女性則為5.3%。自98年1月11日菸害防制法新規定上路以來，18歲以上成年人吸菸率從97年21.9%（男性38.6%，女性4.8%）降至104年的17.1%（男性29.9%，女性4.2%），降幅近四分之一（22.1%），且下降速度比新規定上路之前加快。顯示限制吸菸場所、教育，以及以價制量，產生一定的戒菸效果。

　　依據民國104年衛生福利部國民健康署的青少年吸菸行為調查結果顯示，青少年吸菸率也已顯著下降，其中，國中學生吸菸率由民國97年的7.8%（男生10.3%，女生4.9%）降至104年的3.5%（男生4.9%，女生2.0%），降幅超過一半（54.9%），平均一年下降0.6%；另，高中職學生吸菸率由96年的14.8%（男生19.3%，女生9.1%）降至104年的10.4%（男生15.6%，女生4.7%），亦降低近三成（30.1%），平均一年亦下降0.6%。惟國中女生吸菸率曾於民國103年微幅上升，需要加強青少女菸害防制，並持續觀察長期吸菸率變化。

　　吳芳純、陳青浩、隋安莉（2012）針對臺南市新營區國、高中生538人的問卷調查發現，17.4%的青少年曾經吸菸，有吸菸的男生比女生多（26.7%與6.6%，p<0.001），國中生的吸菸比例高於高中生（19.6%與11.4%，p<0.05）；而開始吸菸的平均年齡為11.2歲。

　　為何少年會抽菸？不外乎以下原因。首先是好奇。吳芳純、陳青浩、隋安莉（2012）的研究發現，第一次吸菸的原因以好奇最多（23.75%），其次依序是抒解壓力（14.5%）、朋友慫恿（12.5%）、朋友在抽菸（12.38%）、耍帥（7.5%）、父親抽菸（6.25%）、增加人際關係

（6.25%）、看來較成熟（5.88%）等。顯示，好奇心是驅使少年接觸菸品最主要的原因（陳淑眞等，2004；洪女玉、胡益進，2007； 鄭佳玟等，2008；王桂芸等，2009）。

其次，是個人抒解壓力。個人經歷疲勞、壓力、失眠、失戀、悲傷、焦慮等身心狀態時，抽菸就成爲抒解這些壓力的優先選擇之一。抽菸的成本小，加上菸品容易取得的便利性，使得少年會利用抽菸來抒解壓力。例如，熬夜、工作不順、百思莫解、挫折時，抽一根菸，在吞雲吐霧中，暫時忘卻煩惱。老菸槍所說的：「飯後一根菸，快樂似神仙。」表達的也是這種抒壓、解放的快感。因爲飯後本來就是休息的時間，休息與抽菸被等同具有抒壓的效果。其實，飯後不抽菸而休息放鬆一下，就可以快樂似神仙了。

第三，社交規範。前述吳芳純、陳青浩、隋安莉（2012）的研究指出，不論是朋友慫恿、朋友在抽菸、增加人際關係都屬此類因素。這是一種理解上的抽菸規範（perceived smoking norm）在作祟。少年認知到與同儕、朋友、親戚在一起時，抽菸是一種大家可接受的行爲規範，只要有人提議抽菸，大家就自動一起加入，不抽菸反而是一種失禮行爲。抽菸就成爲交朋友的儀式行爲，包括陌生人見面，也是借個火、借根菸、來根菸，成爲交朋友的見面禮。久而久之，抽菸就成爲一種習慣。至於，歡場女子、娛樂圈、幫派、勞動階層抽菸多，往往夾雜著抒壓與社交規範的多重原因。

第四，學習模仿。主要是來自家庭成員中有人抽菸，少年從兒童時期就接觸到菸味，習慣於抽菸的情境。暴露於二手菸最顯著的地方是在家庭，同住親友有吸菸的比例高達61.9%，最主要的吸菸親人爲父親（吳芳純、陳青浩、隋安莉，2012）。顯然，少年抽菸是從家庭開始被社會化了。

第五，置身事外的信念（disengagement belief）。雖然許多研究、宣傳、教育都指出抽菸有諸多害處，但還是有很多人抽菸，其中很重要的理由是將抽菸的害處與自己隔絕。人們常聲稱：「我沒這麼衰」、「不會輪到我」、「隔壁王伯伯抽菸一輩子也沒事」。於是，就把戒菸的廣告拋諸腦後，繼續其抽菸習慣。

第六，轉大人。耍帥、看來較成熟，都是此類原因。少年階段身心社會發展處在尋求自我認同、獨立自主、爲進入成人社會作準備。因此，除了前述的將抽菸視爲理解上的抽菸規範，而加入友伴、家人抽菸的行列之外，也

是讓自己更接近成人世界、看起來像個帥帥的小大人的模樣。

　　臺灣少年最常使用的菸品品牌屬七星（Mild Seven）。主要是受同儕文化所影響，另也因早年價錢較低、味道濃淡適中、認為此品牌為年輕人的代表。

二、酒癮

　　許多人終其一生不會有機會抽菸，最多只是吸到二手菸，但是，很難不接觸到酒，不論是宗教、文化、社會、飲食的理由，或是以休閒、品味之名。例如，女性較少抽菸，但華人社會的女性在產後做月子期間，吃麻油雞酒幾乎是必備的補品。至於祭神、拜拜、宴客、結婚，更少不了借酒敬神或助興。而居住在寒冷地區的居民，喝酒則是為了保暖護命。

　　飲酒在古代中國文學裡更是文人雅士吟詩抒情的好題材，留下非常多雋永的名句。酒可以因歡樂而飲，例如，有酒仙之稱的李白在〈月下獨酌四首〉開頭就是：「花間一壺酒，獨酌無相親。舉杯邀明月，對影成三人。」蘇軾在〈虞美人〉裡寫道：「持杯月下花前醉。休問榮枯事。此歡能有幾人知。對酒逢花不飲、待何時。」

　　酒可以抒離情，王維的〈送元二使西安〉後兩句：「勸君更盡一杯酒，西出陽關無故人。」范沖淹的〈蘇幕遮〉最後兩句：「酒入愁腸，化作相思淚。」讀了令人鼻酸。

　　酒可以解憂愁，杜牧的〈遣懷〉寫著：「落魄江湖載酒行，楚腰腸斷掌中輕。十年一覺揚州夢，贏得青樓薄倖名。」王安石的〈千秋歲引〉後半首寫道：「無奈被些名利縛，無奈被他情擔閣，可惜風流總閒卻。當初謾留華表語，而今誤我秦樓約。夢闌時，酒醒後，思量著。」這些文人藉酒道盡有志難伸的落寞。曹操的〈短歌行〉之一：「對酒當歌，人生幾何？譬如朝露，去日苦多。慨當以慷，憂思難忘。何以解憂？唯有杜康。青青子衿，悠悠我心。但為君故，沉吟至今。呦呦鹿鳴，食野之苹。我有嘉賓，鼓瑟吹笙。明明如月，何時可輟？憂從中來，不可斷絕。越陌度阡，枉用相存。契

闊談讌，心念舊恩。月明星稀，烏鵲南飛。繞樹三匝，何枝可依？山不厭高，海不厭深。周公吐哺，天下歸心。」道盡對時代離亂的感慨、對時光消逝的憂傷，和對輔助自己創業的賢才的渴望，反映出為一統天下的宏圖大業的急切心情。

酒也常用來道盡人生的無奈，例如，李煜的〈烏夜啼〉其二：「林花謝了春紅，太匆匆。無奈朝來寒雨，晚來風。燕脂淚，留人醉，幾時重。自是人生長恨，水長東。」然而，如李白詩〈宣州謝朓樓餞別校書叔雲〉所寫：「棄我去者，昨日之日不可留。亂我心者，今日之日多煩憂。長風萬里送秋雁，對此可以酣高樓。蓬萊文章建安骨，中間小謝又清發。俱懷逸興壯思飛，欲上青天覽明月。抽刀斷水水更流，舉杯消愁愁更愁。人生在世不稱意，明朝散髮弄扁舟。」借酒消愁只是愁更愁。

即使酒不能消愁，飲酒的確曾被歌頌，也仍然被廣泛接納。然而，歷史上也曾出現過若干次禁酒運動（prohibitionism），例如，美國1917-1933年間的禁酒運動，1914-1925年蘇聯的變相禁酒，冰島從1915年到1922年實行禁酒令（啤酒禁到1989年），挪威1916年到1927年、芬蘭1919年到1932年、瑞典從1914年到1955年實施一種配額制度，並在1922年發動完全禁酒公投，但未通過。這些公共政策上的禁酒運動都沒真正成功過。真正禁酒成功必須靠宗教，例如，禁止飲酒的條文來自《古蘭經》第五章〈筵席〉第七卷：「信道的人們啊！飲酒、賭博、拜像、求籤，只是一種穢行，只是惡魔的行為，故當遠離，以便你們成功。惡魔惟願你們因飲酒和賭博而互相仇恨，並且阻止你們紀念真主，和謹守拜功。你們將戒除嗎？」

除了伊斯蘭教之外，佛教也是最徹底禁酒的。原始佛教經典《阿含經》記載佛陀所諭：「不飲酒，不殺生，不偷盜，不邪淫，不妄語。」即是佛教「五戒」。飲酒會使人醉，醉了就會昏亂而不能自制，進而敗德。

飲酒之所以能留人醉、消人愁，主要是酒中所含的酒精作用。含酒精飲料（alcoholic drinks）是指飲料中至少含3-40%度酒精的飲品，用來讓人們消費之用，喝了之後會產生精神作用。人類飲用含酒精飲料的習慣由來已久，早在新石器時代即有飲酒紀錄。6650-7000年前，中國河南賈湖地區就發現用米、山楂果、蜂蜜、葡萄釀製的酒。約略同時，啤酒、葡萄酒（wine）也出現在中東地區。

　　飲酒上癮稱為酒癮（alcoholism），又稱酒精使用疾患（alcohol use disorder, AUD），是因飲用含酒精飲料引發的生理、心理、社會問題。第4版的精神病診斷與統計手冊（DSM-IV）將酒癮分為兩類，一類是酒精濫用（alcohol abuse），另一是酒精依賴（alcohol dependence）。2000年第5版的精神病診斷與統計手冊（DSM-V）已經將前述兩種分類整合為一，稱酒精使用疾患，分為輕度、中度、重度等三級次類。

　　酒精使用疾患的診斷指標是任何人過去12個月內符合以下11項指標中的2項，即可能被診斷為酒精使用疾患。符合指標項目越多，表示程度越嚴重。這11項指標是：

　　1. 花在想要結束飲酒的時間比想要喝酒的時間更多或更長。

　　2. 超過一次以上嘗試停止喝酒，但是卻做不到。

　　3. 花很多時間在飲酒？或因飲酒而生病，或克服酒後作用？

　　4. 想要喝酒想到快瘋了，讓你幾乎不能想別的事。

　　5. 因為飲酒，或因飲酒導致的生病，以致影響到照顧家庭，或是出現工作困擾、課業問題。

　　6. 即使已經造成家庭或交友的問題了，還是繼續想喝酒。

　　7. 為了喝酒的緣故，放棄對自己很重要的活動、興趣，或是愉悅的事。

　　8. 超過一次以上，飲酒後讓自己陷入受到傷害的險境中，例如：駕駛、游泳、使用工具、走在危險路段，或不安全的性交。

　　9. 即使是會讓自己陷入憂鬱、焦慮、增加其他健康問題，或記憶消失，仍然想要繼續喝酒。

　　10. 喝下比平常還多的量讓你達到想要的效果了嗎？或喝了平常的量卻出現比以前較少的效果。

　　11. 當酒精的效果減退後，會出現戒斷症候群，例如：睡眠障礙、顫抖、不安、嘔吐、冒汗、心跳加速、發酒瘋，或感覺事物不存在。

　　酒精是一種中樞神經抑制劑，導致神經細胞降低興奮作用。酒精作用會隨著酒精在血液中的濃度和每個人因酒量不同而有的反抑制（disinhibition）能量不同，決定其酒後的行為改變。通常，飲酒開始階段，酒精會使人降低焦慮、多話、感覺自信、陶醉、增加自我肯定、提高攻擊性等。這也就是人們常說的藉酒交心、藉酒壯膽的原因。一旦繼續喝酒，血液中的酒精濃度升

高，判斷力與反應力開始受到損害，行動協調力不足，走路顛簸搖晃，表達開始含糊，表情與情緒也出現爆發，此時已進入酒醉的狀態了。當酒精的抑制作用持續，個人的反抑制能量逐漸不敵酒精作用，就進入睡眠或喪失意識狀態，此時，人真正醉了，正常的睡眠習慣被打亂，有時會出現睡眠呼吸停止，主因在於缺氧（Woodward, 2013）。

酒精中毒會傷及腦部、心臟、肝臟、胰臟、免疫系統等，也可能引發精神疾病、WKS症候群（Wernicke-Korsakoff syndrome, WKS）（視力改變、運動失調、記憶受損等）、心律不整、肝功能受損、癌症等。如果懷孕期間飲酒過量將導致胎兒酒精光譜疾患（Fetal alcohol spectrum disorders, FASDs），包括外貌變形、身高矮小、體重不足、小頭、協調差、低智能、行為問題、聽力受損、視力受損等，嚴重者會出現胎兒酒精疾患（Fetal alcohol disorders, FADs）。

基因與環境因素是酒癮的主要原因。第5版的精神病診斷與統計手冊（DSM-V）指出父母或手足中有人是酒癮者，其發生酒癮的機率是一般人的三到四倍。環境因素則包括社會、文化與行為的影響；個人經歷高壓力、焦慮，以及便宜就可獲得酒類飲料，都是酒癮的重要成因。

臺灣少年飲酒的原因有部分與抽菸相似，較不一樣的是飲酒有節慶應景與族群文化的意義。林佳靜（2006）研究發現青少年飲酒的動機主要為：(1)減輕壓力（95.3%）：如家庭壓力、課業壓力、感情壓力與經濟壓力等。(2)節慶應景（94.6%）：如適逢節日、祭祀活動、慶祝會、同樂會等應景時機而飲用酒品。(3)旁人影響（85.3%）：身邊周遭重要他人會影響飲酒行為，如父母親、手足與親朋好友等人。(4)自我詮釋（50.6%）：將飲用酒品視為能夠證明自己成熟或能耐之行為。(5)好奇（43.9%）：因好奇心而飲用酒品。(6)媒體影響（68.9%）：因為接受廣告行銷而產生對飲用酒品之興趣或動機。

臺灣原住民族少年飲酒的比例高於漢人，部分原因是受到飲酒的族群文化因素所影響。葛應欽等調查南臺灣原住民區15歲以上人口原住民之飲酒盛行率40%（葛應欽、劉碧華、謝淑芬，1994），高於漢人。潘松義（2001）調查屏東原住民區來義、泰武、瑪家國中生飲酒方面盛行率為13.2%，飲酒年級開始於「國小5、6年級」、「國中1年級」、「國中2年級」。劉美媛

與周碧瑟（2001）研究100所國中到專科飲酒盛行率，其中原住民學生有飲酒習慣占30.2%，有42.5%飲酒習慣的學生在12歲以前開始飲酒。以臺北縣市青少年所做的調查研究發現，男生最早嘗試喝酒的年齡為12.77歲，女生為12.67歲（郭柏秀，2002）。另外從原住民高中學生膳飲的訪談紀錄，發現原住民青少年的喝酒行為早在國中時期就已經開始（簡美玲，1994）。然而，葉美玉等（2002）研究發現，直接影響原住民青少年問題飲酒行為原因有：同儕飲酒行為、父母飲酒行為、情感連結、自我效能與涵化等因素。楊士範（1998）的研究也指出，原住民用酒的時機與情境已由「祭典、節慶」活動的神聖情境，轉變為「一般日常生活」的休閒情境。李亦園（1999）的研究也指出，自從酒類可以隨意購得以來，原住民的飲酒方式逐漸轉變，尤其是目前經濟狀況改善，飲酒更為普遍，原住民外出工作機會逐年增多，且外出工作者在人地生疏的環境下，其壓力自然更大，而經濟能力又較以前改善，所以花費在酒類上的金錢可能大幅增加。陳全成（1999）指出，原住民酗酒問題可歸因在工業社會中無法競爭，再輔以酒品的強勢文化行銷，配合公賣政策，社會鼓勵縱容飲酒，以致造成原住民嚴重的酗酒問題。

臺灣少年常使用的酒精飲品是冰火、ICE、思美洛、啤酒、維士比、保力達、威士忌等，主要受家庭或同儕文化所影響所致。

三、毒癮

人類使用毒品也是由來已久。亞述人（Assyrians，西元前2500年到西元612年）與埃及人（Egyptians，西元前2920到西元525年）早已有種植罌粟花、提煉鴉片的紀錄，上層階級利用鴉片來放鬆自己與打發時間。甚至埃及的檔案記載，其使用鴉片來安撫嬰兒避免哭鬧。

古希臘祭祀酒神狄奧尼索斯（Dionysus）、農神黛美特（Demeter）、地獄之神普西芬妮（Persephone）等，吃一種蜂蜜發酵製成的食物或喝啤酒來達到進入神祕的境界。在大自然中，含有迷幻效果的植物早就被種植，如仙人掌（peyote cactus）、蛤蟆蕈菇（fly agaric）、大麻（cannabis）等。而

古柯鹼（cocaine）則是在哥倫布發現新大陸之後被交易到美洲大陸，用來作爲治療煩悶之用。

今日世界，因爲製藥工業的發達，人類使用藥物來提神、治療痛苦、產生迷幻、精神愉悅等，已不再只是利用植物的藥性，而是透過化學工業的大量製造。毒品的多樣化已到五花八門的地步，且不斷推陳出新。

毒品的藥性分類

毒品的藥性分類主要可以分爲三大類：

1. 中樞神經抑制劑（central nervous system depressants, CNSD）

鎮靜催眠（sedative-hypnotic）劑，包括麻醉藥品類，如鴉片、嗎啡、可待因、海洛因等；鎮定安眠類，如巴比妥酸鹽，及其他。其作用是麻醉鎮痛或是安眠的現象，吸食之後經常會出現嗜睡、昏迷、短期失憶、精神恍惚、神智不清等現象。臨床實務上發現有部分少年經常在自傷行爲前後使用這一類型的藥物，一方面減輕疼痛，一方面抒解壓力，降低罪惡感。

2. 中樞神經興奮劑（central nervous system stimulants, CNSS）

包括古柯鹼、安非他命（Amphetamine）或是搖頭丸（MDMA）。吸食後會出現興奮、失眠、連續數日不用睡覺的狀況，但可能會伴隨著幻覺的出現。臨床實務上發現有些青少年因爲沉迷電玩，網咖中便提供類似的藥物，希望讓玩線上遊戲的少年可以更有精神連續奮戰數日。

3. 中樞神經迷幻劑（central nervous system hallucinogens, CNSH）

包括大麻、強力膠、某些具有毒性之蕈類，其作用會讓使用者出現幻覺或是妄想的症狀。臺灣、日本、美國、香港、中國演藝圈都曾有藝人因爲使用這類型的毒品被捕，轟動一時，實務上曾出現有人因爲使用藥物而自殺的狀況。

以下將常用的毒品分別介紹，以利少年輔導工作者熟悉毒品。

1. 中樞神經抑制劑

(1) 罌粟

罌粟花（poppy）爲草本植物，其花朵顏色多彩鮮豔，又名花菱草、虞美人，可作爲觀賞及庭園造景之用。第一次世界大戰期間，在比利時北

方的法蘭德斯（Flanders）地區，在開滿罌粟花的田野中，德軍與英法加
聯軍展開對峙的壕溝戰，因此罌粟花被當成在戰爭中傷亡士兵的紀念物。
然而，其之所以出名是因可提煉鴉片原料。罌粟成熟蒴果的外殼，含少
量嗎啡（Morphine）、可待因（Codeine）、蒂巴因（Thebaine）、那可汀
（Narcotine）、罌粟殼鹼（Narcotoline）和罌粟鹼（Papaverine），可鎮痛、
止咳、止瀉。罌粟果實中有乳汁，割取乾燥後就是「鴉片」。它含有10%的
嗎啡等生物鹼，能解除平滑肌，特別是血管平滑肌的痙攣，並能抑制心肌，
主要用於心絞痛、動脈栓塞等症狀。但長期使用容易成癮，慢性中毒，嚴重
危害身體。全世界最大的罌粟花產地為阿富汗，全球75%的毒品源自阿富汗
的罌粟產地。阿富汗由於常年戰亂與土地貧瘠，只能靠種植罌粟花生產毒品
維持國民經濟。過去泰國、寮國與緬甸的國界地區也是罌粟花重要產地，被
稱為金三角。中國也是合法種植罌粟的國家。

(2) 鴉片（Opium）（合成類麻醉藥品）

由罌粟果實提煉而成。黑話為福壽膏、芙蓉膏。使用初期會有興奮及欣
快感，但隨之而來的是陷入困倦狀態。鴉片具高度心理及生理依賴性，長期
使用後停藥會發生渴求藥物、不安、打呵欠、流淚、流汗、流鼻水、盜汗、
失眠、厭食、腹瀉、噁心、嘔吐、肌肉疼痛、「冷火雞戒斷」（Cold-Turkey
Withdrawal，一種自然戒斷法，戒斷後出現汗毛豎起，渾身雞皮疙瘩，狀如
已拔毛的冷火雞皮）等戒斷症狀。此藥物的副作用包括呼吸抑制、噁心、嘔
吐、眩暈、精神恍惚、焦慮、搔癢、麻疹、便祕、膽管痙攣、尿液滯留、壓
降低等。部分病人會產生胡言亂語、失去方向感、運動不協調、失去性欲或
性能力等現象。因取得不易，價格昂貴，有行無市。

(3) 嗎啡（Morphine）

嗎啡屬鴉片類的止痛劑，俗稱魔啡。從罌粟花的罌粟稈分離出。使用
者偶或產生噁心、嘔吐、便祕、暈眩、輸尿管及膽管痙攣等現象。高劑量的
嗎啡容易導致呼吸抑制、血壓下降、昏迷。長期使用會造成消化道出血及傷
肝腎等副作用。戒斷症狀在停藥36-72小時後，達到高峰，其症狀包括打哈
欠、流淚、流鼻水、打噴嚏、瞳孔放大、肌肉顫抖、頭痛、出汗、噁心、嘔
吐、焦慮、失眠、腹瀉、脫水、心跳加速及體重減輕等。因取得不易，價格
昂貴，也是有行無市。

(4) 海洛英（Heroin）

嗎啡與醋酸酐加熱，就可得到二乙醯嗎啡，也就是海洛英。使用之初會有感覺愉快安靜、無法集中精神、產生夢幻現象。吸食後的12小時，身體由於得不到麻醉劑而不能正常運作，即時出現緊張、無法入睡、出汗、腸胃不適、四肢疼痛及痙攣等戒斷症狀。這症狀會持續三到五天，濫用越久，戒斷症狀越長。過量使用會造成急性中毒，症狀包括昏睡、呼吸抑制、低血壓、瞳孔變小。海洛英毒性為嗎啡的10倍，濫用者常因共用針頭注射毒品或使用不潔之針頭，而感染愛滋病、病毒性肝炎（B或C型肝炎）、心內膜炎、靜脈炎等疾病。海洛英依純度分4級，純度較低的1、2、3號在經濟較落後的地區銷售；純度較高的4號海洛英則銷售到經濟較富裕的地區，例如：香港、臺灣，稱海洛英為4號仔、軟仔、細的、查母仔（臺語）。小包（0.8g）約4,000-5,000元、一師（2塊磚）價值新臺幣300餘萬元。一染上海洛英毒癮，只能以傾家蕩產收場。

(5) 狄芬諾西萊（Diphenoxylate）

是一種合成的鴉片類製劑，長期使用會有成癮性與依賴性，其作用於腦部、脊髓及腸胃道的鴉片受體，可抑制痛覺、胃腸平滑肌，及減緩腸內蠕動降低腹瀉。此種藥物會加強巴比妥類藥物、酒精、麻醉藥品和其他安眠鎮靜劑的抑制作用。其副作用包括會產生噁心、嘔吐、便祕、麻痺性腸阻塞、皮膚發紅、心跳加速、嗜睡、抽搐、口乾、眩暈、眼球震顫、幻覺、欣快感、呼吸抑制、呼吸停止等。臨床醫療上用於急慢性功能性腹瀉及慢性腸炎醫師處方箋。

(6) 潘他唑新（Pentazocine）

是一種合成類麻醉止痛劑，使用後會產生幻覺與欣快感，同時會產生嗜睡、頭暈、意識混亂，若與酒精或安眠鎮靜劑併用，會產生嚴重的呼吸抑制，使用過量會造成呼吸中樞抑制而致死。長期使用會導致成癮，並且對肝、腎臟功能以及中樞神經系統有實質性的傷害，且具有幻想、妄想、癲癇發作、頭痛、孕婦流產或產下成癮兒、皮膚潰爛、發炎、血管栓塞、心跳過速、血壓增高、胸痛、瞳孔縮小、昏迷、呈生理性成癮。由於其以靜脈注射方式施用，若共用針頭或使用不潔針頭容易引起細菌感染、病毒性肝炎（B或C型肝炎）、靜脈炎、心內膜炎等，甚至愛滋病。目前在國內已較少

使用。過去使用者圈子裡稱爲速賜康、孫悟空、猴仔等，目前價格行情不確定。

(7) 快樂丸（液態GHB）

使用後昏睡、暈眩、噁心、暫時記憶性喪失、視幻覺、血壓心搏減慢、痙攣、呼吸抑制、昏迷等。大劑量中毒症狀包括有心搏徐緩、痙攣性肌肉收縮、胡言亂語、夢境錯亂狀態（dream-like confusional state）、知覺喪失、嘔吐、腹痛、高鈣症、代謝性鹼中毒、肝衰竭、震顫、痙攣、昏迷、嚴重呼吸抑制、暴力或自殘行爲、輕躁症、尿失禁等不良反應。市場黑話稱Liquid Ecstasy、Georgia Home Boy、G水、強姦藥片。取得不難，有醫師開立之處方箋即可至藥房購買。

(8) 甲酮（Norminox、Methaqualone）

甲酮能抑制中樞神經，服用後感到高潮式快感，隨之有平靜祥和感，出現感覺異常與異常出血現象、流鼻血、白血球稀少及再生不良性貧血等致命併發症。增加劑量後會產生中毒現象，例如：全身痙攣式抽搐、肌張力增加、瞳孔放大、發抖、支氣管分泌及唾液增多、肺水腫。也會造成低血壓、呼吸抑制、休克現象，如未及時急救會導致死亡。停藥三至五天後產生頭痛、噁心、厭食、腹絞痛、發抖、失眠等戒斷症候。市場黑話稱白板、弗得、忽得。取得也不難，有醫師開立之處方箋即可至藥房購買。

(9) K他命（Ketamine）

使用後出現噁心、嘔吐、複視、視覺模糊、影像扭曲、暫發性失憶及身體失去平衡等症狀，亦可使人產生無助、對環境知覺喪失，並伴隨著嚴重的協調感喪失及對疼痛感知降低，令吸食者處於極度危險狀態。其副作用爲心搏過速、血壓上升、震顫、肌肉緊張而呈強直性、陣攣性運動等，部分吸食者在恢復期會出現愉快的夢境、意識模糊、幻覺、無理行爲及胡言亂語，發生率約12%。其濫用者也被發現可能罹患慢性間質性膀胱炎，變得頻尿、尿急、小便疼痛、血尿、下腹部疼痛，嚴重者甚至會出現尿量減少、水腫等腎功能不全的症狀。長期使用會產生耐受性與心理依賴性，造成強迫性使用，不易戒除。目前爲物質濫用者的新寵。市場黑話稱褲子、下面、K菸、K仔、Special K等。一小包約新臺幣300-400元。因取得容易，價格不高，使用者相對多。

(10) 三唑他（Halcion、Triazolam）

　　長期使用會產生耐受性、依賴性及出現嗜睡、步履不穩、注意力不集中、記憶力和判斷力減退等症狀。突然停藥可能產生戒斷症狀，包括初期的表徵類似焦慮症狀，接著可能會出現焦慮增加、感覺障礙（如感覺異常、畏光、嗜睡、有金屬味覺）、類似流行性感冒症狀、注意力無法集中、疲倦、不安、厭食、頭暈、出汗、嘔吐、失眠、暴躁、噁心、頭痛、肌肉緊張、抽搐、顫抖等。單純只是苯二氮平類藥物（Benzodiazepines）鎮靜劑使用過量患者，大都呈現肌肉過度鬆弛及深度睡眠狀態，較少造成死亡，惟若與酒精或其他中樞神經抑制劑併用，則危險性大為提高，亦有許多濫用者因精神恍惚造成意外或因吸入嘔吐物而致死。市場黑話又稱小白板。有醫師開立之處方箋即可至藥房購買。

(11) 西可巴比妥（Seconal、Secobarbital）

　　使用後會產生意識障礙、偶有欣快感，長期使用會產生耐受性、依賴性及出現嗜睡、步履不穩、注意力不集中、記憶力和判斷力減退等症狀。服用過量會造成運動失調、暈眩、呼吸困難、低血氧、酸中毒、循環障礙、視覺障礙、昏迷，甚至致死。突然停藥會有戒斷症狀發生，如頭痛、噁心、虛弱、焦慮不安、盜汗、顫抖、腹部疼痛，甚至產生發燒、痙攣、昏迷致死。市場黑話稱紅中。

(12) 異戊巴比妥（Amytal、Amobarbital）

　　使用後會出現意識障礙、偶有欣快感，長期使用會產生耐受性、依賴性及出現嗜睡、步履不穩、注意力不集中、記憶力和判斷力減退等症狀。服用過量會造成運動失調、暈眩、呼吸困難、低血氧、酸中毒、循環障礙、視覺障礙、昏迷，甚至致死。突然停藥會有戒斷症狀發生，如頭痛、噁心、虛弱、焦慮不安、盜汗、顫抖、腹部疼痛，甚至產生發燒、痙攣、昏迷致死。市場黑話稱青發。

(13) 硝甲西泮（硝甲氮平）（Nimetazepam）

　　高劑量有催眠效果，中劑量具抗焦慮效果，低劑量則具鎮靜效果。若每天持續使用，約四至六週便會產生依賴性，長期使用會出現嗜睡、步履不穩、注意力不集中、記憶力和判斷力減退等症狀；突然停藥可能產生戒斷症狀，包括初期的表徵類似焦慮症狀，接著可能會出現焦慮增加、感覺障礙

（如感覺異常、畏光、嗜睡、有金屬味覺）、類似流行性感冒症狀、注意力無法集中、疲倦、不安、厭食、頭暈、出汗、嘔吐、失眠、暴躁、噁心、頭痛、肌肉緊張、抽搐、顫抖等。市場黑話稱一粒眠（Erinim）、眠仔、綠豆、紅豆、K5。一粒約新臺幣20-50元。

(14) 佐沛眠（Zolpidem）

學名藥爲史蒂諾斯（Stilnox），在臺灣高達19張許可證，屬最被濫用的安眠藥，是一種短效、非苯二氮平類（non-Benzodiazepines）安眠鎮定劑，臨床上用於失眠症的短期治療，但因其藥理作用仍類似苯二氮平類（BZD/BDZ）安眠鎮定劑。服用佐沛眠偶爾會出現短暫失憶、無法自我控制及類似夢遊般的症狀。極少數患者在服用之後會無意識地四處行走、拿東西、搬東西，甚至到外面購物，嚴重時還會出現一些不合宜的行爲，例如：當衆脫衣服等，事後則完全不記得這段經過。有些人則會出現無法自我控制的情形，平日的怒氣會發洩出來，甚至可能出現攻擊行爲。其他還有嗜睡、頭昏、頭痛、噁心、嘔吐、腹瀉、意識不清、輕度昏迷等副作用。長期使用佐沛眠會導致藥物依賴性，當停止使用時會有戒斷症狀產生，也經常伴隨反彈性失眠（rebound insomnia）的症狀，無法好好睡眠。醫師處方就可購得。2004年起就是臺灣鎮靜安眠藥的第一名，2007年使用佐沛眠的量爲1,300餘萬顆，是2003年的2.17倍。史蒂諾斯雖然比苯二氮平類藥物（BZD/BDZ）較不會成癮。但是，劑量超過四顆半（45mg）後濫用風險就增加。

(15) 三氮二氮平（Alprazolam, Xanax）

成分爲安柏寧（Alprazolam），屬苯二氮平類安眠鎮靜劑。長期使用會產生耐藥性、依賴性及出現嗜睡、步履不穩、注意力不集中、記憶力和判斷力減退等症狀，突然停藥會產生戒斷症候群。如前所述，單純只是苯二氮平類（BZD/BDZ）使用過量患者，大都呈現肌肉過度鬆弛及深度睡眠狀態，較少造成死亡，惟若與酒精或其他中樞神經抑制劑併用，則危險性大爲提高，亦有許多濫用者因精神恍惚造成意外或因吸入嘔吐物而致死。市場黑話稱蝴蝶片、藍色小精靈。

(16) 二氮平（Diazepam, Valium）

屬苯二氮平類（BZD or BDZ）鎮定安眠劑，主成分爲氟硝西泮（Flunitrazepam 2mg）。爲強力安眠藥，迅速誘導睡眠，如依照醫生指示使

用，會使緊張及焦慮減輕，有安詳鬆弛感，具心理及生理依賴性，過量使用會引起嗜睡、注意力無法集中、神智恍惚及昏迷現象，並造成反射能力下降、運動失調、頭痛、噁心、焦躁不安、性能力降低、思想及記憶發生問題、精神紊亂、抑鬱等情況。急性中毒因中樞神經極度抑制而產生呼吸抑制、血壓驟降、脈搏減緩、意識不清及肝腎受損，終至昏迷而死。安眠鎮定劑是意外或非意外過量用藥事件中最常見者，不論劑量多寡，都可能對駕駛或操作複雜儀器等技能造成不良影響。戒斷症候包括焦慮、失眠、發抖、妄想、囈語、痙攣，亦有可能致死。苯二氮平類（BZD/BDZ）藥物被濫用情形有增加趨勢，如下毒當作強暴犯罪工作，將被害者迷昏予以性侵害、作為自殺工具等。市場黑話稱安定、煩寧、凡林、FM2、約會強暴丸、十字架、615、815、強姦藥丸。

(17) 一氧化二氮、氧化亞氮（N2O）

　　吸入後產生欣快感、伴隨臉潮紅、暈眩、頭臉的刺痛感、低血壓反射、心跳加速，甚至暈厥及幻覺。因無色無味，易吸入過量，一旦濃度大於80%或長期慢性使用約2-3個月，會產生周邊神經病變，如：麻痺、耳鳴、不能平衡、衰弱、反射減弱及亞急性脊髓合併退化等症狀，並可能產生精神疾病，如：幻覺、失憶、憂鬱等；另外可能產生的副作用尚有肺氣腫、氣胸等。時下青少年未加入氧氣使用，加上PUB內的酒精或併用其他藥物，更易有中毒危險，會造成嚴重身心傷害。市場黑話稱笑氣、吹氣球。

(18) 強力膠或有機溶劑

　　強力膠的溶劑主要是甲苯，是日常生活中常用的木板、皮革黏著劑，但是卻被當作用來吸食以忘卻煩惱的毒品。其吸食是將強力膠擠出，置入塑膠袋中，用手摩擦後再以口鼻吸其氣味，初期會有興奮作用，產生幻覺與欣快感、飄飄然，達到忘我作用。但對外界刺激極敏感，易衝動而產生偏差行為。若繼續吸食，隨著血中甲苯濃度增加會產生神智錯亂、運動失調、無方向感等中樞神經抑制症狀。市場黑話稱煉丹。因價格便宜，取得容易，而成為1970年代臺灣少年常用的廉價物質濫用品。

2. 中樞神經興奮劑

(1) 古柯鹼（Cocaine）

數千年前，南美洲的印第安人即有嚼食含有古柯鹼的科卡（coca）樹葉，這是一種生長在祕魯的植物。西班牙殖民統治者將其帶到歐洲，南美洲至今仍是古柯鹼最大的產地。古柯鹼是歐洲、美加等國第二大被濫用的毒品，僅次於大麻。因其價格昂貴，故被稱爲富人毒品。以歐洲國家來說，2008年資料顯示，近1,200萬人（3.6%）曾使用過古柯鹼，400萬人（1.2%）於去年還在使用，200萬人（0.5%）上個月還在使用。美國則是世界上最大的古柯鹼消費國。依據聯合國2007年統計，西班牙人民使用古柯鹼的比例最高（3.0%），其次是美國（2.8%）、英國（2.4%）、加拿大（2.3%）、義大利（2.1%）、玻利維亞（1.9%）、智利（1.8%）、蘇格蘭（1.5%）等。古柯鹼使用初期會產生興奮、精力旺盛、注意力敏銳、思路清晰等主觀感覺，劑量增加後會產生視幻覺、觸幻覺、聽幻覺、感覺扭曲、多疑、猜忌、妄想等精神症狀。使用過量會產生胡言亂語、呼吸衰竭、心臟麻痺，甚至導致死亡。停止使用會產生憂鬱、焦慮、渴求藥物而變爲全身疲勞、嗜睡，經喚醒後發生過度攝食、繼續再睡、憂鬱及快感缺乏等現象之戒斷症狀。市場黑話稱可卡因、快克、crack、snow。因爲價格昂貴，有行無市。

(2) 安非他命（Amphetamine）、甲基安非他命（Methamphetamine）

初用時會有提神、振奮、欣快感、自信、滿足感；多次使用後，前述感覺會逐漸縮短或消失，不用時會感覺無力、沮喪、情緒低落而致使用量及頻次日增。長期使用會造成如妄想型思覺失調症之安非他命精神病，症狀包括猜忌、多疑、妄想、情緒不穩、易怒、視幻覺、聽幻覺、觸幻覺、強迫或重覆性的行爲及睡眠障礙等，亦常伴有自傷、暴力攻擊行爲等。停用之戒斷症狀包括疲倦、沮喪、焦慮、易怒、全身無力，嚴重者甚至出現自殺或暴力攻擊行爲。因具有抑制食欲作用，常被摻入非法減肥藥中，使用者在不知情的情況上癮，並造成思覺失調症、妄想症等副作用。市場黑話稱安公子、安仔、冰糖、冰塊、鹽、Speed、糖果、冰毒。

(3) 搖頭丸（MDMA）

具有安非他命的興奮作用及三甲氧苯乙胺（Mescaline）的迷幻作用。口服後會有愉悅、多話、情緒及活動力亢進的行爲特徵。使用者會有與安非

他命及古柯鹼相似之副作用：精神症狀如混淆不清、抑鬱、睡眠問題、渴求藥物、嚴重焦慮、在使用期間或數週後產生誇大妄想等；生理症狀有食慾不振、心跳加快、精力旺盛、運動過度、肌肉緊張、非隨意牙關緊閉、噁心、嘔吐、視力模糊、眼球快速轉動、軟弱無力、寒顫或流汗、疲倦及失眠等。而中毒症狀包括體溫過高（可高達43℃）、脫水、低血鈉、急性高血壓、心律不整、凝血障礙、橫紋肌溶解及急性腎衰竭等症狀，嚴重者可能導致死亡。由於中樞神經抑制能力減弱，加之易產生不會受傷害的幻想，濫用者往往對行為能力的安全性掉以輕心，造成意外。市場黑話為快樂丸、綠蝴蝶、亞當、狂喜、忘我、Ecstasy、衣服、Eve、夏娃。一顆約新臺幣250-300元。

(4) 副甲氧基安非他命（PMA）

　　副甲氧基安非他命的作用與搖頭丸相似，兩者皆屬於中樞神經興奮劑及幻覺劑，但PMA毒性較MDMA為大。其不良作用包括有：中樞神經及交感神經興奮作用、體溫上升、心跳速率加快，產生異常亢奮、脫水、心律不整、血壓上升、抽搐痙攣、幻覺等現象，易造成中風或腦內出血，嚴重則會導致死亡。市場黑話有Chicken Yellow、Chicken Powder，常以Ecstasy或MDA販賣。價格不確定。

(5) 對—甲氧基甲基安非他命（para-methoxymethamphetamine, PMMA）

　　有類似MDMA副作用，會使心跳加快血壓體溫上升，PMMA未如MDMA般，產生幻覺的效果，PMMA的產生效果指數較MDMA低，且在產生效果的劑量就達到毒性劑量，PMMA較PMA無刺激活性，其副作用有：降低說話及與他人互動的動力，另會產生冒汗、重度眼球震顫、身體僵硬、胃痛及頭痛等症狀。屬另類搖頭丸。價格不確定。

(6) 甲基卡西酮（Mephedrone）

　　α-甲基氨基苯丙酮，又稱甲基卡西酮。施用後有欣快、興奮等作用，會產生類似甲基安非他命與搖頭丸的效果，但因作用時間短，故施用者會不斷追加劑量。呼吸系統方面會有嚴重鼻出血、鼻灼熱感、呼吸困難等情況；心臟血管方面會有心臟病發作、嚴重的血管收縮、血壓上升、心悸、心律不整、潮紅、胸痛、多汗、四肢冰冷等症狀；精神症狀方面會引起幻覺、妄想、錯覺、焦慮、憂鬱、激動不安、興奮等；同時也會引起神經系統問題，包括短期記憶喪失、記憶力不集中、瞳孔放大等；肌肉骨骼系統問題則

包括痙攣或抽蓄、牙關緊閉、磨牙等。市場黑話稱drone、bubble（泡泡）、meow meow（喵喵）。價格不確定。

3. 中樞神經迷幻劑

(1) 大麻（Marijuana）

大麻（Cannabis）主要原料採自大麻葉雌株花、葉、莖的草藥大麻（Marijuana），吸食後會產生心跳加快、妄想、幻覺、口乾、眼睛發紅等現象。長期使用會造成記憶、學習及認知能力減退、體重增加、免疫力降低、不孕症、精子減少、精子活動減退及對周遭事務漠不關心之「動機缺乏症候群」。一旦產生依賴性，突然停用會產生厭食、焦慮、不安、躁動、憂鬱、睡眠障礙等戒斷症狀。市場黑話稱飯團、便當，又分「葉子」與「草仔」。價格一盎司約新臺幣800元，大麻煙一根約600-1,000元，小包（0.8g）約1,000-2,000元。

(2) 麥角乙二胺（LSD）（Lysergide）

使用者生理上會有體溫、心跳及血壓上升、瞳孔放大、口乾、震顫、噁心、嘔吐、頭痛等現象；情緒及心理上產生欣快感、判斷力混淆、失去方向感及脫離現實感、錯覺及幻覺，感覺異常，嚴重者還會出現焦慮、恐慌、胡言亂語、精神分裂症、自傷、自殺等暴力行為。若使用過量會導致抽搐、昏迷，甚至死亡。長時間使用會產生耐受性、心理及生理依賴性，並產生「倒敘現象」——即使已經很久沒有使用LSD，但精神症狀或幻覺仍會不預警地隨時發生。許多濫用者係因判斷力混淆、幻覺及脫離現實感，因而對自身行為安全掉以輕心，造成意外傷害甚至死亡。市場黑話稱Acid、一粒沙、ELISA、白色閃光、Broomer、加州陽光、搖腳丸、方糖、老鼠屎。價格不確定。

(3) 苯環利定（PCP）（Phencyclidine）

屬於一種反社會性麻醉劑，因為使用者似乎有意與環境脫勾。有時是刺激物，有時是抑制物，有時是麻醉劑，有時會出現幻覺，端視用藥的劑量與方式而定。產生的效果與服用迷幻藥（LSD）所產生的幻覺不同，沒有視覺幻覺，PCP會對人體內圖像感造成改變。除了扭曲現實外，它還會造成懼怕的副作用，例如恐懼與混淆的感覺。市場黑話稱天使塵（Angel Dust）、小豬（Hog）、火箭燃料（Rocket Fuel）、DOA、和平丸（Peace Pill）、Love boat。價格不確定。

(4) 西洛西賓（Psilocybine/Psilocybin）

　　西洛西賓蕈類，即裸蓋菇，俗稱迷幻蘑菇、神奇魔菇或魔菇，是含有裸蓋菇素和脫磷酸裸蓋菇素等迷幻物質的蕈類。它們在生物屬分類上涵蓋田頭菇屬、錐蓋傘屬、灰斑褶菇屬、盔孢傘屬、老傘屬、裸傘屬、韌傘屬、絲蓋傘屬、小菇屬、斑褶菇屬、光柄菇屬及裸蓋菇屬，總共約190種，其中又以裸蓋菇屬為大宗。使用後會出現噁心、嘔吐、肌肉無力、呵欠、嗜睡、流淚、面潮紅、瞳孔放大、出汗、缺乏協調性等。魔菇的劑量很難控制，作用時間也不大相同，端視其種類、大小及成熟度而定。其他不良反應尚包括：頭昏眼花、腹瀉、口乾、坐立不安等。食用後約20分鐘內，即可感到肌肉放鬆、心跳過速、 瞳孔放大、口乾、噁心感及迷幻作用。較高劑量下則出現視覺上的幻覺及知覺扭曲，效用可維持至6小時。價格不確定。

(5) 4－溴－2,5－二甲氧基苯基乙基胺（4-Bromo-2,5-dimethoxy henethylamine; 2C-B）

　　為一種新型合成迷幻劑，國內亦有出現其同源物2C-I及2C-C。其結構雖與興奮劑安非他命接近，但藥性卻屬於幻覺劑，與俗稱搖腳丸之第二級毒品LSD的藥效極為相近，因具迷幻作用而濫用，曾以粉末形態或錠劑被非法販售。易有嚴重驚恐的精神反應，亦可能有暫時性的精神病或記憶喪失。開始用藥前幾天因身體或者心理上之不適，使得服用後感到嚴重地不舒服、悲傷或驚恐。有癲癇、痙攣、糖尿病或者心臟疾病，可能會因使用2C-B而加重。若感情或心理上有劇變的人，2C-B可能使情況更糟。有思覺失調症家族病史或早期精神症狀者，可能會加劇其潛在心理和精神疾患。市場黑話為六角、Nexus、Bees。價格不確定。

(6) 色胺類5-MeO-DIPT

　　5-MeO-DIPT屬色胺類（Tryptamine），為一種口服用毒品。具有幻覺效果，是屬於安非他命的衍生物。副作用包括使瞳孔放大、噁心、下顎緊閉、肌肉緊張過度、高血壓及心跳過速等症狀，過量使用具致命危險。在國外常被當作俱樂部藥物。2010年8月30日毒品審議委員會及2010年9月30日管制藥品審議委員會，已決議列為第四級毒品及管制藥品。市場黑話稱火狐狸。價格不確定。

(7) RU486

RU486能阻斷黃體素接受器而達到終止早期妊娠的作用,單獨使用於懷孕6週以內的婦女,其墮胎的成功率約為8成,若於RU486給藥後36至48小時間合併使用前列腺素,其流產的成功率可達9成以上;平均陰道出血時間為8天。使用單一劑量的RU486可能引起輕微的嘔吐、噁心、出血、頭痛、腹痛、疲勞;若長期使用RU486,則除了噁心、嘔吐外,還可能會有體重減輕、無月經、熱潮紅、性欲降低、毛髮變細等症狀。俗稱墮胎丸。醫師處方,一顆1,500-2,000元。

參、臺灣物質濫用的發展

一、清末、日治時期的鴉片

罌粟經由大食進貢而傳入大唐帝國,大多在宮廷中享用。直到清初傳至民間,到清朝中葉,罌粟種植已遍及全國。除了皇親國戚食用外,仕紳富商也加入。1840年的鴉片戰爭,清帝國戰敗,大開鴉片進口之門。臺灣當時也與清帝國一樣全島公然販賣、吸食鴉片。當時鴉片在臺灣用閩南語稱「阿片」。

日治初期,1897年臺灣總督府民政長官後藤新平頒布舉世聞名的「臺灣鴉片令」,欲以專賣制度與特許吸食作為政府管制吸食鴉片人數的漸禁手法,但無積極輔導勒戒,吸食鴉片的行為也逐漸引來臺灣人的不滿。臺灣總督府在決定施行鴉片專賣後,即由官方先徵收民間私有鴉片,並於1896年(明治29)3月31日,設置製造鴉片的工場,稱為「製藥所」,專責鴉片的官產官營。1904年鴉片工場由臺北小南門外原製藥所轉移到南門工場內,為當時製造及試驗樟腦、鴉片兩大專賣品重鎮。1897年吸食特許者5萬人,1904年新給特許3萬餘人,1908年又特許1萬6千人,每年皆有增加特許人數,至1928年總共追加特許計有17萬餘人。這種每年皆增加特許的作法,引起臺灣有識之士的反彈。直到蔣渭水領導的臺灣民眾黨在1930年促請國際聯

盟前來臺灣調查後，臺灣總督府才有較積極的輔導戒癮措施，並在杜聰明博士研究出的鴉片戒斷方式下逐漸改善。直至1945年國民政府遷臺後，鴉片及鴉片專賣才由中央明令禁止，並廢除專賣。

在日治時期後期，由於臺灣人民族的覺醒，抵制「阿片」逐漸有成，吸食者顯著減少，因此阿片的專賣收入也就跟著減少，當時臺灣阿片的進口是由三井物產獨占。由於阿片吸食者減少，臺灣總督府於是在1929年1月頒布《改正鴉片令》，重新發給吸食者許可證。這項法令頒布之後，引起全臺有識之士的憤怒。然而，撰寫臺灣通史的連橫先生於1930年3月2日在臺灣日日新報撰稿討論〈臺灣阿片特許問題〉，該文又被稱為「新阿片政策謳歌論」、「鴉片有益論」，頌揚吸食鴉片之利。連橫說：「臺灣人之吸食阿片，為勤勞也，非懶惰也；為進取也，非退守也！」日治初期吸食鴉片特許，臺灣有16萬人以上吸食鴉片，30年後，僅剩2萬5千人吸食。連橫認為這是日治時期漸禁政策的功效。「此種鴉片有益論，成為連雅堂一生的汙點。」（陳明道，2003）

二、1960年代的嗎啡

隨著國民政府禁止鴉片專賣以後，吸食鴉片人數漸少。由罌粟提煉出來的嗎啡本是作為醫療止痛劑之用，後來外流成為臺灣毒癮者取代鴉片的新物質。「吃阿片、吸嗎啡」就連在一起，描繪那些吸毒者。這些吸毒者已不再是上流社會、殷商富戶、文人仕紳，而是黑道幫派、墮落男女。

三、1970年代的強力膠、速賜康

不論是鴉片、嗎啡的價格仍高，不是一般少年能負擔得起。於是，吸食強力膠就成為臺灣少年踏入毒品的第一步。強力膠容易取得，而且又使用方便，攜帶不違法，所以在其他俱樂部藥物未引進臺灣之前，吸膠成為1960-

1970年代臺灣少年藥物濫用的首位。於是，1975年10月23日，政府決定在強力膠中添加微量芥子油，使具刺激性和作嘔感覺，以防止青少年吸食強力膠。目前在坊間買到的作為木材、塑膠、皮革、錦紗、金屬等黏接劑的工業用強力膠都會添加0.3%的芥子油，使其味道辛辣嗆鼻，但即使如此，如今還是有人不畏辛辣，繼續吸食。在牆角、公園、地下道、廁所垃圾桶，偶而還是會發現被拋棄的吸食強力膠後因搓揉而殘留結疤的塑膠袋。臺灣在流行強力膠的同時，另一種廉價的毒品「速賜康」也在下層社會大肆流行，原因是當時「嗎啡」等一級毒品來源不易，在物稀為貴情形下，價格飆漲，因此有人製造出一種次級麻醉藥品「速賜康」（潘他唑新）代替，價錢便宜，刑期較輕，又容易購得，幾乎在西藥房就可買到，因此吸食者日眾，甚至家庭主婦都在嘗試。不過施打「速賜康」必須混合市面上都能買得到的過敏藥「美娜水」當調和劑，再施打於體內，「美娜水」攜帶不便，容易曝光，警方根據「美娜水」追查過許多「速賜康」案件。雖然，「速賜康」已是骨董級的毒品，偶而還是會在物質濫用者圈子裡找到其影子。共用美娜水施打速賜康，導致感染愛滋的案例也出現過。

四、1980年代出現的紅中、白板、青發

　　1980年代的臺灣已經進入世人稱羨的亞洲四小龍的富裕社會，股票市場從1980年代初的2,400點上下，快速攀升到1980年代末的萬點；房地產飛漲，一夜致富的田僑仔（因田地變成住宅用地而興建致富的農夫），或是股票投資客，不只是美食洋酒續攤，更是夜夜笙歌。都市的繁華地段霓虹燈閃爍，燈紅酒綠，酒店（制服或便服）、包廂冰果室、MTV包廂林立；六合彩、大家樂、電動玩具等賭博也跟著流行，脫衣舞秀、電動花車也順勢走紅。

　　新的藥物也蠢蠢欲動。強力膠、速賜康等不方便施打的藥物，不再受愛用者喜歡，嗎啡、鴉片等古老的藥物又不容易取得，於是，新型的藥物如紅中、白板、青發等趁機而入。紅中藥名為西可巴比妥（Seconal、

Secobarbital），白板藥名爲甲酮（Norminox、Methaqualone），青發藥名爲異戊巴比妥（Amytal、Amobarbital），都屬於中樞神經抑制劑。取名紅中、白板、青發是依其顆粒外型像麻將牌而成爲使用者流通的黑話。此時臺灣的摸摸茶店、脫衣舞秀場（俗話稱牛肉場）消費的是女性肉體，KTV酒店則是談生意、喝酒兼消費美色的地方，1970年代已流行於美國各大城市的脫衣舞廳、俱樂部的俱樂部藥物（club drugs）尚未傳入臺灣，不過距離也越來越近了。

其實，中美斷交後迪斯可舞（Disco）已在臺北盛行，最早一些大飯店有Disco Pub，提供外國客人跳舞喝酒。1980年代Pub進入臺灣，在臺北市中山區六條通（林森北路）及雙城街，幾乎都是在小巷內，小家的美式、英式小酒吧，提供出外的老外、上班族下班喝酒聊天的地方。1988年開始，流行舞廳大部分都會掛著Disco經營。Pub是public house的簡稱，是一種提供各式各樣的烈酒、調酒、啤酒、飲料的地方，人們在那裡一面喝酒、喝飲料，一面聊天、社交、放鬆心情。如果場地大一些，會加上音樂表演、跳舞助興等活動。羅馬帝國、英國被認爲是Pub的發源地。

五、1990年代的安非他命與俱樂部藥物

1989年臺灣出現安非他命，1997年俱樂部藥物開始流行於臺灣的酒店、夜店。夜店不見得就是充斥一夜情、炮友、名牌、跑車、帥哥、辣妹、正妹（含喝醉被撿屍的女子）、酒、藥等的地方。夜店是一種都市的次文化，也是一種社交場所、建立友誼的場所，當然，也是好奇的青年男女尋找短暫情愛的地方，更是有心人獵性漁色的場所。

1992年起臺北的Pub風形成，部分舞廳也加入了Pub的元素，使舞廳不光只是跳舞的地方，原本單純買門票進場跳舞的消費者有了更多元的選擇。不但在節目上更多元，加入了現場樂團駐唱（Live Band），舞廳裡也加入了Pub才有的多樣化選擇的調酒、烈酒，以及美式小餐點，不再是只有一檯飲料供應機撐場的局面。從此，臺灣的Pub變得更多元，有些有Live Band，有些結合餐廳，後來發展成吃到飽的餐廳（buffet），後來也有些夜店發展成

紅酒喝到飽,表示Pub競爭非常激烈。

1996-1997年開始受到歐美音樂革命的影響,電子音樂的興起對夜店的影響猶大。維持將近10年的傳統Disco舞曲加上現場樂團演唱的Disco Pub已經不能滿足消費者的需要,於是一些觀念前衛的夜店業者開始嘗試將最先進的純電子音樂節目元素引進臺灣。電子音樂爲主要賣點的Pub,不需要輪番上陣的DJ與樂團穿插式的節目安排。

許多年輕的科技新貴與企業第二代小開,或是隻身在臺灣工作的老外,對於臺灣特有的夜生活雖然嚮往,但對複雜的酒店往往望之卻步,反而是臺北東區興起的Lounger Bar等夜店,常會發現他們的蹤跡。這些地方除了金光閃閃,經常也是星光熠熠,不少影劇圈內藝人都是夜店的常客。由於夜店都是富二代與名人出入,自然成爲許多年輕女性想要結識多金小開與政商名流的管道。特別是有些夜店有lady's night,女性12點入場免費等花招吸引大批大學女生禮拜三下課,化好妝就趕去夜店狂歡。

夜店雖不必然是酒色毒兼具的地方,但是,無疑地,歐美俱樂部藥物隨著美酒、流行音樂、性開放而進入臺灣的夜店。例如,1997年以後MDMA、K他命、一粒眠、FM2、GHB、LSD等紛紛進入臺灣,夜店常是最佳的流通管道。少年不能出入夜店,卻可以到KTV唱歌,往往利用慶生歡唱機會,順便吸食毒品。

六、2000年代以來的混合藥物

因應新型的藥物推陳出新,2001年8月21日將列爲二級毒品之MDMA公告爲濫用藥物尿液檢驗新增檢驗項目。K他命也於2002年1月23日經行政院公告增列爲第三級毒品。由於K他命的流行氾濫,在查獲的毒品中占8成,於是,民意代表、媒體及社會各界建議K他命改列爲第二級毒品議題,2012年12月7日K他命經毒品審議委員會審議結果仍維持第三級毒品。2004年1月9日「毒品危害防治條例」修正通過增列四級毒品,第四級毒品的「一粒眠」位居查緝毒品種類第四位。2005年以後俱樂部藥物,藥種混合多元、多重物質濫用更普遍。2006年8月8日又將「一粒眠」改爲第三級毒品,一粒眠

位居查緝毒品種類第三位。2009年5月20日修法通過,增加兩款處罰規定,分別是毒品危害防制條例第11-1條第二款:「無正當理由持有或施用第三級或第四級毒品者,處新臺幣1萬元以上5萬元以下罰鍰,並應限期令其接受4小時以上8小時以下之毒品危害講習。」2010年8月30日毒品審議委員會及2010年9月30日管制藥品審議委員會,已決議將火狐狸列為第四級毒品及管制藥品。

2014年內政部警政署刑事警察局受理鑑驗案件中,竟然發現有160件檢體同時混合高達9種成分,包括2種卡西酮類興奮劑:Mephedrone、Methylone,3種安非他命類興奮劑:Chloroamphetamine、Amphetamine、Methamphetamine,3種中樞神經抑制劑:Ketamine、Phenazepam、Nimetazepam(俗稱紅豆)及咖啡因等。很難想像將這麼多藥理作用相反或相似的濫用物質混用使用後,會對身體造成多麼嚴重的傷害,若再與含酒精飲料併用,可能導致藥效加劇,發生無法預期的藥效,嚴重者甚至導致死亡。

2015年1月21日,衛生福利部食品藥物管理署公布新興濫用物質檢出前5名分別為Methylone(bk-MDMA)10,251件、Mephedrone(俗稱喵喵)7,396件、MDPV(俗稱浴鹽)1,887件、TFMPP 1,613件及氯安非他命(Chloroamphetamine)1,570件,前3名皆為具中樞神經興奮作用之卡西酮類,其中高達8成同時檢出多種成分,顯示新興濫用物質混合使用之問題日益嚴重。同時,為了方便攜帶與流通,傳統吸食毒品的方式也改變,將濫用物質噴灑在乾燥花上裝成花草茶包,或將濫用物質溶於水後,以方形厚紙片浸泡製成「毒郵票」,或將濫用物質製成「毒果凍」、毒巧克力、毒糖果,或混入飲料製成毒飲料、含毒護唇膏,或仿吊耳掛式咖啡製成即溶毒咖啡等,無奇不有。而這些新式的毒品包裝也很容易流入少年手中。

2016年12月4-7日發生在臺北市W Hotel的集體吸毒派對,導致郭姓小模離奇死亡案,死者遺體驗出安非他命、搖頭丸及春藥駕鴦錠等毒品反應。郭姓小模生前曾打電話向女友人求救,她用微喘的聲音說:「妳知道剛剛有多恐怖嗎?有個妹剛吃完(毒品)半顆才剛沒多久就吐了,結果她自己又吃,她就撞到牆,很嚴重。」後來郭姓小模又很驚恐地說:「有個女生也吃完半顆後,就開始抽筋,感覺已經進入另一個世界,現場根本是群魔亂

舞。」顯示，混用毒品的情形在摩鐵集體性、毒趴中頗爲嚴重。

　　2017年2月20日，空軍清泉崗基地發現27小包安非他命被丟棄在停機坪附近，接著又陸續發現總計高達53小包毒品，散落在營區球場、車棚、跑道、宿舍、停機坪周邊、水溝等地，範圍綿延約2公里。軍方隨即對基地內上千名官兵進行驗尿篩檢，發現有20人初驗呈現陽性反應，複驗後仍有8人呈現陽性反應，但是被驗出的是第一級毒品反應，與被丟包的第二級毒品不同。顯示我國毒品濫用情形，不只是年齡向下蔓延，也向學校、軍隊滲透。

肆、我國物質濫用防制的立法

　　我國的毒品防制立法最早是民國44年6月3日總統制定公布全文22條的「戡亂時期肅清煙毒條例」，這個法選擇在「六三禁菸節」公布施行。其用意至爲清楚。之後，62年6月21日修正公布第4、9條條文。81年7月27日修正公布名稱及第1、4、5、7～12、14條條文，修正名稱爲「肅清煙毒條例」，因爲已解除戒嚴。87年5月20日修正公布名稱及全文36條，改爲現名稱物質「毒品危害防制條例」。

一、毒品危害防制條例

　　毒品危害防制條例所稱毒品，指具有成癮性、濫用性及對社會危害性之麻醉藥品與其製品，及影響精神物質與其製品。毒品依其成癮性、濫用性及對社會危害性分爲四級，其品項如下：

　　1.第一級：海洛因（heroin）、嗎啡（morphine）、鴉片（opioids）、古柯鹼（cocaine）及其相類製品，計9種。

　　2.第二級：罌粟、古柯、大麻、安非他命、配西汀、潘他唑新及其相類製品，計179種。例如：安非他命、MDMA、大麻、LSD（搖腳丸）、GHB（G水）、PCP（天使塵）、Psilocybin、Psilocine、速賜康、PMA、白板、狄芬諾西萊等。

3. 第三級：西可巴比妥、異戊巴比妥、納洛芬及其相類製品，計44種。例如：K他命、Nimetazepam（一粒眠、K5、紅豆）、FM2、小白板、紅中、青發、2C-B、PMMA、喵喵等。

4. 第四級：二丙烯基巴比妥、阿普唑他及其相類製品，計71種。例如：Zolpidem（佐沛眠）、Alprazolam（蝴蝶片）、Diazepam（安定、煩寧）、火狐狸等。

前項毒品之分級及品項，由法務部會同衛生福利部組成審議委員會，每三個月定期檢討，報由行政院公告調整、增減之，並送請立法院查照。醫藥及科學上需用之麻醉藥品與其製品及影響精神物質與其製品之管理，另以法律定之。

依毒品危害防制條例第4-11條規定，毒品罪刑責如下表12-1。

表12-1　各級毒品罪刑責

	第一級毒品	第二級毒品	第三級毒品	第四級毒品	製造、運輸、販賣專供製造或施用毒品之器具
1.製造、運輸、販賣	死刑或無期徒刑（得併科2千萬元以下罰金）。未遂犯罰之。	無期徒刑或7年以上（得併科1千萬元以下罰金）。未遂犯罰之。	7年以上（得併科7百萬元以下罰金）。未遂犯罰之。	5年以上12年以下有期徒刑，得併科3百萬元以下罰金。未遂犯罰之。	1年以上7年以下有期徒刑，得併科1百萬元以下罰金。
2.意圖販賣而持有	無期徒刑或10年以上（得併科7百萬元以下罰金）。	5年以上（得併科5百萬元以下罰金）。	3年以上10年以下（得併科3百萬元以下罰金）。	1年以上7年以下有期徒刑，得併科1百萬元以下罰金。	1年以上7年以下有期徒刑，得併科1百萬元以下罰金。

	第一級毒品	第二級毒品	第三級毒品	第四級毒品	製造、運輸、販賣專供製造或施用毒品之器具
3.強暴、脅迫、欺瞞或其他非法之方法使人施用	死刑或無期徒刑或10年以上（得併科1千萬元以下罰金）。未遂犯罰之。	無期徒刑或7年以上（得併科7百萬元以下罰金）。未遂犯罰之。	5年以上（得併科5百萬元以下罰金）。未遂犯罰之。	3年以上10年以下有期徒刑，得併科3百萬元以下罰金。未遂犯罰之。	
4.引誘他人施用	3年以上10年以下（得併科3百萬元以下罰金）。未遂犯罰之。	1年以上7年以下（得併科1百萬元以下罰金）。未遂犯罰之。	6月以上5年以下（得併科70萬元以下罰金）。未遂犯罰之。	3年以下有期徒刑，（得併科50萬元以下罰金）。未遂犯罰之。	
5.轉讓	1年以上7年以下（得併科1百萬元以下罰金）。未遂犯罰之。轉讓毒品達一定數量者，加重其刑至二分之一，其標準由行政院定之。	6月以上5年以下（得併科70萬元以下罰金）。未遂犯罰之。轉讓毒品達一定數量者，加重其刑至二分之一，其標準由行政院定之。	3年以下（得併科30萬元以下罰金）。未遂犯罰之。轉讓毒品達一定數量者，加重其刑至二分之一，其標準由行政院定之。	1年以下有期徒刑，得併科10萬元以下罰金。未遂犯罰之。轉讓毒品達一定數量者，加重其刑至二分之一，其標準由行政院定之。	

	第一級毒品	第二級毒品	第三級毒品	第四級毒品	製造、運輸、販賣專供製造或施用毒品之器具
6.施用	6月以上5年以下。	3年以下。			
7.持有	3年以下、拘役或5萬元以下罰金。持有第一級毒品純質淨重10公克以上者，處1年以上7年以下有期徒刑，得併科1百萬元以下罰金。	2年以下、拘役或3萬元以下罰金。持有第二級毒品純質淨重20公克以上者，處6月以上5年以下有期徒刑，得併科70萬元以下罰金。	持有第三級毒品純質淨重20公克以上者，處3年以下有期徒刑，得併科30萬元以下罰金。	持有第四級毒品純質淨重20公克以上者，處一年以下有期徒刑，得併科10萬元以下罰金。	持有專供製造或施用第一級、第二級毒品之器具者，處一年以下有期徒刑、拘役或1萬元以下罰金。

　　東方國家對毒品製造、運輸、買賣的刑罰普遍都是採取重罰。在中國，毒品犯罪規定於刑法第347條至第357條中，對於鴉片、海洛因等危害較為嚴重的烈性毒品，最重可處死刑。新加坡法律第185章，未經許可而進、出口多於15克的海洛因，或製造任何數量之海洛因者，一經定罪一律會被判處死刑。馬來西亞毒品條例第39B規定，任何人販運毒品（如海洛因、嗎啡、鴉片等），一旦被定罪係唯一死刑，且以縲首死刑方式執行。泰國碰觸毒品可被判處20年以上的徒刑、無期徒刑，甚至死刑。

　　即使不處死刑，亞洲各國毒品罪也都採重罰，日本走私進口、販賣、持有、吸食毒品者，最低處以1年以上有期徒刑，最高處以無期徒刑。香港最高可處罰款港幣500萬元及終身監禁。

　　美國從1971年，尼克森總統啟動了「向毒品宣戰（War on Drugs）」以來，政策採取「強制最低量刑（Mandatory Minimun Sentence）政策」，持有毒品者至少處2年以上有期徒刑，隨著量增加而提高量刑，最高到至少10年有期徒刑，開啟美國持續40幾年的以嚴刑峻罰對抗毒販和吸毒者的大時代，因而監獄吸毒者與毒犯人滿為患。於是，2013年8月12日，美國聯邦司法部長宣布政策轉彎：若毒犯沒有使用暴力和武器、非犯罪組織的幹部、與大型幫派沒有緊密連結，以及沒有嚴重的前科（以上條件都要具備），則可減輕刑責。

二、少年事件處理法

　　依《少年事件處理法》第3條規定，少年吸食或施打菸毒或麻醉藥品以外之迷幻物品者，依《少年事件處理法》處理。另依第42條規定，少年染有菸毒或吸用麻醉、迷幻物品成癮，或有酗酒習慣者，得於為前項保護處分之前或同時，諭知令入相當處所實施禁戒。所謂前項保護處分是指少年法院審理事件，除為前二條處置者外，應對少年以裁定諭知下列之保護處分：

　　1. 訓誡，並得予以假日生活輔導。
　　2. 交付保護管束並得命為勞動服務。
　　3. 交付安置於適當之福利或教養機構輔導。
　　4. 令入感化教育處所施以感化教育。

　　至於，前兩條之處置是指移送（第40條）、不付保護處分裁定（第41條）。

伍、少年物質濫用的原因與進程

一、少年物質濫用理論

少年為何物質濫用？最早的說法是美國社會學家莫頓（Merton, 1938）的失序理論（theory of anomie），認為當社會缺乏清晰的行為規範時，人們會因無規範、無意義而出現偏差行為。亦即，當一個社會的文化與結構失功能（dysfunctions），就會出現失序現象，偏差行為於焉產生。這是依循當年法國社會學家涂爾幹（Durkheim, 1897）的自殺論而衍生的偏差行為理論。涂爾幹認為在失序的社會環境下，人們會被激化、非理性的回應，而產生自殺行為。據此，莫頓（Merton, 1968）認為社會有一套追求成功的規範。然而，也限制了某些人追求成功的合法管道，於是，為了達到成功目的，某些人會以非法手段來實現，亦即為了成名不擇手段，為了賺錢不惜犧牲色相，為了成功不惜踐踏別人。對於吸毒者來說，是停止既有的合法與非法管道追求成功，成為自甘墮落者（retreatists），這些人放棄追求美國夢（American Dream），而以物質濫用來替代社會可接受的追求成功的方式，成為酒癮或毒癮。為何自甘墮落？因為既無法採取合法管道成功，也無能以非法手段追求目的。

Cloward and Ohlin（1960）支持莫頓的成功限制觀點，進一步認為社會提供不足的就業機會與成就管道，讓某些人無法依社會所期待的路徑合法地追求成功的目標。然而，更糟糕的是，即使某些人認真地完成學業，進入社會之後，仍然無法獲得合適的工作，原因不只是就業機會不足，也包括不公平的對待，例如：種族歧視、性別歧視、階級歧視、身體歧視、顏值偏好、服裝打扮風格不合、依靠裙帶關係等，讓某些人，特別是勞動階級、有色人種，無法依循合法管道追求成功。這些人深陷社會疏離的感受中，他們想要順服於社會，卻沒有機會。這就是少年犯罪的機會理論（opportunity theory）。那些自甘墮落的吸毒者陷入犯罪的次文化中，成了雙重失敗（double failures），既不能使用合法管道追求成功，也無法以非法管道達到目的。

　　犯罪學者蘇哲蘭（Sutherland, 1939）發展出差別交往理論（Theory of Differential Association），認為犯罪行為是經由與他人互動中學來的。人們學習犯罪是因為暴露在親密的個人團體（intimate personal groups）中，這些人提供對某些活動的定義過量（excess of definitions）。如果這些親密個人團體偏愛抽菸、喝酒、吸毒，就會不斷地賦予這些偏好的活動意義，引導親密接觸的人接受從事這些活動。這是「近墨者黑、近朱者赤」的觀點，接近會抽菸、喝酒、吸毒的朋友，越容易學習到這些行為。

　　阿克（Aker, 1998）承襲蘇哲蘭的差別交往理論，發展出社會學習論（social learning theory），認為偏差行為的養成經由暴露與增強。如果某種行為被不斷正增強，就會被執行；反之，當行為的後果是被懲罰，該行為就會被避免發生。務實產出（practical outcomes）行為的後果是愉悅或負面經驗，決定了人們是否使用物質來滿足欲望。這與心理學的正增強理論（Reinforcement theory）（Goode, 2005）類似，當物質使用行為被讚賞時，就會鼓勵繼續使用物質；反之，當負增強發生時，該行為就會被制止。

　　賀許（Hirschi, 1969）發展出少年犯罪的社會控制理論（social control theory），認為物質濫用者痛苦於無法與社會連結。他認為不是因為一個人接觸有物質濫用的同儕，從而學到物質濫用，而是個人缺乏與社會連結，引發個人自由地加入使用俱樂部藥物的行列。Hirschi（1969）強調的是失去（社會連結），而不是獲得（學習吸毒）。如果一個人與社會有高度連結，自然會有工作機會、社會位置、結交朋友等，就比較不會淪落物質濫用的境地。顯然，Hirschi（1969）主張一個整合的社會是預防物質濫用最好的策略。

　　後來賀許又發展出第二種理論稱自我控制理論（self-control theory）（Gottfredson and Hirschi, 1990），認為某些個人缺乏自我控制的能力，導致陷入物質濫用。亦即，物質使用者貪圖短暫的享樂而使用藥物，進而長期陷入物質濫用情境中。據此，有物質依賴的父母也無力監督、管教、懲罰、社會化其子女免於陷入物質使用的險境中，致使其子女也缺乏動機與自我控制力去對抗物質使用的引誘。這種個人因缺乏內控能力，無待他人引誘，或同儕壓力，就已成為物質濫用的高風險群。

　　Duncan, Duncan & Strycker（2002）研究發現，鄰里結構（neighborhood

structure）扮演很重要的物質使用的角色。他們發現低社經地位的鄰里，較缺乏社會凝聚，居民使用藥物的機會較高；反之，宗教信仰較虔誠的家庭，使用藥物的可能性相對低（Jeynes, 2006; Amoateng and Bahr, 1986）。顯示，宗教信仰對預防物質濫用有顯著效果。

Ward, Stafford & Gray（2006）引用理性選擇理論（rational choice theory）研究發現，當使用藥物會有被懲罰的風險時，選擇使用物質的動機就降低；反之，使用物質的風險承擔（risk-taking）越小時，使用物質的機會就增加。這是假設物質使用者是理性的，會自行衡量使用藥物的後果，考量風險的成本效益。但是，少年的理性認知可能無法完整地進行風險承擔評估。

有些學者主張人格也是物質使用的影響因素，稱不適人格理論（theory of inadequate personality），是指某些人痛苦於情緒困擾、心理問題，必須藉由藥物使用來轉移焦點、解除痛苦（Ausubel, 1980），亦即物質使用者並無意圖與意願冒險使用物質，而是因為必須處理內在的衝突與壓力（Goode, 2005）。

從精神分析的角度來看，酒精飲料的使用可能是解決早年口腔期未滿足的經驗，苦於內在的痛苦，而藉由酒精飲料來解除衝突的痛苦。據此，飲酒被視為是一種溫暖、安全的行為，酒醉之後就像倒在母親的懷裡般安全的感覺（Rivers, 1994）。

心理依賴也被認為是造成飲酒習慣的原因之一。少年逐漸長大後追求獨立，脫離童年幼稚的象徵，然而，現實世界不如想像中單純，個人無法如願克服困難、接受挑戰，就會回過頭來再次回到不必負責任、躲在依賴裡，但是卻必須處理這種因撤退後的焦慮，飲酒就成為一種逃避與麻醉（Blane,1968）。

此外，飲酒也被視為一種擁有權力的感覺，藉由飲酒讓人們有一種掌控他人的權力感，而這種個人的權力感出現，是在體現可以幫助他人的能力（McClelland et al., 1968）。

最後，基因也被懷疑是酒癮的可能原因。不過，沒有足夠的證據顯示，有酒癮者的子女自然會產生酒癮（Ullman and Orenstein, 1994）。反而是前述的各種社會、家庭、心理因素較可信。

二、臺灣少年物質濫用的實證研究

由於吸毒屬於犯罪行為，所以社會科學的調查研究較不容易找到自陳有吸毒經驗的樣本，除非以監獄、濫用藥物戒治機構的樣本為調查對象進行調查。周碧瑟（1998）對12,591位青少年的調查研究發現，高職學生的藥物濫用盛行率為1.9%，國中學生為1.4%，僅次於高職學生，而除了高中一年級外，隨年級的增加，用藥盛行率亦相繼提高，平均已達1.6%的盛行率。青少年第一次濫用藥物的原因以好奇居多（47.4%），其次為朋友引誘、不好意思拒絕（17.3%），而減輕壓力（13.5%）則居第3位。

李蘭、孫亦君、翁慧卿（1998）研究臺北市的國中生物質濫用行為發現，自陳吸過毒的樣本比例不到1%，少年物質濫用主要是吸菸與飲酒。男生受到朋友的吸菸行為、朋友的嚼檳榔行為、朋友的飲酒行為、家人的飲酒行為、家人的吸菸行為、年級，以及家人的支持程度的影響。女生則是受到朋友的吸菸行為、朋友的飲酒行為、家人的吸菸行為、家人的支持、自己的內控的影響。李思賢、林國甯、楊浩然、傅立安、劉筱雯、李商琪（2009）研究發現，少年使用藥物的原因為好奇心、滿足個人欲望、幻想、逃避現實壓力與焦慮等。

法務部從民國79年起追蹤16年，到95年12月底，吸毒新生人口232,717人，再犯人數128,444人，再犯率55.19%（張景勳、陳永煌、羅慶薇，2005）。

顯示，臺灣少年物質濫用的原因的共同性如下：

1. 好奇心驅使。少年心存試吸看看，反正不會一次就上癮的想法。何況，身邊那麼多同學都試過了，也不是每個人都上癮。我只是試一下而已，不見得就會上癮，不試怎麼知道吸毒是什麼滋味。

2. 同儕壓力與流行次文化。基本上，少年發展階段是在為成年角色做準備，冒險、尋求刺激，以及轉向同儕的行為，在各種文化中雖然有程度差異，但是一定都會發生。當家庭、社區、社會、國家賦予少年越來越多期待與責任時，少年也在承接這些期待而自我期許，尋求獨立與自我認同。甚至家庭、社區、社會、國家也透過某種儀式行為讓少年準備成為成年，亦即成

年禮，包括授予髮飾、禮帽、祭祀祖先、刺青、完成獨立狩獵、照顧另一個
生命、考取駕照、擁有合法的性關係、服兵役、擔任陪審團、購買和飲用酒
精飲料、投票權、簽訂合約、結婚等。少年透過模仿觀察父母、教師、同儕
而學習成為成年，或尋求獨立、自主、自我整合。同儕也就成為少年發展的
示範、壓力、增強來源。少年學習到勇敢、責任、愛、照顧、成就、解決問
題、包容差異、多元文化等正向價值是社會所期待；反之，值得擔心的是學
到物質濫用、不安全的性關係、不愛惜生命、犯罪行為等。

　　3. 家庭成員的影響。社會心理學家Freeman and Showel（1953）早就說
過家庭是影響個人最重要的社會化（socialization）機制。家中成員特別是父
母、祖父母、兄長等具有權力者有喝酒、吸毒經驗，很容易將物質濫用經驗
傳遞給其他家庭成員，甚至要求其他成員夥同享用。

　　4. 減輕壓力或逃避問題。當少年面對課業壓力沉重、感情受挫、低學業
成就、人際關係失敗、家庭關係緊張等時，吸菸、喝酒、吸毒往往就成為發
洩情緒、轉移焦點、減輕壓力、降低苦悶的藉口。

　　5. 錯誤的觀念或輕忽藥物的影響性。少年對藥物的認識常常是一知半
解，例如：同儕告知安非他命可以減肥，又可以熬夜K書，而「故意忽略」
安非他命對身體的傷害；誤認為搖頭丸、K他命、一粒眠等管制藥品藥性溫
和、不容易成癮，且警察都不捉了，所以不會有觸法與上癮問題。

　　6. 藥物取得的方便性。少年使用藥物的時機通常是即興的，方便而快速
的取得，或他人免費供應的藥物方式更容易成癮。晚近，藥物供應者以發展
出多元的組合包裝方式，使吸食更加便利而具多變性，校園、少年與青年活
動場所被藥物攻陷的機會更大。

　　Tam（2014）研究香港中學生藥物濫用發現，同儕影響、個人身心問
題、學校支持低，以及個人價值顯著影響少年使用藥物的因素。顯示，不同
國家或地區，少年使用藥物的原因差異不大。

三、少年物質濫用的進程

　　Kandel（1975）提出物質濫用的通道假設（Gateway Hypothesis），將物質濫用的進程（sequence）分為四階段：酒（alcohol）→菸（tobacco）→大麻（marijuana）→嚴重藥物濫用（hard drugs）。亦即，人們會陷入物質濫用的境地，是一段經歷循序漸進、由輕到重的物質使用歷程。後來有些研究也支持這種假設（Milles & Noyes 1984; Kandel amd Yamaguchi 2000; Golub and Johnson, 2001; Reid, 2008）。至於，是先接觸含酒精飲料，還是先接觸菸，才進入使用藥物？有不同的研究發現。這與菸或酒的容易取得（取得的便利性）與個人健康成本考量有關。通常越容易取得，越方便使用，少年就會先從這個通道開始進行自己的成人儀式行為路徑安排。另外，同儕關係也是決定少年先接觸菸或酒的重要因素。Kandel（1975）也發現，與同儕一起使用物質是重要的因素。也就是物質使用的休閒社交性質，是少年第一次接觸菸酒的重要因素。

　　這種假設很像偏差行為的年齡漸進（逐級）理論（aged graded theory）（Sampson and Laub, 1993）。年齡漸進（逐級）理論假設早期少年偏差行為與成年偏差行為之間的因果關係，不僅是個人特性使然，社會事件也可能改變某些個人違法行為的發生。這個理論包含3個主要內涵：首先，微視面的結構脈絡（structural context），例如：非正式家庭、學校社會控制的中介效果，可以解釋兒童與少年之所以出現違法行為。其次，從兒童期到成年階段的持續反社會行為是被生活範疇（life domains）的改變所影響。最後，兒童時期的家庭與就業的非正式社會鍵（informal social bonds）會改變生命週期的犯罪行為傾向（Sampson and Laub, 1993; Paternoster and Brame, 1997; Laub et al., 1998; Sommers et al., 1994; Horney et al., 1995）。

　　要解讀物質濫用的門檻假設，必須從兩個角度理解，才不致誤解。Kandel（1975）從調查研究發現，有嚴重物質濫用的人，之前大多會先經歷接觸含酒精類飲料，如啤酒、調酒、烈酒等物質，再進入吸菸，然後接觸到大麻等級數較低的非法藥物，才導出物質濫用的循序漸進歷程。然而，從另一個角度來看，並非曾接觸含酒精飲料或吸菸的人，就一定會循序進入到使

用嚴重非法藥物的地步。其關鍵可以從Sampson and Laub（1993）的年齡漸進理論來理解。也就是不見得皆會依循「細漢偷挽瓠，大漢偷牽牛」的犯罪成長路徑，只要適當的家庭、學校、社區等社會控制得宜，就會改變這種個人偏差行為的嚴重程度累增的門檻或路徑。這也給物質濫用、偏差行為、犯罪等預防與矯正帶來可能性。只要家庭、婚姻、學校、就業等提供穩定的社會鍵，偏差行為不必然會累增，反而會得到改善。據此，Kandel（1975）的發現，也提醒我們適時介入物質濫用習慣養成的關鍵時刻，才可能有效地預防與戒治物質使用，等到開始使用某些物質之後，戒治的成本將提高，也必須面對高的復發或再犯率。

陸、少年物質濫用的迷思

　　如上所述，少年階段受同儕的影響逐漸大於受家庭的影響，而在班級、校園、社區、休閒娛樂場所等活動，以及臉書、Line、討論群組中，很容易被似是而非的言論誤導，掉入吸菸、吸毒的圈子而不自知。

　　一、抽菸是一種禮貌、帥氣的表現，拒絕別人是不禮貌的行為。

　　認為抽菸很帥氣，吞雲吐霧的感覺很好，可以忘卻煩惱；吸菸也是一種成熟的表現，以菸敬人更是一種交朋友的禮貌；睡醒或飯後抽菸是再自然不過的行為；抽菸才可以加入同儕群體，為獲取認同的方式。

　　其實，不抽菸的人比抽菸的人多很多；抽菸不見得是帥的表現，反而，吸菸的二手菸會使很多人覺得不舒服；對遞菸給你的人說：「謝謝！我不抽菸。」並不會不禮貌。勉強別人吸菸才是不禮貌的行為。

　　二、使用藥物可以讓人忘掉煩惱，只要不要吸食太多，對身體健康影響不大。

　　藥物濫用除了造成生理、心理上的傷害外，也會影響功課、人際關係、工作效率，還可能因為吸毒之後降低自我判斷及行為控制能力，進而產生妄想、衝動行為而引發犯罪動機，甚至自傷、自殺。

　　三、我只是嘗試一次，應該不會上癮。

少年經常高估自我掌控能力，認為只要使用這一次就不會再有下一次；而於下一次使用藥物時又會說服自己說：「這是最後一次了！下不為例。」然而，吸毒的人會受到同儕不斷地誘惑、慫恿；藥頭也會不斷地以廉價、免費、好玩等來引誘，這些壓力往往超出少年自己能控制的範圍，導致最後成癮越來越深，難以自拔。

四、如果同學都在用而我不用，是一種儒夫膽小的表現。

真正的勇者是願意承擔責任、保護弱小、不畏艱難、有勇氣承認錯誤，而不是經不起誘惑而吸毒。若能勇敢地拒絕使用毒品，甚至遠離這些吸毒的同儕，才更是勇敢的行為。

五、將吸毒的學生提報就醫戒治，會留下紀錄影響學生前途。

1. 自動向衛生福利部指定醫療機構請求治療者，免送司法機關，且在治療情況下第一次被查獲時，應為不起訴處分或為不付審理之裁定。

2. 少年所接受的保護處分，在實施結束3年後皆無其他的犯罪行為時，相關單位將會自動進行塗銷的程序，將不會有所謂的前科問題，而給予少年改過自新的機會。

六、吸毒戒治後容易再犯，所以戒毒是沒有用的。

物質濫用的再犯率的確比較高，這也是為何我們一再強調：「毒品是碰不得的！」不慎接觸到毒品，最好立即戒治，越早戒毒，成功機會越大。即使再犯，也不代表永遠沒機會戒毒成功。陪伴者要長期地支持而不要急於見到成效，適度地給予壓力也適度地給予幫助，相信這樣會讓他們戒毒的路走得更順。

柒、物質濫用對學生的影響

一、個人方面

1. **短期影響**：毒品使用過量或合併使用，易造成急性中毒，輕者意識不清，導致發生意外，重者休克、痙攣而死亡等症狀。

2. **長期影響**：對身體器官的慢性傷害及生心理的成癮。慢性傷害，如對肝腎、心肺、免疫系統造成不可彌補的損害外，更會導致精神疾病出現。

3. **心理性成癮**：較生理性成癮更難以戒除。

4. **社會關係改變**：爲了取得毒源、籌措買毒錢，而加入幫派、偷竊搶劫、以性交換取毒品、進入性產業、背棄同學、家人等。

（一）吸菸

菸含有尼古丁，爲中樞神經興奮劑，具成癮依賴性。一支香菸點燃後會釋放4千多種有害物質，導致各種身體疾病，如：少年在乎的皮膚粗糙、性功能異常、不孕症，以及癌症、心血管疾病等重症；少年身體器官仍在發育中，吸菸容易造成器官發育不完整，特別是嚴重傷害肺臟；另因戒斷症狀影響，情緒易起伏大。長期吸菸者的壽命平均短於一般人5-10歲（Woloshin, Schwartz, & Welch, 2008）。此外，少年以吸菸來解除壓力是一種用錯誤的方式短暫紓解內在壓力，無法眞正養成正常抒解壓力的方法。

（二）酒

酒精的主要成分爲乙醇，爲中樞神經抑制性，具成癮依賴性。Schuckit（2009）研究酒精使用疾患（AUD）發現，其早於一般人死亡的風險約3-4倍，因酒精相關的死亡在男性人口群中有4%，女性也有2%（Rivara et al., 2000），酒精使用疾患導致的疾病包括心臟病、中風、癌症、肝硬化、意外事故、自殺等。過量攝取酒精會影響其大腦神經發育與智力發展，在外觀上，因酒精熱量高，容易造成身體肥胖。在心理方面，容易造成情緒易怒、衝動，且研究上顯示15歲以前有嚴重喝酒習慣的孩子，長大後有飲酒問題的機率是其他人的4倍。

（三）毒品

每一種毒品對少年身體、心理、社會的負面影響不同。社會常見的使用藥物，鎭靜類藥物會導致嗜睡、昏眩、短期失憶、精神恍惚、神智不清、壓抑、自殺等；安非他命會導致心血管疾病、肝病、中風、胎兒發育不正常等。使用迷幻藥會造成記憶減退、身體緊張、認知失調、焦慮、壓抑、昏迷、死亡等。

　　許多研究指出，學生利用網路交友而發生性關係的情形越來越普遍，同時也涉入物質濫用，包括酒、菸、俱樂部藥物等（Benotsch, Snipes, Martin, & Bull, 2013）、未預期的性行為、集體多P性交活動等（Holloway et al., 2014），導致未預期的懷孕、交叉感染性病（Plant, 2002）。Choi et al., （2017）研究4所香港的666位大學生，發現其中有260位（39.04%）自述有性交經驗，其中有170人（65.4%）曾利用交友或約會app來交友，而於發生性行為的同時有飲酒的情形最普遍，高達43.9%；有8.5%的人在發生性行為時，同時使用休閒藥物（recreational drug）；發生性行為時既用休閒藥物又喝酒的有8.1%。被問到最近一次發生性關係時有使用休閒藥物的有0.8%，有飲酒的有11.9%，酒與藥物同時併用的有0.8%。

　　即使在不同宗教、文化背景的國家，情形亦類似。黎巴嫩的學者研究大學生、研究生的性交初體驗與物質使用的關係，發現940位受訪大學生中，10%在其性交初體驗（含性器官插入、口交、肛交）時有飲酒或使用藥物，其中在男性、宗教信仰較不虔誠、單獨居住、非阿拉伯裔、旅外學生中的情形較顯著；且性伴侶不是熟識的對象，其性交初體驗有飲酒或使用藥物的是與熟識者發生性關係的2倍。第一次性交（性器官插入）是與不熟識的人發生的比例高達28%。而性交初體驗時有飲酒或使用藥物者，其後續的性伴侶人數是未使用藥物者的3倍；同時，後續也有高於僅性交而無使用物質的學生2倍的意願，繼續與不熟識的人發生非意圖的性交（Ghandour et al., 2016）。

　　顯示，在現代資訊科技發達的大環境下，大學生利用交友軟體尋找性伴侶的情形越來越普遍，因而與親密朋友以外的人發生性關係的機會增多，甚至是在休閒藥物、酒精飲料的刺激下，將性交初體驗交給不熟識的網友。同時，在性交時飲酒、吸毒的機會也增多，因此後續性伴侶人數也增加，非意圖的性交的機會也增加。實務上，這種情形不會侷限在大學生，年齡向下延伸已是進行式。

二、家庭方面

1. **家庭關係破壞**：辜負家人的期待，讓家庭名譽受損，影響親子關係。

2. **經濟狀況拮据**：最常出現的狀況就是偷竊家人的金錢買毒品，導致家庭因為經濟問題而出現嫌隙。

3. **家暴或自傷行為**：因藥物作用意識不清下行為失控，或索求金錢購買毒品無門，而對家人出現暴力行為，或自傷行為。

4. **交互學習感染**：手足間交互感染成癮。

三、學校方面

1. **個人學業中斷**：花費大部分的時間在使用藥物上，課業會明顯退步，且生活作息混亂、上課嗜睡、無心於課業。

2. **師生衝突**：因成癮致無心課業或不良行為與教師發生衝突摩擦。

3. **同學排斥**：染毒之後，屢屢出現違規行為，例如：遲到、早退、攻擊行為，成為學校所不歡迎人物，遭同儕排斥。

4. **同儕相互影響**：因使用藥物與其他偏差行為少年或幫派組織接近，而疏離同學、朋友，讓使用者更孤立於學校之外。

四、社會方面

1. **影響社會治安**。例如，因缺錢買毒品而搶劫超商、路人；女性淪落性交以換取毒品。

2. **增加社會支出成本**。為了取締毒品氾濫必須增加警力，或因戒治物質濫用必須增加矯正機構、戒治服務方案等人力、設備、業務。

3. **妨礙經濟發展**。物質濫用導致勞動力品質下降、未升學未就業人口增加，不利經濟發展。毒品輸入也導致外匯流失。

4. 損害國家形象。國民使用毒品人數多會被恥笑爲病夫，毒品輸出會被國際抵制，均不利於國際形象。

捌、校園物質濫用的防治

Keene（2010）指出藥物濫用的問題是複雜的，不同的問題要以不同的解決方法來處理。藥物依賴（dependence）的問題會造成個人身─心─社會的傷害，也會對社會經濟產生負面影響。健康相關的傷害（health-related harm）是直接影響個人身體健康，也會間接引發相關疾病，例如：心血管疾病、HIV、肝硬化、肺炎等病變。社會傷害（social harm）會造成個人被社會排除、失業，甚至無家可歸，也會造成犯罪、社區秩序失控。因此，必須一方面照顧（care）那些藥物濫用者，減少其對個人的傷害，提升其接受治療的意願，讓傷害極小化，同時使其融入社會。另方面要控制（control）社會受藥物影響的人群，減低對社會傷害的程度，對藥物濫用者強制治療，普及物質濫用的預防方案，推動公共衛生教育，嚴格取締非法藥物製造、販售、持有，就可降低使用人口。這樣的主張適用整體社會的物質濫用預防與治療，也適用於校園。

一、校園物質濫用預防與介入

如前述，越早進行物質濫用預防與介入越有效。學生物質濫用預防方案包括：折頁文宣、教育性演講、無毒校園活動、教職員防毒訓練、同儕教育方案等。

一般來說，校園物質濫用預防與介入有知識爲基礎的方案（knowledge based program）與社會技巧爲基礎的方案（social skill based program）兩類。後者又以建立決策技巧（building decision making skills）、建立自尊（self-esteem）、抗拒同儕壓力（resistance to peer pressure）等對高中生較有效

（Sharma and Branscum, 2013）。Moshki, Hassanzade, & Taymoori（2014）認為生活技巧訓練（Life Skills Training, LST）對於大學生戒治藥物濫用是有效的。生活技巧訓練包括壓力管理、表現正向行為、溝通技巧、決策行為、人際互動技巧、社會角色責任、自我肯定訓練、問題解決能力等。

Dennhardt and Murphy（2013）研究顯示，學生理解毒品危害是降低染毒的重要關鍵。但是，單純只發給反毒文宣，預防吸毒效果有限，因此，要製作能讓學生感動的文宣，才是重要的考量要素。此外，個別化、電腦化、由行政人員解說，是反毒教育較有效的作法。除了教育之外，前述的預防技巧訓練、處理同儕壓力訓練，都是必要的輔助措施。學生缺乏因應本身的課業壓力、家庭關係處理能力、克服同儕壓力、擴大建設性的課外活動、人際關係技巧，就很難有能力克服毒品誘惑。

至於校園物質濫用的介入方案，簡易動機介入（brief motivation interventions, BMI）對戒酒、戒賭、戒毒有一定的效果。如果再輔以家長為基礎的介入（parent-based intervention, PBI）效果會更大。

簡易動機介入是美國專為大學生設計的戒酒方案，各校都有推動。其過程如下的FRAMES：

1. 回饋（Feedback）：回饋酒癮問題的風險。
2. 責任（Responsibilities）：酒癮者有責任自我改變。
3. 忠告（Advice）：給予降低或改變飲酒的明確方向建議。
4. 菜單（Menu）：提供各種改變的策略選項。
5. 同理（Empathy）：給予溫暖、有回應的、同理與了解。
6. 自我效能（Self-efficacy）：提升酒癮者的自我改變效能。

簡易動機介入源於動機式會談（motivational interviewing）的技巧。動機式會談屬非判斷、非面質的會談技巧，在會談中僅依所提供的客觀資訊給予回饋。其假設每一位願意來談的學生，是在不同的改變其酗酒行為的準備階段：有人可能還在不覺得酗酒是問題的階段，有人已覺察到酗酒是問題但未採取對應行動，有人正在為自己的戒酒付諸行動，有人想努力維持現階段的戒酒行動成果。因此，學校專業輔導人員的任務，是增進學生理解個人酗酒問題的原因、現況，以及可能的風險承擔，並提供這些理解的回饋（Bien, Miller, &Tonigan, 1993）。

回饋類似評估的過程，讓來談的學生理解自己的處境。當回饋完成後，建議學生以較安全的方式消費含酒精飲料，讓學生有改變消費酒精行為的可能性。亦即，建議降低具傷害性的消費酒精行為，例如：降低飲酒量、降低飲用含酒精濃度高的酒品、避免飲用劣酒與假酒、不在情緒低劣時飲酒、減少一個人喝悶酒、找到替代飲酒的休閒活動等。只要來談者開始思考改變原先的飲酒習慣，就是一個好的開始。也就是改變的動機出現。專業輔導人員要增強來談者的改變責任，協助評估各種改變方向的可行性，支持來談者的努力，建議來談者以各種積極的活動增強自我改善的效能。

二、教育部的春暉專案

民國79年5月，行政院衛生署發現安非他命檢驗案與醫療院所毒品中毒案例激增，以及媒體報導安非他命入侵校園事件，提出安非他命可能引發大流行的警訊。隨後，政府立即採取相關措施，包括將安非他命列入「麻醉藥品管理條例」管理，並禁止於醫療使用；成立「防制濫用安非他命工作業務協調會議」、「春暉專案推動小組」等。

教育部為配合反毒、防制學生濫用藥物，於民國79年12月11日訂頒「各級學校防制學生濫用藥物實施計畫」。復於80年9月3日將「防制藥物濫用」、「消除菸害」、「預防愛滋病」等3項工作合為「春暉專案」。82年行政院「向毒品宣戰」，教育部配合訂定「春暉專案」實施計畫。83年行政院召開「第一屆全國反毒會議」，教育部擔任「拒毒預防」工作。到了民國84年，有鑑於「酗酒」和「嚼食檳榔」對國民健康為害日趨嚴重，因此又將這兩項工作納入「春暉專案」。87年補助學校實施學生藥物濫用尿液篩檢。92年訂定「補助各級機關學校及民間團體辦理春暉專案宣教活動實施要點」。

93年將學生藥物濫用事件納入校安通報項目。94年推動實施「反毒宣講團」。95年將反毒宣教納入中小學「健康與體育」、「健康與護理」課程教學，並研發「毒品篩檢量表」關懷學生。96年研編反毒分齡教材。97年辦理

教育人員反毒知能研習修正「認知檢測」題庫，強化學校師生反毒知能。96年並完成修訂「防制學生藥物濫用三級預防實施計畫暨輔導作業流程」、結合警察局實施校外聯巡。98年訂頒「各級學校特定人員尿液篩檢及輔導作業要點」，補助採購新興毒品快篩試劑，讓清查人數大幅上升。99年推動「春暉認輔志工」及「春暉協同役男」輔導高關懷學生。100年則著力於協助檢警緝毒通報、轉介專業輔導及醫療戒治。

101年6月2日，馬英九總統於出席101年反毒會議的反毒博覽會時，宣示推動「紫錐花運動」，由校園推向社會，由國內推向國際，並爭取國際認同此一反毒意象及作為永久反毒代稱。教育部於103年8月18日修頒「教育部深化推動紫錐花運動實施計畫」，至106年3月30日，「紫錐花運動」納入教育部新頒行的「防制學生藥物濫用實施計畫」，即停止適用。

各級學校防制學生濫用藥物實施計畫，分別從「教育宣導」、「清查」、「輔導戒治」等方面採具體措施。全力推動校園藥物濫用防制工作，包含：教育宣導、辨識高危險學生及輔導戒治等三部分。

（一）教育宣導

1. 印製轉發防治濫用藥物宣導資料。
2. 利用課堂或各種集會實施隨機教學、全面宣導。
3. 由各級學校訂定宣導週月，作重點密集式反毒宣導。
4. 舉辦「防制濫用藥物研習會」與「反毒座談」，增進教職員生防毒知能。

（二）辨識高風險群學生

1. 辨識徵兆部分，強調宣導學校教師、教官、訓輔人員及家長，就學生日常生活中的精神狀態與行為表現，觀察其有無使用徵候。
2. 尿液篩檢部分，針對具有危險徵兆之學生，在個別諮商難以篩檢後，於不傷學生尊嚴的前提下，運用簡易尿液篩檢試劑，進行檢驗。

從實務上觀察，開始接觸毒品的學生常會出現以下徵兆：
1. 學業成績突然退步。
2. 情緒易怒不穩定。
3. 生活作息突然不正常。

4. 精神不濟、嗜睡。

5. 體重無故減輕。

6. 開始與行為偏差朋友交往。

7. 心神不寧、眼神閃躲。

8. 不明金錢往來增加。

9. 身上出現不明針孔，或書包中藏有吸食器、小塑膠袋等物品。

10. 展示包裝精美的巧克力、糖果、護唇膏等疑似混合毒品。

（三）輔導戒治

1. 各級學校發現有涉嫌濫用藥物之學生，立即針對個案，由老師、導師、學務人員、家長等組成「春暉小組」，進行輔導。

2. 對初次濫用藥物情節輕微者，給予告誡，促其停止使用並繼續追蹤。

3. 對濫用藥物成癮者，則輔導其至警察、檢察機關自首，並協助其勒戒。

4. 對持有或販賣者，應追查來源，並輔導其向檢警機關自首。

5. 學校衛生保健中心及輔導室，提供諮詢服務，指導學生調適身心。

6. 增設適當休閒娛樂設施，倡導正常休閒生活。

7. 縣市學生校外生活指導委員會，協調警察機關，對學校周邊可能感染毒品之場所，加強巡邏，防止學生涉足其間。

8. 協調警政機關加強查緝毒品走私，斷絕毒品來源。

三、學校反毒輔導工作常見的困境

從實際學校輔導案例中，反毒工作所面臨的困境如下：

1. 濫用違禁藥物屬觸法及違反校規行為，使用藥物的學生會緊守口風，因此直接由藥物濫用案例類型所發現者為少數。

2. 學生因相關資訊不足或錯誤，而在「好奇」、「時髦流行」、「逃避壓力」、「同儕壓力」等因素下使用，輕忽藥物對其身心之傷害。

3. 加之使用、持有為達法定重量之第三、四級及未納入管制之藥物，無

刑責處分下,學生接觸機會大增。

4. 違禁藥物取得之便利性提高,學生可輕易於同儕間及KTV、PUB等夜店場所取得違禁藥品,更可上網購得;加之犯罪集團以協助從事非法行為(如偽鈔洗錢、運送違禁藥物),免費提供藥品為誘因,使得學生誤入歧途。

5. 學生除了本身使用藥物外,在低風險高獲利的利誘下,亦會開始販賣,成為上游藥頭的下線,賺取金錢花用。

6. 成癮性管制藥品所帶來的「安撫」,使得學生得以暫時忘卻煩惱、浸溺於幻想的快樂中,故在一特定同儕聚會,或身心面臨巨大壓力無法對抗時,便會一再想要使用藥物。

7. 由於不能忍受「戒斷症狀」,再加上「耐受性」,使得青少年不由自主地逐漸增加藥量,終於「成癮」。

8. 青少年濫用藥物的徵兆不易與其他行為問題之徵兆區分,加上家長及學校人員普遍缺乏藥物濫用相關知能,使得辨識上更不容易。

9. 學生使用藥物,校方以為多屬「校外非法行為」;如校內發現,少數學校會採取私下處理方式,無能積極研擬相關對策因應,致學生權益受損。

10. 校園內缺乏藥物濫用學生處理經驗,亦無進行案例處理模擬演練;加上教育、社福、司法、醫療與心理衛生等相關單位人員,彼此橫向聯繫不足,無法建立工作模式,致使無法積極輔導該類案件。

結語

毒品與賭博是兩大難以戒斷的成癮行為。俗諺:「賭博成癮的人,即使把兩手剁斷,還是用腳指頭繼續賭。」同樣地,一旦吸毒成癮,要戒斷也是困難。多少人因吸毒而傾家蕩產、鋌而走險、家破人亡。預防勝於治療,尤其在兒童及少年階段及早進行防制物質濫用的教育。一旦發現學生接觸毒品,及早協助學生戒治才是上策。

回顧清帝國歷史為鑑,清帝國道光18年4月10日(1838年6月2日),鴻

臚寺卿黃爵滋上奏道光皇帝要嚴禁鴉片，痛陳：「上自官府縉紳，下至工商優隸以及婦女、僧尼、道士，隨在吸食。故自道光3年至11年，歲漏銀1,780萬兩。自11年至14年，歲漏銀至2,000餘萬兩。自14年至今，漸漏至3,000萬兩之多。此外福建、浙江、山東、天津各海口，合之亦數千萬兩。以中國有用之財，填海外無窮之壑。易此害人之物，漸成病國之憂，日復一日，年復一年，臣不知伊於胡底！」可見當年毒品危害之嚴重，已到威脅清帝國生存的命脈。

於是，清道光18年11月15日（1838年12月31日）任命林則徐爲欽差大臣關防，全國禁菸。道光19年正月25日（1839年3月10日），林則徐抵粵，宣告：「若鴉片一日未絕，本大臣一日不回，誓與此事相始終，斷無中止之理。」若無此決心，鴉片難禁。

固然，古今中外，毒品問題由來已久，一旦染毒，不易戒斷。然而，不下定決心，日復一日，年復一年，毒品只會更氾濫，不會自動消失。因此，今日國家、社會、學校、家庭若無反毒決心，毒品難禁。

參考書目

中文部分

王桂芸、楊嘉禎、祝年豐、吳德敏（2009）。「臺灣軍校大學生吸菸行為之預測因子」。護理研究（The Journal of Nursing Research），17(3)，頁161-169。

李亦園（1999）。都市中高山族的現代化適應，臺灣土著民族的社與文化。臺北：聯經。

李蘭、孫亦君、翁慧卿（1998）。臺北市國中生物質濫用行為之預測因子。醫學教育，2卷4期。頁54-63。

林佳靜（2006）。影響青少年飲酒行為之調查研究——以臺灣南部地區在學青少年為例。弘光學報，49期，頁173-182。

吳芳純、陳青浩、隋安莉（2012）。青少年的吸菸行為與態度。嘉南學報，38期，頁588-597。

周碧瑟（1997）。臺灣地區在校青少年藥物濫用盛行率與危險因子的探討。學生輔導，50，頁34-41。

洪女玉、胡益進（2007）。「高中生對無菸校園之意見與其相關因素研究——以臺中縣某高中為例」。衛生教育學報，27，頁195-226。

陳淑真、王淑珍、李淑桂、周明智（2004）。「國中學生吸菸行為及其相關因素之探討」。中山醫學雜誌，15(2)，頁119-136。

陳全成（1999）。臺灣原住民飲酒行為及防治策略。原住民教育研究，2，頁59-84。

陳明道（2003）。〈選戰廣告弄巧成拙 連戰不知叨位去！〉，《新臺灣新聞周刊》，2003年11月7日。

張景勳、陳永煌、羅慶薇（2005）。常見俱樂部藥物濫用。基層醫學，20，95-99。

鄭佳玟、莊德豐、薛夙君（2008）。「大專生吸菸行為與菸害防制認知之研究——以美和技術學院為例」。美和技術學院學報，27(1)，頁121-138。

葉美玉、黃松元、林世華、姜逸群（2002）。影響臺灣阿美族青少年飲酒行為的心理社會因素。衛生教育學報，18，頁95-108。

葛應欽、劉碧華、謝淑芬、章順仁（1994）。五峰鄉原住民吸菸、喝酒及嚼食檳榔之盛行率及相關因素研究。高雄醫學科學雜誌，10，頁405-411。

楊士範（1998）。從新飲酒文化的形構過程看臺灣原住民飲食文化品味的轉變現象——

社會歷史角度的分析。山海文化雙月刊，18，頁86-100。

劉美媛、周碧瑟（2001）。臺灣在校青少年飲酒盛行率與相關因素的探討。臺灣公共衛生雜誌，20(2)，頁143-152。

潘松義（2001）。原住民國中生對吸菸、飲酒、嚼檳榔之認知、態度、行為與人格特質之研究調查——以屏東縣泰武、來義及瑪家國中為例。未發表的碩士論文，高雄：高雄醫學大學口腔衛生科學研究所。

簡美玲（1994）。臺灣原住民的傳統釀酒。山海文化雙月刊，7，頁95-98。

英文部分

Akers, R. L. (1998). *Deviant behavior: A social learning approach*. Belmont: Wadsworth.

Amoateng, A. Y., and Bahr, S. J. (1986). Religion, family, and adolescent drug use. *Sociological Perspectives*, 29 (1), 53-76.

Ausubel, D. P. (1980). An interactionist approach to narcotic addiction. In Dan J. Lettieri, et al. (eds.), *Theories on Drug Abuse.* Rockville, MD. National Institute on Drug Abuse, 4-7.

Benotsch, E.G., Snipes, D.J., Martin, A.M., & Bull, S.S. (2013). Sexting, substance use, and sexual risk behavior in young adults. *Journal of Adolescent Health*, 52(3), 307-313.

Bickel, W., Mueller, E. T., & Jarmolowicz, D. P. (2013). What is Addiction? In B. McCrady and E. Epstein (eds.) *Addictions: a comprehensive guidebook*. Oxford: Oxford University Press. Ch. 1, pp.3-16.

Bien, T. H.; Miller, W. R.; &Tonigan, J. S. (1993). Brief interventions for alcohol problems: a review. *Addiction*, 88 (3): 315-336

Blane, H. T. (1968). The personality of the alcoholic: Guises of dependency. New York: Harper & Row.

Cloward, R. A., and Ohlin, L. E. (1960). *Delinquency and Opportunity: A Theory of Delinquent Gangs*. London: The Free Press of Glencoe.

Choi, E. P. H. Wong, J. Y. H., Lo, H. H. M., Wong, W., Chio, J. H. M. & Fong, D. Y. T. (2017). Association Between Using Smartphone Dating Applications and Alcohol and Recreational Drug Use in Conjunction With Sexual Activities in College Students, *Substance Use & Misuse*, 52: 4, 422-428.

Dennhardt, A. and Murphy, J. G. (2013). Prevention and Treatment of College Student Drug Use: a review of the literature. *Additive Behaviors*, 38, 2607-2618.

Duncan, S. C., Duncan, T. E., & Strycker, L. A. (2002). A Multilevel Analysis of Neighborhood

Context and Youth Alcohol and Drug problems. Prevention Science, 3 (2), 125-132.

Durkheim, E. (1897). *Suicide*. Translated by Spaulding, J. A. & Simpson, G. (1951). York, NY: The Free Press.

Freeman, H. and Showel, M. (1953). The Role of Family in the Socialization Process. *The Journal of Social psychology*, 37, 97-101.

Ghandour, L. A., Mouhanna, F., Yasmine, R., & El Kak, F. (2014). Factors associated with alcohol and/or drug use at sexual debut among sexually active university students: Cross-sectional findings from Lebanon, *BMC Public Health*, 14: 671.

Gottfredson, M. R., and Hirschi, T. (1990). *A General Theory of Crime*. Stanford: Stanford University Press.

Golub, A., and Johnson, B. (2001). Variation in youthful risks of progression from alcoholand tobacco to marijuana and to hard drugs across generations. *American Journal of Health*, 91 (2), 225-232.

Goode, E. (2005). *Drugs in American Society*. New York: McGraw Hill.

Hirschi, T. A. (1969). *Causes of Delinquency*. Berkeley: University of California Press.

Horney, J., Osgood, W. D. & Marshall, H. I. (1995). Criminal Careers in the Short-Term: Intra-Individual Variability in Crime and Its Relation to Local Life Circumstances. *American Sociological Review*, 60: 655-673.

Jeynes, W. H. (2006). Adolescent religious commitment and their consumption of marijuana, cocaine, and alcohol. *Journal of Health & Social Policy*, 21(4), 1-20.

Kandel, D. (1975). Stages of adolescent involvement in drug use. *Science*, 190 (4217), 912-914.

Kandel, D. B., and Yamaguchi, K. (1996). Parametric event sequence analysis: An application to an analysis of gender and racial/ethnic differences in patterns of drug-use progression. *Journal of the American Statistical Association*, 91(436), 1388-1399.

Keene, J. (2010). *Understanding Drug Misuse: model of care and control*. London: Palgrave.

Laub, J. H., and Sampson, R. J. (1993). Turning Points in the Life Course: Why Change Matters to the Study of Crime. *Criminology*, 31: 301-325.

Laub, J. H., Nagin, D. S. & Sampson, R. J. (1998). Trajectories of Change in Criminal Offending: Good Marriages and the Desistance Process. *American Sociological Review*, 68: 225-238.

McClelland, D. C.; Davis, W. N., Kalin, R., & Wanner, E. (1972). *The Drinking Man: Alcohol and Human Behavior*. New York: Free Press.

Merton, R. K. (1938). Social Structure and Anomie. *American Sociological Review*. 3 (5): 672-682.

Merton, R. K. (1968). *Social Theory and Social Structure*. New York: The Free Press.

Mills, C. J., and Noyes, H. L. (1984). Patterns and Correlates of initial and subsequent drug use among adolescents. *Journal of Consulting and Clinical*, 52, 231-243.

Moshki, M., Hassanzade, T., &Teimouri, P. (2014). Effect of life skills training on drug abuse preventive behaviors among university students. *Int J Prev Med*, 5: 577-83.

Paternoster, R. and Brame, R. (1997). Multiple Routes to Delinquency? A Test of Developmental and General Theories of Crime. *Criminology*, 35: 49-84.

Plant, M. (2002).*Risk-takers: Alcohol, drugs, sex and youth*. London: Routledge.

Reid, J. (2008). Drug Use Sequencing and Kandel's Gateway Hypothesis. *All Theses*. Paper 447.

Rivers, P. C. (1994). Alcohol and Human Behavior: Theory, Research And Practice. Englewood Cliffs: Prentice Hall.

Rivers, F. P., Tollefson, S. Tesh, E., & Gentiello, L. M. (2000). Screening Trauma Patients for Alcohol Problems: Are insurance companies barriers? *Journal of Trauma: Injury, Infection, and Critical Care*, 48: 115-118.

Sampson R. J. and Laub, J. H. (1993). *Crime in the Making Pathways and Turning Points Through Life*. Harvard University Press.

Schuckit, M. A., Li, T. K., Cloniger, R, & Deitrich, R. A. (1985). Genetics of alcoholism. *Clinical and Experimental Research*, 9, 475-492.

Schuckit, M. A. (2009). Alcohol-use Disorders, *Lancet*, 373, 492-501.

Sharma, M. and Branscum, P. (2013). School-Based Drug Abuse Prevention Programs in High School Students. *Journal of Alcohol & Drug Education*, 57(3), 51-65.

Sommers, I., Baskin, D. R., & Gagan, J. (1994). Getting Out of the Life: Crime Desistance by Female Street Offenders. *Deviant Behavior*, 15: 125-149.

Sutherland, Edwin H. (1939). *Principles of Criminology*, 3rd. ed. Chicago: University of Chicago Press.

Tam, F. W. (2014). A Structural Equation Model of Drug Abuse among Secondary Students in Hong Kong, *Int J Ment Health Addiction*, 12: 255-269.

Tilley, N. M. (1972). *The bright-tobacco industry, 1860-1929*, Arno Press.

Ullman, A. D. and Orenstein, A. (1994). Why some children of alcoholics become alcoholics: emulation of the drinker. *Adolescence*, 29, 113: 1-12.

United Nations Office on Drugs and Crime. (2012). *World Drug Report 2012*. Geneva: United Nations Publication.

Ward, D. A., Stafford, M. C., & Gray, L. N. (2006). Rational choice, deterrence, and theoretical integration. *Journal of Applied Social Psychology*, 36, 571-583.

Woloshin, S., Schwartz, L. M., & Welsh, H. C. (2008). The risk of death by age, sex, and smoking status in the United States: putting health risks in context, *Journal of the National Cancer Institute*, 100, 845-853.

Woodward, J. (2013). Alcohol, In B. McCrady and E. Epstein (eds.) *Addictions: a comprehensive guidebook*. Oxford：Oxford University Press. Ch. 1, pp.135-154.

第十三章　網路沉迷

黃韻如

　　小萍是位9年級的女生，因為家庭因素8年級時安置在社福機構，也因此從原就讀學校轉學到機構附近的學校就讀，9年級又因為家屬中有人可以協助照顧，再度轉學到目前所就讀的國中。換言之，小萍在3年之間轉學3所國中。

　　小萍在班上很少說話，且缺少友伴，但是無時無刻都手機不離身，手機上以交友軟體為主，也因為與網友的線上對話，導致她常常接觸性相關的訊息與語言，甚至徹夜在不同交友網站找人聊天，因此白天上課常常打瞌睡。

　　「老師，你看這是我昨天在網路上交到的新朋友，我們很聊得來，我們約週六在火車站見面。」

　　「你從哪個網站認識的！」

　　「就是在FB的社團中認識的阿，以前也有這樣交過朋友，只是見面一兩次就被封鎖了，也不知道為什麼……但是這次這個我覺得很喜歡。」

　　「借我看看妳的手機，挖，交友軟體怎麼這麼多……你的FB大頭照怎麼跟妳本人有點差，我都認不出來了。」

　　「老師，手機照片當然要修圖阿！誰會放平常照片？大家都會修一下啊！不過我上次遇到一位，我根本就認不出來，最後是約在便利商店門口見。」

　　「妳在班上沒有朋友嗎？怎麼都將私密的話跟網友說呢？這樣很危險的。」

　　「老師，我國中換3個學校，根本就沒有朋友，導師也要我安靜讀書就好，現在9年級大家都在拚升學，沒有時間多陪我，要我獨立一點。」

　　網際網路與智慧型手機的普及性快速增加，影響了人的生活型態、資訊傳遞及接受模式，也改變了世界溝通網絡，讓資訊及溝通快速轉換甚至爆炸，形成人與社會的兩面刃，其一，增加多元訊息管道讓資訊更快速流通，人可以跨越時空更快速連結，但同時也造成像小萍這樣的案例，以網路世界為自己主要交友及聊天的青少年愈來愈多，除了聊天、一起玩線上遊戲，接觸限制級網站及資訊者也愈來愈多，特別是實際生活網絡中有適應困難者更

嚴重，青少年常見的議題是發生在交友網站的不當性或其他相關資訊接觸等等，也因此創造更多兒童及少年議題，甚至容易讓自己暴露在性剝削的高風險中。

壹、青少年與網際網路

一、網路網路的普及性

　　國家發展委員會自2001年起辦理「個人／家戶數位機會（落差）調查」，我國12歲以上民眾的上網率，從2005年的62.7%逐年成長至2015年的78.0%，10年來增加了15.3個百分點；無線或行動上網的普及率也從2010年的37.6%增至2015年的70.4%。此外，我國4G在2014年開始後，根據國家通訊傳播委員會統計，截至2015年，短短不到一年半的時間已突破9百萬用戶，隨著行動上網的普及率增加，民眾每天上網的時間也有增加的趨勢，上網越來越普及化（國家發展委員會，2015、2016）。

　　依照財團法人臺灣網路資訊中心（2017）臺灣寬頻網路使用調查報告，針對臺灣12歲以上人口進行抽樣調查，發現從2006年67.2%曾經上網到2015以後已經超過八成，其中更包含老年人口，顯示網路使用已經成為多數人生活中的重要一部分（請參見圖13-2），個人半年無線區域網路上網比例也達5成2（請參見圖13-3），行動上網也成長到近7成，且持續有增加的趨勢，家戶可上網比例也超過8成，其中以寬頻上網也超過8成（請參見圖13-4），行動上網也是在近108年快速成長，已超過8成5。因此，目前中小學兒童少年所出生的世代可說是網路世代，電腦／手機／網路已經漸漸取代視聽電影成為更為便捷的娛樂休閒平臺。

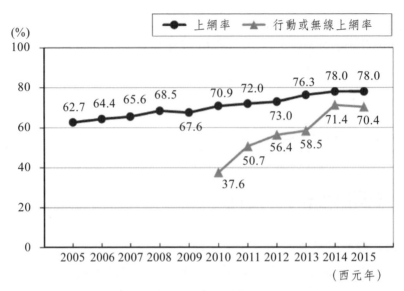

圖13-1　我國12歲以上民眾之上網率與行動或無線上網率

資料來源：國家發展委員會（2016）。105年個人家戶數位機會調查報告。民106
　　　　年11月14日，取自「國家發展委員會網站」：https://www.ndc.gov.tw/
　　　　cp.aspx?n=55C8164714DFD9E9。

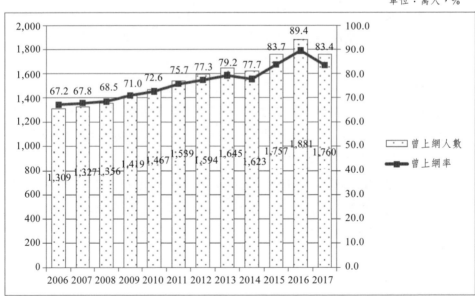

圖13-2　曾經上網人數與上網率

資料來源：財團法人臺灣網路資訊中心（2017）。2017年臺灣寬頻網路使用調查
　　　　報告。民106年11月14日，取自「財團法人臺灣網路資訊中心網站」：
　　　　https://www.twnic.net.tw/download/200307/20170721e.pdf.。

單位：萬人，%

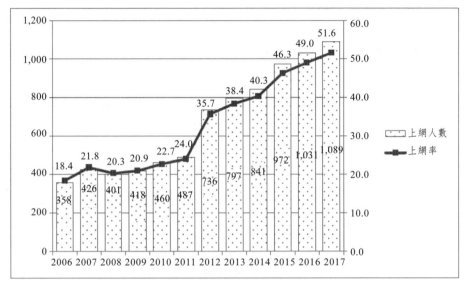

圖13-3　個人近半年使用無線網路上網人數與上網率

資料來源：財團法人臺灣網路資訊中心（2017）。*2017 年臺灣寬頻網路使用調查報告*。民106年11月14日，取自「財團法人臺灣網路資訊中心網站」：https://www.twnic.net.tw/download/200307/20170721e.pdf。

單位：%

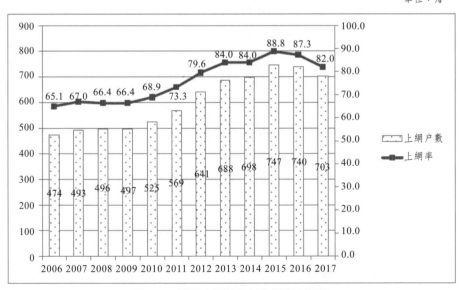

圖13-4　家戶上網戶數與上網率趨勢圖

資料來源：財團法人臺灣網路資訊中心（2017）。*2017 年臺灣寬頻網路使用調查報告*。民106年11月14日，取自「財團法人臺灣網路資訊中心網站」：https://www.twnic.net.tw/download/200307/20170721e.pdf。

二、青少年上網行為

依照衛生福利部2014年兒童生活狀況調查報告顯示，6～11歲兒童最常參與的休閒活動為看電視及數位視聽器材，占60.7%，而隨兒童年齡增長，看電視及數位視聽器材重要度遞減，家中上網（含打電動玩具）、玩手機的重要度遞增，從6-7歲家中上網及玩手機分別占8.9%及10.1%，到10-11歲時為18.2%及17.2%，其中家中上網比例成長兩倍。

值得注意的是，從少年生活狀況調查發現，99.2%少年曾經上網，每天上網時間1-4小時的超過5成。玩手機、看電視及數位視聽器材，以及家中上網已經是少年較常參與的3項休閒活動，其中玩手機的占40.9%、看電視及數位視聽器材者占34.3%、家中上網者占27.8%。按性別觀察，女生玩手機、看電視及數位視聽器材、聊天講電話的重要度，高於男生；男生在家中上網、看球類體育活動的重要度則高於女生。受訪少年中，有7成曾與父親產生意見不合，其中因為網路使用而產生意見不一致的占18.4%，僅低於課業與生活習慣，成為第三名；有7成7曾與母親產生意見不合的問題比例也相似，其中網路使用占21.7%。

少年之上網類型以網路購物及觀看影片為主。按性別觀察，女生上網觀看影片、搜尋資料皆高於9成，而第三則為數位學習約占6成，高於男生；男生在社群網站的比例超過9成，明顯高於女生不到3成。按教育程度別觀察，高中職生上網觀看影片、搜尋資料、數位學習的比例，高於國中生；國中生上社群網站的比例，高於高中職生。按居住狀態觀察，與父或母一方同住、未與父母住但與祖父母同住的少年上社群網站的比例，略高於與父母雙親同住及三代同堂的家庭狀態。

在少年生活狀況調查中，針對少年上網行為進行調查，其中值得注意的項目如下：

1.5成3少年曾經在網路上將自己或家人的私人資料告訴別人，女生高於男生，高中職生高於國中生。

2.4成5少年曾經瀏覽過註明未滿18歲者不可進入的網站，男生高於女生，高中職生高於國中生。

3. 1成2少年曾經在沒有大人陪同情況下和網友單獨見面，男生高於女生，高中職生約為國中生的兩倍。

4. 5成6少年曾經下載未獲授權的音樂、影片或圖片等檔案，女生高於男生的48.5%，高中職生高於國中生。

5. 3成4少年曾經在網路上發表攻擊別人之言論，男生略高於女生的32.4%，國中生略高於高中職生。

6. 聊天、上網、Facebook、LINE是少年與朋友活動從事之主要項目。聊天占85.9%最高，上網、Facebook、LINE者占53.6%。男生網路遊戲比例明顯高於女生，女生則以聊天比例高於男生；按教育程度別觀察，國中生和朋友從事網路遊戲的比例高於高中職生。

而教育部2015年針對中職以下學生網路使用情形進行調查，發現結果與衛生福利部調查結果相似，唯從學制中發現，高中職學生幾乎是超過9成。

1. 擁有可上網電腦達9成：國小、國中、高中職家中擁有可上網電腦的比例分別為91.8%、90.9%、93.9%；擁有自己的智慧型手機比例分別為48.7%、78.8%和93.3%；國小學生沒有自己的智慧型手機，但常使用其他人（父母、兄弟姐妹、朋友）的智慧型手機比例為38.8%。

2. 家中擁有無線網路的比例超過8成：國小、國中、高中職家中擁有比例分別為83.3%、86.5%、88.9%；

3. 學生上網地點超過8成在家中：國小、國中、高中職學生，分別為84.6%、92.6%、90.1%。

4. 平均上網時間在假日時超過平日2倍以上：國小、國中、高中職學生平假日上網時間有差，以平日非課業上使用，分別為57.8、115.8、147.2分鐘，假日非課業上網時間分別為120.1、231.0、266.1分鐘。

5. 發現國小、國中、高中職學生經常使用的網路社群為Facebook，比例分別為67.0%、93.5%和94.3%。

表13-1　少年網路使用經驗

中華民國103年11月

單位：人、%

項目別	最常上網的類型							每天平均上網時間							
	社群網站	線上遊戲	網路購物	數位學習	觀看影片	搜尋資料	其他	未滿1小時	1至未滿4小時	4至未滿7小時	7至未滿10小時	10至未滿13小時	13至未滿17小時	17至未滿20小時	20小時以上
總計	86.6	50.3	29.8	7.2	88.2	53.0	0.1	17.7	53.6	15.8	15.6	2.8	1.2	0.7	1.7
性別															
男	81.8	72.0	19.9	6.8	86.2	47.4	0.1	17.1	53.4	15.5	5.8	2.9	1.5	0.5	2.2
女	91.8	26.6	40.6	7.6	90.5	59.1	0.1	18.4	53.9	16.1	5.4	2.8	0.9	0.9	1.1
年齡別															
12～14歲	81.8	54.2	22.0	6.0	87.0	47.8	0.1	21.6	51.9	15.4	5.3	2.1	1.0	0.3	1.4
15～17歲	91.0	46.7	37.1	8.3	89.4	57.8	0.1	14.1	55.2	16.2	6.0	3.5	1.5	1.1	2.0
教育程度															
國中	82.6	54.1	23.0	6.0	86.9	48.2	0.1	21.5	52.2	15.3	5.1	2.4	0.9	0.4	1.4
高中職（含五專前三年）	91.3	45.7	38.0	8.6	89.9	58.8	0.1	13.1	55.3	16.4	6.3	3.4	1.6	1.1	2.1
地區別															
北部地區	86.7	51.5	30.9	7.5	88.9	53.7	0.2	16.9	52.9	15.3	6.3	3.5	1.5	0.9	1.9
中部地區	86.1	50.7	28.3	7.2	88.6	52.4	0.1	20.9	53.2	16.8	3.6	1.8	0.9	0.6	1.3
南部地區	86.9	47.6	28.8	6.6	86.6	53.2	-	16.1	55.6	15.2	6.2	2.8	1.0	0.5	1.6
東部地區	87.5	51.7	36.7	5.4	89.4	43.6	-	14.9	48.6	19.9	8.1	2.4	0.9	0.6	3.8
金馬地區*	83.3	54.5	30.8	7.5	87.6	53.7	-	21.5	54.6	14.8	4.4	2.7	-	0.9	0.8

項目別	最常上網的類型							每天平均上網時間							
	社群網站	線上遊戲	網路購物	數位學習	觀看影片	搜尋資料	其他	未滿1小時	1至未滿4小時	4至未滿7小時	7至未滿10小時	10至未滿13小時	13至未滿17小時	17至未滿20小時	20小時以上
居住狀態															
與父母雙方同住	86.7	48.9	28.1	7.8	88.5	53.7	0.1	19.9	53.3	14.6	5.1	2.9	1.2	0.6	1.4
與父母雙方及祖父母同住	86.6	48.9	31.9	7.7	88.7	51.6	-	19.5	54.1	15.1	5.1	2.1	1.3	0.4	2.0
與父母雙方。祖父母及其他親屬同住	88.2	48.1	30.3	7.3	87.9	56.6	0.4	16.9	58.9	17.6	3.7	0.7	0.9	-	1.3
與父母或一方同住	85.7	55.1	32.5	5.2	86.5	50.7	0.1	10.6	53.2	18.8	7.8	3.7	1.4	1.1	2.7
未與父母住但與祖父母同住	86.9	60.2	35.4	3.6	93.7	60.2	-	9.2	52.4	22.3	8.1	3.2	1.2	2.2	0.1
其他*	91.8	48.0	36.1	-	87.4	22.5	-	19.2	38.8	15.9	15.5	8.5	-	-	2.1

註：1.最常上網的類型為可複選。

2.「*」之樣本數不足30，代表性恐有不足，引用時請審慎。

資料來源：衛生福利部（2016）。中華民國103年兒童及少年生活狀況調查報告-少年篇。民106年11月14日，取自「衛生福利部網站」：https://www.sfaa.gov.tw/SFAA/Pages/Detail.aspx?nodeid=892&pid=5961。作者自行擷取部分資料。

表13-2 少年上網經驗

項目別	總計 人數	總計 百分比	曾經在網路上將自己或家人私人資料告訴別人 從來沒有	曾經有過	曾經瀏覽過註明「未滿十八歲者不可進入」的網站 從來沒有	曾經有過	曾經在沒有大人陪同情況下和網友單獨見面 從來沒有	曾經有過	曾經下載未獲授權的音樂、影片或圖片等檔案 從來沒有	曾經有過	曾經在網路上發表攻擊別人之言論 從來沒有	曾經有過
總計	1,675,644	100.0	46.8	53.2	54.8	45.2	87.2	12.2	43.6	56.4	65.7	34.3
性別												
男	871,561	100.0	51.5	48.5	45.2	54.8	86.2	13.8	41.4	58.6	63.9	36.1
女	804,083	100.0	41.7	58.3	65.1	34.9	89.6	10.4	46.0	54.0	67.6	32.4
教育程度別												
國中	801,782	100.0	53.8	46.2	70.3	29.7	91.5	8.5	58.9	41.1	63.5	36.5
高中職（含五專前三年）	873,862	100.0	37.6	62.4	36.2	63.8	83.4	16.6	25.3	74.7	65.4	34.6

*不包含完全沒有上網者

資料來源：衛生福利部（2016）。中華民國103年兒童及少年生活狀況調查報告-少年篇。民106年11月14日，取自「衛生福利部網站」：https://www.sfaa.gov.tw/SFAA/Pages/Detail.aspx?nodeid=892&pid=5961。作者自行摘取部分資料。

　　教育部2015年針對學生網路使用情形進行調查，發現不同網路使用類型之正向預期，結果指出：

　　1. 線上遊戲的各項正向預期為「和大家一起玩遊戲」及「感到開心」：前者國小、國中、高中職生比例分別為62.4%、75.9%、69.0%；後者則為63.0%、69.6%、64.2%。

　　2. Facebook正向預期為「獲取新的知識或資訊」及「打發無聊時間」，前者國小、國中、高中職生比例分別為52.2%、82.6%、88.9%；後者則為49.4%、84.7%、87.7%。

　　3. 智慧型手機／平板正向預期與前述相同，一樣為「獲取新的知識或資訊」及「打發無聊時間」，前者為61.7%、78.1%、88.9%；後者則為61.6%、84.9%、89.9%。

　　4. 誘惑情境下使用則以「當剛考完試或剛放寒／暑假，想放鬆時」及「無聊時」為主：

　　　(1) 整體使用網路經驗，以「當剛考完試或剛放寒／暑假，想放鬆時」及「無聊時」較高：國小、國中及高中職生分別為67.4%與66.8%，75.6%與71.5%，70.4%與65.6%。

　　　(2) Facebook使用，則以「無聊時」情境高於「當剛考完試或剛放寒／暑假，想放鬆時」：國小、國中及高中職生分別為48.4%與47.5%，83.2%與78.2%，87.1%與79.4%。

　　　(3) 智慧型手機／平板使用自我效能，則以「無聊時」情境高於「當剛考完試或剛放寒／暑假，想放鬆時」：國小、國中及高中職生分別為71.5%與66.3%，85.4%與82.0%，88.6%與84.2%。

　　從實務經驗來看，青少年特別熱衷使用手機的原因，主要是因為擁有手機能突顯青少年的自主性，並且和同儕相較時，提供某種認同與聲望，也藉此與同儕有共同互動與社交的溝通管道。因此，網站上朋友數量的多寡、按讚人數等等，常常成為青少年暗自競爭及評估自我價值的指標。

貳、網路沉迷的定義及成因

一、定義網路沉迷／成癮

　　傳統對「成癮」的研究多半是針對藥物的使用而言，根據世界衛生組織（WHO）的定義，「成癮（Addiction）」是指：「一種慢性或週期性的著迷狀態，因重複服用自然或人工合成的藥物，而醞釀出不可抗拒、欲再度使用的渴望與衝動，儘管已經造成身心社會傷害，卻仍無法停止服用該類藥物。」同時，對於該藥物所帶來的效果會因耐受性的增加而必須增加服用量，當服用量驟減時也會產生戒斷退癮反應。如果長期服用，則會出現生理上與心理上的依賴（施綺珍、楊宜青、葉宗烈，2006）。

　　基本上，「成癮」廣泛運用在「物質性成癮」，更擴及到「行為性成癮」。例如：「病態性賭博」、「飲食過度」、「性成癮」、「運動成癮」、「電視成癮」、「電玩成癮」等。因此，成癮的現象不只發生在藥物引起的化學反應，各種物質或活動經由人類心智運作而產生一種儀式性、無法自拔的生理與心理倚賴狀態時，都可稱之為「成癮」。

　　施香如、許韶玲（2016）討論網路成癮時，整理許多相關名詞（Beard & Wolf, 2001; Young, 1996; Dowling & Quirk, 2009; Brenner, 1997; LaRose, 2003; Black, Belsare, & Schlosser, 1999; Meerkerk, van den Eijnden, & Garretsen, 2006; Scherer, 1997）包含：

　　1. 網路成癮（internet addiction）
　　2. 網路依賴（dependent internet use）
　　3. 頻繁的網路使用（frequent internet use）或（較）重度／過度的網路使用（heavy/heavier internet usage/excessive）
　　4. 網路濫用（internet abuse）
　　5. 無法自我管理的網路使用（unregulated internet usage）
　　6. 強迫性網路使用（compulsive internet）、不健康的網路使用（unhealthy internet use）、病態性網路使用（pathological internet use）

　　王智弘（2009）引用Young（1999）網路成癮的問題類型，分為5大類：

1. 網路性成癮，也就是深受網路上與性相關的網頁內容及情色活動所吸引。

2. 網路關係成癮，沉溺於網路上的人際關係活動之中。

3. 網路強迫行為，包含沉溺在網路遊戲、網路賭博、網路購物與交易等。

4. 網路資訊超載，沉溺在網路資訊的搜索與蒐集活動。

5. 網路電腦成癮，沉溺與網路有關之電腦操作與探求之活動。

張立人（2013）在討論網路成癮時，認為現在手機成癮或強迫症可能更嚴重，也就是低頭族現象，當然主要跟智慧型手機普及率提升有關。智慧型手機除了改變正式及非正式溝通管道、社交網絡、消費及行銷方式等等之外，甚至改變整個社會的文化，常見的現象包含：未帶手機出門會焦慮、收不到訊號時會擔心、電力快沒時就會感覺緊張，甚至擁有一個以上比手機更重的行動電源、隨時攜帶充電設備並尋找充電地點。

二、網路成癮與脫離的脈絡

王智弘（2009）認為網路成癮與脫離成癮的脈絡，可以簡單描述如下：

網路成癮的脈絡，通常源自於遭遇生活問題的情緒壓力（現實生活的推力）→方便取得網路以接觸網路活動（接觸網路的機會）→暫時得到情緒紓解與愉快經驗（網路經驗的吸力）→增強上網行為→生活問題仍舊存在或惡化（同時可能引發逃避問題的罪惡感）→情緒壓力再次升起（現實生活的推力）＋再次接觸網路活動的欲望（網路經驗的吸力）→方便取得網路以接觸網路活動（接觸網路的機會）→持續重複上網行為（著迷）。

相對而言，脫離成癮的脈絡為，生活問題的情緒壓力（現實生活的推力）降低＋網路情緒紓解與愉快經驗（網路經驗的吸力）降低＋自我的覺察力（自我調適的拉力）提升＋現實生活情境的重要改變＋重要他人與專業人員的協助（他人協助的拉力）→持續降低上網行為（醒悟）。其中，現實生活情境的重要改變，包含：不方便取得網路、替代性其他活動與生活上發生重大事件與改變。

三、網路沉迷／成癮的社會心理特質

　　網路成癮的社會心理成因分析，從基本社會特質來看，網際網路有溝通媒介及活動場域的雙重社會特性，除了帶給人們許多生活經驗與文明發展的可能性，也引發新的人類行為與社會秩序的挑戰。網路溝通有無國界的連結與虛擬性的特質，所以較實體世界規範更為困難，因此除了重新體現實體世界的問題外，又增加特屬於網路世界的問題（王智弘，2009）。網路的社會心理學特質，主要包含四部分：

　　1. 網路的匿名性，指網路使用者可以隱藏自己身分與個人資料，增加自我表達的安全性，也因此有較高的自我揭露與自我再現。當然，若可以發展良好的諮商或求助情境，則有可能提供求助者安全的求助情境，這對於求助者來說也是一種良好的鼓勵求助情境，但也可能因此影響求助問題的真實性。

　　2. 網路的虛擬性提供了一個發展多元自我與人際關係的場域，因此不論是角色扮演、發展人際與學習領導合作的可能機會，就網友而言，不只是娛樂經驗，還有友誼與角色責任的獲得，想要離開時，情感的牽絆是不能避免的掙扎。然而，也造成虛擬與真實的混淆，與真實世界更為混淆的困境，因此如何平衡兩者，是網路世界使用者需要學習的重點。

　　3. 網路的方便性，包含「網路環境的方便性」，除了網際網路普遍性外，手機普遍性也可以從前述的普及率知道，上網幾乎充斥整個社會；「工具使用的方便性」，網路工具的方便得以提供工作、學習、生活與娛樂等活動的方便性；「滿足需求的方便性」，滿足上網者的性、人際親和、成就感、自主與創造等各方面需求。

　　4. 網路的跳脫性，包含超文本的跳脫性與文字使用的跳脫性，前者指網路上資訊提供不受限於線性的結構，能使用多元活潑的串聯與引用網路上的文字與多媒體資訊，提供對話的多元素材（例如：網路語言／表情符號／參考網頁連結），超越過去人際互動與社會環境的侷限性，但也容易造成對話的空泛、片斷性與不聚焦，多重視窗的開啟與運用也可能迷失或過度使用網路，忽略現實生活的重點。

四、網路成癮的特質

網路成癮常見的9個特質（陳淑惠，1998、2003；王智弘，2009；施綺珍、楊宜青、葉宗烈，2006；張立人，2013）：

1. **顯著性**（salience）：這是指某種行為變成生活中重要的事，占據了某人的思想，使人產生想去從事此活動的渴望（cravings），進而影響到社交生活；有時候就算此人並非正在從事這個活動，也會想下次什麼時候可以去從事。

2. **心境改變**（mood modification）：指個人在從事某項活動後所產生主觀感覺的改變，可以看成是一種因應策略（coping strategy），例如：變得亢奮，或是有解脫的感覺等。

3. **耐受性**（tolerance）：指需要增加從事某項活動的次數，才能達到與先前同樣的滿足效果。

4. **戒斷症狀**（withdrawal symptom）：是指停止從事某項行為後所產生的不舒服的情緒狀態，或是心理上不舒服症狀，像是易怒、心情低落、發抖等。

5. **衝突**（conflict）：指因從事某種活動而與家人朋友產生衝突，或與其他活動衝突，例如：工作、社交生活、嗜好及興趣等，或產生內心自我的衝突。

6. **復發**（relapse）：指重複出現上述成癮症狀，即使經過多年的戒除或控制成癮行為後，仍有可能再度出現嚴重的成癮問題。

7. **強迫性症狀**：再想到或看到電腦時，會產生想要上網的欲求或衝動，上網之後難以脫離電腦，可望有更多時間留在網路上。

8. **人際與健康問題**：忽略原有的居家與社交活動，包括與家人朋友疏遠，為掩飾自己的上網行為而撒謊；健康方面出現身體不適，例如：眼乾、眼痠、肩膀痠痛、腕肌受傷、睡眠不足、胃腸問題等。

9. **時間管理問題**：因為網路耽誤工作、家庭、學業、社交與親密關係等等日常生活。

五、網路成癮的診斷指標

張立人（2013）認爲網路成癮的定義，眾說紛紜，依照2013的DSM-5並未將網路成癮列入正式臨床診斷，只有將「網路遊戲疾患（Internet gaming disorder）的研究準則列入書中，但是不可否認網路成癮已經成爲社會大眾無法忽略的議題。其中反對將其列入正式精神疾病的理由包括：

1. 大量依賴網路，是新興且普遍的一種生活方式。

2. 網路是抽象而非特定的名詞，網路成癮只描述形式而未針對內容。相對而言病態性賭博、網路遊戲成癮就明確許多。

3. 網路在社交上帶來一些壞處，卻也帶來不少好處，研究顯示增加許多社交互動機會。

4. 若把過度使用某些事物都定義爲精神疾病，將有無數的新興疾病產生。

DSM-5針對網路遊戲成癮擬定研究標準，「持續且反覆地投入網路遊戲、通常和其他玩家一起，導致臨床上顯著的損害或痛苦，在過去12個月內出現下列5項或以上指標。

1. 網路遊戲占據了生活大部分心思或時間。

2. 當停止或減少網路遊戲時，出現戒斷症狀。

3. 「耐受性」：需要花更多時間在網路遊戲上。

4. 反覆努力想要控制網路遊戲的使用，卻徒勞無功。

5. 除了網路遊戲，對先前的嗜好與休閒都喪失興趣。

6. 即使知道在心理、社會功能出現問題，仍然繼續使用。

7. 對家人、治療師或他人欺瞞自己使用網路遊戲的情況。

8. 使用網路遊戲來逃避或紓解負面的情緒。

9. 因爲網路遊戲而危及或喪失重要的人際關係、職業、教育或工作機會。

網路成癮診斷問卷（Internet Addiction Diagnostic Questionnaire, IADQ）是第一個爲此診對發展的篩檢工具（Young, 1998），主要引用自病態性賭博爲基礎，以8個診斷準則將此疾病概念化，當然評估指標需要考量上網非工作或學業用途，如果個案回答是的題目有5項以上且超過6個月的時間，就必

須考慮有網路依賴的傾向（林煜軒等，2013）：

1. 你是否覺得腦海裡想的全是上網的事情（總想著先前上網的經歷或下次去上網的事情）？

2. 你是否感到需要花更多時間在網路上才能得到滿足？

3. 你是否曾多次努力試圖控制、減少或停止上網，但並沒有成功？

4. 當減少或停止上網時，你是否會感到坐立不安、情緒不穩、憂鬱或易怒？

5. 你每次上網實際所花的時間是否都比計劃的時間要長？

6. 你是否因為上網而損害了重要的人際關係，或者損失了教育或工作的機會？

7. 你是否曾向家人、朋友或他人說謊以隱瞞自己上網的程度？

8. 你是否把上網作為一種逃避問題或排遣不良情緒（如無助感、內疚、焦慮、憂鬱）的方法？

網路成癮的檢測指標，建議可以上臺北市政府衛生局網頁參閱修改自美國匹茲堡大學心理學者Kimberly S. Young所設計之評量問卷，參閱網站：http://mental.health.gov.tw/WebForm/External/SurveyList.aspx。

表13-3 網路成癮評量表

問題	幾乎不曾（1分）	偶爾（2分）	常常（3分）	幾乎常常（4分）	總是如此（5分）
1.你會發現上網時間超過原先預計的時間嗎？	☐	☐	☐	☐	☐
2.你會放下該完成或執行的事而將時間用來上網嗎？	☐	☐	☐	☐	☐
3.你對上網的興奮感或期待遠勝於其他人際互動嗎？	☐	☐	☐	☐	☐

問題	幾乎 不曾 （1分）	偶爾 （2分）	常常 （3分）	幾乎 常常 （4分）	總是 如此 （5分）
4.你會在網路上結交 　新朋友嗎？	☐	☐	☐	☐	☐
5.你會因為上網而 　被他人抱怨或指責 　嗎？	☐	☐	☐	☐	☐
6.你會因為上網而上 　學或上班遲到、早 　退或缺勤嗎？	☐	☐	☐	☐	☐
7.你會不自主地檢查 　電子郵件信箱嗎？	☐	☐	☐	☐	☐
8.你會因為上網而使 　工作表現失常或成 　績退步嗎？	☐	☐	☐	☐	☐
9.當有人問你上網做 　些什麼時，會有所 　防衛或隱瞞嗎？	☐	☐	☐	☐	☐
10.你會上網尋求情感支 　　持或社交慰藉嗎？	☐	☐	☐	☐	☐
11.你會迫不及待地提 　　前上網或一有機會 　　就上網嗎？	☐	☐	☐	☐	☐
12.你會覺得少了網路， 　　人生是黑白的嗎？	☐	☐	☐	☐	☐
13.若有人在你上網 　　時打擾你，你會憤 　　怒嗎？	☐	☐	☐	☐	☐
14.你會因為上網而 　　犧牲晚上的睡眠 　　嗎？	☐	☐	☐	☐	☐

問題	幾乎 不曾 （1分）	偶爾 （2分）	常常 （3分）	幾乎 常常 （4分）	總是 如此 （5分）
15.你會在離線時仍然對網路活動的內容念念不忘嗎？	☐	☐	☐	☐	☐
16.當你上網時會一再延長自己上網的時間嗎？	☐	☐	☐	☐	☐
17.你曾嘗試縮減上網時間或不上網卻失敗的經驗嗎？	☐	☐	☐	☐	☐
18.你會試著隱瞞自己的上網時數嗎？	☐	☐	☐	☐	☐
19.你會選擇把時間花在網路上而不想出門嗎？	☐	☐	☐	☐	☐
20.你會因為沒上網而心情鬱悶、易怒或心神不寧嗎？	☐	☐	☐	☐	☐

請回答最常上網的原因是：（可複選或自行填寫，找資料、網路遊戲、聊天室交友、收發電子郵件）＿＿＿＿＿＿＿＿

計分：

請將每題的分數相加（幾乎不會1分、偶爾2分、常常3分、幾乎常常4分、總是如此5分），所得的總分就是你的「網路偏好指數」。

結果分析：

1. 正常級（20～49分）你是屬於正常的上網行為，雖然有時候你會花了些時間在網路上消磨，但還有自我控制的能力。

2. 預警級（50～79分）你正遭遇因網路而引起的問題，雖然並非到了積重難返的地步，還是應該正視網路帶給你人生的衝擊。最好要有警覺，並改變上網習慣囉！

3. 危險級（80～100分）你的網路使用情形已經成為嚴重的生活問題，你應該評估網路帶來的影響，並且找出病態性網路使用的根源。你或許已經成為成癮者，恐怕需要很強的自制力才能使你回復常態。建議你趕快找專家協助。

　　另一個臺灣常用的評估量表為陳氏網路成癮量表（CIAS）主要分為兩大分量表，其一為網路成癮核心症狀（強迫性上網／網路成癮戒斷反應／網路成癮耐受性），另一為網路成癮相關問題（人際與健康問題／時間管理問題），請參見下表（國家發展委員會，2015），量表詳參陳淑惠教授的臨床心理學研究室：https://sites.google.com/a/psychology.org.tw/shchen/。

表13-4　陳氏網路成癮量表（CIAS）

分量表	因素	問項[1]
網路成癮 核心症狀	強迫性上網	1. 我曾試過想花較少的時間在網路上，但卻無法做到 2. 我不能控制自己上網的衝動 3. 我每天早上醒來，第一件想到的事就是上網 4. 我每次下網後，其實是要去做別的事，卻又忍不住再次上網看看 5. 沒有網路，我的生活就毫無樂趣可言
	網路成癮 戒斷反應	1. 我只要有一段時間沒有上網，就會覺得心裡不舒服 2. 網路斷線或接不上時，我覺得自己坐立不安 3. 我只要有一段時間沒有上網，就會覺得自己好像錯過什麼 4. 不管再累，上網時總覺得很有精神 5. 我只要有一段時間沒有上網就會情緒低落
	網路成癮耐受性	1. 從上學期以來（近六個月），平均而言我每週上網的時間比以前增加許多 2. 我發現自己上網的時間越來越長 3. 比起以前，我必須花更多的時間上網才能感到滿足 4. 其實每次都只想上網待一下子，但常常一待就待很久不下來

分量表	因素	問 i[1]
網路成癮相關問題	人際與健康問題	1.發現自己投注在網路上而減少和身邊朋友的互動 2.因為上網的關係，我平常休閒活動的時間減少了 3.雖然上網對日常人際關係造成負面影響，我仍未減少上網 4.上網對我的學業或工作已造成一些負面的影響 5.因為上網的關係，我和家人的互動減少了 6.上網對我的身體健康造成負面的影響 7.我曾因上網而腰酸背痛，或有其他身體不適
	時間管理問題	1.我會因為熬夜上網而導致白天精神不濟 2.我曾不只一次因為上網的關係而睡不到四小時 3.我習慣減少睡眠時間，以便能有更多時間上網 4.曾不只一次有人告訴我，我花了太多時間在網路上 5.我曾因為上網而沒有按時進食

參、網路沉迷行為調查

依照國家發展委員會（2015）「網路沉迷研究」報告顯示，就整體人口群來看，男性在12-19歲的網路沉迷風險群占比高於女性，女性在20-39歲的網路沉迷（成癮）危險群高於男性。調查發現，在排除工作或課業學習的前提下，我國12歲以上民眾有網路沉迷風險者占3.5%、手機沉迷風險者占

7.7%，隨著年齡越高，網路沉迷風險群的占比就越低。

　　不論是網路或手機沉迷人口群中，從年齡來看，12-19歲為主要族群，網路沉迷約占所有沉迷人口的1/4，手機沉迷則占18.4%；就職業別來看，以學生所占比例最高，網路沉迷為24.5%，手機沉迷占16.4%。顯示在少年族群中，網路沉迷輔導工作刻不容緩。比較風險因子與網路沉迷（成癮）的關係，該研究分析發現，網路沉迷風險者在憂鬱、課業或工作壓力、無聊感、同儕關係不佳、神經質、低自尊、社交焦慮、家庭關係不佳、衝動控制不良、敵意，都高於非網路沉迷風險者。

　　教育部2015年針對學生網路使用情形進行調查，發現國小、國中、高中職學生沉迷盛行率，分為一般組／沉迷組／高風險組及重風險組：

　　1. **網路沉迷盛行率，以高中職較高**：網路沉迷組、網路成癮高風險組及網路成癮重風險組的盛行率分別為國小生3.8%、2.6%、6.7%，國中生為6.1%、4.9%、12.6%，高中職生則為6.5%、5.6%、13.9%。

　　2. **線上遊戲沉迷盛行率，以國中較高**：線上遊戲沉迷組、線上遊戲成癮高風險組及線上遊戲成癮重風險組的盛行率分別為國小生6.2%、4.4%、7.5%，國中生為8.7%、7.5%、12.1%，高中職生則為7.0%、5.8%、11.5%。

　　3. Facebook**沉迷盛行率，以國中較高**：沉迷組、成癮高風險組及成癮重風險組盛行率分別為國小生3.8%、2.2%、4.4%，國中生為8.0%、5.4%、10.6%，高中職生則為7.6%、5.8%、9.9%。

　　4. **在智慧型手機／平板使用沉迷盛行率，以高中職較高**：沉迷組、成癮高風險組及成癮重風險組盛行率分別為國小生5.8%、3.5%、7.1%，國中生為8.5%、6.2%、13.9%，高中職生則為9.5%、7.7%、18.0%。

表13-5　國小、國中、高中職學生在4種網路使用行為沉迷或成癮高風險盛行率

	國小（%）	國中（%）	高中職（%）
網路使用			
一般組	86.97	76.46	74.04
沉迷組	3.77	6.06	6.50
高風險組	2.58	4.85	5.57

	國小（%）	國中（%）	高中職（%）
重風險組	6.69	12.63	13.90
線上遊戲使用			
一般組	81.94	71.80	75.65
沉迷組	6.16	8.69	7.02
高風險組	4.43	7.45	5.80
重風險組	7.47	12.06	11.52
Facebook使用			
一般組	89.53	76.02	76.72
沉迷組	3.79	7.99	7.63
高風險組	2.24	5.36	5.75
重風險組	4.44	10.62	9.90
智慧型小機／平板使用			
一般組	83.58	71.50	64.82
沉迷組	5.81	8.45	9.48
高風險組	3.54	6.19	7.71
重風險組	7.08	13.86	17.98

註：一般組為0-2分；沉迷組為3分；高風險組為4分；重風險組為5分以上
資料來源：教育部（2015）。104年學生網路使用情形調查報告。民106年11月14日，
　　　　　取自「教育部網站」：http://www.edu.tw/News_Content.aspx?n=02171611
　　　　　30F0B192&s=F1AA06D56E8D6B20。

　　教育部2015年調查中，針對一般組、網路沉迷組、網路成癮組在身心健康問題上的比較，結果發現，在身體症狀、敵意、疑心、睡眠狀況（品質／時間／睡眠效率／障礙程度）、日常功能障礙都有較值得擔心的部分，而幸福感也較差。

　　除了使用網路時間，成癮組明顯多過於其他兩組外，不同成癮程度在年齡、學制、是否擔任志工、主要照顧者背景上，都有達到差異，也因此可以統整及討論下面的思維：

表13-6　各類型數位使用行為之一般組、網路沉迷組、網路成癮組在身心健康問題上的組間差異比較

類型	身心健康問題	組間差異比較
網路使用	身體症狀	一般組<沉迷組；一般組<成癮組；沉迷組<成癮組
	疑心症狀	一般組<沉迷組；一般組<成癮組；沉迷組<成癮組
	敵意症狀	一般組<沉迷組；一般組<成癮組；沉迷組<成癮組
	幸福感	一般組>沉迷組；一般組>成癮組
	不良睡眠品質	一般組<沉迷組；一般組<成癮組
	睡眠時間不足	一般組<沉迷組；一般組<成癮組；沉迷組<成癮組
	低睡眠效率	一般組<沉迷組；一般<成癮組
	睡眠障礙	一般組<沉迷組；一般組<成癮組
	日間功能障礙	一般組<沉迷組；一般組<成癮組；沉迷組<成癮組
線上遊戲使用	身體症狀	一般組<沉迷組；一般組<成癮組；沉迷組<成癮組
	疑心症狀	一般組<沉迷組；一般組<成癮組；沉迷組<成癮組
	敵意症狀	一般組<沉迷組；一般組<成癮組；沉迷組<成癮組
	幸福感	一般組>沉迷組；一般組>成癮組
	不良睡眠品質	一般組<沉迷組；一般組<成癮組；沉迷組<成癮組
	睡眠時間不足	沉迷組<成癮組
	低睡眠效率	一般組<沉迷組；一般組<成癮組
	睡眠障礙	一般組<沉迷組；一般組<成癮組
	日間功能障礙	一般組<沉迷組；一般組<成癮組；沉迷組<成癮組
Facebook使用	身體症狀	一般組<沉迷組；一般組<成癮組；沉迷組<成癮組
	疑心症狀	一般組<沉迷組；一般組<成癮組；沉迷組<成癮組
	敵意症狀	一般組<沉迷組；一般組<成癮組；沉迷組<成癮組

Facebook使用	幸福感	一般組 > 沉迷組 ； 一般組 > 成癮組
	不良睡眠品質	一般組 < 沉迷組 ； 一般組 < 成癮組
	睡眠時間不足	一般組 < 沉迷組 ； 一般組 < 成癮組
	低睡眠效率	一般組 < 沉迷組 ； 一般組 < 成癮組
	睡眠障礙	一般組 < 沉迷組 ； 沉迷組 < 成癮組
	日間功能障礙	一般組 < 沉迷組 ； 一般組 < 成癮組
智慧型手機／平板使用	身體症狀	一般組 < 沉迷組 ； 沉迷組 < 成癮組
	疑心症狀	一般組 < 沉迷組 ； 一般組 < 成癮組
	敵意症狀	一般組 < 沉迷組 ； 一般組 < 成癮組
	幸福感	一般組 > 沉迷組 ； 沉迷組 > 成癮組
	不良睡眠品質	一般組 < 沉迷組 ； 一般組 < 成癮組
	睡眠時間不足	一般組 < 沉迷組 ； 一般組 < 成癮組
	低睡眠效率	一般組 < 沉迷組 ； 一般組 < 成癮組
	睡眠障礙	一般組 < 沉迷組 ； 一般組 < 成癮組
	日間功能障礙	一般組 < 沉迷組 ； 一般組 < 成癮組

資料來源：教育部（2015）。104年學生網路使用情形調查報告。民106年11月14日，取自「教育部網站」：http://www.edu.tw/News_Content.aspx?n=0217161130F0B192&s=F1AA06D56E8D6B20。

1. 沉迷組、成癮組的平均年齡顯著高於一般組，顯示高年齡層學生較容易達到沉迷及成癮的程度，也因此高中職組／國中組比例都較高。

2. 成癮組與沉迷組顯著較少參與志願服務經驗，顯示兒童少年將注意力關注在網路及手機以外的社會環境的時間比例較高。

3. 沉迷組與成癮組主要照顧者教育程度為大專院校比例顯著少於一般組，成癮組照顧者為父母的比例顯數少於沉迷組與一般組，顯示雙親照顧／家長教育程度高者，可能對於避免學生達到沉迷及成癮狀況較為關注，也因此較容易在教養上專注這一塊。

4. 家長對3C產品之管教方式，一般組以民主式紀律所占比例最高，而沉迷組與成癮組的家長教養則以忽略式管教和溺愛式管教所占比例較高。顯示家長若在使用上缺乏安全健康上網規範的訂定，或是不去了解孩子的上網活動，則孩子較易網路成癮。

5. 成癮組在身體症狀／疑心症狀／敵意症狀／不良睡眠品質／睡眠時間不足／睡眠障礙／日間功能障礙都較沉迷組及一般組為高。

肆、青少年常見的網路沉迷型態

參閱林煜軒等（2013）翻譯Kimberly & Cristiano（2010）主編的「網路成癮：評估及治療指引手冊」，細部討論青少年常見的成癮型態如下。

一、線上社交互動和問題性上網

Caplan & High（2011）引用Morahan-Martin（2008）指出，網路中的特定社交功能是造成網路濫用的重要因素，而比較常在網路上使用社交功能、喜歡上網找人、建立線上關係、在網路上尋找情感支持者也是容易在使用網路後產生負面結果者。換句話說，網路上同步空間的功能，以及同步性的人際交流互動設施，不只吸引人，也是造成過度上網的元兇。Kimberly

& Cristiano（2010）彙整相關研究顯示，青少年使用即時通訊和聊天室功能者，是預測的網路成癮的有效因子，相對而言電子郵件的預測性並不高，如果網路通訊聯絡對象是家人或朋友，影響也不大，但若上網目的是認識新朋友，則使用量愈高，愈容易造成問題性上網（林煜軒等，2013）。

　　當然，也有因果相反的解釋，也就是說，心理社會問題困擾會讓某些人具有線上互動偏好，甚於眞實面對面的談話社交。

　　1. 憂鬱症患者的相關研究中就指出，憂鬱的青少年比較喜歡在網路上跟陌生人聊天、比較常使用網路作人際溝通、在網路上也有比較多的自我揭露，因爲使用即時通訊可以降低孤獨感。

　　2. 有自傷行爲較沒有自傷行爲者，使用網路聊天室比例是2倍，同時也更顯著與網路上認識的人維持較多親密關係，研究同時也發現線上社交互動和嚴重型人格疾患間的關聯性，例如：Mittal、Tessner, & Walker（2007）研究一群分裂型人格疾患（schizotypal personality disorder, SPD）的青少年，他們和眞實生活中的朋友極少有社會互動，但是在網路上的社交互動遠高於控制組。

　　3. 線上人際活動和自尊也有負相關性，是心理社會健康的重要指標，當然這也受他們在線上檔案中所收到的正向與負向回饋有關。

　　電腦媒介溝通（computer-mediated communication, CMC）和面對面溝通的差異性究竟何在？Kimberly & Cristiano（2010）指出兩種不同理論分析不同的可能性（林煜軒等，2013）：

　　1. 線索濾出模式（cues filtered out paradigm）是最早期所提出的理論概念，強調因爲溝通管道限制，因此少了非言語的線索，以致線上溝通無法完整提供有效的互動關係，也因此無法如同面對面溝通般的有效率。

　　2. 線索濾進模式（cues filtered in paradigm）是較爲近期的概念，與前者概念相對。認爲電腦媒介溝通是一種特別有效率的人際溝通方法，主要概念認爲線上傳遞減少非語言資訊，因此對於某些人來說，是更有利的溝通工具，容易達到有意義且正向的成功社交，也因此心理社會問題者容易被線上社交互動吸引。

　　3. 社交資訊處理理論（social information processing, SIP）認爲人們爲了適應線上缺少的非言語資訊，會更加強調言語訊息的內容風格和使用時機，

因此所傳遞的訊息同時也包含了非語言線索，補足非面對面互動的不足。然而，當注意到這差異時，交換訊息的速度就會變慢，也因此電腦媒介溝通訊息，可能較傳統面對面溝通花更多時間。

4. 去個人化的社交認同模式（social identity model of deindividuation effects, SIDE）認為人們因為匿名性與去個人化情境，更專注於社交場合互動相關的內容與資訊，以至於促進及增強社交認同與群眾意識，強化團體社交互動場域。

5. 超個人化觀點（hyperpersonal perspective），認為電腦媒介溝通讓人更容易掌握及操縱需要傳遞的文字，並有機會修改或取消可能的錯誤，更能夠達到社交目的，產生正向回饋及循環。換句話說，線上媒介修正或隱藏不想要及難控制的特色，讓人較容易傳遞及展現選擇過的自我，較能表現自我認同的重要特質，更勝於面對面的溝通，以達到面對面模式無法達成的親密感。但也可能形成過度理想化的印象。

二、線上角色扮演遊戲成癮

大型多人線上角色扮演遊戲（massive multiplayer online role-playing game, MMORPGs）是廣受歡迎的網路應用程式的其中一例，玩家透過創造虛擬角色，也就是所謂的化身（avatar），玩家能夠控制他或她自己的化身，完成各種任務、增進化身的能力，並且跟其他化身進行互動。這是目前許多青少年與成年人相當重要的休閒活動，而角色扮演遊戲潛在成癮的風險。

雖然是種虛擬世界，但也真實存在、廣大且恆定，即使玩家下線，它依然存在，而且無論玩家是否存在，虛擬遊戲世界都不會停止發展的特性，也就是當玩家們若離開一段時間，就會與虛擬世界脫節，失去影響力及權力。又因為可以在真實世界與外與其他人合作及溝通的特點，而被視為全新的環境與互動情境，差異在於網路使用的時間跟密集度，而且不受限於真實環境空間，玩家使用的時間通常比使用傳統電腦或電視遊樂器更長。兩性有差

異，女性接觸線上遊戲的年紀通常較男性爲晚，主因在於他們通常是透過男性伴侶接觸遊戲。

多人線上角色扮演遊戲，通常包含三種成分：1.成就感，也就是玩家通常需要經過一段時間才能熟悉遊戲機制，並且掌握遊戲機制，也從得到經驗值或更好的裝備中獲得成就感；2.社交層面，玩家透過虛擬世界的社交層面，聚集成爲更大的團體，產生共同的經驗與話題，產生文字訊息與語音聊天；3.沉浸感（immersion），玩家常會因爲認同遊戲中的化身，產生沉浸感，改變他或她的外表，擴充裝備及扮演的角色（Blinka & Šmahel, 2010；引自林煜軒等，2013）。

線上角色扮演遊戲的成癮因子，包含下列四項：

1. **心流現象**：這是常見的解釋遊戲成癮的因子，也就是需要某種程度的技巧和密集努力，和其他人達成競爭，以得到有任務、獎勵與回饋的恆定系統，以至於玩家將心思都聚集在遊戲中，而忽略任何日常生活所需，包含最基本的生理需求滿足。典型指標就是知覺改變，例如：有人在遊戲過程中打斷他，他會產生憤怒感，並與周圍的人產生衝突。當然也包含時間感官，就是對於日常生活時間的控制。

2. **虛擬與現實生活分離**：剛開始玩家的網路遊戲社群與眞實世界有重疊，但隨著玩的時間愈久，則愈容易導致虛擬生活與現實生活分離，愈可能上癮，而青少年常常是比較有風險的一群。

3. **標籤化導致其與眞實社群的脫離**：周圍社群跟重要社會環境（例如：家長與學校等），將玩線上遊戲標籤爲「病態」時，分離及上癮狀況會更嚴重。

4. **理想自我與眞實自我差距**：線上角色扮演遊戲的虛擬角色化身，通常是由玩家所塑造的理想自我，完整且有能力，與眞實自我有必然的差距，產生某種心理補償作用。

表13-7 線上遊戲成癮行為問卷

突顯性	你曾經因為線上遊戲而忽略你的需求（像是進食或睡眠）嗎？ 你曾經在沒有玩遊戲時，想像自己在遊戲中嗎？
情緒變化	當你無法在遊戲裡，是否感到不安或是容易生氣？ 當你終於能夠接觸到遊戲的時候，是不是感覺較快樂且更愉悅了？
耐受性	你是否感覺自己花了愈來愈多的時間在線上遊戲之中？ 你曾經發覺自己在玩遊戲的時候，其實並不真的感到有趣嗎？
衝突	你曾經因為花費在遊戲裡的時間，而與親密的人（家人、朋友、伴侶）爭執嗎？ 你的親人、朋友、工作（和／或）嗜好因為你耗費於遊戲的時間而受苦嗎？
時間限制	你是否曾經嘗試限制玩遊戲的時間卻不成功？ 你是否曾花超過原定的時間停留在遊戲裡？

資料來源：Blinka, L., & Šmahel, D. (2010). Addiction to online role-playing games. In: Young, K.S. & de Abreu, C.N. (Eds.).Internet Addiction: A Handbook and Guide to Evaluation and Treatment. (74-90). Hoboken: John Wiley & Sons. 林煜軒、劉昭郁、陳劭芊、李吉特、陳宜明、張立人（譯）（2013）。網路成癮：評估及治療指引手冊（原作者：K. S. Young、C. N. de Abreu）。臺北：心理出版。（原著出版年：2010）

三、網路性愛成癮和網路性愛強迫症

不論是臺灣或者是全世界的網路人口，在近年來都急遽攀升，無論是其他社會環境或者是「性」的角度來看，網路都成為真實世界的縮影，因此，現實世界所有對性的需求或相關事物都會用不同形式轉移到網際網路世界中，特別是對於性具有高度好奇，卻又常常無法在真實世界中的知識、想法、需求滿足的青少年。當然，網際網路上性愛相關活動或產業的產值也逐年攀升。

雖然聽到「網路」＋「性愛」兩個關鍵字的結合，總是容易聯想到負面

的情境，但是不論青少年與成人都會使用網際網路來研究一些平時難以討論的議題，例如：如何防止性病傳播、檢討或搜尋避孕方法及健康性知識。然而，確實也有一定比例的網路使用者會有危險的網路行為，特別是在特定網路空間中進行即時聊天、交流檔案、視訊及音訊會議等，運用聊天室、即時通訊軟體、社群網站、交友APP、網路遊戲等，或者是追蹤特定性愛對象或相關資訊的網誌（例如：Tweeter），以及晚近的網路直播Live秀，尺度無極限，吸引年輕女主播前仆後繼地上陣，成為年輕帥哥美女淘金的新行業。

Suler（2004）創造網路「去抑制效應（online disinhibition effect）」概念，也就是「去個人化（deindividuation）」，來描述網路上所說與真實世界不同的現象，也可以解釋網路性愛世界存在的原因。其中主要有四個特色：1.你不認識我／你看不到我的「網路匿名性」；2.「待會兒見」讓網路世界中事情的後果可以簡單地透過關掉軟體或電腦而迴避，也意味者可以有更高風險的網路性愛活動；3.這全都是我腦子裡發生的事／這只是個遊戲，換言之，網際網路使用者很難在真實世界與幻想世界畫界線，性愛界線更模糊，產生幻想與認知的不和諧；4.「我們都是一樣的」，網路沒有階級觀念。

如何評估網路性愛？Delmonico & Griffin（2010）認為，首先需要建議針對非網際網路相關的一般評估，根據Raymond, Coleman, & Miner（2003）估計，70%-100%在性愛倒錯或者是性愛衝動行為的人，最常合併焦慮疾患（96%）和廣泛性情緒疾患（71%），當然共病也包含憂鬱症、焦慮疾患、躁鬱症、強迫症、成癮疾患和注意力方面問題。

其次，則是針對「性」進行全面性網路評估，包含性愛總類、頻率跟對生活產生的影響。一開始，我們要先認知並非所有網路性愛行為都是不健康的、有問題的，最根本的問題在於個案是否從「健康使用」的層次發展到「較有問題」的某些網路性愛行為。其中有三個基本判讀準則，包括：1.個人失去了選擇繼續或停止性愛活動的自由；2.即使有不良的後果，仍然繼續從事網路性愛；3.強迫性地不斷想到性愛行為相關的事物。當然，在評估的同時都要考量網路性愛行為的強度跟頻率的交互作用，詳參圖13-5（林煜軒等，2013）。

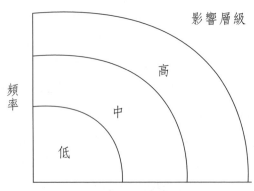

圖13-5　網路性愛的影響層級

資料來源：Delmonico, D. L. & Griffin, E. J. (2010). Cybersex Addiction and Compul-
sivity. In: Young, K.S. & de Abreu, C.N. (Eds.).Internet Addiction: A Hand-
book and Guide to Evaluation and Treatment. Hoboken: John Wiley & Sons.
林煜軒、劉昭郁、陳劭芊、李吉特、陳宜明、張立人（譯）（2013）。網
路成癮：評估及治療指引手冊（原作者：K. S. Young、C. N. de Abreu）。
臺北：心理出版。（原著出版年：2010）

　　Delmonico & Miller（2003）認為真實世界的性愛活動和網路性愛活動
有密切關係，因此改編性愛成癮篩檢測驗（Sexual Addiction Screening Test,
SAST）成網路篩檢自陳測驗量表，以協助個案評估自己的網路性愛行為，
當然因為是自陳量表，因此專業人員需要考量自己的臨床評估，來解讀測
驗結果。問卷主要包含8個分項（Delmonico & Griffin, 2010；引自林煜軒等
譯，2013）：

　　1.**網路性愛的強迫性**：評估Schneider的3個準則，失去選擇的自由／即
使有嚴重的後果仍然持續／強迫性思考。

　　2.**網路性愛行為（社交）**：測量網際網路社交人際互動中的網路性愛行
為，例如：聊天室與電子郵件等。

　　3.**網路性愛行為（獨自）**：測量網際網路中和「人際互動較少」關聯性
的網路性愛，例如：瀏覽網站、下載色情圖片等。

　　4.**網路性愛花費**：檢視個案支持網路性愛活動花費金錢的程度以及後
果。

　　5.**對網路性愛活動的興趣**：檢視對網路性愛的性趣程度。

　　6.**在住家以外的地方使用電腦**：檢視在住家外為了網路性愛目的而使用

電腦的程度，例如：工作中／朋友家或網咖。

　　7.**在電腦上的非法性愛運用**：檢視違法或違法邊緣的網路性愛活動，例如：下載兒童相關的色情圖片或網路性剝削兒童。

　　8.**一般性的性愛強迫症**：簡短篩檢個案在真實世界中的性愛強迫性。

　　網際網路評估，依照Delmonico & Griffin（2010）建議，臨床工作者應該分為網路快速篩檢測驗形式及半結構式訪談，可以較完整地評估個案狀況，其中網際網路評估（Internet Assessment）是由Delmonico & Griffin（2005）開發出來的，包含6個重要指標面向：1.誘發性興奮的主題：在於了解網路性愛活動中所追尋的興奮題材。2.科技理解力：在於評估個案使用網路的能耐，以協助臨床工作者了解個案自我陳述可能不誠實的程度，可以進行評估。3.風險：這是很多人陷入網路性愛中的原因，因為「網路世界比正常世界風險更高」的快感，也因此是極為重要的評估指標。4.違法程度：協助工作者區分那些個案是否已經跨越界線開始一些違法行為，也是擬定治療計畫的重要參考。5.保密：保密需求與強迫性行為通常有相關性，當行為頻率跟強度增加時，保密需求也增加。6.強迫性：協助我們區分達到強迫程度的個案，使自己被需求所驅動甚至儀式化，當然強迫性愈強，個案愈難治療（引自林煜軒等，2013）。

表13-8　網路性愛篩檢測驗表

指引：請仔細閱讀每個陳述。如果這個陳述大部分是對的，請在題號旁邊的空格內做上記號；如果這個陳述大部分是錯的，則不要做上任何記號，繼續看下一個陳述。
＿＿＿1.我的網頁書籤中有一些是性愛網站。
＿＿＿2.我每個禮拜花超過五個小時的時間用電腦搜索性愛相關的資訊。
＿＿＿3.為了更方便獲得網路上的性愛資訊，我曾加入色情網站的會員。
＿＿＿4.我曾經在網路上買過情趣商品。
＿＿＿5.我曾經用網際網路搜尋工具搜索性愛相關的資訊。
＿＿＿6.我曾為了網路上的色情資訊花了超過自己預期金額的錢。
＿＿＿7.網路上的性愛有時會影響我現實生活中的某些層面。
＿＿＿8.我曾經參與性愛相關話題的線上聊天。
＿＿＿9.我在網路上有帶著性暗示的使用者名稱或暱稱。

_____10.我曾經在使用網路的同時自慰。

_____11.我曾經在自己家裡以外的電腦上瀏覽色情網站。

_____12.沒有人知道我用我的電腦做些跟性愛相關的事。

_____13.我曾嘗試隱藏我電腦裡或螢幕上的東西，讓別人看不到那些內容。

_____14.我曾經為了瀏覽色情網站熬夜到半夜。

_____15.我用網路來試驗性愛的不同層面（例如：性虐待、同性性愛、肛交等）。

_____16.我自己有包含一些性愛內容的網站。

_____17.我曾經承諾自己不要再用網路來從事性愛相關的事情。

_____18.我有時會用網路性愛來作為完成某些事情的報償（例如：完成企劃案、度過了壓力十足的一天等）。

_____19.當我無法用網路來接觸性愛資訊時，我會感到焦慮、生氣或是失望。

_____20.我已經增加了我在網路上所承擔的風險（例如：在網路上公開自己的真名或電話號碼、在真實世界和網友見面等）。

_____21.我曾經為了自己用網路來滿足性愛目的而處罰自己（例如：暫停使用電腦、取消網路訂閱等）。

_____22.我曾經親身為了感情的目的在真實世界與網友見面。

_____23.我在網路上對話時會使用較為色情的幽默或諷刺言語。

_____24.我曾在網路上接觸到有違法之虞的性愛資訊。

_____25.我相信我是個網路性成癮者。

_____26.我不斷試著停止某些性活動，但是不斷地失敗。

_____27.我會持續著我目前的性愛活動，儘管這些活動已對我造成問題。

_____28.在我從事性愛活動前，我會很渴望，但是事後卻會後悔。

_____29.我得常常說謊來隱蔽我的性愛活動。

_____30.我相信我是個性成癮者。

_____31.我擔心人們知道我所從事的性愛活動。

_____32.我曾努力去戒除某種性愛活動，但是卻失敗了。

_____33.我對別人隱藏了我的某些性愛活動。

_____34.當我經歷性愛後，我常感到沮喪。

網際網路性愛篩檢測驗計分指引

1. 統計第1題到第25題中做上記號的有幾題，以下列的題數分級來進行解讀。

   1-8題：你在網路上的性愛活動可能有，也可能沒有產生實質的問題。你是屬於風險比較低的一群，但如果網路還是對你的生活帶來問題，你得找個專家來幫你做進一步的評估。

   9-18題：你正身處於網路性愛行為影響你生活中重要領域的風險。如果你很在意你在網路上的性愛活動，而且你也注意到它所帶來的後果，我們建議你找個專家來幫你做進一步的評估，並協助你處理你在意的部分。

   19題以上：你讓網路性愛行為干涉了你生活的重要部分，甚至犧牲了生活（社交生活、職業生活、教育生活等）。我們建議你將你的網路性愛行為提出來與專家討論，讓他們進一步評估並協助你。

2. 第26題到第34題是簡短版的性愛成癮篩檢測驗（SAST）。這幾題應就整體的性愛成癮行為來解讀，而不是針對網路性愛。雖然這幾題並沒有明確的切截分數以供解讀，但如果第1題到第25題做記號的題數偏多且第26題到第34題亦是如此，那必須留意這意指有更高的機會在網路上發生性愛行動化（acting-out）的行為。請注意：第26題到第34題請不要計入前一部分的題數統計裡。

3. 沒有任何一個題目可以單獨評定是否有問題化的傾向。評估者所要尋找的是行為的整體，這包括其他的資訊來源，來證明個案對網路性愛感到掙扎。例如，網頁書籤裡有色情網站或是在網路上搜尋性愛相關的資料並不是很不尋常的事，但如果配合有其他特別的行為，這就可能造成問題。

資料來源：Delmonico, D. L. & Griffin, E. J. (2010). Cybersex Addiction and Compulsivity. In: Young, K.S. & de Abreu, C.N. (Eds.).Internet Addiction: A Handbook and Guide to Evaluation and Treatment. Hoboken: John Wiley & Sons. 林煜軒、劉昭郁、陳劭芊、李吉特、陳宜明、張立人（譯）（2013）。網路成癮：評估及治療指引手冊（原作者：K. S. Young、C. N. de Abreu）。臺北：心理出版。（原著出版年：2010）

表13-9　網路性愛評估快速篩檢表

網際網路評估快速篩檢（Form Q） 一個評估問題性網路性愛行為的結構性會談
第一部分：網際網路相關知識和行為 1.在過去的六個月當中，你平均每個禮拜讓你的電腦連上網路多少小時？平均來說，這些時間當中，你花了多少小時坐在電腦前使用網際網路（並不限定是為了性愛的目的而使用電腦）？ 2.在過去的六個月當中，你平均每個禮拜花幾個小時投入網路性愛活動，像是下載性愛圖片、參與性愛聊天等？ 3.你曾經在網路上或透過網路發布或交易任何性愛相關的資訊或商品嗎？這包括自己的照片、別人的照片、性愛故事、性愛錄影、性愛聲、性愛網誌，或性愛傳略等。 4.你曾經在網路上瀏覽過兒童或未成年者為主的色情圖片嗎？ 5.你曾經嘗試在上網時隱蔽自己或是造訪過的網站嗎（例如：清除自己的上網紀錄、使用軟體來隱藏自己上網的軌跡、刪除或重新命名所下載的檔案、使用匿名服務等）？ 6.你曾經在現實世界和網友（包含小孩、青少年、成人等各年齡層）有過真實接觸嗎（電話聯繫、收寄信件、見面）？ 7.你曾經在任何你所用過的電腦上安裝過下列的軟體嗎：點對點軟體（例如：Kazaa）、網際網路中繼交談軟體（例如：Mirc）、新聞閱讀器（例如：Free-Agent）、網路攝影機聊天軟體（例如：Pal-Talk）？ **第二部分：社會、性愛和心理評估** 1.你在現實生活中的性愛活動曾經受到你在網路上的性愛活動的影響嗎？ 2.你的自慰曾經和你的網路性愛行為有關係嗎？ 3.你曾否意識到自己因為從事網路性愛活動，而使得自己無論是在網路或現實世界中的性愛風險愈來愈高？ 4.你曾經因為從事網路性愛活動而經歷過某種後果，或是犧牲你生活中的重要層面（例如：工作、家庭、朋友）嗎？ 5.你的伴侶曾經抱怨過你的網路性愛活動嗎？ 6.因為從事網路性愛活動，無論實質上或情感上，你對家人或朋友變得比較疏離嗎？

7.你曾經意識到你的網路性愛活動會影響你的心情，無論是變好或變壞嗎？

8.你曾經期許自己能戒除網路上的性愛活動，但是老是不能自我設限或成功戒除嗎？

資料來源：Delmonico, D. L. & Griffin, E. J. (2010). Cybersex Addiction and Compulsivity. In: Young, K.S. & de Abreu, C.N. (Eds.).Internet Addiction: A Handbook and Guide to Evaluation and Treatment. Hoboken: John Wiley & Sons. 林煜軒、劉昭郁、陳劭芊、李吉特、陳宜明、張立人（譯）（2013）。網路成癮：評估及治療指引手冊（原作者：K. S. Young、C. N. de Abreu）。臺北：心理出版。（原著出版年：2010）

　　Wolak、Finkelhor、Mitchell, &Ybarra（2008）發現青少年某些上網行為會使他們置身在性剝削的高風險中，包含：1.和陌生人互動；2.把陌生人加入好友名單；3.用網際網路來發表粗魯或齷齪的言語；4.把個人訊息發送給網路上遇到的陌生人；5.透過網路分享網站下載圖片；6.故意瀏覽限制級的網站；7.用網際網路去騷擾或是糊別人；8.和網路上的陌生人談論性。容易讓青少年讓自己捲入性愛麻煩的上網行為，例如：網路色情資訊、傳送自己的性感圖片、網路上的性騷擾、受到加害者性愛金錢交易的誘惑等。目前網際網路對於年齡分級限制，能夠做的有限，多數只能用自陳「年齡已滿18歲已否」或者「網頁將有情色等相關訊息」等等警示語言。

伍、網路沉迷的輔導策略

一、引導取代制止、善用取代依賴

　　在網際網路及智慧型手機普及化的世代中，青少年使用網路幾乎是不可避免的現象，甚至包含家長及教師都可能需要運用手機與網路，在公私交流上都是不可或缺的重要聯繫工具。甚至很多兒童少年成長過程中，家長已經用3C產品變成電子保母，由智慧型手機、平板及電腦陪伴孩子成長，也因此，學童已經成為在網路世界中成長的世代，要完全制止學童使用網路，基

本上很容易造成親子關係的對立，也常成為親子衝突的關鍵，因此如何引導學童善用網路，而非一味制止上網，是現在輔導工作重要的課題。

為了預防網路沉迷或成癮，以及伴隨的相關其他身心或社會問題，建議家庭與學校教育皆要加強培養網路使用人事時地物的良好習慣。教育部（2015）學生網路使用情形調查報告建議：

1. **人**：讓師長與學生討論常使用的網路活動，以及與網友的互動；使師長能更了解學生的網路使用狀況，並與學生宣導保護個人資料的重要，避免學生與網友單獨出去或洩漏個人資料。

2. **事**：教導學生遵守網路使用之安全與規範，如尊重智慧財產權，並且學習尊重他人，創造良善的網路使用環境，避免網路霸凌的發生；另外持續對學生及其家長宣導線上遊戲分級的概念，避免學生玩不符年紀的線上遊戲。

3. **時**：鼓勵學生培養時間管理的技巧與數位登錄的習慣，避免學生在不適當的時間使用網路，如睡眠時間；家長可多運用教育部之「網路守護天使」軟體，協助孩子節制上網時間，並且建議學校和家長從日常或課程中培養學生起身運動的好習慣，以降低長時間久坐使用網路的頻率。

4. **地**：宣導手機放在床邊對身心造成的壞處，家長需對孩子的使用方法與地點進行監督，減少學生把電腦或手機放在床邊的習慣。

5. **物**：向學生加強宣導不要輕易相信網路上的訊息或資料，以避免輕易開啟不明的檔案；教導學生學習拒絕網友提供的任何好處，避免學生有受惠於網友或利益交換的機會。

二、觀察及記錄青少年上網行為與需求

針對高風險學童不論是在線上交友、遊戲或看各種網站的過度使用，基本上都是反映他現實生活上的需求與想法上的不足，不同遊戲類型、不同社交網站、不同的聊天主題及對象，也都呈現出學童不同的需求，因此，觀察、記錄或討論學童的上網行為將成為介入計畫的重要背景。

1. 實體與網路世界間的差距

　　通訊軟體是目前學童普遍使用的交流媒介，甚至成為班級布告欄及重要溝通管道，因此運用Facebook、Instagram、Line等軟體進行同儕間的互動，基本上已經成為常見的現象。然而，互動對象是實體的同儕、跨班級及校際的友伴、網路上的陌生人，則呈現出學童不同的交友風險性，愈是接近實體且真實環境中互動的友伴，則可能僅僅只是實體同儕關係的延伸，但是若同樣使用相通軟體，但以陌生人為主，則要積極且焦點性的介入及擬訂個別介入計畫。

2. 軟體運用的類型差異

　　除了前述常見通訊軟體的一般運用外，通常軟體都有提供相同興趣的社群網絡，不論是寵物飼養、植栽、運動、購物等一般興趣性議題，一直到情色、交友、性行為等等相關高風險的主題性社群都有。學童有興趣或參與的社群為哪些類別，跟討論的議題，也成為需要評估的重點，如前文所述，部分高風險行為將可能讓學童陷入性剝削的危機中，除此之外，自我傷害、物質濫用等等各式問題也常常從網路中延伸出來。另外，同儕交友有障礙或有異性交往期待的學童也常常運用交友應用程式（Application, APP），進行網路交友，通常交友風險較高，產生危險性行為、性侵害及性剝削的風險也相對增高。

3. 學童網路參與行為的需求評估

　　除了溝通軟體外，許多不同類型的線上遊戲的沉迷，也投射學童的不同需求，有些遊戲只是休閒或打發時間的目的，有些則是有人物角色虛擬的需求，有些則是競爭型遊戲，各式不同遊戲都顯示出背後使用者的不同內在需求。

　　當然，在此必須強調，並非所有網路遊戲都會造成負面影響，甚至部分電子競技遊戲已經成為一種專業競賽活動。教育部（2016）電子競技納為體育運動合適性評估報告，建議電子競技項目於現行國際現況、社會氛圍認知上，電子競技項目應屬休閒娛樂活動，未來建議可結合電子競技周邊產業方向發展，成為社會發展產業之一。遠東科技大學也於2016年成立培訓電競專業選手的「多媒體與遊戲發展管理系」。

然而，就本章所討論的網路沉迷遊戲，並非以此為專業發展的學童，從學童玩遊戲的行為模式觀察與研究，可以了解學童需要，例如：透過虛擬角色滿足現實世界中自己的不足，比方真實世界中是個瘦弱受霸凌的學童，卻在網路世界中變成有攻擊力及組織性的角色。當然，這又可能因為個案的差異，產生不同的現象與評估，有可能是現實世界不足的滿足，產生虛幻的投射，但也可能在網路世界中展現現實世界沒有機會發展的潛能，如：組織及規劃多人競技的團隊。因此輔導人員必須透過實際參與、理解及觀察，可以評估案主的需求與擬定介入計畫，就跟一般現實環境中案主問題的評估及處遇一般。

三、評估是否有相關精神疾患產生

網路沉迷最常見的是延遲睡眠症候群，影響日常生活作息，當然其他常見的也包含社交困境、網路引發犯罪或偏差行為等等，然而心理學家 Larry D. Rosen 在2012年出版「iDisorder: Understanding Our Obsession with Technology and Overcoming Its Hold on Us」認為網路與手機等科技，將使人可能展現出不同的精神疾病症狀（張立人，2013）。包含：自戀型人格、焦慮症、強迫症、成癮現象、過動症、社交及自閉疾患、類分裂型人格、厭食症、偷窺癖等等。因此，一般性沉迷、成癮以至於有精神疾患的合併產生，都是輔導人員在與學童互動時需要評估的，除透過前述一般網路成癮相關量表檢視以外，也可能需要搭配其他專業精神疾患的評估及診斷。當然嚴重程度愈高，需要專業配套措施就有所不同。

四、針對網路問題運用正式資源協助處理

針對網路上不法的行為及網站，可以運用衛生福利部保護服務司委託臺灣展翅協會成立「web885（網路幫幫我）諮詢熱線」，提供匿名諮詢網路

相關問題（http://www.web885.org.tw），諮詢熱線專員會依諮詢內容分派給適切的顧問回覆。Web885的專業顧問團隊，是由律師、青少年輔導專家、心理諮商師、精神科醫師等不同領域的專家所共同組成，能對諮詢者的諮詢做全面性的建議。最常於網路遭遇的八種類型提供諮詢服務，分別為：網路交友、網路援交、沉溺網路色情與暴力資訊、網路沉迷與成癮、疑似戀童傾向、網路霸凌、網路個資被盜用與其他（例如：偷拍）。

　　另外，針對違法內容或網站也可以透過iWIN網路內容防護機構進行投訴，該網站是於2013年由行政院依據兒少法46條召集各部會委託民間成立的機構。任務在於維護兒少網路安全環境、推動業者自律、宣導網路正確觀念、受理有害兒少內容之申訴，網站為https://i.win.org.tw/，諮詢電話為02-2577-5118。受理的申訴內容，主要為涉及違反兒少保護相關法令的網路內容，如兒童及少年福利與權益保障法、兒少性剝削防制條例與性侵害犯罪防治法等相關法令。

參考書目

中文部分

王智弘（2009）。網路諮商、網路成癮與網路心理健康。臺北：學富文化。

林煜軒、劉昭郁、陳劭芊、李吉特、陳宜明、張立人（譯）（2013）。網路成癮：評估及治療指引手冊（原作者：K. S. Young、C. N. de Abreu）。臺北：心理出版。（原著出版年：2010）

施香如、許韶玲（2016）。網路成癮的診斷準則與評估工具：發展歷史與未來方向。教育心理學報，48(1)，頁53-75。

施綺珍、楊宜青、葉宗烈（2006）。網路成癮及其臨床篩檢量表之簡介。臺灣醫界，49(4)，頁34-37。

財團法人臺灣網路資訊中心（2017）。2017 年臺灣寬頻網路使用調查報告。民106年11月14日，取自「財團法人臺灣網路資訊中心網站」：https://www.twnic.net.tw/download/200307/20170721e.pdf。

國家發展委員會（2014）。103 年個人家戶數位機會調查報告。民106年11月14日，取自「國家發展委員會網站」：https://www.ndc.gov.tw/cp.aspx?n=55C8164714DFD9E9。

國家發展委員會（2015）。「網路沉迷研究」報告。民106年11月14日，取自「國家發展委員會網站」：https://www.ndc.gov.tw/cp.aspx?n=55C8164714DFD9E9。

國家發展委員會（2015）。104 年個人家戶數位機會調查報告。民106年11月14日，取自「國家發展委員會網站」：https://www.ndc.gov.tw/cp.aspx?n=55C8164714DFD9E9。

國家發展委員會（2016）。105 年個人家戶數位機會調查報告。民106年11月14日，取自「國家發展委員會網站」：https://www.ndc.gov.tw/cp.aspx?n=55C8164714DFD9E9。

張立人（2013）。上網不上癮：給網路族的心靈處方。臺北：心靈工坊。

教育部（2015）。104年學生網路使用情形調查報告。民106年11月14日，取自「教育部網站」：http://www.edu.tw/News_Content.aspx?n=0217161130F0B192&s=F1AA06D56E8D6B20。

陳淑惠（1998）。上網會成癮。科學月刊，26(6)，頁477-481。

陳淑惠（2003）。擬像世界中的真實心理問題？——從心理病理實徵研究談起。學生輔導，86，頁16-35。

衛生福利部（2016）。中華民國103年兒童及少年生活狀況調查報告——少年篇。民106

年11月14日，取自「衛生福利部網站」：https://www.sfaa.gov.tw/SFAA/Pages/Detail.
aspx?nodeid=892&pid=5961。

衛生福利部（2016）。中華民國103年兒童及少年生活狀況調查報告——兒童篇。民106
年11月14日，取自「衛生福利部網站」： https://www.sfaa.gov.tw/SFAA/Pages/Detail.
aspx?nodeid=892&pid=5961。

英文部分

Beard, K. W., & Wolf, E. M. (2001). Modification in the Proposed Diagnosis Criteria for Internet Addiction. *Cyber Psychology and Behavior*, 4, 377-383.

Blinka, L., & Šmahel, D. (2010). Addiction to online role-playing games. In: Young, K.S. & de Abreu, C.N. (Eds.). *Internet Addiction: A Handbook and Guide to Evaluation and Treatment*. (74-90). Hoboken: John Wiley & Sons.

Brenner, V. (1997). Psychology of computer use: XLVII. Parameters of Internet use, abuse and addiction: The first 90 days of the Internet usage survey. *Psychological Reports*, 80, 879-882.

Caplan, S. E., & High, A. C. (2010). Online Social Interaction, Psychosocial Well Being, and Problematic Internet Use. In: Young, K.S. & de Abreu, C.N. (Eds.). *Internet Addiction: A Handbook and Guide to Evaluation and Treatment.* , (35-53). Hoboken: John Wiley & Sons.

Delmonico, D. L. & Griffin, E. J. (2010). Cybersex Addiction and Compulsivity. In: Young, K.S. & de Abreu, C.N. (Eds.). *Internet Addiction: A Handbook and Guide to Evaluation and Treatment*. Hoboken: John Wiley & Sons.

Dowling, N.A., & Quirk, K.L. (2009). Screening for internet dependence: Do the proposed diagnostic criteria differentiate normal from dependent internet use? *Cyber Psychology & Behavior*, 12, 21-27.

Ko, C. H., Yen, J. Y., Chen, C. C., Chen, S. H., & Yen, C. F. (2005). Proposed diagnostic criteria of Internet addiction for adolescents. *The Journal of nervous and mental disease,* 193(11), 728-733.

LaRose, R., Lin, C. A., & Eastin, M. S. (2003). Unregulated Internet Usage: Addiction, Habit, or Deficient Self-Regulation? *Media Psychology*, 5(3), 225-253.

Meerkerk, G. J., Van den Eijnden, R. J. J. M., & Garretsen, H. F. L. (2006). Predicting Compulsive Internet Use: It's All about Sex! *Cyber Psychology & Behavior,* 9(1), 95-103.

Young, K. S. (1996). Internet Addiction: The Emergence of a New Clinical Disorder. *Cyber Psychology & Behavior*, 1, 237-244.

Young, K. S. (1998) Internet Addiction: The Emergence of a New Clinical Disorder. *Cyber Psychology and Behavior*, 1(3), 237-244.

第十四章　學生自我傷害與自殺防治

胡中宜

壹、青少年自殺概況與成因

　　根據衛生福利部2016年各年齡層主要死亡原因的統計資料分析，「自殺」高居15至24歲的青年族群十大死因之第二位，高達每10萬人口6.8人，占當年度青年死亡人數之17.0%，亦即每100名死亡青年中，有17名是死於自殺。進一步檢視當年度男性每10萬人口8.6人的死亡率，高於女性的4.8人；2000年至2016年，15至24歲青少年自殺死亡資料，青少年男性自殺死亡人數歷年來幾乎是女性的兩倍（衛生福利部，2017）。陳錦宏等人（2008）探討青少年自殺意念及企圖的盛行率及相關因子，抽取5,491位學生，在12個月內有27.6%曾出現自殺意念，而4.2%曾出現自殺嘗試，14.4%有憂鬱現象，2.2%有物質使用，此研究發現影響在校青少年自殺相關議題的主要因素為性別、有無憂鬱、家庭支持度及物質使用問題等，因此研究支持發展以校園為基礎的自殺與精神衛生篩檢及介入計畫。

　　影響青少年自殺的風險因素與情境有哪些？因為環境與遺傳的影響，在特定的家庭裡或特殊情境的自殺行為明顯較其他家庭中為高，研究顯示兒少的自殺行為或身亡的案例中，有些因素或情境往往有高度關聯，但需謹記並非所有個案都一定如此，這些條件受到不同文化、政治、經濟因素的影響，例如：家庭的低社經狀態、低教育水準、失業、少數族群等，係因為他們面對經濟困境與語言困難，同時缺乏社會網絡，這些文化因素往往與低社交活動參與度，以及不同族群的價值衝突有關聯。即使強調自我認同的青少年階段，其成長仍受到集體傳統文化的影響，在壓力情境下，使得部分青少年將自己陷入自我毀滅的行為中，性別認同與性取向的不一致亦是因素之一，那些不被文化、家庭、同學、學校所接受的兒少，將會有嚴重的接納問題，同時也缺乏成長發展過程中應有的支持；另外，童年時期所經歷的創傷亦會影響接下來的生活，特別是他們無法處理創傷事件時（全國自殺防治中心，2014；Hollander, 2008；School Social Work Association of America, 2017）。

　　根據陳毓文（2000）研究顯示，多數有自傷（self-harm/self-injury）經驗的青少年認為父母管教方式與過度期待等家庭問題，是促使其產生自傷行為的背景因素，引發自傷的導火線為感情困擾。蘇慧君、劉玲君（1996）調

查也發現缺乏人生的目標、挫折容忍力、與家人間的關係、人際關係和功課的壓力等是影響青少年自我傷害的因素。林杏眞（2002）則認為生活環境中的壓力事件在青少年自傷的原因中扮演重要的角色，青少年的認知及社會因應能力不成熟的狀況下，容易選擇以自傷的方式來宣洩情緒，以及逃避壓力事件所引發的痛苦。黃雅羚（2003）研究發現青少年自傷的導火線為與家人發生衝突、情感失落、人際紛爭、生活挫折等多重因素混雜。

　　整體而言，社會學家與心理健康專家指出相關的文化、心理、醫療等因素，這些因素包括從家庭及學校的照顧者身上感受到的孤立與疏離感、離異家庭帶來的創傷、父母的虐待，以及缺乏心理健康服務的管道等。另外，青少年的自殺與憂鬱症相關，學校社工師及其他專業輔導人員應對兒少的憂鬱徵狀有更高的警覺性（Dupper, 2003）。而青少年為什麼要傷害自己？兩種自傷行為最常見的理由是：控制極端痛苦與令人驚慌、排山倒海的情緒經驗；逃避感覺麻木與糟糕的空虛感。自傷的矛盾在於正常情況下會帶來痛楚的行為，卻可以在這些情況下立即獲得舒緩。重要的關鍵在於理解自傷對於大多數的青少年是一種情緒因應方式，再者作為短期策略來處理難過經驗，可能有效，但當然不是可以接受的策略，因此首先要了解自傷的功能是相當重要的。換言之，當學校輔導人員能夠了解孩子是為了要讓痛苦或不舒服情緒獲得紓解而採取的自傷方式，就已經是解決問題的成功開始（Hollander, 2008; O'Brien, 2011）。

貳、校園自傷自殺的預防與處置

　　自我傷害議題在校園頻頻發生，無論學生或師長面對自我傷害行為經常產生心理壓力，不知道怎麼去談自我傷害，也不知道該如何處理。事實上，與想要自殺或有自傷行為的人談自殺，並不會促進他們真的去自殺，反而提供了一個機會讓其他人知道怎麼協助他。通常想要自殺的人，會釋放自殺的意念或是求助的訊息。因此，學校輔導人員、教師、家長若能掌握時機介入，早期發現、早期治療，將可預防甚至避免重大自我傷害事件發生。自我

傷害防治工作，不僅僅是學校的責任，同時更需要結合家庭、社區、醫療等資源進行合作與整合，才能在第一時間將傷害降至最低，以確實預防自我傷害之發生（賴念華，2006；McDougall, Armstrong, &Trainor, 2010）。

　　一般而言，「自我傷害三級預防」的主要內涵（參見圖14-1），包括（賴念華，2006；柯慧貞，2007）：

　　1. **一級預防**：強調政策性、環境性、教育性、互動性的全面預防工作，建立「自我傷害危機處理小組」的架構，改善校園自我傷害預防措施、推廣正確的生命與情緒教育、增加師生之間的互動交流等行動指標。主要目的在於確立哪些是風險因素（壓力事件、情緒、家庭衝突等）與保護因素（支持系統、教育等），以提升保護因子並降低風險因子。

　　2. **二級預防**：篩選出高危險族群，提供心理輔導、資源協助等，落實早期發現早期介入的概念，以避免自我傷害行為的發生。

　　3. **三級預防**：自我傷害危機事件發生時，依據其類型動員小組團隊人員以進行相關後續事件的處理，主要目的在於避免事件產生的衝擊擴大，降低事件的負面影響，將危機轉化為轉機。

參、風險評估與自殺守門人概念

　　選擇自殺的人並不是真的想要結束自己的生命，而是情緒惡化或是為解決痛苦，他們是藉由「自殺」的行為或企圖來對外在世界表示一種「我需要幫助」、「我很痛苦」、「我需要被關心」的訊息；但也可能有些人是生理的因素，像是憂鬱症、久病不癒等，也會讓人試圖以自殺的方法來尋求解脫。守門人（gatekeeper）扮演著「關懷」、「支持」的角色，能夠在學生最需要關心的時候，看到他所發出的訊息，也能適時地給予鼓勵並提供資源協助，陪伴其走出憂鬱的幽谷，走向光明的未來（全國自殺防治中心，2017）。換言之，「自殺防治守門人」就是擔任「早期發現」、「早期介入」、「早期協助」的角色，對自殺高風險因素擁有較高的敏銳度，並有能力協助他人獲得適當的幫忙，降低自殺率。一般而言在自殺行動出現之前，

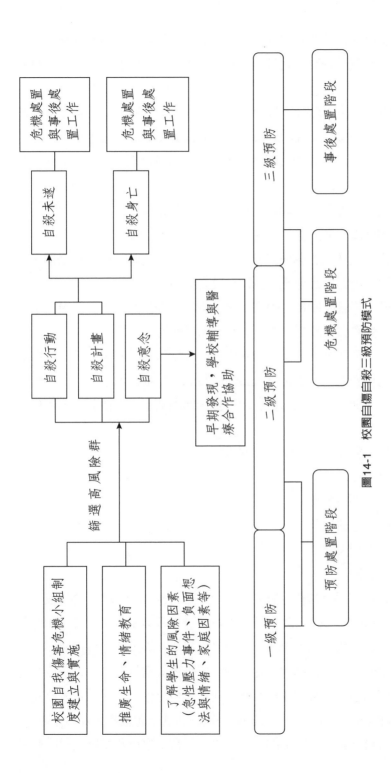

圖14-1　校園自傷自殺三級預防模式

通常會出現口語的、行為的線索或警訊。因此，學校輔導人員首先應導正關於自殺的迷思，辨識自殺高風險群與自殺意念與精神症狀的評估（全國自殺防治中心，2010）。

至於，學生自我傷害或自殺通常會出現哪些警告訊號，一般而言包括（賴念華，2006；School Social Work Association of America, 2017）：

1. **語言線索**：表現想死的念頭，可能直接以話語表現出來，也可能在其所做的文章、詩詞中表現出來。

2. **行為線索**：突然的、明顯的行為改變；出現相關的學習與行為問題；放棄個人擁有的財產；突然增加酒精或藥物的濫用。

3. **環境線索**：重要人際關係的結束；家庭發生大變動，如財務困難、搬家等；顯示出對環境的不良適應，並因而失去信心。

4. **併發線索**：從社交團體中退縮下來；顯現出憂鬱的徵兆；表現出不滿的情緒；睡眠、飲食習慣變得紊亂、失眠、顯得疲倦、身體不適。

有關評估的工具與技巧、詢問情緒困擾的程度以評估其嚴重性，實務上目前常運用簡易健康量表（Brief Symptom Rating Scale, BSRS-5），學校輔導人員可連結至「衛生福利部國民健康署健康99網站」。主要測量的問項，包括：

1. 睡眠困難，譬如難以入睡、易醒或早醒。

2. 感覺緊張不安。

3. 覺得容易苦惱或動怒。

4. 感覺憂鬱、心情低落。

5. 覺得比不上別人。

6. 有自殺的想法。

每題得0分表示完全沒有、1分表示輕微、2分表示中等程度、3分表示厲害、4分表示非常厲害。總計得分6分以下為一般正常範圍，表示身心適應狀況良好。6～9分為輕度情緒困擾，建議找家人或朋友談談，抒發情緒。10～14分為中度情緒困擾，建議尋求心理諮商或接受專業諮詢。15分以上為重度情緒困擾，需高關懷，建議尋求專業輔導或精神科治療。目前的量表已設計成「心情溫度計APP」，在IOS及Android系統已正式上線並提供免費下載。

學校輔導人員作為自殺防治的守門人之一，當學生自殺意圖的風險變得

明確，守門人的任務隨即轉變為說服當事人積極地延續生命，時機是決定成功的重要因素，勸說成功在於減少當事人覺得「被遺棄」的感覺。好的守門員不只被動地阻止自殺，也會主動積極地協助轉介處理。轉介標準可依據幾項指標，包括：BSRS分數高、潛在精神疾病、自殺自傷身心問題。學校導師在轉介時，需給予學生安全與尊重，向其說明與再保證。具有自殺企圖者都會出現一些徵兆，因此學校輔導人員可利用自殺危機衡鑑（評估）表觀察所篩選出的學生是否出現徵兆，如果出現任何一類的徵兆，均需加以防範。評估結果可分為風險程度高者、風險程度中者與風險程度低者，依據三個不同風險等級（表14-1），提供相關之措施工作以供參考（賴念華，2006；School Social Work Association of America, 2017）。

1. **風險程度高者，盡快提供危機介入**。如生活安置、危機諮商等，同時尋求醫療資源轉介至受過專業訓練的精神科醫師，必要時強制住院，以尋求進一步的協助。此時各校自我傷害危機處置小組應隨時警戒。

2. **風險程度中者，積極提供進一步的心理諮商與協助，並提供風險狀況的處置**。例如：避免隨手可得的自傷工具在旁，必要時尋求外界資源轉介至受過專業訓練的精神科醫師、心理師或社工師，以尋求進一步的協助。另外，校方可聯繫家長告知學生的狀況，目的是為了一同合作協助學生接受相關輔導或醫療資源。

3. **風險程度低者，增加對該生的行為觀察，列為追蹤輔導的當事人**。同時，並提供長期的心理諮商與社工服務，協助當事人處理其內在心理困擾與環境適應議題。

表14-1　自殺危機衡鑑表

危機程度 判斷項目	低	中	高
1.自殺計畫			
A.細節	模糊、沒有什麼特別的計畫	有些特定計畫	有完整之想法，清楚訂出何時、何地及方法
B.工具之取得	尚未有	很容易取得	手邊即有

危機程度 判斷項目	低	中	高
C.時間	未來非特定時間	幾小時內	馬上
D.方式之致命性	服藥丸、割腕	藥物、酒精、一氧化碳、撞車	手槍、上吊、跳樓
E.獲救之機會	大多數時間均有人在旁	如果求救會有人來	沒有人在附近
2.先前的自殺企圖	沒有或一個非致命性的自殺企圖	有許多低致命性或一個中度致命性的自殺企圖；有重覆之徵兆	有一高度致命性或許多中度致命性的自殺企圖
3.環境壓力	沒有明顯之壓力	「對環境之改變」或「失去某些人或物」有中度反應	「對環境改變」或「失去某些人或物」有強烈反應
4.徵兆			
A.日常生活之處理方法	可以維持一般生活	有些日常活動停止。飲食、睡眠，以及課業受到影響	日常生活廣泛受影響
B.憂鬱	輕度之情緒低落	中度之情緒低落；有悲傷、受困擾，或孤獨感產生，且活動量降低	受到無希望感、悲傷及無價值感之打擊，而產生退縮或爆發性攻擊的行為
5.支持資源	可獲得家人與朋友幫助	家庭或朋友可幫助，但非持續性的	對家庭、朋友採敵視、中傷或冷漠之態度
6.溝通之方式	直接表達自殺之感覺及意圖	表示出人際間的自殺目的，如：我會表現給他們看，他們會因此而感到抱歉	內心的自殺目標（有罪惡感、無價值感）很不直接或根本不表達

危機程度 判斷項目	低	中	高
7.生活型態	尚有穩定的人際關係、人格表現及學業表現	有藥物濫用，有衝動性之自殘行為	有自殺行為，人際相處困難
8.健康狀況	沒有特別的健康問題	有反應性、突發性、短暫的精神或生理疾病	有慢性的、逐漸衰退性的疾病或急性之大病

資料來源：賴念華主編（2006），校園自我傷害防治手冊，臺北：教育部。

肆、學校輔導人員在自傷自殺事件的服務內容

　　學校輔導人員在處理學生自傷自殺危機時，應正確評估問題、擬訂明確目標、直接處理與危機有關的問題，而且採取直接積極的角色，協助個案盡快在短時間內處置當前的危機，恢復社會生活功能。因此，危機介入（crisis intervention）有幾項原則，包括：盡快與個案建立信任關係，以降低負向情緒；危機介入是有時間限制，要聚焦在當前問題；透過澄清與諮商過程來處理個案核心議題；不斷評估個案所受到的傷害，並提供保護措施；擬訂明確可達成的目標，以協助個案恢復常軌（宋麗玉等，2012）。

　　學校輔導人員需要針對受到自我傷害事件影響之相關人士，進行輔導與陪伴事宜。這需要較多的先備專業知識或技能，尤其是直接處理自傷自殺案件的人員，例如：輔導組長、輔導教師、學校心理師、學校社工師等，必須具備自我傷害處理的概念與專業，才能進行及時與有效的人員調度。而其工作範圍包含（賴念華，2006；新北市教育局，2016；Dupper, 2003）：

　　1. 導師可與專業輔導人員、社區資源合作，尋求諮詢。

　　2. 邀請專業輔導人員、社區專業人員進入校園，進行直接服務。

　　3. 安排專人聯絡並陪伴家長，在電話中或現場對家長解釋事件發生的經過，與家長協商處理的方式，給予家長支持，並且與家長進行後續的聯絡。

4. 帶領當事人班級，送當事人離開現場。

除了當事人及家長的處理之外，也要進入當事人班級進行班級輔導與處理，包含4項重點（賴念華，2006）：

1. 與班級學生說明事件的事實

向班級學生說明當事人的狀況，並且簡介學校可能的處理流程，減少學生的不確定感，並且避免謠言的發生。

2. 以同心圓概念分小組進行壓力紓解團體

依照與當事人的親近關係依序分組，愈親近的朋友便是愈接近圓心，通常也是愈高風險的人，再來是室友或者同組的同學，最外圈則是平時沒有交集的同班同學。進入班級的專業輔導人員，可以依照班級的人數或組別編排，進行分組。

3. 與逝者道別

若當事人不幸死亡，可帶領當事人班級，計劃或進行與死者道別的儀式性活動，如寫小卡、參與告別式，但活動的內容與方式是由學生自己思考與決定，而非老師指派，同時也要尊重每一個學生的特殊性與決定權，而不是強迫全班一起參與此活動。由學校輔導人員評估此活動的可行性，並適時給予資源，或幫班級學生向學校或危機處置小組進行協商。

4. 篩選危機師生及處置

在進入班級現場或進行壓力紓解團體時，學校輔導人員便必須注意班級師生的身心狀況，尤其是愈接近同心圓內部的師生。當發覺某些師生有特殊狀況時，必須進行特殊的介入，如安排師生的支持或通報網絡、請求課務組安排代課事宜、通知學生家長、邀請進入個別諮商等，被篩選出來的相關人士須於後續處置階段繼續予以追蹤或接手處理。

伍、校內輔導人員的分工與合作

首先，專業輔導人員應檢視學校是否擬定「學生憂鬱與自我傷害三級防

治計畫」、「自殺事件危機應變處理作業流程」。學校每學年針對教師至少辦理一場憂鬱自傷防治宣導研習，以提升教師相關知能及辨識能力，並宣導自殺防治與及早發現自殺、自傷高危險群。除施測量表，學校應配合行為觀察、晤談等多元方式進行篩檢。施測前必須先對學生進行說明並取得學生與家長同意，施測後結果必須個別化地解釋說明。另外，相關輔導人員應恪守專業倫理，不得將個案資料外洩及標籤化（新北市教育局，2016；臺灣輔導與諮商學會，2015）。

　　若是導師、任課老師、家長發現疑似有自傷或自殺傾向學生，填具轉介單並轉介輔導處。學生若有自傷行為或自殺行為，輔導處應確認學生安全性，積極進行危機介入與輔導，避免學生再度自傷；並且應立即依校園偶發事件標準作業通報流程通報教育局，啟動自殺事件危機應變機制，依相關流程處理與追蹤輔導（見圖14-2）。而無自傷、自殺具體行為者，輔導處接獲導師、任課老師、家長轉介單，先與轉介老師或家長確認學生狀況及轉介需求。

　　專業輔導人員與校方建立自傷與自殺學生的三級轉介輔導機制（圖14-2），主要任務包括（新北市教育局，2016）：

　　（一）輔導組安排輔導老師與學生進行晤談並蒐集個案資料。

　　（二）學生經評估為非憂鬱學生即回歸一般個案輔導流程。

　　（三）學生經評估具憂鬱症狀，輔導組建立憂鬱自傷高風險群學生名單及檔案，必要時得針對特殊個案進行憂鬱量表篩檢。

　　（四）學生有家庭問題如失親、家庭關係紊亂、家庭衝突、貧困單親等需社福資源介入者，可轉介學校社工師，並參酌兒少保個案輔導作業流程；學生如需三級諮商晤談則轉介學校心理師，學校需同時進行追蹤輔導。

　　（五）如社工師或心理師評估有就醫需求則轉介醫療機構。輔導處應與家長溝通並請家長協助學生就醫，或經家長同意後協助學生就醫。

　　（六）社工師、心理師評估為一、二級個案者，則由輔導處安排認輔老師持續追蹤輔導；三級個案除通報轉介醫療衛生機構外，同時應安排輔導老師定期晤談輔導並確實掌握學生就醫及用藥情況。

　　（七）經導師、輔導老師長期追蹤輔導，並與心理師及社工師討論學生問題改善情況，如改善則得以結案。

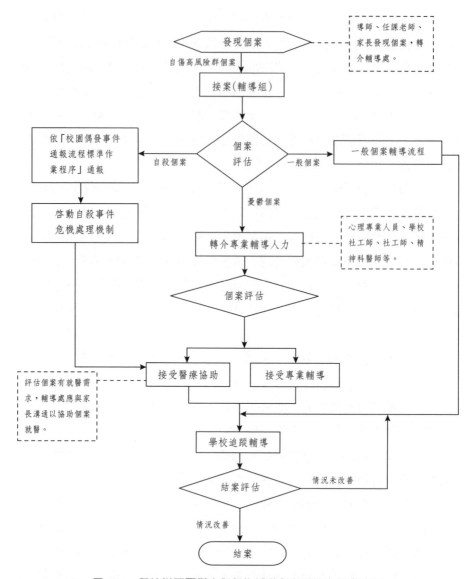

圖14-2　學校辦理憂鬱自傷學生輔導與資源轉介作業流程

陸、與自傷自殺學生的會談指引

　　實務上，在學生發生自傷、自殺的緊急危機並接受醫療處理後，常需要受到理解與關心，如何突破心防、願意傾聽、不批判，理解學生自傷、自殺的脈絡，是重要的介入基礎。若以4次單元作為個案會談架構，提供學校輔導人員在面對自傷自殺學生時，可以發展的會談原則與問句（引自花蓮縣學生輔導諮商中心，2013）。

一、第一次會談指引

（一）會談原則
1. 讓學生清楚來會談的原因。
2. 與案主建立關係：同理、支持、接納、不批判、不評價。
3. 如何考量與因應個案的保密需求。
4. 自傷／自殺風險評估。
5. 不自傷／自殺約定。

（二）會談問句
1. **自我介紹**：你好，我是○○○，是學校的輔導老師／社工師／心理師。
2. **說明來意**：我知道你最近XXX（直接說明事件），我想應該是發生了什麼事讓你不好受，今天邀請你來主要是要關心你的心情。
3. **以同理、接納的態度與來談學生建立關係**：在我說明見面原因後，我想關心你現在的感覺還好嗎？如果有任何不舒服或擔心，都可以用你習慣的方式告訴我，我都會願意聽。
4. **評估自傷／自殺風險**：是什麼原因讓你最近想要自殺？是什麼讓你選擇傷害自己？生活中發生了什麼重大的變化？你遇到了什麼困難、辛苦、不知道該怎麼處理的事？（了解壓力源）

5. **做不自殺約定**：我們來討論當你覺得很不好受的時候，還可以用什麼比較不讓自己受傷的方法，讓自己舒服些。

二、第二次會談指引

（一）會談原則

1. **與來談學生建立關係**：維持同理、支持、接納、不批判、不評價的態度。

2. **澄清問題與蒐集資料**：學生背景、支持系統、壓力源、壓力類型、自傷／自殺史（自己與家族）。

3. 不自傷／不自殺約定。

（二）會談問句

1. **真誠地與來談學生互動**：這個禮拜過得怎麼樣？上次和我聊完後感覺如何？現在坐在這裡感覺怎麼樣？這禮拜有想要自傷／自殺的時候嗎？是什麼讓你沒有這樣的念頭？有這樣念頭的時候你怎麼面對它？

2. **了解自殺／自我傷害當下的經驗**：最早開始有傷害自己／自殺的想法和行動是什麼時候？（壓力源影響案主多久、關於事件當下的描述與詢問）

3. **尋找可協助之資源**：除了上週所提過的信任的人之外，還有誰是你比較相信的對象？有誰知道你的痛苦？你還有向誰說過？他們如何回應你？（了解支持系統及是否求救）

4. **自傷／自殺史**：家族中可有人自殺過？當時你是怎麼知道的？你怎麼看待那件事？你是怎麼走過這個重大事件的？

5. **提醒不自殺約定**：暫時你可能還是會有很多擔心或是依然覺得活不下去，當這種時刻出現，可以趕快告訴他人（父母、師長、好朋友），答應我，下次看到我之前，不要做出讓自己危險的事好嗎？（不自殺約定）

三、第三次會談指引

（一）會談原則

　　1. **與來談學生建立關係**：維持同理、支持、接納、不批判、不評價的態度。

　　2. **澄清問題與蒐集資料**：學生背景、支持系統、壓力源、壓力類型、自傷／自殺史（自己與家族）。

　　3. **不自傷／不自殺約定**。

（二）會談問句

　　1. 透過問句及媒材蒐集關於家庭、生活作息、用藥等基本資料。

　　(1) 了解生活作息以及生活當中與主要照顧者的互動狀況。

　　　　你目前的生活作息如何？早上幾點起床？晚上幾點入睡？跟以前睡覺的狀況一樣嗎？早餐幾點吃？在哪裡吃？晚餐幾點吃？在哪裡吃？吃些什麼？跟誰一起吃？

　　(2) 透過生活作息再深入到家庭（建議可以利用繪圖媒材輔助）。

　　　　這張圖代表你的家，挑選一個顏色代表你，你覺得你在哪裡？

　　　　這個家還有誰，挑個顏色代表他們，你想要把他們畫在哪裡？

　　　　你跟他們的關係如何，用1～10分代表，你會給他們幾分？（10分代表最好，1分代表最不好）

　　(3) 藉由圖畫再了解次系統與次系統間狀況，並評估壓力源。

　　　　家裡現在有誰住在一起？家人最近相處的狀況怎麼樣？

　　(4) 回到學生本身，蒐集就醫經驗以及用藥情形。

　　　　你最近有在吃藥嗎？你是否罹患身體疾病？你知道是哪種身體疾病嗎？已經生病多久？造成的不舒服？對生活的不便是什麼？

　　2. 蒐集壓力源、壓力類型。

　　(1) 如何看自己

　　　　我也很好奇你怎麼看自己？你覺得自己長得如何？會因為今天外表或其他身體的部分怎麼了而不想去學校嗎？同學們對你的外表有什麼看法？

(2) 課業壓力

除了你剛剛說的那些原因之外，我也關心你這一個星期（二個星期、一個月）對課業會覺得力不從心，或是壓力很大嗎？

(3) 重大變化

這個學期家裡或是學校有較大的事件影響你的心情嗎？

(4) 過去的創傷議題

請你畫一條線，代表出生到現在，標出你印象深刻的一些重大事情，然後請你逐一說明、分享這些標記是發生什麼事情。

3. 蒐集家庭以外的訊息，以及相關支持系統：我記得上次你提過OOO（可能是父母、手足、同學）是你信任的人，你會跟他講心事，除了他之外，你心情低落時還會跟誰說？讓你覺得被關心、被了解、被安慰嗎？

四、第四次會談指引

（一）會談原則

1. 發展來談學生的壓力舒緩策略。

2. 形成後續輔導策略：轉介、長期輔導、定期性關懷、團體工作。

（二）會談問句

所蒐集到的資料，對來談學生進行個案概念化與評估，找出適合學生的壓力舒緩策略或後續輔導策略。

1. **放鬆練習**：若學生進入冥想與放鬆狀態不會更緊張時可以使用，但必須依照學生狀況來調整（對被性侵的學生則不建議使用）。

2. **焦點解決策略**：針對前三次所探索到的壓力源、壓力類型，與學生共同進行、討論解決與面對的態度及具體方法。

3. **轉介**：醫療系統、心理師或社工師協助。評估學生若有(1)相關支持系統功能不佳；(2)自殺成功可能性高（生命安全堪慮）；(3)重度憂鬱症；(4)醫師醫囑建議住院、服藥狀況，可考慮轉介醫療系統協助。

4. **評估**：(1)符合學生輔導諮商中心開案標準；(2)有醫囑建議學生接受

心理諮商；(3)相關資源到位，支持系統是否具有功能；(4)召開個案研討會後，經評估需求狀況，可建議轉相關單位安排心理師或社工師進場協助。

5. **長期輔導**：評估個案若(1)相關支持系統功能尚可；(2)無嚴重憂鬱傾向；(3)自傷行為嚴重但自殺可能性低；(4)輔導教師可以有效與個案工作，則建議進行長期輔導；若擔心學生嚴重的自殺行為，可再召開個案研討商討適切的處遇方式。

6. **定期關懷**：評估學生若(1)相關支持系統功能還有部分功能；(2)4次會談後已無自傷／自殺行為或傾向；(3)由班級導師觀察與關懷即可，則可2至3週由輔導教師定期關懷與評估個案狀況。

柒、哀傷輔導與安心服務

若學生發生自殺致死，學校輔導人員應即時提供全校教職員生的哀傷輔導工作，哀傷輔導有4個目標：1.協助參與者面對失落；2.協助參與者處理已表達的或潛在的情感；3.協助參與者克服失落後再度適應正常生活的障礙；4.以正向的方式鼓勵參與者向逝者告別，並坦然地重新將情感投注在新的關係裡（柯慧貞，2007）。哀傷輔導的服務項目則包括安心文宣、班級輔導活動、壓力紓解團體、致家長函等項目。其中，學校輔導人員辦理班級道別活動之預備工作，可參考以下原則（教育部輔導工作資訊網，2017）。

1. **通知家長**：輔導教師預先通知家長班級道別活動，原則上不主動邀請家長參加。

2. **籌備會**：
    (1) 先與導師討論本活動流程、工作分配及道別活動後的教室座位安排。
    (2) 與導師、班級幹部及逝者好友進行籌備會議，會議討論內容包含：活動進行流程（尤其是搬離逝者課桌椅部分）；照片回顧檔案、花材花色及歌曲預備；工作分配包括生活點滴照片蒐集及檔案製作、決定花材花色、邀請任課老師及統計參加名單、公假辦

理、搬離逝者課桌椅、場地布置、歌曲挑選、歌詞印製、購買花材、結束後包裝、搬離逝者物品紙箱、座位重新安排。

3. 相關物品：

(1) 紙箱數個：將逝者所有在校物品放置紙箱內，置於座位上，另在桌上（桌前）放一紙箱，提供同學放置送給逝者的物品（信件、卡片、紙鶴、花）。

(2) 花朵（統一由學校採買，同學、師長每人一朵）。

(3) 照片（彈性使用，若放置則為生活獨照，尺寸不超過4×6吋，放置逝者桌上）。

(4) 影音播放器及音樂（背景音樂一首，合唱歌曲一首，需預先將歌詞印好每人一份）。

4. 流程：

(1) 老師及同學領花後就定位。

(2) 主持人（可由輔導教師、心理師、社工師擔任）開場說明舉辦本活動的意義。

(3) 回顧逝者生活點滴（彈性辦理）。

(4) 話別：播放背景音樂，順序為導師、任課老師、輔導老師、班級同學、好友。方式為每人至逝者桌前說說（唸）祝福的話（想說的話），或致送物品，最後將花放置紙箱中。

(5) 最後的祝福：可準備音樂播放，由同學合唱祝福的歌曲。

(6) 結束：主持人結語，並請負責同學幫忙將紙箱及逝者課桌椅搬出教室，完成道別；導師協助教室座位恢復，並與同學話勉。

5. 注意事項：

(1) 活動名稱務必為「道別活動」，以與告別式區別。

(2) 「減壓小團體」應該與「班級道別活動」分開辦理，因「減壓小團體」屬於危機處理階段，最好於72小時內辦理。而「班級道別活動」是整個危機處理工作的「收尾」，也是「悲傷輔導」的開始。

(3) 道別活動原則上進行日期最好在告別式前一上課日，若遇特殊情況，例如畢業前、寒暑假，則視班級狀況擇日辦理（以告別式前

辦理爲宜）。

(4) 道別活動最重要目的在搬離逝者的課桌椅及教室座位重新安排，輔導老師務必及早與導師及班級進行溝通，教室座位的安排亦請導師事先思考。

(5) 爲避免曲目不適切，歌曲的選擇需事前經過輔導老師與導師篩選。

(6) 花材或花色的選擇以逝者喜好爲優先，但仍以典雅莊嚴、能表達祝福之意爲原則；活動結束後可再將花束作適度包裝或整理。

(7) 道別活動後紙箱內物品的安置視實際狀況決定。

(8) 參加者若非原班同學，請事先提供名單以便辦理公假。

(9) 活動務必於下課前完成，讓同學有時間平撫心情及避免活動遭受干擾。

捌、學生自傷自殺事件的倫理議題

　　學校輔導團隊通常在學生自傷、自殺事件發生時會碰到隱私保密與通報、預警的兩難。對於輔導過程獲知之訊息，必須尊重學生權益，以學生立場考慮維護其隱私權。若有必須揭露訊息之情事，應審慎評估揭露之目的、時機、程度、對象與方式。適時向學生或家長、監護人說明輔導過程獲知之個人訊息與資料，其隱私維護範圍與限制。例如，與學生訂定之保密約定內容與教育目標及法令規定有所牴觸時；學生具有危及自身或他人權益的可能性，需預警時，這些情境則包括自傷、傷人危機，有損及自己或他人之學習、受教、身體自主、人格發展權益之事實（內政部，2008；臺灣輔導與諮商學會，2015；Kress, Costin, & Drouhard, 2006）。換言之，當確認學生發生自傷自殺的危機情境屬於保密的例外情境，其原則是以當事人的生命爲最優先考慮，也就是保護當事人的生命比保守祕密要來得重要。當學校輔導人員發現學生有自殺的危機時，應通知學生的家長提出預警，共同預防學生自傷自殺的行爲，並與督導或同僚共同討論做出合適的處遇。進而，建議校方若發現學生當下正在進行嚴重的自傷行爲，應立即送醫。此外，除了進行校安

的責任通報外，亦建議向衛政的自殺防治中心進行通報，引進後續相關資源協助學生及其家庭。若經了解，學生之自傷、自殺行為涉及家暴、性侵害、兒少保護或高風險家庭案件者，亦同時應依法24小時內通報社政主管機關，以維護兒少權益。

參考書目

中文部分

內政部（2008）。中華民國社會工作倫理守則。臺北：內政部。

臺灣輔導與諮商學會（2015）。學生輔導工作倫理守則。取自http://www.guidance.org.
　　tw/school_rules/content.html

全國自殺防治中心（2010）。基層醫療人員與自殺防治手冊。臺北：全國自殺防治中
　　心。

全國自殺防治中心（2014）。青少年心理衛生與自殺防治手冊。臺北：全國自殺防治中
　　心。

全國自殺防治中心（2017）。自殺防治守門人。引自http://tspc.tw/tspc/portal/index/

宋麗玉、曾華源、施教裕、鄭麗珍（2012）。社會工作理論：處遇模式與案例分析。臺
　　北：洪葉。

林杏眞（2002）。自傷青少年生活壓力、社會支持與自我強度的發展及其關係研究。國
　　立臺灣師範大學教育心理與輔導學系碩士論文。

花蓮縣學生輔導諮商中心（2013）。自傷／自殺評估性晤談SOP手冊。花蓮縣學生輔導
　　諮商中心。

柯慧貞（2007）。校園憂鬱與自我傷害三級預防Q & A。臺北：教育部。

教育部輔導工作資訊網（2017）。班級道別活動。引自http://guide.cpshs.hcc.edu.tw/
　　files/15-1000-2666,c333-1.php?Lang=zh-tw

陳毓文（2000）。他們想說什麼？青少年自傷行爲之初探。社會政策與社會工作學刊，
　　4(2)，頁127-177。

黃雅羚（2003）。青少年自傷經驗之分析研究。國立高雄師範大學輔導研究所碩士論
　　文。

新北市教育局（2016）。新北市各級學校辦理憂鬱自傷學生輔導與資源轉介作業流程。
　　新北市：教育局。

衛生福利部（2017）。 105年死因統計。引自https://dep.mohw.gov.tw/DOS/np-1775-113.
　　html

賴念華主編（2006）。校園自我傷害防治手冊。臺北：教育部。

蘇慧君、劉玲君（1996）。青少年對自傷行爲之看法與態度的調查研究。學生輔導，

41，頁110-120。

英文部分

Dupper, D. R. (2003). *School social work: Skill and interventions for effective practice.* Hoboken, NJ: John Wiley & Sons.

Hollander, M. (2008). *Helping teens who cut: Understanding and ending self-injury.* New York, NY: Guilford Press.

Kress, V. E. W., Costin, A., & Drouhard, N. (2006). Students who self-injure: School counselor ethical and legal considerations. *Professional School Counseling*, 10, 203-209.

McDougall T., Armstrong, M., & Trainor, G. (2010). *Helping children and young people who self-harm: An introduction to self-harming and suicidal behaviours for health professionals.* London: Routledge.

O'Brien, K. H. M. (2011). School social work with students with mental health problems: Examining different practice approaches. *Children & Schools*, 33(2), 97-105.

School Social Work Association of America. (2017). *The SOS signs of suicide prevention program.* Retrieved from http://www.sswaa.org/page/535/Signs-of-Suicide.htm.

第十五章　學生心理健康

胡中宜

　　常聽家長說：現在的學生升學壓力沒有比以前減輕。心理健康專家也說：學生憂鬱傾向比以前嚴重。還有一些來自輔導實務的反映，學生割腕的情形比以前嚴重。到底學生發生了什麼事？為何生活得不快樂？

　　本章探討什麼是學生心理健康？學生在兒童及少年發展階段面臨什麼壓力？他們是如何面對壓力？作為家長、老師、輔導人員如何幫助他們？校園心理健康工作有哪些？如何善用學校與社區網絡系統，達到心理健康促進的效果？進入青春期的學童，由於生理、心理及社會各個層面均面臨一連串急劇的變化及挑戰，容易發生心理健康及適應的障礙，例如焦慮、憂鬱等情緒困擾，兒童及少年的心理健康問題著實是當前學校輔導工作必須正視的議題。

壹、校園學生的心理健康議題

　　從臨床與實證研究資料顯示，臺灣兒童及少年常見的心理健康議題包括焦慮及其他情緒障礙、憂鬱、注意力不足過動症、行為適應障礙等。

一、焦慮

　　根據一項追蹤性研究發現，臺灣13至15歲少年的焦慮症盛行率為9.2%、7.4%與3.1%（Gau, et al., 2005）。兒童及少年的焦慮是普遍遇到壓力時的反應與表現。曾清芸（2005）校園學生心理健康狀況調查報告指出課業壓力、情緒處理及生涯進路是學生前三大困擾。另外，一項針對國中生所做的研究顯示女性焦慮高於男性，女孩情緒表達與調適能力較男孩好，但是自我肯定的表現較男孩差，且女孩較男孩具有較高程度的焦慮及憂鬱情形（溫佳君，2006）。然而，來自學校相關的壓力、親子衝突的壓力，以及本身具有的精神症狀等，皆易導致兒童少年產生焦慮、憂鬱甚至自殺等健康問題（陳毓文，2004）。根據DSM-5的統計指出，廣泛性焦慮症12個月的盛行率在美國

青少年是9.0%（APA, 2013）。

　　一般學童的情緒障礙（Emotional Disorders）分類包括：焦慮狀態、畏懼症、懼學症、分離焦慮症、過度焦慮症、強迫症、轉化症、解離症、體化症、適應障礙症合併焦慮症狀、創傷後壓力症候群等。臧汝芬（2017）指出當我們以心理疾病成因來探討兒童的情緒障礙時，必須先回到兒童的氣質與父母給予孩子的要求與壓力來考慮。例如，照顧者碰到難照顧的孩子，或是小孩碰上易焦躁的父母，兒童就容易出現情緒障礙；權威型父母提供疏離、冷酷、被控制感的教養，孩子容易出現自責、悲傷、自卑、害羞、易哭鬧、畏縮的情緒；情緒不穩的父母，兒童長期被忽略與否定，容易出現叛逆、失控、衝動、暴力、偷竊、說謊等問題；學習障礙的兒童，上學前容易出現焦慮的體化症狀，包括心悸、呼吸困難、手抖、肌肉緊繃、噁心、拉肚子、頭痛、頭暈、胸悶等。一般體化症狀的家庭互動多為過度保護、僵化的溝通，刻意避免衝突，譬如父母本身過度擔心兒童的健康或安全，助長孩子的依賴心理，而孩子無法形成自主能力；或者面對婚姻關係的衝突，兒童易出現體化的症狀。另外，焦慮也會以強迫症方式表達，當焦慮在完美主義學童身上出現時，發現自己不夠好，為了解除焦慮，會出現反覆性儀式化動作來逃避焦慮，一般易發生在高年級的學童（臧汝芬，2017）。

二、憂鬱

　　根據董氏基金會（2010）針對大臺北地區抽取20所國高中共1,911位學生進行調查發現，約19.8%的青少年有明顯憂鬱情緒，其中學童的壓力來源前5名依序為「課業、考試成績不佳」、「父母對自己的期待」、「人際關係」、「身材外貌」、「與父母親的關係不理想」。陳毓文（2004）以臺灣國高中13至18歲在學少年為研究對象，結果發現自尊心愈低、父母衝突愈大、感受到家庭經濟壓力愈大之少年，其憂鬱情緒越高。

　　根據DSM-5（APA, 2013），重鬱症的診斷包括下列5項：（一）符合下列9項症狀中5項以上，且症狀必須持續2週以上，包括1.幾乎每天心情都非

常惡劣；2.幾乎對每件事或活動喪失原有的興趣；3.因胃口的改變而造成體重明顯的下降或增加；4.幾乎每天失眠或睡得太多；5.心智反應變得焦躁或遲緩；6.易感到疲累且失去活力；7.對許多事情變得沒有信心，甚至有罪惡感；8.思考能力減退，且注意力無法集中；9.有自殺傾向及企圖。（二）不符合躁鬱症的診斷。（三）症狀嚴重的程度造成社會、職業或其他功能的損害。（四）症狀不是由藥物或生理疾病所引起。（五）症狀無法以其他心理疾病做更好的解釋。

三、注意力不足過動症

注意力不足過動症（Attention Deficit Hyperactivity Disorder, ADHD）根據DSM-5的診斷標準（APA, 2013），下列注意力與過動或衝動症狀中符合6項，症狀時間超過6個月，7歲前便開始，在兩種以上的場合出現社會、學業、工作適應障礙、排除其他診斷，譬如自閉、精神分裂、焦慮症、情感性精神症、人格疾患者。

（一）注意力不足症狀包括：1.經常無法密切注意細節，或在學校作業、工作或其他活動經常粗心犯錯；2.在工作或遊戲活動中無法維持注意力；3.經常不專心聽別人正在對他說的話；4.經常不能依照指示把事情做完，並不能完成學校作業、家務事或工作場合的職責；5.經常有困難於規劃工作及活動；6.經常逃避、不喜歡或排斥參與需要全神貫注的任務，如學校或家庭作業；7.經常遺失工作或活動必備物品，例如：玩具、學校指定作業、鉛筆、書籍；8.經常容易受外界刺激影響而分心；9.日常生活中經常忘記事物。

（二）過動或衝動症狀：1.經常手忙腳亂；2.在課堂或其他需要好好坐在座位的場合，經常離開座位；3.在不適當的場合經常過度地四處奔跑或攀爬；4.經常無法安靜地遊玩或從事休閒活動；5.經常處於活躍狀態或時常像轉動馬達般四處活動；6.經常說話過多；7.經常在問題未說完時立即搶話；8.須輪流時經常難以等候；9.經常打斷或侵擾別人。

四、行爲適應障礙

行爲適應障礙（Conduct Disorder）根據DSM-5的臨床判斷定義（APA, 2013）：重覆與持續的行爲模式，並且是侵犯到他人的基本權利或符合其年齡的主要社會規範或規則，並在任1類別底下，過去12個月中在15個標準中符合至少3項，並在過去6個月中具備至少1項：

（一）攻擊人或動物：1.經常霸凌、威脅或是恐嚇他人；2.經常發起肢體衝突；3.曾使用可以對他人造成嚴重肢體傷害的武器（例如：球棒、磚頭、破瓶子、小刀、槍械）；4.曾對他人施加冷酷的身體虐待；5.曾對動物施加冷酷的身體虐待；6.曾當受害者面前偷竊（如搶劫、搶錢包、勒索、持槍搶劫）；7.曾逼迫他人進行性行爲。

（二）損壞財務：1.蓄意縱火，意圖造成嚴重破壞；2.故意毀壞他人財物。

（三）欺騙或偷竊：1.闖入別人的房子、建物或汽車；2.經常說謊以取得財物或好處，或逃避義務；3.曾在未直接面對受害者的情境下，竊取值錢的物件（如破壞門窗或闖入的順手牽羊、僞造）。

（四）重大違規：1.不顧父母的禁止，經常深夜在外；2.在13歲之前就有此行爲；3.在與父母或監護人同住時，曾逃家至少2次；4.或是曾有1次長期逃學不歸；5.在13歲之前開始經常逃學。

貳、復原力與學童心理健康

1970年代學者發現某些來自精神異常的兒童在其後發展卻能健康地成長，稱爲「未易受傷害的兒童」（invulnerable child），其後的研究開始關注爲何那些兒少暴露在高危機環境中，卻擁有良好的心理健康與生活適應（林清文，2003）。近來的研究取向強調復原力做爲一種心理健康的保護因子，涉及個人特質與因應方式、家庭支持、同儕影響、學校環境、社會支援系統及宗教信仰等，可以在兒少陷入逆境或暴露高危機壓力下，協助他們免

於危險的影響，而擁有健康適應（Fregusson & Lynsky, 1996; Walsh, 2002）。這個強調「人有面對困境的潛能」觀點，過去有諸多實踐，包括優勢觀點（Saleeby, 1997）、充權取向（Gutierrez et al., 1998），重視人類如何學習與對抗逆境。Hanson 和 Kim（2007）即運用復原力的概念設計與發展學童的心理健康，視復原力為一種資產，包括學校、家庭、社區、同儕等關懷性的關係、有意義的參與以及受到高度的期望等，有效增強學童的自我效能、自覺、目標與期望，進而增進其心理健康、社會與學業成就。

從復原力的觀點切入，讓心理健康工作者從正向的角度，協助兒少發掘自身的能力與資源，實踐策略包括提升自我價值感、找出個人的優勢與長處、協助個人與他人建立互動的人際資源網絡、協助個人訂定成就動機目標、培養因應技巧、發展未來目的導向、培養良好社交能力、建構與社區的歸屬感、發展健康休閒活動與學習幽默的生活態度等（林清文，2003）。因此，復原力在實務中強調了解學童心理健康的危險與保護機制，進而發展學童個人、家庭及社區的行動計畫，以及建立評量服務成效的評估模式。

參、學童心理健康的預防與介入

心理健康三級預防與介入，包括第一級的預防處置，及早發現與介入學童的心理健康議題，積極地培養學童解決問題的能力，使其不會發生危及健康的行為。第二級危機介入則是當學童有明顯的情緒困擾，此時介入須針對高危機狀態學童擬訂輔導計畫，並找出協助其度過危機。第三級事後處置則對受到危機壓力事件影響的所有人員，進行立即危機干預與後續協助。透過三個預防層次統整達到降低學童情緒困擾，然而校園心理健康促進與處遇工作絕非一人可以獨力完成，需要各類專業人員共同合作。因此，學校唯有與相關社區系統合作，才能提高工作成效（胡中宜，2011）。

一、初級預防

首先，在「初級預防」階段，危機個案尚未發生，主要以發展（development）、教育與預防為主要任務（胡中宜，2011）。

（一）學校系統

在平時學校應訂定學生憂鬱與自我傷害防治計畫，建立校園危機應變機制，設立24小時通報求助專線，訂定自傷事件危機應變處理作業流程，定期宣導。利用班週會時間辦理生命教育電影、短片、閱讀、演講等宣導活動，結合社團及社會資源，舉辦促進學生心理健康之各項活動，並對家長進行憂鬱與自傷認識以及處理之教育宣導。另外，規劃生命、情緒教育融入課程，提升學生抗壓能力、問題解決能力與危機處理及憂鬱與自傷之自助助人技巧。

1. **生命教育**：將生命與死亡的議題融入各科教學中，或是透過班會或其他團體活動時間來做教導與討論，協助學生面對生命與死亡，並教育學生了解生命的價值。生命教育課程目標係探索生命之根本課題，並引領學生在生命實踐上知行合一，內容包括：(1)了解生命教育的意義；(2)認識哲學與人生的根本議題；(3)探究宗教的緣起並反省宗教與人生的內在關聯性；(4)思考生死課題，進而省思生死關懷的理念與實踐；(5)掌握道德的本質，初步發展道德判斷的能力；(6)了解與反省性與婚姻的議題；(7)探討生命與科技倫理的議題；(8)了解人格與靈性發展的內涵與途徑（教育部，2010）。

2. **情緒教育**：學生因情緒困擾而常見的行為包括：缺乏就學動機、人際關係欠佳、偏差行為，甚而做出自傷行為。因此，實施情緒教育有其必要性。情緒教育的內涵包括：教導學生認識自己與他人的情緒反應、學習處理情緒的技巧、維持人際關係的方法，同時探討個人對人生的樂觀程度與挫折忍受力（賴念華，2006）。

（二）社區系統

在社區介入部分包括學校社工師與心理師諮詢，以及「社區心理衛生中心」資源的引入。依《精神衛生法》第7條規定直轄市、縣市主管機關應由社區心理衛生中心，辦理心理衛生宣導、教育訓練、諮詢、轉介、轉衛服

務、資源網絡連結、自殺、物質濫用防治及其他心理衛生等事項。另外，學校社工師與心理師扮演教師與校園心理健康團隊的諮詢角色之外，亦可在平時結合校外心理衛生機構提供校園諮詢，合作模式包括預防教育、危機介入、諮商輔導、方案評估等，實施策略則有：1.舉辦學校輔導人員之圓桌對話；2.舉辦自殺預防、危機介入的個案研討會或教育訓練；3.協助校園建立同儕支持團體；4.協助學輔人員心理健康宣傳；5.召開校園資源聯繫會議；6.提供定點諮商；7.提供電話諮詢；8.提供線上諮詢（謝蕙春，2004）。

二、次級預防

其次，在「次級預防」階段，也就是出現危機個案，需要介入（intervention）的狀況下，學校與社區可以分別進行介入（胡中宜，2011）。

（一）學校系統

學校輔導與學務單位應於新生入學建立高關懷群檔案，每學期定期追蹤、輔導與處置，必要時需作危機介入。其次，提升相關輔導人員之憂鬱辨識能力，以協助觀察篩檢，對高危險群提供進一步個別或團體的心理諮商或治療。依《精神衛生法》第10條規定「教育主管機關應推動各級學校心理衛生教育，建立學生心理輔導、危機處理及轉介機制等事項」。

1. **介入與輔導**：當班級發生自傷事件時的班級危機處理方法，可將同學分成若干小組，教師或輔導人員向同學說明聚會目的與說明事件，由每位同學分享對此事件之想法與感受。輔導人員找出共通的主題和感受，引導同學學習對他人的關心，最後總結及結論，請同學分享此刻的感想。

2. **心理健康危機知能訓練**：透過各類活動強化全校教職員工輔導知能以提升對憂鬱與自我傷害辨識及危機處理能力。例如，衛生局與教育局合作辦理校園心理衛生研習，以及將校園心理健康服務結合社區心衛中心、聯合醫院、健康服務中心及民間機構共同辦理。主題包括青少年憂鬱症、兒少精神疾病、網路成癮、拒學症、壓力因應、危機處理等，以提供輔導人員處理情

緒困擾或是自傷學童的危機介入能力。

（二）社區系統

　　在社區介入上可透過民間機構的「心理衛生志工」針對情緒困擾學生進行校外關懷輔導工作。例如，臺北市敦安基金會辦理的憂鬱情緒學童營隊及團體，透過體驗教育營隊及戲劇體驗營隊，提供學童自我情緒覺察、提升自我價值感及情感支持的團體。策略包括：1.園藝體驗，紓解平時累積的壓力，安排學童透過種植盆栽，使其認識生命成長的過程；2.藉由肢體開發、戲劇體驗發現壓力源；3.藉由媒材了解憂鬱學童的近況，並透過陶藝體驗，發揮創造力。另外，也針對憂鬱症學童的家長，提供壓力紓解團體及家族治療團體，讓家長照顧憂鬱症學童時，獲得情感支持與專業協助；且提供社區民眾、教師心理健康的諮詢與轉介。

三、三級預防

　　最後，「三級預防」階段，則是當學生已出現嚴重心理困擾，需要處置／治療（treatment）時，學校應保持高度警覺，啟動校外輔導機制，從校內的校安通報系統處理程序開始，結合校外專業心理健康資源，共同協助與預防問題再度發生（胡中宜，2011）。

（一）學校系統

　　針對自殺未遂個案，訓輔單位應建立個案危機處置標準作業流程，對校內之公開說明與教育輔導，並注意其他高關懷族群是否受影響；安排個案由心理師進行後續心理治療，並與家長工作，預防再自殺教育。另外，針對已自殺身亡者進行家長協助及哀傷輔導。最後，依校園安全及災害事件通報作業要點與自殺防治通報轉介作業流程進行通報與轉介。還有針對精神疾患學生，《精神衛生法》第11條明文教育主管機關應規劃、推動與協助病人，接受各級各類教育及建立友善支持學習環境，以保障精神障礙學生學習之權益。

（二）社區系統

針對嚴重情緒困擾出現風險的個案，學校社工師發動社區相關健康資源入校支援以及校外治療，例如精神科醫師入校或轉介社區心理健康機構治療等。

1. **精神科醫師入校支援**：教師面對校園心理健康個案，一方面擔心學生前往就醫會造成標籤作用，而採取消極或抗拒的態度。二方面，有些家長或老師也在陪同就醫的過程中，面臨等候時間過長、資訊不足、用藥的副作用等困擾。因應此項需求，「臺北市精神科醫師駐區專業諮詢服務計畫」聘請精神科醫師，對校園內心理、行為、情緒、學習、人際等適應障礙之學生，提供評估、轉介服務，並透過專業諮詢，提升教師輔導知能與技巧；若經醫師評估有接受諮商需求者，除轉介衛生局社區心理衛生中心外，亦可請駐區心理師提供諮商服務。此類方案的優點包括縮短就醫歷程、提供專業建議有助於輔導策略之完善、澄清疾病的迷思，藉由良好的醫療諮詢經驗，促進正式就醫的意願（胡中宜，2010）。

2. **社工師轉介社區心理健康機構**：當學校現有資源無法滿足學生心理健康需求時，學校社工師會轉介校外社區資源，例如：光智基金會的青少年夜間心理衛生門診。初次前來諮商的青少年，機構會要求全家人一起出席進行家族治療，以理解家庭脈絡對於青少年心理健康的影響。

綜觀上述，藉由三級預防輔導的架構，結合學校與社區資源從事學生心理健康工作，其具體的實施成效為何？若從校園初級預防層面進行考察，從各級學校訂定生命教育實施計畫，加強學生對生命的認知，鼓勵教師研發生命教育教材並融入各科課程進行主題教學，每學年選定一週訂為「生命教育週」舉行各項活動，聘請專家進行專題教育講座、賞析生命教育影片、心得分享與討論，並結合校內外精神健康資源以發揮成效。研究顯示生命教育課程確實對提升國小高年級、國中生、高中職生的生命意義、挫折復原力、自我概念與生命態度有顯著的影響（周麗芬，2010；許秀霞，2003；簡文卿，2009）。

另外，次級與三級預防成效部分，根據臺北市教育局的統計，2007年至2009年學校社工師針對心理衛生個案（情緒困擾、精神疾病、自我傷害）共

服務96名學生，其精神健康改善情況成效卓著；以「大安區精神醫療暨心理衛生資源網絡聯繫會議」的成效評估顯示，此方案能有效促進學校與精神健康機構的連結，以及提升輔導人員在學生拒學的相關知能（臺北市教育局，2010）。另外，根據新北市教育局的評估，「精神科醫師入校服務方案」確實達到縮短具有精神健康需求學生的就醫歷程；提供醫療上的專業建議，有助於輔導策略的完備；澄清疾病與用藥迷思，使案家更能配合治療；以及藉由良好的醫療諮詢經驗，提高正式就醫意願等成效（張端文等，2010）。

肆、學校心理健康團隊的合作與分工

　　學校心理健康團隊中的各個專業人員，各司其職。制度設計上，四者角色各有差異，輔導教師工作強調預防取向，涉及教育、輔導，對象包含個人與班級；學校諮商人員強調問題解決取向，涉及晤談與諮商，對象包含個人與小團體；精神醫學強調病理取向，涉及治療；社會工作強調發展，涉及個人與社會層面，服務對象較廣。學校社工師扮演著學校與外界之間溝通的「橋梁」角色，對內建構與校方共同合作的模式、對外則連結可提供協助的社會資源，有效促進校園學生的心理健康（胡中宜，2011）。

　　至於學校社工師在校園心理健康扮演的角色上，大致包括若干層面，首先，學校社工師除提供學生或家長之會談服務外，也引進精神醫療資源入校，讓醫師與教師有面對面的機會，共同討論促進學生適應的有效方式。學校社工師擔任「資源連結者」，連結學校醫師與家庭的橋梁，開案前的事前「評估者」，並擔任整體服務輸送的「監督管理者」，以及促進各項資源有效利用的「整合者」。其次，透過校園「諮詢」讓第一線教職員有力量處理校園問題，包括危機學生的復原、學校與社區結合的服務及學校改變等。具體策略包括：1.將學校的行政人員與教師組織成團隊，致力改善學校氣氛、增加志工人數、協助班級自治，以形成一個發展性組織，並促使其在校園次系統中順利運作；2.充權教師，使其擁有高效能的解決問題技巧，協助教師改善學校氣氛、擴大邊緣學生成就、提高學生自尊、發展積極的師生關係、

增進親師合作，有效管理工作壓力；3.透過與父母接觸，提供教養技巧、親職教育，進而促使家庭系統產生轉變（謝蕙春，2004）。

根據「加拿大社會工作師協會」指出，社工師在心理衛生工作上可扮演幾項角色，例如：預防（prevention）、處置（treatment）、復健（rehabilitation）等。專業項目包括直接服務、個案管理、社區發展、督導與諮詢、方案管理與行政、資源發展、研究、評估、社會行動等。在微觀層面和中視層面，社工師對於身心健康的重要性與關注個案其家庭的幸福感等同重要。在宏觀層面上，社工師除了關注個體的疾病和治療問題的能力，更考慮心理健康的社會和政治問題。因為社工師理解社會環境的複雜性，識別與解決社會不公平和結構性問題，同時具有處理私人問題和公共問題的道德責任（Canadian Association of Social Workers, 2017）。因此，學校社工師在心理健康領域的責任是和個案及家庭建立夥伴關係的角色；與社區合作為個案創造有利的環境；提倡充足的服務與治療資源；挑戰和改變社會政策，解決環境和社會正義問題；並支持制訂心理健康預防方案，包括早期療育、公共教育、心理健康資源和訊息的獲取。

伍、校園心理健康服務方案

一、安排輔導人員與各年級導師進行主題宣導

每學期學校可針對當時的社會議題或是學生實際需求，透過問卷調查或導師反應的議題，設定校園心理健康促進的重點宣導，透過導師及科任教師在各班利用班會宣導並適時融入各領域課程，培養學生正確觀念。亦可透過輔導教師、心理師、社工師安排年級、全校性教育宣導、團體工作以及活動方案等，提高預防效果。利用活動如何與學生談親密關係之能力，例如：愛情三角理論、討論戀愛時若有困擾的求助經驗、戀愛後的生活變化與調整、面對分手的經驗與學習、分手的發展與調適歷程、分手歸因的性別差異、安全分手的原則、失戀的適應歷程、分手時如何幫助自己、建立對身體負責的

價值觀。學校輔導人員進行宣導時，可關注青少年親密關係的重要議題，包括安全性行為、親密關係相處、如何談分手、個人自我形象、身體意象、未成年整型、親密關係暴力等。

二、目睹暴力兒童團體

學校輔導人員可以針對目睹婚姻暴力學童之需求，提供個案輔導、設計團體方案，或是引進校外的社福組織進入校園合作辦理家庭暴力目睹學童輔導團體，例如：善牧基金會小羊之家、婦女救援基金會、勵馨基金會等。透過這些社區資源，為目睹家暴且有身心發展與生活適應障礙的學童，提供個別輔導、團體輔導、陪同就醫、陪同出庭、親職教育諮詢以及課後陪讀等服務。由於目睹暴力的經驗可能對兒童造成生理、情緒、行為和關係上的影響，除常見的噩夢、失眠和無法專心以外，研究發現可能還會影響兒童的腦部發展（Tsavoussis et al., 2014）；出現恐懼、憤怒、擔憂、焦慮、被忽視、矛盾與絕望想死的念頭（潘國仁，2012）；或是產生各種內在與外顯的行為問題，例如：侵略性的行為，甚至自殘、自傷的傾向（董旭英、譚子文，2011）。

目睹家庭暴力兒童團體設計之目標，包括提供危機後的情緒紓緩、處理特殊的情緒困擾或創傷後壓力症候群（PTSD）、討論安全計畫。學校輔導人員可以根據現場需求設計2至8次的結構式團體，主要策略有（楊雅華、郁佳霖，2012）：

1. **重整暴力經驗**：目睹暴力兒童容易出現創傷後壓力反應，例如：作噩夢、過度戒備、不敢外出或整天憂心。團體中需要用安全漸進的方式鼓勵兒童表達自己對於目睹事件的感受及想法，了解兒童是否有錯誤的認同及認知，例如認為是自己造成的，或對無法阻止暴力感到自責。協助兒童表達，並在過程中找出兒童有能力的部分加以賦權，讓團體內兒童凝聚起來，了解自己並不孤單，也不是丟臉的。

2. **認識家庭暴力以及身體界限**：家庭的親密暴力徹底破壞兒童對於是

非、善惡以及尊重身體界限的價值觀。目睹家庭暴力的兒童如同受暴者一樣，承擔不屬於其身分及年紀所應該承擔的責任，在團體中則重新教育兒童認識家庭暴力與彼此權力界限是重要的，藉由兒童及其家人常遭受的各種暴力形式，在團體中有機會澄清並建立正確的認知。

3. 安全計畫：協助學童發展合適的安全計畫，包括住家及學校的安全動線及規劃、可協助的成人名單、如何尋求協助等。

三、情緒團體

輔導教師、學校社工師與心理師可透過媒材，如坊間已出版的「優勢賦能卡」、「情緒卡」等，應用於心理健康需求學生輔導。媒材的應用原理係掌握圖卡的視覺心象，利用放鬆好好玩、創意的效果，連結語言內在世界與外在世界，並創造出不同的排列組合，協助學童在混亂中重整自己的次序，產生建設性的情緒轉化，領導者善用假設性與引導性問題，協助成員情緒之辨識、指認、溝通、表達與轉換。例如，請成員選擇一張情緒卡代表現在的困擾，輪流分享爲何有這個情緒；再挑一張卡，請成員分享如何想、怎麼做，才能讓他擁有自己想要的這張心情，以達到自我情緒的轉化與調適目標；或是請成員畫出家系圖，挑選心中符合每位成員的情緒卡，放入對應位置，想一想家中最常出現的情緒或最不允許出現的情緒，以協助成員對家庭氣氛的覺察與探索（高淑貞，2015）。

四、害羞或退縮學生介入方案

如何協助害羞或退縮學生？在Dupper所著的《學校社會工作》中提及學校社工師可以使用有效能的服務策略進行學生輔導工作，包括：1.使用興趣測驗了解害羞學生的興趣，再以這些興趣爲基礎進行會談或學習活動；2.在教室展現他們優良的藝術作品或指定作業，提供師生觀賞；3.指定或推動班

上人緣好且同儕互動頻繁的同學成為學伴；4.協助害羞學童訂定社交發展目標，並藉由提供如何培養自信、如何主動與同儕接觸，以及其他社交的訓練來幫助他們；5.指派他們一個特定的角色讓他們有任務可做，以促使學童在容易感到害羞而退縮的社交情境與他人互動；6.教導學童有效的打招呼方式，鼓勵面對面或打電話與人進行交談時可以提出一些自信的要求，例如：「我們可以一起玩嗎」；7.每天利用一些時間與學童談話，並積極聆聽及回應他們所說的話；8.運用讀書治療的工具，例如：繪本或書籍，找一些描述害羞小孩轉變外向的故事，並接受社交技巧的轉變，讓學童有正向學習之楷模（Dupper, 2003）。

五、中學新生適應家長分享會

國中學生的壓力源除了學校環境之適應外，家長的過度期待與壓力也是主因之一。因此，學校社工師可以針對6年級升7年級之新生家長辦理分享會，主要透過分享中認識校園環境、學習方式、學生的人際關係、課業壓力、時間分配、面對青春期子女的家長如何學習管教與放手的平衡。透過分享與澄清，讓家長以健康的心態面對青春期子女的發展變化，避免過高的期待，給予自主的空間與時間安排，減少親子之間的摩擦，鼓勵學生發展健康的社交關係與交友圈，培養人際溝通與健康的心理（鄧瑞忠，2016）。

參考書目

中文部分

臺北市教育局（2010）。臺北市學校社會工作服務成效報告。載於臺北市教育局主編《臺北市各級學校推廣學校社會工作第二期中程計畫成果發表與研討會手冊》，頁55-71。臺北：臺北市教育局。

周麗芬（2010）。共有體驗生命教育課程對國小高年級學童挫折復原力之影響。國立臺北教育大學生命教育與健康促進研究所碩士論文。

林清文（2003）。復原力。教育研究，112，頁149-150。

胡中宜（2010）。臺灣學校社會工作發展趨勢：本土實踐經驗的反思。載於臺北市教育局主編《臺北市各級學校推廣學校社會工作第二期中程計畫成果發表與研討會手冊》，頁21-42。臺北：臺北市教育局。

胡中宜（2011）。青少年心理健康促進與處遇：學校社區模式。香港青年研究學報，14(1)，頁86-97。

高淑貞（2015）。百變情緒卡。臺中：二心創意文化。

張端文、宋芊晴、陳姝婷、曾淑惠、吳筱楓、陳珮蓉、林佳怡（2010）。守護學生的心：身心科醫師到校服務方案。載於臺北縣教育局主編《學校社會工作人員方案成果彙整計畫》，頁60-76。臺北：臺北縣政府。

教育部（2010）。普通高級中學選修科目「生命教育」課程綱要。臺北：教育部。

許秀霞（2003）。生命教育對高職學生生命意義感教學成效之探討：以福智生命教育理念為主軸。南華大學生死學研究所碩士論文。

陳毓文（2004）。少年憂鬱情緒的危險與保護因子之相關性研究。中華心理衛生學刊，17(4)，頁67-95。

曾清芸（2005）。校園學生心理健康狀況調查報告。臺北：教育部委託研究。

楊雅華、郁佳霖（2012）。初探目睹暴力兒童團體工作。社區發展季刊，140，頁107-120。

溫佳君（2006）。青少年憂鬱情緒與不適應行為的性別差異。國立臺灣大學衛生政策與管理研究所碩士論文。

董氏基金會（2010）。2010年大臺北地區國、高中學生運動習慣與憂鬱情緒之相關性調查。臺北：董氏基金會。

董旭英、譚子文（2011）。臺灣都會區國中生目睹婚姻暴力、受虐經驗與自我傷害行為之關聯性。輔導與諮商學報，33(1)，頁1-21。

臧汝芬（2017）。焦慮身體化症狀：談兒童的情緒障礙。引自http://www.mmh.org.tw/taitam/psych/teach/teach21.htm

潘國仁（2012）。婚姻暴力問題對目睹兒童受創之影響研究。犯罪學期刊，15(1)，頁89-121。

鄧瑞忠（2016）。香港葵涌信義學校升中適應分享會。取自https://www.slideshare.net/thomastanghk/ss-63832003

賴念華主編（2006）。校園自我傷害防治手冊。臺北：教育部。

謝蕙春（2004）。校園心理衛生諮詢與合作模式介紹。載於「社區心理衛生資源整合與展實務研討會」。臺中區心理衛生服務中心。

簡文卿（2009）。雲林縣國民中學生命教育實施現況及學生的生命教育認知與對生命態度之調查研究。國立嘉義大學國民教育研究所碩士論文。

英文部分

American Psychiatric Association. (2013). *Diagnostic and statistical manual of mental disorders* (5th ed.). Washington, DC: Author.

Canadian Association of Social Workers. (2017). *The role of social work in mental health*. Retrieved from https://casw-acts.ca/en/role-social-work-mental-health

Dupper, D. (2003). *School social work: Skills and interventions for effective practice*. Hoboken, NJ: Wiley.

Fregusson, D., & Lynsky, M. (1996). Adolescent resiliency to family adversity. *Journal of Child Psychology and Psychiatry*, 37, 281-292.

Gau, S., Chong, M., Chen, T., & Cheng, A. (2005). A 3-year panel study of mental disorders among adolescents in Taiwan. *American Journal of Psychiatry*, 162(7), 1344-1350.

Gutierrez L., Parsons, R., & Cox, E. (1998). *Empowerment in social work practice: A sourcebook*. Pacific Grove, CA: Brooks/Cole.

Hanson, T., & Kim, J. (2007). *Measuring resilience and youth development: Psychometric properties of the healthy kids survey*. Washington, D.C.: Department of Education.

Saleeby, D. (1997). *The strengths perspective in social work practice: Power in the people*. New York: Longman.

Tsavoussis, S., Stawicki, S., Stoicea, N., & Papadimos, T. J. (2014). Child-witnessed domestic violence and its adverse effects on brain development: A call for societal self-examination and awareness. *Frontiers in Public Health*, 2(October), 1-5.

Walsh, F. (2002). A family resilience framework: Innovative practice application. *Family Relations*, 51, 130-137.

第十六章　特殊教育與社會工作

蘇寶蕙、張社翎

壹、特殊教育的發展

　　臺灣特殊教育歷經百年發展，不僅達到了量的擴充，也提升了特殊教育的品質。過程可分為啟蒙植基、實驗推廣、法制建置、蓬勃發展到目前的精緻服務階段，茲將說明如下：（吳武典，2011）

一、啟蒙植基

　　在特殊教育啟蒙植基階段有兩個特色，一是外國人在臺創辦，一是私人興辦。英國蘇格蘭格拉斯哥的甘為霖醫師（Dr. William Campbell MD），於1871年時應英國基督長老教會之聘，從香港前來臺灣傳教，12月20日抵達打狗，先前往嘉義南方的白水溪（今白河）設立教堂，1875年1月28日發生「白水溪事件」，教堂遭人燒毀，後以臺南府城為中心，拓展傳教工作。1891年返回英國，向格拉斯哥的宣導會募得資金500英鎊，同年10月於臺南府城洪公祠開設盲人學校「訓瞽堂」，「瞽」是盲、瞎之意，這是臺灣盲人教育的先驅。「訓瞽堂」在清日甲午戰爭期間曾關閉過，日本治臺後，他數度建請日本政府成立官辦的盲校，1897年兒玉源太郎總督下令在臺南慈惠院創立官辦盲人學校（後改為臺南州立盲啞學校，今臺南啟聰學校前身）（林萬億、劉燦宏，2014）。另外，1917年日籍軍醫木村謹吾在臺北創設木村盲啞教育所，這是今日臺北啟聰學校與啟明學校的前身，而臺中啟明、啟聰學校的前身豐原盲啞學校，則是在臺灣光復之後成立，啟聰、啟明學校之設立啟蒙了我國的特殊教育。之後基督教兒童福利基金會則在1956年創立了盲童育幼院，為今日惠明學校之前身，並開啟私人興辦特殊教育之新頁，也是臺灣現存唯一的私立特殊教育學校。

二、實驗推廣

　　臺灣的特殊教育在此階段開始百花齊放，其特色是一般學校開始重視特殊教育學生的教育需求，開辦各類特殊教育實驗班、第一個特殊教育社會團體成立及一部特殊教育專屬法規頒布；另外資賦優異教育方面也以研究實驗計畫在國民中小學階段加以推廣。在特殊教育普及化方面，1962年在臺北市中山國小試辦智能不足兒童教育班；1966年開始，實施盲生就讀國民小學混合教育計畫；1967年設立和美仁愛實驗學校（爲今日和美實驗學校之前身），專爲照顧肢體障礙學生，隔年我國第一個特殊教育社會團體「中華民國特殊教育學會」成立。在法規及政策方面，於1970年頒布《特殊教育推行辦法》，是爲我國第一個特殊教育法規；往後幾年間陸續在臺北市金華、成淵、大同、大直等4所國民中學首設「益智班」，以及於國立臺灣師範大學首設特殊教育中心，並協助教育部完成第一次全國6至12歲特殊兒童普查，發現智能不足、視覺障礙、聽覺障礙、肢體障礙、身體病弱及多重障礙等6類身心障礙學生，共計31,053人，此有助於了解我國特殊教育需求概況，也爲後來頒布的《特殊教育法》奠定基礎（教育部，2008）。

　　同時資賦優異教育腳步亦沒落後，在1964年臺北市福星國小及陽明國小率先試辦的優秀兒童教育實驗班，隨著許多學校的各類才能資優班的設立，教育部於1973年頒布「國民小學資賦優異兒童教育研究實驗計畫」，開啟國民小學一般能力資賦優異教育之發展，6年後則將資優教育延伸至國中階段，並訂頒《藝術科目成績優異學生出國進修辦法》，及《中學數學及自然科學資賦優異學生輔導升學要點》，試辦中學數學及自然科學資賦優異學生保送甄試升學，資優教育正式成爲特殊教育中重要一環，並在國中小加以推廣。

三、法制建置

　　這個階段最大的特色是以法制規範特殊教育的計畫與措施，使身心障礙

與資賦優異國民均有機會接受適合其能力的教育。對身心障礙者加強其身心復健及職業教育；對資賦優異者，加強啟發其思考與創造之教學。在1984年制訂的《特殊教育法》，將特殊教育的實施分為學前教育階段、國民教育階段及國民教育完成後等3個階段；此外並確立了不同階段的主管機關，也鼓勵民間辦理各階段的特殊教育。身心障礙由原來的6類增加為11類，其中增加了語言障礙、性格異常、行為異常、學習障礙及其他顯著障礙等，除提供就學相關經濟補助外，也依個人需求提供輔具、交通工具及相關復健服務；之後在1995年又舉辦「全國身心障礙教育會議」，完成臺灣第1份特殊教育白皮書《中華民國身心障礙教育報告書──充分就學、適性發展》（教育部，1995）。在資賦優異部分針對一般智能、學術性向、特殊才能三類優異學生，提供獎助學金、人力及設備資源，以充實各種智能之活動，暢通各類升學管道，使學生之潛能得以充分發展。

四、蓬勃發展

在此階段特殊教育法持續推動並加以擴展，使身心障礙學生從學前、國民教育、高中職到大專教育各階段，均能在身心障礙教育政策引導下順利完成，開啟了特殊教育新的里程碑。首先於1997年，依據《中華民國身心障礙教育報告書》及《教育改革總諮議報告書》，全面修訂《特殊教育法》，其精神與特色有：教育類別增加（身心障礙12類、資賦優異6類）、擴大教育對象（向下延伸至三歲，向上延伸至高中）、重視鑑定安置輔導、零拒絕無障礙、最少限制環境、個別化教育計畫法制化、強化家長的參與、特殊教育經費預算比例的保障、重視特殊教育行政與運用專業團隊合作、修業年限彈性及早期療育等特色，落實特殊教育推動原則，保障了特教學生的學習權益；續在1998年教育部訂定「發展與改進特殊教育5年計畫」，以加強身心障礙學生的鑑定、安置、輔導及輔助支援等。

另為擴大學前身心障礙兒童服務量並落實早期療育，於2003年執行「身心障礙學前5年發展方案」。在向上延伸部分2001年起推動「身心障礙學生

12年就學安置計畫」，協助完成國民教育之身心障礙學生自願、免試、就近升學高中職，開啟身心障礙教育之新頁。2007年，教育部訂定「十二年國民基本教育──身心障礙學生就學輔導發展方案」，提供國中畢業身心障礙學生順利升學就讀高中職。為推動身心障礙學生繼續接受大專教育，積極推動身心障礙學生大專甄試及鼓勵大專校院辦理身心障礙學生單獨招生，並設置資源教室提供各項學習與生活協助，提高學習效果。

　　在資優教育方面，我國第1個資優教育社會團體「中華資優教育學會」於1998年成立，臺北市政府在1999年提出「臺北市資賦優異教育白皮書」，為我國資優教育政策及理念釐定目標與方向，提供全市學生適性發展與機會均等之教育、配合國家政策與社會發展擬訂資優教育目標、帶動普通教育的革新與提升教育品質、建立資優學生自我實現與服務社會的人生觀、奠定學前資優教育基礎、加強弱勢族群資優學生發掘與培育、建立多元化與多樣化的資優鑑定與安置模式、邁向開放的資優教育課程設計與教學、重視資優學生情意教育與心理輔導、提供良好的資優支援系統與資優教育資源等10項理念，並依據該白皮書和特殊教育相關辦法，全力發展臺北市各級學校資賦優異教育方案。教育部於2006年辦理「全國資優教育發展研討會」，並以鑑定與安置、課程與方案設計、師資培育與支援系統、輔導與追蹤、弱勢群體資優教育及評鑑與督導之6大議題進行研討，此時國內資優教育發展開始有一個清晰藍圖。爰此，教育部為使資優教育更健全發展，委託中華資優教育學會參考「全國資優教育發展會議」著手研訂《資優教育白皮書》，作為全國各縣市推動資優教育的依據，至此確立我國身心障礙教育和資賦優異教育並行的政策取向。

五、精緻服務

　　為因應瞬息萬變的時代潮流，促使我國特殊教育全面推展並逐步邁向精緻化。教育部於2008年訂頒《特殊教育發展報告書》及《資優教育白皮書》，作為我國特殊教育發展之藍圖，並於2009年11月18日發布修正《特殊教育法》，及積極訂定相關子法，以期規劃、推動各項執行策略及近、中、

長程方案。過去特殊教育法之實施以宣示性居多，且彈性較大，而新法則著重實質辦理，母法不明確的地方，以授權命令補充之，可謂具體落實特殊教育之實踐（羅清水，2009）。使身心障礙特殊教育邁向統整、專業、人性化的樣貌，同時也奠定我國資優教育更多元化、全方位的發展基礎，促進特殊教育學生適性學習及潛能發展，全面提升特殊教育的品質。

貳、特殊教育的鑑定安置與輔導

依照我國特殊教育法的規定，特殊教育的對象分為身心障礙學生及資賦優異學生。特殊教育法第3條對身心障礙學生分類為：智能障礙、視覺障礙、聽覺障礙、語言障礙、肢體障礙、腦性麻痺、身體病弱、情緒行為障礙、學習障礙、多重障礙、自閉症、發展遲緩、其他顯著障礙；特殊教育法第4條對資賦優異學生分類為：一般智能資賦優異、學術性向資賦優異、藝術才能資賦優異、創造能力資賦優異、領導能力資賦優異、其他特殊才能資賦優異。身心障礙學生為考量其教育的特殊需求，保障其接受適性教育的權利，其分類有別於2007年通過之身心障礙者權益保障法之分類，除智能障礙、肢體障礙、多重障礙及自閉症等鑑定標準大致相同外，其他障礙類別在特殊教育法所訂之鑑定標準較寬。以下就身心障礙學生的鑑定安置與輔導逐項說明：

一、鑑定

對於要如何鑑定身心障礙學生、確認其教育需求，我國特殊教育法、身心障礙及資賦優異學生鑑定辦法皆有相關的規定。特殊教育法第6條說明了各級主管機關應設特殊教育學生鑑定及就學輔導會（以下簡稱鑑輔會），執行特殊教育學生鑑定、安置、重新安置、輔導等事宜，不同教育階段的身心障礙學生，其鑑定與安置責由不同教育行政機關成立之鑑輔會辦理，身心障礙及資賦優異學生鑑定辦法也規定了鑑定原則及各障礙類別的鑑定標準，其

中第2條規定了鑑定原則：「身心障礙學生之鑑定，應採多元評量，依學生個別狀況採取標準化評量、直接觀察、晤談、醫學檢查等方式，或參考身心障礙手冊（證明）記載蒐集個案資料，綜合研判之。」

　　而身心障礙各類別的鑑定標準則明確規定於「身心障礙及資賦優異學生鑑定辦法」中。因著多元評量原則及各類身心障礙的鑑定標準不同，在鑑定流程上也稍有不同；且各縣市的鑑定流程及鑑定安置會議的召開也因各縣市的需求及鑑定量而有所差異。其流程大致如下：

　　1. **發現需求**：身心障礙學生的鑑定主要由學校發現、篩選並觀察學生的身心狀況、學習表現、行為問題、學校及生活適應等。

　　2. **立即介入**：由學校先行提供相關的服務介入及與家長的溝通協調，必要時就醫進行醫學診斷。

　　3. **評估轉介**：再由學校準備相關的觀察紀錄、服務紀錄、輔導紀錄、評估資料、醫學診斷等相關文件，安排心理評量人員（是由受過專業訓練的特教老師所擔任）進行個案評估、對學生執行相關心理評量測驗、提供相關建議諮詢，再轉介至鑑輔會。

　　4. **文件初審**：鑑輔會再對學校所附文件進行初審。

　　5. **鑑安會議**：通過初審會議後召開鑑定安置會議。鑑輔會於鑑定安置會議後依決議事項作成紀錄並製作成公文書，後續學校依據鑑輔會公文提供適性教育安置。鑑定安置會議出席人員包括專家學者、醫師、心理評量人員、個案學生之心理評量教師、行政人員、家長團體代表、專業團隊代表、學生家長、提報學校代表、安置學校代表、學生等。

　　6. **特教服務**：運用團隊合作方式，整合相關資源，針對身心障礙學生個別性及需求，訂定個別化教育計畫（Individualized Education Program, IEP），提供相關特殊教育服務。

　　在智能障礙、學習障礙等類別的鑑定偏重於學校提供的觀察紀錄、服務紀錄、輔導紀錄、評估資料及心理評量人員對學生所做之相關評量測驗，著重於教育診斷。其他障礙類別的鑑定除學校提供的觀察紀錄、服務紀錄、輔導紀錄、評估資料……等外，尚須有醫學診斷的資料供參。身心障礙學生鑑定的功能在於：確定學生身心障礙類別、確認身心障礙學生之特殊教育需求、提供適性教育安置，並依其障礙特質，建議所需之相關支持服務。

表16-1　ICF與身心障礙學生分類之對照表

區分	智能障礙	視覺障礙	聽覺障礙	語言障礙	肢體障礙	身體病弱	情緒行為障礙	學習障礙	多重障礙	自閉症	發展遲緩	其他障礙
神經系統構造及精神、心智功能損傷	√						√	√	√	√	√	√
眼、耳及相關構造與感官功能及疼痛損傷		√	√									√
涉及聲音和言語構造及其功能損傷				√					√			
循環、造血、免疫與呼吸系統構造及其功能損傷						√			√			√
消化、新陳代謝與內分泌系統構造及其功能損傷	√					√			√			√
泌尿與生殖系統構造及其功能損傷						√			√			√
神經、肌肉、骨骼之移動相關構造及其功能損傷					√				√			√
皮膚與相關構造及其功能損傷		√	√	√	√		√		√			√

資料來源：教育部

二、特殊教育安置與輔導

　　在談特殊教育安置與輔導之前，先談談我國的特殊教育學制，依特殊教育法第10條有提到，特殊教育的實施分為學前教育階段（2-5歲）、國民教育階段（6-15歲）、高級中等教育階段（16-18歲）、高等教育及成人教育階段等四個階段。為考量身心障礙學生的教育需求，其教育階段、年級安排、教育場所及實施方式，應保持彈性，得視實際狀況，調整其入學年齡及修業年限，即暫緩入學（緩讀）、延長修業年限。另為使身心障礙學生可經由多元入學方案進入高中職就學（圖16-1），教育部訂定了「身心障礙學生升學輔導辦法」，促使身心障礙學生接受完整適性的後期中等教育，落實受教機會均等及適性發展政策，105學年度身心障礙適性輔導安置管道有3種，分別為安置特殊教育學校、安置高級中等學校集中式特教班及安置高級中等學校（教育部，2016）。

　　高級中等以下（學前、國小、國中）各教育階段身心障礙學生之就學安置採融合教育、彈性多元安置原則，其安置型態有以下4類：

　　1. **特殊教育學校**。

　　2. **集中式特教班**：係指身心障礙學生在校全部時間皆於特殊教育班接受特殊教育及相關服務。

　　3. **分散式資源班**：係指身心障礙學生在普通班就讀，部分時間接受特殊教育及相關服務。

　　4. **巡迴輔導班**：係指身心障礙學生在家庭、機構或學校，由巡迴輔導教師提供部分時間的特殊教育及相關服務，必要時得採跨校方式辦理，例如：在家教育巡迴輔導班、聽障巡迴輔導班、視障巡迴輔導班等。

　　105學年度國小階段特教學校110班、一般學校特教班2,789班，共2,899班，身心障礙學生40,251人；國中階段特教學校133班、一般學校特教班1,394班，共1,527班，身心障礙學生26,418人（教育部，2016）。

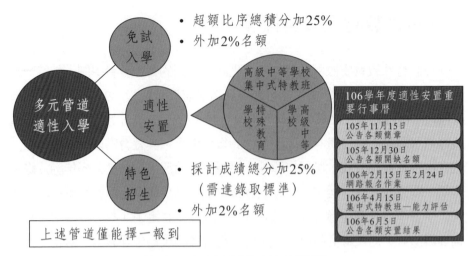

圖16-1 身心障礙學生多元升學管道

資料來源：教育部

　　就學輔導方面，考量身心障礙學生的身心差異，在教育上有其特殊需求性，為一般學制及教育措施無法滿足，所以特殊教育方案的實施採團隊合作方式進行，整合相關資源，針對身心障礙學生的個別性、獨特性及其特殊教育需求，訂定特殊教育及相關服務計畫，即個別化教育計畫，為身心障礙學生就學輔導的指標，其內容包含有：

　　1. 身心障礙學生的能力現況、家庭狀況及需求評估；

　　2. 身心障礙學生所需要的特殊教育、相關支持服務及策略；

　　3. 學年與學期教育目標、達成學期教育目標的評量方式、標準及日期；

　　4. 具情緒與行為問題學生所需的行為功能介入方案及行政支援；

　　5. 身心障礙學生的轉銜輔導及服務內容等。

　　參與訂定個別化教育計畫的人員應包含學校行政人員、特殊教育及相關教師、學生家長，必要時得邀請相關專業人員及學生本人參與，學生家長也得邀請相關人員陪同。

　　個別化教育計畫的目的在於：（胡永崇，2003）

　　1. 確保身心障礙者接受「適當的」教育之權益；

　　2. 保障身心障礙者及其父母之法定權益，並促使父母負起應有責任；

　　3. 顯示特殊教育相關人員的教學績效責任；

4.顯示身心障礙者的進步情形及檢視教學目標是否達成；

5.有助於特殊教育課程的發展；

6.整合相關專業及相關服務人員，並明定相關人員在整個特殊教育過程之職責；

7.保障身心障礙者接受最少限制環境之安置。

特殊教育法施行細則第10條有規定身心障礙學生個別化教育計畫，學校應於新生及轉學生入學後一個月內訂定，其餘在學學生之個別化教育計畫，應於開學前訂定；且爲確保個別化教育計畫符合身心障礙學生的特殊教育需求、相關支持服務及獲得適性安置，個別化教育計畫每學期應至少檢討一次。

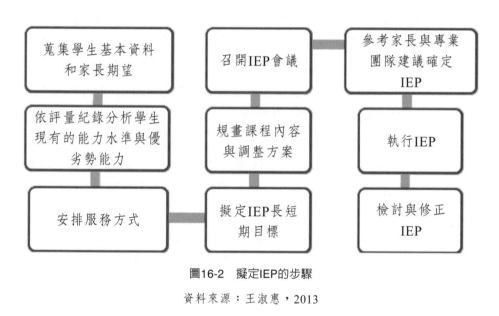

圖16-2　擬定IEP的步驟

資料來源：王淑惠，2013

綜上所述，目前特殊教育的實施流程爲：學校、家長或相關專業人員發現疑似身心障礙學生→由學校進行篩選，並提供轉介鑑輔會前之服務介入→進行教育、醫學之診斷→轉介鑑輔會進行法定標準之鑑定→給予適性教育安置→擬定個別化教育計畫（IEP）→實施特殊教育及相關支持服務→特殊教育執行成效評估。

總之，身心障礙學生之鑑定及就學輔導，依其障礙類、健康功能缺損及教育需求，給予適性的教育安置，提供特殊教育及相關支持服務，使身心

障礙學生能接受適合其能力發展的教育,以充分發揮其潛能,確保其受教權益。

參、特殊教育社會工作的實施

在學校場域中,身心障礙學生的每個教育階段可能因著個人生理、心理上功能的缺陷、失能或障礙的影響而產生不同的特殊教育需求。為使每位身心障礙學生接受適性教育的權利,充分發揮潛能,我國「特殊教育法」及「特殊教育支援服務與專業團隊設置及實施辦法」規範對於身心障礙學生之評量、教學及輔導工作,應以專業團隊合作進行為原則,並得視需要結合衛生醫療、教育、社會工作、獨立生活、職業重建相關等專業人員,共同提供學習、生活、心理、復健訓練、職業輔導評量及轉銜輔導與服務等協助。條文中提到對身心障礙學生的服務應採專業團隊合作的方式;「特殊教育支援服務與專業團隊設置及實施辦法」中提到特殊教育相關專業人員,係指醫師、物理治療師、職能治療師、臨床心理師、諮商心理師、語言治療師、聽力師、社會工作師及職業輔導、定向行動等專業人員,其中指出社會工作師為特殊教育專業團隊成員之一;又「身心障礙學生支持服務辦法」提及,視身心障礙學生家庭需求,提供家庭支持服務,包括家長諮詢、親職教育與特殊教育相關研習及資訊,並協助家長申請相關機關(構)或團體之服務。顯見社會工作師在特殊教育的服務中有其必要性,但也考驗著社會工作師如何與其他專業間的合作與分工。

一、專業團隊服務

為了滿足身心障礙學生多元的需求,提供無慮的學習環境,專業團隊服務已成必然趨勢,以便讓身心障礙學生在課程學習及生活適應上遇到困難與挫折時,能夠適時得到多元化、適切性的服務。在特殊教育提供的專業團隊服務中,其專業人員的組成除社會工作師外,尚包含教育人員(特殊教育教

師、普通教育教師、輔導老師或學校行政人員等人員）、相關專業人員（物理治療師、職能治療師、語言治療師、聽力師、心理師等）。教育人員提供身心障礙學生課業學習、學校及生活適應等方面的服務；相關專業人員因著身心障礙學生的特殊需求提供不同的專業服務，例如：物理治療師偏重粗大動作訓練（擺位、動作協調、身體平衡等）；職能治療師偏重手部精細動作、手眼協調、感覺統合等方面服務；語言治療師偏重口腔功能、構音、吞嚥、溝通輔具等服務；聽力師偏重聽力輔具及聽覺環境的改善；心理師偏重情緒與行為方面的輔導；社會工作師偏重親師合作、充權家庭功能、適時連結社會資源等服務（詳見表16-2）。要使專業團隊能運作順利，重要的是，每位專業團隊成員必須清楚地了解彼此的專業服務內容甚或是專業術語，以及加強合作溝通，方能使專業團隊有效率的運作，讓身心障礙學生於學校中安心學習。

表16-2　特殊教育相關專業人員的專業服務重點說明

專業類別	專業服務重點
物理治療師	主要協助老師解決學生在行走、移動、身體平衡、動作（協）調、關節活動度、體適能、行動與擺位輔具的使用，和環境改造等方面問題。
職能治療師	主要協助老師解決學生在校學習、生活和參與活動的問題。這些問題包括手功能、手眼協調、日常活動或工作能力、感覺統合、生活輔具的使用，和環境改造等。
語言治療師	主要（協）助老師解決學生在口腔功能、吞嚥、構音、語暢、嗓音、語言理解、口語表達，和溝通輔具的使用等問題。
聽力師	主要協助老師解決學生在聽力、聽知覺、助聽器的選配及使用、教室聲響環境之改善等問題。
心理師	主要協助老師解決學生在思想、情緒及行為上嚴重偏差的問題。
社會工作師	主要協助老師處理嚴重的家庭問題，整合並連結有關的社會資源，協助提供社會資源之資訊或協助申請社會福利補助等。

專業類別	專業服務重點
輔導老師	主要協助老師或學生處理自我了解、行為表現、學習習慣、人際交往、環境適應、生涯發展等方面的問題。
特教教師	主要協助特殊教育學生獲得適性的個別化教育，並且協助普通教育教師獲得學生評估、指導策略及相關服務與福利資訊等的諮詢和資訊。

資料來源：王天苗，2003

　　目前各縣市專業團隊的設置及運作常因人力資源和經費等因素，偏重於物理、職能和語言治療等學生需求量較高的專業服務，對獲得特教相關專業服務的人力來源多是：(1)教育局與各專業學會或公會簽約合作，(2)教育局與地區復健醫療院所或機構合作，(3)教育局公開甄選（王天苗，2003）等，透過任用或聘用的方式，得到所需的專任或兼任的專業人員。多數縣市是以任用兼任的專業人員為主要的人力來源，這樣的方式雖然可以節省經費，在人力運用上有彈性，惟身心障礙學生是否能獲得有品質、整合性的服務是值得省思的。其次在專業人力聘用上相對於物理、職能和語言等專業人員，社工的專業服務顯得不受重視。雖然針對身心障礙學生的外顯障礙提供相關專業服務，對身心障礙學生學習及生活適應上來說是非常重要的。但就身心障礙學生整體性需求來看，要使身心障礙學生學習、生活無障礙，社工師在其中扮演的角色也是不容忽視的。

　　「特殊教育專業團隊」是指一群不同專業領域的專業人員，為滿足身心障礙學生全面性之教育需求所組成的團隊，透過彼此的協調合作，共同提供相關的專業服務，以協助身心障礙學生接受適性的教育（葉千瑜，2006）。特殊教育專業團隊服務的形式有：直接服務、間接服務及諮詢服務（何淑萍、邱于容、蔡珮緹，2008）等。直接服務是指特殊教育相關專業人員直接對身心障礙學生進行個案評估、擬定、執行服務計畫並追蹤執行服務成效；間接服務是指特殊教育專業人員不直接對身心障礙學生提供服務，而是對特殊教育教師、普通教育教師及家長等相關人員提供指導服務，如提供身心障礙學生服務之特殊教育相關人員的在職訓練，或對家長提供親職知能等服務；諮詢服務是指特殊教育相關專業人員接受特殊教育教師、普通教育教

師、家長或其他服務身心障礙學生之相關人員的諮詢，在身心障礙學生專業需求部分提供專業的見解及建議。社工師的服務形式也是以此爲原則，對身心障礙學生及其家庭進行需求評估、擬定及執行服務計畫、追蹤服務成效，推動親職教育與親子育樂活動、協助社區資源整合與運用、接受特教相關人員諮詢服務、督導學校提供身心障礙學生家庭支持服務、協助專業團隊與家庭合作等。

　　身心障礙學生教育採借自神經心理學評估（neuropsychological assessment）的蓄電池模式（battery approach），亦即採取多元評量方法，測量個人的完整認知能力的特質，包括其優勢與弱點。神經心理電池（Neuropsychological batteries）包括一般智力功能、發病前功能，以及評估基本神經心理功能，包括注意力、執行功能、語言、記憶、視覺空間知覺、建構、心理活動等。在神經心理蓄電池模式下的身心障礙學生特殊教育評估，學校社會工作師帶給身心障礙學生功能行爲評估（functional behavioral assessment, FBA）上的生態觀點是非常獨特而重要的（Clark, 2002）。

　　同時，2004年起美國的身心障礙學生的特殊教育也納入「回應教學與介入」（response to instruction and intervention, Rtl^2）的精神。Rtl^{2}是一種及早介入的策略與執行，具有雙重意義，一是一種綜合（comprehensive）、多層級（multi-tiered）標準化的調整策略，俾利及早界定與介入學生的學業表現或行爲風險。Rtl^{2}是一種有別於智力成就差距模式（the aptitude achievement discrepancy model）以外的另一種界定身心障礙學生學習進步評量的方法（黃瑋苓，2008）。Rtl^{2}讓教師在學生學業失敗與行爲困難發生前及早被發現，監控學生的反應，進而設計一系列漸進式的介入協助，俾利預防學生學業失敗，並提供資訊以引導學習障礙學生獲得被更密集協助的資格。Rtl^{2}的目的是使用研究爲基礎的介入（research-based interventions），配合學生程度的教學來促進學生成績進步。簡言之，Rtl^{2}是針對那些正在奮力向上（struggling）的學生，提供團隊與資料爲基礎（data-based）的決策管道，在其教育與行爲問題變得嚴重前，提升渠等的學習成就。

　　在此之前，「智力－成就差距模式」（IQ-Achievement Discrepancy Model）是最常用的身心障礙學生學習評估方法。顧名思義，這是指在一個學童出現能力不平均的情況，即學童的智力及其在學習成就上有很大的距

離，這種差距就成爲鑑定學習障礙的標準。這種模式出現兩個重要的問題：第一，鑑定方法耗時，而且鑑定的過程中有很多爭議。因此，往往白白浪費了學童學習的黃金機會，以致「等待失敗」（Wait-to-Fail）或「先測驗後處置」（Test and Treat）的情況屢見不鮮。第二，只提供鑑定學習障礙的標準，不能爲教師及家長提供教學支援，也不能爲教師提供有用的資料與數據去調整教學的內容及提供程度相稱的合適課程（Cummings, Atkins, Allison, & Cole, 2008；Fletcher, Coulter, Reschly, & Vaughn, 2004；Fuchs, Fuchs, & Vaughn, 2008；Samson, 2009；陸秀霞、鄭佩芸，2009）。

美國國家學習障礙研究中心（National Research Center on Learning Disabilities, NRCLD, 2005）提出有效的「回應教學與介入模式」應具備以下8個特色：

1. 提供優質的班級教學（High Quality Classroom Instruction）。

2. 具研究基礎的教學（Research-Based Instruction）。

3. 能透過課程爲本的評估與課堂成績（Curriculum-Based Assessments & Classroom Performance）了解學生的學習表現及學習需求。

4. 運用普遍的（州政府）篩選機制（Universal Screening）。

5. 持續的進步監控（Continuous Progress Monitoring）。

6. 提供具研究基礎的介入（Research-Based Intervention）。

7. 在進行介入期間追蹤學生的進步（Progress Monitoring during Intervention）。

8. 確保教師介入的品質保證（Fidelity Measures）。

美國各州依循Rtl^{2}精神發展各自的特色，例如賓州強調：1.標準化調整教學（Standards aligned instruction）；2.普遍篩選（Universal screening）；3.資訊分享（Shared ownership）；4.資料爲基礎的決策（Data-Based Decision Making），包括方案監控、標竿與產出評估；5.分層介入（tiered intervention）與服務輸送，包括研究基礎的介入、彈性分組、執行品質保證；6.家長參與（parent engagement）（RTII in PA, 2006）。

目前回應教學與介入模式與學生輔導的三層（級）輔導相容，第一層（級）是全體學生；第二層（級）是在第一層教學下無法獲得學習效果，導致學習成績落後於一般學生，人數大約15%，故須採小團體的補救教學；

第三層（級）是在第二層介入之下，仍然無法獲得改善的學生，大約只有5%，須採個別介入。只是，學生三層（級）輔導範圍是全校學生，回應教學與介入適用於身心障礙學生。

二、社會工作與其他專業間分工與合作

有關專業團隊合作與溝通模式，一般可分成三種：多專業團隊合作模式、專業間專業團隊合作模式，以及跨專業團隊合作模式（何淑萍、邱于容、蔡珮緹，2008）。

1. **多專業團隊合作模式**：各專業人員面對同一學生，各自負責提供自己專業的服務，並不與其他專業人員討論和溝通，因此身心障礙學生獲得的專業服務是零散的，有時更因為專業人員服務的內容有重疊或不一致的情形，造成老師或家長的困擾，甚至衝突（王天苗，2003）。

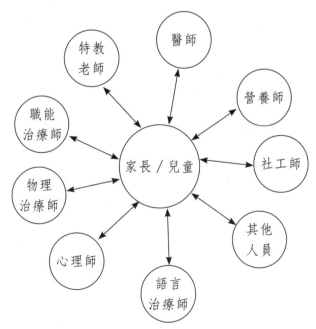

圖16-3　多專業整合模式（multi-disciplinary model）

資料來源：陳永榮，2003

2. **專業間團隊合作模式**：專業人員雖然各自負責學生的評估、計畫擬定和執行，但在過程中，專業人員間針對個別學生的情形進行討論、協調和溝通，只是這種專業合作模式會因為專業人員對其他專業的了解不夠深入，使得在分享資料或討論個案情形的時候，常僅止於表面的溝通層次（王天苗，2003）。

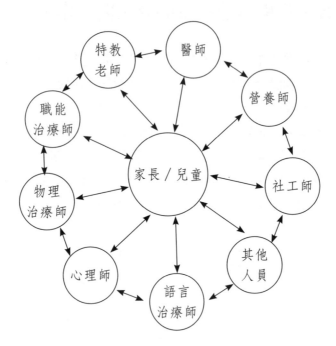

圖16-4　專業間整合模式（inter-disciplinary model）

資料來源：陳永榮，2003

3. **跨專業團隊合作模式**：以學生為中心，在專業人員中選擇一位成員擔任主要提供服務者角色，其他團隊成員則提供相關的諮詢及必要性協助等支援的角色，由團隊成員共同觀察、評量個案、充分溝通，以提供個案整體性的服務。

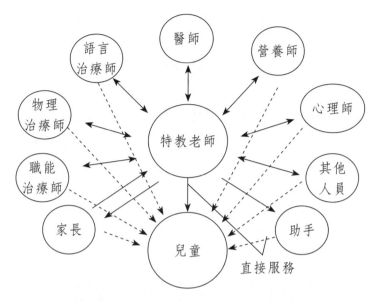

圖16-5　跨專業團隊整合模式（trans-disciplinary model）

資料來源：陳永榮，2003

　　根據「特殊教育支援服務與專業團隊設置及實施辦法」，指出專業團隊之合作方式及運作程序：1.由專業團隊成員共同先就個案討論後再進行個案評估，或由各專業團隊成員分別實施個案評估後再共同進行個案討論，做成評估結果。2.專業團隊依前款評估結果，確定教育及相關支持服務之重點及目標，完成個別化教育計畫之擬訂。3.個別化教育計畫經核定後，由專業團隊執行及追蹤。由條文內容可知，「共同」即為跨專業團隊合作模式，各專業團隊成員「分別」則為專業間團隊合作模式（何淑萍、邱于容、蔡珮緹，2008），團隊的運作依規定應該採取「專業間」和「跨專業」合作這兩種方式（王天苗，2003）。

　　在專業團隊運作中，扮演最核心角色的人物是「特殊教育教師」，身心障礙學生的個案管理員通常由特教老師擔任，社工師和其他專業人員則是扮演協助、諮詢或輔佐的角色。社工師與其他專業間的分工與合作離不開「跨專業團隊合作模式」與「專業間團隊合作模式」。由於社工師在特殊教育體系中除特殊教育學校聘有專任社工師外，其他各縣市政府對於社工師的聘用來源不一致，有的由學校社工師提供服務，有的由縣市政府與社工師公會簽

約，有的由縣市政府公開甄選兼任社工師或專任社工師等，因此社會工作的專業如何在特殊教育體系中發揮其功能、在專業團隊運作中如何與其他專業對話與合作，及是否具備特殊教育專業知能等，對從事特殊教育體系中的社工師是一大考驗。

　　特殊教育的目的在於促進身心障礙學生各方面潛能發揮，協助其適應、融入當前的社會，並為未來的生活做準備。社會工作的服務在於充權學生功能，協助其有能力解決生活中面臨的問題、有良好的生活適應能力，此與特殊教育的目的不謀而合，因此社工師在特殊教育體系中與專業人員間密切溝通與合作，才能提升服務的效率與效能，維護身心障礙學生的最佳權益。

三、社會工作在特殊教育體系中的省思

　　為了使身心障礙學生獲得整體性的服務，以專業團隊合作的模式提供服務已是必然之趨勢。身心障礙學生對社工師的需求雖不像物理治療師、職能治療師、語言治療師等相關專業人員的需求那麼顯而易見，但在身心障礙學生的生態環境中，社會工作服務是不可或缺的一環，有時甚至比其他專業服務更顯重要。因此，如何讓特教體系中的社會工作像在其他領域的社會工作般發展成熟，以更完整的提升特殊教育服務品質，是值得我輩服務於特殊教育體系的社工師努力的方向。

（一）社會工作在特殊教育體系的角色定位

　　前述社會工作專業服務相較於專業團隊內其他專業人力，顯得不受重視，從目前各縣市對特教體系社工師人力在礙於經費預算有限的狀況下任用方式分歧，另外對身心障礙學生及家長問題需求界定的認知不足情形下，使得特教體系的社工服務常侷限在頭痛醫頭、腳痛醫腳的問題處理階段，由此可了解社會工作在特殊教育體系中尚有許多問題待面對及討論。事實上，在探討身心障礙學生處境及需求時，必須以身心障礙學生的生態系統去考量到問題對身心障礙學生本身及其所處之家庭、學校、社區等系統的影響，並且協助處理其就學期間的各項需求。目前各縣市特殊教育體系雖認同社工師對

身心障礙學生及其家庭服務的重要性，但未能體認社會工作在身心障礙學生及其家庭服務有其整體性評估與連續性服務的必要性。

鐘淑慧（2006）將身心障礙兒童家庭需求歸納為以下幾種向度：

1. **資訊提供需求**：有關身心障礙兒童的教養技能、技巧與知能的資訊、身心障礙兒童現行所需的相關訊息（包括福利、教養與父母親如何參與）以及對於障礙兒童未來規劃的相關資訊需求。

2. **經濟支援需求**：家庭生活費用補助、醫療器材補助、交通費用補助以及托育費用補助。

3. **專業服務需求**：身心障礙子女之就醫或相關醫療服務。

4. **教養技巧需求**：專業人員及家庭成員協助教養孩童、專業諮商與諮詢的需求、教導孩子學習的書刊或教材、教育單位以及成立專門指導父母親的單位協助與解決相關問題。

5. **心理支持需求**：家人與親友的支持與了解、社會大眾對身心障礙兒童的正確看法與接納、心理情緒困擾的處理、向他人解釋的需求、家庭休閒娛樂的需求、自尊需求以及自我實現的需求。

6. **社區資源和社會支持需求**：喘息服務與日間照顧等社區服務、臨時托育、治療或復健的醫療單位、保母服務、無障礙生活環境以及提供適當的工作機會。

由此可見身心障礙學生及其家庭的需求是多元的，需要社會工作的專業提供整體性與連續性的評估與服務。但目前由於各縣市對社工師任用的方式不一致、被期待的角色模糊，及社工師本身對特殊教育專業知能有待加強等因素，使得社工師在特教體系中的角色不如其他專業人員角色明確，也易與學校社工及社會局處社工角色混淆，在專業職位不明確的前提下，社會工作在特教體系中容易有被邊緣化的情形。

（二）與各專業的交流

由於特殊教育專業團隊的成員來自不同的專業背景和養成過程，有不同的專業和訓練，因此每位團隊成員都必須先清楚了解並認同自己和別人在團隊中的定位和角色，再透過良好的互動與溝通，才能使專業間形成充分的合作，並發揮團隊的功效（王天苗，2003）。

　　因此為使社工師能在特教體系下發揮所長，除了應具備社會工作專業知能及其他專業服務於特教體系的專業知能外，尚需增進特殊教育體系中相關專業人員對社工專業知能的了解，分享社會工作服務中的評估面向及介入原則，展現其專業服務、發揮其應有的服務效能，讓身心障礙學生對社工的需求能敏銳地被發掘，同時促進社工師與其他專業人員間的相互溝通與合作的彈性，讓特殊教育專業團隊的服務完整地呈現在特教體系的氛圍中。

肆、特殊教育社會工作做什麼

　　在融合教育的推廣與普及化下，使得諸多身心障礙學生可以在普通班與一般學生共同學習、互動與生活，然身心障礙學生在一般學校，舉凡課程學習、環境適應、人際互動……等，都是身心障礙學生須一一面對與克服的課題，雖然目前身心障礙學生在一般學校學習已有許多支持性服務，但是每位身心障礙學生的障別不同、障礙程度各異，是無法以普同性的支持性服務來提供所需。正如「特殊教育法」開宗明義第一條即明示，特殊教育目的是為使「身心障礙及資賦優異之國民，均能接受適性教育之權利，充分發展身心潛能，培養健全人格，增進服務社會的能力」。因此，特殊教育環境就需涵括滿足特殊學生的特殊需求、消除或減輕障礙、啟發潛能、教育機會均等及回歸常態環境等目的（莊惠如，2008）。

　　為此，社會工作介入到特殊教育領域時，不只是面對身心障礙學生個人需求，同時也要面對學校這個大環境對身心障礙學生所提供之軟、硬體設施及個別化教育計畫與整體人員對障礙學生的了解與接納，並且也要面對身障學生家長對孩子學習環境的理解與信任，因此社工師在提供服務時，除了要理解障礙學生的需求是多元化的，也要運用社會工作專業「人在情境中」（person in situation）的觀點，從微視的個別需求滿足到巨視的資源整合與開發，以促使身心障礙學生在學習的場域能獲得「機會平等」與「公平參與」的教育權利。

　　觀察目前國內特殊教育體系對社會工作師從任用方式各異，到目的與

期待的多元性，實難檢視社會工作在特殊教育的運作及服務成效。謹就筆者所服務之宜蘭縣（自成立特教資源中心以來，即以專職專任方式任用專業人員）為例，說明社工師在特殊教育體系中如何運用社會工作方法，進行問題評估及介入的實務工作。

一、服務面向

特殊教育體系中的社工師為學校社工師的另一種樣態，不同的是特教體系的社工師服務的對象是以學校中的身心障礙學生為主體。其任務都是「服務學生」，為學生解決阻礙其學習發展的因素，以學生為中心來實現教育機會均等、服務資源整合「目的」，以創造有利學生發展的環境與制度（陳玫伶，2012）。在宜蘭特教體系中社工師服務內容包括：

1. 協助處理身心障礙學生就學各類問題的調適。
2. 建構家庭支持網絡。
3. 社區資源整合與運用。
4. 促進親師合作。
5. 推動親職教育與特殊教育活動。
6. 提供學校老師及家長諮詢服務。
7. 協助專業團隊相關人員與家庭合作。

而學校社會工作服務內容包括：

1. 以個案工作處理學生的困擾問題。
2. 向教師及家長解釋學生的問題內涵。
3. 為學生及家長提供團體工作。
4. 為學校人員提供諮詢服務。
5. 參與社區發展工作。
6. 開發並運用社區資源。
7. 協調學校輔導工作有關人員（翁毓秀，2005）。

可見特教體系中的社工師與一般學校的學校社工師提供服務的內涵是一

致的，工作場域除學校外，家長、家庭、社區也是特教體系社工師的服務對象與工作場域。

二、服務流程

特殊教育體系的社會工作的過程分為：接案、評估、介入、結案與追蹤。

（一）接案

雖然身心障礙學生的個案管理員通常由特教教師擔任，但社工師在接案時仍會依據個案工作的精神協助處理身心障礙學生的多重問題及需求，提供適切的服務。因此特教社工師在接案時會蒐集下列資料：

1. 了解學校評估身心障礙學生的社工需求為何，評估是否開案或僅提供學校老師諮詢、建議。

2. 了解身心障礙學生的基本資料、透過學生的個別化教育計畫，評估學校目前對障礙學生的主訴問題及處理方法的適當性。

3. 從學校蒐集有關身心障礙學生個人內在生理、心理行為特徵，及與家庭、學校、社區等外在社會環境的互動和調適的間接資料。

4. 和學生及其家庭建立互信合作的關係，並與學校老師、案主及其家庭澄清、協商彼此的角色與期待。

（二）評估

評估身心障礙學生的問題與需求必須以全人觀點審視，身心障礙學生所經歷的困境為「生活中的問題」，特教體系社工師服務的對象可以是身心障礙學生個人、家長、同儕、老師、學校、次文化、社區、政策等各層次系統，依生態系統觀點的假設：身心障礙學生必須與其所處環境（家庭、學校、社區）保持適切的調和、平衡，才能達到良好的適應、才有能力應付壓力及困境。因此依據生態系統觀，有效的介入除了與身心障礙學生直接工作外，也應該從其所處環境（家庭、學校、社區）著手，甚至進行權益倡導、社會政策及公共服務計畫等鉅視活動。

　　1. **針對問題本身進行評估**：問題發生的原因、嚴重性、產生的後果是什麼、相關人員如何看待問題、學生對問題的反應是什麼、是否還有其他問題影響到學生或其家庭成員的社會功能、相關的法律規定為何？

　　2. **個人系統進行評估**：學生的生命歷程、學生個人內在生理、心理行為特徵、個人生心理及社會功能與外在社會環境的互動和調適、學生解決問題的技巧與能力，受社會、文化及階級因素的影響如何？外部資源有哪些？

　　3. **家庭系統進行評估**：家庭組成脈絡、家庭經濟活動、家庭權力結構、家庭決策過程、家庭規則、家庭成員間動力（夫妻、親子、手足）、家庭教養模式、學生的主要照顧者及協助的人員、家庭系統的外部界限及家庭優勢、弱勢等。

　　4. **社區系統進行評估**：學生居住的環境、文化及生態、正式與非正式的支持系統有那些？

　　5. 學校與家庭間的關係、相互合作的情況、溝通的型態。

（三）介入

　　由於身心障礙學生來自弱勢家庭（包括經濟弱勢、社會支持系統薄弱、家庭與外部環境較缺乏資訊、情感及物質的交流、家庭解決問題的能力不足或父母本身也為身心障礙者）不成比例地高，而且當家中的家庭成員無法面對家有身心障礙兒童時，不僅關係著身心障礙兒童本身的心理發展、生活照顧與學習，更關係整個家庭功能是否得以發揮。因此特教體系社工師在提供服務時應去除專家的角色，陪伴需要協助的身心障礙學生個人及其家庭辨識、建立優勢能力與現有的資源，透過增強權能的觀念，促使身心障礙學生能夠從掌控自己生活與生命中重要的決定，並進而成為自己生命的主人。

　　檢視宜蘭縣特教社工師介入身心障礙學生服務的內容，包括社會資源的媒合與開創、身心障礙學生家長親職功能提升、身心障礙學生症狀衛教、身心障礙學生家庭成員情緒支持、親師關係改善及身心障礙學生同儕關係調整等。在此階段的工作重點有：1.建構資源及社會支持系統，並促進資源間的合作與溝通。2.增進家庭對身心障礙兒童特殊需求的了解、合宜的親子互動方式、適切的親職技巧。3.提供家長所需的親職教育內容，如：獲得教養子女的知能、探求子女的就醫諮詢、了解子女就學進修的管道、協助子女接受

職能訓練的場所、輔導子女進行生涯規劃的能力、熟悉政府的法令與福利措施、知悉社會及團體的相關資源、尋求家長自我心理調適的支援系統。（黃世鈺，1994）4.提供家庭壓力紓解，著重家長的心理需求，協助家長情緒調適。5.扮演學校老師與身心障礙學生家庭的橋梁，建立親師間互動與溝通的方式，促進良好的親師合作關係。

（四）結案與追蹤

當服務已達穩定，並持續產生成效，相關的服務能使學生在良好的狀態下學習並受到良好的生活照顧、有較佳的生活適應能力時，就可以進入結案準備期並進而結案，以下是幾個結案原則：1.學校適應良好。2.家庭支持服務計畫目標達成。3.問題獲得改善或緩解。4.學生及其案家能自發性地連結或運用資源。5.非屬特教體系社工師服務範疇，轉介適當單位提供服務。6.學生已完成國民義務教育，未在服務範圍內。7.學生已遷出本縣者（轉介相關機構給予協助）。

結語

綜觀身心障礙學生的整體服務，特殊教育與社會工作是兩個密切相關的專業領域。社工師在特殊教育體系中扮演的角色與任務是多元的，包括提供身心障礙學生及其家庭直接服務，資源連結與整合，促進家庭、學校及社區間的溝通與合作，提供學生能力及生活環境的評量與安置建議，參與鑑輔會、特教資源中心及其他相關組織等特教支援服務，參與各項特教相關計畫的擬定與會議等（沈慶盈、蔣明珊，2016）。

身心障礙學生的需求有其特殊性及多元性，且特殊教育的相關法規中雖有明定社工師在特殊教育體系中為不可缺的角色，目前實務的運作，社工師在此領域的參與較少或是在此領域中又兼任其他特教行政事務，較少有專任

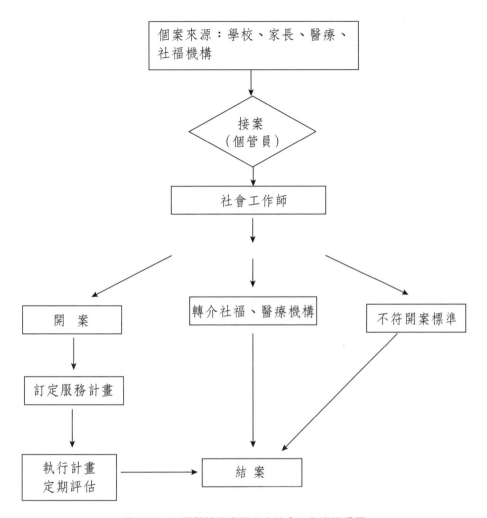

圖16-6 宜蘭縣特教資源中心社會工作實施過程

的社工師深耕於身心障礙學生的服務。因此,社工師在特殊教育體系中尚有很大的努力空間,服務於特教體系的社工師除了應熟悉特殊教育領域的專業知識及工作模式外,更要展現社工師服務的專業角色及任務,才能避免社工師在特殊教育體系中被邊緣化,也才能維護身心障礙學生在教育體系環境中的最佳受教學習權益。

參考書目

中文部分

王淑惠（2013）。淺談個別化教育計畫的內容與規範。東華特教，49，頁27-32。

王晨曄（2006）。我的孩子不一樣──身心障礙兒童的家庭支持之探討。上網日期：2017年6月22日，取自網路社會學通訊期刊網頁http://www.nhu.edu.tw/～society/e-j/54/54-34.htm

王天苗（2003）。特殊教育相關專業服務作業手冊。臺北：教育部特殊教育工作小組。

吳武典（2011）。我國特殊教育之發展與應興應革。上網日期：2017年6月2日，取自道客巴巴網頁http://www.doc88.com/p-984342410483.html

沈慶盈、蔣明珊（2016）。特殊教育與社會工作。林寶貴（主編），特殊教育理論與實務第5版，頁663-692。臺北：心理出版社。

何淑萍、邱于容、蔡珮緹（2008）。專業團隊運作之省思。特教論壇，4: 47-55。

林萬億、劉燦宏（2014）。臺灣身心障礙者權益與福利。臺北：五南出版。

林萬億（2013）。當代社會工作──理論與方法。臺北：五南出版。

林美瑗等（2006）。早期療育社會工作實務通報轉介暨個案管理。花蓮：遲緩兒童早療協會。

胡永崇（2003）。個別化教育計畫的困境與檢討：接受問卷調查的啟智班教師之書面陳述意見分析。屏東師院學報，18，頁81-120。

莊惠如（2008）。淺談身心障礙學生之教育需求。上網日期：2017年6月20日，取自網路社會學通訊期刊網頁http://mail.nhu.edu.tw/～society/e-j/68/68-21.htm

翁毓秀（2005）。學校社會工作的實施模式與角色困境。社區發展季刊，112: 86-103。

陳玫玲（2012）。學校社會工作做什麼。林萬億（主編），學校社會工作，頁31-43。臺北：巨流圖書公司。

陳永榮（2003）。聯合評估中心專業團隊合作模式介紹──以成大評估中心為例。上網日期：2017年6月1日，取自成大醫院網頁http://ped.hosp.ncku.edu.tw/chinese/xoops/modules/tinyD4/index.php?id=7

陳麗如、陳錦香（2003）。專業團隊之勢在必行談──特殊教育專業團隊執行之發展與推行轉機。特殊教育的危機與轉機，2003: 51-70。

教育部特殊教育工作小組（2008）。特殊教育發展報告書。臺北：教育部。

教育部（2012b）。教育部對身心障礙學生分類與新制分類（ICF）因應說明。上網日期：2017年5月16日，取自http://nrr.spc.ntnu.edu.tw/news/news.php?Sn=65

教育部（2014）。特殊教育法。上網日期：2017年5月26日，取自http://edu.law.moe.gov.tw/LawContentDetails.aspx?id=FL009136&KeyWordHL=%e7%89%b9%e6%ae%8a%e6%95%99%e8%82%b2

教育部（2015）。特殊教育支援服務與專業團隊設置及實施辦法。上網日期：2017年5月26日，取自http://edu.law.moe.gov.tw/LawContentDetails.aspx?id=GL000688&KeyWordHL=%e7%89%b9%e6%ae%8a%e6%95%99%e8%82%b2

教育部（2013）。身心障礙學生支持服務辦法。上網日期：2017年5月26日，取自http://edu.law.moe.gov.tw/LawContentDetails.aspx?id=FL009181&KeyWordHL=%e8%ba%ab%e5%bf%83%e9%9a%9c%e7%a4%99

教育部（2013）。身心障礙及資賦優異學生鑑定辦法。上網日期：2017年5月26日，取自http://edu.law.moe.gov.tw/LawContentDetails.aspx?id=FL009187&KeyWordHL=%e8%ba%ab%e5%bf%83%e9%9a%9c%e7%a4%99

教育部（2016a）。中華民國教育現況簡介。上網日期：2017年5月17日，取自http://depart.moe.edu.tw/ED2100/Content_List.aspx?n=09E8A4EDA021E1E5

黃世鈺（1994）。特殊兒童之親職教育。王文科（主編），特殊教育導論，頁634-658。臺北：心理出版社。

黃瑋苓（2008）。〈介入反應模式在鑑定學習障礙方面的運用〉。《特教論壇》，第5期，頁27-42。

葉千瑜（2006）。身心障礙教育專業團隊服務之初探。上網日期：2017年6月1日，取自網路社會學通訊期刊網頁http://www.nhu.edu.tw/～society/e-j/59/59-23.htm

羅清水（2009）。特殊教育發展框架與視野——新修訂特殊教育法對教育之影響與發展。2009中華民國特殊教育學會41週年年會暨學術研討會議事手冊暨論文選集，頁25-27。

鐘淑慧（2006）。國民小學提供身心障礙學生家長家庭支援服務之現況調查研究——以彰化縣爲例。國立臺中教育大學特殊教育與輔助科技研究所碩士論文，未出版，臺中市。

陸秀霞、鄭佩芸（2009）。應用「三層支援模式」幫助有特殊學習困難的學生：理念與實踐。基礎教育學報，第18卷第2期。

英文部分

Clark, J. (2002). School Social Work Assessment: Battery versus Functional Appraaches. *Section Connection*, 8(1), 4-5.

Cummings, K., Atkins, T., Allison, R., & Cole, C. (2008). Response to intervention: Investigating the new role of special educators. *Teaching Exceptional Children*, 40(4), 24-31.

Pennsylvania Department of Education (2006). Response to Instruction and Intervention (RtII): An Introduction.

Fletcher, J., Coulter, W. A., Reschly, D. J., & Vaughn, S. (2004). Alternative approaches to the definition and identification of learning disabilities: Some questions and answers. *Annals of Dyslexia*, 54(2), 304-331.

Fuchs, D., Fuchs, L. S., & Vaughn, S. (Eds.). (2008). *Response to intervention: A framework for reading educators*. Newark, DE: International Reading Association.

Samson, J. (2009). Editor's Review: Evidence-Based Reading Practices for Response to Intervention and Response to Intervention: A Practical Guide for Every Teacher, *Harford Educational Review*, Spring, Issue, http://hepg.org/her-home/issues/harvard-educational-review-volume-79-issue-1/herarticle/_679.

第十七章　校園多元文化

胡中宜

外國移民或外籍學生返國後，進入校園對於中文理解困難，以致中途輟學；部落原住民學生隨家長下山進入平地學校，因文化習慣不同產生學習障礙；弱勢家庭因躲債舉家搬遷，以致生活條件不濟，終日擔心身分曝光，憂慮債權人騷擾，以致學業低落；無國籍學生身分未明，以致基本教育機會剝奪，或進入學校後因久未接受正規教育，以致適應不良。以上種種現象經常在國內中小學校園中發生，學校教育與輔導工作者如何有效回應這些多元文化家庭學童的學習議題，是當前重要的議題。校園的多元文化，泛指種族、宗教、性別、國籍、年齡、障礙、宗教之差異，如何尊重與包容校園內教職員生各種不同的特質與組成所帶來的差異，將是營造友善校園環境的重要基礎。

壹、多元文化與學校輔導工作倫理

面對校園多元文化的議題，首先必須先談談學校輔導工作者的工作態度與基本立場。若從幾個學校輔導工作者所屬的專業團體制訂的倫理守則來看，對於多元文化議題將能有更清楚的立場可供參考。

一、輔導與諮商專業倫理守則

臺灣輔導與諮商學會學生輔導工作倫理守則（2015）提醒學生輔導人員在執行學生輔導工作時，應公平對待每位學生，尊重學生的文化背景，且不因學生個人特職、學習表現、年齡、性別、身心障礙、家庭社經地位、宗教信仰、性取向、種族或特定文化族群等而有歧視。

二、社會工作倫理守則

　　臺灣社會工作倫理守則（中華民國社會工作師公會全國聯合會，2008）指出社工師應包容多元文化、尊重多元社會現象，防止因種族、宗教、性別、國籍、年齡、婚姻狀態及身心障礙、宗教信仰、政治理念等歧視，造成社會不平等現象。美國社會工作倫理守則（National Association of Social Workers, 2017）最新修訂版特別在文化能力與社會多元性的準則中，強調社工師應了解文化及其人類行為與社群中的功能，並認可所有文化中存在的優勢；對個案的文化應具有知識基礎，能夠展現自己得以提供適當服務的能力，對當事人文化及不同人群與文化團體之間的差異具有適當的敏感度。英國社會工作倫理守則亦提及社工專業的本質建立在促進全人類價值與尊嚴的基礎上，不問族群、民族、地位、性別、性取向、年齡、障礙、信念或對社會的貢獻，鼓勵與促進每一個人的自我真實感（British Association of Social Work, 2012）。

三、諮商心理倫理守則

　　臺灣諮商心理師專業倫理守則（2012）指出諮商心理師實施諮商服務時，應尊重當事人的文化背景與個別差異，不得因年齡、性別、種族、國籍、出生地、宗教信仰、政治立場、性取向、身心障礙、語言、社經地位等因素而予以歧視。另外，「美國心理學會」（APA）心理師倫理守則提醒心理師在工作相關活動中，不能基於年齡、性別、性別認同、種族、民族、文化、國籍、宗教、性取向、障礙、語言、社經地位或任何法律的規範而從事不平等的歧視（American Psychological Association, 2017）。「美國諮商學會」（ACA）倫理守則提醒諮商師在溝通訊息時，應同時顧及發展性與文化性。對不同文化的保密和隱私意涵保有覺察及敏感度；諮商師不得基於年齡、文化、障礙、族群、性別、種族、宗教、性別認同、性取向、婚姻、社經地位或依據法律而有縱容或從事歧視的行為；必須體認文化如何影響當事

人對困擾議題的看法，在診斷心理疾患時，當事人的社經地位及文化經驗都應列入考慮（American Counselor Association, 2005）。

貳、多元文化學生的學習需求與挑戰

誠如Bourdieu（1977）所述，每個家庭都透過間接而非直接的方式，傳遞其子女某種文化資本與思潮，同時再製社會中教育機會不均等，以及家庭背景對學校經驗、教育取得與婚姻選擇的影響。因此，多元文化背景學生因不同家庭條件而握有質量不等的文化資本，會對其學校適應造成不同程度的影響，若能透過各種途徑來幫助學生更順利融入學校生活，產生積極正向的抱負與理想，才能達到社會包容的目標。

一、原住民族學生

原住民族學生在校園的學習狀況如何？根據楊錦浪（2011）分析原住民族委員會進行「原住民教育調查統計」中原住民學生就學階段的適應狀況，調查國小、國中、高中職與大專階段就學適應力的「問題解決及決策力」、「家庭及人際關係」、「個人自信及勝任力」、「學習適應力」、「情緒適應力」與「價值判斷力」，結果顯示各學制的「學習適應力」最差，整體平均值皆未達中間值，突顯各學制的學生在學習適應力的困境，尤其在擔心考試、上臺報告、重點掌握及讀書時間的規劃管理問題最為嚴重。另外，「情緒適應力」與「個人自信及勝任力」平均值中等偏高，能力尚可；「價值判斷力」、「問題解決及決策能力」與「家庭及人際關係」能力則較佳。家庭及人際關係的影響，年紀愈小愈明顯，隨著年齡的增長、同儕的加入，影響力逐漸式微。因此，協助原住民學生就學適應力上，如何增進其學習適應力是首要任務。

二、新移民家庭學生

　　根據教育部105學年度統計，近10年來國中小學生總數自275.1萬人降爲186.1萬人，新移民子女學生數卻自8萬人成長至19.6萬人。國中小新移民學童男性占51.93%，女性占48.07%。近9成國中小新移民學童之父或母主要來自越南、中國大陸及印尼。以地區別觀察國小新移民學童主要分布於新北市、桃園市、臺中市、高雄市、臺北市及臺南市等，合計6成4；國中新移民學童主要集中分布於新北市、桃園市、高雄市、臺中市、臺南市及臺北市等，共計6成2（教育部，2017a）。

　　而新移民家庭學童的教育學習困境分析，主要來自幾項：第一，學校生活適應困難，研究顯示因家庭社經因素、家長教育程度或照顧者的中文識字程度影響而異，新移民學童在國語、數學及自然科的學習較易出現困境（鍾文悌，2004）。雙親在家庭管教、生活方式、價值觀、學習期望、語言、溝通、教育程度，以及對教育認知不一，導致其子女難以適應學校生活，且學業成就低落。第二，父母對子女學業力不從心，經濟無暇照顧子女，對新移民子女的教養就落在新移民身上。但新移民的工作與家事占據多數時間，無法指導子女課業，且經濟相對弱勢，無法爲子女安排額外學習活動。加上對教育體制了解有限，對學校功課掌握不足、語言隔閡、文字不熟悉，可能無法了解子女內心的感受，子女有問題無法從雙親獲得解決，常內在壓抑。第三，因爲新移民子女在家中無法解決學業、同儕問題，回到學校無法適應，就容易形成疏離。第四，因爲外貌的差異而被標籤化，致使產生文化認同的危機，無法成功自我認同，缺乏自信（蔡榮貴、黃月純，2004）。

三、無國籍學生

　　非本國籍無依兒少之身分樣態，包括：生母爲外國人，生父爲國人者；生母爲外國人，生父爲外國人或不詳者；生母與生父均無可考者，以及生父不詳與生母爲外國人，且行方不明或已出境或遭遣返回國後行方不明者。近

年較多案例爲外籍移工在臺生子所衍生之非本國籍無依兒少困境，亟須先取得在臺合法居留身分，俾獲得基本權益保障，移民署現行作法對外來人口在臺所生新生兒，若屬無依兒少，不論其身分爲外國人或尚未取得國籍，於待尋獲生母一同返回原屬國或辦理出養程序中，爲保障兒少得以在臺具有合法身分就醫及就學等相關權益，專案核發外僑居留證效期1年，並得延期。因此，學校社工師協助無依兒少時，可依據上述作法進行轉介（中華民國基督教女青年會協會，2014）。此類家庭學生最常見之需求大致包括家庭經濟匱乏、就學、就醫、身分、法律及親職教養等議題。

四、躲債家庭學生

受限於家長的經濟困境、失業、卡債、借貸，導致家庭無力償還而舉家搬遷、居無定所，家庭內學齡子女的就學狀況就容易受不良影響。依據臺北市國民中小學學生學籍管理辦法第4條規定，學生因遭逢重大災難或家庭變故致無法在原就讀學校就讀者，得經教育局核准後，以不轉學籍及戶籍之方式，予以緊急安置至原因消滅爲止。另外，各縣市強迫入學委員會暨中輟復學輔導督導會議亦可加強各級學校針對家庭躲債之學生進行家庭訪視，了解學生家庭狀況是否生活有困難，並於學費及生活費、生活關懷、心理輔導與社會支持上予以協助。

參、校園多元文化學生的教育措施與福利服務

一、提升原住民學生多元學習策略

「差異」一直在社會中存在，諸如文字、語言、種族、習俗、性別、階級、職業別比比皆是，所以教育應該做的，是教導學生如何與「差異」的既存事實相處；輔導人員應避免如何因爲差異而產生歧視，或是彌補因爲差

異所產生的不公平（陳伯璋，2009）。當然，落實文化為本的教育是根本性解決方式，但實踐上仍存在一些困境，例如：部落距離遙遠導致學生來源流失；文化傳承理念面臨升學的現實考驗；學校教育與社區間明顯疏離；學校缺乏傳統文化的專業師資與教材；學校與社區缺乏協調溝通，導致文化傳承態度低落（譚光鼎，2010）。

　　其中，原住民國小學生在學習成就、學習進度的規劃及考試的準備方向上值得關注，尤其在掌握重點、上臺報告、處理學校課業困擾及學習考試等能力較弱。建議老師可以透過自習或課輔時間輔助學生建立讀書計畫，並於考前重點提示，降低對課業準備的壓力並增加其信心；家長多鼓勵、了解孩子的想法，培養其讀書興趣。原住民國中學生對「學習」的信心不足起源於對考試、報告、讀書方法、時間規劃及學習重點不易掌握。老師及家長可針對考試、作業、時間管理及掌握重點給予適時協助，並指導讀書時間的規劃、讀書方式及引導學習興趣，讓他們開心學習，從中獲得成就感。原住民高中職學生的問題則是「家庭經濟壓力」與「學習能力與信心」，學生的時間管理能力不甚理想，建議可以透過課餘時間協助學生規劃與管理，讓他們理解不放棄學習、持續累積資本，未來就有機會改善家庭經濟問題（楊錦浪，2011）。

二、新移民語文課程實施

　　為深化新移民子女所兼具的發展優勢，運用其多元的語言學習環境、跨國文化的成長背景優勢，藉由提供新移民子女具備另一種的語文能力，有助於新移民子女未來在國際競爭中脫穎而出，於12年國民基本教育課程綱要總綱，將新移民語文列為「語文」領域課程之一，以落實尊重多元文化。課程綱要將國語文、本土語文、新移民語文、英語文及第二外國語文皆列為「語文」領域。其中，新移民語文以東南亞國家語文為主，國民小學階段，學生將從本土語文及新移民語文中，依其需求任選一種必修，每週一節。國民中學、高級中等學校階段將新移民語文列為選修，依學生需求於彈性課程開設（教育部，2017b）。

三、國民小學新移民親子共學方案

　　為關懷新移民及其子女的文化與生活，建立友善教育環境及協助其了解在地文化，並喚起社會對新移民專長與貢獻的重視，教育部規劃「國民小學新移民親子共學方案」，透過新移民親子共學的方式，提升語言學習及文化體驗的成效，有助於新移民擴展生活範圍。計畫結合各學校在地文化資源，例如：客家、閩南、原住民傳統歌舞、陣頭、編織工藝、糕點等，辦理相關親子活動或課程，使新移民及其子女認識臺灣文化，協助其融入在地生活，促進理解，並藉由親子共學活動，串起二代之間對於文化的融合及交流。例如，新北市大豐國小，藉由親子共同學習臺灣歌謠及舞蹈，因節奏鮮明的舞蹈，適合精力旺盛的孩子學習，更能拉近親子關係；並由新移民學童組成「全球村小記者」，於課程進行時拍照、攝影，記錄課程活動及撰寫報導，剪輯成影片在社群媒體分享活動成果。又如高雄市觀亭國小，新移民子女人數占全體學生高達46%，特別將內門區在地的「宋江陣」、「總鋪師辦桌」文化特色融入親子共學課程中，使用行動載具教學，提高學習的興趣，輔以親子戶外踏查、參訪活動，深入了解在地文化，拓展家庭社交場域，促進社會融入（教育部，2017c）。

四、外籍配偶子女教育輔導計畫

　　學校輔導人員可結合學校教職員生共同規劃「外籍及大陸配偶子女教育輔導計畫」，主要內容包括：1.實施諮詢輔導方案；2.辦理親職教育研習；3.舉辦多元文化或國際日活動；4.辦理教育方式研討會；5.辦理教師多元文化研習；6.實施華語補救課程；7.編印或購買多元文化教材、手冊或其他教學材料；8.辦理多元文化教育優良教案甄選；9.辦理母語傳承課程；10.辦理全國性多語多元文化繪本親子共讀心得感想甄選。例如，以新移民子女占全校學生人數一半以上的臺中市福民國小為例，為使新移民子女認同並樂於學習母語，學校除申辦「母語傳承課程」，也規劃「全員參與」的特色課

程，聘請越南籍新移民家長擔任講師，由教師協助課程及共同編寫教材，以「聽、說」爲主，符合學生程度及生活需求，在無考試壓力、全員參與的氛圍下，使師生自在輕鬆學習，添加新移民子女學習的動力，更讓原本不願意學習越南語的學童，在參加學校「母語傳承課程」後，開始主動找家長練習發音（教育部，2017d）。

五、新移民學生正向心理團體

輔導教師、學校社工師、學校心理師可規劃相關小團體。例如，巫珮如、謝麗紅（2015）研究中發現參與正向心理團體的國中三年級新移民學生，運用正向心理學的理論架構，包含6個長處和24個美德、過去的正向光榮事蹟、ABCDE思考模式、希望的注入等，成員參與團體後，不僅能將團體所學落實於日常生活中，更能將團體中發掘的潛能及長處發揮出來，形成較正向的自我概念。從成員團體回饋表中發現，多數成員認爲參與團體後，能增加自己的自信心，且團體對自己幫助很大、願意與他人分享，爲主要的收穫；其次則爲了解思考有正負兩個面向，能夠使用不同觀點去看待事件。因此，透過這個輔導經驗，看到新移民學生的優勢能力，同時可避免讓學生感受到參與團體是被標籤的、有問題的，也能培養學校輔導人員自身的正向心理觀念以推展校園內的輔導工作。

六、非本國籍學生之協助與介入

針對非本國籍兒少，學校社工師應熟悉目前的社會福利服務措施。例如，非本國籍兒童少年之家庭有時會面臨家庭收入短缺、經濟匱乏的情況，需要尋求政府部門經濟補助或連結民間經濟資源，以保障案家經濟安全，解決案家經濟困境。另外爲協助設籍前遭逢特殊境遇之外籍及大陸配偶解決生活上、經濟上的困境，保障設籍前遭逢特殊境遇家庭的生活權益，移民署及

地方政府提供「設籍前外籍配偶遭逢特殊境遇扶助」，提供緊急生活扶助、子女生活津貼、教育補助、法律訴訟、返鄉機票費用及傷病醫療等補助。此外，尋求民間社福機構之經濟補助，亦為常見管道。在非本國籍兒少個案中父母因故無法照顧，交由年事已高的祖父母教養，親職教育觀念不同於往，對於兒童發展、少年次文化、親子溝通、兒童居家安全等親職教育知識及觀念有待加強，因此常需要社工師加以協助，以提升其親職教養功能。非本國籍兒童少年事務，涉及其他部門主管事務，常需要尋求其他單位的協助，如國籍認定、歸化、戶籍登記等為內政部戶政司主管業務，入出境及居留為移民署主管業務，教育為教育部主管業務，健保及疫苗施打等為衛福部業務；如有法律問題或訴訟必要，則可請求法律扶助基金會各地分會協助（中華民國基督教女青年會協會，2014）。

另外，兒童少年福利與權益保障法規定「主管機關應會同戶政、移民主管機關協助未辦理戶籍登記、無國籍或未取得居留、定居許可之兒童、少年，依法辦理有關戶籍登記、歸化、居留或定居等相關事項。兒童、少年於戶籍登記完成前或未取得居留、定居許可前，其社會福利服務、醫療照顧、就學權益等事項，應依法予以保障」。非本國籍兒童少年如未取得我國合法居留身分，可先以寄（借）讀方式入學：1.非本國籍兒童少年未具國民身分，其父母或監護人應積極主動向學校申請入學，保障使學童就學權益。2.非本國籍兒童少年尚未取得合法居留證期間，藉由個案輔導以寄（借）讀方式入學且具有成績，俟取得合法居留證後，可依外國學生來臺就學辦法取得本國學籍。3.國民中學、國民小學教育階段學校皆以人道立場協助入學，雖無本國國籍，參加各項活動時，學校可尋求或透過其他資源協助辦理保險。4.國中畢業生須於就讀或畢業的國中學籍所在免試就學區參加免試入學，並依各學區招生作業規範及簡章規定辦理。而且，教育部於2006年已函釋地方政府可依情況自行放寬規定給予無國籍之自然人學生在有居住、就學事實，且合於成績考查辦法下，取得學籍並發給畢業證書；後續的就學問題亦可憑前一階段之畢業證書申請就讀或應試（中華民國基督教女青年會協會，2014）。

七、國內弱勢家庭服務方案

　　為因應近年弱勢家庭的增加，偏遠地區福利據點不足、資源輸送過於分散與片斷，以及社工專業人力嚴重欠缺、負荷過重的問題，衛生福利部自2009年起開始進行建構家庭福利服務系統實驗計畫，輔導縣市政府設置區域性社會福利家庭服務中心，負責服務區域內家庭之諮詢輔導及個案服務工作，並統籌連結、開發社區資源，提供相關輔導及各項福利服務。縣市政府社會局處設置的「家庭福利服務中心」，由社工人員提供專業服務，使各類家庭均能獲得完整性、多元性、立即性、可近性的社會福利服務（胡中宜，2017）。主要服務內容包括：1.社會福利諮詢；2.社區福利資源連結及轉介；3.經濟弱勢家庭訪視評估扶助；4.高風險家庭個案服務；5.弱勢家庭兒童及少年緊急生活扶助個案追蹤訪視；6.重大意外事件及天然災害個案關懷訪視；7.社區資源整合與開發；8.辦理轄區資源聯繫會議；9.辦理社區預防性服務方案活動。學校輔導人員可依學生及其家庭實際需求，適時轉介與連結家庭福利服務中心社工師進行支援與協助。

肆、校園多元文化學生的輔導服務

　　在美國有些因素影響不同文化學童的學業成就，這些因素包括學校對多元文化的態度、反映文化內涵的課程及老師與學生的互動關係，對文化差異保持開放態度的學校，學生感受到被認同、被欣賞、被尊重。身為多元文化融合的教育者，學校社工師要持續對所有教職員提供文化的覺察與敏感度的基礎訓練。例如，安排教職員至學校附近，去了解學生的生活環境或進行家庭訪視；在教室或走廊上利用圖片或海報呈現不同族群的差異；去探討師生之間因文化背景不同導致的誤會與錯誤詮釋；協助教職員理解不同文化學生用來引人注意的策略，回應問題的方式、與人互動的行為模式有何差異，鼓勵教師調整教學方式，以便不同文化背景學生都因此受益（Dupper, 2003）。

　　在香港有一些典範的方案可提供臺灣參考，當地透過學校與社區的合作，由非營利社福組織提供「多元文化校園訓練計畫」，這是由香港公益金資助的特別計畫，主要是鼓勵學生及教師直接與少數族裔人士接觸，進而了解他們的社會狀況及文化，並推廣種族平等及共融的意識，主要服務對象來自於校園內華裔學生及教師，服務目標是提升參加者對多元文化的認識，推廣尊重多元文化及種族共融，並鼓勵參加者爲促進社會共融作出貢獻，這個計畫包括幾項內容（香港基督教服務處，2016）。

一、「多元共融」工作坊

　　透過角色扮演和分享，讓參加者親身感受少數族裔人士在香港的生活點滴和挑戰。透過模擬活動，讓參加者體驗少數族裔人士的節日文化和習俗。透過製作少數族裔食物，讓參加者體驗少數族裔人士的飲食文化。

二、「多元社區」實地考察團

　　學校鄰近的社區進行考察活動，以推動學生認識和關照身邊的少數族裔鄰舍。實地考察少數族裔的宗教場所（例如：伊斯蘭教清眞寺和錫克廟），了解其宗教對他們日常生活的關係。

三、「多元關愛」義工服務體驗

　　透過策劃和舉辦義工服務，向來自不同族裔及文化的人士表達關愛。認識少數族裔人士的服務需要，學習服務少數族裔人士的基本技巧，根據學校內、鄰近社區少數族裔人士的服務需要，一同策劃合適的義工服務。

四、「多元文化」社區展覽

透過校內展覽，了解少數族裔的社會、文化和宗教特色。活動內容則是利用遊戲攤位、展板、少數族裔衣飾及物品展覽，並由職員作即場講解，促進多元文化的實質理解。

五、「共融校園」教師分享會

老師在日常的教學工作上需要面對越來越多不同種族和文化背景的學生。因此，老師比起以往更需要增強對來自不同文化背景學生的認識，辨識文化差異及其在課室、學校帶來的影響，以及辨識校園或班級內促進種族共融的策略。透過這個活動設計，讓教師分享在學校推動種族共融活動的經驗和心得，以及簡介少數族裔學生的文化和宗教特色。

六、「校園共融大使」團體

透過建立校園共融大使團體，發展與不同族裔人士相處技巧之訓練，基本活動包括推行技巧之訓練策劃和舉辦校內活動，推廣種族共融的概念。

七、「多元文化嚮導」小組

讓少數族裔人士透過向本地人士介紹自身文化，達到發揮所長及推動種族共融的目的，活動內容包括：基本活動籌劃及表達技巧的訓練、於完成訓練後與職員一同推行各項多元文化教育活動，以及於每次協助推行各項活動後發給津貼。

伍、結語：建構多元文化友善校園

一、去除社會刻板化印象

對於不同文化背景的學童而言，其所面臨的問題往往源於社會偏見、歧視等現象，因此從學校到社區，政府到民間皆需加強對不同文化的認識及培養多元文化的素養。具體策略可藉由教育單位舉辦相關研習以增進教師、輔導人員對多元文化的認識與實踐。而在一般民眾方面，則可提供各種社會教育的機制，例如：社群媒體、各地的社區機構，舉辦各式活動或課程，提供民眾認識移民、民族、各類型態家庭的多元文化特色。

二、提升教職員的多元文化教育觀念

校園內第一線的教職員，對於多元文化背景學童的族群認同與自我概念的形成影響甚鉅。因此，教職員若缺乏多元文化相關知能，難以滿足來自不同文化背景學生的需求，甚至形成對種族的偏見或歧視。而學校應設置適當的輔導機制，落實認輔制度，對於產生學習困擾的多元文化背景學童，提供心理支持、課業輔導或補救教學，促進學習效果。此外，教師如能主動關懷並提供課後輔導，藉此刺激學童的文化資本，並透過研發適性的輔助學習教材，弭平學習落差現象，將有助於適應校園的生活。

三、增進學校輔導人員多元文化敏感能力

面對校園中的多文化議題，輔導人員如何覺察自己的限制、發現偏見、避免歧視或提供不適當的服務，多元文化敏感甚為重要。胡中宜（2006）曾提供幾個方向提供努力，包括覺察助人者的文化偏見與價值觀，了解不同文

化背景學生的世界觀，據以發展適當的介入策略；輔導人員保持彈性的態度，願意為不同文化背景的學生調整自己的服務方式，以符合學生需求；試著理解學生及家庭的經驗與知覺，嘗試融入對方的經驗世界中；透過諮詢、教育訓練與轉介，培養自己的多元文化能力，包括適當的態度；面對多元文化案主應重新審視與建構相關的理論、策略、技術及方法，思考更具效能的輔導服務。

參考書目

中文部分

中華民國社會工作師公會全國聯合會（2008）。社會工作倫理守則。引自http://www.nusw.org.tw

中華民國基督教女青年會協會（2014）。愛在轉角處：在臺出生非本國籍兒童少年特殊個案彙編。衛生福利部社家署。

中華民國諮商心理師公會全國聯合會（2012）。諮商心理師專業倫理守則。引自http://www.tcpu.org.tw

臺灣輔導與諮商學會（2015）。學生輔導工作倫理守則。引自http://www.guidance.org.tw/school_rules/content.html

巫姵如、謝麗紅（2015）。正向心理團體諮商對新移民學生正向情緒與正向特質之影響。輔導季刊，51(3)，頁37-46。

胡中宜（2006）。傲慢與偏見：社會工作實務中多元文化議題與倫理責任之探討。玄奘社會科學學報，4，頁135-171。

胡中宜（2017）。家庭福利服務中心的運作議題與挑戰。社區發展季刊，159，頁65-75。

香港基督教服務處（2016）。多元文化校園訓練計畫。引自http://www.hkcs.org/gcb/mes/mes.html

教育部（2017a）。新移民子女就讀國中小人數分布概況統計。引自http://stats.moe.gov.tw/files/analysis/son_of_foreign_105.pdf

教育部（2017b）。新移民語文課程實施。引自https://www.edu.tw/News_Content.aspx?n=9E7AC85F1954DDA8&s=3AED9D9B0382BFA8

教育部（2017c）。「國民小學新移民親子共學方案試辦計畫」。引自https://www.edu.tw/News_Content.aspx?n=9E7AC85F1954DDA8&s=55D690B8967BBD0E

教育部（2017d）。「外籍及大陸配偶子女教育輔導計畫」。引自https://www.edu.tw/news_Content.aspx?n=9E7AC85F1954DDA8&s=DCBADC7C400FEBD8

陳伯璋（2009）。當前多元文化教育實踐與省思：兼論新多元文化教育的可能。教育與多元文化研究，1，1-16。

楊錦浪（2011）。淺談各學制原住民學生之學習適應問題。原教評論，38，頁6-7。

蔡榮貴、黃月純（2004）。臺灣外籍配偶子女教育問題與因應策略。臺灣教育，626，
頁32-37。

鍾文悌（2004）。外籍配偶子女學業表現與生活適應之相關研究。屏東師範學院教育行
政研究所碩士論文。

譚光鼎（2010）。原住民學校與社區關係之探究：以臺灣三所原住民完全中學為例。社
區研究學刊，1，頁1-32。

英文部分

American Counseling Association. (2005). *ACA Code of ethic*. Retrieved from https://www.
counseling.org/resources/aca-code-of-ethics.pdf

American Psychological Association. (2017). *Ethical principles of psychologists and code of
conduct*. Retrieved from http://www.apa.org/ethics/code/

Bourdieu, P. (1977). Cultural reproduction and social reproduction. In J. Karabel & A. H.
Halsey (Eds.), *Power and ideology in education* (pp. 487-511). New York: Oxford University
Press.

British Association of Social Work. (2012). *Code of ethics*. Retrieved from https://www.basw.
co.uk/codeofethics

Dupper, D. (2003). *School social work: Skills and interventions for effective practice*. Hoboken,
NJ: Wiley.

National Association of Social Workers. (2017). *Code of ethics*. Washington, DC: Author.

第十八章　校園危機介入

黃韻如

小珍第一百天的願望

在醫院第一次看見小珍，看到她頭髮梳得很整齊，堆滿笑意且親切地對我們說：「我知道弟弟、媽媽已經走了，謝謝你們來看我。」小珍的弟弟、媽媽已經在921震災中離她遠去。因為小珍眼睛受傷，所以叔叔告訴她不能哭，否則弟弟、媽媽沒有辦法到天堂，所以小珍一直沒哭⋯⋯

再次見到小珍，學校社工師邀請他對著相片中的弟弟說話：「弟弟我好想你喔！你怎麼不跟我玩了⋯⋯」兩行熱淚在小珍的臉龐潸然落下，社工師也忍不住紅了眼，雖然心疼與不忍，但小珍終於真實面對自己的情緒⋯⋯

校訪時，看到她快樂多了，她告訴我：「叔叔告訴我，第一百天的時候可以透過法師和弟弟、媽媽說說話，不過我擲筊了兩次，他們卻都沒答應。」社工師接著問：「你猜他們不答應的原因是什麼？」小珍說：「大概是天堂的路太遠了，他們還在趕路，可能一回頭就來不及到天堂了，所以沒時間回答我⋯⋯」這是小珍自己找到的唯一答案。

經過長期與小珍的家訪、晤談，社工師、心理師、學校導師、輔導教師陪著小珍走出創傷的陰影，協助小珍面對寄住親戚家的適應問題，而讓她漸漸回復往日的笑容⋯⋯。

「奶奶說媽媽走了，我沒人照顧，而且弟弟不在了，所以爸爸要再娶一個新媽媽，生一個和以前一模一樣的弟弟⋯⋯這怎麼可能！而且這樣背叛了媽媽。」小珍的笑容再度被憤怒所掩蓋，取而代之的是封閉自己拒絕溝通，不理爸爸也不理奶奶，更任由病毒侵蝕自己不願就醫。社工師陪她一起想媽媽、一起猜測媽媽的心⋯⋯「我願意去看病。」

小珍愛媽媽的心讓人心疼，未來的路上不知仍有多少難關需要克服，期望天使永遠守護著小珍。

———摘自王貞力、楊秀華（2000）「震撼921～第一百天的願望」

壹、校園危機事件分析

　　921地震發生在1999年，之後也有不少災難，2001年納莉颱風、2009年莫拉克風災、2014年空難事件及高雄氣爆事故、2015年八仙樂園粉塵氣爆、2016年高雄美濃地震使臺南市維冠金龍大樓倒塌、松山車站爆炸案，再加上幾起隨機殺人事件，都造成校園環境及學童不同程度的衝擊。

　　危機事件緊急性、不可預測性、處理時間急迫性、威脅性、突發性、不確定性等特質，對於受害或身為家屬的兒童少年必定造成一定程度的衝擊，若再加上家長、社區居民、社會輿論等介入，致使危機事件影響的擴大效應。倘若學校缺乏有效的迅速因應措施，對學校、個人及其家庭更會造成程度不一的二度傷害，特別是生心理都特別脆弱的兒童及少年。

　　而學校專業輔導人員關注的焦點，除避免鉅視層面不當處理對兒童少年的負面影響外，更著重事件在微視層面對個人的影響，包含：危機事件所影響的對象及介入的工作人員。現從危機事件的定義、校園危機事件類型、程度分級，及可能產生的影響四部分討論之。

一、「危機事件」的定義

　　「危機事件」係指因緊急性的事件或情境，宋麗玉、曾華源、施教裕和鄭麗珍等學者（2009）將危機（crisis）的要素整理成四點：第一，危機指的是影響個人突發的事件，個人認知上認為生活重要目標達成上受到嚴重的阻礙；第二，有明顯嚴重的情緒困擾；第三，事件發生時個人無能力有系統地去解決問題，心理脆弱，防衛性低；第四，在短時間內，個人必須做選擇，以取得平衡。

　　危機事件致使個別或團體成員生心理狀態遭受嚴重影響及障礙，而無法運用日常熟悉的應對策略加以應付之情境，有時可能歷經數星期或數月後漸漸恢復，然而學童在校園內的可能產生任何生心理徵狀的創傷後壓力症候群（Post-Traumatic Symptom Disease, PTSD），影響生心理、學習、同儕關

係、師生關係。另外，災難生活事件的相關研究，亦擴展到自然和科技的災害及家庭、學校、工作場所及社區之暴力（Callahan, 1999; Ell, 1996）。

　　危機依據發生的類型又可以區分為：發展性危機和意外性危機，前者指的是人生每一個發展階段所必須面臨和解決的問題，例如：父母及家庭關係、親子衝突、喪親等等；後者指的是無法預料的危機，例如：暴力傷害、致命疾病或自然災害等等。危機之所以難以順利因應，Nurius（2000）認為源自於曖昧的徵兆與混淆的脈絡（Threat Ambiguity and Context Confounds）。從實務的觀點來看，發現有些潛在低危險、非預謀的及易辨識的徵兆，可以普遍被早期發掘，並進行評估或選擇適切的因應策略，降低危機發生風險。對於一些不容易被早期辨識的徵兆，主要處理在後續處理部分，例如：降低自責、提高因應潛能及情緒管理能力、積極性因應措施的規劃等。

　　但是，當危機為曖昧模糊或困惑的情形時，例如：危機在隱約中升高、違反直覺情形，或是被情境所遮掩等，則提升自我保護因應模式就較為複雜，特別是在刻意被欺瞞或掩蓋的情境中。例如，熟識者的性侵害，其危機是藏在常態性的情境中的襲擊，對於受害者而言常是無法控制的，因此在實務上會建議增強個體對徵兆之評估能力，及對不同情境的警惕性或是區辨力。

二、校園危機事件類型

　　教育部依災害防救法規定於2001年成立校園安全暨災害防救通報處理中心（簡稱校安中心），實施24小時人員值勤，負責統整全國各級學校防災、救災資源，即時、有效協處各項校園危安事件，以期發揮早期預警、即時通報、資源整合及緊急應變等功能。

　　其中，校園安全及災害事件通報作業要點依照2014年修正，依照依兒童及少年福利與權益保障法、性別平等教育法、性侵害犯罪防治法、兒童及少年性剝削防制條例、家庭暴力防治法、教育基本法、身心障礙者權益保障

法、傳染病防治法、災害防救法等規定進行通報，以彙整、分析各級學校及幼兒園校園安全與災害通報事件，並提供必要協助，以減少危害安全事件發生，有效維護校園及學生安全，各級學校及幼稚園凡發生校園事件分類綱要列舉區分為八類校園事件。包含：意外事件、安全維護事件、暴力與偏差行為事件、管教衝突事件、兒童及少年保護事件、天然災害事件、疾病事件及其他事件（詳參表18-1校安通報事件類別、名稱、屬性及等級一覽表）。

　　從歷年來校安事件類別雖然都是八類，但是2014年校安事件通報等級、通報項目執行大幅度調整，將2013年的128項次類別增加至148項次，2015年增加為151項次，顯示校園安全議題愈來愈多元也複雜化。

　　依據教育部校園安全暨災害防救通報處理中心（2016）年，分析104年度全國校安通報事件數計125,324件（165,803人次），依該年度全國學生總人數進行比較分析，顯示每十萬學生計發生2,755件（3,645人次）校園安全意外事件。其中，校安事件以疾病事件通報數較多計71,628件，其次依序為兒童少年保護事件（18歲以下）19,255件、意外事件15,038件、暴力事件與偏差行為7,941件、天然災害事件4,833件、安全維護事件3,563件、其他事件2,374件、管教衝突事件692件。經統計，造成死亡計744人，受傷19,021人。

　　若以事件發生與相關資料進行分析，如表18-2，

　　1.「意外事件」「安全維護事件」項目中發生率，皆以高中職最高，其中以「校外交通意外事件」及「運動、遊戲傷害」最高。

　　2.「暴力偏差行為」發生率分別以高中職及國中較高，其中以「其他校園暴力或偏差行為」、「一般鬥毆事件」最多，但值得注意的是「離家出走未就學〔高中職（含以上）〕」及「（知悉）霸凌事件」比例則在第三及第四名。顯示高中職中途離校學生議題將成為一個未來應該被關注的議題。

　　3.兒少保護事件發生人數以國中較高，其次才是國小及高中職；依序為「其他兒少保護事件」、「知悉兒少遭身心虐待」、「執行業務時知悉兒童及少年家庭遭遇經濟、教養、婚姻、醫療等問題，致兒童及少年有未獲適當照顧之虞」、「知悉兒少未受適當之養育或照顧」最多。

　　4.從性別上來看，不論是死亡或受傷人次都是男性多於女性。

表18-1　校安通報事件類別、名稱、屬性及等級一覽表

類別區分　屬性區分	一、意外事件	二、安全維護事件	三、暴力事件與偏差行為	四、管教衝突事件	五、兒童少年(未滿18歲)保護事件	六、天然災害事件	七、疾病事件	八、其他事件
緊急事件	1.各級學校及幼兒園師生有死亡或有死亡之虞,或二人以上重傷、中毒、失蹤、受到侵害等,且須主管教育行政機關及時知悉或悉立即協處之事件。 2.災害或不可抗力之因素致情況緊迫,須主管教育行政機關及時知悉或悉各級學校自行宣布停課者。 3.逾越各級學校及幼兒園處理能力及範圍,亟需主管教育行政機關協處之事件。 4.媒體關注之負面事件。							
甲級			◎霸凌事件 ・知悉霸凌事件達嚴重影響身心之確認案件。					
乙級	◎中毒事件 ・食品中毒	◎性侵害、性騷擾或性霸凌事件 ・知悉疑似上性侵害事件。(性平或非屬性平) ・知悉疑似上性騷擾事件。(性平或非屬性平)	◎霸凌事件 ・知悉霸凌事件達嚴重影響身心之事件。 ・知悉反擊型霸凌。 ・知悉肢體霸凌。 ・知悉關係霸凌。		(兒童及少年下稱兒少) ◎性侵害、性騷擾或性霸凌事件 ・知悉疑似十八歲以下性侵害事件。(性平或非屬性平) ・知悉疑似十八歲以下性騷擾事件。(性平或非屬性平) ・知悉疑似十八歲以		◎法定傳染病 ・結核病 ・腸病毒感染併發重症 ・流感併發症 ・水痘 ・登革熱 ・德國麻疹	
法定通報事件								

類別區分　屬性區分	一、意外事件	二、安全維護事件	三、暴力事件與偏差行為	四、管教衝突事件	五、兒童少年保護事件（未滿18歲）	六、天然災害事件	七、疾病事件	八、其他事件
		・知悉疑似十八歲以上性霸凌事件。 ◎家庭暴力事件 ・知悉家庭暴力情事。 ◎身心障礙事件 ・知悉遺棄身心障礙者。 ・知悉對身心障礙者身心虐待。 ・知悉限制身心障礙者自由。 ・知悉留置無生活自理能力之身心障礙者於易發生危險或傷害之環境。 ・知悉利用身心障礙者行乞或供人參觀。	・知悉言語霸凌。 ・知悉網路霸凌。		・性霸凌事件。 ・知悉十八歲以下疑似性交易。 ◎藥物濫用事件 ・知悉兒少施用毒品，或其他有害身心健康之物質。 ◎強迫引誘自殺行為 ・知悉強迫、引誘、容留或媒介兒少為自殺行為。 ◎其他兒少保護事件 ・知悉兒少被強迫或引誘從事不正當行為或工作。 ・知悉兒少遭受其他迫害，非立即安置即難以保護。 ・知悉有其他對兒少或利用兒少犯罪或不正當之行為。 ・知悉供應兒少刀		・H7N9 ・狂犬病 ・其他：請參閱衛生福利部公布傳染病分類表	

類別區分／屬性區分	一、意外事件	二、安全維護事件	三、暴力事件與偏差行為	四、管教衝突事件	五、兒童少年保護事件（未滿18歲）	六、天然災害事件	七、疾病事件	八、其他事件
		・知悉強迫或誘騙身心障礙者結婚。 ・知悉其他對身心障礙者或利用身心障礙者犯罪或不正當之行為。 ・知悉家庭暴力情事者。			・械、槍砲、彈藥或其他危險物品。 ・知悉兒少遺棄。 ・知悉兒少遺身心虐待。 ・知悉兒少遭招騙、綁架、買賣、質押兒少。 ・知悉父母、監護人或其他實際照顧兒少之人使兒童獨處於易發生危險或傷害之環境。 ・知悉兒少於酒家、特種咖啡茶室、成人用品零售業、限制級電子遊戲場及其他涉及賭博、色情、暴力等級主管機關認定足以危害其身心健康場所侍應。 ・知悉利用兒少從事			

類別區分＼屬性區分	一、意外事件	二、安全維護事件	三、暴力事件與偏差行為	四、管教衝突事件	五、兒童少年保護事件（未滿18歲）	六、天然災害事件	七、疾病事件	八、其他事件
					・有害健康等危害性活動或被騙之行為。 ・知悉利用身心障礙或特殊形體兒少供人參觀。 ・知悉利用兒少行乞。 ・知悉兒少遭剝奪或妨礙兒少接受國民教育之機會。 ・知悉強迫兒少婚嫁。 ・知悉利用兒少拍攝或錄製暴力、血腥、色情、猥褻或其他有害兒少身心健康之出版品、圖畫、影片、光碟、磁帶、電子訊號、遊戲軟體、網際網路內容或其他物品。			

類別區分 / 屬性區分	一、意外事件	二、安全維護事件	三、暴力事件與偏差行為	四、管教衝突事件	五、兒童少年保護事件（未滿18歲）	六、天然災害事件	七、疾病事件	八、其他事件
					・知悉對兒少散布或播送有害其身心發展之出版品、圖畫、錄影節目帶、影片、光碟、電子訊號、遊戲軟體或其他物品。 ・知悉應列為限制級物品，違反分級類別、內容、標示、陳列方式、管理及分級管理義務之規定而使兒少得以觀看或取得。 ・知悉網際網路散布或播送有害兒少身心健康之內容，未採取明確可行之防護措施，或未配合網際網路平臺提供者之防護機制，使兒童或少年得以接取、瀏覽。 ・知悉帶領或誘使兒			

類別區分 ＼ 屬性區分	一、意外事件	二、安全維護事件	三、暴力事件與偏差行為	四、管教衝突事件	五、兒童少年保護事件（未滿18歲）	六、天然災害事件	七、疾病事件	八、其他事件
					少進入有礙其身心健康之場所。 ・知悉對於六歲以下兒童或需要特別看護之兒少，使其獨處或由不適當之人代為照顧。 ・知悉兒少未受適當之養育或照顧。 ・知悉兒少有立即接受診治之必要，而未就醫。			
丙級					◎其他兒少保護事件 ・執行業務時知悉兒童及少年家庭遭遇經濟、教養、婚姻、醫療等問題，致兒童及少年有待適當照顧之虞。	◎天然災害 ・風災　・水災 ・震災　・山崩或土石流 ・雷擊　・核災 ・海嘯 ◎其他重大災害		

類別區分 / 屬性區分	一、意外事件	二、安全維護事件	三、暴力事件與偏差行為	四、管教衝突事件	五、兒童少年保護事件（未滿18歲）	六、天然災害事件	七、疾病事件	八、其他事件
一般校安事件	◎交通意外事件 ・校內交通意外事件 ・校外教學交通意外事件 ・校外交通意外事件 ◎中毒事件 ・實驗室事件化學物質中毒事件 ・其他化學品中毒 ◎自傷、自殺事件 ・學生自殺自傷 ・教職員工自殺、自傷	◎火警 ・校內火警 ・校外火警 ◎人為破壞事件 ・校內設施（備）遭破壞 ・爆裂物危害事件 ・校園失竊事件 ・校屬財產、器材遭竊 ・其他財物遭竊 ◎糾紛事件 ・買賣居糾紛事件 ・交易糾紛 ・網路糾紛 ◎校屬人員遭侵害事件 ・遭殺害 ・遭強盜搶奪 ・遭恐嚇勒索	◎暴力偏差行為 ・械鬥兇殺事件 ・幫派鬥毆事件 ・一般鬥毆事件 ・飆車事件 ◎疑涉違法事 ・疑涉殺人事件 ・疑涉強盜搶奪 ・疑涉恐嚇勒索 ・疑涉擄人綁架 ・疑涉偷竊案	◎親師生衝突事件 ・師長與學生間衝突事件 ・師長與家長間衝突事件 ・體罰事件 ◎校務行政管教衝突事件 ・行政人員與家長間衝突事件 ・行政人員與學生間衝突 ◎其他有關管教衝突事件 ・其他有關管教衝突事件		・其他重大災害 ◎環境災害 ・紅火蟻 ・沙塵事件 ・一般空氣污染	◎一般傳染病 ・紅眼症 ・流感 ・H1N1新型流感 ・腸病毒（非併發重症）	◎校務相關問題 ・教職員間之問題 ・總務問題 ・人事問題 ・行政問題 ・教務的問題 ◎其他的問題 ・其他問題 ・其他（動物感染狂犬病）

類別區分＼屬性區分	一、意外事件	二、安全維護事件	三、暴力事件與偏差行為	四、管教衝突事件	五、兒童少年保護事件（未滿18歲）	六、天然災害事件	七、疾病事件	八、其他事件
	◎溺水事件 ·溺水事件 ◎運動、休閒遊戲事件 ·運動、遊戲傷害 ·墜樓事件（非自殺） ·山難事件 ◎實驗、實習及環境設施事件 ·實驗、實習傷害 ·工地整建人事件 ·建築物坍塌人事件 ·工讀場所傷害 ·因校內設施（備）、器	·遭綁架勒贖 ·其他遭暴力傷害 ·外人入侵騷擾師生安全 ◎資訊安全 ·遭外人入侵、破壞各級學校及幼兒園資訊系統 ◎詐騙事件 ·遭詐騙事件 ·校屬人員遭電腦網路詐騙事件 ◎其他校園安全維護事件 ·其他校園安全維護事件 ·受大隻攻擊事件	·件 ·疑涉賭博事件 ·疑涉及槍砲彈藥刀械管制事件 ·疑涉妨害秩序、公務 ·疑涉妨害家庭 ·疑涉縱火、破壞事件 ·電腦網路詐騙犯罪違法事件 ·其他違法事件 ◎藥物濫用事件 ·疑涉及違反毒品危害防制條例 ◎干擾校園安					

類別 屬性區分 ╲ 類別區分	一、意外事件	二、安全維護事件	三、暴力事件與偏差行為	四、管教衝突事件	五、兒童少年保護事件（未滿18歲）	六、天然災害事件	七、疾病事件	八、其他事件
	校受傷 ◎其他意外傷害事件 ·其他意外傷害事件		全及事務 ·學生霸凌各級學校及幼兒園與禮事件 ·學生霸凌教學事件 ·入侵、破壞各級學校及幼兒園資訊系統 ·學生集體作弊 ·離家出走〔高中職（含以上）〕 ◎其他校園暴力或偏差行為 ·其他校園暴力或偏差行為 ·幫派介入校園					

表18-2 104 年各學制校安通報事件發生件次分析表 件數

類型＼件數＼學制	意外事件	安全維護事件	暴力與偏差行為	管教衝突事件	兒少保護事件	天然災害事件	疾病事件	其他事件	總計	每十萬學生發生件數
幼兒園	325	69	11	39	402	607	21,184	98	22,735	4,920
國小	4,607	826	1,283	306	6,973	2,838	38,296	628	55,757	4,592
國中	2,546	611	2,524	216	7,708	822	6,955	482	21,864	2,924
高中職	4,433	928	3,662	114	3,933	428	3,668	822	17,988	2,270
大學	3,120	1,122	459	17	237	126	1,524	338	6,943	521
行政機構	2	0	0	0	0	12	0	0	14	0
行政機關	0	1	0	1	0	0	0	0	2	0
教育行政單位	5	6	2	0	1	0	1	6	21	0
合計	15,038	3,563	7,941	692	19,255	4,833	71,628	2,374	125,324	2,755

資料來源：教育部（2016）。教育部104年各級學校校園事件統計分析報告。臺北市：教育部校園安全暨災害防救通報處理中心。

表18-3 104 年各學制校安通報事件發生人次分析表 人次

類型＼人次＼學制	意外事件	安全維護事件	暴力與偏差行為	管教衝突事件	兒少保護事件	天然災害事件	疾病事件	其他事件	總計	每十萬學生發生人次
幼兒園	393	86	17	55	507	607	28,392	121	30,178	6,530
國小	5,336	1,086	2,683	509	10,456	2,840	43,640	833	67,383	5,549
國中	3,200	952	5,140	396	13,893	822	8,391	757	33,551	4,487
高中職	5,225	1,468	5,767	193	6,649	428	4,411	1,035	25,176	3,177
大學	4,205	1,951	624	22	449	127	1,691	393	9,462	710
行政機構	2	0	0	0	0	12	0	0	14	0
行政機關	0	2	0	0	2	0	0	0	4	0
教育行政單位	12	6	4	0	5	0	1	7	35	0
合計	18,373	5,551	14,235	1,175	31,961	4,836	86,526	3,146	165,803	3,645

資料來源：教育部（2016）。教育部104年各級學校校園事件統計分析報告。臺北市：教育部校園安全暨災害防救通報處理中心。

表18-4 104年校安通報事件死亡與性別分析表

人次

性別 ＼ 類型	意外事件	安全維護事件	暴力與偏差行為	管教衝突事件	兒少保護事件	天然災害事件	疾病事件	其他事件	總計
男	71	15	35	3	84	16	278	9	511
女	24	5	10	3	46	2	137	6	233
合計	95	20	45	6	130	18	415	15	744

資料來源：教育部（2016）。教育部104年各級學校校園事件統計分析報告。臺北市：教育部校園安全暨災害防救通報處理中心。

表18-5 104年校安通報事件受傷與性別比較表

人次

性別 ＼ 類型	意外事件	安全維護事件	暴力與偏差行為	管教衝突事件	兒少保護事件	天然災害事件	疾病事件	其他事件	總計
男	1,422	425	1,106	104	2,397	291	6,457	265	12,467
女	720	232	586	38	1,284	158	3,403	133	6,554
合計	2,142	657	1,692	142	3,681	449	9,860	398	19,021

資料來源：教育部（2016）。教育部104年各級學校校園事件統計分析報告。臺北市：教育部校園安全暨災害防救通報處理中心。

　　根據104年度校安通報事件之分析結果，以下針對各學制的校園安全事件中各項法定及一般通報事件之現況，進行綜合分析如下（教育部，2016）：

　　1. **幼兒園**：主要事件類型為「疾病事件」，其中又以腸病毒非併發重症最多。其次為「天然災害事件」及「兒少保護事件」。

　　2. **國民小學**：主要事件類型為「疾病事件」，其中又以腸病毒非併發重症最多。其次為「兒少保護事件」及「意外事件」，其中意外事件為運動、遊戲傷害為主。

　　3. **國民中學**：主要事件類型為「兒少保護事件」，其中又以「知悉疑似18歲以下性侵害事件」及「知悉疑似18歲以下性騷擾事件」最多。其次為

「疾病事件」，以流感爲主，接著是「意外事件」。

　　4. **高中職校**：案件數最高的是「意外事件」，其中以「校外交通意外事件」最高；其次爲「兒少保護事件」，以「知悉疑似18歲以下性侵害事件」、「知悉疑似18以下性騷擾事件」最多；第三爲疾病事件，以流感最多。

　　5. **大專校院**：依據事件發生率高低情況，最高者爲「意外事件」，其中以「校外交通意外事件」最高；其次爲「疾病事件」，以登革熱較多；第三爲「安全維護事件」。

三、校園危機程度分類

　　Callahan（2009）在探討以學校爲基礎的創傷事件危機介入（school-based crisis intervention for traumatic events）時，認爲學校社工師是提供受創傷學生基本的專業輔導團隊成員之一（one of the primary professionals），而事實上在介入學校危機事件時，應該依照危機及創傷程度提供適當的危機團隊。

　　Callahan認爲危機事件典型上可以分類三個主要的層級。程度一：爲個人的悲劇（a personal tragedy），其受害者爲單一個體或是在單一場所短暫且輕微地影響師生或行政人員，例如：個別學生親人過世或是某位學生帶一件武器到學校。程度二：爲較嚴重的個人危機（a major personal crisis），或是不論發生地爲何處，但嚴重影響師生的重要危難事件，例如：校內外有一位教師或學生死亡、嚴重的傷害事件、幫派暴力（gang violence）等。程度三：極嚴重的危機事件，直接影響到一至數個學校，例如；龍捲風或水患、在學校劫持人質、有人在校內死亡。

　　依照教育部校園安全暨災害防救通報處理中心網站資料（http://csrc.edu.tw/），危機判定標準級與通報規定如下，而各突發事件危機程度認定，請參閱下表18-6。

表18-6　校安通報事件等級及通報時限表

事件等級	狀況	通報時限
緊急	1.各級學校及幼兒園師生有死亡或死亡之虞，或二人以上重傷、中毒、失蹤、受到人身侵害等，且須主管教育行政機關及時知悉或立即協處之事件。 2.災害或不可抗力之因素致情況緊迫，須主管教育行政機關及時知悉或各級學校自行宣布停課者。 3.逾越各級學校及幼兒園處理能力及範圍，亟需主管教育行政機關協處之事件。 4.媒體關注之負面事件。	應於知悉後，立即應變及處理，即時以電話、電訊、傳真或其他科技設備通報上級主管教育行政機關，並於二小時內於校安通報網通報。
法定	1.甲級事件：依法應通報主管機關且嚴重影響學生身心發展之確定事件。 2.乙級事件：依法應通報主管機關且嚴重影響學生身心發展之疑似事件，或非屬甲級之其他確定事件。 3.丙級事件：依法應通報主管機關之其他疑似事件。	應於知悉後，於校安通報網通報，甲級、乙級事件至遲不得逾二十四小時；丙級事件至遲不得逾七十二小時；法有明定者，依各該法規定通報。
一般	非屬緊急事件、法定通報事件，且宜報主管機關知悉之校安通報事件。	應於知悉後，於校安通報網通報，至遲不得逾七日。

資料來源：教育部（2016）。教育部104年各級學校校園事件統計分析報告。臺北市：教育部校園安全暨災害防救通報處理中心。

四、危機事件所造成的影響

　　在重大危機事件發生時，對於校內外師生、行政系統及學生家庭都造成程度不一的衝擊，而對於維持個案日常生活運作的生態系統，勢必因應危機事件，產生系統間的衝突、調整，甚至被迫解組，而系統間交互作用所造成的負面影響，勢必又對處於危機狀態的個人形成壓力，強化適應不良的情形。社會工作危機介入的基本假設（Roberts, 1990; Ell, 1996）有10項，包括：

　　1.個人經歷一些內在與外在的壓力，必須使個人應用一些適應的策略，平衡身心；

　　2.個人的壓力反應行為，是可預知的；

　　3.個人有能力在面臨危機情境時，覺察因危機帶來的壓力與險境；

　　4.個人危機調適的過程，通常依循著不相信事實、否定、哀傷悲慟、解放自我、重新適應新環境、建立新的人際關係發展；

　　5.突發性的危機，並非與以往的痛苦經驗有關；

　　6.個人發生危機，慣性地減低防衛機轉時，給予新的資源，即可恢復生活的平衡；

　　7.危機是一種暫時的現象，但會因為個人社會心理的狀態，而危機持續時間有所不同；

　　8.危機介入後的新環境，是依據個人的知覺、適應能力、反應模式等，決定資源的運用；

　　9.經歷危機事件後，會增強個人應付危機的能力；

　　10.危機介入必須在足夠的治療條件下，才能夠協助案主適應危機情境。

　　校園係以學生為主的生態環境，主要可以分為下列3部分討論危機事件對兒童、少年的影響：

（一）災難對受災學生所造成的影響

1.對受災學生的直接影響

　　(1) 受災學生本身有形、無形生命財產的危害，包含：受傷死亡、無家

可歸、從小珍藏的有形或無形財產（例如：每晚擁抱入睡的絨毛玩具）。

(2) 學校學生都可能是直接或間接受災者，會有不同程度的創傷症候群。

(3) 受災學生關注的焦點議題可能被周圍大人視爲微不足道，因此情緒被忽略或承受周圍受災家長的不穩定情緒，都可能造成不安或二度傷害。

2. 家庭系統功能重整

(1) 家庭成員結構改變：家庭成員的傷亡、失蹤所導致的影響；

(2) 家庭經濟結構變遷：動產及不動產的損失、父母親暫時及永久性的失業。例如：農耕地被土石流流失、廠房被火燒毀、主要生計者身心障礙等。

(3) 家庭權力結構轉變：如果危機源自於家庭，如亂倫、家庭暴力等常常會影響家庭權力結構，而重大災難也會影響，例如：因母喪家庭主要照顧者改變，甚至父親再婚等結構調整。

（二）災難對受災學校系統所造成的影響

1. 教師承受的壓力

(1) 教師是穩定度很高的行業，因此常居住在學校附近，所以可能是災民之一，但卻被社會期待扮演理性「助人者」，可能有加乘的壓力。

(2) 義務教育常依地理（鄉鎮鄰里）範圍編班，因此學生有可能集中特定班級的現象，對於教師壓力也可能集中於部分老師。

(3) 教師在養成教育中較少有受災學生輔導之相關訓練，因此無法有效辨識學生創傷症候群以至於忽略其需求，特別是部分偏差行爲學生會被誤解。例如，受災學生上課發呆是不專心還是創傷反應之一？

2. 校內多元意見的決策壓力

校內行政體系對災難事件處理有不同看法。例如，校舍在勘查是否有結構上的危險前，受災學生是否先撤離？先停課還是繼續上課？要優先協助哪

些受災學生？

3. 家長對受災學校造成的壓力

　　家長間對於災難後受災學生問題處理立場不同、相互指責、衝突……特別是家長對災難後問題處理的態度，若與受災學校行政人員態度不一致，將使受災學校處理事件的困難度提高。

4. 社會輿論壓力

　　家長、社區在與受災學校溝通產生瓶頸時，必然會向周圍環境尋求支援，而媒體報導、民意代表、鄰里長基層動員，及社會大眾對受災學校教育的期待，都將形成受災學校另一層壓力。

5. 教育行政壓力

　　教育主管機關的介入、關心、要求、期待，對於受災學校而言又形成另一股壓力。例如，災後通常會有一系列源自教育局、議會等的關懷，受災學校行政系統必須不斷報告說明目前工作執行情形，不斷填寫各式報表等。

（三）系統間交互影響所可能延伸出的傷害

　　災難事件涉及程度不一的人為疏失，延伸出責任認定、後續賠償、訴諸法律程序、媒體介入等後續問題，將引發系統間衝突，其中「家長」與受災學校的角力戰最為常見。受災學生通常沒有足夠機會及能力回應系統間的衝突，但又容易成為角力戰的籌碼，其中的壓力、情緒、衝突、對立深深影響學生，容易造成受災學校、家庭、學生的二次傷害。

　　Nurius（2000）認為在環境中存在一個以上的壓力源，而每個壓力源背後又有多重形式的威脅或損失，權衡這些多重形式的威脅又架構出多層級的衝突目標及影響。例如，性侵害受害者可能必須同時承受生理危險、社會嘲弄、關係的拒絕等多重壓力同時出現在情境中，形成案主多重軌跡的因應（Multitrack Coping）的需求，倘若能夠協助案主區分出最重要的威脅時，將可能較易從混亂的危機中尋找出因應的策略。

　　綜上可知，危機事件所造成的衝擊影響是多元且複雜的，對個人的影響因其因應行為（copying behavior）及周圍支持系統（support system）強弱而有所不同。社會工作在助人專業中，所特別關心的焦點在於改善處在弱勢

地位的人口群，其中因為老人、兒童、殘障者、低教育水準及低收入戶都具有較差的因應能力及復原力，是弱勢中的弱勢，需要加倍的照顧（Zakour, 1996; Allen-Meares et al., 1996），所以學校社會工作在介入危機事件處理過程中，主要關注的焦點在於兒童、少年。

另外，介入不同年齡層的學生時，需要理解不同的特質。

1. 國小階段

(1) 對於理解事情能力有年齡上差異：愈是低年級的兒童，對於事實的釐清能力較差，較容易出現以訛傳訛的狀況，到後來陷於恐懼之中，也不會表達情緒。

(2) 危機後反應容易表現在行為上：在無法表達跟處理時，容易反應在與事件相類似的情境中，例如：在新聞看到有廁所意外或陌生人攻擊事件後，就不願意上廁所等。

(3) 運用適當媒材協助表達很重要：盡快運用相關的媒材，協助釐清事情、整理情緒、教導適當的因應方式很重要。然而，使用語言表達若較不清楚的兒童，此時透過適當繪本解說，運用創傷相關遊戲、繪畫或藝術媒材協助表達就很重要。例如：死亡的人已經到天堂去當天使了。

2. 中學階段

(1) 對於理解事情能力愈接近成人：從國中到高中的少年，接觸媒體討論事實的能力與需求，愈趨近成人，也因此會從相關媒體訊息及觀察了解事實。

(2) 危機後需要更多討論及思考：對於危機事件產生，國中以上的青少年需要更多的對話及思考，有助於他們釐清自己對於事件的思考及價值，助人工作者比較常需要扮演引導的角色。

(3) 事件過後的需要用具體行動參與：由於升學壓力影響，多數時候會希望學生盡快遠離危機事件，回到校園專心讀書，然而，若壓抑少年情緒則容易造成生心理後續困擾，例如：憂鬱、逃家等等。因此，適時讓少年產生行動，例如：學習主動求助及互助、幫忙發放物資、協助災後重建、籌備紀念會等等，將更有助於情緒的抒發與重建。

貳、校園危機管理

一、何謂校園危機管理

　　危機管理，係針對潛在或當前的危機，基於動用資源最少、使用時間最短、波及範圍最小、損害程度最低的理念，有組織、有計畫、有步驟地採取最有效、最可行、最實際的對策與行動，通過必要的危機意識、危機處理、危機控制，以達危機解除為目標，稱為危機管理（陳芳雄，1997）。

　　校園危機管理則顧名思義為，以校園為處理場域的危機管理概念，多半被區分為三大部分：事前的危機預防、事情過程中的危機控制（或稱應變階段）及事件過後的危機處理（或稱復原階段）（鄭燕祥、伍國雄，1997；陳儀如，1997；鄭宏財，2000；Lerbinger, 1997）。而Kennedy（1999）則以學校三層次的預防概念闡述：初級預防（primary prevention），係指預防危機產生的措施；次級預防（secondary prevention），係指於危機發生時積極介入以使影響降至最低；三級預防（tertiary prevention），係指提供受害學生長期服務，加強其復原能力。

　　初級預防，即事前的「危機預防」，主要著重在事前感應危機的人、事、時、地、物警訊，避免危機事件產生的因子，確實完成危機處理小組的編組及運作，並充分規劃不同情境的因應策略、動員人員、地點，反覆演練應變計畫，培養校園內自助人助的正向文化，建立良好的校園、家庭及社區聯絡網，因應不時之需。香港校園危機支援計畫認為應包含3P（http://www.sscmss.org/）：預防（Prevention），亦即對校園內的人及環境保持警覺，危機事件後要防止事件惡化；程序（Procedure），加強危機小組運作之效果及機動性，並適切運用危機事件應變措施手冊資料；演練（Practice），即反覆演練及教育訓練有助於預防及降低災變的負面影響。

　　次級預防，即危機事件發生後的「危機控制」，需掌握危機正確資訊運用適當的處理機制，儘量避免危險及影響程度的擴散，並以保護所有受影響的教職員生（含事件的加害者及受害者）為第一優先要務，並運用發言人制度，提供相關教職員生及媒體重要且正確的資訊，將有助於危機事件的平

復。Heath & Sheen（2005）針對第一時間處理衝突事件時，強調運用翹翹板的概念，要注意校園暴力雙方的說話速度及音量，當學生或加害者聲音愈大時，則助人者聲音需要愈輕柔，當學生或加害者說話速度愈快時，則助人者的聲調需要愈慢，才能夠讓現場容易趨於緩和，以利掌握現況。

三級預防，即事後的「危機處理」，則著重針對受影響的教職員生確實擬定適切的追蹤輔導計畫，避免粉飾太平的鴕鳥心態，以期將危機事件的傷害降至最低。另外，在此階段中詳細檢討危機事件產生原因、處理過程是極為重要的部分，將有助於後續危機處理機制的修正。

Lerbinger（1997）針對自然危機管理程序圖示如下圖18-1，而Nurius（2000）則認為危機管理是一個回饋的因應模式，係指一般而言我們都由危機事件及經驗中學習到因應的模式及策略，但反向的是鼓勵積極性且預防性的實務革新，也就是彈性地針對各種歷年來曾經發生的危機事件，探索各種預先因應策略，而使個體在模擬情境中學習不同的策略技巧。

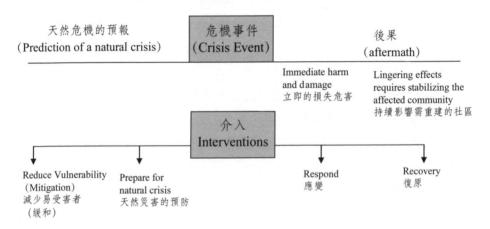

圖18-1　天然危機事件的危機處理（Lerbinger, 1997, p.66）

二、校園危機的歸因

鄭燕祥、伍國雄（1997）在探討學校危機的理念和管理時，認為學校

危機是組織現象之一，故運用5種組織分析觀點，包括結構觀點（structural perspective）、人群關係觀點（human relation perspective）、政治觀點（political perspective）、文化觀點（cultural perspective）及學習觀點（learning perspective），分析學校危機和管理。

結構觀點強調學校結構和制度對學校運作的重要性，故關注學校危機帶來系統混亂、規則受到考驗、角色倒置、分工不合理、對時間的管理失控、資源分配紊亂或供應短缺，甚至迷失了原來的目標等多個後果，特別是學校系統所不熟悉的議題或臨時性的災變。例如，部分學校面對中輟學生議題時，仍有「眼不見為淨」的心態，總以高管制的訓導風格介入高危險學生管理，因此從結構觀點來看，建議危機的管理和預防，應由確立適當的制度和規則入手。

人群關係觀點認為學校成員的人際關係和工作動機是學校表現成敗的基礎，故此關注危機造成的心理衝擊，打擊成員的內在動機；影響原來成員間的互助互信關係，致使成員間關係緊張，影響教育工作和群體的和諧。由這觀點來看，學校危機的管理預防，是可由學校成員的心理和人際關係著眼，加強處室間、行政與教學及教師間的溝通協調。

政治觀點強調學校不同成員和組成間的衝突及權力關係對學校運作的影響，認為學校危機會引起成員間各方利益的衝突，如學校管理層失去威信及權力，甚至失去有效的管制，形成新的權力關係，改變了原來的組織政治生態環境。據此，這觀點認為危機管理應可由校內的權力關係和衝突管理入手。

文化觀點強調學校成員的價值信念和傳統取向對學校整體協調和成敗的決定性作用，故關注危機衝擊到原來的學校信念及有關的文化特質。從這觀點來看適當的文化建立，有助危機的預防和管理。

學習觀點認為學校能否有系統學習、適應、發展、改善組織的運作，影響學校發展至大，故關注學校危機對學校組織學習的影響。因此危機管理應著眼於建立學校的警覺性、學習性和適應性。

綜合上述5項觀點我們可以這樣討論，校園內無時無刻都有大大小小的事件在各角落發生，不論從結構、人群、政治、文化或學習觀點，我們都可以相信校內組織管理的正向因素若能提升，也就是校園組織及結構較正向、

和諧且有功能的互動時，則危機事件將可能防範於未然，許多校園事件將只是不會釀成危機的單純事件，即使危機發生了也能降低災害，順利解決及復原。因此，學校組織系統的檢視，並促進其正向而有效的互動及文化，即為預防校園危機的第一要件。

三、校園危機管理常見的問題與迷思

學校社工師進入校園的角色通常可以區分為兩種，其一為長期駐站在該校的學校社工師，另一種則是因為學校遭受重大災變或危機事件後，短期介入協助校園輔導工作。值得特別提醒的是，社工師進入校園時若為後者，務必提醒自己「學校才是協助學校的主體」，而為長期協助受災學生及家長的主力，社工專業的介入是「輔助性」的。

社工師進入校園必須充分觀察校園文化、權力結構、受災學生及教師特質、校內外資源體系、受災學校輔導網絡等等，再從評估結果決定社工師應該介入的角色，以期社工專業的加入產生加乘的輔導效果。切忌「反客為主」地過度介入受災學校既有體系運作，除防止搞亂受災學校既有的危機處理系統外，更避免容易造成專業間及校園內外資源的競爭、排擠、衝突、替代及依賴等等負向影響，以至於必須花更多精神於溝通及整合，更可能因此弱化校園既有危機處理功能。

學校社工師介入校園危機事件處理時，常發現學校的延遲處理確實會延緩學校師生及環境復原的程度（Jaksec, 2001），再加上學校習以為常的迷思更是直接、間接影響校園危機事件的產生，或致使影響更嚴重化。針對校園危機管理常見的問題與迷思彙整如以下7點：

1. 危機就是危機，再多的預防都是沒用的？

學校面對危機事件常見的態度就是「危機就是危機，再多的預防都沒用」，所以「危機出現了再說吧！」甚至認為「我們不會那麼倒楣啦！」也因此一旦不幸面對危機事件時，總是慌亂而缺乏分工，使受害及加害者亂成一團，對於事件重複詢問相關人員而造成二次傷害，甚或讓媒體拍攝

當事人等等問題層出不窮。如前所述，不論是危機事件或者其影響範圍，皆為校方與教職員工未能事先預料的，而一個好的危機因應系統除能事先預備（proactive）外，更要有預防導向（prevention-oriented）（Lichtenstein, Schonfeld, & Kline, 1994），前者可以順利監控各種特殊的預備步驟，並可以加強危機訓練，例如，學生疏散路線等；後者則有助於教師於日常教學歷程篩檢高風險群並適時提供輔導措施。另外，在進行危機管理規劃時也可以針對學校高風險區域及相關措施進行修正，例如，常有水患的地區應將重要器材設施移至高樓層，並加強學校內外排水系統的疏通。

2. 有危機處理小組架構與措施就足以面對危機？

　　Jaksec（2001）認為學校許多學校都擁有危機處理措施，但是卻常如「食譜」（cookbook）般有著含糊不清且過於複雜的表格與指導，雖然是逐一步驟（step by step），然而當學校真正面臨危機時，每位教職員工應該扮演什麼角色？進行哪些危機處理？常常出現混淆不清的情形，致使校內危機處理團隊缺乏實質運作功能，形同虛設。事前充分準備而能適時召集且有效運作的校內危機處理小組，確實可以有效地因應危機事件。

3. 危機發生時再視情形規劃後勤計畫？

　　當危機發生時，學生通常需要尋求情緒或心理層面的支持，特別是影響範圍較大的危機事件，而學校也通常會緊急將學生集中於公共空間中，如操場、各處室、走廊、空地等，但是在混亂的情況下常常無法做良好的安排。因此，學校較務實的解決方案應該事先依據不同類型事件特性及受影響學生人數多寡規劃適切的待用空間。

4. 校園危機對內對外都不需說明，以避免家醜外揚？

　　當學校發生危機事件時，校方必須第一時間針對事件對教職員生、家長、社區及社會大眾進行說明及必要的溝通，否則容易讓人誤以為學校漠不關心。

5. 學生趕快放學回家，學校就沒責任了？

　　危機發生後學生安全且快速的安置是重要的處理，多數的學生在極度驚恐及面對困境時，「回家」常是直覺反應出的第一選擇，而讓學生離校不一

定會比較安全，必須審慎評估。

(1) 家長是否有在家協助？在雙薪家庭為主的現代社會中，家中並不一定有成年家屬在家協助受害學生，因此學生返家有時反而陷入困境。

(2) 家屬是否清楚對學生應該提供的協助或提早返家的原因？未充分溝通及說明前，家長容易誤解學校體系不關心而引發負面情緒。

(3) 學生受到災變驚嚇的情形下，是否有足夠的判斷力及應變力面對返家路程中的危險？以天災、綁架、校園攻擊等危機事件而言，常常是區域性議題，因此離校可能面對的危險更是難以掌握。

(4) 學生離開學校會直接返家？Jaksec（2001）則認為國中以上學生青少年有可能會以自己的方式解決問題，特別是校園暴力衝突事件，而允許他們離開學校可能會使學生錯過學校專業性心理輔導的介入時機，並且在情緒不穩定的狀況下也容易因嗑藥、酗酒或騎車等產生意外。

6. 處理危機比較重要，不要浪費時間在開會上？

在處理危機的過程中最怕各自為政，「一人一把號，各吹各的調」，容易浪費人力在重複的事情上，甚至出現處理方向上的拉扯。因此，定期召開危機處理小組會議有其重要性，建議在處理階段中，於每天上課前及放學後召開，討論當日及次日危機處理重點，同時亦可以在此時介入及討論危機介入團隊的情緒性議題，並且進一步思考是否需要修正處理方向或擬定進一步的處理措施。通常分為兩種會議，預備（preparations）會議有助於確認成員所扮演的角色，評估危機的嚴重程度，擬定重要的計畫與討論相關危機議題；壓力紓解（debriefing）會議，有助於預防未來危機事件的產生或事件的影響程度。

7. 不要說、不要談，時間會沖淡一切的？

危機處理除了當下的因應措施外，更重要的是長期且扎根性的心理輔導及情緒支持。但是學校及家長則通常以「孩子還小什麼都不懂」，認為「不要說、不要談，時間會沖淡一切的」，阻止學生情緒抒發及進行心理治療。例如，本文案例中，小珍就是在學校社工師接觸前，被祖母以非理性的傳統

概念：「哭會使往生者無法到天國」來抑制情緒，而學校教師及其他家長也以「你好乖」強化學生的自我抑制，致使學生出現許多壓抑情緒性情緒及相關行為，如厭食、沮喪、憤怒、低情緒控制等，對學生長期發展產生不利影響，導致學生從高學業成就到無學習意願。從創傷後壓力症候群輔導經驗中亦可發現兒童少年在災後常會出現退縮、退化性行為、依附父母及教師等情形，需要較多的情緒支持、陪伴及專業輔導的介入。

四、學校社工師介入校園危機事件的角色功能

在面對災難時，社會工作的危機介入研究指出，社會工作的任務在於下列5點：提供災民所需的資源；防止更嚴重的生心理健康問題的產生；協助個人及資源系統的連結；增加多元性資源的可近性；改變鉅視及微視系統以促進案主的福祉（Zakour, 1996）。社會工作師一向注重「人在環境中」的概念，在處理重大危機事件過程中應該重視服務對象的生心理問題的預防，使服務對象能擁有健康的生態環境。

陳淑芬（2014）整合危機相關理論及文章（宋麗玉等，2012；曾治淇，2014）以及實務經驗觀察提出校園安心服務前提如下：

1. 大部分當事人並不認為自己在危機事件之後需要心理衛生服務，因此需要更積極主動且具有技巧性的接觸方式，避免心理衛生相關標籤方式。

2. 危機事件並不必然造成心理創傷，但心理創傷必然來自危機事件，部分的人透過時間歷程與自我復原力是可能逐漸恢復的。

3. 經歷危機事件的每一個人都會受到影響，包含：危機介入者及所有助人工作者。

4. 當事人需要有機會與適當的空間詳細而完整描述所發生的事件，口語表達雖是最常使用，但是必要時使用其他合適的媒介也很重要，例如：藝術媒材或影片等等。

5. 面對危機當下常有短期各種身心反應，因此教育宣導正確的身心反應是必要的。

　　6. 連結與建立支持系統非常重要，無論是受害者、受到衝擊的親友家人或助人者，都需要人際間的連結與支持。

　　臺北市社區心理衛生中心安心團隊自2005年以來建立安心服務模式，強調「前置作業－危機介入－轉介服務」等三階段，如下圖18-2所示（黃龍杰，2010）。強調前置作業應該馬上掌握人事時地物輪廓，完成初步評估；二是提出輔導室依據初步評估的相關規劃與分工；最後才是因應需求提供專業協助的共識及支持。危機介入階段則是針對不同層級提出不同層級的規劃，最後，轉介服務則是針對較嚴重的個案提出必要的協助。

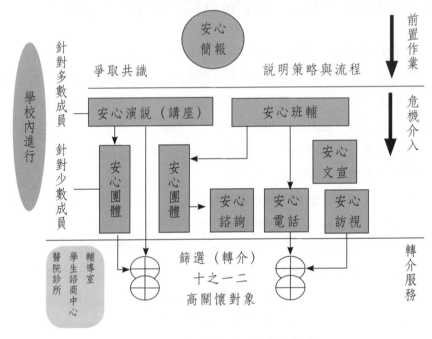

圖18-2　校園危機介入的安心服務模式

　　社會工作師在危機事件後，應運用發展性、外展工作、倡導、仲介、資源整合等角色，以強化服務對象與資源系統間的連結及運用，服務過程中扮演「受協助的學校」與「資源及服務提供者」間的溝通協調橋梁是相當重要的角色定位，包含：機動的危機介入者、專業的診斷評估者、社區的資源連結者、系統間的溝通橋梁者及生態系統的重整者5種角色。

參、校園危機處理計畫

　　針對校園危機處理的基本原則，以保護教職員工安全為第一優先考量，並將危機傷害降至最低，最後則是儘速復原，本段則針對校園危機處理計畫分為預防（prevention）、應變（response）及復原（recovery）三部分討論如下：

一、預防（prevention）

　　校園預防計畫應包含三大層次，首先，發展出一套學校危機管理計畫，以保護被危機波及的師生；其次，增強現存系統功能並隨時更新及檢視危機計畫；再者，針對團隊成員加強危機處理的相關訓練，例如：CPR、危機介入心理治療等，最後，加強與區域性資源的聯繫。

　　Callahan（1999）認為針對危機事件層級，學校應該規劃不同類別的危機處理小組與方案，針對程度一的危機事件，只需動員1至2名學校社會工作師、心理師或輔導教師即可；針對程度二或三的危機事件，則至少需動員組成6至8人的危機處理團隊，甚至調派鄰近學校或社區的專業輔導人員支援，而危機處理團隊應該為機動性高的團隊，在美國，許多學校社會工作師通常扮演領導者的角色，所組成的團隊成員至少應包含校護、學校心理師及數位有熱誠的義工教師。

　　預防階段的重點工作，分為下列六階段：（Lichtenstein et al., 1994; Ries, 1997; Krause, 2002; Kennedy, 1999）

（一）篩檢校園內外高風險因子

　　根據鄭燕祥、伍國雄（1997）前述在探討學校危機的理念和管理時，可以發掘各觀點在探討校園危機時，不論歸因在結構、人群、政治、文化或學習觀點，都著重校內組織管理的因素，也就是呈現倘若校園組織及結構較佳時，則危機處理可以將災害最低，甚至能夠順利化險為夷，因此學校系統如

何正向而有效地互動，即為預防校園危機的第一要件。除此之外，校園軟硬體空間及設備的定期篩檢，並強化即時通報送修系統的運作也是重要關鍵。

首先，校內或學校周圍危險空間的消除，包含從空間、時間、設備三方面評估。

1. 空曠、偏僻、底樓、頂樓空間的管理，例如：校內外常常聚集鬥毆、抽菸之場所或空間，而廢棄或常年未使用的空校舍也是發生意外的高風險空間之一。

2. 凌晨、上下課、午休、體育課、晚間校園管理，這些時段都有不同的危機情境，管理上需要特別注意。

3. 器材定期檢測，以避免器材鬆脫、摔落、故障等所造成的傷害。

其次，則是重新檢視相關軟硬體設備的管理規則，包含：運動設施、實驗器材、偏遠教室、運動中心等，主要目的在於避免因設備管理不當所導致的危機事件，例如：化學實驗中毒事件的產生、營養午餐由學童搬運可能導致的燙傷意外。

第三，建立緊急求救系統與即時通報系統，前者主要為設備性規劃，例如，在廁所設置緊急求助按鈕等，另外針對危機事件、器材設備脫落、人員求助等危機警訊，製作宣導單張、手冊或教育訓練，協助教職員工及學生能夠擁有危機意識，特別是導師及班級幹部，並妥善規劃即時通報流程。

最後，建立危機事件處理的回饋機制，包含校內及校際危機事件，應該就每次危機事件進行充分檢討並思考改進之道。

（二）建立危機處理小組

確認校園危機處理團隊分組及成員，其中包含總指揮及每組負責人都應規劃職務代理人，以面對突發事件的處理，並針對危機處理團隊成員需求擬定訓練及再訓練計畫。危機小組的成員應具有6項特質：對生命或人生具有較寬廣的觀點；具有處理多重後果的能力；可接受觀念的衝擊，並能與他人合作；處於壓力的環境下，仍能清楚地思考；處事具有彈性。相對的下列6項人格傾向者，應避免成為危機處理小組的成員，包含：想成為一個英雄；想要控制別人；難以忍受不快樂或別人強烈的情緒；害怕承擔太多組織責任；不喜歡諮詢、指導的角色；凡事追求完美（顏秀如，2001）。

危機處理小組應包含下列6組（參見圖18-3）：

1. **指揮小組**：負責整體危機處理措施的規劃及彈性動員。

2. **資料組**：負責資料調查、蒐集、研擬與彙整，並負責通報教育主管機關。

3. **聯繫組**：負責對內、外發布訊息，主要應包含新聞組、家長聯繫組、教師聯繫組三部分。

4. **學生服務組**：負責所有學生緊急處理事項，應包含：醫療組，負責緊急醫務專業之處理；輔導組，提供嚴重受害學生緊急輔導措施；安置組，針對需要疏散的學生規劃及安置適當處所。

5. **教師聯繫組**：負責教師資源掌握及安全管理規劃等。

6. **總務組**：負責學校軟硬體設施維修事宜，並協助危機處理歷程相關費用支出及採購。

（三）建立分層資源網絡系統

危機事件依其嚴重程度必須動員學校層級、社區層級、縣市層級、全國層級的資源網絡，而建構資源網絡應與危機處理小組相整合，並在預防階段完成，有助減輕危機事件的負面影響。危機小組中各任務編組應依其任務建構其資源網絡，以利危機介入時可以適時動員，例如，醫療組，初級應為校內健康中心護士，次級為區域性綜合醫院，最後則為較近之教學醫院；總務組，初級資源為校內技術工程人員，次級則為警政或消防單位協助，最後為全國性的救援資源系統。應包含下列重要步驟：

1. 應先篩檢校內具有特殊訓練的教職員工，例如：初級急救訓練、CPR、諮商、悲傷輔導、宗教信仰等；

2. 建立學校可快速動員資源名單，例如：義工家長、家長會等；

3. 建立社區資源網絡資訊並確認關鍵聯繫對象，於突發事件發生後可以給予支援的資源網絡，包含：醫院（婦產科、急診、精神科等）、社會福利中心、諮商中心或心理衛生中心、警察局、建築師、結構技師、水電工程人員等；

4. 全國性救援系統，通常為通報至教育主管機關進行協調。

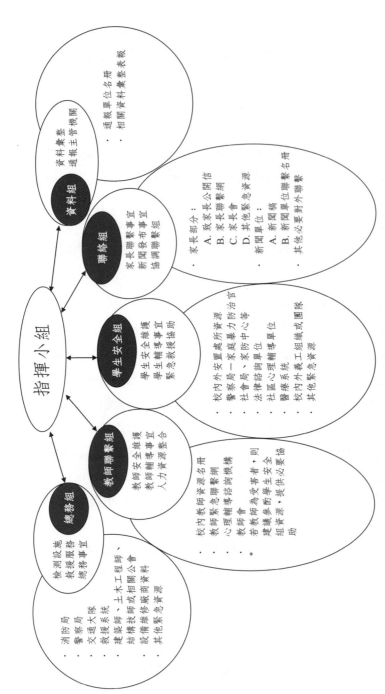

圖18-3　校園危機管理小組及資源網絡系統

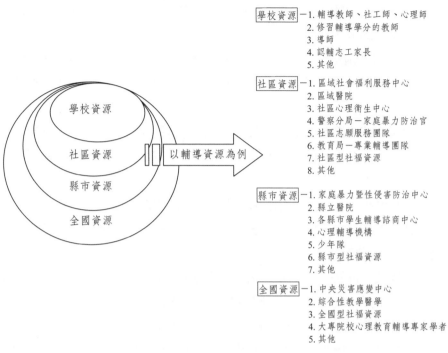

學校資源 ─ 1. 輔導教師、社工師、心理師
　　　　　 2. 修習輔導學分的教師
　　　　　 3. 導師
　　　　　 4. 認輔志工家長
　　　　　 5. 其他

社區資源 ─ 1. 區域社會福利服務中心
　　　　　 2. 區域醫院
　　　　　 3. 社區心理衛生中心
　　　　　 4. 警察分局─家庭暴力防治官
　　　　　 5. 社區志願服務團隊
　　　　　 6. 教育局─專業輔導團隊
　　　　　 7. 社區型社福資源
　　　　　 8. 其他

縣市資源 ─ 1. 家庭暴力暨性侵害防治中心
　　　　　 2. 縣立醫院
　　　　　 3. 各縣市學生輔導諮商中心
　　　　　 4. 心理輔導機構
　　　　　 5. 少年隊
　　　　　 6. 縣市型社福資源
　　　　　 7. 其他

全國資源 ─ 1. 中央災害應變中心
　　　　　 2. 綜合性教學醫學
　　　　　 3. 全國型社福資源
　　　　　 4. 大專院校心理教育輔導專家學者
　　　　　 5. 其他

圖18-4　　資源網絡系統──以輔導資源為例

（四）規劃適當的安置處所

　　在危機處理歷程中，安置受災害影響的教職員工於教室以外的適當場所，常常是減少災害負面影響的第一步驟，不論是避免受害者自傷、避開輿論壓力、進行個別輔導、減少災害的直接傷害等，但是由於安置人數、安置目的、隱密性要求不同而會有所不同，另外危機小組集合運作也應有統整規劃，以方便於災變第一時間集合危機處理小組並疏散受災影響的教職員生。空間至少應規劃包含下列九個場所：

　　1. **指揮中心**：危機處理小組研議相關因應策略的辦公室，通常為校長室或鄰近校長室的會議室，但在有許多媒體介入的情形下，建議應規劃距離較隱密的單獨會議室，以避免受干擾而影響危機處理。

　　2. **新聞中心**：集中記者並發布相關訊息的場所，而發言人應於新聞中心待命。

　　3. **家長聯絡中心**：針對家長詢問電話提供即時的溝通或解答的場所，建

議應與新聞中心隔離，但可以視情形與指揮中心合併，但是若家長人數過多造成干擾則應隔離。

4. **晤談室（兩至三間）**：係指可容納3至5人的小型會談或安置空間，足以安置高風險，或脆弱的受害學生，並得由輔導教師進行個別或小團體會談。

5. **會議室或團體室（兩至三間）**：係指可容納10至15人的小型會議或協商空間，足以安置小規模危機事件受影響學生，或足以容納案主家屬及重要相關人進行會談。

6. **替代性教室**：係指可容納單一班級規模的安置空間，協助受危機事件影響的暫時替代教室，以使受害學生及其他同學得以在避免媒體或其他人員干擾的情形下繼續教學活動。

7. **年級及全校性安置場所**：規劃適當的活動中心以容納較多人數的安置處所，因為安置人數較多，應同時規劃疏散路線以避免疏散時的混亂情形。

8. **校外安置處所**：預想規劃校外緊急安置處所（例如：鄰近學校或社區中心），提供原校無法正常進行教學（例如：火災）的受災教職員生的暫時性安置處所，因安置人數較多，應同時規劃疏散路線以避免疏散時的混亂情形。

9. 其他所需之安置處所。

（五）擬定危機處理計畫

學校應依個別情形擬定危機管理計畫，並定期依計畫進行模擬練習，再檢查及更新危機資料，確認危機處理所需的緊急補給配備（emergency supply kit）是否足夠？各項緊急聯繫承辦人員是否異動？及每位危機小組成員所應該負擔之責任。其中危機處理計畫應包含下列要項：

1. 危機管理小組分組成員與各組應有的責任清單（checklist），包含危機的通訊系統（special crisis code），以便快速聚集危機處理團隊成員，以現階段的聯繫應包含：辦公室電話分機、專線、家庭聯繫電話、行動電話等。

2. 電話資源一覽表，包含校內教職員生危機動員的電話系統圖（telephone tree），並隨時更新學生及教職員工緊急聯繫電話及相關聯絡訊

息，以利在危機發生的第一時間聯繫到所有教職員生，另外，應包含校內外緊急聯繫處理資源網絡電話表。

3. 從學校系統、學區系統、縣市系統到全國系統之危機處理資源機構、組織、單位及聯絡人員一覽表，而這部分的資源應由各危機小組成員充分掌握。

4. 緊急處理程序（emergency procedures）規劃，包含：指導人員、危機集會場所規劃、疏散路線、解散措施。

5. 給家長的信件範例、新聞稿範例、危機事件通報單擬妥並儲存在電腦中。

6. 教育或其他主管機關制式通報單，例如：教育局校園偶發事件通報單、社會局性侵害通報單等，並於通報單上載明通報單位聯絡人、聯繫電話、傳眞或電子郵件信箱等。

7. 載明所有房間、出入口、緊急設施之建築、場所、線路相關地圖，另外也應具備各種設施器材的說明書及緊急通訊聯繫廠商名冊。

（六）針對校內社會福利保護性個案建檔

社會福利保護性個案必須由社會局評估後，轉介教育局發文所屬學校以「不轉戶籍轉學籍」辦理入學，而各級學校知悉學生遭受家庭暴力、性侵害或其他傷害情事者時，亦應依相關法令規定內向主管機關通報。目前多數學校都有人數不一的保護性個案就學。雖然社會局、教育局、學校及相關單位，都依規定對於個案相關訊息予以保密，然而因為各種原因都可能使資料外洩，因此學校偶而會出現加害者或其他相關人員到學校，對學生施暴、威脅，或強行帶離的情形，所以學生資料應予保密建檔並適度讓必要的相關人員了解，以提供學生必要之保護協助。

因此建議學校若有保護性個案轉入或通報後，建議由輔導組長與社會局負責社工師聯繫了解學校應提供該個案的保護協助，並完成相關資料紀錄，清楚記載包含：轉介之社會局所屬單位、負責社工師、目前安置案主的機構或寄養家庭聯絡人（即緊急聯絡人）、保護令規範情形、其他應特別注意事項，並於其他資料上加註警語，以避免資料外洩。特別注意的是，輔導組所應了解的在於安全的保護及後續輔導所應協助的部分，例如，是否需要學校

提供特定輔導服務，或協助轉介輔導單位，上下學接送之特定人員？而並非個案成長史及介入家庭功能輔導等；其次，應建立單一窗口由輔導組長（或特定人員）與社會局進行聯繫，以保護案主隱私；第三，本案之基本資料檔案應由特定人員（例如：輔導組長）保管及使用；最後，應讓導師、生教組長、註冊組長等相關人員，了解學生轉出入籍及請假離校手續時應特別注意，避免學生被加害者或其他對該生不利的人士帶離學校的情事發生。

二、應變（response）

事件發生後應積極且快速地危機處理，有助於減輕危機事件危害程度、教職員生的創傷症候群，學校社工師與輔導室共同介入危機處理過程，主要在於協助學齡兒童、少年能夠在最短的時間內，運用適當的應變機制，成功地解決引起危機的問題，因此可說是對危機狀態的個人、家庭、團體，提供一種短期治療或調適的過程，其目標在有限的時間內，運用密集式服務動員所有可能資源，以減輕案主承受的壓力及其生心理傷害，幫助案主正確認識所處的情境，紓解並接受案主的情緒反應，且發展新的處理能力，回歸正常的生活機能。各縣市都訂有學校處理校園偶發事件作業流程，以新北市為例，詳參圖18-5。

危機發生第一時間的應變包含下列六部分：

（一）掌握危機發生後的30分鐘

危機發生後的30分鐘是控制謠言與掌握民眾對危機事件觀點的關鍵時刻，有下列重點工作需要完成，包含：確認危機處理小組的領導者、藉由評估表蒐集事實、定義危機事件問題所在、考慮保護學生及教職員工安全的適當策略、與教職員工及學生溝通、向新聞媒體簡報、準備相關電話及資源網絡、決定與家長溝通的最佳方法、確認及證明學校有處理問題的能力、確認所掌握訊息的正確性及可信度。

評估危機事件調查表應包含：

1. 簡述危機事件發生歷程。

新北市各級學校處理校園偶發事件作業流程

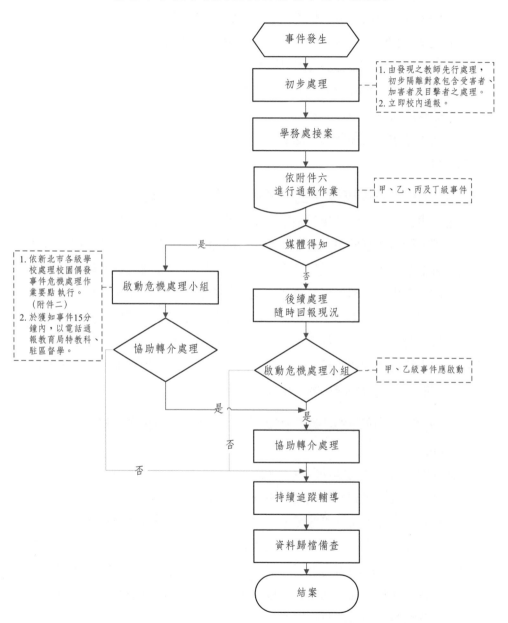

圖18-5 新北市各級學校處理校園偶發事件作業流程（資料來源：新北市教育局網站）

2. 目前學校已經完成的處理內容。

3. 評估損失及危害情形。人員：包含涉案（受災）人數、下落不明者人數、受傷人數（重傷人數／輕傷人數）、已疏散人數。

4. 建築及設備：包含損失情形、進一步的潛在危險程度。

5. 危機事件於2小時內可能發展趨勢預估。

6. 新聞媒體：報導情形、多寡、特殊期待。

7. 確認所需資源種類與數量。

8. 運用於預備階段所準備之資源表，列入目前需運用資源，並確認不足資源項目。

（二）立即評估受害學生的危險性，逕行保護措施

危機事件的產生依其事件嚴重性，影響教職員生有不同程度及規模。針對個案型危機事件應於事件發生的第一時間隔離受害者及加害者，由班導師聯繫受影響學生家長，指派輔導人員全時段的陪伴及保護受影響學生，並且即時提供雙方相關心理輔導及資訊，直到危機解除，而由家長到校帶回學生止，過程中應充分保護學生安全，協助其面對相關資源（例如：醫護人員、救災人員、警察、社工人員等），並保護學生免於接受媒體及不相關人士的干擾。其中特別須注意的是，若加害者為校外人士，則應在維護校內教職員工安全情形下，儘速報請相關單位介入處理。

（三）邀集所有媒體記者於固定處所，由學校發言人統一對外發言

當校園危機事件已延伸為媒體所關注之焦點新聞時，應由學校發言人統一對外發言，其中新聞發布室通常設在遠離教室區的獨立辦公室，避免媒體干擾學校師生作息，特別是避免危機事件中未成年的關鍵當事人（例如：校園性侵害事件的加害者及被害者）被媒體干擾。針對記者所提議題，在保護學生前提下，誠懇地將事實現況、學校因應態度及危機處理措施充分說明。

汪子錫（2016）在討論校園性侵害、性騷擾或性霸凌事件危機公關案例探析時建議媒體公關處理原則如下：

1. 善意協助記者完成採訪：建議在不違背法律所規範的保密義務下，配合相關媒體採訪，適當提供媒體所需要的素材。除避免違法外，對於足以識

別當事人身分的資料予以保密，也是對案主權益的最大保障。

2. 以誠實原則坦然接受採訪：除前述具體做到「不超越法律範圍」的發言內容外，誠信原則是指「我所說的每一句話都是實話，但我不一定要把實話一次說完」的態度，必須保密的事項要以「要經當事人同意」或者「要等待調查結果」來說明，而非以「不誠實」的態度面對。

3. 思考加入「態度與行動選擇」戲劇框架溝通模式，應向利害關係人及閱聽人，強調及建立「危機已經在掌握中的認知」是最重要的，以避免非必要的干擾。

4. 校園危機事件因為行為人身分不同，會出現不同危機。從學校角度來看，以教職員對學生的相關事件危機程度最強，學生間或教職員間危機程度普通，學生對於教職員生的危機程度較低。當然這樣的危機程度，會因為事件不同而產生不同變化。

在保護兒童及少年的前提下，新聞稿應加註相關法令規範，以提醒媒體及學校維護學生應有權利，建議應加註「各位媒體記者先生小姐，感謝您對於本案件的關心。本校為保護學生權利，減緩本事件對他們所造成的傷害，請您務必配合本校（局）依據相關規定所採取之保護及保密措施，針對學生案件相關的文書資料、照片予以保密，並請避免干擾本校正常教學活動的進行及其他同學作息。」

（四）留住所有學生及教職員工，直到危機已獲緊急處理

在災變發生後，應儘速留住所有學生及教職員工於校內緊急安置處所，除保護成員暫時免於危險及減緩其緊張情緒外，更重要的是避免誤傳訊息所造成的傷害，因為所有媒體將會在學校門口及學生返家途中進行採訪，試圖了解校園危機的情境，因此，除掌握時間讓教職員工清楚事情發生經過、其應於危機事件中扮演角色及學校相關處理措施外，應讓全校師生充分了解到「校方積極處理的態度」及「完全掌握危機情境」。並於評估完成下列指標後，決定放學或疏散學生的時機：

1. 評估危機情境是否解除？

2. 學生返家途中是否有危險性？

3. 對於任何可能的干擾或危險，是否已有應變能力及清楚因應方式（例

如：記者採訪）？

　　4. 學校是否已發布新聞稿？

　　5. 學校是否已向全校師生說明事發經過？

　　6. 學校是否已經針對危機事件緊急製發「給家長的一封信」，已說明事發經過、學校緊急處理情形、未來處理計畫、學生因應情形等？

（五）聯繫社區相關資源

　　危機處理小組應依照危機事件嚴重程度，迅速聯繫動員學校、社區、縣市、全國等不同層級的資源網絡，進行必要之「緊急性」通報、溝通協調及處理，常見資源包含：社會局相關單位及家庭暴力暨性侵害防治中心（例如：重大天災、家庭暴力、性侵害等），警察局（例如：校園暴力、侵擾及犯罪事件、綁架事件等），醫院（例如：學生傷害事件、公共安全事件、性侵害等），消防隊（例如：火警、水災、蜂窩等），心理衛生中心及心智科醫師（例如：重大災變後喪失親友、性侵害）等。

（六）由輔導室建議心理輔導計畫給家長與教師

　　諮商輔導人員對於災變對學童所可能造成的影響應有較完整的了解，因此除提供預防階段所製作的創傷後壓力症候群（PTSD）相關資訊及資源外，也應針對該次危機事件的特殊性情形補充提供相關資訊，以協助教師及家長有效面對學生問題，並可以適時轉介與求助相關單位。

三、復原（recovery）

　　幾乎所有學生在危機事件後，都會產生程度不一的創傷反應，因此教導班級導師及任課教師面對創傷症候群的相關技巧，有助於學生輔導工作並避免學生情緒失控所可能引發的負面影響，是復原階段的第一要務。而班級危機介入（Classrooms Crisis Intervention, CCI）就是針對班級性進行集體性的輔導工作，從中有助於篩檢出高風險受害或受驚嚇學生，由學校輔導老師或轉介輔導資源系統進行團體性輔導或個案輔導。

　　教導班級導師協助學生面對創傷症候群的相關技巧，主要包含下列八

點：

1. 教師可以適時示範面對危機事件的適當行為，例如，在學生面前表露自己的眞實情緒（擔心、難過、焦慮等），甚至可以在學生面前流淚，但是需注意處理學生情緒以避免負向情緒蔓延至課堂外。

2. 接受專業人員的協助，特別是接受過創傷諮商訓練的諮商師、心理師、社工師的協助。

3. 運用談話、藝術、音樂等媒介，讓受害者不斷重複述說曾經驗的事件。

4. 關注可能需要特別照顧的學生。

5. 允許受害學生保留紀念品。

6. 若學校於災變後關閉，則應儘速重新開放校園，也應鼓勵受害學生儘速返校就讀，因爲讓受害者獨處是具有危險性的，而儘速回歸正常作息有助於受害學生的生心理復原。

7. 引進可信任的成年人（如：義工家長）以創造讓學生感覺安全的環境。

8. 針對需要個別諮商的學生安排適當及溫暖的諮商空間。

Brock（1998）針對7歲以上學生面對創傷經驗規劃班級危機處理，將團體（或班級）依照班級、年級、性別、年齡、與事件相關程度，或創傷症候嚴重程度之同質性組成，組成成員以15～30位爲主、40位爲上限，以免成員過多妨礙成員間互動及分享經驗的機會，而團體領導者與成員比例建議爲1：10，領導者以學生所熟悉的教師、輔導老師或認輔義工爲佳，處理的創傷經驗以班級學生遭受普通生心理影響爲主，而非針對嚴重受創學生。

班級危機處理主要程序包含下列六步驟（Brock, 1998）：

（一）引言（Introduction）

此階段約15分鐘，著重在介紹團體領導者們，並說明團體領導者期望與成員們共同面對及分享創傷經驗的目標，以及團體進行的方式及程序。

（二）提供事實及澄清謠言（Providing Facts And Dispelling Rumors）

提供危機事件的事實經過並澄清不正確的謠言，通常這階段需要30分

鐘甚至更長的時間，特別是年紀較小的小學生，因為他們於人生中面對創傷的經驗並不多見，也因此需要較多時間的澄清及解釋，才能全然理解事實真相。此部分的處理技巧需要較多對兒童少年發展的知識基礎，較年長的學生可以運用新聞事件及書面資料，而年紀較小的孩子則需要反覆的說明。澄清謠言的重點在於解除學生的過度驚嚇，因為學生的恐懼程度通常源自於超過事實真相的誇張謠言所產生的恐懼。

（三）分享經驗（Sharing Stories）

在學生結束事實詢問及謠言澄清後，更重要的部分在於分享創傷經驗，而這階段至少需要45分鐘，特別重視成員的自願分享及參與，所有經驗分享都應該被充分接受及包容，並給予每位成員公平分享及參與的機會，領導者應強化成員間經驗的連結，以促使學生間不會感受到孤獨，能感受共同的經驗，並且可以共同面對。針對不同年齡層的學生，可以使用不同的媒介協助其紓解情緒，例如：藝術、遊戲等。

（四）分享回應（Sharing Reactions）

學生通常於創傷事件後都有不同程度的創傷後壓力症候群，例如，對未來感到害怕，他們可能會問：「這事件會再發生嗎？」「我需要躲到外面嗎？」「有人死在那裡，會有鬼嗎？」不敢單獨至廁所、要求開夜燈、常做惡夢及對夜晚感到害怕等等，有時會呈現退縮、無精打采、活動量降低特質，而對危機事件相關議題特別敏感（Oregon School Boards Association, 1998）。在第四階段則利用30分鐘時間，鼓勵學生分享反應性經驗，使經驗常態化（normalize）降低學生的焦慮。Terr（1992）認為典型的步驟為：(1)陳述一般性反應；(2)請有上述任何一種反應經驗的學生舉手；(3)請成員分享個別性經驗；(4)針對反應經驗做統整；(5)預期未來可能會有的反應。

在這階段中，團體領導者應該對於成員的哭泣或情緒紓解有心理準備，領導者應該讓成員知道「哭是正常且可以被接受的情緒反應」，但是團體進行的方向不應為個別成員的過度情緒宣洩而分散焦點，若是單一成員有嚴重性的情緒崩潰，則應考量團體課程後進行個別諮商。同時，也要讓成員清楚知道在這段時間中有負面情緒反應是自然的，而環境對其情緒反應的接受程度也高。但隨著時間的發展，周圍的人對於其負面情緒反應就會愈來愈難以

同理，倘若成員持續面對創傷經驗所產生的情緒時，可以如何有效處理及面對？必要時可以經由哪些管道進行求助？Terr（1992）認為如果創傷經驗可以適當處理而沒有侵入，則創傷經驗將只是龐大生命中的微小疤痕。

（五）充權（Empowerment）

在分享創傷經驗和反應後，藉由活動讓學生感受到自己有面對困境的能力，提升其因應策略及能力，需要時間為至少60分鐘。班級性危機處理並非心理治療，因此強調指導性的介入鼓勵成員獨立性思考，處理重點強調基本壓力處理，包含維持正常作息及飲食，並與親友進行討論；進一步了解可以藉由避免獨處或與同學一起工作，逐漸減輕創傷相關的恐懼感，學習如何面對突如其來的負面感覺及想像。另外，也可以藉由腦力激盪的方式，讓學生學習因應未來相似創傷經驗的因應模式，學習應對創傷經驗的適當行為模式。Terr（1992）建議領導者應該多準備各種創傷生還經驗的故事，以鼓勵學生勇敢面對困境，相信危機將被處理，能夠對未來充滿希望。

（六）結束（Closure）

在經驗前面5個階段分享後，協助學生面對自己潛在的感受及創傷經驗，有助於篩選出需要進一步專業心理諮商的學生，而在面對重大創傷經驗後，製作紀念品或辦理紀念儀式是必要的活動形式，特別是有人往生的危機事件。最後這階段則是運用30分鐘左右的時間協助學生告別創傷經驗，若為死亡學生或家屬的班級學生，則需要較多的時間紀念及告別創傷經驗，甚至必須包含如何處理傷亡學生的課桌椅及相關物品。

最後，校園危機介入的所有工作團隊成員，如校長、各處室主任、組長、輔導教師、導師、學校社工師、心理師、護士等，在危機處理結束後，為了減除危機介入所產生的創傷壓力（traumatic stress），例如，因為看到死亡、傷殘、離別、悲傷、憤怒，而有情感反轉移、替代痛苦等壓力，因此，對救災人員或危機處理人員的危急事件壓力紓解（critical incident stress debriefing），或是創傷事件紓解（traumatic event debriefing），都是必要的，而且不可延宕。（林萬億，2002；行政院衛生署，2003）這才是真正的復原成功。

其中，可以參閱參考（Foa, Keane & Friedman, 2005）所建議的關鍵事件

壓力紓解（critical Incident Stress Debriefing, CISD）（引自陳淑芬，2014），
請參見下表18-7及下圖18-6，可有助於實務工作者進行團體或個別會談。

表18-7　關鍵事件壓力紓解過程

七步驟	減壓模式說明	口語化運用	重點提醒
1.開宗明義	介紹團體宗旨和進行流程	1-1介紹與說明。 1-2我是誰（請成員簡要自我介紹）？	說明減壓並非心理治療，化解疑惑與抗拒。
2.還原現場	輪流敘說意外事件始末	2-1我看到……我聽到……我聞到…… 2-2我第一個念頭？ 2-3整個經驗當中我最想去掉的畫面或記憶？	為避免敘說過於細瑣或冗長，而採取更聚焦的提問。
3.壓力反應	回溯身心所受的衝擊和症狀	3.這段時間以來我有什麼不同？生理、情緒、想法、行為的變化。	將事件的敘說轉為引導成員關注自己的身心變化。
4.機會教育	歸納成員的身心行為反應	4.正常化一非正常狀況下的正常反應。	可適時提醒身心反應若超過一個月以上要注意彼此關照與求援。
5.行動計畫	分享因應壓力的方法	5.我是怎麼照顧自己的？	關注成員的因應與支持系統的連結狀況。
6.重新出發	回顧危機處理中的成長	6.我學到什麼？我欣賞我自己的什麼？	注意成員能否正面回應。
7.篩選轉介	邀請需要者參加後續醫療或心理治療	7.結束後進行評估，提出高關懷對象，進行後續介入與資源轉介。	

資料來源：陳淑芬（2014），探討國小校園安心服務的評估與介入方式，國民教育，54卷6期，頁88。

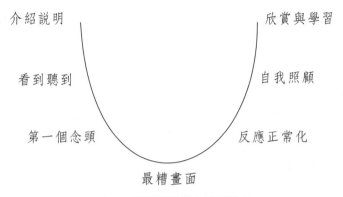

介紹說明　　　　　　　　　　　欣賞與學習

看到聽到　　　　　　　　　　　自我照顧

第一個念頭　　　　　　　　　　反應正常化

最糟畫面

圖18-6 關鍵事件壓力紓解模式

資料來源：陳淑芬（2014），探討國小校園安心服務的評估與介入方式，國民教育，
　　　　　54卷6期，頁89。

　　另外，許多受災學生常因學校受災嚴重，或舉家緊急及短期安置的需
要，而到其他學校寄讀或轉學，此時受災學生常見的問題需求如下：安排
學校及學籍問題、住宿安置問題、學雜費用問題、學用品問題、班級安置及
教育銜接問題、創傷症候群、班級適應問題等。這種異地安置的受災學生輔
導，也是學校輔導團隊須關心的對象。

參考書目

中文部分

王貞力、楊秀華（2000）。震撼921——失親失友案例分享（第一百天的願望）。臺北縣政府教育局編，臺北縣國民中學試辦設置專業輔導人員計劃第一階段成果彙編。臺北：臺北縣政府教育局。

行政院衛生署（2003）。災難心理衛生工作手冊。

宋麗玉、曾華源、施教裕、鄭麗珍（2009）。危機介入取向的社會工作模式。社會工作理論——處遇模式與案例分析（頁137-168）。臺北：紅葉。

汪子錫（2016）。校園性侵害、性騷擾或性霸凌事件危機公關案例探析，警察行政管理學報，12期，頁121-139。

林萬億（2002）。災難救援與社會工作：以臺北縣921地震災難社會服務為例。臺大社會工作學刊，7期，頁127-202。

教育部（2016）。教育部104年各級學校校園事件統計分析報告。臺北市：教育部校園安全暨災害防救通報處理中心。

陳芳雄（1997）。校園危機處理。臺北：幼獅。

陳淑芬 (2014)。探討國小校園安心服務的評估與介入方式，國民教育，54卷6期，頁82-90。

黃龍杰（2010）。災難後安心服務（圖解版）。臺北市：張老師文化。

楊筱華等（譯）（2005）。有效治療創傷後壓力疾患：國際創傷性壓力研究學會治療指引（原作者 Foa, E. B., Keane, T. M., & Friedman, M. J.）。臺北市：心理。

鄭宏財（2000）。校園危機管理及其在學校組織中的應用。人文及社會學科教學通訊，4，頁186-197。

鄭燕祥、伍國雄（1997）。學校危機的理念和管理：多元觀點的分析。教育學報，25(1)，頁1-23。

顏秀如（2001）。談校園危機應變小組。學校行政，(13)，頁52-60。

英文部分

Allen-Meares, P., Washington, R.O., Welsh B.L. (1996). *Social Work Services in Schools.*

Brock, S. E. (1998). Helping Classrooms Copy with Traumatic Events. *Professional School*

Counseling, 2(2), p.110-.

Callahan, J. (1999). School-Based Crisis Intervention for Traumatic Events. In Constable, R. McDonald, S. & Flynn, J. P. (Eds.) *School Social Work-Practice, Policy and Research Perspectives* (pp. 399-420). Chicago: Lyceum.

Ell, K. (1996). Crisis theory and social work practice. in Turner, F., *Social Work Treatment*, 4th (ed.). New York, NY: The Free Press, A division of Simon & Schster Inc.

Heath, M. A. & Sheen, D. (Eds.) (2005). *School-based crisis intervention: Preparing all personnel to assist.* New York, NY: Guilford.

Jaksec, C.M. (2001). Common oversights during crisis intervention. *School Administrator*, 58(1), 42-.

Kennedy, M. (1999). Crisis management: every school needs a plan. *American School & University* (Overland Park), 71(11), pp. 25-26.

Krause, K. C. (2002). When a student is murdered: reflections and lessons. *Principal Leadership* (High School Ed), 2(5), pp. 6-9.

Lerbinger, O. (1997). *The Crisis Manager: Facing Risk and Responsibility.* Mahwah, NJ: Lawrence Erlbaum.

Lichtenstein, R., Schonfeld, D. J., Kline, M. (1994). *School Crisis Response: Expecting the unexpected.* Educational Leadership (Alexandria), 52(3), pp. 79-83.

Nurius, P. S. (2000). Coping. In Allen-Meares, P., & Garvin, C. (Eds.), The Handbook of Social Work Direct Practice. (pp. 349-372). Thousand Oaks, CA: Sage.

Oregon School Boards Association (1998). When Crisis Hits In Our Schools. http://www.osba. org/pubs/critiss/crisisci.pdf, visited 2002/11/17.

Ries, E. (1997). *Coping with Crisis.* Techniques (Alexandria). 72(6), pp. 16-17.

Roberts, (1990). *Crisis intervention handbook: Assessment, treatment, and research.* California: Wadsorth Publishing Company.

Zakour, M. J. (1996). Disaster Research in Social Work. *Journal of Social Service Research*, 212(1), pp. 7-25.

第十九章　校園社區工作

黃韻如

壹、學校與社區的關係

　　為什麼學校需要進行社區工作？原因很清楚，因為學校與社區關係密不可分，特別是義務教育，除了部分選擇就讀私立學校外，大多數同學都是在學區學校就讀，社區中的文化、經濟條件、社會氛圍、家長職業及社經地位，都與學校同步。換言之，學校中的學生議題常常是社區的縮影。

　　對學校來說，社區是學校的所在地，也就是學校的背景；對社區而言，社區發展的目標有賴於學校教育的協助來完成，社區文化的塑造更需以學校為起始點，翻轉社區的社會階層或發展。基於此，學校在處理學生問題時，不能忽視社區的影響因素；在擬訂工作計畫時，亦不能不設法爭取社區人士、機構的了解與支持，同時更應運用學校內部力量，積極為改善社區環境、促進社區變遷而努力。

　　英國Newcastle大學教育學者Sugata Mitra，從2008與2010年在TED Conferences所發表的演說「學童自我學習（Kids can teach themselves）」及「自我教育的新實驗（The child-driven education）」，皆指出全世界各國都有一些區域是最需要教育的地方，但是最好的老師和學校都不存在，而這些社區共同的性質就是「偏遠」，有實質上的距離偏遠，就是一般所謂的偏鄉學校，另外也有都會區中社經地位較低、社區環境較為複雜、學生問題較多，容易被忽略的弱勢學校，也就是都會中的偏遠學校。也因此，如何可以創造社區與學校共同解決學生問題的思維與執行計畫，都是學校社工師所應該有的價值基礎。

　　我們可從以下3方面來看校園與社區的關係。

一、社區是一個自然存在的社會單位

　　白秀雄在社區工作辭典（2000）中指出：「社區是一個社會的單位，而非法定的行政單位，社區是存在於所有人類社會，與家庭一樣是真正普遍的單位。社區是占有一定區域的一群人，因職業、社會文化、生活水準、歷史

背景、地理環境，或其他方面的不同，而造成各種不同的自然團體、自然區域；他們與其所出生的區域相結合，彼此間存在著一種相互依存關係。」其中，社區所包含的要素包含：(1)一群人共同生活的一種最小單位的地域，這群住在這裡的居民共同互賴的生活；(2)居民具有地緣性的集體意識和行爲，或有共同風俗、生活方式，或我群（we-group）意識而有所不同；(3)它有一個或多個共同活動或服務中心（姚瀛志，2011）。社區關心社區中的兒童少年，是出於基本責任，更是共同的使命，因爲唯有培育下一代，社區才會共同成長及發展，甚至翻轉弱勢社區的未來。

二、從生態角度思考社區是學童成長的重要系統

以生態觀點來看學童問題，除了個人、家庭及學校環境外，影響學童問題最重要的因素就是社區環境，甚至是緊密連結的微視系統。因爲社區是學童長期接觸的環境，對行爲轉變具有強大的潛移默化效果，包括了社區文化、社區環境以及社區治安等，影響著學童的價值觀、行爲舉止、生活型態。例如：低學業成就學生如果以參加某些廟會活動成爲主要的生活重心，則必然是社區中有吸引兒童及少年的廟會活動，其吸引力大於學校課程學習。

林佳芬（2016）除了從Bronfenbrenner生態系統概念外，加上資本論的概念，認爲兒童成長除了個體、家庭、學校、社區外，其相關的資本也影響個體成長，包含：經濟資本（家長社經地位、教育補助等）、文化資本（社區文化、次文化、語言、風俗、常規等）、社會資本（人際關係、同儕網絡、社交能力等等）、健康資本（生心理健康狀況、社會壓力等等）。

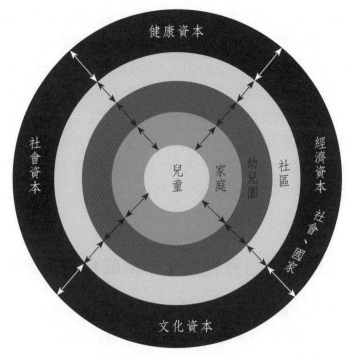

圖19-1 幼兒園、家庭與社區之微觀系統及其資本關係圖

資料來源：林佳芬（2016）。幼兒園、家庭與社區：理論與實務（頁50）。臺北：五南。

三、家長透過不同面向參與教育

何瑞珠（2010）認為過去教育社會學常以家庭缺失理論（Family Deficiency Theory）或教育機構歧視（Institutional Discrimination Theory）等概念，來討論低學習成就的學生學習議題。前者討論到低文化水準及缺乏教育傳統的父母，對於子女的教育成就期望較低，也因此較少參與學生的教育歷程；後者則強調學校對於學生有階級、文化及種族偏見，以至於忽略或排除（exclusion）特定學生，造成學生學習成就的影響。然而，包容理論（Inclusion theory）則重新強調與詮釋，認為教師與家長必須進行對話，透過察覺社會文化背景不同的家長階層，其實擁有不同的資源，如果學校可以接觸及體會他們各自的文化價值，則將有助於提供學生的學習效益。當然，

其中重要的關鍵元素就是家庭、學校、社區必須緊密地合作。以下圖19-2為例，包容性的家庭社區協作模式中，強調三者既有分工亦有合作的領域，家長的力量可透過不同領域的參與而得以發揮及發展。通常家長會、家長志工、家長成長團體都以中上社經地位的家長為主，因此，多元社區方案將有助於不同類型及社經背景的家長參與，例如：弱勢族群的課後學習方案將有助於部分白天工作的家長參與，或可以透過社區型方案協助家長學習及成長。

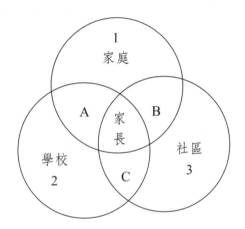

A=家庭與學校合作領域
B=家庭與社區合作領域
C=學校與社區合作領域
1=家庭為本的參與
2=學校為本的參與
3=社區為本的參與

圖19-2　家庭、學校及社區的協作：包容模式

資料來源：Epstein, J. L. (1998). School, Family, and Community Partnership: Your Handbook for Action. Corwin Press Inc. (引自何瑞珠，2010)

【實例分享】

以「社團法人南迴健康促進關懷服務協會」於2011年陸續成立「方舟教室」方案為例。方案主要以服務南迴地區以排灣族為核心的偏鄉部落小學課後照顧為主，目前以臺東縣達仁鄉土坂國小、台坂國小、安朔國小新化分校、安朔國小及大武鄉尚武國小為主要對象，帶動在地課後照顧與教輔品質的提升，其增加教輔專業人才在地就業機會，同時亦建立在地團隊自立發展具在地特色的課後教育輔導，以培育偏鄉學童，增強孩童學習能力成效，並提升學習興趣與培養自信心。

透過以「**部落能量照顧部落學童**」為概念基礎，提供社區型多元知識學

習場所，同時也傳承母語文化課程，當然也補足課業學習的缺口，為提升原住民小孩在音樂、舞蹈及運動上的特殊天賦，方舟教室另設置假日才藝班，共安排了吉他班、爵士鼓、手鼓班、傳統歌舞、棒球隊及英文進修班，在專業老師的帶領下，讓部落孩童能在課業之外，盡情發揮自己的興趣和專長。

當然，同時家長就能夠依照不同工作性質、時間及方式結合社區活動，共同參與學童學習歷程，從參與方案獲得工作機會（例如：照顧人力／接送司機／課輔師資等），到經濟較穩定可以提供志願服務的家長，以至於具有專業知能可以擔任師資的專業人力，都是家長可以共同協力照顧部落兒童少年的模式。

「方舟教室」從小學課後照顧的扎根，到近年開始，因應偏鄉人口外移，以致部落國中少年需要較都會區域少年更早離鄉，從國中階段開始住校。面對需要獨立生活適應及不同族群融合等議題層出不窮，以至於影響國中以後的課業成效，因此，協會開始僱用部落工作者派專車上下學接送回部落，強化學童／家庭及社區在地連結，更延續課業強化的學習，以提升學生學習成效。詳參「社團法人南迴健康促進關懷服務協會」網站（http://www.arksunshine.org/）。

貳、校園社區工作的兩難

當學校社會工作師投注心力於社區工作時，常常聽到來自學校其他人員的嘀咕：「社工師怎麼不在學校？又外出開會啦！」「我常看到社工師總是在校外晃來晃去喔！」「校內的事都做不完了，哪還有時間去管外面的？」「你找社區資源來介入，等於讓那個老師逃避應負的責任嘛！」「請問一下，社區工作對學校的幫助是什麼？」即使學校其他人員認同社區工作的重要性，並不表示就一定會認同社會工作師的作法，於是有下列兩難情境的產生。

一、服務主體以誰爲重──是學校？還是社區？

　　學校期待社會工作師運用、結合、開發社區資源，爲學校解決疑難雜症與增加可用資源，即是一種「我需要，你服務」或「你提供，我使用」的互動方式。然而，學校也不能忽略自己在社區中的重要角色，家長會組成可能就是地方仕紳的組成，從中可能有重要的各種專業人員（工程人員／法律專業人員等等），校園可能是社區中重要的聚會場所／運動空間等等，學校或許就是社區媽媽教室或社區大學所運用的空間。因此，如前所述社區與學校互爲資源，共同成長。社會工作師規劃社區方案時，其基本觀點、介入模式、目標及預期效應，應以學校及社區共同面對學童問題爲出發；同時，所有社區方案的執行過程與成效，也必須回歸學童利益、學生家庭需求、社區與學校雙贏的面向。

二、社區資源的介入，對學校功能而言──是協助？還是破壞？

　　社區資源介入學生問題，原意是「補強」學校有限人力、「提升」學校輔導知能、「協助」處理危機事件，和學校的關係是分工且合作的。然而在實際運作上，卻可能發生「取代」，甚至於「弱化」了學校功能的反效果，例如，當學校學生轉介給社福機構協助時，學校發現學生缺席等情形發生時，第一時間就是去電詢問機構或社工，希望他們可以進行家訪與輔導，但是卻忘記中輟學生輔導本爲學校應盡的義務。或是因爲疑似家庭暴力等議題通報主管機關後，就認爲輔導的責任應由主管機關社工負責，而忘記學生仍是學校的服務對象，將成績、行爲、校園適應都歸因在疑似家庭暴力的議題，忽略對學生教育與輔導的責任。因此，在合作過程中，社工應該充分扮演溝通協調的角色，成爲社區資源與學校間的溝通橋梁與平臺，以使社區與學校合作產生對學童及家庭加乘服務的效果。

三、社區工作的成效如何 —— 是沒有成效？還是時候未到？

　　社區方案通常需要長期陪伴，所以成效通常不是短暫立見，不像學校個案或團體工作，可以較短期間看到學生成長或學習，也因此社區型方案，特別是由學校社工師因應個案或社區需求而主動發展的方案，常常需要一段時間的經營。然而，由於所有社會工作方案設計邏輯一般，需要有短期、中期、長期的成效，例如：常見的課後照顧方案，或者是社區職涯培訓方案，都應該有基本短期成效。

　　以「課後照顧」應該有因應創辦方案產生的基本假設，例如：家長工時較長，以至於基本照顧或功課完成率低等背景，也因此方案就應該強調基本生活照顧功能／每日作業完成率／個別學生學習行為困境觀察等等，並進一步與學校教師及輔導人員進行討論。社區職涯培訓方案，通常針對是中學高年級就業不穩定且生涯規劃不明確的學生所規劃，因此應該有目標性地理解學生需求，媒合相關職場，穩定高缺課率學生的出席率，並透過觀察及個案會談，了解學生生活型態及日常生活空間，甚至同儕網絡。然而，這些都可能是方案目標的短期成效（3-6個月可以達成），接著才是對個別學生進一步問題介入，引進家長共同參與輔導工作或其他中長期成效，當然成效也都需要與學校共同分享與共同慶賀。

參、進行社區工作的預備

　　由於社區與學校的緊密連結，學校社會工師進入社區中工作是必要的，但是並非在做社區的社會工作，也非社區發展，而是運用社區能量共同照顧學童，或運用社區資源發展照顧學童的網絡，達到結合社區共同照顧學童的目標。

一、整合社區與學校連結的服務

如本書第四章提及Alderson（1972）界定學校社會工作有四個模式：

1. 傳統臨床模式，以社會個案工作為基礎的實施。

2. 學校變遷模式，強調學校的社會氣氛。

3. 社區學校模式，強調建立學校與社區關係。

4. 社會互動模式，聚焦在激發學生、學校、社區間的溝通。

Testa（2002）則進一步指出學校社會工作師的角色已經超越傳統臨床模式與學校變模式，走向學校連結服務（school-linked services）的整合模式（integrated model），提供以下3種服務：

1. 打造學校與社區的連結，特別是從教育與社會弱勢的脈絡上思考。

2. 透過全方位服務的社區學校（full-service community school）輸送與協調無縫接軌的服務到社區。

3. 經由健康促進活動促進社會資本、健康、福祉。

美國教育部定義全方位服務的社區學校是「國民中小學與地方教育機構、社區為基礎的機構、非營利組織，以及其他公、私立單位，提供協調與整合一套綜合的學業、社會、健康服務，以回應學生、學生家庭，以及社區居民的需求。」（Bronstein and Mason, 2016）美國教育部提倡全方位服務的社區學校是基於公平、參與，及低收入社區的利益。這種教育趨勢結合了教育學者杜威（John Deway）的鄰里學校理論，與諾貝爾和平獎得主社會工作先驅亞當斯女士（Jane Addams）的社區睦鄰運動。杜威認為學校可以扮演核心的鄰里機構，以提供綜合的服務，活化其他社區機構與團體，以及幫助解決學校、社區面對迅速的社會變遷所共同必須承擔的問題。亞當斯女士在芝加哥建立胡爾館（Hull House）成為社區睦鄰中心，提供兒童、婦女、老人、移民教育、文化、休閒、社會服務的中心，以及公民權利倡議的基地（林萬億、鄭如君，2014）。

二、學校社工應有的專業能力

學校社會工作師要進行社區工作需要具備的專業能力，參考鄭如雅（2010）的整理，加上學校社工實務工作需求，建議應該具有下列能力及思考：

1. **與社區建立關係（engagement）的能力**：學校社工師進入社區進行工作時，需要有建立、發展維持工作關係的能力，進行網絡間的連結，並有自我覺察的能力，以協助自己清楚進入社區的定位、期待，以期尋求「學童權益」、「學校需求」及「社區期待」平衡。

2. **促進與使能**：協助危機狀況的學生爭取權益，並提供訊息及建議，協助其改善生活機會。學校社工師在社區所發展的方案，必須引發社區居民與組織共同對學童議題的關注及投入，理解照顧兒童少年是社區共同的責任，而願意共同投入經費、志工、場地等，並願意一起找到問題解決的方法，畢竟在地居民才是社區議題的專家。

3. **評估與計劃**：評估並檢視問題及需求的能力，確認、分析其風險及可能傷害為何，並依相關準則執行、協調、計劃與回應，找出最佳策略及方案。

4. **介入與提供服務**：針對服務計畫展開具體行動。包含：形塑方案的願景、組織不同角色及團隊的成員，善用社區中既有的資源執行計畫，處理及協調跨專業的衝突與組織。並且清楚了解學校社工師及輔導團隊所有參與的程度，以及與社區組織間合作的界線與期待。

5. **與機構與社區組織協力的能力**：促進服務輸送體系，協助計畫監督及資源管控，不斷重新確認及定位服務計畫關注的焦點，評估服務的效果與效益，並尋找適當時間由社區與學校共同分享方案的成果。

三、學校社工師與社區合作的專業角色

學校社會工作師因應社區發展的不同階段應扮演不同的角色：

1. **建立關係階段**：學校社工師剛開始進入社區工作時，應該扮演資料蒐集者、行動分析者、觀察者、理解者，特別是學校社工師對於該學區是較爲陌生時，應該嘗試多與居民接觸，並試圖理解屬於區域的價值觀、生活型態與特色。

2. **評估階段**：則應該接續前述的資料蒐集後，開始扮演評估者、資料蒐集者、分析者、判斷者，了解社區能力、社區權力結構、社區與學校的連結性、需要發展方案的可能性及困境、理解需要投入的資源（包含：人力、物力及經費等等），同時也需要了解學校支持程度及可能阻礙。

3. **工作階段**：學校社工因應不同類型的方案，扮演不同的角色，可能執行個案、團體、方案的專業工作者角色，但也可能是行政及諮詢者、資源連結者、觸媒、使能者等等，以使方案可以順利進行。同時，因爲方案執行及持續發展歷程，可能也要進行短中長期方案的轉換及修正的專業評估角色，並進而充權（empower）社區團體與居民，讓社區組織及居民持續延續方案。

4. **維繫階段**：在社區組織或專業團隊可以接手發展方案後，則學校社工師可以轉換成扮演支持者／諮詢者／培力者／顧問的角色，讓社區資源可以協力照顧社區中兒少爲社區型方案的終極目標。

四、「以社區爲中心」vs. 「以學校爲基礎」的外展工作

籃婉鳳、蔡舒涵、陳姵如（2014）在討論從校園走入社區-學校社工師社區方案時，認爲學校社工師發展的外展工作方案是以學生爲主體，以學校爲基礎的外展方案，彙整張怡芬（2001）、侯雯琪（2006）、善牧基金會（2012）認爲兩者間的差異可以表列比較。本文參酌後，修正如下：

表19-1　以「以社區為中心」vs.「以學校為基礎」的外展工作模式比較

	以社區為中心	以學校為基礎
介入目標	恢復性及發展性目標並重。	預防性、恢復性及發展性並重。
標的案主群	高機構服務需求的服務對象。	就學不穩定、中輟之虞、中輟（中離生）學生為服務對象。
服務行動	1.強調案主內在議題解決及復原力提升。 2.建立專業關係、提升家庭功能。 3.開發及連結社區資源、宣導福利資源。 4.篩選標的青少年、建立並維持關係，並企圖改造不良社區環境。 5.依照社區及群體不同，發展相關配套措施。	1.預防性宣導少年正確觀念。 2.了解少年常聚集地點及次文化。 3.結合學校現有資源，讓少年需求被學校看見，並獲得相對應的服務。 4.從校園外活動看見少年的生命亮點，試圖發展其優勢。 5.重視環境脈絡的影響，結合社區資源，創造少年正向互動經驗。
工作方法	1.掌握少年生活生態。 2.發展多元配套方案。 3.工作方式因應少年型態多元發展。 4.正向及優勢看待少年。 5.主動尋找潛在少年。 6.滿足少年個別不同層次需求。	1.掌握少年生活型態、次文化與其網絡 2.因應社區少年需求規劃，以校園或接近校園的方案。 3.結合校園人力，創造學校與少年間不同的互動經驗，強化連結。 4.發掘校園中尚未發現的高危機少年，提早介入。 5.回歸校園教育持續發展少年優勢。
服務困境	1.容易遭受外界質疑服務成效。 2.社區生態與少年生態常常改變。 3.外展工作團隊及合作夥伴的變遷。 4.青少年社福資源不足。	1.社區生態與青少年群體間的轉變，造成學生活動空間常有不穩定的轉變。 2.學校社工及專業輔導團隊人力及時機有限，但是需投入時間較長，可能無法得到學校網絡的長期支持。

肆、校園社區工作的方法與技巧

　　Peckover等人（2013）針對美國Iowa州學校社工所進行的通訊調查，發現促成學校－社區的協力合作能力，是第五項的重要工作，每週平均有6次以上的工作機會（林勝義，2015）。學校社會工作實務模式經常引用Alderson的概念，其中社區學校模式（community school model），強調下面重要概念（Allen-Meares，2009；林萬億，2012；Allen-Meares，2014；林勝義，2015）：

　　1. **焦點**：強調在於學生及家長對於學校可能存有誤解與不信任，或處於被剝奪、不利立場的「社區」。

　　2. **目的**：獲取社區的了解與支持，在學校推動、展開計畫，援助受貧困或社區議題困擾的學生，以減輕其教育受剝奪或不利的狀況。

　　3. **標的對象**：共同關注社區與學校及相關系統。

　　4. **對問題來源的看法**：社區中貧窮與其他社會狀況影響學生教育，而學校教職員可能缺乏對文化差異與窮困議題相關的認識。

　　5. **社工師的任務與活動**：要投入社區的活動中，促使社區能夠找到問題與解答，協助社區與學校雙方互相了解學童問題及不足的部分，並鼓勵社區參與學校的活動或計畫。

　　6. 社工師的角色在於仲裁、提倡、外展與延伸專業服務。

　　7. 概念與理論基礎，在於社區學校理論與溝通理論。

　　針對社區工作的實務特質，甘炳光與莫慶聯（1996）認為社區工作應該有的特質，學校社工師在進行社區型方案時，選擇其中應該思考下列5項因素：

　　1. **以社區為對象**：服務的不僅僅是個人、家庭或小組，而是整個社區，不單就以地理的社區（Geographical community）為思考，學校社工師應該思考為共同利益社區（community of common interests），即是有一群共同背景、共同需要及面對共同問題的人，規劃解決這群兒童少年所共同面對的集體問題，並引發社區居民的共同參與。例如，前述方舟教室方案的議題，涉及共同族群及文化背景的偏鄉弱勢社區課後照顧。達仁鄉面臨中壯年人口外

移及老齡化社區議題,加上在地產業不足,因此家長通常早出晚歸,以打臨時工維持收入,或是隔代教養,所以共同照顧成為協會所發展方案的社區基礎,延續文化,並以照顧產業創造在地就業機會。

2. **採用結構導向的角度分析問題**:通常社區型方案發展要解決的議題,不是將因素歸咎在個人面向的,而是整體社區周圍環境、社會制度及區域性有密切關係的議題。強調社區環境如何影響人的社交功能、如何限制人的能力,及人所應有的資源與權利。因此,重點著重在改變環境因素。例如,不論是學校社工師、區域少年中心、少輔會都會發展區域型外展方案,其實主要都是在處理社區中常見少年犯罪或虞犯少年熱點,或者是常聚集的街角、特定同學家,透過評估定點服務的需求或強化相關資源投注,以降低社區治安思考議題。

3. **介入層面較廣**:社區工作對象並不侷限於一個社區,有時涉及到制度改變與分析,拉近人、群體、社團及社會的關係,也重視社會意識的提升及社會資源和權力的分配。例如,李孟儒(2016),從河流到海洋——談學校社工師的動態轉銜服務方案,就是討論新北市南新莊區由學校社工師發展10年的學生轉銜教育方案。緣起於以工商業為主的社區,區域中外地移居與勞動階層居多,弱勢家庭學生從小學到高中職間,教育與輔導銜接一直是長期存在的問題,因此學校社工創造專業合作的友善平臺定期聚會及溝通,讓學區內專業輔導團隊可以有友善溝通平臺進行對話,強化對高危機個案掌握。同時,在暑假規劃「就愛趴趴走」團體,讓學生暑假期間得以開始跟中學端的輔導團隊接觸,讓輔導無縫銜接,減少暑假輔導空窗期對少年可能造成的影響。

4. **強調居民的集體參與**:社區工作並非以提供個別居民協助為主,而是鼓勵居民參與。例如,李孟儒、黃靖婷(2017)「黃家大院:特殊教育學生社區課後照顧方案」,則是針對國中資源班或臨界障礙的特殊教育學生,提供課後照顧及同儕支持的平臺。除了以學生為核心外,從經費籌募就是由家長會長出資,人力組成也以社區志工為主,場地及協力團體也是在地組織,形成「與社區共存的工作模式」。因此,除了專業協助以外,平時沒有方案進行期間,也得以在社區中找到資源的就近協助,形成社區自助保護網絡。

5. **工作目標與過程目標並重**:社區工作過程目標或許源自於對於「個

人」的協助，但是長期以來仍舊是回歸「社區」。學校社工師主要責任仍是以學校爲基礎的個案爲主，因此在發展了社區型方案以協助學生，應該回歸到社區，以前者「黃家大院」方案爲例，雖然起始於幫助沒有正式及非正式課後照顧資源協助的國中特殊學生（過程目標），然而，最終的照顧責任在於培力社區資源協助社區有需要的學童。

　　校園社區工作即是應用社區工作方法與概念，從鉅視系統來協助學校解決童問題，以學校系統爲中心，再到學校所處之社區外系統。因此，以下將參考上述社區工作技巧，並加入在高風險群青少年工作中相當重要的外展工作技術，說明學校社會工作者在社區工作中可使用之方法與技巧：

一、社區觀察技巧

　　以社區少年工作來看，Wood等人（2015）建議社區少年社工者，應該在所服務的區塊中徒步觀察社區鄉里，以對區域有初步的認識；其次，則應該建立基本的記錄工具及指標，記錄下觀察所見；再者，則是選擇在不同的時間等進行觀察，例如：日間／夜間，學期中／假日等，以了解不同時間所產生的差異；最後則是整理相關資料並且找社區中的人進行對話，了解自己所理解的社區與其他人的經驗有何不同。其中，應該觀察社區的重點，參酌筆者實務經驗，包含下面五項：

1. 觀察社區的重點

　　(1) 各級學校數量／在地店家／在地的商業活動／就業型態。

　　(2) 公園及綠地空間／社區中心／圖書館／社區團體。

　　(3) 酒吧、咖啡廳、飯店、旅店、餐廳、市場、百貨店等。

　　(4) 可運用的大衆交通工具。

2. 聚集的空間

　　(1) 哪些地點是主要人群聚集地點？

　　(2) 哪些區域又是年輕朋友常常宣稱聚集的處所（例如：街角），通常都在哪些時段聚集？

(3) 少年活動場所分布密集度及少年運用情形，這些空間及時間的特質。

3. 環境

(1) 什麼樣的具體觀察，讓你了解這個區域的生活環境品質？

(2) 社區中有任何雜亂的角落嗎？

(3) 那些雜亂的社區角落，是什麼雜亂的型態？

(4) 這裡有一些存在的塗鴉嗎？塗鴉上表達什麼？

(5) 區域中住宅品質如何？

4. 文化資產

(1) 這個區域中，有哪些歷史資產？

(2) 對於居民來說，哪些區域是有歷史意義的？

5. 其他你認為重要的指標。

二、蒐集社區資料

除了對社區的初步認識外，Wood等人（2015）建議應該更廣泛了解所服務少年的社區外，再加上學校社工師實務需求時，建議蒐集下列資料後，重新思考及詮釋社區與校園間的連結與資源網絡。

1. 社區客觀資料蒐集

透過官方統計數據了解社區（例如：人口組成、人口年齡分布、社經地位背景分析、職業類別等等）；區域內目前正在發展的地方政策與方案。可以廣泛了解社區的重要概況、家庭組成及學童狀態。換言之，了解派駐學區案主問題特質、需求類型及所需資源，例如：單親、父母外地工作、隔代教養、跨國婚姻比例較高，都要涉及到區域性福利需求的差異。

2. 校園（服務區域學校）客觀資料

建議學校社工師可以透過學校行政單位進行相關資料蒐集及分析，包含：學校組織（各處室、教職員配置、職掌、功能、軟硬體設備）、學生

組成（班級數、學生人數、特殊班、學生問題類型與人數）、家長特質（家庭型態、社經地位、志工人數、認輔志工人數、家長會）、社區資料〔社（學）區範圍、地理環境特性、文化特色、人口總數、里鄰數、居民組成、行政組織、民間機構等〕。

3. 蒐集社區資源資料

了解校內外資源現況及運作情形進行分析，了解資源特性、可及性、專業性，包含：機構專長的服務對象類型、特質及資格限制、實際可以提供的服務形式及內涵、付費與否、社工人員流動性及專業程度等，強調並非所有資源皆符合學校需求，也並非所有資源都可以被有效運用。然後，依照需求及資源評估的結果，建構以學校爲中心由內而外、可實際運用的資源網絡系統，而非僅止於靜態且書面的資源手冊。

4. 社區與學校的關係

透過滾雪球的方式，可以發現區域內有哪些正式及非正式資源，學校社工師應該蒐集資源所能提供的專業協助及相關組織網絡的資訊，包含：專業及非專業人力組成，處理學童問題的專業特質與特色。例如，社區少年福利服務中心雖然負責某個大區域的街頭少年服務，但是事實上可能對於其中某些街角及區域投入較多資源，掌握度相對較高；相對而言，也要了解各資源對於學校或學區的評價及過去合作經驗。

5. 系統性地蒐集在地人對於所處社區的評價

可以透過簡單的訪談或問卷，了解在地人對於服務的需求，對於現有福利服務措施的看法，對於未來社區或學校的願景。從這樣資料的蒐集，雖然不是客觀的社區資料，卻得以理解在地人彼此間的地緣關係（包含：所有次團體間的連結、合作與衝突）。同時，也可以了解在地人對於環境的歸屬與認同。問題舉例如下：

(1) 我認爲在上學途中走路是安全的。

(2) 我認爲晚上在社區中走路是安全的。

(3) 我覺得我居住的社區，周圍鄰居是友善的。

(4) 我認爲我的同儕在這個區域，常常有被攻擊的可能性。

(5) 我覺得學校對我是友善的。

三、以個案為基礎，進入與社區工作

第三階段才是開始進入社區工作，「**強化資源聯繫緊密度，活化資源網絡**」是工作重點。資源整合目的在有效地提供服務與滿足需求，其重點包含水平與垂直的整合，水平的整合是指針對相關資源進行結合；垂直的整合針對相同的服務對象與內容不同層級進行資源整合，交織水平與垂直的整合方能建構完整的資源網絡。

學校社工所要掌握的資源網絡，不是點狀分布、個別獨立機構的概念，而是應該有活化且全面性的網絡概念。其中包含3部分：

1. 建構以學生為中心的個別化資源網絡

社工師扮演校內外機構間溝通橋梁，整合對學校及資源對案主的全面性理解，強調期望資源連結可以達到事半功倍的功效。所有學校社工的服務源自於個案，所有服務的開端也是基於負責區域內學童的需求，因此，統整前述所有資料庫，建構以校園學童需求為核心的資源網絡概念，就成為學校社工師思考中應該建構的藍圖。

2. 提高資源網絡運作效能，降低資源間錯誤或過高期待，提高整體合作效能

校園社區資源的連結與運用常有許多困境，例如：社政系統與教育系統對於介入個案與預期成效的差異，如通報受家庭暴力個案是學校責任，但是，家防中心可能有其對學生個案的評估及介入，不代表通報後學生一定會被安置及轉學，更不代表案家（或施暴者）會有突破性的改變。同時，基於專業保密原則，也不會再對學校進行後續回報介入計畫，但學校卻常常期待掌握所有後續輔導歷程。相同的，「個案轉介並非轉案」學校對個案有持續輔導責任，校外資源只是針對案主特殊需求提供專業協助，不見得會有立即性的影響及成效。

3. 依照學生問題需求，進行外展工作

Baker（1995）認為外展工作（outreach）是社會工作師的行動，指在案家中或自然情境中，為他們提供服務與資訊，常見於以鄰里為基礎

（neighborhood-based）的機構中（天主教善牧基金會，2003）。學校社工應該針對流連街頭的逃學、逃家、虞犯少年等高風險群少年，在其主要聚集活動地區，透過主動接觸的方式，提供服務案主緊急救援、立即性服務與長期性服務工作，以主動發現與服務潛在性案主的服務方法與過程（胡中宜，2002）。顧名思義，外展社工主要工作是離開辦公室針對非志願性個案，到街角接觸服務對象，與案主一起工作（work with clients），又以特別需要或身處不利環境的青少年工作為最多，特別是針對沒有與家庭、學校聯繫的青少年，更應該扮演行動研究者的角色，思考及規劃適切的服務方案。

學生在「屬於他們自己的場域」時，較易解開心防展現真實的自我，舉例來說，在撞球場、公園、泡沫紅茶店等所遇到的個案，很少有人會立正說話或低頭不語，常出現的是高談闊論，言談之間「髒話」及各種「術語」常常脫口而出，這才是真實的他們，輔導人員必須與「真實」的案主一起工作。

外展工作的價值在於主動進入少年生活環境，看見少年需求，發展少年需求，並滿足少年需求（胡中宜，2002），其主要目標應該包含下列5項（天主教善牧基金會，2003），而運用在學校社會工作中，即以學生為主要對象：

(1) 尋求並發掘需要介入服務的青少年。

(2) 透過第一線的接觸了解青少年需要，並發掘青少年問題的癥結，使外展社會工作員能成為青少年發聲的管道。

(3) 預防青少年問題的發生與繼續擴大。

(4) 宣導青少年福利資源，並教導街頭少年如何使用福利資源。

(5) 針對外展接觸青少年的需求提供適切的資源與處遇。

外展社會工作者應該具備的能力，應該包含下列9項（天主教善牧基金會，2003）：

(1) 高度社交人際關係技巧，具備協調與溝通的能力。

(2) 具備能夠接納、同理、傾聽的助人技巧，以提供服務對象穩定的支持關係。

(3) 有幽默感，能以幽默的態度面對服務對象與社工員本身的處境。

(4) 有高度的觀察力，與對人的敏感度。

(5) 有充足的活力、體力與勇於冒險的精神。

(6) 有豐富的創意與創造力，不斷創造出能切合服務對象需要的服務方案與工作方式。

(7) 能與人合作，相互支援，具備進行團隊工作的能力。

(8) 能夠靈活運用社會福利資源，掌握並開發青少年所需的服務資源。

(9) 獨具慧眼，有特殊的眼光來辨識出我們所服務的少年。

四、發展校園或區域性需求的社區方案

依照案主群需求，規劃及設計需要的社區型方案。社區工作方法通常有一定發展的程序，然而，因應學校社工的工作特質，有些前後順序的修正，畢竟學校社工並非主要以社區為工作環境的工作者。首先，應該針對需要社區群服務的案主群進行問題分析與情境分析，也就是依照前述的社區與校園環境分析基礎，了解服務使用者的觀點及現有需求，評估必要性；其次，真有服務需求者確認方案假設及設定目標；第三，檢視各種可能的方案與選出最佳方案；第四，選定可以合作的社區據點、機構與組織，進一步發展行動策略，包含：做什麼（服務內容）、在何處做（場地安排）、誰做（人員運用）、如何做（運用什麼工具），以及何時做。最後，進行方案規劃的同時，需要考量短中長期的評估架構，任何校園社區方案源自於校園學童需求，短期（3-6個月）成效必須回應道學童及校園議題。

伍、學校社工常見的社區型方案

一、建構校園資源網絡

社區資源網絡的擴展、連結、整合、運用是學校社會工作師重要工作之一，藉由引進社區中正式與非正式的資源，針對學校、家庭及個案的問題及

需求，提供必要性及專業性的協助。建構校園資源網絡主要分爲三步驟，討論如下：

　　首先，「主動出擊」是社會福利資源建構的第一步，因爲學校長期習慣獨立運作的網絡系統，與校外系統的連結相對較爲微弱。針對社區內各類型機構進行主動拜訪及蒐集資料，了解機構服務內容、申請或服務流程、年度重點工作、可與學校合作推展的方案、機構對社區少年現象的解讀、主要聯絡人（或分區負責人）等相關訊息。

　　其次，運用滾雪球方式讓「資源帶來資源」的原理，不斷從拜訪的機構中尋找其他存在於社區的資源，特別是資深的在地機構。而透過不斷拜訪、探索、發掘的過程中，依資源多元性、區域可近性、案主需求性等原則建構資源網絡，強調機構間的聯繫及合作，縱橫向交織的立體網狀脈絡，發揮最大的效能。

　　將相關資源變成資源手冊、網站資源或單張，提供給有需要的教職員工、學生、家長運用。其中資源手冊中須詳細彙整所有機構的資料，含簡介、宣傳單張、機構刊物、工作表格及輔導室聯繫運用情形。資源單張，則是將緊急聯繫機構單位及電話，包含：機構名稱、類別及聯絡電話等基本訊息，印製廣發校內師生的資源資料，以利師生危機時的緊急運用。最後，則需注意隨時加強資源間聯繫及維護，以有效管理及運用資源。

　　社區資源通常可以分爲：**有形與無形資源**：有形的資源包含物力（土地、設備、房舍、器材……）、人力（領袖、專家、志願者……）；無形資源包含社會價值、信念、專業技術、知識概念、社會關係……等。**內在及外在資源**：包含學校內部資源，以及外部網絡的資源，包括在社區、社會、國家、網路、世界所可能存在的資源。**正式及非正式資源**：正式資源包含社會福利機構、政府、公司、法人、社團等具有實際機構及運作功能的單位；非正式資源則包含環境中非正式運作的志願服務者、團體、家長組織、導護或友善商店、社區耆老等等。**資源類別**：社會福利機構、社政單位、警政單位、衛生醫療單位、司法單位、心理衛生及專業輔導單位、慈善機構、就業訓練及輔導機構、傳播媒體。

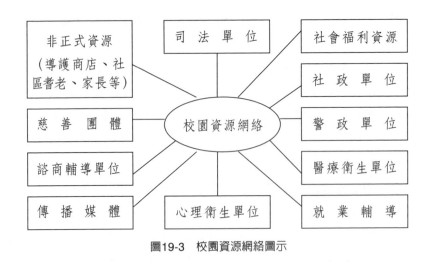

圖19-3　校園資源網絡圖示

二、檢視學生生活空間

　　檢視學生生活空間，應包含校園內的「校園安全地圖」及學區環境的「社區少年地圖」兩大部分。「校區安全地圖」或「發掘校園治安死角」目的在於減低校園安全死角，避免學生負向聚集場所，強化學生校內安全生活空間。實務運作上，通常可以藉由輔導活動課或班會時間，請學生提供有關於校園環境中常有抽菸、蹺課、打架等學生負面行為聚集的高風險空間，及較常被師生所忽視的黑暗幽靜角落。除可檢視治安死角外，更可以藉此宣導學生校園內外高風險環境評估指標，加強宣導自我保護及緊急求助管道，以提升學生危機警覺性。

　　「社區少年地圖」則是為了有效預防社區少年犯罪，可以由學校主動發起讓學生進行分析及思考，從中結合教育方案，除讓少年能夠對自己所居住的地方深入了解，進一步地與社區親近，嘗試體驗屬於自己生活環境中的情感與娛樂性、知識性、資源性的發現，提升青少年對社區環境的認知，並強化危機辨識及因應能力。同時也協助學校了解不同青少年類型，其生活與活動之不同傾向，並配合社區空間屬性建構更佳的學校與社區合作模式。另

外，也可以透過少年隊或少輔會對於社區少年犯罪熱點及聚集地的分析，理解高危機少年可能有的生活型態。

三、建立志工家長團隊

家長一直是學校所擁有的珍貴潛在資源，因此開發、建立及經營志工家長團隊，有助於校務運作及學生學習成長，通常包含導護志工、認輔志工、行政志工及其他專業志工等四大類。導護志工職責在於協助學童上下學安全；認輔志工協助學生輔導工作；行政志工協助學校行政業務推展，例如：圖書館管理、花卉園藝照料、刊物製作等等；其他專業志工，則指具有各種專業才能的家長志工，例如：律師、法官、會計師、社工師、心理師、建築師等等，通常在學校有需求時，請志工家長協助。

Stenzel and Feeney（1976）年指出志願服務者與專職工作者的差異，包含：志工並不是一個職業工作者，是無酬勞的，可以自由決定對組織提供多少服務時間，因為他們並不是以服務工作為職業的人，與機構內的工作人員具有不同的責任，不像機構內的工作人員要有在這個職務上所需具備的學經歷（曾華源、曾騰光，2003）。因此，需要運用不同的管理模式，其中曾華源、曾騰光（2003）曾將國內研究彙整為四種管理策略，筆者建議學校志工家長團隊多運用「投資策略」，強調志工專業成長、工作成就及自我成長；或者是「家庭策略」，強調以高度的關懷及情緒支持等情感因素，吸引志工持續投入，建立人際關係之間的親密、和諧、融洽。

四、外展據點工作

外展據點工作係為著重高風險群學生的輔導工作，強調走出校園、走入社區，於高風險群學生活動聚集地與青少年接觸，了解他們的問題及所需協助，如前文所述，在「屬於他們自己的場域」時，案主較易解開心防展現眞

實的自我，而輔導人員必須與「真實」的案主一起工作。在實務工作中通常包含四階段，了解高風險群學生區域活動特性、建立重點工作據點、與店家建立關係形成夥伴關係、擬定及執行服務計畫等。

於實務經驗發現，學生活動時間及地點皆有其**區域規則性**，因此觀察及蒐集高風險學生活動資訊，有助於外展工作的推展。以筆者的工作經驗曾發現，在7點至8點之間，部分較早出門而未到學校的學生，或下午放學1小時內，通常流連於網咖為最多；其次，「早餐會報」及「下午茶」時間，亦即上午8點至9點半之間或下午3點到放學期間，中輟生與瀕臨中輟學生通常會於學校附近早餐店或小吃店聚集較多（但生教組長或教官常巡邏的店家除外），這些學生也可以視為習慣性遲到、早退或蹺課的高風險群學生，早上時間討論的通常為「今天去哪？」之類的話題，而學生也在蹺課與否間產生良心的拉鋸戰；第三，中段時間，上午10點至下午3點間則以離學校稍遠的撞球場、網咖店、遊樂場所較多；最後，晚間則以學區附近夜市、公園較多，遊樂場所次之。當然還有一族群是不在公共場所活動的中輟生，通常在訪視上較為困難，需要同儕、家長、學生主動地提供訊息，而這類型案主的訪視工作危險性較高、問題複雜性亦較高，最好與導師、生教組長結伴進行訪視。當然，個別學區有其個別性差異，不能一概而論。

接者，學校社工師與輔導人員應該針對上述觀察結果進行**據點工作**，地點包含撞球場、網咖、籃球場、餐飲店、街角等開放空間，可供人員自由進出或逗留。藉由社工師實地觀察學生活動狀況，了解學童經常出入與聚集的場所，更貼近青少年；也藉此**與店家建立關係**，稱為布樁，減少學校與店家的對立，並評估未來發展方案的可能性，促使店家成為輔導工作的助力，**擬定適當的輔導計畫**。例如，筆者們曾於中輟生常流連的店家建立關係，並因應學生活動習性於店中進行定時（如每週一次）非結構式團體，針對中輟的學生族群進行輔導工作，直到學生返校復學或就業為止。當然，外展據點工作需依學生異動情形隨時開始運作、轉移、結束，強調機動性、個別性、多元性的服務機制。

五、社區課後照顧方案

　　學校輔導團隊在校園中，常常面臨到家庭課後照顧資源不足，以至於學生夜間缺乏照顧，流連街角而容易被犯罪集團鎖定吸收為成員，或成為被害者。以李孟儒、黃靖婷（2017）「黃家大院：特教學生社區課後照顧方案」為例，發現特教學生的課後服務中，現行法規上僅國小階段有「資源班身心障礙學生課後照顧班」，且多半為作業與學習的補充性協助，時間最晚到6點。國中階段的資源班學生在4點放學之後，僅能仰賴各校自發性的開辦專屬課後照顧班。然而，在沒有法源等於沒有財源的狀況下，這群國中的資源班或者臨界障礙的學生，多半只有學習型的攜手班可以參加，因此也形成社區中被害及遊蕩街角的成員。透過「新泰4D圓：區域中小學學生資源整合平臺」結合家長會經費支援，發展特教生課後照顧方案，包含：照顧學生基本生理需求、觀察學生行為模式並適時修正、延伸學生學習的學堂，並穩定社區據點成為學生安心求助的區域及志工（詳見第二十一章）。

陸、結語

　　「少年問題種因於家庭，顯現於學校，惡化於社會」，是常用來詮釋青少年問題形成的箴言。這句話誇大了家庭的缺損，低估了學校失功能的可能性，忽略了社會資源作為解決少年問題的潛力。不過，卻突顯「個人－家庭－學校－社區－社會」的密切關係。學校明白社區工作的重要，在社會工作師的協助下，也逐步摸索出與社區人士、機構合作的模式。然而，從目前所進行的社區工作內容來看，學校似乎較著重於「社區資源」的運用，或許這與需投注的心力最少，又能迅速處理好學生問題有關；相較之下，需長時間運作、經營，方能產生效果的「文化發展」與「社區變遷」，便顯得著力不足。展望未來，學校能夠三者並重並進，真正落實「學校－社區共同體」的理念，也只有如此，才能夠把學生問題的層次由「事後解決」改到「事先預防」。同時，也期盼有志於學校輔導工作的社會工作師，在充實學校社會

工作的專業技能之外，亦能對學校的校園文化、行政程序、教育法規及所處社區的環境特色，有所涉獵、有所了解，以利直接參與或間接結合學校輔導工作，為我們所服務的個人、家庭與社區，全力以赴。

參考書目

中文部分

天主教善牧基金會（2003）。青少年外展工作手冊。臺北：天主教善牧基金會。

天主教善牧基金會（2012）。街頭遇到愛：青少年外展工作手冊。天主教善牧社會福利基金會。

甘炳光等（1996）。社區工作──理論與實踐。臺北：五南出版。

何瑞珠（2010）。家庭學校與社區協作：從理念研究到實踐。香港：香港中文大學。

李孟儒、黃靖婷（2017）。黃家大院：特殊教育學生社區課後照顧方案。2017年臺灣學校社會工作學術與實務研討會，臺灣大學。

李易駿（2015）。當代社區工作：計畫與發展（4版）。臺北：雙葉。

林佳芬（2016）。幼兒園、家庭與社區：理論與實務。臺北：五南出版。

林勝義（2015）。學校社會工作概論：社工、心理、諮商的協作。臺北：洪葉文化。

林萬億、鄭如君（2014）。社會工作名人傳。臺北：五南出版。

侯雯琪（2006）。相識在街頭：外展工作對外展少年的影響。東吳大學社會工作研究所，碩士論文，未出版。

姚瀛志（2011）。社區組織理論與實務技巧。新北：揚智文化。

胡中宜（2002）。臺灣青少年外展工作現況、轉折與展望。載於中國文化大學社會工作系主編，當代臺灣地區青少年兒童福利展望（頁421-454）。臺北：揚智文化。

張怡芬（2001）。臺北市少年外展社會工作實務模式之研究。國立暨南國際大學社會政策與社會工作研究所，碩士論文，未出版。

曾華源、曾騰光（2003）。志願服務概論。臺北：揚智文化。

鄭如雅（2010）。社區工作者合織專業能力之研究。靜宜大學社會工作與兒童少年福利學系碩士班論文。臺中市：靜宜大學。

籃婉鳳、蔡舒涵、陳姵如（2014）。從校園走入社區──學校社工師社區外展方案初探。2014年臺灣學校社會工作學術與實務研討會，臺灣大學。

英文部分

Aldrson, J. (1972). Model of School Social Work Practice, in *The School in the Community*, R. Sarri & F. Maple (eds.) 151-160. Washington, DC: National Association of Social Workers

Press.

Allen-Meares, P., et al. (2014). *Social work services in Schools* (7th ed.). New York: Pearson.

Allen-Meares, P. (2009). *Social Work Services in Schools* (6th Edition). Englewood Cliffs, NJ: Prentice Hall.

Bronstein, L. R. and Mason, S. (2016). *School-Linked Services: promotion equity for children, families, and communities*. NY: Columbia University Press.

Epstein, J. L. (1998). *School, Family, and Community Partnership: Your Handbook for Action*. Corwin Press Inc.

Testa, D. (2002). Cross Disciplinary collaboration and health promotion in Schools, *Australian Social Work*, 65(4): 535-551.

Wood, J., Westwood, S. and Thompson, G. (2015). *Youth work: preparation for practice*. Abingdon: Routledge.

第二十章　與社區共生的工作取向
── 黃家大院：特教學生
　社區課後照顧方案

李孟儒、黃靖婷、蘇迎臨

「孩子們就像一顆顆鑽石，總有一個方向能閃閃發光，我們能做的就是不斷的打光和改變角度。」

—— 黃家大院固定師資／福營國中教師李宥霖

壹、前言

如本書第二章所述，美國學校社會工作者的前身——訪問教師（visiting teacher），受僱於地方的公共教育協會或婦女教育改革組織，負責訪問學校和家庭，以增進家庭、學校和社區團體間的了解與聯繫。隨著1920年代訪問教師的擴張，其功能也逐漸擴大，歐本海默（Oppenheimer, 1925）發現訪問教師的主要任務之一是學校－家庭－社區連結（school-family-community liaison）。寇思汀（Costin, 1969）提及早期訪問教師的任務是解釋兒童的校外生活，補足教師對兒童知識的不完整，協助學校了解鄰里生活，訓練兒童的未來生活。1960年代，學校社會工作者被賦予擔任學校－社區－學生關係的橋梁，學校社會工作進入社區學校模式（Community School Model），或學校－社區－學生關係模式（school-community-pupil relations model）的時代。當時，伊利諾州的學校社會工作顧問聶伯（Nebo, 1963）就強調學校社會工作者也是社區組織者（The school social worker as community organizer）。顯見，學校社會工作師連結社區資源，改善學童在家庭與社區的生活，彌補學校教育之不足，是其任務之一。

新北市的學校社工師作為學生輔導團隊中的一員，承擔著為學校盤整、連結與建構社區資源的角色，為每一個有需要的學生，創造與發展專屬的資源系統。社會工作師了解「人在情境中」，清楚生態系統的影響，清楚影響學生的每一個系統網絡，也清楚跨系統的服務脈絡，因此，整合網絡的力量承接每一個孩子的需求，是學校社工師無法逃避的專業角色。

本文即在此脈絡下，企圖以新北市大新莊區[1]所執行的「黃家大院：特

---

[1] 大新莊區為新北市教育局所畫分的教育行政區。從行政區來看，包含新北市的五股、林口、八里、泰山與新莊區。

教學生社區課後照顧方案（以下簡稱黃家大院）」來說明學校社工師如何從社區深耕，逐漸發展出與社區共生的方案。光華國小榮譽會長黃國峰先生自2008年起資助學校社工師，因應區域需求與黃會長的資助，學校社工師發展了「新泰區國中小九年一貫區域聯繫會報」來整合區域需求，並盤整補助款的運用與責信。2010年，方案轉型更名為「新泰4D圓：區域中小學學生資源整合平臺」。透過這個社區方案的基礎，大新莊區的學校社工師們得以無後顧之憂地實踐我們的事業使命。因此，取會長之姓，我們將此計畫命名為「黃家大院」。

隨著黃家大院的發展與成型，學校社工師也學習更加謙卑與開放，帶著社區的觀點，跟著學童而深入社區，逐步在社區中扎根，也為方案的生根努力。在方案滿週年之際，我們希望透過本文，爬梳整理出經由黃家大院所形成的工作途徑，為此方案找出扎根社區的運作機制。

貳、緣起：從個案服務中看見缺口

學校社工師在接受學校轉介、與學校共同服務學生的過程中，發現有一批在社區街頭與公園中的孩子，他們不逞兇鬥狠，但因在社區遊走而需要一些自衛的本事；他們只是想要有朋友，可是從校園到社區，總是在人群中被邊緣化；他們渴望舞臺，但這個世界好像忘記為他們留一個位置。這些是國中校園內的資源班或臨界障礙的學童們，他們是一群就讀普通班，但在學習上、適應上有明顯困難，因而需要特殊教育服務的學生。他們在正規學習中無法看見自己的優勢，日常的人際互動與學習團體規範不比一般學生容易，需要更多耐心引導和練習的友善情境。

當學校社工師企圖為這群學生媒合適切的課後照顧資源時，卻發現社區資源的不足。社區內的教會在嘗試接觸這群孩子時，挫折感重，甚至對部分學童開出了紅單，不再接受孩子參與活動。我們發現，這群學童在課後所需要的照顧無法用補習班、補救教學或其他以學習為主要目的之資源來滿足。這群孩子更需要的是有品質的陪伴，以及日常生活中的實際引導，讓他們得

以在具體經驗中學習，並看見自己也能真正做到、做好。

然而，除了社區資源中的匱乏，在現行相關的正式服務系統中，並沒有相應的服務。在針對特教學生的課後服務中，現行法規上僅國小階段有「資源班身心障礙學生課後照顧班」，且多半爲作業與學習的補充性協助，時間最晚到6點。國中階段的資源班學生在4點放學之後，僅能仰賴各校自發性的開辦專屬課後照顧班。然而，在沒有法源，等於沒有財源的狀況下，這群國中的資源班或者臨界障礙的學生，多半只有學習型的攜手班可以參加。

在課後照顧系統有限的狀況下，這群資源班或者臨界障礙的國中學童們，更多是選擇回到街頭與社區，甚或躲回更自在的網路國度。這群學童從街頭到虛擬世界，企圖爲自己找到同伴、找到舞臺、找一個可以安心的國度。

國中資源班學生在能力與人際關係上的弱勢，讓他們更需要一個相對友善與安全的環境來練習。因爲需求不會消失，不友善的環境也無法立刻改變，但透過回應需求的情境設計與方案規劃，則可以提供這群資源班學生一個好的人際互動情境，藉由提供他們被滋養與提升自信的成功經驗，進而將此帶回到家庭、學校與社區，展現出更佳的人際因應與自信。

因此，學校社工師運用對社區的熟悉與開創資源的優勢，企圖爲這群學童開展一個專屬的客製化服務方案。我們將這個方案目標設定如下：

1. 補足資源班學童的課後照顧服務缺口。
2. 擴展資源班或臨界身心障礙國中學童的課後生活安排與自我發展。
3. 提升家長對資源班學童的課後安排與參與。
4. 落實「社區化」的服務，並確保服務的可近性。

在這樣的目標之下，我們展開了黃家大院的堆磚砌瓦之路。

參、籌備：用社區的力量織一張網

一個方案的成形，除了看見需求，也需要現實的人力、物力與財力。新莊區的學校社工師因爲光華國小榮譽會長黃國峰會長的長年資助，透過「新

泰區國中小九年一貫區域聯繫會報」方案，十年以來不斷轉型深化對社區的耕耘與服務。不變的是黃會長願意照顧社區內學生的心，以及對於學校社工師提供服務的信任。在建構黃家大院的初期，便獲得黃會長的支持，讓學校社工師們更加戰戰兢兢，也更有信心地邁向目標前進。這麼多年來，學校社工師們也都謹記蘇迎臨社工師督導辛苦耕耘經營而來的夥伴關係與核心精神：「以學生為中心」與「客製化」，並且要記得「時間累積」而創造出的「社區性」服務。

　　面對著開創服務的空白，學校社工師因為打從臺北縣時期即採行的「分區駐校模式」（參閱本書第三章）所經營出豐厚的社區關係，便讓我們一步一步翻找出可以運用的資源，並且在資源的開發中，也企圖看到有可能長遠發展服務的合作契機。

　　在籌備階段，我們心念著孩子的需要，也擁有黃會長的信任與財力支持，自2015年2月起，我們開始勾勒黃家大院的雛形。學校社工師一開始企圖回到公部門尋求資源，期待靠著具體陳述制度缺口與學生需求，能夠獲得公部門的支持，給錢、給人、給空間。在初步敗陣之後，我們轉向豐厚而熟悉的社區，希望能夠透過民間的力量，尋覓一個能夠帶給資源班學生美好的小天地。然而，在一開始對公部門的倡議失敗之後，我們也帶著更大的心理準備，做好有可能找不到能夠直接承接此創新方案的社區單位，所以須有退而求其次尋找適合的場地的準備，由學校社工師另覓相關人力來規劃與執行此方案。

　　以下透過列表20-1來說明學校社工師盤整社區資源與籌備方案的過程：

表20-1

方案形成階段：合作對象盤整			
對象	合作考量	確認過程	結果
鄰里長	對社區內的資源清楚。	1.確認是否有社區內閒置空間。 2.確認是否有認識的社區人士能夠擔任志工。	引介學校社工師相關空間與人力，確認後續合作意願。

方案形成階段：合作對象盤整			
對象	合作考量	確認過程	結果
○○活動中心	過往為閒置空間，且一樓室外有一大區活動空間。	1.確認場地合作使用之可能性。 2.同步與教育局討論「交通車」之可行性。	二、三樓部分已經出租給幼兒園，一樓場地有固定租用單位，且有租借費用。
○○活動中心	有足夠活動空間。	確認場地合作使用之可能性。	活動中心內有圖書室設置，考量可能形成的噪音，因此未有合作規劃。
○○協會	當時正在規劃國中課後照顧方案，對動員社區資源有豐富經驗。	有意願將國中部課後照顧方案導向資源班學生，但機構空間與人力有限，需要學校社工師同步協助尋找相關空間與志工人力。	單位資源有限，因此未進行實質合作。
○○教會	對機構的評估：初到南新莊區一年左右，正在探索服務模式，有足夠教室與活動空間，教友中有高中職以上的資源班學生，對此服務族群友善。 合作期待：希望可以藉此發展出社區中的青少年據點。	有合作意願，並希望能夠深耕社區。提供獨立空間。	進行第一期黃家大院試辦。

　　在為期一年多的資源探索與方案細節修整中，我們看見了開創服務的困難，也一次又一次地被長官、夥伴與眾人提醒。然而，重重挑戰也難不過因為環境無法調整、資源無法到位，讓輔導團隊在一個又一個的事件與個案中

疲於奔命。學校社工師看著學生與學校對於資源的需求，更堅定地看見學校社工師在系統工作的專業角色與創造資源責無旁貸的專業使命。歷經一年多的堅持與對話，我們終於擁有一個「黃家大院」。

肆、開展：從社區撐出學校圍牆的小天地

社區資源就位後，方案有了初步雛形，學校社工師便回頭向學校說明，並篩選合適的孩子。我們在2016年的暑假開始了第一期的服務，從2016年7月至8月共執行5週。因為是第一期，我們定調為實驗期，目標放在方案的穩定。

學校社工師從自己所服務的個案裡篩選服務對象，並且與學校輔導處中的輔導與特教兩組共同合作，開始針對有身分及在社區中有風險的孩子們進行邀請與篩選。因應暑假期間年級的變動，加上考量方案正在試辦階段，以及暑假期間學生社區拉力提高的因素，因此在年級部分開放國小升國中確認報到者，以及國中畢業學生參與。在身分部分則納入目標學生之同儕或手足，且學習低成就者。以下為參與成員概況：

表20-2

項目	第一期學員基本資料（18名）						
學校	○○高中	11	○○國中	6	○○國中	1	
性別	男	10	女	8			
年級	六升七	4	七升八	5	八升九	7	國中畢業	2
障別／狀態	智能障礙	5	學習障礙	1	情緒障礙	1	疑似生	3
	自閉症	1	過動	1	學習低成就之同儕或手足		3

在暑假的方案中，我們除了與輔導團隊共同篩選成員，也從學校團隊中邀請願意不支薪上課的志工教師，並且爭取行政團隊的支持，共同為這群特別的孩子規劃相關活動。帶著學校輔導團隊的支持，學校社工師也帶著學生

的需求，與適合的老師們討論方案的目標定調在有趣、願意參與，並且提升自信與成就感。在考量老師們的專長，以及回應方案目標的前提下，我們的方案內容包含桌遊、趣味科學、美術與體育。師資來源列表如下表20-3：

表20-3

內容	身分
桌遊與小組時間	駐區社工師
趣味科學	福營國中輔導副組長
美術	福營國中資料副組長
體育	福營國中中輟替代役

表20-4

黃家大院第一期活動相關內容照片			
2016.7.27 社工師與團體成員說明集點卡與心願清單。	2016.7.27 體育：專心聆聽體育老師解說上課內容。	2016.8.10 趣味科學：成員認真調配自己的魔法水。	2016.8.3 美術：創意無限愛很大

　　透過暑假的試辦，我們看到成員在方案中的凝聚與彼此支持的力量，活動出席率也相對穩定。排除暑假課輔、中途報名，第一週出席率較低，源自於成員與家長對活動的陌生疑慮，於第一週之後，因成員間的口耳相傳讓出席率進入穩定階段。後段成員流失來自於成員在社區中的拉力提高。各週出席率分別為：

表20-5

日　期	7/27	8/3	8/10	8/17	8/24
出席率（%）	79	100	100	94.4	83

　　學校社工師除了維持與講師的溝通，確保方案內容回應學生需求外，在與機構合作上，也逐步探索發展出合作模式。機構在暑假期間的角色主要為提供場地，以及陪同參與。因為除了合作營建出黃家大院外，學校社工師同時期待透過此一合作催化出社區中的青少年據點。因此在黃家大院執行過程中，我們也開放機構的課輔負責人一同參與。

　　回顧方案，我們看到許多可以調整，作為規劃學期間方案的調整重點如下。

　　1. **聚焦服務對象**：暑期為了穩定出席，並且讓目標對象清楚服務內容，在成員的篩選上放寬資格。進入學期間後，成員也各自轉銜到新的學習階段，因此學期間不再招收未有正式資格的成員。

　　2. **招募陪伴志工並提高志工人力比**：暑假期間學校社工師可以分配較多時間比例在方案中，執行過程中發現學童對於活動的理解，以及個別狀況的陪伴需要人力陪伴。考量學期間的成員招收即將調整，因此也規劃在學期間招募更多志工人力來陪伴。

　　3. **方案活動內容著重讓成員提升自信與人際互動界線**：暑期間成員之間的陪伴與支持，讓社工師們對於此同儕團體的形成很驚訝，連帶也呈現在部分成員回到家庭與社區中的穩定度。依著這樣的成效，讓我們更希望透過黃家大院的服務可以提供學童一個能夠持續練習的友善情境，也從中有更多的學習與成長。

　　4. **與機構合作尚待明確**：由於機構仍在社區服務的摸索期，除了服務走向的不確定，對於社區內的學生也不夠熟悉。因此在方案過程中，偶爾會有機構藉由方案宣傳教會活動，或者以方案名義在方案以外時間聯繫學生與家長的狀態。透過一次一次的溝通，我們也在拿捏與社區資源單位相輔相成的平衡。

伍、成長：社區爸媽來守護

　　爲了實踐「整個社區都是孩子們的黃家大院」，也讓黃家大院飄散濃濃的「家」的味道，我們在活動設計及人力配置上，也規劃如何推進更多社區的力量，並讓社區伙伴的能量可以在此扎根。

　　基於暑假實驗期的方案操作，以及學期間需要納入晚餐安排，開學之後的第二期，學校社工師著手規劃與動員更多社區資源一起支撐這群學生。企圖維持1：3的師生比，讓第二期的黃家大院能夠更加長出「家」的樣子。在2016年10月到2017年1月的服務之前，我們將志工服務規劃爲A、B兩時段，並且搭配學期間從4點到8點，包含用餐到夜間的不同陪伴內容，將志工進行任務分組，並且安排兩次的培訓。

　　爲了動員出更多社區內的志工家長一同守護，學校社工師本著經營社區、挑動資源的專業，再次滾動社區的力量。

表20-6

方案成長階段：動員社區志工能量			
對象	合作考量	確認過程	結果
學校輔導處	1.有服務特教學生的經驗與技巧。2.熟悉特教領域的相關人力與資源。	招募課輔志工。召募照顧志工。	6位教師成為不定期的照顧志工。2位教師成為不定期的課輔志工。
學校志工媽媽	現有的社區人力資源。	確認是否能夠擔任志工。	2位定期志工人力。3位不定期照顧志工。
Teach For Taiwan 為臺灣而教	有對教育現場懷抱熱情的人力資料庫。	招募課輔志工。招募照顧志工。	協助發送招募消息。

方案成長階段：動員社區志工能量			
對象	合作考量	確認過程	結果
新北市特教資源中心	擁有特教相關資源網絡與動員能力。	尋找志工督導教師。招募課輔志工人力。	1.推薦特教系所進行合作討論。2.推薦志工訓練與團督老師。
○○大學特殊教育系	特殊教育專長。	招募課輔志工人力。	考量交通距離與鐘點費用而未有合作。
○○大學社會工作系	社區性大專人力資源。	招募志工人力。	2位定期照顧志工。2位不定期的照顧志工。
○○大學社會與安全管理學系	社區性大專人力資源。	招募志工人力。	1位不定期的照顧志工。
新北市西區輔諮中心	區域性人力資源媒介。	招募課輔志工人力。	長期課輔志工。
○○大學社會工作學系	學校主動尋求。	招募志工人力。	3位不定期的照顧志工。

　　通過以上資源盤整過程，黃家大院的志工團成長出了一定規模，來源涵蓋了大專院校、中學校園與社區志工。我們也終於能夠放心地在學期間展開黃家大院第二期的服務。在這個階段中，志工人力多元，同時有定期與不定期的參與，也開始讓學生們更有機會經歷與練習更多元的人際情境。我們第二期的志工成員如下：

表20-7

角色		人數	來源
課輔志工		3	西區輔諮中心 ○○國中專輔教師
照顧志工	定期	4	校園志工媽媽團 ○○大學社會工作系
	不定期	16	○○國小志工媽媽團 ○○高中志工媽媽團 ○○大學社會工作系 ○○大學社會工作學系 ○○大學社會與安全管理學系 ○○高中輔導處 ○○國中輔導處
值班社工師（含督導）		7	新莊區有推薦成員參加之駐區社工師

　　因應學期間白天還有學校課程，黃家大院便設計從放學後的4點開始。在黃家大院中，成員能夠在此共度晚餐，並且在晚餐之後，我們依舊安排了能夠回應學生需求的活動。在這樣的方案設計中，我們讓志工填寫能夠協助的日期與時段。學校社工師則根據志工特性以及能夠協助的穩定度，將志工進行以下分組與職掌分配：

表20-8

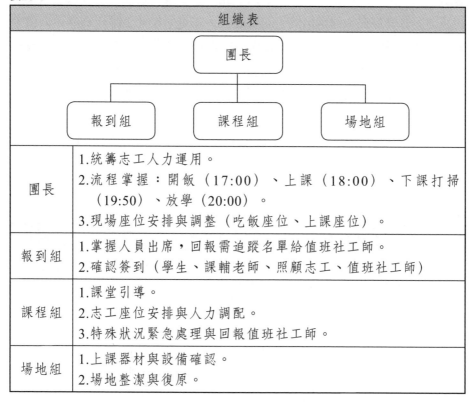

組織表		
	團長	
報到組	課程組	場地組

團長	1.統籌志工人力運用。 2.流程掌握：開飯（17:00）、上課（18:00）、下課打掃（19:50）、放學（20:00）。 3.現場座位安排與調整（吃飯座位、上課座位）。
報到組	1.掌握人員出席，回報需追蹤名單給值班社工師。 2.確認簽到（學生、課輔老師、照顧志工、值班社工師）
課程組	1.課堂引導。 2.志工座位安排與人力調配。 3.特殊狀況緊急處理與回報值班社工師。
場地組	1.上課器材與設備確認。 2.場地整潔與復原。

　　完備了志工的人力與任務分工之外，為了維護志工的品質與服務，在方案前由學校社工師進行方案說明，協助志工了解方案規劃的宗旨。其次，學校社工師也邀請到段傳芬老師為志工們進行志工訓練。在方案期間，學校社工師則邀請福營國中特教老師陳明媚老師協助進行志工團督。

　　除了額外集合式的志工訓練，學校社工師也運用了科技媒材作為經營志工團隊的重要工具。每週方案前，則由值班社工師在line平臺上回報當週出席的學生人數、志工名單等訊息，提醒志工出席，也讓各志工幹部們清楚當天的人力狀態。整體志工管理業務由方案負責人統籌，但各週志工出席與狀況由各週值班社工師協助溝通。

　　第三，學校社工師也設計了志工工作內容與角色說明單張。企圖透過文字的說明讓志工們有機會不斷檢視與複習，清楚自己在黃家大院中的重要性。更重要的是，學校社工師也不斷自我提醒，對於黃家大院中的「家」的

營造，確確實實源自於大批志工家長的關心、餵食與陪伴。這樣人與人之間的連結與真實存在，建構出院子的可能性，才是學校社工師作為專業人員需要建構與守護的天地。也透過這個院子的形成，我們能夠有機會帶領學校走出學校的圍牆，理解社區資源不只被動承接學校的需求，更能夠與學校共同形成合作聯盟，共同守護這群在校園中、在街頭上、在網路裡都需要被呵護長大的種子。

下表為志工工作內容的說明單張。希冀以此，我們與志工夥伴共創家園：

表20-9

時段	工作角色	工作內容	負責組別
課前	照顧學生「食」的專家	當日12:00向方案管理社工師確認數量，14:00進行訂購。	團長
A時段	照顧學生「食」的專家	1.便當送達後確認：數量、收據及收據抬頭。 2.發放便當：協助到達的學生及志工領取食用，缺漏者進行補訂。	團長
	穿針引線的專家	1.向值班社工師領取簽到退表格，並邀請到達的學生及志工進行簽到之工作。 2.先將學生的名牌、集點獎勵卡及相關資料準備於簽到桌。 3.協助「與先到達之學生」共同將課桌以安排至適當位置，過程可適時與學生互動並鼓勵學生。	報到組
	照顧學生「心靈」的專家	與學生話家常，了解： 1.過來的路程交通狀況，待會下課有無人接送。 2.今天學校發生的事情，開心的有哪些，不開心的有哪些？ 3.有沒有想先完成的功課？	團長＋所有志工

B 時 段	延伸課堂「學習」的專家	1.輔助學生聽懂老師的指令。 2.協助每一個孩子融入課堂。 3.穩定學生上課的情緒。	課程組
	創造「舒適」的專家	1.引導值日生、帶領大家進行場地復原。 2.與教會確認場地回復狀況是否ok。	場地組
	創造「信心」的專家	1.觀察學生上課表現，對良好行為予以肯定。 2.適時回饋給老師與社工師，即時予以核章。	課程組 + B時段志工

　　透過志工團隊的成長與組織化，我們在第二期的黃家大院中，總共服務了14名學生。與第一期重複的成員共計6名。未持續參加的成員包含參加鄰近課輔班、已經畢業、沒有正式身分等等。第二期學期間的開班，也讓學校更有機會推薦出更多有需求的學童，第二期的成員概況如下：

表20-10

項目	第二期學員基本資料（共計14名）						
學校	○○高中	5	○○國中	6	○○國中	2	○○國中	1
性別	男	9	女	5				
年級	七	4	八	3	九	7		
障別	智能障礙	11	自閉症	1	疑似生	3	聽力障礙	1

　　在活動的規劃上，採取信任專業原則。與講師溝通課程兩大目標：

　　1. 人際互動：包含一般人際互動與性別互動。起因於這個階段對同儕與人際的需求度大為提高，黃家大院的目標對象在人際技巧與互動經驗中也累積許多挫折與負向經驗。在這個相對友善的大院子裡，我們期待講師能夠提供符合學童需求與能力可理解的活動內容。

　　2. 自信提升：可以透過簡易手作、團體活動或其他相關活動，回到講師的專長。

　　除了活動之外，黃家大院內還進行了成員的分組機制，讓成員透過能力與特質特性的互補能夠彼此學習，也依分組進行每週值日工作，共同維持場地的整潔。其次，黃家大院內也持續進行集點機制，讓成員能夠有機會透過常規遵守、專注參與、相互合作與其他優秀表現獲取點數。

　　第二期黃家大院的出席率如下表：

表20-11

日　期	10/26	11/2	11/9	11/16	11/23	11/30	12/7
出席率 (%)	92.8	92.8	100	100	100	92.8	71.4
日　期	12/14	12/21	12/28	1/4	1/11	1/18	平均
出席率 (%)	78.6	64.3	85.7	50[1]	64.3	78.6	82.4

　　在第二期成員出席穩定度有更多個人、家庭、社區與方案合作模式帶來的影響，成員缺席之原因有：

　　1. **抽菸行爲**：導致家長限制參與活動。

　　2. **晚歸**：家長限制參加活動。

　　3. **蹺家**：擔憂行蹤遭合作教會曝光而缺席。

　　4. **社區遊玩**：在整天的課程之後，部分成員會在學校與方案的移動空檔溜走，尋覓既有同儕。

　　5. **其他**：畢業旅行、參加社會局尾牙、身體不適

　　在黃家大院中的成員出席與表現，值班學校社工師也會視狀況回報給各轄區社工師，再由各轄區社工師將資訊帶回學校，與學校輔導團隊討論個別學生輔導策略，也強化學校社工師開創此服務方案的初衷。在第二期的運作中，我們看見了黃家大院爲孩子帶來的改變：

　　1. **同儕人際需求被滿足**：在黃家大院中，成員之間呈現的彼此支持、理解，讓部分成員明顯地不再需要網友，降低了人際間被傷害的頻率，也提

---

[2]　本週五成出席率來自於九年級學生參與畢業旅行。

升同儕情感支持。其次，部分成員進行交往，滿足了成員對異性與愛情的期待。因於方案延伸的情感，也相對安全與可掌握，社工師亦能夠清楚關係的進展，並且能夠時時進行機會教育。

2. **促成國中新生轉銜**：透過暑假期間的方案執行，讓國中端能夠從暑假的方案經驗中，更多元地認識新生。新生進到校園後，也有了熟悉的師長，對於六升七的參與學童有了協助適應的轉銜效果。

3. **形成非正式支持網絡**：部分學童透過此方案，接觸教會也接觸了上帝，讓這些學童在課後時間與靈性層面有了更豐富的支持。

4. **回應方案目標**：我們踏實地創造了社區化的服務，並且透過學校社工師與學校團隊的合作，促成了孩子能成功使用服務。

透過兩期的黃家大院執行，我們有機會具體創造了社區化的服務，並且讓學生得以獲得足夠的同儕支持、大人關注以及被肯定的舞臺。這是我們看到黃家大院的重要成效。為方案的精緻與深化，我們也將分為4個部分說明方案的不足：

1. **經費**：在黃會長所提供的年度經費中，單單兩期黃家大院的辦理就已經使用了將近三分之一。回到資源分配的比例原則，黃家大院嚴重排擠了其他族群的經費使用。

2. **機構合作模式**：從第一期到第二期，黃家大院的合作單位很願意提供行政支持，並簡化流程。然而在與學生的關係拿捏上，以及實質上的場地安排，還是回到機構的需求為主。相較於過往學校社工師與社區資源合作的經驗，此次的合作中要處理的干擾因子與突發狀況過多，無法發展出穩定的合作模式。

3. **志工管理**：多元來源志工對於方案負責人來說，需要發展出更動態的管理機制，以及讓志工延展志工的動能。本學期發現學校社工師與志工的溝通機制不夠明確，導致志工在執行上的困難未能被即時處理。

4. **專案管理與工作團隊分工**：方案要能夠長久，需要建構穩定的機制，而不能回歸單一的方案負責人。也因此，我們在學期間嘗試了「值班社工師」的制度，希冀建構更明確的運作機制，並且讓機構與志工們更能夠自主運作。

陸、轉變：串起家庭、學校與社區的方案工作

　　隨著上述黃家大院在前兩期與機構合作模式之檢討與回顧，學校社工師在規劃第三期黃家大院時，便累積出了與學校、社區的合作經驗與動員能量。在這個動員的過程中，雖然間接成為了學校社工師在社區經營與學校團隊合作的成果驗收，但我們也在這個社區與學校資源翻攪促成方案的過程中，看見了在地性創新方案的無限可能性。學校社工師亦基於想要服務資源班學生的初衷，開創了嶄新的工作模式。

　　在這個工作模式中，學校社工師需要同時針對社區資源、志工團隊、活動內容與服務使用者進行經營、管理、溝通與服務，並且將服務的成果再帶回社區、學校與家庭。以下將針對第三期黃家大院在社區資源、志工團隊、活動內容與輔導團隊的操作進行說明：

　　一、社區資源：學校社工師針對合作單位，第三期的黃家大院中，我們因應過往機構合作的經驗，洽談過往合作多年的單位「中華培愛全人關懷協會」尋求合作。在第三期的黃家大院中，我們獲得了獨立的空間，讓孩子可以安全而舒適地享受被照顧與教導的情境。

　　二、志工管理：因於第二期方案執行過程中，針對志工特性進行了分組與職掌分配，志工更清楚與熟悉自身的角色與任務。此外，基於與學校社工師共同努力服務孩子的成功經驗，共有四位第二期的志工於第三期繼續與我們一起守護孩子。加上實習社工師的加入，在第三期的黃家大院中，我們有了固定且優秀志工團隊。

　　（一）志工組織架構再調整：透過擴張組織，讓志工們對於黃家大院中的任務更有概念，並且練習分項領導。下圖20-1為第三期擴充後之志工分工，獎勵組與團長祕書為第三期新增。

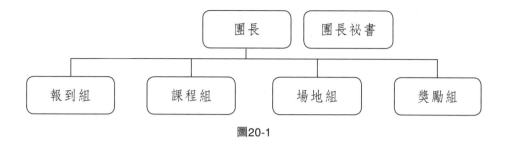

圖20-1

（二）志工團督：學校社工師針對志工團隊規劃了兩次的志工團督，目的除提升黃家大院工作團隊（含社工師、陪伴志工與課輔師資）的溝通品質，同時解決志工在服務中的問題，提升工作團隊的熟悉與信任感。志工團督的設計上，第一次我們邀請了駐站在新莊國中的學校社工師林佳怡為志工們分享自閉症、智能障礙等學童的特性與互動技巧，讓大家在擔任志工時可以更加有信心。在第二次團督中，我們與志工們一起細數在黃家大院中自己的學習與成長，並且也逐一討論每個孩子。透過對話，更清楚每個孩子的進步，並且更凝聚照顧每一個孩子個別化需求的共識。

三、活動設計：考量特殊生較易暴露在人際、身體與金錢的風險中，需要更多耐心引導以及練習的友善情境，在第三期的活動安排邀請師資延續上學期的人際與兩性議題，並且新增了理財主題，協助成員在金錢使用上更有概念。活動中，除了概念的簡化教導，更透過具體的操作性練習，讓孩子得以在經驗中學習。除了活動的設計與安排，我們也透過集點制度與心願清單的機制，協助成員更能夠融入團隊與活動中，能更練習與發展好的行為模式並且累積成就感。

四、輔導團隊：如同前幾期的黃家大院，值班社工師會視學生需求，將黃家大院中成員出席與表現回報給各轄區社工師，再由各轄區社工師將資訊帶回學校，與學校輔導團隊討論個別學生輔導策略。例如，在第三期的黃家大院執行期間，有多所學校輔導團隊與學校老師以「在學校表現好，就能去參加黃家大院」作為穩定及提升成員在校表現的誘因機制。看見孩子對「喜歡來黃家大院」的認同，同時能作為強化孩子學習動機的方案，讓學校社工師更加篤定開創此服務方案的初衷。

透過第三期工作模式的建構與具體的方案操作，第三期的黃家大院共有

以下的成果說明。我們共計服務15名學童,概況如下:

表20-12

項目	第三期學員基本資料(共計15名)							
學校	○○高中	4	○○國中	3	○○國中	2	○○國中	2
	○○國中	2	○○國中	2				
性別	男	9	女	5				
年級	七	6	八	4	九	5		
障別	智能障礙	14	自閉症	1				

各週出席率分別為:

表20-13

日期	3/22	3/29	4/5	4/12	4/19	4/26	5/3	5/10	平均
出席率(%)	86.6	86.6	80	93.3	86.6	80	80	93.3	85.8
日期	5/17	5/24	5/31	6/7	6/14	6/21	6/28	平均	總平均
出席率(%)	100	100	92.8	100	92.8	78.5	100	94.8	90

　　第三期的成員出席情形分兩階段進行說明,第一階段為前半期（3/22～5/10）,此階段有一名成員皆穩定且熱衷參與前兩期黃家大院,第三期方案開辦時經篩選後亦符合方案所要服務的目標群體,然而該名成員因在社區逐漸不穩定、在外連結複雜友人,方案負責人與主責社工師討論透過保留該成員於黃家大院的名額,希冀能作為穩定孩子在校及社區表現的誘因,後因該名成員仍受社區不穩定因素的影響而無法回歸學校及方案,由方案負責人與主責社工師討論,不再保留名額等待該名成員,故於5/17開始的下半期（5/17～6/28）,整體出席率呈現大幅提升的趨勢,整體出席率自前半期間的85.8%,至後半期已提升至94.8%。

柒、誕生：與社區共生的工作取向

　　行文至此，我們想試圖呈現從一年三期的黃家大院中，如何透過服務特殊生的過程與社區共舞，爲社區的孩子留下一個專屬的大院子。

　　我們在前面透過一期又一期執行說明與成果，企圖讓集衆人之力的美好有機會被一一理解與品嘗。更重要的是，學校社工師也在方案執行的過程中，看見了一條最美好、但是也最辛苦的道路。

　　我們透過從學校與社區中去翻滾出能夠一起撐出黃家大院的課程老師與志工團隊，而不是像一開始一樣希冀找到一個單位，提供穩健的師資甚或外包方案。這樣的運作方式正考驗著學校社工師經營社區的功力，我們必須擁有攪動學校與社區的能力，才能夠在學期間邀請願意額外付出的老師，安排出一整個學期每週一次夜間6點到8點，能夠回應學生需求的活動。也需要擁有感動學校與社區的熱忱，才能擁有大量志工的加入，爲黃家大院拉出1：3的師生比，營造出大院的溫馨與幸福。

　　學校社工師不是爲了炫耀自己經營社區的實力而如此運作黃家大院，更重要的是，我們看見了從社區滾動出的人力，是會長久待在社區中的正式教師和社區居民。當他們在一期一期的工作中越來越看見一起守護學生的價值，並且清楚其中的運作模式，學校社工師就真正成功地創造資源，並且將資源留在社區當中。專業人員會流動，也有可能消失，但社區永遠都存在。這是身爲學校社工師的我們，永遠對社區謙卑，並且知道爲什麼在一期又一期的執行中，要牽引更多人力一起進場，讓機制更爲完整的理由。

　　我們創造的黃家大院，只爲在社區中穩穩扎根，並且永遠都在。因爲，「家」就是無論外面有多少風浪，只要我們需要，回頭就在，也足以滋養我們的地方。黃家大院就是新莊地區國中資源班學生在社區中的家，也是學校社工師社區工作的新一代代名詞。因著學校社工師清楚社區才是我們服務孩子的根本，我們認識、連結、運用、經營、互惠，並且跟我們的服務對象一樣被社區滋養。

　　黃家大院從試辦開創期到轉變期，至今能更臻成熟與穩定開展。感謝我們從學校社工師這個專業的位置上擁有了此一集結衆人之力共同照顧社區孩

子們的機會。走過了三個階段的黃家大院，我們也看見了一年三期滋長出來的一串串美好果實。以下將以學校社工師的觀察與看見爲主軸，我們要從個人、家庭與學校來看見，如何透過方案的成熟運作與社區共生。

一、社區裡的個人

黃家大院讓身在其中的學生們得到關懷、照顧與陪伴，奠基在從社區挖掘出的資源，有一個自在能夠被陪伴、被鼓勵與成長的空間。我們看到黃家大院的孩子對這裡高度認同，我們看見了孩子在這裡被穩穩承接，想要的心願也有學校一起在這個場合，依孩子們的好表現與集點制度，使其心願得以實踐。

透過黃家大院，這些孩子們回到「孩子」的位置，無須承擔與憂慮，只要好好被照顧、好好交朋友、好好長大。我們在黃家看到的孩子是：

1. **喜歡來大院，對大院高度認同**：孩子會說：「我是黃家大院的」、「我想帶xxx來黃家大院」，在同儕間塑造出了羨慕能夠去黃家大院的氛圍。有成員曾經詢問志工團長能不能週一到週五都有黃家大院？另一名成員於學校希望學校老師能在4點準時下課，這樣才能準時參加大院的活動。

2. **學會「爭取表現」**：在第二期成果展時，孩子臨時想要上臺表演，結果因爲臨時而覺得不滿意。第三期的第一週，孩子就來爭取期末成果展要表演，很期待在這裡有所表現。除了成果展的上臺，還有看到成員們於活動中搶著幫準備播放投影片的老師關燈。孩子們因爲被肯定、知道會被看見，在黃家大院每一個環節裡，盡力爭取自己能夠做到的，哪怕只是關燈這麼小的動作，都全力以赴。

3. **願意「看見別人」、「關心」大院其他的成員**：在第三期中，學校社工師觀察到成員之間呈現彼此支持、理解不斷，例如熟悉大院、已參與過兩期的成員，主動關心第三期才來參加大院、學習上較需引導的學弟；也有參加過三期黃家大院的成員主動在關心在大院鬧脾氣的成員，跟著社工師一起關心、釋出同儕的力量。

4. **學會分享與共好**：第三期的黃家大院，表現最積極、獲得最高集點印章的集點王成員，就有反應願意把點數分給同組對於集點較少的成員。我們看見成員學會分享，不會因為看到別人不好而落井下石，或是因此覺得自己可以驕傲，反而會想要與大家一起共好。

5. **成員發展「同儕拉力」**：在大院的成員，也形成了在社區不穩定時的另一股拉力。第三期黃家大院期間，有位成員因蹺家翹課，同校一起參與黃家大院的成員很認真地拉著他，到黃家大院打電話叫他來。值得一提的是，拉著不穩定成員的那名成員，亦是第二期黃家大院結束時，不穩定成員自己主動向社工師推薦的孩子。

6. **看見自己的優勢，提升「同儕情感支持」**：參與過三期黃家大院，同時也是9年級畢業生的成員，於2017年6月28日的成果展上發表的畢業感言[3]提到，他在大院裡學會勇敢，也很開心能夠幫助他人。他指出可以幫其他同學的忙很開心，因為在學校他沒有機會，同學會怕他幫倒忙。但在黃家大院，他可以照顧第一次來大院而緊張、害怕的學妹，拉著她、提醒著她，減緩她第一次來大院的緊張樣子。

7. **人際需求被滿足**：成員除了在大院中展現美好的認同與人際連結之外，走出大院，部分學生也因而能夠降低上網找網友的行為。孩子即向自己的主責社工師說了：「我來黃家大院交朋友就好了啊！」我們也很明顯看到孩子在就學期間的穩定行為。

踏入社區，孩子們擁有更遼闊的天地，憂慮與潛力都自然存在，也能夠好好被引導與發展。擁有社區的開擴，每一個獨一無二都能美好成長。這些美好成長也回饋到學校社工師平時的個案工作中，並且發展出運用方案服務學生的工作取向。

我們回到個別學生評估時，會從個人、家庭、學校到社區進行完整生態觀的評估與介入計畫擬定。適合推薦進入黃家大院者，也會讓服務個案的團隊知悉，清楚設定透過黃家大院想要為個別學生促成的改變。並在一週又一週的方案進行中，學校社工師會掌握學生在黃家大院的狀況，除了當下值班

---

[3] 詳見附件一。

社工師的處理會清楚讓主責社工師知悉，主責社工師更會透過學員在黃家大院中的表現回饋給學校輔導團隊，進行後續的關心或鼓勵。社區中孩子的成長的軌跡，學校社工師不只是看見，也提醒著孩子。讓這些孩子在這裡看見自己的確有所進步與成長，並且透過黃家大院，我們亦催化學生之間的正向互動。其次，學校社工師也將這些帶回學校與家庭。我們一次又一次串接，孩子一步又一步的成長，使更多大人發現這些孩子他們做得到。這是透過社區中的「家」，個人得以被更全面地接納與滋養，也是學校社工師所想要的「個人與社區的共生」。

二、家庭在社區裡

從孤軍奮戰地拉拔孩子，而後家長們透過黃家大院，看見了社區的力量如何巨大。看見了自己的孩子擁有歡笑、鼓勵、進步與認同，家長從不知道把自己的孩子送往何處的憂慮，到一聽到社工師的電話就知道是黃家大院並且爽快承諾接送。因為黃家，我們看見不同的家庭的表現。

1. **跟著孩子進步的腳步而進步**：看見孩子們課後有學校社工師與社區志工一同照顧著孩子，家長們都很放心讓孩子來這裡，也有部分家長開始負起了於大院放學後接送孩子、保護孩子上下課安全的責任。

2. **用盡全力的行動**：第三期的成果展中，各學校人員（校長、輔導室主任、輔導教師）和部分家長都來共襄盛舉，現場更有5位學校校長出席的盛況。看見孩子認真招待每位來賓，來賓一進會場就分別被不同任務的孩子包圍，引領入座的、招待茶水的、關懷問候的……。成果展中，成員一個又一個接續上臺完成表演，皆讓學校人員與家長看見孩子在這裡的進步與成長。值得一提的是，有名成員的父親一下班、結束保全工作後就趕來參加成果展，身上的制服仍未更換，雖然遲到了，但卻誠意滿滿。

透過方案，家長體會到了伸出手一起合作的美好。不再把壓力全扛在自己肩膀上，也不再只是外人眼中那個不夠用心、不願負責的家長，更是被承接與理解的辛苦的照顧者。銜接社區之力，我們真實承接住一個家庭，也帶

著家庭一起支撐孩子的成長。

　　隨著方案而現身的家長，對孩子個人有著非常重要的鼓勵作用。因為很長的時間裡，家長的現身都是要處理不好的事情，但走進黃家大院，現身是關心、是鼓勵、是欣賞。關心是來接送，鼓勵是開始參與課後時間的安排，欣賞是看著孩子原來能夠站上舞臺。學校社工師只是一次又一次傳遞孩子在黃家大院中的美好訊息，期待著加溫每一個家庭與孩子的關係與連結。家庭的鬆動，也同樣對學校與團隊是重要的訊息。在這些正向循環的加成中，學校社工師看見了一個被社區承接的家庭，原來就能夠展現出滿滿愛的能量。

三、學校是社區的據點

　　處於社區的學校，是學校社工師的娘家與本，我們因為身處其中，看見學校就是社區中重要的據點與資源。在黃家大院的成長與茁壯裡，我們大量地植基在校園內豐厚的熱血教育魂而長出一堂又一堂美好的活動，從白天延燒到晚上，讓孩子看見學校老師原來如此可愛、親切並且足以陪他們長出前進的力量。在社區中的承載，也化為學校裡更細膩深化的服務，為輔導團隊打開了對孩子不同的視野。串起學校與社區，學校社工師每天進出的學校大門成為通往幸福的通道。黃家大院讓我們看到：

　　1. **更多來源的師資與社區照顧力量**：第三期黃家大院的師資來自頭前國中、福營國中、丹鳳高中及學校社工師的社區友人，相較於第二期有更多學校老師願意一起來照顧這些孩子，也讓我們看見用社區力量照顧孩子更多的可能性。

　　2. **學校提供獎勵品鼓勵大院的孩子**：學校端在第三期的黃家大院皆各自提供了孩子心願清單的獎勵品，也有三個學校是為所有孩子提供獎品。值得一提的是，丹鳳高中的洪嬿玲老師在丹鳳高中沒有任何學生上臺表演的狀況下，仍自己掏腰包為上臺的孩子提供獎品，鼓勵願意勇敢上臺表演的孩子。

　　3. **學校志工長出社區志工，並爭取更多資源**：第三期的黃家大院，志工團團長主動幫黃家大院爭取更多資源，不論是上課時間孩子的點心、便當的

調整、自掏腰包出白飯的錢（原先一個孩子一個便當，但是志工團長看見孩子吃不飽，就自己多付錢買了白飯）。同時，團長也讓我們的志工團督有了免費的好場地。另外，獎勵組的志工媽媽組長在課程間發現獎勵孩子的集點章沒有墨水時，亦自掏腰包提供了獎勵章。

4. **自動加時的志工陪伴**：來自大專的志工由於大學課程因素，僅能參與B時段的課輔，然而，在期末課程結束之後，志工開始提早至A時段就來當志工。同時，志工亦用心地準備客製化又精美的獎狀，在成果展時頒發給孩子們。從中，我們看見社區志工在大院裡不僅是完成自身的任務，還願意在大院中幫忙更多、幫忙大院爭取更多資源的可能，也主動在很多面向協助大院的孩子們，真的把大院的孩子們當成自己的孩子。

學校是在社區中相當重要的據點，不只是為方案帶來滿滿的能量與資源而已，也更真切地可以照顧孩子一整個白天，時間達8小時。透過黃家大院，學校不再只用學校作為一種制式、封閉的系統的觀點去看待學生，而是跟著學校社工師的腳步，一步一步地踏出了學校的圍牆，看見了一個美好的改變的歷程。並且隨著孩子進步的腳步，學校也更深地踏進黃家大院，帶來了更多資源與促成孩子改變的空間，也把這樣的經驗帶回圍牆中的校園，帶給孩子們在學校中亦有不同的視角與練習的可能。學校成為社區重要的據點，並且是創造美好改變的漣漪，一波接一波。

在黃家大院裡，學生找到「學習的意義」，家長找到參與子女學習活動的機會，學校驚喜於自身作為社區成員的認同感，社區看見自己扶持弱勢居民的能量。因於黃家大院，原本各自存在於社區中的個人、家庭跟學校，有了美好的交會。透過學校社工師運用方案的攪動，個人、家庭、學校與社區之間有了越來越多連結與美好，於是我們看見了社區集眾力讓孩子得到了全面照顧的見證。

我們也看見好環境如何真正引領一個孩子成長與蛻變，這是學校社工師撼動系統、橋接本是各自獨立的單元，來照顧一個孩子的堅持與專業的體現。也是我們從黃家大院中學到的，與社區共生的工作取向，亦是專屬於學校社工師的社區工作模式（參考本書第五章、第二十章）。

捌、推廣與限制

　　作為學校社工師，社區是我們絕對重要的根本。因為沒有社區，學校社工師無法完整服務每一個孩子。然而，發展中的學童，也絕對需要來自家庭、學校，乃至社區的完整教育與照顧。黃家大院的運作，正是學校社工師結合個案、團體與社區工作三大工作方法，以及運用實務工作企圖進行倡導與政策的改變。也因此，黃家大院絕對能夠被複製在每一個角落，因為其中所運用的，都是每一個社工人從接觸社會工作第一秒開始就被教導的專業，包含直接服務與間接服務的相關知識與技巧。然而，黃家大院的複製，卻也高度考驗著社會工作者的專業，以及實務工作實踐的深度。

　　我們認為，黃家大院之所以能夠成功運作，有幾個重要的原因：

　　1. **掌握需求**：學校社工師基於「分區駐校模式」，我們不只是服務個別學童，也走進社區中看見學生在社區中的遊蕩與慌張。因此，我們知道社區中的孩子需要什麼，而不只是從家長與老師的觀點來服務孩子。

　　2. **深入校園**：「分區駐校模式」讓我們跟區域內的學校能夠發展出團隊工作模式，並且清楚校園系統內的相關法規、政策與資源。藉此我們能夠知道資源的缺口何在，並且也有能夠初步動員的資源匯集點。

　　3. **深耕社區**：新北市學校社工師因為發展十多年，面對著整體臺灣社會普遍對「社會工作師」的陌生與不了解，我們有機會爭取到社區中的重要仕紳願意支持。專業的操作與執行不見得能夠為社區所理解，但隨著學校社工師在社區中為孩子的奔波與努力被看見，我們也經營出專屬的資源網絡。

　　4. **團隊工作**：國民教育法第10條修正後，專任專業輔導人力增加。新莊區完備6位學校社工師的編制，這樣的人力配置有助於社區方案的發展；也正是因為這樣的人力規模，我們才能夠穩定地提供黃家大院的服務。

　　以上4點，從社會工作的角度來說都是基本的，卻也是採用「分區駐校模式」服務學童的學校社工師，比較能同時具備4項條件而能有機會創造的方案。我們也樂見黃家大院能夠遍地開花，為更多資源班的學童所服務。

玖、結論與反思

　　因爲長年來需要爲孩子、家庭與學校促成資源到位，學校社工師深知一個方案的成功，絕對是在不斷溝通、彼此分工、補位合作的狀況下才有可能。黃家大院也是在集結眾人之力，才成功形成了一個社區中美好的小天地。

　　我們自己享受了其中的美好，也感謝教育局開始看見，並且投身參與。在我們即將開展的第四期黃家大院，成功獲得了教育局挹注經費來進行。我們也本著社工人對制度公平正義的追求，期待更進一步，倡導出國中資源班學生的課後照顧相關辦法與財源，希冀爲全臺灣更多有需要的孩子預備好足夠資源。

　　我們也期許自己，身爲一個學校社工師，能夠不斷謙卑反思與行動，持續不斷地以學生爲中心、植根於學校、關心家庭、胸懷社區，聆聽學生與學校的需求，爲這些需求找到足夠承接的力量，並且也向外持續地發展、經營、創造出豐厚的社區網，讓每一個孩子都能夠從家庭、學校到社區被穩穩承接，健全長大。若有更多夥伴願意一起投身，我們都歡迎一同加入，彼此扶持與提醒。

參考書目

英文部分

Costin, L. (1969). A Historical Review of School Social Work, *Social Casework*, October, 439-453.

Nebo, J. C. (1963). The School Social Worker as Community Organizer, *Social Work*, 8: 1, 99-105.

Oppeneimer, J. J. (1925). *The Visiting Teacher Movement with Special Reference to Administrative Relationships*, (2nd ed). NY: Joint Committee on Methods of Preventing Delinquency.

附件一：黃家大院成果展畢業生致詞全文

　　「老師、同學好，我是惜惜，我從八年級暑假來黃家大院時，我很害怕，因為我後來才加入，也不認識其他同學，也不敢跟他／她們聊天與玩樂，最後有人慢慢地跟我講話了，我心裡面有一點害怕，最後告訴自己說不要再害怕了，像跟學校同學聊天一樣就好了，社工看到我跟黃家大院的同學聊天，給我比一個讚，我覺得很開心，因為社工覺得我有踏出一步了。

　　後來繼續來黃家大院是因為，是有一個社工告訴我表現很好，我可以繼續來黃家大院，也可以跟同學一起聊天、一起玩樂等之類的，蔡社工跟我說：妳不是勇敢跟同學聊天嗎？而且妳跟同學玩得很開心不是嗎？我想想在那裡交到很好的朋友，有善良的人，所以我很喜歡來黃家大院了。

　　在黃家大院我學到勇敢跟同學聊天跟保護自己等之類的課程，我印象深刻是蔡社工叫我去找學妹吃飯，我跟學妹講說：先不要玩手機，大家等妳一起吃飯呢，學妹願意讓我拉著她，因為學妹好像我以前第一次來的很害怕的樣子，我可以幫她，也不讓她很緊張的樣子，我覺得很開心，因為可以幫其他同學的忙。因為，在學校我沒有辦法，因為同學怕我幫倒忙。

　　我要感謝蔡社工，因為我做錯時，蔡社工會跟我講道理，她不會對我指指點點的，會跟我好好講，還有其他社工謝謝你們的照顧，因為我有時候會鬧脾氣，你們也會好好跟我們講道理，也謝謝你們的付出，陪伴我們玩樂，一起吃飯一起玩樂，胡爸爸、何爸爸、簡媽，謝謝你們陪我一起吃飯，邊聊天，也陪我們到畢業，謝謝大家。」

　　#畢業快樂

第二十一章　打造一個校園的實體照顧網絡
——以新北市學校社工師實物銀行方案爲例

林佳怡、鄭紓彤、蔡舒涵、盧筱芸

壹、方案緣起

一、從學校社工師個案與社區工作方法中看見需求

食物安全（food security）在工業先進國家似乎不應該是個議題。但是就美國經驗，農業部估計在2013年時，至少有14%的家戶處在食物不安全（food insecurity）中。意即，由於家戶缺乏足夠的金錢或其他資源購買食物，導致家戶成員必須減少飲食模式正常的飲食量，或減少飲食的次數。其中，黑人家戶高達26.1%、西班牙裔家戶23.7%，女性為戶長的單親家戶更高達34.4%（O'Leary and Frew, 2017）。可見，食物不安全有族群、性別的顯著差異。

為了解決食物不安全問題，美國政府祭出補充營養援助方案（Supplemental Nutrition Assistance Program, SNAP）（前身是Food Stamp Program），針對婦幼外加孕婦、嬰兒與兒童補充營養援助方案（Special Supplemental Nutrition Assistance Program for Women, Infants, and Children, WIC），以及針對學童的國家學校午餐方案（National School Lunch Program, NSLP）。美國總計有4千7百萬人接受SNAP援助。

即使政府提供最後一道防線的食物救濟，滿足人民免於飢餓的基本需求。但是，食物不安全問題仍然繼續存在，原因是有些人無法滿足食物援助方案的低收入戶資格要件，而得不到固定的食物救濟；政府的食物救濟方案提供基本需求，不見得能滿足家庭成員的特殊需求；政府的食物救濟無法因應突發的需求。基於此，由非營利組織所發起的食物銀行（food bank）就成為補政府食物救濟不足的最佳選項。第一個食物銀行於1967年創始於美國的亞利桑那州（Arizona）的St. Mary's Food Bank Alliance。之後，世界各國紛紛響應。法國在1984年，義大利、英國均在1989年創設，而食物銀行在2007年的全球金融海嘯之後增加速度飛快。

目前各國實物銀行大致有兩種模式：倉儲模式（warehouse model）與前線模式（front line model）。前者是募集大量的食物，儲存於大型倉庫分類管理，再依需求的單位申請，發送食物到各湯廚（soup kitchens）、遊民收

容所、育幼院、學校、安老院、身心障礙機構等，供有食物不安全的家庭享用。後者是募集到食物之後，直接發送到需求食物的家戶、無家可歸者、機構等，或者接受需求者前來申領，因此，其規模較前者小。臺灣的食物救濟由來已久，最常見的是廟宇普渡、拜拜之後，將祭品捐給弱勢家庭。過去較少以定時定點定量方式募集食物儲藏於倉庫，用以救濟窮人。最近食物銀行已遍布各地，不只是各縣市民間組織爭相創設食物銀行，也組成協會推廣交流；如同其他國家經驗一樣，臺灣的食物銀行已經不只是提供食物，也擴及供應其他家用品，例如：棉被、衣服、熱水瓶、廚具、家具等物資。

　　另一種新型式的食物援助是待用餐（suspended meal），源於義大利拿波里（Naples）的待用咖啡（caffè sospeso），當人們遇到好運或荷包有錢時，會於喝完咖啡之後，順便預付幾杯咖啡錢，提供給沒錢可以進到咖啡店喝咖啡的路人。這種待用咖啡演變成待用餐，在世界各地流行。臺灣的待用餐包括待用便當、待用麵、待用早餐等多樣形式。

　　學校社工師在服務學生的過程中，運用個案工作介入學生與家庭，進行評估與服務，雖然學校社工師主要是協助排除影響學生在校生活適應與受教育的干擾因素，但往往會發現學生或家庭的問題產生是源自於他們最基本的生理需求未被滿足。因此，學校社工師為達到工作目標，連結學校與社區資源，先滿足服務對象基本需求後，再漸漸延伸滿足其他層次的需求，以改善學生家庭議題。

　　當學校社工師發現學生及其家庭有基本的物質需求時，往往會開始盤點學校或社區中的資源，連結能夠滿足學生與家庭物質需求的資源單位，進行小型的募資工作。但有時學校社工師服務區域內的資源不足以應付學生、家庭需求，而導致學校社工師在連結資源或募資工作上受到阻礙，這時若單單只依靠駐區學校社工師一人去克服這些困境，對學校社工師來說是不斷削弱服務效能與工作能量。另外，學校社工師在評估學生、家庭所需資源時，看見學生成長發展階段所需要的資源，或是家庭經歷特殊事故，而需因應其特殊物資的需求；這些成長發展階段或是特殊事故所需要的物資，往往在一般社會福利體系中很少被提供出來。

　　學校社工師根據這樣的服務經驗，彼此激盪出可以運用學校與學生的力量互助合作，觸發不同區域學校間資源共享的創意發想，將每位學校社工師

從事的資源連結、小型募資工作擴大，形成區域性的共同工作模式，提升學生與家庭在發展性需求上的被滿足機率，降低學校社工師在各自服務區域內單打獨鬥耗能的狀態，增加學校社工師工作的服務效能。

二、從學校社工師區域工作模式中看見期待

「一個目不識丁的父親，因為能力受限造成管教方式的失衡，學校社工師介入後，發現家徒四壁的他們，就算申請政府的修繕補助費用也緩不濟急，而二手家電也不適用在沒有電的家中。這名需要腳踏車代步找工作的父親，以及需要洗熱水澡的孩子，促成了八里區學校社工師的短期募資計畫。」

「颱風天前夕，家家戶戶都在囤積糧食，因為相關單位的物資補給有申請期程，讓學校社工師趕在颱風登陸之前，替山上好幾戶有著生病長者或幼童而需要生鮮食材的受服務家庭，找到可以幫忙提供生鮮食材的單位，讓這些山上避颱的家庭不只是可以吃飽，還能吃到營養！」

「一個想跑步的田徑隊孩子，吃著家裡買的即將過期的麵包，體貼又熱心的他讓教練很心疼，一直希望他可以吃點肉類或高蛋白食物，而學校社工師於參與募資活動時，請老師幫他留下了高蛋白營養品，讓這名努力不懈練跑的男孩，不只可以吃飽、補充體力，還能長出肌肉！」

學校社工師在服務的過程中，發現不同的學生在成長階段上有著多元的需求。透過上述的案例更可以理解，在自我成長與發展的階段上，學生或家庭需要多元且具個別化的物資來強化、滿足不同發展階段、情境中的需求。學校社工師團隊集結這些經驗並腦力激盪，希望可以在進行服務時，實踐客製化的實物供給，延伸短期募資方案，從學校內學生的需求出發，運用募集學校自身的資源，回饋到學校內學生的身上，縮短申請的時間、即時並客製

化滿足學生的需求。

　　但在學校場域中工作，不可能僅靠學校社工師就可以促成此種想法的實踐，學校中的行政組織也扮演很重要的角色。因此，學校社工師團隊將這些想法，概念化為一份具體的方案計畫書，透過向行政組織的說明，與其討論要達成這些目標彼此間可能需要相互合作與支援的部分。就因為有行政團隊的支持，以及學校社工師把個案、社區工作擴大模式化，讓學校社工師實物銀行進而成立、運作。

　　學校社工師實物銀行讓學生透過互助及分享，不僅是食物，也包含其他生活重要的用品，促成學校間的互助合作、資源共享、啟動善的流傳。除讓捐贈的學生體驗生命互惠的感動，也能建立生命教育存與領的儲蓄概念，這也是學校社工師實物銀行的核心理念。本方案自105年10月開始啟動，進行了需求調查、募資、於105年12月底正式進行發放，至106年8月已將近半年。由於申請物資踴躍，相關學校亦有意願繼續進行募資活動，106年上半年繼續進行著每月一校的募資活動，並同時持續進行物資發放作業。

貳、需求與資源分析

一、現有資源無法個別化滿足學生及其家庭需求

1. 公部門資源多限定身分別

　　目前公部門所成立的食物銀行，提供服務的對象均是已列冊具有福利身分的家庭或個人，如低收入戶、中低收入戶、身障或獨居老人。對於經濟邊緣的家庭沒有辦法立即提供協助，更遑論針對青少年、兒童成長需求的物資。

2. 私部門實物銀行資源多著重於家戶內的物品

　　以目前最大的安德烈食物銀行為例，雖然學校可以協助學生申請食物包，但食物包內容仍以需要烹煮的食品為主，對於居住空間僅是幾坪的小套房，或家內沒有廚房、烹調工具的家庭來說，這些需要煮熟的食品就相對不

適合供給；但學生在成長發展階段上，也不適合天天食用乾糧，因爲成長中的學生需要大量營養的食物來幫助發育，大量食用罐頭或乾貨類食物將會導致營養素不足而影響生理的成長。

3. 缺乏針對社會參與需求的滿足

就過往學校社工師的服務經驗，有些家庭即便再窮困，也不願家中的孩子感受到與其他學生的差異。曾有學生家長尋問學校社工師是否能募集一個生日蛋糕，讓孩子也能夠體會到與家人或朋友一起過生日的喜悅，這類特殊需求的物資並不容易在一般性的食物銀行尋找到資源。

綜上所述，雖校外社區資源有實物的提供，但往往以普遍性物資爲主，造成有時無法因應各個家庭獨特性而延伸出來的個別化需求，故學校社工師實物銀行期望針對不同家庭及學生進行客製化，並強化社會參與延伸出相對應的服務。

二、家戶需求與學生成長需求有落差

在學校社工師服務學生及其家庭的過程中，可以明顯地發現家庭的需求與學生個人成長需求是相當不一樣的。大部分服務的家庭常表達只有吃飽、穿暖的需求，但一位正在成長發展的學生，除Maslow提出基本吃飽穿暖的生理需求外，還有Erikson提出的其他發展任務（Robert J. Sternberg／陳億貞譯，2002）需要受到滿足，例如：自我心理發展、融入群體、參與社群、身體生理發展等需求。這群發育中的學生特別容易飢餓，在正餐間常需要其他能量補充，譬如餅乾、點心、保久乳等等；同時，進入青少年階段的學生因爲賀爾蒙分泌旺盛，貼身衣物的換洗、清潔也相當重要。而這些需求與家戶中的基本需求有極大的落差，也因此不容易媒合到合適正處於此發展階段學生所需要的資源。

三、資源需求即時性與共享性

學校是社區中相對具有大量資源的場域，學校的資源來自於學校人員長期與外界社區單位的合作。當學校內學生在提出需求後，每次皆需要向外界資源進行連結、媒合的動作。再加上，政府部門常限於法令，資源供給緩不濟急，導致無法即時地提供學生及其家庭所需。另外，都市型學校相較於偏遠學校資源來源廣泛；而偏遠學校學生家庭物資需求較多，但可運用資源卻相對貧乏。因此，學校社工師根據在學校場域的觀察、評估，發想出將學校的資源留在社區網絡內，透過整合所有學校能夠提供的物資，創造出一個資源共享平臺，讓所有學校社工師服務的學生、家庭，甚至是學校提出需求時，能更加快速、即時並客製化地供給、回饋到學生、家庭與學校中。

參、方案理念及目標

一、理念

（一）教育性：如何助人及自我成長

1. 在募資時融入學校宣導或班級課程，提醒學生當自足時能夠在可以負擔的程度下協助他人，並協助他人所需，而非隨意地捐助。

2. 因為學校社工師在學校的教育現場，因此，面對學生所提出的需求為非必要而是想要時，能與輔導教師或導師合作，協助學生運用己力滿足己欲的教育意義。

（二）在地性：區域內的孩子就近協助

由於新莊區的學校數多且鄰近，社區中的學生可能會不斷地轉換學校，在過往的輔導人員會議中，不斷倡議社區的小孩就是學校的小孩。因此，每間學校的資訊是可以共享的，孩子的服務是立基於彼此的信任而可以順利被銜接，不會因為轉換學校或成長階段，服務就因此中斷。

（三）互助性：校際間的合作

　　學校均各自擁有自身的資源，若藉由跨校間的互惠、互助，能夠更迅速地將資源提供到合適的學生身上。同時，當這些共享資源被各個學校啟動滿足學生、家庭需求後，能夠觸發更多學校願意提供自身所有擁有的資源，讓整個社區網絡間的學生、家庭均能受惠。

二、目標

（一）個別化學生與家庭需求

　　學生成長上的需求常非家庭需求的第一順位，因此，學校社工師需要能即時地評估學生在成長上的需要，如成長型內衣、乾淨的內褲及襪子、生理用品等，同時，面對家庭極為需要的食物，如麵條、罐頭甚至是清潔用品等，透過全面的評估，結合學校社工師實物銀行，可提供家庭及學生適切的物資資源。

（二）即時與緊急補充

　　公部門的資源從申請到正式領取需要一段申請程序，常緩不濟急。而學校社工師實物銀行能在長期物資尚未到位前補充。舉例來說，當學生家中失火後，若隔天要上學，學校社工師能夠連結學校內物資，如書包、運動服，而其他不足部分，如內衣褲、襪子就能即時從學校社工師實物銀行獲得補充；或學生家庭被房東趕出來搬到套房居住，受限於住所環境，家庭會需要特殊煮飯電器，如電鍋、電磁爐，以及食用物資，也可以透過學校社工師實物銀行補足；甚至被獨留的小孩從學校打包營養午餐，但回家卻面臨沒有可以加熱的工具，可以結合學校社工師實物銀行，申請安全的加熱器材，同時由學校先指導學生如何使用，確保學生返家後可正確地安全使用，並獲得熱食充飢。

肆、方案執行

　　本方案主要是希望經由學校間的互助，服務學生及其家庭所需；透過各校需求評估、結合教育的校園募資活動，以及發放物資等過程，秉持立即性、客製化與富教育意義的理念，執行學校社工師實物銀行方案。以下分點說明本方案之執行狀況：

一、尋找服務運輸地點

　　本方案在發想階段就獲得[1]新北市西區學生輔導諮商中心（以下簡稱西區輔諮）的大力支持，將倉儲設立在西區輔諮，許多行政庶務工作也獲得西區輔諮的協助，讓學校社工師實物銀行得以順利、持續辦理下去。但在後續的管理與物資發放，因涉及社會責信，且本方案非屬西區輔諮的業務，因而均回歸到[2]大新莊區學校社工師團隊進行。

二、物資需求調查

　　需求調查的方式從三個面向進行：

（一）學校社工師在第一線服務學生發現的需求

　　從過往的個案工作中分析學生的需求，發現除了基本的食物外，學生在成長階段，因容易感到飢餓，需要在餐與餐之間充飢的飲品、餅乾。同時，乾淨的內衣褲、襪子甚至是成長型內衣、生理用品等，也都是此階段學生的需要。

---

[1]　新北市西區學生輔導諮商中心：依國民教育法第10條修正，新北市成立學生輔導諮商中心，並依區域畫分，分爲東、西、南、北4個中心。
[2]　大新莊區：依新北市教育分區，大新莊區包含：新莊、泰山、五股、林口及八里區。

（二）了解曾經進行短期募資方案的學校社工師經驗。

八里區及林口區學校社工師，在進行實物銀行方案前，曾進行短期募資，提供學生需求。

（三）透過問卷進行需求調查：

1. 問卷設計

（1）內容

從食、衣、住、行四大類別需求設計題項，同時詢問接受調查的學生所能捐助的物品，主要目的在於避免烙印，以及提高學生投入募資意願。

（2）施測對象

① 標的成員：有常態性物資需求，且沒有接受政府經濟補助的人口群，包含中低收入戶、早午餐補助（排除低收入戶）、導師主動提出有需求學生。

② 對照成員：為避免標籤、廣泛性蒐集需求與可捐贈的物資內容，納入對照成員為施測對象之一。

③ 呈現方式

依學生年齡分為文字版及注音版，在注音版附上圖片、調整語句及指導語，以符合學生可理解的內容。

2. 施測方式

為提高有效問卷數量，由各學校社工師與學校討論最適切的方法。

（1）國中組

① 統一施測：對於需要施測學生人數不多，且受測學生理解程度相差不遠者，採用將所有符合施測條件的學生於統一時間、地點進行一次性的測驗。

② 分別寄送：將問卷放入信封後，由學校社工師統一向各年級導師說明，再由導師發放給各班級學生並收回問卷。問卷上放有指導語，提醒學生如何作答。

（2）國小組

① 分年級施測：因國小低中高年級理解程度差異甚大，因此有些學校

採用分年段進行測驗，調整指導語以利學生理解。

　　② 個別指導：有些學校因需要測驗學生人數太多，因此挑選高年級學生進行測驗，並運用大量的志工進行一對一的指導。

3. 問卷調查結果
(1) 調查人數與回收率

　　問卷共在新莊區7所國中小（新莊國中、新莊國小、昌平國小、榮富國小、福營國中、丹鳳中學、光華國小）進行，總受測人數為1,138人，在各校行政單位、職員及導師的大力協助下，回收率達9成。

(2) 學校社工師發現「有需求」的問卷共達411份

　　① 食：有19名學生表達沒有吃飽，另有71人食用過多的罐頭食品。

　　② 衣：有35名學生僅有2件以下的內衣可以替換；59名學生僅有3件以下的內褲可以替換；153名學生僅有一雙鞋、沒有多餘的鞋子可以替換；44名學生沒有足夠的保暖衣物。

　　③ 住：73名學生沒有專屬自己的棉被。

三、招募參與學校：學校社工師促成學校參與

　　1. 運用需求調查數據：從需求調查所得到的數據與學校討論目前校園內學生的需求，讓學校了解學生需求的多元性。

　　2. 從過往的服務經驗：學校社工師在促成學校願意參與的過程中，也運用了過往各校在服務學生所運用的資源連結。強調募資的內容可以同時使用他校的資源，有資源共享的效果，同時也有即時性的效果。

　　因此參與需求調查的7間學校均願意參加募資的活動，但考量物資存放空間以及物資使用的緩急程度，與新莊國中討論後，新莊國中將於105學年度下學期進行募資，其餘的6間學校都在105學年度上學期進行第一次的募資行動。

四、進行募資

（一）募資清單整理

從問卷調查、過往短期募資，以及學校社工師個案工作經驗統整出募資內容，共分為四大類：1.食品類、2.衣物類、3.生活用品類、4.家電鍋具類，同時考量到倉儲設備，食品類不募集生鮮類食品；衣物類考量私密衣物的衛生性，僅收全新衣物；家電類因多數的家庭可能居住於套房內，電費以及電路的安全都需要小心考慮，因此也僅收全新的家電和鍋具。

（二）募資學校與募資內容分配

學校社工師分析過往募資學校募集的數量與物資內容，與問卷調查結果評估各校能夠提供的物資內容，安排各募資學校分別募集不同的物資，避免相同物資大量湧進學校社工師實物銀行，反而造成物資的浪費。

（三）各校募資方式

1.配合入班宣導：與學校輔導教師合作，搭配輔導活動領域的生命教育課程，進行入班宣導、教育，從課堂教育延伸到實際進行募資活動。

2.全校性宣導：多數學校採用全校性的宣導，利用升旗、朝會活動時間，輔以影片、書面及口頭宣導方式，單次宣傳募資活動，鼓勵全校師生一同來響應。

（四）募資成果

從六間學校共募得4,500件物品。

五、物資發放

申請方式

1.申請單位：由學校人員填寫申請單，經過學校相關主管機關核章後，交由駐區學校社工師進行家庭評估，向學校社工師實物銀行審核小組提出申請。

2. 申請流程：如下圖21-1

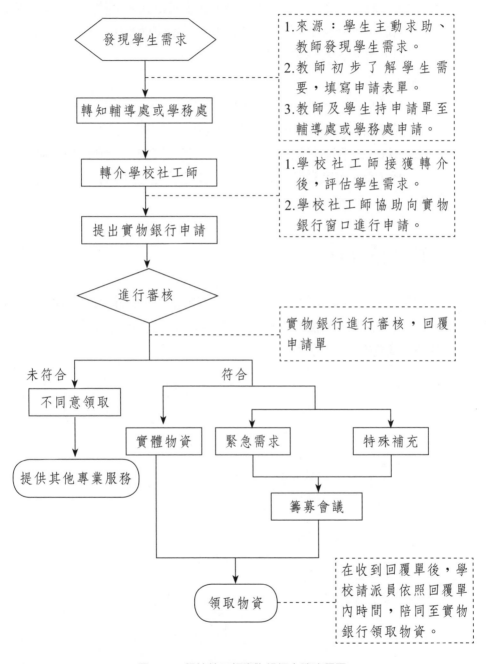

1. 來源：學生主動求助、教師發現學生需求。
2. 教師初步了解學生需要，填寫申請表單。
3. 教師及學生持申請單至輔導處或學務處申請。

1. 學校社工師接獲轉介後，評估學生需求。
2. 學校社工師協助向實物銀行窗口進行申請。

實物銀行進行審核，回覆申請單

在收到回覆單後，學校請派員依照回覆單內時間，陪同至實物銀行領取物資。

圖21-1 學校社工師實物銀行申請流程圖

3. 申請及領取注意事項

(1) **申請時限**：爲了達成目標的即時性，盡可能在一個禮拜內完成申請及領取。另針對非常特殊緊急的需求，則可向學校社工師實物銀行管理工作小組[3]提出申請。

(2) **領取**：

① 領取時間：每週三的下午1點30至4點30分，遇颱風、寒流、節慶或學校社工師全體研習等特殊狀況時，則開放時間會有所更動。

② 領取人：因倉儲地點在學校內，考量校園安全，領取人限制爲學校人員，若家長或學生前往領取亦需學校人員陪同。

六、特殊性募資

針對學校社工師實物銀行內沒有庫存，或非常態性募集的申請物資，便屬緊急需求或特殊補充類型，則可經由籌募會議流程進行個別化、特殊補充。籌募會議流程，請見圖21-2。

---

[3] 詳見本文伍、方案管理之說明。

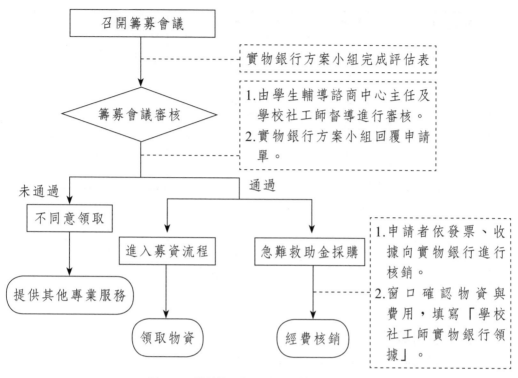

圖21-2 學校社工師實物銀行籌募會議流程圖

　　106年5月進行一次特殊性募資，此次募資有感服務之家庭平日皆忙碌於生計，對於學生營養甚或是有無飽足都較難關注，且適逢佳節期間會有許多慶祝活動，期透過端午節慶之籌募活動，除讓家庭感受過節氣氛，也可提升社會參與，以及確保家庭在連續假期間有足夠的糧食可食用。以下大略說明本次特殊補充籌募執行狀況：

（一）需求調查與規劃

1. 預計每一家庭申請一份粽子，一份以5顆計算。
2. 由新北市學校社工師進行全市需求調查，調查結果如表21-1。

表21-1 需求調查表

編號	申請區域	申請份數（份）	合計（顆）
1	三重區	2	10

編號	申請區域	申請份數（份）	合計（顆）
2	土城區	8	40
3	板橋區	29	145
4	三鶯區	6	30
5	北新莊區	7	35
6	南新莊區	70	350
7	樹林區	28	140
8	五股區	4	20
9	林口區	32	160
10	八里區	32	160
總計		218（份）	1,090（顆）

（二）進行募資

1. 籌募期間：106年5月15日至106年5月23日。

2. 募資方式：

(1) 從學校出發

　①結合學校資源：學校幫忙尋找志工隊媽媽的協助幫忙。

　②學校協助尋找在地資源：尋找到山腳社區的協助。

　③借助學校網絡：學校協助聯繫、媒合可以合作之廠商。

(2) 在地社區資源利用：新莊區學校社工師原有合作的在地商家進行提供。

3. 募資成果請見表21-2。

表21-2　募資對象與募資數量表

編號	募資對象	募資數量
1	新北市培力園	40顆（素粽）
2	山腳社區	200顆（葷粽）
3	花菓山開發貿易有限公司	250顆（葷粽）

編號	募資對象	募資數量
4	軒泰食品有限公司	600顆（葷粽）
合計募集數量		1,090顆
需求數量		1,090（顆）

（三）發放方式

為了確保每顆粽子都是在新鮮、可食用的情況下分送到家庭，因此，學校社工師實物銀行管理工作小組訂定發放注意事項：

1. 當日9:00贈送單位送至新北市西區學生輔導諮商中心進行整理。

2. 為確保食品安全，預計開放領取時間為：9:10-10:10。

3. 請協助發放之學校人員或學校社工師當日必須自備保冷袋或保麗龍箱。

4. 務必於中午12:00時前發放完畢，以確保食品脫離冷藏之安全期間。

（四）發放時間

106年5月26號當日早上10點半前已完成所有的發放。

七、執行結果檢討與修正

從105年12月底開始進行物資的發放，到106年2月止，已發放近2,200多件物品，許多品項已發放完畢。因此，學校社工師實物銀行於105學年度下學期開始籌畫第二季的募資活動。因有第一次募資的經驗，學校社工師實物銀行管理工作小組進行檢討會議，讓105學年度下學期第二季的募資活動能更具制度化。

（一）公版宣導簡報與宣傳單的產出

根據第一次募資情形，各校發展出不同的宣傳模式，但有時仍會與學校社工師實物銀行的目的及募資內容有所出入，因而學校社工師實物銀行統一製作第一版的學校社工師實物銀行宣傳單（圖21-3、圖21-4）及宣導簡報。

（二）募資時間調整成每月一次

在第一次募資期間發現：1.食品類的到期時間相近、2.倉儲空間有限。因此，調整成以每月募資一次為原則，確保食品類物資的新鮮度，也避免湧入大量的物品而無法進行儲藏。同時每月也可以更新物資缺少狀態，依據現有庫存進行募資內容規劃，避免某些物資長期短缺，如保久乳。

（三）募資清單依申請狀況進行調整

每月募資前會進行盤點工作，確認當時倉儲內短缺的物資，針對每月申請需求量較高的物資進行募資。

（四）募資期間人力管理

募資學校會與駐區學校社工師討論如何進行募資與安排入庫時間，盡可能將入庫時間安排在實物銀行開放時間，減少西區輔諮的行政作業；另，管理工作小組也會依據學校募集的數量，調派足夠人力協助入庫。

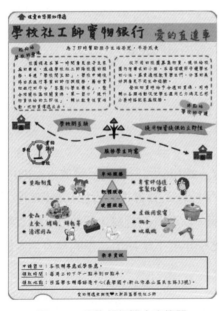

圖21-3　實物銀行簡介宣傳單

圖21-4　募資宣傳單

伍、方案管理

新北市學校社工師實物銀行為大新莊區學校社工師團隊工作方案之一，團隊工作內部可分「方案管理者（CEO）」、「儲備幹部（MT）」與「一般學校社工師（SSW）」（圖21-5）三種角色，以下根據此三種角色來說明本方案之管理情形。

CEO	MT	SSW
・統籌管理 ・對外窗口	・志工管理 ・文件處理	・值班 ・支援

圖21-5　學校社工師實物銀行團隊工作角色職責

一、學校社工師實物銀行管理工作小組

學校社工師實物銀行除了申請、值班外，仍有大量的行政工作，包含每週的報表統計、進出貨管理、值班人員詢問物資分類等等問題，這些亦屬於學校社工師實物銀行管理工作小組的工作內容。另，學校社工師實物銀行管理工作小組會定期召開小組會議，討論與調整未來工作方向。

（一）方案管理者

方案管理者就如同企業界的執行長（CEO），統籌管理整體實物銀行方案的運作，其亦是學校社工師實物銀行的代表人物、對外的聯繫窗口，所有對外的溝通、協調主要由方案管理者負責，也因此方案內的執行工作、規劃與物資歸類，皆由方案管理者進行最後決策，確保對內外皆有統一的標準，進而促進方案運作的流暢度。

另外，每月物資清點與學校募資入庫，或是特殊性補充募資中的大型募資與發放活動所需的人力配置（以學校社工師為主），也是由方案管理者統

籌召集與安排工作會議時間。每週實物銀行開放時間，方案管理者也會依照當時物資庫存與申請狀況，臨時交辦值班人員工作。

（二）儲備幹部

新北市學校社工師實物銀行是區域性的工作模式，方案規模相對大，若僅靠方案管理者一人執行是相當艱辛的，且方案需要傳承、持續運作下去。因此，方案管理者會領導數名儲備幹部，組成方案管理工作小組，共同維持整體方案的運行。儲備幹部如同執行長的祕書、左右手，主要協助方案進行文書的處理，以及志工人力之管理。

儲備幹部會於每次管理工作小組會議結束後，整理會議內容與繕打會議紀錄，方案內所需使用的申請單、領取清冊、募資清冊、值班手冊、志工手冊、籌募會議評估表、經費核銷單據、公版募資簡報、宣傳文宣等文件，也是由儲備幹部進行統一的管理與修訂。每週實物銀行開放前，儲備幹部會將申請案件與申請內容進行彙整，並將檔案交給當日值班人員，也會將實物銀行最新進出貨清單一併交由值班人員登打，事後儲備幹部會依據最新進出貨清單庫存資料進行雲端庫存資料的更新。

在志工人力管理部分，儲備幹部主要是志工人力的聯繫窗口，統籌志工值班時間的安排，以及整理志工對實物銀行的回饋與建議，作為方案管理小組檢討與修正的依據。

二、學校社工師分工

（一）服務區域之申請窗口

每位學校社工師均為各自駐站及支援學校的申請窗口，當學校發現有需求之學生或家庭，可將填寫完之申請單交給該區學校社工師進行評估，學校社工師可以進行家庭訪視與晤談來進行評估作業，評估後於申請單上填寫所需物資，再進行審核，確認通過後方能回覆申請者物資領取時間。

（二）實物銀行值班人員

每週發放時間均有一名大新莊區學校社工師進行值班，值班人員於值班

時間進行物資發放、清點庫存、將即期食品放入即期櫃中，並轉知學校社工師實物銀行管理工作小組公告，以及整理環境，維持整潔。

陸、方案成果

一、募集與發放成果

　　（一）募資成果自105年12月起，從丹鳳高中、福營國中、榮富國小、昌平國小、新莊國小、光華國小，到106年，由麗林國小、新莊國中、丹鳳國小募資，共募得5,798件物品。

　　（二）常態性的物資申請作業，截至106年6月，共有133個家戶受惠，提出申請之學校共有33間：

　　　新莊區：新莊國中、福營國中、丹鳳國中、頭前國中、新莊國小、中信
　　　　　　　國小、中港國小、豐年國小、新泰國小、昌隆國小、光華國
　　　　　　　小、榮富國小、丹鳳國小、思賢國小。

　　　泰山區：義學國小、義學國中。

　　　五股區：五股國小、成州國小、德音國小。

　　　林口區：林口國中、佳林國中、麗林國小、林口國小。

　　　八里區：八里國中、米倉國小、南勢國小。

　　　樹林區：樹林國中、彭福國小、山佳國小。

　　　三峽區：三峽國中、龍埔國小。

　　　瑞芳區：澳底國小、貢寮國中。

二、深化個案工作

(一) 關係的建立

1. 與學生及其家庭關係建立

建立關係是社會工作者為了處理接手的問題,而與其服務對象溝通與建立工作關係,以利解決該問題的第一步(Kirst-Ashman, 2007)。溫特(Winter, 2011)在探討與服務的兒童建立關係時有7個建立關係的障礙,其中之一是信任(trust)關係,當社會工作者心存辦理法定福利心態、執行機構任務與社會控制的媒介等神聖使命為己任時,是很難與服務對象建立信任關係的。服務使用者不可能相信社會工作者會是一位積極為其倡導權益的天使(林萬億,2013)。誠如本書第五章作者林萬億所言,社會中的弱勢家庭或脆弱家庭通常擔心學校會欺侮或貶抑其子女,這是缺乏自信的階級反應,也是經驗累積的行為模式。專業助人工作者要能讓家長感受到對其子女的關懷。

送來溫暖絕對是打開心防之鑰,運用協助學生、家庭申請即時或特殊性的物資,拉近學校社工師與學生及其家庭之關係。不會造成每次與學生或其家庭見面時,就呈現緊繃的氣氛,創造出一個可以合作的空間。

2. 與學校合作關係建立

在學校幫學生申請的流程中,學校社工師有與學校討論的一個機會,讓學校看見學校社工師的評估觀點,同時學校社工師也可看見學校的想法及工作方向。藉由討論更深化雙方的合作內容。創造更多合作的可能性,進而提供其他的事業協助。

(二) 從物資的給予、追蹤如何運用,與個案服務的目標結合

學校社工師在學校服務,利用實物銀行提供物資滿足有需求的學生,既是目的,也是手段。目的是免除學生有飢餓之虞或基本需求不滿足;手段是以實物提供作為一種與學生及其家庭建立工作關係的媒介,同時,利用物資取與給(take and give)培養學生互助品德,以及藉由其間的教育過程,達成生活能力的培養。物資的提供對學校社工師而言不只是把物資拿給學生的

家庭而已，物資後續的運用、是否足夠甚至能與服務目標進行結合。如與專輔教師合作，針對一個三餐不穩定、因爲飢餓造成就學不穩定的學生申請麵條及罐頭，目的不只是讓學生免於飢餓，同時與專輔教師合作在晤談時教導學生如何把麵條煮熟食用，讓學生學會自立的第一步，在免於飢餓的目的達成後，可接著進行第二步穩定上學的要求。

柒、未來展望

一、庫存數量之管理

經過幾次值班後，管理工作小組常發現統計數據與庫存數量有差異，雖方案管理者每月接近月底時會請值班人員協助盤點物資，但物資數量有落差的狀況仍會出現，事後經由會議的討論、志工給予的回饋，發現每一位值班人員對於物資類別的畫分定義有些許不同，對於有此種狀況的發生，管理工作小組也發現另一個影響因素，那就是有時募資的物品，並非一定都是方案標的類別，導致其類型不在募資清冊上，而歸類時人員未做好說明，導致後續各個值班人員依據自己定義進行分類。

針對此一問題，管理工作小組進行年中大盤點、重新製作清冊，並整理各物資分類的標準與說明，讓值班人員可以藉由分類標準，精準地進行庫存的整理與數量的統計，降低統計數據與庫存數量有差異的發生機率。

二、永續經營

新北市學校社工師實物銀行截至106年6月已執行半年多，在方案的運作當中仍是不斷地增修執行內容，爲的就是能夠更加符合學校社工師實物銀行的宗旨。確認106學年度上學期要參與募資的學校，有新莊區的榮富國小、福營國中、光華國小、新莊國小，以確保實物銀行倉儲內的物資足夠提供給所需要的學生、家庭。

三、擴大經營

　　從開始發放到後續的特殊募資，發現需要的區域不只有大新莊區，且區域間有交通往返、距離之問題，因此，接下來陸續將會有其他區域一起投入實物銀行的工作，管理工作小組會將方案執行與管理之經驗分享出去，再經由其他區域學校社工師依據各區域的特性進行經營工作。

參考書目

中文部分

林萬億（2013）。當代社會工作：理論與方法。臺北：五南出版。

陳億貞（譯）（2003）。普通心理學（Pathways To Psychology）（原著者Robert J. Sternberg）。臺北市：雙葉書廊。

英文部分

Kirst-Ashman, K. (2007). *Introduction to Social Work & Social Welfare: critical thinking perspectives* (2nd ed.). Belmont, Ca: Thomson Brooks/Cole.

O'Leary, A. and Frew, P. M. (2017). *Poverty in the United States: women's voices*. NY: Springer.

Winter, K. (2011). *Building Relationships and Communicating with Young Children: a practical guide for social workers*. London: Routledge.

第二十二章　學校輔導工作倫理

胡中宜

壹、學校輔導工作的倫理議題

由於社會的快速變遷使得輔導工作者在學校情境中所面對的倫理議題更形複雜，學校輔導團隊中的輔導教師、學校心理師、學校社工師在學校現場通常會面對多元的倫理困境，令其左右爲難。例如，洪莉竹（2008）訪問55位中學輔導人員分析出在學校情境常見的倫理議題包括：保密議題、角色定位議題、雙重關係議題、維護當事人權益與福祉議題、知後同意議題、通報與否的兩難議題等。陳志信（1993）調查臺灣地區492位中等學校輔導教師發現，各種專業倫理行爲出現的程度多寡不一，但確實存在有關專業能力、雙重關係、保密等倫理問題。

其次，學校心理師常見的倫理議題，至少包括保密性、施測程序、學校紀錄的使用、適當的轉介、面對混合家庭的多元家長，以及面對同僚、其他專業人員發生的衝突（Schmidt, 2003）。Remley、Theodore 和 Huey（2002）關於學校諮商人員的倫理調查也指出幾項常見議題，諸如未成年對象之保密議題、自殺個案評估、雙重關係、測驗結果的使用、網路諮商倫理、離異家長子女監護議題、與其他專業人員合作、不利的學校政策、多元文化諮商倫理、同僚的非倫理行爲、私人執業的議題等。回顧上述學校領域中助人專業倫理文獻，可以發現學校輔導人員常面臨的是保密議題、雙重關係和責任與專業能力的問題。但是學校輔導人員還要面對行政人員與家長可能提出的不合理要求，也要回應那些不當的學校政策或承擔專業以外的責任，更要處理多重角色所衍生的倫理問題。

其中，學校社工師每天需與學校教育人員互動，以協助解決學生的問題。他們依據社會工作倫理準則提供服務，但教育目標與社工倫理之間如果出現衝突，就可能出現倫理兩難的情境，社工師對於本身的專業倫理如何拿捏？林勝義（2007）根據學校領域的特性整理出學校社工實務中的相關倫理議題，包括對不同對象的忠誠、自我決定與父權主義的議題、專業界線與利益衝突的議題、專業價值與個人價值的議題、保密與揭發機構不當行爲的議題。另外，根據胡中宜（2011）歸納出學校社工師在實務中常見的倫理兩難情境約有「價值兩難」、「義務兩難」與「結構兩難」三大類型。

一、價值兩難

　　直接服務工作中，最困難的倫理困境就是社工師面臨個人價值與專業價值間的相互衝突。這種情形可能發生在正式執行的政策中，如學校教育政策，或是專業中一項非正式但存在很久的概念，而它正與學校社工師深信不疑的信念相衝突，例如：信奉反對墮胎的宗教的學校社工師對於墮胎議題的處理、對於中輟生是否返校的衝突、班級團體利益重要還是特教生個別權益的維護、案主自決還是家長主義等。

二、義務兩難

　　學校社工師在專業體系中，有「法定職責」必須遵守，包括照顧、尊重隱私、保密、告知、報告與警告義務。但是，這些法規與守則的規定中常有規範不明確的情境，例如：守密義務與隱私揭露的衝突、法定通報義務與預警責任的困難等。

三、結構兩難

　　學校社工師在服務過程中夾雜著學生、家長、教師、教育行政人員、其他專業人員不同的目標利益，或是專業人員間訓練背景、價值判斷、專業立場的差異。當雙方認知相左時，就容易產生不同角色之間的拉鋸，此為「結構衝突」，意指學校社工師所身處的環境結構中不同角色位置所產生的歧見。換言之，學校社工師必須對專業關係內、外的人忠誠與負責，惟這些專業目標與其他人員的期望相左，例如：老師與社工師、不同家長的需求，教育行政與社工師、學校與社工師的目標差異，以及面對媒體的公共關係與資料揭露等。

　　綜觀而言，學校內的專業輔導人員所面對的倫理議題，至少包括隱私保

密、責任衝突、未成年人的自我決定、資料保存、知情同意權、預警責任、雙重角色、系統間的衝突、面對媒體的倫理界限等，值得從業人員在學校輔導實務行動中謹慎留意及妥善的決策。

貳、學生輔導工作相關專業倫理守則

專業理論、技術與倫理是構成專業重要的三大元素。倫理守則是經過專業共識的機制，依據專業價值所制定的具體條文，作為專業人員執行業務時的行為指引和自律規範。換言之，在學生輔導工作中專業人員所遭遇的倫理困境，決策過程可參考專業倫理守則作為衡量的基礎之一。

一、學生輔導工作倫理守則

依據臺灣輔導與諮商學會（2015）最新的學生輔導工作倫理守則，大致有11項範疇，包括：學生權利與學生輔導人員之責任、學生隱私權、關係與界限、校園合作、學生輔導人員專業知能與成長、學生輔導人員督導與諮詢角色、研究、運用科技設備進行輔導、實施測驗、進行評鑑以及倫理維護。

（一）學生權利與學生輔導人員的責任

學生在學校場域學習成長，學生輔導人員需維護學生學習權，提供必要的學生發展之學習輔導計畫及合宜資源，以協助學生提升學習動機、方法與成效，並應用於生活適應與生涯發展。須適切尊重學生及其父母、監護人之自由決定權。例如，學生輔導人員進行學生輔導相關工作時，宜先使學生了解其目的與內涵，及可能的獲益或限制（知的權利）。教育活動外的輔導活動，宜尊重學生有選擇參與與否、退出或中止的權利；惟依法令規定、特殊或危急情況下（自傷、傷人、無能力自決），得依專業判斷先行介入；且在事後使學生或父母／監護人了解輔導介入之目的與內涵，及可能的獲益或限制（選擇權）。應考量學生最佳利益，促進其身心成長與發展，獲得最佳生

活適應（受益權）；維護學生之人格尊嚴，提供專業服務並善盡保護責任，避免對學生造成身心的傷害（免受傷害權）。執行學生輔導工作時，應公平對待每位學生，尊重學生的文化背景，且不因學生個人特質、學習表現、年齡、性別、身心障礙、家庭社經地位、宗教信仰、性取向、種族或特定文化族群等而有歧視（公平待遇權）；盡力維護學生隱私權，避免資訊不當揭露或濫用（隱私權）；覺知其專業責任與能力限制，覺察個人價值觀與需求，尊重學生權利，以維護學生福祉與專業表現；提供合宜之學生輔導計畫，直接輔導人員應關注及提供適合學生發展階段及有益身心發展之輔導計畫；避免利用學生來滿足個人需求或學校需求；覺知個人能力限制，必要時進行轉介或尋求合作與支援；覺知個人價值觀，及其對輔導工作之影響，避免強制學生接受其價值觀。

（二）學生隱私權維護

　　學生輔導人員應了解相關法令規定，審慎評估學生個人資料保密程度、訊息透露與訊息溝通限制，共同維護學生之隱私權。應考量學生之最佳利益，適時向學生或家長、監護人說明隱私權維護範圍及限制。以學生權益和福祉為依歸，充分考量訊息揭露的必要性後為之。對於輔導過程獲知的訊息，須尊重學生權益，以學生立場考慮維護其隱私權。若有必須揭露訊息之情事，應審慎評估揭露的目的、時機、程度、對象與方式。適時向學生或家長、監護人說明輔導過程獲知的個人訊息與資料，其隱私維護範圍與限制。審慎評估透露學生個人訊息的目的、時機、程度、對象與方式，例如：與學生訂定的保密約定內容與教育目標及法令規定有所牴觸時；學生具有危及自身或他人權益的可能性，須預警時，包括有自傷、傷人危機，有損及自己或他人之學習、受教、身體自主、人格發展權益之事實；未成年學生的家長或監護人要求了解相關訊息時；法院來函要求出庭或提供相關資料時；召開與學生個人在校權益相關的會議（如退學、輔導轉學、獎懲），召開個案研討會或進行專業督導，須提供相關訊息時；依據法令規定進行通報、轉銜輔導，需提供相關訊息時；為有效協助學生，須結合校內外資源，共同合作時；經評估須揭露學生個人訊息時，仍應遵守個人資料保護法相關規範，及最少量、必要性之揭露原則。

　　當學生要求對特定對象保密（如導師、家長、監護人、學務工作人員等），或揭露訊息後可能對輔導關係造成潛在傷害時，經評估後決定揭露學生個人訊息，宜事先與學生充分溝通，事後也能顧及學生感受、反應，給予支持與協助。揭露學生訊息時，仍需以團隊方式維持保密，在輔導團隊內，遵守最少量、必要性的原則進行訊息溝通。應以符合倫理規範的專業方式處理輔導紀錄之撰寫、保存、公開與運用等事宜，包括：個別輔導紀錄、團體輔導紀錄、智力或人格等心理測驗結果，及其他以學生輔導需求所提供之專業服務及個案管理紀錄等。撰寫輔導紀錄時，需事先考量未來可能閱讀輔導紀錄者，審慎評估撰寫的內容。輔導紀錄之撰寫，盡量保持客觀、簡要、顧及相關人士隱私權之維護。保存學生輔導紀錄時應考量其安全性與保密性，維護學生之隱私權。學生輔導紀錄的公開與應用須尊重學生隱私權，輔導紀錄不得隨意公開或挪作非教育用途，即使徵得學生本人或家長／監護人同意權提供使用，亦不應透露能辨識個人身分之相關訊息。學生本人或家長／監護人欲查閱輔導紀錄時，均應遵守最少量、必要性的揭露原則。以紙本或電子檔案傳遞或轉移紀錄時，須注意維護學生隱私權。

（三）關係與界限議題處理

　　學生輔導人員應考量學生最佳利益，權衡與學生之間的關係與界限以建立具有效能的輔導關係；且不得與學生發生逾越師生倫理、有損學生身心發展之關係。應避免因角色重疊、關係混淆或界限不清而對學生造成傷害，避免傷害的方式包括釐清角色任務或關係界限、主動向同儕或專業人員諮詢、接受督導等。角色任務或關係界限的釐清或維持發生困難時，應尋求同儕支援、向專業人員或督導諮詢，做適度之調整。

（四）校園合作倫理議題

　　學生輔導人員間應形成團隊合作的工作模式，並連結學生家長／監護人及校外資源，在維護學生權益下進行適切的訊息溝通與合作。溝通訊息時，宜權衡學生隱私權與輔導工作之需要，斟酌提供訊息揭露程度。宜透過組織系統、行政程序及個案會議討論，建立團隊合作規範，形成事件處理流程、相關人員訊息溝通程度與限制及責任歸屬等共識。應適當評估學生問題與需要，結合適當的校外資源，提供學生適切的協助，包括外聘、巡迴或駐校心

理師、社工師、特殊教師、醫療人員，及社區、警務、法務系統人員等。連結校外資源時，宜擬訂適當的合作計畫，且提供必要的資訊使學生或家長／監護人在知情的情況之下做選擇。

　　學生接受校外之心理諮商或心理健康專業服務時，學生輔導人員須和學生或家長／監護人建立共識，並注意訊息溝通的一致性，避免造成學生與相關人員的混淆及衝突。依據個案工作的需要，透過專業判斷與必要的諮詢進行個案轉介。當覺察個人專業知能限制，在考量學生權益與福祉的前提下，評估轉介資源的適切性，進行適當的轉介，並獲得學生或家長／監護人對轉介的同意，惟危急或特殊情況下，可依專業判斷先行介入後，再說明轉介之必要性，並於事後取得同意。

　　進行轉介時，宜在維護學生權益原則下評估其需求，適時規劃轉介方式、資源及後續服務計畫。轉介後應本於個案管理之職責，進行追蹤或協同輔導。尊重學生或家長、監護人選擇轉介服務計畫之權利。應就法令規定，循行政程序與必要之溝通，進行通報與後續處理。了解相關法規對於通報之規定，發現應通報之情事，須遵守法令規定，進行通報；若專業判斷與法令規定相衝突時，宜尋求督導或諮詢，謀求解決之道。進行通報前宜考量通報對學生權益的影響，向學生或相關人員進行必要之說明，討論如何因應通報後的發展。通報後亦需追蹤後續處理事宜，提供學生必要之協助。

（五）學生輔導人員專業知能與成長的倫理議題

　　學生輔導人員應持續接受學生輔導相關知能的繼續教育，增進個人的輔導專業知能，且於能力所及範圍內提供專業服務。依據輔導實務工作之需要，向適當的專業人員尋求諮詢，必要時定期接受專業督導或進行個案研討，以維護學生輔導工作的效能。應覺察個人能力的限制，並適時尋求輔導團隊的支援與合作。若覺察個人因素有可能影響學生輔導工作及學生權益時，宜向適當的專業人員尋求諮詢或督導，討論因應策略。

（六）學生輔導人員督導與諮詢角色的倫理議題

　　學生輔導人員的督導者須具備學生輔導工作相關知能，亦須具備督導相關知能與資格。其資格依據主管機關訂定之標準，或由所屬機關學校採用的相關專業團體訂定標準實施之。督導者應覺察個人知能的限制，必要時主動

提供受督導者其他督導資源。應熟悉並遵行與學生輔導工作相關的法規與專業倫理，審慎提醒受督導者應負的法律責任和倫理責任。針對實習人員的表現定期評估並給予回饋，以及發現實習人員能力限制時，應考量學生權益並協助其改善，且於必要時立即介入，進行轉介等適當的處理。另外，針對學生家長／監護人、學校教職員工提供諮詢服務的輔導人員，須具備學生輔導工作及諮詢相關知能。學生輔導人員須知悉適當轉介資源，必要時協助諮詢者尋求其他資源。提供專業諮詢服務時，應熟悉與學生輔導工作相關的法規與專業倫理，並提醒尋求諮詢者應負之法律責任與倫理責任。

（七）進行研究的倫理議題

學生輔導人員進行研究或協助其他校內外人員進行研究時，應尊重並確保研究對象之知情同意與自由選擇權。以學生個人或群體為對象進行研究，需使用、觀察、介入互動的方法進行研究時，應徵求當事人同意；如因年代久遠致使研究對象無法聯繫或不易取得同意時，可在維護隱私權的原則下，依學校相關規定處理。使用機構輔導行政資料而不涉及個人辨識性內容資料時，得逕依相關辦法實施之。以未成年學生或無判斷能力者為研究對象時，需徵求家長、監護人同意，但研究計畫目的事業主管機關公告得免取得同意之研究案件範圍者，不在此限。徵求同意的例外情況應經由研究倫理審查委員會審查通過後始可為之。秉持公正客觀的態度解釋研究結果並誠實呈現，避免誤導；研究成果與預期成果不符時，仍應誠實呈現。研究成果發表、出版時，應尊重研究對象之隱私權，以去連結等方式對其個人資料做保密。

（八）運用科技設備進行輔導的倫理議題

學校或機構應提供適切而穩定的專屬個別與團體輔導空間。進行學生直接輔導時須考量空間隱密性及安全性，以維護受輔學生權益。若考量學校政策及學生需求，謹慎評估線上輔導與諮商的可行性，應用網路通訊科技進行學生輔導工作，並注意讓學生了解網路通訊具半公開性質，不宜討論個人私密事件且須維護正確訊息傳遞。學校或機構應訂定線上輔導的規範，說明服務範圍、方式、權益與限制；學校輔導人員應了解線上輔導與諮商之相關法律與倫理責任以避免傷害。應用網路通訊科技進行線上輔導與諮商時，須進行適當之知情同意說明程序，提醒學生注意空間隱密性及訊息之安全性，

並提醒業務相關人員，例如：系統管理師、資訊老師，需維護學生隱私權。線上輔導與諮商過程發現學生出現危機時，學生輔導人員應積極進行危機處理，尋求支援與進行必要的通報與轉介。

（九）實施測驗的倫理議題

學生輔導人員實施測驗時，應慎選測驗工具以切合輔導目標。使用測驗前，應對該測驗內涵及該測驗施測、計分、解釋、應用等程序有適當的專業知能和訓練。學校輔導處室委託其他教師或學校行政人員實施測驗時應符合各項測驗所定之資格，未定具體資格時則應於事前進行適當的施測講習。實施測驗前應向學生或家長／監護人說明測驗之目的與用途，接著，妥善解釋測驗結果與保存測驗資料。解釋測驗結果時應力求客觀、正確及完整，審慎配合其他測驗結果及測驗以外的資料做解釋及應用。測驗結果應妥為保存，以維護學生權益，避免誤用。學校輔導處室或縣市政府所轄學生輔導諮商中心實施之學生測驗資料屬學生輔導紀錄之一，學生測驗結果除基於法律規範或法院要求而有它用，不可挪作非輔導、教育及研究用途。

（十）進行評鑑的倫理議題

學生輔導人員為評鑑而提供資料時，應注意維護學生隱私權，不得揭露足以辨識個人身分之受輔學生資料。評鑑單位與評鑑人員應尊重學校輔導處室為維護學生資料隱私所做之必要處理。評鑑單位宜於評鑑前與各級學校輔導人員代表、專業團體等協商並公布評鑑方式、範圍與資料內容。輔導人員宜藉外部或自我評鑑過程引導專業成長並促進專業效能，評鑑準備過程應平衡和兼顧其他必要之輔導工作。

（十一）倫理維護

學生輔導人員需致力於提升自身與輔導團隊的倫理意識，應透過自我省思、繼續教育以及實務倫理議題探討，提升倫理意識。學校輔導處室須積極向學校教師、行政人員及學生家長等倡導學校輔導工作倫理，依實務經驗，針對倫理守則提出修正意見。發現同儕執行輔導工作中有損及學生權益、妨害身心發展時，學生輔導人員須依實際情況採取合宜之行動。若發現有倫理疑慮的行為，須提醒同儕及相關人員注意，透過學校程序請求同儕修正不符

合專業倫理之行為。當違反倫理情事或疑義非個人及輔導團隊可解決時，可向專業團體或直屬主管機關提出倫理審議。

二、學校社會工作倫理守則

在西方的學校社工專業團體為因應學生輔導工作中所遭遇的倫理困境，發展出專業服務指引與倫理守則，提供學校社工師參考。例如，美國學校社會工作協會（SSWAA）與中西部學校社工協會（MSSWC）於2015年出版學校社工倫理指引（Midwest School Social Work Council, 2015），其中規範從業人員應有幾項倫理標準，包括：倫理責任、學生自主和父母參與、隱私保護、服務告知、倡導、法律和政策的知識、證據導向實務、專業的貢獻、倫理決策。

其次，美國社會工作者協會（NASW, 2012）新版的學校社會工作服務標準，主要簡化為11個指標，內容主要涉及專業實務（professional practice）、專業準備及發展（professional preparation and development）及行政架構及支持 （administrative structure and support）等層面。服務指標類別包括：1.倫理與價值；2.服務品質；3.評估；4.介入；5.決策與實務評估；6.紀錄保存；7.工作量管理；8.專業發展；9.文化能力；10.跨專業領導與合作；11.倡導等議題。其中幾項涉及學校社工師面對個案及專業的倫理責任，包括：學校社工師應該顯現對社工專業倫理及價值的承諾。當面對倫理抉擇時，應以專業協會的倫理守則作為決策的指標，應該在了解多元文化及具備相關專業能力下，提供學生及其家庭專業服務，以有效強化家庭對學生學習經驗的正向支持；保護案主的隱私，並對相關資訊保密。在各種情境下，學校社工師都應該為學生及其家庭倡導應有的權利。隨時保持資料的正確性，特別是與計畫、管理及評估服務方案有關的資料。加強訓練學校社工師運用調解及衝突解決策略，以提升學校社工師為學生倡導的能力，改善無生產力的教育或社區環境，並促進及建構正向且具生產力的互動關係。學校社工師應該要具備倡導社區心理衛生服務提供者間合作的能力，以使學生能

更便利地取得這些服務；在專業協會繼續專業教育準則下持續性進修或學習；應透過教育及督導社工實習生，持續協助專業的發展。

　　當然，倫理議題隨著社會價值變遷，社會問題日趨複雜，也隨著專業人員使用科技、社群媒體運用於學校輔導工作上，有些倫理議題更須小心處理。例如，美國社會工作者協會繼2008年後，最新一版的倫理守則於2017年8月修訂，2018年開始適用，主要修訂部分包括社會工作者運用科技的標準，如社會工作者應用科技於服務之中，評估服務對象的能力並充分告知同意、討論服務的效果、風險與限制。當社會工作者在進行個案資料的電子搜尋時，應獲得當事人的同意，除非是基於保護個案或免於他人受到嚴重、預期、迫在眉睫的傷害，或其他專業理由等例外。社會工作者使用這些電子科技提供社會工作服務也應確保他們具備必要的知識和技能，以有效的方式提供這類服務。還有，提供電子社會工作服務的社會工作者應了解個案的文化和社會經濟差異，以及他們如何使用電子技術。社會工作者應評估個案文化、環境、經濟、精神或身體的能力、語言和其他可能影響這些服務輸送或使用的問題。社會工作者應避免與個案使用技術（如社交網站、線上聊天、電子郵件、簡訊、電話和視頻）進行個人或非工作相關目的的溝通（National Association of Social Workers, 2017）。

三、學校心理專業倫理守則

　　美國諮商學會新版倫理守則（American Counseling Association, 2014）主要包含九大部分，內容涉及：1.諮商關係；2.保密及隱私；3.專業責任；4.與其他專業人員的關係；5.評估、衡鑑與解釋；6.督導、訓練與教學；7、研究與出版；8.遠距諮商、科技與社群媒體；9.解決倫理議題等。中華民國諮商心理師公會全國聯合會（2012）通過諮商心理師專業倫理守則，規範諮商心理師應體認自身學養及能力限制，宜於專業知能所及的範圍內提供服務，並主動增進與專業有關之新知。應確認與當事人的關係符合專業、倫理及契約之關係。實施諮商服務時，應尊重當事人的文化背景與個別差異。當事人的

行爲若可能對其本人或第三者的生命安全造成嚴重危險時,諮商心理師應向其合法監護人、第三者或有適當權責之機構或人員預警,善盡妥善處置諮商資料之責任;避免收受當事人饋贈的貴重禮物或諮商費用外的金錢。實施心理評估或衡鑑工具時,須具備充分的專業知能和訓練背景,與其他助人者及專業人員建立良好合作關係,展現高度合作精神,尊重不同專業所規範之倫理守則。若以人爲研究對象,應尊重個人的基本權益,遵守研究倫理、法律、服務機構之規定及人類科學的標準。從事教育、訓練或督導時,應遵守督導專業倫理。另外,中華民國臨床心理師公會全國聯合會(2017)修訂臨床心理師倫理規範,提醒從業人員在能力範圍內執行業務,以及遭遇緊急情況處理、心理衡鑑、報告撰寫、專業關係、轉介措施、中止與結束治療、公開資料、諮詢、保密、研究倫理等層面應注意之規範,亦可提供學校服務之臨床心理師執行業務時的依循參考。

參、倫理決策

學校輔導人員面對這些倫理兩難,如何進行決策與思考,即爲倫理判斷。倫理判斷意味著助人者有法定義務需要幫助服務對象,且必須信守專業價值,並參考專業團體所訂出的倫理規範或標準行事。雖然助人者有專業倫理守則可以提供判斷參考,可是學校輔導人員在運用這些倫理原則或專業價值時,仍會出現專業決定上的困惑。這是因爲實務情境的多元複雜、案主相關資訊並未明確,使得學校輔導人員在進行倫理判斷時往往發生進退維谷的困境(胡中宜,2005)。因此,審愼評估變得重要,美國學者Reamer曾提出一套系統性的倫理決策步驟,可以提供學校輔導人員參考,包括以下7個步驟(Reamer, 2006):

1. 釐清倫理議題:包括衝突的專業價值與職責。
2. 找出所有可能被倫理抉擇影響到的每一個人、團體、組織。
3. 嘗試找出各種採取的行動以及參與者,並評估每種行動的利弊得失。
4. 審愼地檢視贊成或反對每一種行動的理由,考慮相關的倫理守則與

法律原則；倫理理論原則與指導方針（例如：義務論與目的論，效益主義的觀點以及其衍生出來的倫理守則）；實務理論與原則；個人價值觀（包括宗教、文化、種族、政治），尤其與自己價值觀相衝突的部分；機構政策。

5. 徵詢同儕及專家意見。

6. 做決策並記錄抉擇的過程。

7. 監督評估與記錄倫理決策所帶來之影響。

另外，學校社工師在實務倫理判斷上，可依據個案狀況，從以下4個層面進行思考（胡中宜，2011）。

一、法律層面

許多學生輔導議題中，多受到《社會工作師法》、《家庭暴力防治法》、《兒童及少年福利與權益保障法》、《兒童及少年性剝削防制條例》、《性侵害犯罪防制法》、《性別平等教育法》等法律的相關規定所限。例如，《兒童及少年福利與權益保障法》第53條規定社會工作人員、教育人員及執行兒童及少年福利業務人員，於執行業務時知悉兒童及少年有兒童虐待與疏忽等情形者，應立即向直轄市、縣（市）主管機關通報，至遲不得超過24小時。在通報義務、照顧義務、隱私守密等義務的實踐，學校社工師通常傾向依循法律的遵守。但是，此類的決策一方面是要善盡義務保障案主權益，二方面亦避免從業人員讓自己陷入違法的危機當中，所採取的防衛性實務（Banks, 2012）。但有時面對法定通報責任上，亦須同時顧及當事人的溝通特權、通報後的安全風險、祕密揭露產生的負面影響，以及通報完成之後續處遇的有效性。

二、倫理層面

遭遇兩難情境時所進行的倫理判斷，一般可考慮倫理學中義務論或效益

論的思考，或是衡量倫理原則中有關「避免傷害」、「正義」、「利益」、「自主」、「生命原則」等的優先順序，以使倫理判斷的結果更符合倫理性。Reamer（2006）提出社工師在助人歷程中，面對價值或職責的衝突解決有6項判斷指南：1.基本上對抗危及人類生存（如生命、健康、食物、住宅、心理健康）的考量，優先於欺騙、揭露隱私，或是威脅休閒、教育與財富；2.個人基本福祉權利優先於其他人的自我決定權；3.個人自我決定權優先於其自己的基本福祉；4.個人在自願與自由下，同意遵守法律、原則和規定的義務高於我們自己的信仰、價值與原則；5.當個人基本福祉的權利與法律、規定、民間組織中的政策衝突時，個人基本福祉權為優先；6.防止傷害（如防止飢餓）、提升公共利益（居住、教育、社會救助）的義務優先於保護個人財產。上述提到的判斷指南隱含著西方社會重視個人主義與個體權利的重要性，展現在專業價值上面，諸如個人幸福權優於規則，自主自由高於自己的基本幸福。

另外，這些倫理兩難的情境即是指當學校社工師在執行服務過程中，因為專業價值與其他目標相左所致。針對這些實務困境，Dolgoff、Loewenberg和 Harrington（2009）提出一套倫理判斷的原則順序，讓社工師在服務過程中得以作為專業決定的參考，依優先順序分別為「保護生命」、「差別平等」、「自主自由」、「最小傷害」、「生活品質」、「隱私保密」、「眞誠原則」。換言之，學校社工師在考量案情的同時應以積極維護個案生命及差別平等原則進行倫理決策，在不同照顧責任相左時，如何依據不同的重要價值採取合適性的行動就顯得非常重要。

三、效果層面

在倫理判斷上除了法律優先性與倫理道德層面的考量外，行動結果的「效果」達成則是另一個重點。首先，促使案主有合作意願的態度及兼顧專業的目標，包含專業判斷與組織目標是否符合有效性的關鍵。因此，在兼顧法律、倫理要求及有效性時，學校社工師此時的評量重點乃在增加案主的選

擇機會、分析利弊得失、運用同理、面質等策略，以強化案主改變動機。其中，有效性的重要關鍵在於，是否構成決策上的風險，也就是風險最小的方案。換言之，倫理決策的風險與預期效益評估方式，係透過決策行動可能產生的「風險」與行動的「預期效益」進行倫理判斷，並且兼顧有效性、倫理性與避免案主傷害的特性，以達到一個有效的專業倫理判斷。

四、價值層面

　　助人決策中充滿價值的判斷，人要過什麼樣的美好生活？人類的尊嚴是什麼？什麼是好的？什麼是壞的？倫理判斷中哪些是個人價值？哪些是專業價值？哪些又是文化價值？值得深思。學校社工師面臨學生特殊議題時，可進行價值覺察，分析倫理判斷的決定是屬於個人價值或是專業價值，若是個人價值所造成的反應或是偏見，此時則須價值中立，避免這些個人價值影響個案的決定，也破壞了案主自我決定價值的實踐。再者，另一個常見屬於價值間的衝突即是中輟生返校復學議題。社工師在協助學校中輟生輔導時會考慮：若中輟學生在整體條件不足或是學校環境沒改變下，是否一定得返回原校讀書？這樣的問題確實會令社工師非常苦惱。這意味著當個人價值與體系目標、個人自由與社會控制、異質化與普同化之間相互衝突。當此二者價值抉擇通常優先考慮以個人生命保護為優先，重視生命原則後再考量其他福祉，如差別平等與自主自由。若學生權益無重大影響下，不因統一標準而影響案主生活品質。

　　近來在學校輔導工作中，常見的案例是學生發生校安或危機事件後，媒體與校園的互動議題，例如：學校社工師接觸媒體的情形常見於媒體主動要求對於服務家庭的探訪、遇到社會重大事件時媒體主動採訪社工師、機構運用媒體進行社會議題的倡議或是募款等。然而，面對媒體的公開發言建議由學校統一窗口負責，不讓第一線輔導人員直接面對媒體。而下列則為專業團體針對社工師面對媒體時的倫理界限所提出之建議（臺灣社會工作專業人員協會，2017）。

1. 對於隱私保密之議題，先了解法律層面的規定，例如：兒童及少年福利與權益保障法、家庭暴力防治法、性侵害犯罪防治法、少年事件處理法、個人資料保護法等，均針對隱私議題有所規範。

2. 預先評估媒體曝光後對於相關人士可能造成的傷害、不正確的報導對於服務對象／機構之影響，以及是否可能造成服務人口群負面的刻板印象等。

3. 對於公開個人資訊的知情同意議題，知情同意書的簽署不是單向的簽署，而是提供充分的資訊，運用服務對象了解的語言，同時要在沒有威脅、施壓、引誘、誤導之狀況下進行。尋求同意的過程需考慮服務對象的年齡、心智成熟度、認知功能、溝通能力、記憶受損等因素，及是否需有法定代理人代為決定等。

4. 有時媒體採訪會致贈感謝禮金、禮品給接受訪問的個人或家庭，也需要評估是否可接受、金額的適當性等問題。

5. 社工師協助服務對象思考是否要接受訪問、如何與媒體正向溝通、評估媒體曝光對自己或他人帶來的風險、期待自己的故事如何被報導、如何呈現自己、要說什麼、如何說、穿什麼衣服、是否需要訪問的練習、訪問時是否需有機構人員陪同等。

6. 需要了解該媒體報導的風格、記者的風格與誠信、採訪如何進行、訪問之內容等。因為不同媒體、不同記者都有可能影響採訪的對話過程。同時，社工師可能會被記者追問，若社工師都不回應，可能會被認為沒有處理或處理不當；若要回應，則需當下判斷要說到什麼程度。判斷因素可包括：當事人的案件情形、當事人隱私保護相關法律規定、是否需要取得服務對象之同意、媒體已報導之程度、事件對相關人士與社會的嚴重影響程度等。

肆、風險管理

倫理風險管理（risk management）是指助人工作者如何辨識、評估以及處理可能會傷害案主，並且導致提出倫理申訴或不當執業訴訟的問題。風險

管理的原則不只是遠離風險或為了非理性的害怕，而是助人者自己深層的價值所驅動，渴望服務他人或是擁有價值的生涯（Corey, Corey, & Callanan, 2011）。換言之，學生輔導工作者若能留意、辨識專業實踐過程可能造成學生、教師、家長及學校的傷害及風險，所提供的服務品質將能達到符合倫理的要求。根據Corey、Corey 和 Callanan（2011）提出幾項倫理風險管理的提醒，可以作為學生輔導工作者參考與借鏡，大致包括：

1. 熟悉與實務工作者有關的法律與機構政策，積極參與專業團體與風險管理的訓練。

2. 以清楚的語言呈現訊息並確認當事人了解訊息。

3. 進行評估的同時，也記錄你的決定。

4. 告知當事人他們有權力選擇隨時中止服務。

5. 當事人的狀況明顯不屬於你能力範圍可以勝任，請將當事人轉介。

6. 個案紀錄是風險管理及有品質服務的基石。

7. 記錄當事人結案原因以及任何轉介或建議的資訊。

8. 記載某些案例中你決定無作為的原因。

9. 保存適當的業務紀錄。

10. 依法通報任何疑似受虐的案件。

11. 評估你私人與專業生活是否維持良好的界線。

12. 介入任何多重關係以前，尋求諮詢並和當事人討論關係所造成的影響。

13. 決定是否接受禮物或勞務交換時，請考慮相關文化與臨床議題。

14. 不要與目前或以前的當事人，及現在的受督導者、學生發生性關係。

15. 發展諮詢網絡與資源，他們能夠協助你考慮不同觀點，而不是告訴你怎麼做。

16. 接受專業訓練，以評估當事人對自己或他人是否具有危險性，或尋找有經驗能力的工作者進行個案轉介。

17. 與自殺個案工作時要進行諮詢，詳細記錄諮詢的內容，包括討論的各項議題。

18. 依據專業判斷認為當事人具有危險性，就須採取必要的步驟以保護

當事人或他人免於傷害。

19. 與未成年者工作時，最好獲得父母或監護人之簽名同意，即使法律沒有要求。

20. 留意你的語言與舉止，以尊重的態度對待當事人。

21. 保護自己免於不當執業控訴的最佳策略為關切是否提供有品質的服務，其次是力求減少風險。

22. 持有理論取向，以證明你使用的技巧具正當性。

總而言之，學生輔導工作中從業人員如何覺察自己的價值在助人服務中的影響，透過同儕與督導諮詢、教育訓練、倫理風險評量工具等，留意實務行動中的倫理議題，藉由審慎的思考，將能提供更具倫理意識的學生輔導工作服務。

參考書目

中文部分

中華民國諮商心理師公會全國聯合會（2012）。諮商心理師專業倫理守則。取自http://www.tcpu.org.tw/front/bin/ptdetail.phtml?Part=law006&Category=411913

中華民國臨床心理師公會全國聯合會（2017）。臨床心理師倫理規範。取自http://www.atcp.org.tw/news/detail/961

臺灣輔導與諮商學會（2015）。學生輔導工作倫理守則。取自http://www.guidance.org.tw/school_rules/content.html

林勝義（2007）。學校社會工作理念及實務。臺北：學富。

洪莉竹（2008）。中學輔導人員專業倫理困境與因應策略研究。教育心理學報，39(3)，451-472。

胡中宜（2005）。作為或不作為：社會工作實務中的倫理問題與倫理兩難。玄奘社會科學學報，3，85-114。

胡中宜（2011）。學校社會工作實務中的倫理兩難。教育心理學報，42(4)，543-566。

陳志信（1993）。輔導教師專業倫理行為及其倫理判斷傾向之調查研究。國立彰化師範大學輔導研究所碩士論文。

臺灣社會工作專業人員協會（2017）。對社會工作人員面對媒體的建議。取自http://www.tasw.org.tw/p1-news-detail.php?bgid=2&gid=32&nid=483

英文部分

American Counseling Association. (2014). *ACA Code of Ethics*. Retrieved from http://www.counseling.org/Resources/aca-code-of-ethics.pdf

Banks, S. (2012). *Ethics and values in social work*. London, UK: Macmillan.

Corey, G., Corey, M. S., & Callanan, P. (2011). *Issues and ethics in the helping professions*. Pacific Grove, CA: Brooks/Cole.

Dolgoff, R., Loewenberg, F. M., & Harrington, D. (2009). *Ethical decisions for social work practice*. Belmont, CA: Brooks/Cole.

Midwest School Social Work Council. (2015). *Supplemental ethical standards for school social work practice*. Retrieved from http://midwestssw.org/wp-content/uploads/Supplemental-

SSW-Ethical-Standards-final-3-15.pdf

National Association of Social Workers. (2017). *Code of ethics*. Washington, DC: Author.

National Association of Social Workers. (2012). *Standards for School Social Work Services*. Washington, DC: Author.

Reamer, F. G. (2006). *Social work values and ethics* (3rd ed.). New York, NY: Columbia University Press.

Remley, Jr., Theodore, P., & Huey, W. C. (2002). An ethics quiz for school counselors. *Professional School Counseling, 6*(1), 3-9.

Schmidt, J. J. (2003). *Counseling in schools: Essential services and comprehensive programs* (4th ed.). Needham Heights, MA: Allyn & Bacon.

國家圖書館出版品預行編目資料

學生輔導與學校社會工作／林萬億等著. －－
初版. －－臺北市：五南圖書出版股份有限
公司, 2018.06
　面；　公分
ISBN 978-957-11-9676-3（平裝）

1.教育輔導　2.學校輔導　3.社會工作

527.4　　　　　　　　　　107004749

1JC8

學生輔導與學校社會工作

作　　　者 ― 林萬億、黃韻如、胡中宜、蘇寶蕙、張祉翎、
　　　　　　　李孟儒、黃靖婷、蘇迎臨、林佳怡、鄭紓彤、
　　　　　　　蔡舒涵、盧筱芸

企劃主編 ― 李貴年

責任編輯 ― 沈郁馨

封面設計 ― 姚孝慈

出　版　者 ― 五南圖書出版股份有限公司

發　行　人 ― 楊榮川

總　經　理 ― 楊士清

總　編　輯 ― 楊秀麗

地　　　址：106臺北市大安區和平東路二段339號4樓

電　　　話：(02)2705-5066　　傳　　真：(02)2706-6100

網　　　址：https://www.wunan.com.tw

電子郵件：wunan@wunan.com.tw

劃撥帳號：01068953

戶　　　名：五南圖書出版股份有限公司

法律顧問　林勝安律師

出版日期　2018年6月初版一刷
　　　　　2024年10月初版四刷

定　　　價　新臺幣850元

經典永恆・名著常在

五十週年的獻禮——經典名著文庫

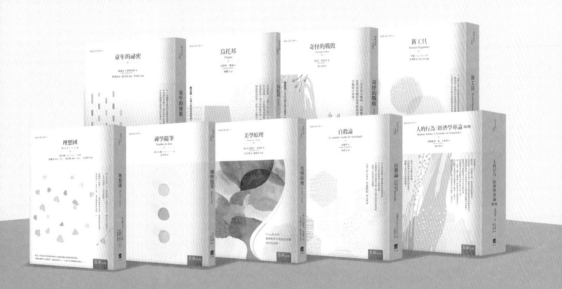

五南,五十年了,半個世紀,人生旅程的一大半,走過來了。

思索著,邁向百年的未來歷程,能為知識界、文化學術界作些什麼?

在速食文化的生態下,有什麼值得讓人雋永品味的?

歷代經典・當今名著,經過時間的洗禮,千錘百鍊,流傳至今,光芒耀人;

不僅使我們能領悟前人的智慧,同時也增深加廣我們思考的深度與視野。

我們決心投入巨資,有計畫的系統梳選,成立「經典名著文庫」,

希望收入古今中外思想性的、充滿睿智與獨見的經典、名著。

這是一項理想性的、永續性的巨大出版工程。

不在意讀者的眾寡,只考慮它的學術價值,力求完整展現先哲思想的軌跡;

為知識界開啟一片智慧之窗,營造一座百花綻放的世界文明公園,

任君遨遊、取菁吸蜜、嘉惠學子!